高明年鉴

GAOMING NIANJIAN

2010

佛山市高明区档案局
佛山市高明区地方志办公室 编
《高明年鉴》编辑部

广东省出版集团
广东人民出版社
·广州·

编辑说明

一、《高明年鉴》由佛山市高明区人民政府主办，高明区档案局、地方志办公室、《高明年鉴》编辑部编纂的综合性年鉴。自1999年创办以来，每年出版一部，国内外公开发行。本卷年鉴全面详实记载2009年高明区自然、政治、经济、文化、社会等方面的基本情况，为社会各界及海外人士了解和研究高明提供基本资料，促进社会主义物质文明、精神文明和政治文明建设。

二、《高明年鉴》以国内多数年鉴所称的出版年为年鉴的卷次名称，2010年出版的年鉴记2009年事，称2010年卷。

三、本年鉴设置特载、概况、大事记、政治、政法、基础设施建设、经济、科教文体卫、社会生活、省和佛山市驻高明主要单位、镇（街道）概况、先进单位先进个人、社会统计资料、文献选编等15篇；并设彩页版，刊载重要会议、重要活动等重要宣传推介。年鉴由篇、章、节构成，节以下设目，目以黑体字加【 】标示。

四、本年鉴部分资料由编辑部选编或撰写，其余由各单位年鉴通讯员撰初稿并经单位领导审阅。编辑部编辑定稿后，送区主管领导和主管部门审阅，再经广东人民出版社终审付印出版。年鉴中的统计数据以区统计局提供的“社会经济统计资料”为准。

五、本年鉴的编辑出版工作，得到区领导、各部门、各单位、区各界的大力支持和通力合作，在此谨表谢意，对本书的疏漏、差错之处，敬请批评指正。

佛山市高明区档案局

佛山市高明区地方志办公室

《高明年鉴》编辑部

佛山市高明区地方志编纂委员会

明府办［2010］177号

《高明年鉴》编辑部

佛山市高明区地图

FOSHANSHI GAOMINGQU DITU

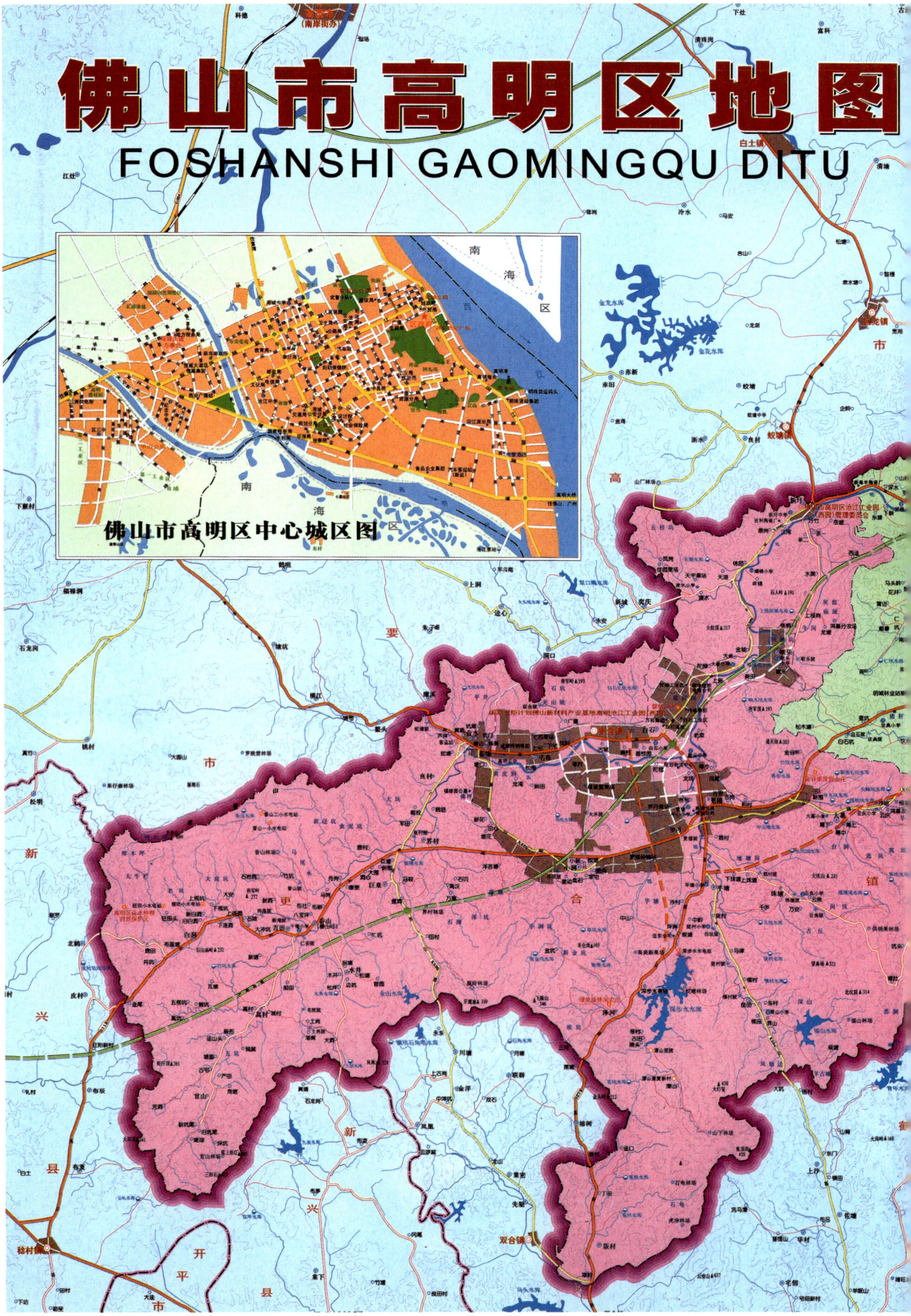

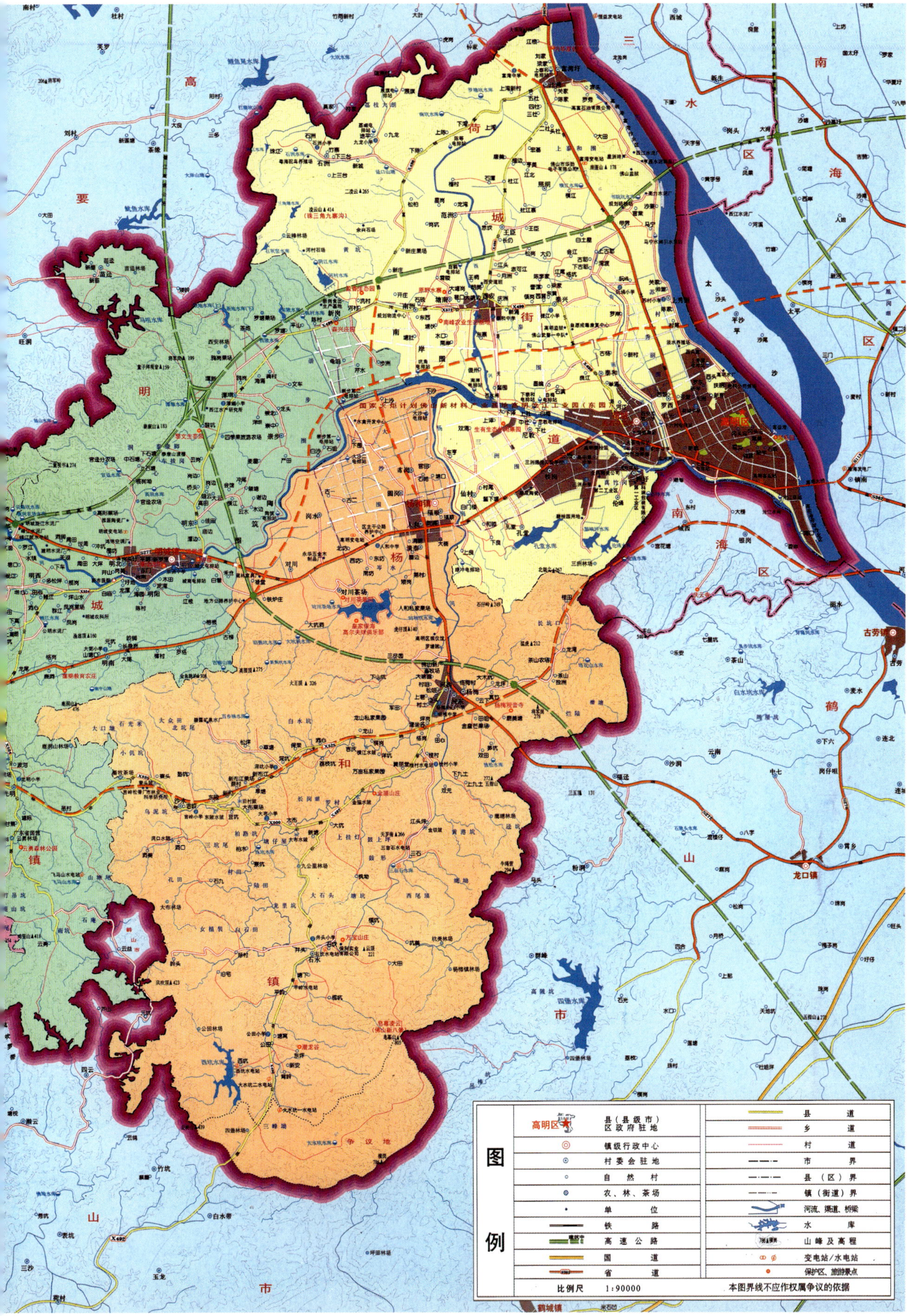

高明区
杨和镇
荷城街道
明城镇
更合镇
三水区
南海区
鹤山市
要明
高要市
古劳镇
龙口镇
国家"四技术"计划佛山新材料产业基地
图例
县（县级市）区政府驻地
镇级行政中心
村委会驻地
自然村
农、林、茶场
单位
铁路
高速公路
国道
省道
县道
乡道
村道
市界
县（区）界
镇（街道）界
河流、渠道、桥梁
水库
山峰及高程
变电站/水电站
保护区、旅游景点
比例尺 1:90000
本图界线不应作权属争议的依据

领导关怀

2009年1月9日，省卫生厅副厅长黄飞（前排中）率领省市区联合慰问组到区潭山医院进行春节慰问。

2009年1月15日，佛山市市长陈云贤（右一），区委书记马亮照（左一)慰问特困老党员。

2009年2月11日，省粮食行业协会、佛山市发改局领导视察高明区新储备粮库工程建设项目。

2009年3月4日，佛山市市委常委、常务副市长周天明（前排右三）视察高明区秀丽河整治情况。

2009年3月6日，佛山市市委常委、常务副市长冼瑞伦（前排右三）到高明调研，视察西坑水库除险加固工程建设工地。

2009年3月13日，佛山市市委书记林元和（左三）深入高明企业开展调研活动。

领导关怀

2009年4月17日，佛山市副市长麦洁华（右四）到更楼镇检查新卫生院建设情况。

2009年4月30日，省发改委主任李妙娟（右一）到高明区进行旅游资源考察。

2009年5月25日，区委书记马亮照（前排右四）检查区内防御暴雨工作。

2009年6月5日，区长潘志文（前排右一）检查高考考场。

2009年6月11日，市政协副主席苏明实（右七）出席香港福富利（亚洲）有限公司助建明城镇盈富幼儿园捐款仪式。

2009年6月17日，省政协调研组到高明开展溢油应急处置工作调研。

领导关怀

2009年9日3日，市教育局局长李亚娟（前排中）到富湾中学开展调研工作。

2009年10月22日，省人口计生委副主任云斌等领导到高明调研。

2009年11月24日，佛山市发改局副局长李厚成（右二）到高明检查省、市重点项目的建设情况。

2009年12月3日，省教育厅厅长罗伟其（左三）视察省纺织学院建设情况。

2009年12月9日，佛山市市长陈云贤（右二）、区长潘志文等领导到高明富湾检查排涝泵站建设情况。

2009年12月16日，国家人口计生委技术司副司长许梅林（左一）到高明指导工作。

2009年1月16日，中共佛山市高明区委十届五次全体（扩大）会议召开。

2009年2月10日，政协高明区八届四次会议召开。补选区惠娘（前右一）为高明区政协主席。

2009年2月18日，中共佛山市高明区第十届纪律检查委员会第四次会议召开。

2009年2月11日，佛山市高明区第十三届人民代表大会第四次会议召开。

2009年2月25日，区召开学习《珠江三角洲地区改革发展规划纲要》报告会。

2009年4月20日，区召开深化农村体制改革工作会议。

2009年3月4日，区召开宣传文化工作会议。

2010年1月15日，区召开人口与计划生育工作会议。

2009年3月31日，区召开依法治区工作会议。

2009年4月8日，区教育现代化扩大会议召开。

2009年4月20日，区召开三防工作会议。

2009年4月27日，区召开第二批深入学习实践科学发展观活动转入分析检查阶段工作会议。

2009年6月10日，区召开2007、2008年度党政领导干部履行基础教育职责述职报告会暨民意测评会。

2009年9月2日，区召开信访工作会议。

2009年9月23日，区召开深入学习实践科学发展观活动第二批总结暨第三批动员大会 。

重要会议

2009年10月13日，区委召开中心组学习贯彻党的十七届四中全会精神专题学习会。

2009年12月8日，区召开居民社会养老保险会议。

2009年12月21日，区召开实施公职人员问责制工作动员大会。

2009年12月30日，区政府召开机构改革工作动员大会。

2009年3月12日，区领导参加义务植树活动。

2009年3月21日，区委宣传部、区文明办和区建设局联合举办了“妆点家园 美丽高明”活动。

2009年3月2日，高明区举行第二届妇女运动会。

2009年4月10日，区长潘志文对区水利工程建设资金筹集进行调研。

2009年4月18日，香港科技大学副教授区子廉博士应邀回乡在沧江中学作专题讲座。

2009年4月29日，区公务员心理健康专题讲座在影剧院举行。

2009年6月9日，区委书记马亮照与网友在线交流。

2009年6月16日，区人大领导视察重点水利工程建设情况。

2009年7月16日，区残运会开幕。

2009年9月2日，“向日葵”助学奖学基金举行启动仪式。区为成绩优秀学生颁奖。

2009年9月1日，区举行“迎国庆万人上路保平安”誓师大会启动仪式。

2009年8月28日，举行程氏奖学金颁奖仪式。

2009年9月6日，区举办“要明鹤兴”县域经济一体化发展论坛。

2009年9月8日，区举办2009年教师节座谈会。

2009年9月21日，区举行第四届读书节闭幕式。

2009年9月23日，区举行“首届全民歌唱总决赛”。

2009年9月26日，区委宣传部、区文联在荷城街道西安实验小学举行“祖国在我心中”千人现场绘画庆国庆大型活动。

2009年10月1日，区举行庆祝新中国成立60周年升国旗仪式。

2009年10月28日，区政协举办建国60周年暨纪念高鹤粤剧团成立53周年文艺晚会。

2009年11月7日，在高明举行“魅力佛山·秋色辉煌”大巡游活动。

2009年12月11日，市、区人大代表一行视察荷城街道泽英小学。

2009年12月18日，区举行第三届房地产业博览会暨品牌车展。

2009年2月17日，市教育局副局长苏年福率领督查组到高明区检查教育现代化建设工作的情况。

2009年3月22日，香港顺龙仁泽基金会、区慈善会举行助学金发放仪式。

2009年4月15日，区公路局举行“国家文明单位”挂牌仪式。

2009年5月21日，高明参加佛山城市可经营项目投资推介洽谈会暨签约仪式。

2009年6月10日，区举行金谷朗旅游度假区奠基仪式。

2009年6月25日，区举行广东纺织职业技术学院高明校区奠基仪式。

2009年7月29日，广东省教育督查组领导到高明检查高明教育现代化建设工作。

2009年9月30日，区慈善会举行2009年困难大学生助学金发放仪式。

2009年10月17日，区举行2009年五项污水处理厂建设项目完工投产典礼活动。

2009年12月23日，区人大代表视察污水处理厂。

2009年2月7日晚，区政府在香港会展中心举行新春酒会。

2009年2月23日，区工商联举办己丑年春茗活动。

2009年3月24日，重庆考察团访问高明。

2009年3月29日，旅港高明同乡会在香港九龙弥敦道伦敦大酒楼举办联欢敬老大会。

2009年4月15日至16日，区组团赴深圳市南山区，考察学习教育现代化建设工作经验。

2009年5月22日，英国彼特伯勒市教育代表团访问高明。

2009年6月4日，区举办“高要市与高明区”环保合作交流会。

2009年3月6日，区组团到南海区西樵镇考察学习行政服务工作经验。

2009年9月10日，区政府组团赴澳门出席高明同乡会举行六届理监事就职典礼。

2009年9月3日，高明与新兴两地举行教育对接合作交流会。

2009年9月12日，区政府组团前往云南省昆明市考察。

2009年9月21日，区政府举办庆祝中国人民政治协商会议成立60周年座谈会。

2009年10月16日，香港通善坛人员参观高明区中医院并举行座谈交流活动。

2009年10月26日，英国校长团访问高明小学。

2009年11月28日，区组团赴珠海出席高明乡亲联谊酒会。

2009年12月13日，香港半山区扶轮社到高明开展敬老联谊活动。

2009年1月2日，省文物专家到古耶贝丘遗址调研。

2009年12月4日，香港佛山工商联会到更合千禧小学开展访问助学活动。

2009年11月3日，区发展和改革局到肇庆市封开县大洲镇大播村进行扶贫调研。

2009年1月16日，广东溢达纺织有限公司博士后工作站举行揭牌仪式。

2009年1月21日，区56户计生光荣户获首批廉租房配租登记。

2009年2月3日，区人事局与区职业培训就业局联合举办春季专场招聘会。

2009年2月19日，荷城街道仙村文化大楼落成。

2009年2月9日，区举行元宵烟花文艺晚会。

2009年2月24日，少先队佛山市高明区第四届三次全委（扩大）会议在明城镇明城小学召开。

2009年2月26日，区人民医院举行外科首席专家聘任仪式。

2009年3月3日，区教育系统召开推进教育现代化建设工作动员大会。

部门工作掠影

2009年3月5日，区青年就业创业见习基地举行揭牌仪式。

2009年3月13日，团区委、区农村信用社举办高明区农村青年创业贷款项目签约仪式。

2009年3月14日，区宣传、文化部门举行激情沧江，文化暖流进基层、进企业仪式。

2009年3月25日，佛山市海事局CCTV视频系统高明分中心投入运作。

2009年3月27日，区宣传、文化部门举行2009魅力大舞台·文化周末系列活动。

2009年1月16日，区举行文学艺术界迎新春文艺晚会暨送戏活动启动仪式。

部门工作掠影

2009年3月31日，区教科培中心在杨和镇杨梅小学举办全区小学课堂教学有效性研究交流活动。

2009年4月2日，区环保局聘任首批环境义务监督员。

2009年3月25日，区海事局在平沙渡口开展“拒绝非法渡运”宣传。

2009年4月24日，“信合杯”第二届高明羽毛球公开赛在区体育馆举行。

2009年5月4日，区举行五四欢乐嘉年华活动。

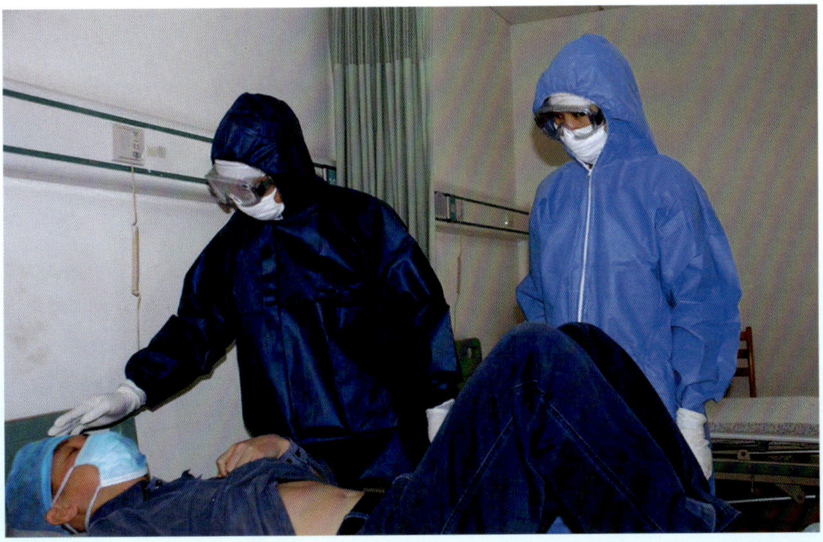

2009年5月7日，区卫生局举行甲型H1N1流感医疗救治演练。

2009年4月21日，区疾病防控中心在学校开展健康知识讲座。

2009年5月10日，区有关部门举行西坑水库下游群众防汛安全转移演练。

2009年5月11日，区纪念中学通过档案目标管理省特级考评。

2009年5月14日，区卫生局开展防治碘缺乏病日义诊咨询活动。

2009年5月16日，区体育局举办第一期篮球裁判员培训班。

2009年5月23日，石洲村委会举行“新家庭文化屋”揭牌仪式。

部门工作掠影

2009年5月，区体育局组队参加市龙舟赛。

2009年6月5日，区举办世界环境日自行车环城宣传活动。

2009年6月11日，区举行2009“休渔放生节”主题活动。

部门工作掠影

2009年6月11日，区举办2009年纺织、塑料行业专场招聘会。

2009年6月18日，高明、高要两地团委在肇庆签订《高明区、高要市共青团工作合作框架协议》。

2009年6月18~19日，区四家陶瓷企业顺利通过职业卫生评审验收。

部门工作掠影

2009年6月29日，区卫生志愿服务队开展迎“七一”社区义诊活动。

2009年8月4日，区召开防御台风“莫拉克”工作会议。

2009年8月8日，为庆祝我国首个全民健身日，区体育局举办“全民健身共享快乐”系列体育健身活动。图为“体育健身项目展示晚会”节目——击剑表演。

2009年8月25日，区海事处对非法夹带危险化学品运输展开专项整治检查。

2009年9月8日，区举行第三届激情沧江青年辩论大赛决赛。

2009年9月4日，高明区荷城街道第一小学新教学楼落成庆典。

2009年9月26日，区举行千人书画活动。

2009年9月24日，区人民医院医生陈小桃被授予“全国三八红旗手”光荣称号。

2009年10月13日，高明区、高要市、鹤山市、新兴县四地发改局工作交流座谈会在高明区发改局召开。

部门工作掠影

2009年11月5日，高明海事处在高明区举办“水上溢油应急培训班”。

2009年11月6日，区召开创建《南粤锦绣工程》文化先进县工作会议。

2009年11月17日，区聘请网吧义务监督员。

2009年11月18日，区青年联合会第三届第一次全体会议召开。

部门工作掠影

2009年11月30日，第三次全国文物普查实地文物调查阶段验收工作会议在本区召开。

2009年10月28日，新市医院新住院大楼落成投入使用。

2009年12月2日，区在学校开展甲流疫苗接种工作。

2009年12月4日，区表彰文化宣传志愿者。

2009年12月4日，明城镇明阳村委会、新岗村委会，更合镇珠塘村委会，合水镇水井村委会荣获佛山市生态示范村称号。

2009年12月16日，团市委、市教育局、市少工委的领导到西安实验小学召开中小学团队工作调研座谈会。

2009年2月12~13日，区举行“破冰之旅——青春相约”未婚青年大型户外联谊活动。

2009年12月25日，区新妇幼保健院举行奠基暨动工仪式。

广明高速通车

2009年6月25日，广明高速（西樵至更楼段）举行通车典礼，广明高速（西樵至更楼段）是高明境内的第一条高速公路，始于西二环高速公路，经南海区西樵镇，三水区白坭镇，到高明区荷城街道、明城镇和更合镇，止于更合镇白石，与省道S273相连，与建设中的江肇高速公路相交，全长42公里，双向六车道。广明高速是高明与广佛都市圈的高速路，同时实现了高明各镇、街在15分钟上高速，镇、街30分钟联通。

2009年1月15日，富湾大桥合拢庆典。

2009年6月20日，区举行广明高速通车前试驾体验活动。

2009年6月25日，广明高速公路举行通车典礼。

广明高速之富湾大桥路段

佛山旅游文化节

——高明篇系列活动

2009年10月17日，2009佛山旅游文化节高明篇系列活动在荷城街道举行，两万多名游客共创“世界吉尼斯之最”规模最大的濑粉品尝活动，同时举行高明、高要、鹤山、新兴四地旅行社签约合作，共同推广“要明鹤兴”四地美景。

佛山旅游文化节高明篇开幕式

佛山旅游文化节高明篇活动现场

游客在现场观看濑粉制作

游客在品尝高明濑粉

上海大世界吉尼斯总经理王以卓向高明区人民政府颁发“世界吉尼斯之最”（规模最大的濑粉品尝活动）证书。

西江新城

2007年7月，高明区委、区政府提出开发“西江新城”构想。2008年初，启动新城区规划及城市设计国际竞赛。2008年6月，经国内外知名专家审核确定，由上海同济城市规划设计研究院、广州市城市规划勘测设计研究院、法国AAUPC建筑规划事务所联合体的设计方案为优胜方案。2008年8月，以优胜方案为蓝本，广泛征求社会各界的意见，吸取其他参赛方案的优点，进行修订、补充，形成《佛山市高明西江新城总体规划》，于2009年4月，经专家评议、确定，2010年1月，提请区人大常委会审议、通过。

2009年，西江新城共融资23.25亿元，实际到账17.75亿元。至年底，西江新城工程建设投入共7.321亿元，市政工程建设全面铺开。

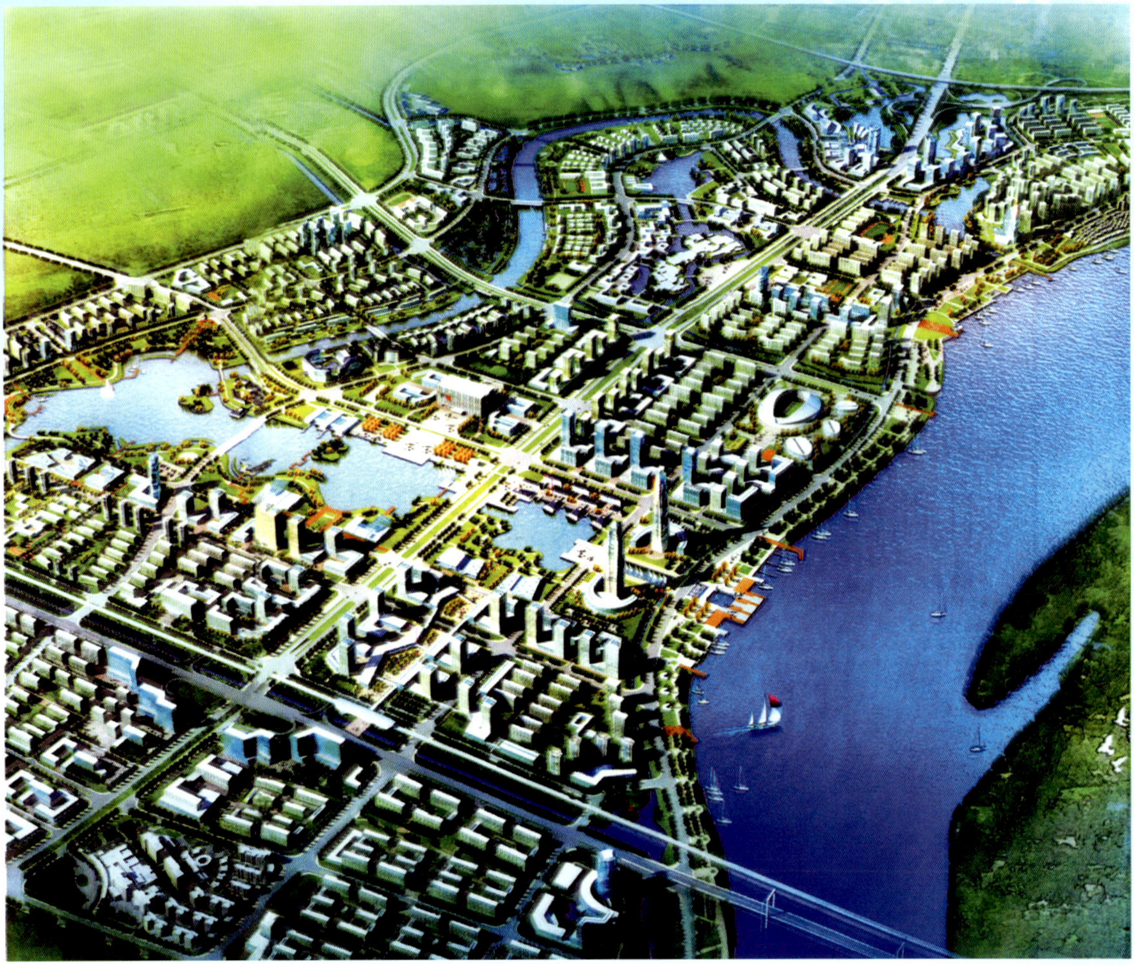

高明西江新城——总体平面效果图

高明西江新城——公共活动中心总平面图

高明西江新城——商务中心效果图

沧江工业园

高明沧江工业园区成立于2002年7月，是“国家火炬计划新材料产业基地”，2008年2月被纳入佛山高新区“一区六园”的新管理架构，成为国家高新技术产业开发区。年内，园区引进企业项目5个，其中外资项目2个，合同投资总额2.56亿元（其中外商投资1800万美元），新引进项目平均投资强度260万元/亩；增资扩产企业2家（骏鸿纺织印染有限公司二期和亿龙塑胶有限公司增资项目），增资总额2.45亿元。全年园区实现工业总产值285亿元，比上年增长22.1%。

2009年12月9日，佛山市市长陈云贤到沧江工业园考察调研。图为园区内高新技术企业——塞纳自动梯有限公司负责人向陈云贤介绍企业的生产流程和运作情况。

2009年12月30日，沧江工业园第三污水处理厂落成典礼。

2009年12月26日，清华大学总裁考察团一行30多人到沧江工业园进行考察。图为考察团合影。

荷城街道办事处

荷城街道办事处位于高明东部，西江之滨，是高明区委、区政府驻地，全区政治、经济、金融、科技、教育、文化和信息中心，也是佛山市西江组团重要组成部分。荷城街道下辖14个社区居委会、14个村委会，总面积178.18平方千米，占全区面积的18.5%，年末总户籍人口16.17万人，占全区总人数的55.10%。年内，实现地方生产总值（GDP）234.38亿元，比上年增长18.51%；工业总产值757.41亿元，比上年增长23.25%；固定资产投资68.96亿元，比上年增长28.66%，工商税收收入17.29亿元，比上年增长26.65%；农业生产总值6.55亿元，比上年增长5%，农村人均收入7522元，比上年增长11.8%。

2009年1月19日，荷城街道召开2008年工作总结会。

2009年5月27日，荷城街道领导班子和村（居）委书记、主任视察水利建设工程。

2009年11月25~27日，荷城街道顺利通过"广东省教育强镇"复评验收。

2009年12月31日，举行民生热线走进镇(街)活动。

明城镇

明城镇位于高明区中心腹地，区域优势日益突出，珠肇公路和广高公路横穿全镇，坐拥高速公路优势，广明高速和江肇高速公路在明城工业园区交汇通过，直接广佛都市圈，交通非常便利。明城镇下辖1个居委会，11个村委会，150条村（居）民小组，总面积173.76平方千米，占全区面积的18.1%；年末总户籍人口42000人，占全区人口的14.33%。年内，实现地区生产总值36.43亿元，比上年增长18.3%；规模以上工业总产值127.65亿元，比上年增长24%；工商税收在关闭7间水泥厂减少税源情况下，税收与上年基本持平并略有增长，实现税收收入1.611亿元；农村人均收入7167元，比上年增长11.8%；固定资产投资19.5亿元，比上年增长25.8%；招商引资项目10个，合同投资金额14.19亿元；合同利用外资352.55万美元，实际利用外资1116.06 万美元，完成全年任务的101.5%。

2009年7月7日，佛山市市长陈云贤等领导考察江肇高速明城路段将军山隧道。

2009年3月31日，市天然气利用工程高明段管线在明城工业园内正式开工建设。

2009年6月30日，中共明城镇委举行纪念建党88周年暨表彰先进、新党员入党宣誓仪式。

2009年8月5日，明城镇举行2009年夏季大型现场招聘会。

杨和镇

杨和镇地处佛山市高明区腹地，位于广（州）海（安）中线与江（门）肇（庆）线的交汇处，东、北与区政府所在地荷城街道相连，南与鹤山市龙口镇相邻，西与明城镇接壤，属高明区三大组团（中部组团）之一。杨和镇下辖3个居委会、7个村委会，105条自然村，总面积233.14平方千米，占全区面积的24.28%；年末总户籍人口32000人，占全区人口的10.91%。年内，实现地区生产总值62.21亿元，比上年增长19.2%；工业总产值243.37亿元，比上年增长22.7%；税收收入2.058亿元，比上年略有增长；固定资产投资27.09亿元，比上年增长23.28%；实际利用外资2525.25万美元，合同利用外资568.07万美元。农业总产值5.3亿元，比上年增长9%。

2009年1月19日，杨和镇第十二届人代会第六次会议召开。

2009年9月1日，高效轧制国家工程中心高明分中心在杨和镇基业公司挂牌成立。

2009年11月13日，杨梅水厂扩建暨水厂至高明大道段DN800给水管道敷设工程竣工启用仪式。

2009年12月15日，杨和镇召开推行居民养老保险会议。

更合镇

更合镇地处高明西部，位于珠江三角洲城镇群东西两翼交汇中轴位置，北接高要，南邻鹤山，西连新兴，广明高速公路、省道广高线纵贯镇内，至高明中心城区荷城35公里。更合镇下辖19个村委会，3个居委会，184条自然村，总面积354.56平方千米，占全区面积的36.9%；年末总户籍人口61000人，占全区人口的20.80%。年内，全镇实现地区生产总值55.07亿元，比上年增长18.1%。工业总产值187.6亿元，比上年增长20.51%，全镇工业产值超亿元企业41家，超10亿元企业3家。固定资产投资23.55亿元，比上年增长27.3%。工商税总收入1.37亿元，地方本级财政收入4709万元，其中诚德特钢、万和电气、炜林纳等3家企业税收超1000万元。

2009年1月14日，佛山市高明区更合镇第十三届人民代表大会第六次会议召开。

2009年4月21日，举办高明区农村青年劳动技能大赛启动仪式暨更合镇专场比赛。

2009年8月11日，更合镇召开推进教育现代化建设工作动员会。

2009年12月4日，举行千禧小学建校10周年暨香港佛山工商联会回乡访问团助学活动。图为香港佛山工商联会向千禧小学贫困学生发放助学金。

彩页索引

目 录

特 载

概 况

大事记

政　治

区领导机关

民主党派·群团组织

政　法

基础设施建设

交通·邮电

水利·供电·供水

城镇建设

经　济

经济管理

财政·税务

金融·保险·证券

科教文体卫

科技·教育

目录

文化·体育

卫生

社会生活

民政·劳动和社会保障

镇(街道)概况

镇(街道)概况

先进单位、先进个人

先进单位

先进个人

社会经济统计资料

社会经济统计资料

文献选编

文献选编

拼音主题索引

特　　载

再造新优势　争上新台阶　努力开创高明科学发展新局面

——2010年1月19日在中共佛山市高明区委十届七次全会上的报告

中共佛山市高明区委书记　马亮照

同志们：

这次全会的主要任务，是贯彻落实省委十届六次和市委十届八次全会精神，总结去年工作，研究部署今年工作，以科学发展观为指导，动员全区人民进一步解放思想，全面落实《规划纲要》，再造新优势，争上新台阶，努力开创我区科学发展新局面。现在，我代表区委常委会向全会作报告，请予审议。

一、2009年主要工作

2009年是我区进入新世纪以来面临发展压力和挑战最大的一年。面对国际金融危机的严峻考验，区委正确决策，积极应对，带领全区上下在发展格局大调整中抢抓机遇，在重重困难中逆势而上，经济社会保持平稳较快发展。一年来，我们的主要工作突出体现在以下五个方面：

以“抓项目、保增长”为方针，在应对国际金融危机的挑战中初步实现率先突围。面对金融危机的冲击，区委紧紧抓住项目引进和落实这一核心不放松，变压力为动力，化挑战为机遇，推动经济企稳回升。预计2009年全区实现生产总值388.05亿元，增长18.5%（绝对数按当年价，增幅按可比价计）；全社会固定资产投资总额145.82亿元，增长24.0%；实际利用外资1.15亿美元，增长14.7%；税收总额33.18亿元，增长42.3%；地方财政一般预算收入11.80亿，增长17.9%，发展速度和效益实现同步提升。抢抓政策机遇，落实重点项目立项150个、融资金额47亿元，均创历年之最。招商引资质量得到新提升，工业用地每亩投资强度突破200万元。大力扶持骨干企业做大做强，全年增资扩产项目16个，增资总额19.75亿元。大税源培育工作成效显著，税收超1亿元企业增至4家。实施自主创新五大工程，高新技术产业产值突破500亿元。利用中小企业信用担保基金帮助企业解决融资难问题，促进中小企业发展。

以贯彻落实《规划纲要》为动力，交通和城市基础设施建设再上新水平。确立“东靠西连”[1]区域发展新思路，推动《规划纲要》实施

(1)东靠西连：2009年区委、区政府以开展深入学习实践科学发展观活动为契机、结合《规划纲要》的贯彻实施提出的区域发展新思路。“东靠”，就是要以交通建设为突破口，切实打破区域交通瓶颈，积极主动拉近与广佛核心圈的时空距离，加快融入广佛同城化进程；“西连”，就是要以推动“要明鹤兴”一体化发展为突破口，进一步发挥高明承东启西的作用，拓展高明发展空间，加快融入广佛肇一体化进程。

一年开好局。一方面，积极争取省、市政策支持，确立了加快融入广佛都市圈的十项重点工程[1]，为高明加快融入广佛同城化进程创造更为有利的条件。另一方面，主动、大胆探索区域合作新路径，成功举办“要明鹤兴”区域一体化发展论坛，开省内县级区域探索合作共赢先河。全区累计投入交通建设资金15亿元，以广明高速高明段竣工通车为标志，高明迈入高速公路时代。西江新城完成总体规划，区职业技术学校新校区、广东纺织职业技术学院等23项重点工程全面动工。启动16项城市“三旧”改造项目。电力基础建设成效显著，全年完成电力投资5.95亿元，创历年之最。全面完成土地利用总体规划修编。

*以实施“八大惠民工程”为抓手，各项民生事业发展取得新成效。*着力推进“八大惠民工程”，完成170条自然村改水工作，建成112套廉租房，全面实施门诊医保“一卡通”，镇(街道)公立卫生院(社区卫生服务中心)改造建设顺利推进。进一步提高城乡低保标准。全面实施居民养老保险制度。教育现代化建设顺利推进。节能减排工作成效明显，总投资5.5亿元的五项污水处理工程竣工投产，日新增污水处理能力10.5万吨。“三年促变、绿地高明”取得阶段性成效，完成绿化面积66万平方米。高起点建设镇(街道)综治信访维稳中心。安全生产、防控“甲流”、食品药品安全等工作取得新成效。完成494个农村集体经济组织规范工作。

*以深入学习实践科学发展观为契机，党的建设焕发新活力。*过去一年，区委认真贯彻党的十七届四中全会精神，深入推进第二、第三批学习实践活动，化解了一批突出问题，形成了科学发展的新共识。切实加强基层组织建设，提高农村(社区)“两委”工资补贴，公开选聘高校毕业生到农村任职，夯实基层发展基础。狠抓机关作风建设，强力推进主办部门负责制，累计完成主办事项126项。深入实施“三项重点”工作制度，促进了区委中心工作的落实。强化联点挂钩工作，促进基层发展和稳定。推行无会日制度，区级统筹会议下降38%；努力精简文件，各类规范性文件减少30%。实施向区直部门派驻纪检组长(纪工委书记)制度，反腐倡廉体制机制建设进一步加强。制定公职人员问责制，为进一步提升机关效能奠定基础。

*以树立科学用人观为指导，干部队伍建设呈现新气象。*把加强干部队伍建设作为一项重要任务，认真贯彻执行《党政领导干部选拔任用工作条例》，严格干部选拔任用程序，防止选人用人上的不正之风。深化干部人事制度改革，探索推行“两推荐一述评”方式公开选拔领导干部。完善镇(街道)领导班子工作实绩考核以及机关效能和机关作风建设考核机制。坚持区管干部任免区委常委会讨论制度，一年来常委会讨论区管干部任免18次，决定任用和票决干部83人次。

过去一年，在种种压力和困难面前，我们初步实现率先突围，成绩来之不易，值得倍加珍惜。在危机面前，我们深深体会到，区委善谋全局、果断决策，确立和坚持正确的工作方针，是我们战胜困难的重要前提；牢牢抓住项

---

(1)融入广佛都市圈十项重点工程：即禅高快速路、一环西延线、广明高速西延线、珠三角城际轻轨肇顺南线高明至南沙段、佛山地铁(城市轨道)二号线南庄至荷城段、西江组团规划协调、沿江路以东区域旧城改造防洪控制线规划、盘活土地资源和提高土地集约利用水平、富湾综合货运码头规划建设和中油高富码头规划建设。

目核心不放松，全力确保经济平稳较快增长，是我们战胜困难的重要抓手；始终坚定发展信心不动摇，迎难而上抢抓政策机遇，在发展格局大调整中争抢先机，是我们战胜困难的重要法宝；各级领导干部团结一致，保持干事创业的良好氛围，是我们战胜困难的重要保障。在应对危机中形成的这些经验，为我们今后进一步探索科学发展新路子、开创科学发展新局面提供了宝贵财富。

我们同时也要清醒认识到，全区经济在危机冲击下的率先突围只是初步的，一些影响经济社会发展的深层次问题依然存在并在危机中进一步凸显：一是产业结构优化调整压力增大，第三产业发展明显滞后，成为经济发展的重要制约因素；二是城市、园区基础配套建设力度不足，对大项目的吸引力提高不快；三是一些历史问题未能有效化解，拖了发展后腿；四是机关作风建设存在较多薄弱环节，行政效能仍有待提升。对这些问题，我们必须高度重视，在今后工作中努力解决。

二、正确分析和把握形势，进一步明确经济社会发展的目标任务

今年是“十一五”规划的最后一年，是推动《规划纲要》落实向纵深发展的关键一年，也是谋划“十二五”规划并为其打牢基础的重要一年，全区经济社会发展面临新形势和新要求。区委认为，今年总体形势和环境对我们发展较为有利。金融危机影响逐步减弱，世界经济复苏步伐加快；中央继续保持宏观经济政策的连续性和稳定性，坚持扩大内需，继续实施积极财政政策和适度宽松货币政策，为我们加快发展提供了有利环境；《规划纲要》深入实施，为我们进一步完善交通基础建设、加快融入广佛都市圈提供了新的动力和机遇；在应对金融危机中，我们储备和落实了一批重点项目，骨干企业增资扩产势头强劲，积聚了发展的新能量，为加快发展打下了扎实基础。

但是，我们也要对经济社会发展中面临的一些新挑战保持足够清醒的认识。金融危机所带来的影响仍将在一段时期存在，宏观经济环境仍有较多不确定因素；在珠三角一体化不断加快的形势下，我区在项目、人才等方面面临更趋激烈的区域竞争；随着经济社会的快速发展，土地等资源瓶颈制约会更趋突出，转变经济发展方式的任务和压力将加大。

综合各种因素，今年经济增长预期目标是17%左右。这一增长目标，体现了我区把经济工作重点放在转变发展方式、促进转型提升的现实要求，同时也延续了去年以来的平稳较快发展态势，是实事求是和符合高明发展实际的。

适应新的形势和任务，今年工作的基本方针是：优环境、强项目、促提升。优环境，是引进大项目、促进发展方式转变的基本前提，是提升区域发展综合吸引力和竞争力的基本要素。发展环境的优化既要在交通、城市等硬环境上不断完善提高，又要在政府服务和行政效率等软环境上有质的提升。强项目，是高明经济社会发展的核心。今后一段较长时期，我们要把抓项目的重点放在提升项目质量和效益上，集中精力和资源引进一批大型优质项目；要以提升全区自主创新能力为抓手，做大做强一批骨干龙头企业，提高经济发展综合实力。促提升，是新形势下推动发展方式转变的重大战略任务，既包括产业规模与质量的提升，也包括城市形象与品位的提升；既包括城乡差别、区域差距的缩小，以及人民生活水平的提高，又包括体制机制的日趋完善等等。这些都要作为今后全区经济社会发展的

重点加以着力推进。

今年在抓好各项工作的基础上，我们还要高起点组织编制好"十二五"规划。"十二五"规划的编制，要坚持以科学发展观为指导，全面贯彻落实《规划纲要》，围绕建设"新兴产业之城、岭南山林水都"，突出三个"更加兼顾"，即在继续坚持以招商引资为核心的同时，更加兼顾城市建设与管理水平的提升；在继续坚持以工业立区为核心的同时，更加兼顾发展第三产业；在继续坚持以改善民生为核心的同时，更加兼顾城乡统筹，努力以更开阔的思路、更得力的举措，转变发展方式，加快自主创新，优化产业布局，统筹城乡发展，全力消除发展中的薄弱环节和瓶颈制约，在更高起点上谋划高明的和谐跨越事业。

三、全面贯彻落实《规划纲要》，努力开创高明科学发展的新局面

今年是实施《规划纲要》"四年大发展"的关键一年。我们要以勇于创新的精神，深入实施"东靠西连"区域发展新思路，以《规划纲要》的全面推进为主要抓手，大力推动"两转型一再造"，加快融入广佛都市圈，努力在探索县域经济一体化实践中做出新成绩，促进高明经济社会发展再上新台阶。

（一）提升项目引进落实水平，着力转变经济发展方式。以大型优质项目的引进和落实为主抓手，进一步增强全区的自主创新能力，逐步实现经济发展从"要素驱动"向"创新驱动"转变，加快"新兴产业之城"建设步伐，努力构建现代产业体系。

坚定不移推动"大招商、招大商"。创新招商引资手段，着力引进一批知名度高、发展潜力大、带动能力强的大型优质项目，推动全区产业结构的优化升级。围绕七大支柱产业，大力推动以商引商，通过引进一批产业关联度高的配套项目，推动支柱产业做大做强。切实加大沧江工业园基础设施配套力度，增强园区对大项目的承载力；加快佛山精品陶瓷产业园高明示范园区的规划建设，年内要实现引入两家以上精品陶瓷企业的目标；加快盈富产业园的建设步伐，力促首批进驻企业在年内正式动工。积极扶持行业龙头企业增资扩产，确保海天公司小调味园和酱油二期、中油高富技改扩容等重点增资扩产项目在年内投产。力争通过三年左右的努力，在培育产值超100亿元、税收超10亿元的大型龙头企业上取得突破。

大力促进自主创新。高明正处于发展转型的关键时期，只有大力开展自主创新，才能突破发展瓶颈，实现产业转型提升和发展方式的转变。完善自主创新平台建设，抓好"高明（中科院）新材料专业中心"、"高效轧制国家工程中心高明分中心"和"炜林纳院士专家工作站"三大重点创新平台的完善。加快推进高明科技中心建设，引导企业与高校院所开展广泛合作，提升企业和产业发展水平。高度重视科技人才的引进和培育，科技、人事等部门要进一步解放思想，年内要研究制定出有利于推动全区自主创新的人才引进和培育新举措，完善促进自主创新的体制机制。积极扶持企业改制上市，力争在推动本土企业上市上取得突破。

抓好重点项目推进落实。坚持一手抓新项目引进，一手抓存量项目落实。全力推进去年以来储备的一批重点项目落实，确保所融资金迅速投入建设，形成发展新动力。要强化重点项目落实跟进责任制，建立重点项目报建绿色通道，为项目落实营造优质服务环境。加强对重点融资项目动工建设的督查，要每季度检查项目推进进度，对推进不力的实行问责。继续紧盯国家投资导向，瞄准城镇化建设、自主创新、节能减排和低碳经济等重点投资领域，再精心策划包装一批新项目，全力争取国家和省政策资金。

全面提升现代服务业发展规模和水平。切实提高服务业在三次产业结构中的比重，形成工业带动服务业、服务业促进工业的良性互动新格局。大力发展休闲旅游业，加快金谷朗、泰康山等重点休闲旅游项目建设，加快深步水水库开发，打造一批高层次龙头景点。充分挖掘历史文化资源，把文化产业与旅游业有机结合起来，加快培育具有高明特色的文化旅游项目。以碧桂园凤凰酒店和富逸湾商务酒店为龙头，加快培育区内五星酒店群体，努力把高明建设成为珠三角富有特色的生态旅游和商务休闲基地。适度加快房地产业发展，大力引进和培育一批精品项目，提升房地产业的发展层次和水平。加快发展现代商贸流通业，以荷城商圈建设为龙头，大力培育和引进若干大型购物中心和商务项目，打造有高明特色的现代商贸流通体系。配合工业化、城市化发展的需要，积极发展面向企业的物流、金融、科教及信息服务业，为产业发展完善配套。

(二)加快城镇化步伐，着力推进城市发展转型。坚持一手抓产业发展，一手抓城市建设管理，以打造精品城市为目标，加快“岭南山林水都”城市建设。

提升城市规划水平。坚持高起点规划、高标准建设城市，提高城市重点区域控制性规划覆盖率。进一步提升规划制定的科学性和可操作性，确保其发挥引领城市发展的龙头带动作用。加强对城乡发展各项规划实施的监管，切实维护规划的严肃性和权威性。积极争取上级支持，探索建立西江组团多方参与的环境保护协调机制，加大对西江两岸开发建设和西江组团规划建设的统筹协调力度，促进西江沿岸有序开发和区域协调发展。

加快城市化发展步伐。继续完善西江新城规划，切实抓好荷富大道扩建、秀丽河景观建设等重点基础设施建设。以西江新城被纳入全市12个重点规划建设现代服务业片区为契机，全力推进新城招商引资，争取在引入大型优质房地产项目和大型购物中心等现代服务业上取得突破，着力打造西江新城综合服务区，进一步扩大其影响力。用好、用活、用足省、市“三旧”改造政策，加快探索具有高明特色的“三旧”改造模式。重点抓好三大旧城改造项目的推进，其中，沿江路以东区域要全面启动拆迁工作；旧汽车客运站区域要完成首期工程建设和拆迁居民的安置，并启动二期工程建设；三洲旧区改造要在高起点规划的基础上，启动首期项目的拆迁和招商，推动该区域改造全面铺开。

全力提高城市精细化管理水平。建立健全城市“大综管”机制，实施城市精细化管理四大工程。一是城市数字化管理工程。年内基本建成数字化城市综合管理与指挥系统，提高城市管理的快速反应和处置能力。二是违法建设整治工程。强力遏制城乡乱搭乱建和抢搭抢建现象，重点加强西江新城、城市主干道等关键区域违法违规建设的整治。三是“城中村”整治工程。对全区“城中村”管理状况进行全面梳理，由城管委牵头，年内制定加强“城中村”管理的实施意见，理顺管理体制，探索管理新模式，加快解决这一老大难问题。四是内河涌整治工程。切实加强城市水利基础设施建设，加快城市内河涌整治和电排改造进度，切实解决中心城区的内涝问题。同时，要全面推进全国无障碍建设城市创建工作，确保在年内顺利通过考核验收。

全面启动绿道[1]网工程。推进绿道网建设，是省委十届六次全会的重大部署，是一项功在当代、利在千秋的重大举措。我们要以珠三角绿道网建设的全面启动为契机，加快推动区内绿道体系建设。区规划、建设等有关部门，要结合《珠三角绿道网总体规划纲要》，按照“生态化、本土化、多样化、人性化”的要求，既要主动配合省绿道规划的建设，又要迅速制定有高明特色的全区绿道网建设总体规划。绿道网的建设要充分利用好高明生态和旅游资源，通过规划建设若干覆盖全区的骨干绿道，将主要的森林公园、自然保护区、风景名胜区、郊野公园和历史文化遗迹等节点有机串联起来，构建起集保护生态、改善民生和发展经济等多种功能于一体的绿道网络，使配套完善的绿道网成为我区城乡建设的新亮点和休闲旅游的新热点。启动“再造沧江”工程，切实加强对沧江及其沿岸的综合治理、保护和开发力度，解决沧江污染日趋恶化的局面，力争在“十二五”期间，逐步将其打造成珠三角富有魅力的百里绿色生态长廊，促进宜居城乡建设。

（三）实施“三三二一”工程，着力推进交通环境再造。牢固树立“建设大交通、推进大发展”理念，把交通基础建设作为落实《规划纲要》、推进“东靠西连”的重要抓手，全力实施“三三二一”工程，加快构建“40•30•15”交通圈[2]，全面加快广佛同城化进程。

加快建设“三大快速干线”。高明与广佛同城，必须交通先同城。要想方设法利用各种资源，改造提升现有路网，尽快打通连接佛山中心城区的三大快速干线。全力推进一环南拓工程龙高公路和高明大道快速化改造项目，力争在年底前通车；继续大力争取市政府和兄弟区支持，加快推进禅高快速路的规划建设，力争在一两年内基本成型；积极争取上级支持，创造条件加快启动一环西延线建设。

加快推动“三大高速公路”。抓住广明高速东段全面动工的有利契机，年内全面启动西延线的征地拆迁工作，并促其早日动工。全力协调和支持江肇高速高明段各项工程建设，确保年内建成通车。积极配合江罗高速业主抓好高明段的规划建设，创造条件促其早日动工。

加快启动“两大轨道交通”。建设轨道交通是促进高明全面融入广佛都市圈的重大战略举措。加快推进珠三角城际轻轨肇顺南线高明至南沙段，以及佛山地铁二号线南庄至高明段两大轨道交通项目建设的前期工作，为项目早日纳入规划并立项奠定基础。积极争取上级政策支持，力争将两大轨道交通项目纳入到省、市“十二五”交通建设重点项目。

加快构建“高明小一环”。切实抓好区内骨干路网的建设和提升，利用现有主干路网构建围绕中心城区的环状快速交通圈，打造“高明小一环”，增强高明交通的对内连通和对外辐射能力。重点是要抓紧荷更大道荷杨段和杨西大道北延线规划建设，力争在2011

---

(1)绿道。绿道建设源自国外，是一种线形绿色开敞空间，通常沿着河滨、溪谷、山脊、风景道路等自然和人工廊道建立，内设可供行人和骑车者进入的景观游憩线路，连接主要的公园、自然保护区、风景名胜区、历史古迹和城乡居民居住区等。在省委十届六次全会第四次全体会议上，省委书记汪洋提出，从2010年开始，广东将用3年时间，在珠三角率先建成总长约1690公里的6条区域绿道，串联200多处景点。

(2)“40•30•15”交通圈：即通过完善区内、区外交通路网，实现从荷城前往广佛中心城区和佛山各区在40分钟以内，各镇前往荷城中心城区在30分钟以内，各镇（街道）在15分钟内上高速公路。

年左右建成东部交通的快速网环。加快区内主干道路与周边地区的无缝对接，为深入探索“要明鹤兴”县域经济一体化发展提供便捷的交通基础条件。

（四）加大城乡统筹力度，着力推进城乡一体化发展。统筹城乡发展是解决“三农”问题的基本途径。要以科学发展观为指导，切实把农村纳入全区经济社会发展统一规划中，通盘考虑、统筹解决，实现以城带乡、以工促农、城乡一体协调发展。

加快各镇（街道）城镇中心建设。当前和今后一段时期，要把积极稳妥推进城镇化，作为统筹城乡发展的突破口，促进农民融入城镇、有序转变为城镇居民。各镇（街道）要进一步明晰发展定位，努力增强中心城镇的集聚能力和对农村发展的辐射带动能力。荷城街道要重点抓好三洲旧区改造，拓展中心城区发展空间，与西江新城形成互动发展格局。杨和镇要利用好靠近中心城区优势，以积极扶持服务业发展为抓手，提高现有城镇中心发展水平。明城镇要加快国家小城镇经济综合开发示范镇建设，完善一河两岸城镇发展规划，突出历史文化名镇特色。更合镇要发挥好新行政中心的集聚作用，加大古城一带城镇化规划建设力度，力促西部组团行政商住中心区早日成型。

加快提升农村建设和管理水平。把农村规划发展纳入到全区城镇发展总体规划内，从今年起用两年左右的时间，完善全区的村庄发展规划，推进农村居住布局从松、散、乱状态向科学规划的新型社区形态转变。加快社会主义新农村建设步伐，支持旧村居、旧物业改造和农民公寓建设，年内要以塘伙村为龙头，建成一批辐射能力强、示范作用大的示范村。

不断深化农村各项改革。推进“两分两换”试点改革，加快西江新城“农村宅基地换商品房”首期200套城镇住房建设，争取年底前建成。深化规范农村集体经济组织管理，年内全面完成集体经济组织的规范工作。全面推进集体林权制度改革，确保今年10月底前基本完成林改目标。

大力发展农村社会事业。加大农村基础设施建设投入，将政府公共资源更多地投向农村，加快解决农村发展最急需、农民要求最迫切的饮水、教育、医疗等问题。实施村容村貌整治工程，逐步建立农村垃圾收集和处理机制，改善农村人居环境。加大农村富余劳动力职业技能培训，千方百计促进农民多渠道就业。

促进农业发展方式的转变。加大对现代农业发展扶持力度，逐步引导资金、技术、人才、管理等要素向农业、农村聚集。探索开展以土地承包经营权置换社会保障试点工作，集约利用土地资源，推进农业规模化经营。加大现代农业生态园招商引资力度，大力发展“公司＋基地＋农户”模式，提升农业产业化水平。加快发展都市生态观光农业，年内各镇（街道）要分别打造一个休闲旅游与生态农业有机结合的“农家乐”龙头项目。

（五）大力发展民生事业，着力推进和谐高明建设。在抓好发展第一要务的同时，必须坚持把改善和保障民生作为第一追求，大力推进富民强区，让群众得到更多实惠。

努力办好一批民心工程。围绕群众关心的热点难点问题，尽心尽力办好一批群众期盼的好事实事，进一步提升群众的幸福指数和满意度。年内要基本完成镇（街道）公立卫生院（社区卫生服务中心）建设。深入推进农村二次改水工作，确保年内全面完成251条自然村改水工程。提升公共交通建设水平，年内全面完成171个城乡公交站亭建设，并启动自然村100%通公交工程。今年再建设154套廉租房，不断改善困难群体住房条件。加大对革命老区的帮扶力度，加快老区发展。推进“规划到户、责任到人”对口扶贫开发工作。

继续提高社会保障水平。完善社会保障体系建设，进一步扩大居民社会养老保险参保面。深化医药卫生体制改革，提高医疗保障水平。实施更积极的就业政策，大力推进创业带动就业，鼓励劳动密集型产业特别是中小企业和服务业吸纳就业。加快区职业技术学校新校区和广东纺织职业技术学院建设进度，力争今年实现首批招生。

大力发展文化教育事业。强化历史文化资源的保护和利用，推进“梁发报园”和古耶贝丘遗址湿地公园建设。启动公共文化服务体系在行政村（社区）全覆盖工程。年内实现创建“广东省教育现代化先进区”目标，进一步提高全区教育质量和教育公平程度。大力推进人才强区战略，抓好人才引进、培养和使用工作。落实好各项人才政策，推动高层次人才队伍建设。以创建全国文明城市为契机，深入持久开展形式多样的公民教育，不断提高市民文明素质。

切实维护社会和谐稳定。加强各镇（街道）综治信访维稳中心建设，创新社会管理模式，从源头上预防矛盾纠纷发生。深入推进平安高明建设，严厉打击各种违法犯罪行为。完善突发事件应急管理机制，加强食品、药品质量安全工作。牢固树立安全发展理念，加强安全生产治理整顿，杜绝重特大安全事故。

（六）加强机关作风建设，着力推进政务环境的优化。转变机关作风、提升行政效能，是优化发展环境必须深入推进的一项长期任务。我们要在近年所采取的一系列措施基础上，以问责制实施为契机，涤荡社会上反应强烈的不良作风，形成积极向上、规范行政、高效优质的政务氛围。

强力推进公职人员问责制。实施问责制，是我们纠正公职人员不作为、乱作为和慢作为等行为，增强执行力、保证政令畅通的重大部署。区问责工作领导小组及其办公室，要切实加强对问责制实施的组织领导和督促检查，起好步、开好局，抓准典型，打好第一仗，加大影响力。只要违反了规定、触及了问责相关条款的，一律严格问责，而且要“一问到底”。要通过实施严厉的问责制，在全区公职人员中形成“不换思想就换人，不出成果就出局”的氛围，在机关中进一步形成社会满意的服务力、强化决策部署的执行力和增强科学发展的推动力。

健全和完善作风建设的长效机制。继续大力推进主办部门负责制，进一步规范主办事项办理程序，明确主办、协办责任，增强部门责任意识和协作意识，形成更有效的工作合力。深化“三项重点”工作制度，各单位要根据各自职能，认真制定和完成“三项重点”工作，推动区委各项中心工作的落实。继续把联点挂钩工作作为推动基层改革和发展的重要抓手，实行领导干部挂村、机关干部驻（联）村制度，重点协助农村基层解决好统筹城乡发展、维护社会稳定和改善民生等问题。继续落实和完善无会日制度，进一步精简会议，改进会风。全区各级各部门要将这四项制度与问责制的实施有机结合起来，作为转变作风、提升服务的长效机制，长期坚持。

扎实细致完成新一轮机构改革。各级各部门和广大干部要从全区改革发展的大局出发，统筹兼顾好机构改革与日常工作，做到改革发展两不误、两促进。适应机构改革的新要求，区委将按照“大稳定、小调整”的原则，推进机关之间、机关与镇(街道)之间的干部交流，优化干部队伍配置。加快推进“简政强镇”，切实提升政府服务水平。

深化行政审批制度改革。严格落实“市三天上报、区五天办结”限时审批制度，进一步深化跨部门并联审批制度改革，大力推进“一站式”网上审批服务，年底前实现60%的审批事项在网上申报办理。切实提升区行政服务中心服务水平，加快推进杨和、明城、更合的镇级行政服务中心建设，力争年内建成并投入使用，为企业和群众办事提供更便利条件。

四、深入贯彻落实十七届四中全会精神，进一步加强和改进党的建设

当前，高明经济社会发展正处于关键的转型期，各级党组织必须增强抓党建的“主业”意识，进一步加强和改进自身建设，确保在推进高明科学发展的进程中，始终走在前列，始终成为坚强领导核心。

(一)进一步深入开展学习实践科学发展观活动，提高党员干部思想政治和理论水平。把建设学习型党组织作为加强和改进党的建设的重大任务抓紧抓好，继续开展深入学习实践科学发展观活动，努力形成有利于科学发展的政策导向和体制机制。大力营造崇尚学习的氛围，在全区党员干部中开展形式多样的读书活动。把理想信念教育作为党员干部思想政治教育重中之重，教育引导党员干部着力增强贯彻党的基本理论、基本路线、基本纲领的自觉性和坚定性，增强为党和人民事业不懈奋斗的使命感和责任感。落实和完善中心组学习制度，把理论素养、学习能力作为选拔任用领导干部的重要依据。

(二)进一步深化干部人事制度改革，建设善于推动科学发展的高素质干部队伍。坚持德才兼备、以德为先的用人标准，优化领导班子配备，增强班子整体功能和合力。探索和规范干部选拔任用初始提名，探索推行镇(街道)党政正职和部门正职领导在区委全委会成员进行民主推荐制度，提高选人用人公信度。加强年轻干部、女干部、党外干部培养选拔，通过公选等形式选派后备干部下基层锻炼，扎实抓好后备干部队伍建设。健全干部考察制度，逐步推行领导干部任用差额考察、延伸考察办法，拓宽考察层面，细化考察内容，增强考察准确性。落实干部选拔任用“一报告两评议”制度，加强区委全委会对干部选拔任用工作的民主监督。

(三)进一步提高基层党组织建设水平，夯实党执政的组织基础。大力推进基层党建工作创新，落实“一定三有”[1]政策，加强农村党支部书记队伍建设。做好村级党组织换届选举工作，选好干部、配强班子。扩大选聘高校毕业生到村(社区)任职的范围和人数，实现“一村一大学生”目标，提高基层干部队伍素质。全面推行“四议两公开”[2]，完善和发展党领导的村级民主自治机制。深入开展创先争优活动，深化基层党建三级联创工作。加强“两新”组织党建力度，以重点企业党建工作为突破口，辐射带动全区“两新”组织党建工作开展。探索完善不同类型基层党组织设置形式，实现党的组织和党的工作全社会覆盖。加强工会、共青团、妇联等群团组织建设，进一步发挥群团组织在基层工作中的积极作用。

---

(1)一定三有：指对村(社区)党支部书记“定权责立规范，工作有合理待遇、干好有发展前途、退岗有一定保障”。

(2)四议两公开：四议即指党支部会提议、“两委”会商议、党员大会审议、村民代表大会或村民会议决议；“两公开”即：决议公开、实施结果公开。

（四）进一步健全和完善预防和惩治腐败体系建设，深入开展反腐败斗争。加强对全区重点工程建设领域和扩大内需重点项目建设的事前、事中和事后监督力度，确保工程投资安全、透明和高效。以分片派驻形式稳步推进派驻（出）纪检监察机构统一管理工作，加强对派驻（出）机构履行监督职责、查办案件等方面的领导，推动全区党风廉政建设和反腐败工作深入开展。强化农村基层党风廉政建设责任制、"两评一述"制度、民主决策和财务管理等制度的落实，进一步改进农村基层干部作风。

同志们，我们正处于推进高明科学发展、构建和谐社会的新阶段。在新的起点上实现高明经济社会发展的新跨越，是时代赋予我们的光荣使命。全区各级党组织和广大党员干部，要深入贯彻落实科学发展观，凝聚全区人民的智慧和力量，主动迎接挑战，扎实做好工作，努力开创高明科学发展的新局面！

政府工作报告

——2010年2月2日在佛山市高明区第十三届人民代表大会第五次会议上

佛山市高明区人民政府区长　潘志文

各位代表：

现在，我代表区人民政府向大会作工作报告，请予审议，并请政协委员和其他列席人员提出意见。

2009年工作回顾

过去一年，是很不平凡的一年。一年来，在市委、市政府和区委的正确领导下，在区人大和政协的监督支持下，区政府坚持以科学发展观为指导，按照“抓项目、保增长”的工作方针，以“两转型一再造”（产业转型、城市转型与环境再造）为抓手，认真贯彻落实《珠江三角洲地区改革发展规划纲要》（以下简称《规划纲要》），积极应对国际金融危机，基本完成区十三届人大四次会议确定的目标任务。

一、积极应对国际金融危机，加快产业转型，“新兴产业之城”建设取得新成效

经济在逆势中实现平稳较快发展。面对危机，我们科学决策，扎实工作，经济在危机中初步实现率先突围。完成生产总值388.05亿元，增长18.5%。工业总产值1321.35亿元，增长20.7%。地方财政一般预算收入11.8亿元，增长17.9%，税收超亿元企业增至4家。全社会固定资产投资145.82亿元，增长24%。社会消费品零售总额59.57亿元，增长23%。实际利用外资1.15亿美元，增长14.71%。出口逐步回升。

招商引资取得新突破。新引进项目86个，合同投资金额92.78亿元，项目数与投资额分别增长53.5%、38.4%。其中引入超亿元项目21个，集中在新材料、电子电器、机械装备等新兴产业，包括投资5.8亿元的佛山德铸重工实业有限公司、投资5.5亿元的广东中旗新材料科技有限公司、投资1.2亿元的三川电工有限公司等。投资强度进一步提高，突破200万元/亩。增资扩产势头良好，新增资项目16个，主要有高明亿龙塑胶、海纳川药业、基业冷轧板、广东万和电气等重点企业，意向增资金额19.75亿元，海天调味、中油高富、溢达等一批骨干企业在建的增资扩产项目快速推进。

产业创新发展能力持续增强。自主创新工程成效明显。与中科院、北京科技大学等高等院校、科研院所开展产学研合作，促成合作攻关项目36个。新建各类创新平台与工程技术研发中心11个，组建全区首个“院士专家企业工作站”。成功举办“中国科学院—佛山新材料产业技术发展高层论坛”。高新技术产业产值突破500亿元，增长35%。152个企业（项目）被纳入各级技改创新工程项目库或滚动计划。新增省级以上名牌商标10件，创历年之最。推进“463”上市计划初见成效，选定8家优质企业作为重点培育的拟上市企业。

服务业加快发展。旅游业取得新成绩。全年接待游客近160万人次，增长32.6%；旅游总收入10.32亿元，增长25.7%。成功举办2009佛山旅游文化节高明篇系列活动，其中第三届“万人濑粉宴”创“规模最大的濑粉品尝活动”大世界基尼斯纪录。金谷朗旅游度假区、富逸湾酒店、塘伙村特色农家乐等一批重点项目加快推进。全区首家五星级标准的碧桂园凤凰酒店投入使用。物流业稳步推进，完成珠江货运码头二期泊位扩建工程，腾信物流扩建码头加快建设，浩辉华南食品配送中心进入筹建阶段。房地产市场销售畅旺，商品房销售额与成交套数分别增长17.8%、57.2%。积极推动政银企合作，引导金融机构做好资金保障、金融创新等工作，68家企业申请信用担保基金贷款总额达3.43亿元，城乡居民储蓄存款余额与金融机构本外币贷款余额均突破100亿元。

现代农业向“精、细、优”方向发展。现代农业生态园基础设施建设与招商加快推进，完成崇步中心区海峡两岸农业合作试验区项目。新发展农民专业合作组织2个。大型农业生产基地和农业龙头企业分别增至26个、6家，带动辐射农户4950户。启动万亩基本农田保护示范区标准农田建设项目。

二、深入贯彻落实《规划纲要》，加快城市转型，“岭南山林水都”建设取得新成效

区域合作实现重大突破。确立“东靠西连”区域发展新思路。加快融入广佛都市圈，广明高速东段等“东靠”十大重点项目取得积极进展。探索推进县域经济一体化，携手高要、鹤山、新兴三地，成功举办“要明鹤兴”县域经济一体化发展论坛，签订更紧密合作框架协议，已完成或正推进的对接事项有115项。

西江新城与“三旧”改造加快推进。完成西江新城总体规划，23项基础设施工程进入设计施工阶段，其中广东纺织职业技术学院、高明职业技术学校新校区、妇幼保健院新院全面动工。完成“三旧”改造专项规划，16个“三旧”改造项目全面启动。

重点基础设施建设成效明显。超常规推进项目储备，全年立项150个，落实贷款金额46.54亿元，项目涉及交通、卫生、教育、水利、市政等多个领域，资金已到位项目已有六成动工建设。加快交通基础设施建设，全年各级累计投入交通基础建设资金15亿元。广明高速公路高明段竣工通车，江肇高速公路高明段加快建设，广明高速西延线与江罗高速公路高明段完成工可评审，龙高公路及高明大道快速化改造全面动工，杨西大道杨梅至人和段建成通车。完成电网投资5.95亿元，建成6个110千伏及以上变电站，投资金额和项目数创历史之最。全区行政村公交通达率和村道硬底化率均达100%。沧江工业园基础设施加快完善。

城市规划与综合管理不断加强。完成土地利用总体规划修编和多个重点区域控制性详规。城市管理重心加速下移，建成一批城管示范区、严管区、示范路，覆盖范围约34平方公里。高明大道精细化管理初见成效。城市违法用地与违法建设、乱摆卖等“八乱”现象得到进一步遏制。

三、突出改善民生，加快环境再造，支撑科学发展的活力进一步增强

生态环境持续改善。4家保留陶瓷企业全

部通过环保清洁生产现场验收。5 家区镇污水处理厂全部投入运行。基本完成秀丽河整治(清淤)工程。主要污染物化学需氧量与二氧化硫排放量分别持平或下降。"三年促变、绿地高明"成效明显,新增绿化面积 66 万多平方米,改造生态公益林林分、桉树面积分别为 489 万平方米和 2 万亩。

机制体制改革不断深化。规范农村集体经济组织 494 个。启动西江新城首期 200 套"农村宅基地换房"工程。"市三天上报、区五天办结"限时审批制度得到落实,完成工商注册登记并联审批专项改革,建立重点工程项目审批联办机制与跨部门审批协同工作机制。在全省范围内率先全面铺开依法规范镇(街道)财政预算监督工作。区直与镇(街道)事业单位全面实行聘用制。启动新一轮地方政府机构改革。

精神文明建设与社会事业取得新成绩。继续加大教育投入,广东省教育现代化先进区创建工作顺利推进,国际教育合作取得新突破,免费义务教育对象进一步扩展,完成"双转移"招生任务。人才强区战略深入推进,落实引进培育优秀人才若干政策,高层次人才体系进一步完善,全区人才队伍总量达到3.6 万人。新创建一批"十好"和谐村(居)。率先在全市完成农村有线电视整体平移工作,通过广东省"南粤锦绣工程"文化先进县创建验收,荣获全国文物工作先进县(区)称号,由我区作者参与创作的《国运·南方记事》荣获全国第十一届"五个一工程"奖。全面完成市下达的人口计生各项任务,人口自然增长率为 5.20‰。城乡居民生活持续改善,在岗职工年人均工资、农村居民年人均纯收入分别为 20327 元、7238 元,分别增长 8.1%、11.8%。

社会大局保持和谐稳定。加大打击各类犯罪力度,八成社区创建成省"六好"平安和谐社区,积极落实军警民联防机制,群众安全感进一步增强。区、镇(街道)两级应急管理体系进一步完善,有效防范甲型 H1N1 流感和手足口病等疫情的发生。双拥优抚安置工作扎实推进。安全生产形势持续好转,各类事故宗数、伤亡人数和直接经济损失全面下降。4 个镇(街道)综治信访维稳中心投入运作并初显成效,"大综治、大调解"格局逐步形成。

"八大惠民工程"顺利完成。新增就业岗位 6812 个,帮助 10271 人就业,培训农村劳动力 1776 人。全面实施居民门诊医疗保险"一卡通"。低保标准提高到每月 310 元,实现应保尽保。居民住院医疗保险实行市级统筹,缴费标准由每人 120 元提高到 160 元,住院年度累计最高支付限额由 5 万元提高至 8 万元。镇(街道)6 个卫生院(社区卫生服务中心)改造建设顺利推进。第二批 112 套廉租房已交付使用,人均住房面积不到 12 平方米的渔民住房难问题得到全面解决。十项市政工程如期推进,跃华桥扩建工程竣工通车,启动河江片区排水管道改造,完成城区内街巷部分道路硬底化、中山路中修整治和城区内街巷照明三项工程。完成 170 条自然村水改。建成全市首家获 QS 认证豆制品集中加工场。对连州、封开两地扶贫开发工作顺利推进。

政务环境不断优化。加强民主法制建设,自觉接受监督,办理人大代表建议和政协提案 136 件,办复率 100%,秀丽河整治、镇(街道)污水处理系统规划建设、水泥和陶瓷产业整治及优化升级等三件人大议案圆满办结。重视网络舆情,建立政府网络发言人和网络民生联络专员制度。政府信息公开工作快速推进。深化"三项重点"工作制度,项目完成和基本完成率达 99.3%。大力推进联点挂钩工作，服务基层能力明显提高。实施主办部门负责制初见成效。推行“无会日”制度，会风更加务实高效。厉行节约，“五项经费”实现零增长。认真落实党风廉政建设责任制，向区直部门派驻纪检组长（纪工委书记）。开展以“廉政、效能、服务”为主题的机关作风建设活动，机关作风进一步改善。

老龄、残疾人、妇女儿童事业、粮食、物价、民族宗教、外事侨务、港澳台事务、科协、体育、人防、档案、统计、史志、保密等各项工作也取得了新成绩。

各位代表，过去一年所取得的成绩，是市委、市政府和区委正确领导的结果，是全区人民团结奋斗、攻坚克难的结果，是区人大、区政协监督支持，各民主党派、无党派人士、港澳台同胞、海外侨胞、各人民团体和驻区部队、武警官兵大力支持的结果。在此，我谨代表高明区人民政府，向全区广大干部群众，向所有关心、支持和帮助高明建设的社会各界人士和朋友，表示衷心的感谢，并致以崇高的敬意！

在肯定成绩的同时，我们也清醒地看到，当前我区经济社会发展中还面临不少困难和问题，主要是：制约企业发展的诸多因素亟待破解，经济企稳回升基础不够牢固；产业发展不均衡，尤其是服务业比重偏低，引进大项目须加倍努力；基础设施项目推进相对较慢，城市管理与建设水平滞后于经济发展；城乡二元结构矛盾仍较突出；建设服务型政府还有大量工作要做。对此，我们必须高度重视，在今后工作中着力解决。

2010 年工作安排

2010 年，是实施“十一五”规划的最后一年。尽管当前金融危机仍未见底，国内外经济发展仍面临诸多不确定因素，但国际经济进入缓慢复苏阶段，中央宏观经济政策总体保持连续性和稳定性，以落实《规划纲要》为主线的区域合作不断深入推进，企业经过危机洗礼后的抗风险能力明显增强，特别是近年我区储备的一批项目，将于年内全面铺开或渐见成效，这都为我们推动更好更快发展提供了坚强保障。我们要按照“三促进一保持”的工作要求，立足当前，着眼长远，进一步坚定信心，以超常规的办法与更扎实有效的措施，乘势而上，推动高明经济社会再上新台阶。

今年政府工作的基本思路是：紧紧围绕区委十届七次全会部署，按照“优环境、强项目、促提升”工作方针，进一步解放思想，全面落实《规划纲要》，以招商引资为核心，更加兼顾城市管理建设；以工业立区为核心，更加兼顾发展第三产业；以改善民生为核心，更加兼顾城乡统筹；深入推进“两转型一再造”，努力开创高明科学发展新局面。

2010 年经济社会发展的主要预期目标是：地区生产总值增长 17%；单位 GDP 能耗下降 7.8%；主要污染物二氧化硫和化学需氧量排放总量分别控制在 1.3 万吨和 0.5 万吨以内；地方财政一般预算收入增长 15%；固定资产投资增长 20%；社会消费品零售总额增长 25%；实际利用外资增长 15%；农村年人均纯收入增长 12.5%；人口自然增长率控制在 5.98‰以内；城镇登记失业率控制在 2.6%以内。

实现以上目标，今年要切实做好六方面的工作：

一、坚定不移推进产业结构调整优化，不断提高经济发展质量效益

推动招商引资向纵深发展。突出产业集群和产业链招商，年内落实2～3个具有较强影响力的大项目，做到“引进一个、带来一批、影响一片”。严格把关，对污染低效项目坚决说不。综合运用“三旧”改造政策，加大盘活闲置用地与化解土地历史遗留问题的工作力度。加强节约集约用地，全面完成低效园地山坡地开发补充耕地任务。广泛开展“项目服务提升年”活动，着力建好抓项目与抓服务两支队伍，努力解决用工难等影响企业发展的突出问题，全力营造有利于“大招商、招大商”的发展环境。

实施产业优化“双轮驱动”战略。积极改造提升传统产业。加快信息化与工业化融合，引导传统产业向高端化、高新化、信息化发展。实施“技改创新工程”，重点支持食品饮料、纺织服装、金属材料、建材化工、卫浴洁具等产业企业开展技术改造，以点带面推进产业升级。运用节能减排政策，推动传统产业实现就地升级或异地转移。加快培育发展战略性新兴产业。把握国家、省发展战略性新兴产业与全球低碳革命起步的有利时机，以新能源、新材料、新电子、装备制造业为主攻方向，加快制定新兴产业发展规划，尽快形成新增长点。

加快产业集群发展。实施“百亿企业工程”。用3到5年时间，力争在培育产值超100亿元的大型龙头企业上取得新突破。实施“中小企业成长工程”。推进“纳税百强分类成长计划”与企业上市“463计划”，用2到3年时间，培育一批技术密集型、自主创新型、规模效益型的优质中小企业，年内新增一批纳税超百万元企业与产值超亿元企业，有2家企业进入上市辅导期。实施“大项目促进工程”。全力推进佛山精品陶瓷产业园高明示范园区、盈富产业园的规划建设与招商工作，支持溢达、海天酱油、中油高富、炜林纳、基业、诚德等龙头企业增资扩产，确保一批在谈重点产业项目落户开工。实施“沧江工业园提升工程”。继续完善园区基础设施配套，编制实施西安片区未开发区域规划，改造提升纺织产业基地，努力打造现代集约园区。

大力发展现代服务业。突出发展商贸流通业。落实《加快发展商贸流通业的实施意见》，以打造“一条走廊（滨江休闲景观走廊）、两大商圈（荷城商圈与西江新城商圈）、三个节点（三洲、富湾、西安商业节点）”为核心，加快大型购物中心和商贸项目的建设，推进商贸“进镇入园下乡”便民工程和镇中心“五个一”（一个商业中心、一个连锁超市、一个农贸市场、一家星级酒店、一家星级农家乐）工程建设。打造高明特色休闲旅游业。整合提升旅游资源，积极推进皂幕山旅游风景区、明城生态风情观光旅游基地建设，保护性开发更合老香山旅游风景区。加快建设金谷朗休闲度假区和泰康山农业生态园，积极推进深步水水库旅游度假区规划招商工作，着力打造高端休闲游乐度假项目。建设“绿色美食名区”，打造2～3个上规模的特色农家乐项目。推动房地产业健康发展。落实促进房地产健康平稳发展相关措施，加强闲置房地产用地开发，保障房地产市场供需平衡。加强项目包装策划，力争在西江新城推出1～2个具有影响力的商业综合项目。大力发展生产性服务业。采取特殊措施，加快发展金融、物流、信息服务、工业设计、商务会展、教育培训等生产性服务业。

加快提高自主创新能力。加大自主创新工程实施力度，深化与中科院等高等院校、科研院所在各个层面的产学研合作，促进一批科技成果在高明转化。加强公共创新平台建设，加快建设以产业集群、专业镇、佛山高新区高明沧江工业园、高明科技企业创业中心和创新产业园为重点的区域、行业创新体系。完善科技基础设施，启动高明科技中心、科学馆项目建设。实施名牌战略、标准化战略、知识产权战略，支持企业建立专利联盟、品牌联盟、标准联盟。启动全国科普示范区创建工作。完善鼓励自主创新政策体系，继续大力引进培养产业发展和城市建设急需的技术创新人才、管理创新人才和制度创新人才，努力建设创新型城市。

二、抢抓机遇推动城镇化建设，着力提升城市形象

加快城市基础设施建设。全力推进西江新城开发建设。西江新城是我区未来城市与现代服务业发展的核心区域和希望所在，高起点建设西江新城并力促其早日成型，对引领我区现代服务业发展，丰富提升“新兴产业之城、岭南山林水都”内涵，具有极其重要的意义。西江新城要立足于“山水智都”发展定位，按照“成熟一片、发展一片”的思路，精细实施发展规划，突出推进道路基础设施与公共文教卫项目建设，加快发展集商务服务、科技与信息服务、文化服务、教育、公共服务为一体的现代服务业，力促新城骨架快速拉开、逐渐成型。打好“三旧”改造攻坚战。把“三旧”改造作为推动城镇化建设、统筹城乡发展的重要抓手，加快实施《高明区“三旧”改造专项规划》，研究优化“三旧”改造政策，打造若干个有高明特色的改造示范点，以点带面推进“三旧”改造有新突破。旧城改造要按照“政府主导、市场运作”的模式，以更大力度推进三洲旧区、沿江路以东区域、旧汽车站区域改造，加快启动城中村与园中村改造，带动实施更多改造项目。旧村居改造要以节约集约用地为突破口，以塘伙村为龙头，积极腾挪合法用地，妥善推进拆旧建新，鼓励开发农村建设用地，建成一批辐射能力强、示范作用大的示范村。构建现代综合交通体系。牢固树立“大交通、大发展”理念，全力实施“三三二一”(三大快速干线、三大高速公路、两大轨道交通、高明小一环)工程，加快构建“40•30•15”交通圈。年内，确保江肇高速公路高明段年底建成通车，启动广明高速西延线征地拆迁工作，配合做好江罗高速公路高明段、一环西延线前期工作，争取龙高公路及高明大道快速化年底竣工通车，加快杨西大道北延线、省道高铜线、荷杨大道等干线公路规划建设。实施商圈“三项美化工程”。“穿衣戴帽”工程要采取政府投入与市场运作相结合的模式，对商圈主要路段沿街建筑外立面进行美化改造；主次干道综合整治工程要重点对商圈主次干道及内街巷的路面、排水、绿化、亮化进行改造提升；景观亮化工程要重点规范户外广告设置，完善提升中心城区主要景观轴线与区域的景观照明效果。加快水利与电网建设。完成西坑水库除险加固、马宁泵站和富湾排灌泵站工程建设；完成河江片区排水主干管道改造；继续完善电网建设，年内新建或扩建4个110千伏及以上变电站。

加强城市生态保护与建设。巩固、提升“绿地高明”三年建设成果。确保城市道路绿化普及率、达标率分别达到95%以上和80%以上。积极创建绿色园区，年内完成50家企业绿化任务，争取工业园区绿化覆盖率达20%以上。开展“万村绿”大行动，完成第二期7500亩生态林改造工程，继续压减速生桉种植面积，争取通过省林业生态区验收。开展生态示范村、镇创建工作。深入实施节能减排，完成三洲大涌阶段性综合整治，强力推进污水管网建设，实现城镇污水处理率达77%以上。保持环境监管高压态势，严厉打击环境违法行为。推广使用清洁能源，加快天然气管道铺设步伐，鼓励区内公交车使用天然气。

着力提高城市管理水平。构建“大城管、大综管”格局，推动城市管理重心下移，组建城市综合管理三级网络，建设镇（街道）及村（社区）城管工作站，提高示范区（路）、严管区覆盖范围。推进以中心城区为重点的精细化管理，加强对城市重点部位、违法用地与违法建设、乱摆卖等“八乱”行为综合整治，力争数字城管9月前建成并投入运作，初步建立城市管理快速反应处置机制。推进排涝系统规划建设和电排站改造，逐步解决城市内涝问题。开展全国文明城市和全国无障碍城市创建工作，加强城市形象宣传与市民素质教育，发展志愿服务事业，提高城市文明程度。

三、深入贯彻落实《规划纲要》，推进区域经济一体化进程

推进项目储备和前期工作。加强项目包装策划，争取有一批新项目纳入国家、省、市政策或资金支持范围。建立重点项目动态跟踪系统，优化项目审批流程，完善储备项目报批手续。加快融资项目动工建设，形成投资增量，推动固定资产投资持续快速增长。

深入推动“东靠西连”。以交通为突破口，积极创造条件，加快“东靠”十大重点项目进度，争取禅高快速路与一环西延线尽快启动、两大轨道交通提前纳入到省和市“十二五”交通建设项目。争取上级支持，推动建立西江组团跨区协调机制，共同解决组团发展的规划布局、产业互补、环境保护等突出问题，促进西江两岸良性开发，实现区域协调发展。积极推进“要明鹤兴”县域经济一体化，努力搭建四地互动合作机制，加快落实对接事项，做到“成熟一项、落实一项”。

拓宽高明与港澳合作空间。借助佛山作为CEPA（关于建立更紧密经贸关系的安排）示范城市优势，加强与香港、澳门在各层面的合作交流，抓紧落实“佛山—香港CEPA合作交流会”合作项目，加强与港澳在商贸流通、教育培训、工业设计等领域的交流合作，借鉴学习港澳地区先进的工作理念和经验，提高传统优势产业竞争力。

促进镇街均衡协调发展。各镇（街道）要明确自身定位，加强城镇中心建设，促进产业和人口集聚，提升城镇化水平。荷城街道要发挥龙头引领作用，加快“三旧”改造与两大商圈建设，依托大型龙头企业加快打造产业集群。杨和镇要发挥旅游资源优势，重点建设“一山（皂幕山）一水（腾龙峡漂流）一寺（将军山观音寺）一球会（银海高尔夫球会）”，并加快金属材料产业转型升级。明城镇要发挥地缘优势，加快建设国家小城镇经济综合开发示范镇，推进一河两岸城镇开发。更合镇要发挥革命老区的历史人文优势，积极推进中心镇建设，努力打造西部组团行政商住中心区。

四、加强统筹协调，促进城乡一体化发展

提升现代农业发展水平。认真落实中央强农惠农政策。加快完善现代农业生态园设施，推进高明海峡两岸水果合作开发试验项目建设。大力发展农民专业合作社，加快引进与培育大型优质农业龙头项目。深入推进“公司+基地+农户”模式。突出抓好优质农产品深加工开发。大力发展品牌农业，加快将高明打造成珠三角较具影响力的绿色农产品新区。

大力推进城乡一体化规划建设。加强与国家、省、市“十二五”发展规划、重点项目专项规划的衔接，高质量做好“十二五”规划编

制工作。加快杨和、明城、更合三镇总体规划编制步伐，完成全区城乡一体化发展规划和部分重点地区的控制性详细规划，基本实现全区重点区域控规的全覆盖。用两年时间，编制完善村庄建设规划，逐步将农村建设纳入城乡发展统一规划管理。

深化农村体制改革。加快“两确权”步伐，全面完成规范农村集体经济工作任务。完成首期“农村宅基地换商品房”建设任务。探索开展农村宅基地换房扩面与以土地承包经营权置换社会保障试点工作。完成村镇银行试点筹备工作和集体林权制度改革任务。

推进城乡公共服务均等化。扩大公共财政覆盖农村范围。推进政府服务延伸到村居工作。加强城乡结合部公共基础设施建设。加快自然村巷道硬底化步伐。完善城镇、农村生活垃圾收运设施的布点建设，用3年时间实现城镇生活垃圾无害化处理率达100%，农村达到85%以上。实施促进村(居)文体设施建设计划。探索通过改革户籍制度、完善农民工落户政策等办法，吸引外来工和农村人口向城市转移。

五、扎实推进“十大惠民工程”，着力构建和谐富裕高明

绿道工程。启动“再造沧江”工程，年内研究制定集治理、保护、开发为一体的沧江专项发展规划，加强沿岸厂矿企业污染物排放监管，全面启动规模以上畜禽养殖污染整治工作，加强河道堤防管理，逐步拆除清理沧江两岸违章建筑，力争在“十二五”规划期间，彻底解决沧江污染日趋恶化的被动局面，逐步将沧江打造成珠三角富有魅力的百里绿色生态长廊。以“再造沧江”为切入点，按照生态化、本土化、多样化、人性化的要求，用3年时间，突出建设以沧江、西江为主轴，森林公园、自然保护区、休闲景区、生态公园、历史文化遗迹、西江岸线、秀丽河绿化带为节点的绿道体系。

社会关怀工程。巩固扩大社会保障覆盖面。确保居民社会养老保险首年参保率超50%。完善城乡困难群众专项救助制度。开展居家养老服务试点工作。推进全国综合减灾示范社区建设。扩大慈善救助范围。实施残疾儿童手术康复“明天计划”。加强法律援助，解决农村困难群众“打官司难”问题。新建154套廉租住房，完成70间农村危房改造。

就业工程。力争各类培训达到2000人次。城镇新增就业岗位5000个。转移农村富余劳动力就业1200人。做好大中专毕业生就业服务工作。帮助1000名下岗失业人员与就业困难人员实现再就业。

教育提升工程。积极争创城乡统筹教育发展试验区。促进各类教育均衡优质发展，努力满足群众对优质教育的更大需求。争取高明职业技术学校新校区和广东纺织职业技术学院9月份正式招生。加快发展学前教育，完善终身教育体系。创新职业教育人才培养模式。加强青少年思想道德建设。

医疗健康工程。推进健全基层医疗卫生服务体系等医药卫生五项重点改革任务。加快人民医院综合楼、妇幼保健院新院和中医院新门诊大楼建设。完成镇(街道)卫生院(社区卫生服务中心)改造建设。健全疾病预防控制体系。加强职业病防治体系建设。提高出生人口素质，保持出生人口性别比平衡。

文体下乡工程。逐步在500人以上的自然村建设综合文化室，完成“园园通”有线电视二期工程，实现农家书屋和文化信息共享基层服务点在行政村(社区)的全覆盖。举办高明区首届运动会。

老区送暖工程。完成全区农村二次水改

任务。按照"规划到户、责任到人"扶贫开发要求,用3年时间,对全区贫困人口935户3200人,实行定单位定村定人扶助,确保被帮扶的贫困户基本实现稳定脱贫。

交通畅通工程。启动3年实现自然村100%通公交工作。加强公交行业管理,在全部公交车安装报站器、全球定位系统(GPS)和视频监控系统。对在我区运营的泥头车、运砂车、混凝土搅拌车等强制推行GPS监管系统。

食品药品放心工程。突出抓好生猪等肉品质量安全监管,切实加强食品小作坊的监管力度,大力支持有条件的小作坊集中加工。整顿药品市场秩序,督促区内药品经营企业严格落实药品经营质量管理规范,严厉打击制售假劣药品违法行为。

平安创建工程。全力做好迎亚运安全保卫工作。加强农村社会治安防控工作。继续推进公共安全视频监控系统建设。中心城区安全小区覆盖率要达到85%以上。完成国防教育训练基地征地等前期工作。推行居住证制度。大力整治废旧回收行业。深入开展重点行业和领域的安全专项整治,努力杜绝重特大安全事故。加强应急管理体系建设,提高应对各种突发事件能力。

六、加强政府自身改革和建设,进一步提高政府工作能力和水平

更加注重依法行政。自觉接受区人大、政协的监督,认真听取各民主党派、工商联、无党派人士、人民团体和社会各界的建议。健全重大和敏感事项决策程序,建立科学合理的政府绩效评估指标体系和评估机制。积极推进电子政务工程。

加快政府职能转变。完成新一轮政府机构改革,加快推进事业单位分类改革。探索推进"简政强镇"工作,逐步赋予镇(街道)更大的行政审批和日常管理权限。推进"一站式"网上审批服务,争取杨和、明城、更合三镇行政服务中心年内建成并投入使用。加强镇(街道)财政预算监督,积极推进绩效预算、财务总监派驻、国库集中支付制度改革,确保工程项目建设资金安全。

建设廉洁高效政府。坚决推行公职人员问责制,彻底改变机关作风建设中执行不力、责任不清、效果不佳的局面。继续完善"无会日"制度。深入推行"三项重点"工作制度和主办部门负责制。加强政府廉政建设,大力推进反腐倡廉工作,治理商业贿赂,加大对重点领域和项目的审计监督力度。完善联点挂钩工作制度,深入基层开展调查研究,做到问政于民、问需于民、问计于民。加强公务员队伍的教育、管理和监督,努力建设一支为民、务实、高效、清廉的公务员队伍。

各位代表!新的一年,我们肩负新的任务,面临新的机遇、新的挑战。我们坚信,任何困难都阻挡不了高明发展的步伐。让我们在市委、市政府和区委的正确领导下,以科学发展观为指导,扬帆奋进,冲破障碍,再造新优势,争上新台阶,为开创高明科学发展新局面而努力奋斗!

佛山市高明区人民代表大会常务委员会工作报告

——2010年2月3日在佛山市高明区第十三届人民代表大会第五次会议上

佛山市高明区人大常委会主任 马亮照

各位代表：

现在，我代表区第十三届人民代表大会常务委员会，向大会报告工作，请予审议。

2009年的主要工作

2009年是地方人大设立常委会30周年，也是我区经受国际金融危机严峻考验的一年。一年来，区人大常委会在区委领导下，深入贯彻落实科学发展观，紧紧围绕"抓项目、保增长"工作方针，依法履行宪法和法律赋予的职责，积极发挥人大代表作用，各项工作取得了新的成绩。

一、围绕大局依法履职，促进和保障高明改革发展的有序推进

面对金融危机冲击，常委会紧紧围绕确保高明经济社会平稳较快发展这一中心工作，不断改进监督方式，依法监督工作取得了新成效。

加强了对经济工作的监督。为确保"十一五"规划在危机冲击下顺利实施，常委会组织听取和审议了区政府《关于"十一五"发展规划纲要的中期评估报告》，提出了以项目引进落实为核心，以环境优化提升为根本，积极应对危机冲击，全力推进"十一五"规划实施的建议。常委会还组织听取了区政府关于2009年上半年国民经济和社会发展计划执行情况报告等经济工作方面的专题报告，提出了提高财政资金使用绩效监督，狠抓重点项目落实的建议，为推动全区应对危机率先突围发挥了积极作用。

推进了重点议案的落实。常委会把办理好区十二届人大一次会议1、2号议案（《关于整治秀丽河的议案》、《关于高明区各镇（街道）必须规划建设污水处理系统的议案》），以及区十三届人大三次会议《关于对高能耗、高污染、低效益的水泥和陶瓷产业进行全面整治及优化升级的议案》列为工作重点，组织人大代表对三个议案办理进行多次实地视察，听取和审议了三个议案办理工作情况报告，有力推进了议案的办理。至2009年底，三个议案办理基本达到了议案提出的目标要求，经区人大常委会第三十一次会议审议通过，对三个议案进行了结案。

创新了监督工作方式。以开展深入学习实践科学发展观活动为契机，制订了进一步依法规范镇（街道）财政预算监督的工作意见，强化对镇（街道）预算执行的监督。去年，各镇分别增开一次镇人代会，审议本年度预算执行情况；常委会会议在审议区本级财政预算执行情况时，一并审议了荷城街道财政预算执行情况。同时，出台了常委会审议意见交办督办试行办法，探索用制度保证常委会会议质量的新路，监督工作实效性进一步增强。

二、推动民生持续改善，切实维护广大人民群众的利益

常委会高度重视涉及广大群众利益的热点、难点问题的解决，积极推动有关部门改进工作，促进以“八大惠民工程”为代表的各项惠民措施的落实。

推动对南海发电一厂污染整治监督力度的加强。针对南海发电一厂的污染问题，常委会积极反映市民诉求，组织人大代表分别向全国、省、市人大常委会，以及国家和省环保部门上书，要求加强对该厂的污染治理，并争取市人大常委会组织佛山市、南海区和我区人大代表对污染整治情况进行视察。在市、区人大常委会和环保部门监督下，南海发电一厂一期脱硫工程已于去年10月投入运行，二期工程环保设施与主体工程同步施工。

加强对“黑网吧”和“废品收购站”整治的跟踪监督。组织区人大代表听取和审议了区政府《关于整治“黑网吧”和废品收购站的工作情况报告》，并敦请区政府开展整治“黑网吧”和废品收购站专项行动。通过整治，全年共查处取缔61家“黑网吧”，109家“黑网吧”自行关闭，取缔了无照经营废品收购站3个。

支持区政府推进第二批廉租住房建设。组织开展廉租房建设专项调研，分析廉租房建设分配和管理情况，专项听取区政府关于廉租房建设工作情况的报告，推动了第二批廉租住房的建设。目前，第二批首期112套廉租住房已竣工。同时，推动区政府全面解决了全区人均住房面积不足12平方米渔民的住房难问题。

跟踪督办基层卫生服务体系建设。常委会主任会议组织听取了区政府关于推进我区农村医疗卫生体系建设情况的报告，提出了大力推进农村医疗卫生体系建设，高度重视职业病防治监督等意见和建议，得到区政府和相关部门的高度重视和采纳。

三、促进依法行政和公正司法，法治区建设取得新成果

常委会把推进民主法治建设列为2009年度重点工作，大力推进依法行政和司法公正，进一步提升了依法治区水平。

深入开展了法治区建设活动。以开展“法律六进”活动为抓手，扎实开展法治区创建工作。全区52个党政群团和司法机关分别制定了依法行政、依法办事工作方案，进一步规范了依法行政行为。在全区开展规范性文件清理活动，规范性文件审核率达到100%，备案率达到100%。

加强对依法行政和公正司法的监督。继续探索定期听取公安和“两院”专项工作报告制度。去年，常委会专项听取了公安分局贯彻落实市委“三年实现社会治安明显好转”要求的情况汇报，并组织人大代表视察了我区社会治安综合治理情况。同时，常委会开展了多项执法检查活动，分别对城市管理行政执法、民事行政检察和法院工作情况进行了调研，针对发现的问题提出相应整改建议，促进了“一府两院”依法行政和公正司法。

全面开展“民主法治村（社区）”创建活动。年内完成70个村（社区）创建任务，占全区村（社区）的97%；完善和规范农村集体经济组织494个，超额完成年度工作目标；民主法治村建设向村小组延伸工作完成291个，基层组织机构更加健全，促进了农村社会的发展与稳定。

做好人大信访维稳工作。按照“四个百分百”的工作目标，严格落实信访工作责任制。全年共受理群众来信来访137件（次）；办理上级人大常委会交办的信访案件13件（次）；常委会领导接待上访群众56人次，批示重点信访案件130件，维护了人民群众的合法权益和社会稳定。

四、充分发挥代表履职的积极性，依法行使重大事项决定权和人事任免权

不断创新代表工作方式。常委会不断创新提升代表履职能力机制，进一步增强了代表工作的活力。在区人代会召开期间，举办人大代表学习培训班，进一步提高代表履职能力。推行网上办理代表议案、建议工作，区人大代表去年提交的87件建议全部办理答复完毕，代表满意和基本满意率为100％。组织人大代表到高要市、新兴县人大常委会调研，共同探讨依法推进《珠江三角洲地区改革发展规划纲要》的实施，推动“要明鹤兴”县域经济一体化发展。开展评选优秀区人大代表活动，进一步调动了人大代表当政议政的积极性和主动性。

依法行使重大事项决定权和人事任免权。去年，常委会审议批准了区政府关于“十一五”规划纲要部分目标调整方案，批准了区政府关于推进西江新城基础设施建设等多项重大事项的议案。在人事任免工作上，坚持任前法律考试、任前就职发言、对“两院”任职人员任前考察以及任命后当场颁发任命证书制度，强化了人大任免干部的法律性和严肃性。全年共依法讨讨论任免国家机关工作人员29人次。

五、加强常委会自身建设，努力提高履职的整体水平

常委会根据新形势的要求，结合学习实践科学发展观活动的开展，切实加强自身建设，进一步提高履职水平。一是开展深入学习实践活动。坚持边学边查边改，集中解决突出问题，较好地完成了18个整改落实项目，各级代表和机关干部职工对人大常委会学习实践活动满意率达100%。二是努力建立学习型机关。坚持和完善各项学习制度，确定每月一个专题进行学习，每人每年写一篇心得体会文章，把理论学习活动常规化，为依法履行职责打好思想理论基础。三是形成务实工作作风。常委会把调查研究列为年度“三项重点工作”之一，一年来围绕区委中心工作开展了19项专题调研，推进了相关工作落实。同时，建立了区人大机关政务内网，提高了机关工作效率。

各位代表，过去的一年，常委会工作取得了良好成绩。这是区委正确领导的结果，是全体组成人员和人大代表共同努力的结果，是“一府两院”密切配合的结果，是人民群众大力支持的结果。在此，我代表区人大常委会向所有关心、支持人大常委会工作的同志们，表示衷心的感谢和崇高的敬意！

回顾一年来的工作实践，我们深深体会到：做好人大工作，必须始终坚持和依靠党的领导，必须始终坚持为经济社会发展大局服务，必须正确处理人大监督与支持“一府两院”的关系，必须切实反映和维护人民群众的根本利益，必须坚持与时俱进、大力加强自身建设。同时，也要清醒认识到，我们的工作还存在不少问题和不足：监督工作力度有待进一步加大，代表作用有待进一步发挥，常委会及其自身建设有待进一步加强等。对于这些问题，我们要在今后的工作中认真研究和加以改进。

2010年的工作任务

各位代表，2010年是全面完成"十一五"规划任务、为"十二五"发展打好基础的一年。新的一年，区人大常委会工作的总体要求是：在区委的领导下，以科学发展观为指导，紧紧围绕区委十届七次全会提出的"优环境、强项目、促提升"的工作方针，全面贯彻落实《规划纲要》，切实履行宪法和法律赋予的各项职能，为推动高明经济社会再造新优势、再上新台阶，开创科学发展新局面作出新的贡献。

一、以推进科学发展为着力点，在促进经济社会又好又快发展上发挥新作用

要以科学发展观统领人大工作，充分发挥地方国家权力机关的作用，努力在推动科学发展中有所作为。要在依法推进《规划纲要》实施上加强支持和监督力度。认真学习贯彻区委十届七次全会精神，重点对落实《规划纲要》和抢抓广佛肇经济圈构建机遇，实施"东靠西连"发展思路等方面的情况，依法开展监督工作，全力推进各项政策、工作措施落实到位。要继续在依法对推进"发展大项目、培育大税源"重点工作上，加强支持和监督力度。通过组织代表视察、听取专项工作报告等形式，推进"三大快速干线"、"三大高速公路"、"两大轨道交通"和"高明小一环"交通基础设施建设。要切实履行人大监督职能，开展调查研究，加强对公职人员问责制实施的监督工作，推进机关效能和机关作风建设，为推进我区经济社会又好又快发展营造宽松、优良的服务环境。

二、以改善民生为重点，在推进和谐高明建设上发挥新作用

按照区委十届七次全会提出的"大力发展民生事业，着力推进和谐高明建设"要求，加强监督工作力度，在保障和改善民生方面更好地体现优势、发挥作用。进一步推进涉及群众利益的议案建议意见办理的落实，继续抓好十二届人大一次会议1、2号议案和十三届人大三次会议议案办理巩固完善工作，推进全面落实。认真办理好本次会议代表提出的、涉及大多数群众利益的意见和建议，进一步化民忧、解民困，推进社会和谐稳定。进一步推进关系民生的社会建设各项工作的落实，高度关注农村二次改水、镇街卫生院建设、廉租住房建设、居民社会养老保险制度实施和文化惠民工程等民生事业的发展，把促进民生改善放在更加突出位置，把推进民生改善落实到依法履职的全过程。

三、以积极开展代表活动为抓手，充分发挥代表主体作用

要进一步拓宽联系代表、服务代表的渠道，为代表依法履职提供更优更好的服务。继续邀请代表列席常委会会议，使更多代表参与常委会各项工作，充分发挥代表在督办议案、加强执法检查和开展部门工作评议中的重要作用。及时为代表提供常委会和"一府两院"工作的信息资料，保障代表的知情权、知政权。继续完善代表议案和建议网上办理系统，进一步规范办理答复内容。多渠道收集代表对建议办理的反馈意见，切实提高代表建议的办结率和代表满意率。进一步规范闭会期间的代表活动，保障代表依法履行职责。督促代表加强与原选举单位和人民群众的联系，认真执行代表职务。

四、以提高依法履职水平为主线，进一步加强常委会自身建设

适应新形势、新任务的要求，把提高常委会整体素质和机关工作作风建设放在更加突

出的位置，进一步增强依法履职能力。坚持“一月一学习”制度，认真学习党的路线方针政策以及人大工作所必备的法律知识和其他业务知识，努力提高常委会组成人员和机关工作人员的政治理论水平、法律水平和工作水平。继续巩固深化学习实践科学发展观活动以及机关效能和机关作风建设的成果，全面落实公职人员问责制，着力抓好人大机关的作风建设，使机关全体人员保持奋发有为、昂扬向上的精神状态。进一步重视和做好人大信访工作，对信访中反映的具有共性问题进行综合分析，提出解决问题的对策和建议，督促相关部门改进工作，努力实现好、维护好、发展好人民群众的根本利益。切实加强对镇（街道）人大的工作指导，推进工作交流，总结工作经验，帮助基层人大解决实际问题，提升全区人大工作的整体水平。

各位代表！新的一年，我们肩负的任务光荣而又艰巨。让我们在区委的正确领导下，高举中国特色社会主义伟大旗帜，坚持科学发展观，全面贯彻党的十七大和十七届四中全会精神，同心同德，开拓进取，扎实工作，为全面完成“十一五”规划，努力开创高明科学发展新局面作出新的更大的贡献！

荷城丽影

富逸湾项目暨五星级(国际)大酒店动工

2月28日,高明区近年来投资规模最大、规格最高的现代服务业项目——富逸湾项目暨五星级(国际)大酒店举行奠基仪式。佛山市政协主席蔡河义,人大常委会常务副主任卢汉超,副市长李子甫、麦洁华,政协副主席苏明实等市领导,以及马亮照、潘志文等区领导出席奠基仪式。

该项目地处西江新城核心地带,总投资35亿元,定位珠三角的地标性建筑。其中,富逸湾五星级酒店由曾设计建造阿联酋迪拜帆船酒店的英国阿特金斯公司设计,占地面积约3万平方米,建筑高度138米左右,总层数38层,酒店设计独特,造型酷似帆船。项目拟分期建设,其中五星级酒店预计2~3年建成。项目建成后,将会成为高明区在西江之滨的一座标志性建筑。

概　况

概　况

基本情况

【地理位置】　佛山市高明区位于东经 112°22′34″～112°55′06″，北纬 22°38′46″～23°01′05″之间，地处于广东省中部，珠江三角洲西翼。东南和南面与鹤山市交界，西南与新兴县相连，西北与高要市接壤，东北隔西江与佛山市三水区、南海区相望。高明区人民政府所在地荷城，东距佛山市 47 公里，西上肇庆市 64 公里，南下江门市 65 公里，离广州市 68 公里，距香港 101 海里，距澳门 74 海里。

【建置沿革】　东晋元熙元年(419 年)析高要南部地区设置平兴县，为高明域内设县治之始，此后域内曾有梁泰县、清泰县建置，至北宋开宝五年(972 年)，平兴、梁泰、清泰先后并入高要县。明朝成化十一年(1475 年)设置高明县，县治设于明城青玉山，因此山原是高明巡检司驻地，故取名高明县。1952 年 5 月，高明与鹤山两县合署办公；1954 年 6 月，两县分开办公；1958 年 11 月，高明、鹤山两县合并为高鹤县，县治设于鹤山沙坪。1981 年 12 月，国务院批准恢复高明县建制。1994 年 4 月，国务院批准撤销高明县设立高明市。2002 年 12 月，撤销高明市，设立佛山市高明区。

【地质地貌】　高明域内地层其层次由老到新的顺序是寒武系、泥盆系、石炭系、二叠系、三叠系、白垩系、第三系、第四系等。地质构造属华南褶皱系粤中拗陷带，高要——惠来断裂带、恩平——从化断裂带是高明地质构造的基础。中生代晚侏罗系和早白垩系期间的地壳活动，侵入岩分布广泛，境域内岩石大体分为岩浆岩和混合岩两大类。

高明域内西、南部和中、北部部分为低山丘陵及台地，东部及东北部是广阔的冲积平原，形成一个西、南、北三面环山、西南向东北倾斜的狭长地形。低山丘陵台地山区包括合水、更楼、杨梅、新圩及明城大部分地区。冲积平原区包括三洲、人和、西安、富湾和荷城及明城的一部分地区。域内山地与丘陵，多为海拔 150 米以下的低矮山冈和丘陵。山的高度一般在海拔 150 米到 400 米之间，个别为 700～800 米，坡度在 30 度左右。丘陵海拔 105 米以下，坡度在 25 度左右。台地海拔 50 米以下，坡度在 10 度左右。山地与丘陵面积 595.2 平方公里，占全区总面积的 62%。高明境域由明城向东(偏北)伸展形成冲积平原，地势平缓，是围田区，总面积 305.6 平方公里，占全区总面积的 31.83%。

【自然资源】　高明区土地面积 960.21 平方公里(含争议地)，占全国面积万分之一，占全省面积 0.54%。2009 年，高明农用地(耕地、园地、林地和其他农用地)面积 127.8359 万亩，占土地总面积 88.76%。其中耕地面积 20.1314 万亩，占农用地面积 15.75%，占土地总面积 14%。林地面积 76.659 万亩，占农用地面积 60%，占土地总面积 53.22%。其中有林面积 63.5 万亩，占林地面积 82.83%，森林覆盖率 47.7%，林业蓄积量为 209.3 万立方米。建设用地（包括城镇用地、居民住宅用地、独立工矿用地、特殊用地、道路交通用地、水利设施用地等）面积 24.1 万亩，占土地总面积 16.7%。

高明水资源丰富。2009 年，全区人均占有水资源 4395 立方米，是全省人均的 1.25 倍。水资源开发利用潜力较大，电能蕴藏量为 2.33 万千瓦，可开发量为 1.9 万千瓦，年发电量 7896 万千瓦小时。至 2009 年，开发量为 20.8%。

高明矿产资源丰富。非金属矿有煤、石灰石、白云石、泥炭土等；金属矿有金、银、铜、铁、锰、锌、铅、钨、钴等；蕴藏量较大的有煤、石灰石、铁、铅、锌、银，其中富湾银矿，平均含银 370 克 / 吨，储藏量在 5000 吨以上。

【行政区划】 2009 年末，高明区下辖荷城街道办事处和杨和、明城、更合 3 个镇。全区 51 个村委会、21 个社区居委会，其中荷城街道 14 个村委会、14 个社区居委会；杨和镇 7 个村委会、3 个社区社区居委会；明城镇 11 个村委会、1 个社区居委会；更合镇 19 个村委会、3 个社区居委会。

【水文】 西江，在富湾大顶岗进入高明境域，流经马宁、苏村、荷城边境，在石岩头汇纳高明河后流出，河段长 17.48 公里。其间在马宁至荷城灵龟塔段有一江心沙洲称太平沙（南海区辖），把西江一分为二。高明境域河段宽度在 860米～1200米之间，最窄为富湾渡头波角咀，宽度只有 860 米，最宽在荷城灵龟塔下 1500 米处，宽度达 1280 米。河床深度一般在－5米～－10米之间。潮汐月变幅 0.35 米～0.70 米之间，变幅量为 0.35 米。

高明河，发源于高明境域西部托盘顶，全河横线流境域东西，干流流经合水、更楼、新圩、明城、人和、西安、三洲、荷城等，在石岩头汇入西江，全长 82.4 公里，流域面积 1033.5 平方公里，其中高明区占 878.21 平方公里，高要占 128.57 平方公里，南海占 26.72 平方公里。高明支流有杨梅河、更楼河、秀丽河、西安河等 15 米，其中集中面积 100 平方公里以上的有杨梅河和更楼河 2 条。

高明地下水蕴藏量为 2.55 亿立方米。矿泉水资源丰富，已经开发利用的有碧露矿泉水、三千尺矿泉水、福山矿泉水、皂幕山矿泉水等。

2009 年，高明地表水环境良好，饮用水源水质达标率 100%，水质达到或优于 II 类水平。高明河水质基本上都达到 III 类水平。

【气候】 高明位于北回归线以南，属南亚热带季风气候，日照充足，热量丰富，雨量充沛，雨热同季，气候温和而湿润，无霜期长。按广东自然季节划分，以平均温度（5 天为 1 候）高于或等于 24℃ 为夏季，低于或等于 14℃ 为冬季，介于两者之间为春季和秋季。高明夏季长达 5 个半月，冬季 1 个半月，春秋两季共 5 个月；冬季虽有低温，但时间短暂，寒潮过后很快回暖，夏季虽热，但少酷暑。

降水 2009 年，高明年降水量为 1412.55 毫米。5 月、6 月、7 月、8 月份降水量最多，其中 5 月降水量最多，降水量为 421.7 毫米，日降水量最多 147.2 毫米（5 月 25 日）。1 月、2 月、12 月份降水量最少，其中 2 月降水量只有 3.6 毫米（杨梅 0.5 毫米）。

湿度与蒸发量 2009 年，高明平均相对

湿度为59%，月平均相对湿度>60%。2009年，高明水蒸发量1536.98毫米，月平均蒸发量是128.08毫米，5～10月份蒸发量最大，在137.2～190毫米之间，春季蒸发量最少，处于67.9～88.6毫米之间。

气压与风　2009年，高明境内气压为1013.5百帕，冬季高，夏季低。12月份气压最高，为1039.28百帕，7月份气压最低，为1005.9百帕。2009年，高明境内年平均风速2.4米/秒。平均风速最大为7月，月平均风速为2.7米/秒；平均风速最小为10月，月平均风速为2.2米/秒。2009年，高明境内出现台风3个，最大风力9级。

日照　2009年，高明年日照时数为1723.73小时，7～12月日照时数较多，在160.3小时至201.7小时之间，其中7月最长，有201.7小时，平均每天有6.5小时；1～6月较少，在62.9小时至150.3小时之间，其中3月最少，只有62.9小时，平均每天2.2小时。

气温　2009年，高明平均气温为23.43℃，6～9月气温最高，在31.3℃之间，其中7月最热，平均气温达到33.8℃；日最高气温38.7℃（7月19日荷城）；1月、2月、12月气温最低，平均气温16.9℃，日最低气温1.2℃（1月16日，荷城2.2℃，更楼0.6℃）。

【人口】　2009年末，高明区总户数80667户，户籍总人口293129人，男女性别为102∶100。人口出生率9.85‰，自然增长率5.2‰。人口密度，每平方公里为311人；人口密度最大的是荷城街道，每平方公里822人；明城镇每平方公里246人；杨和镇每平方公里167人；更合镇每平方公里177人。人口分布，荷城街道占50.3%，其他3个镇占49.7%。高明有旅居港澳同胞和海外侨胞10多万人，分布于世界20多个国家和地区，是广东的知名侨乡。

【语言】　高明境内流行语言属粤语，基本上是使用广州话。部分地方土音、土调虽有些差异，但仍与广州话相近，在交际中无大障碍。高明方言字音，据1978年广东人民出版社出版的《珠江三角洲方言字音对照》记载，以明城话为代表。

经济建设

【综述】　2009年，佛山市高明区深入贯彻科学发展观，围绕“抓项目、保增长”的工作方针，认真贯彻落实《珠江三角洲地区改革发展规划纲要》，积极应对国际金融危机，经济社会在逆势中实现平稳较快发展。全区实现地区生产总值388.05亿元，比上年增长18.5%。其中第一产业增加值12.27亿元，增长1.7%；第二产业增加值277.55亿元，增长20.0%；第三产业增加值58.33亿元，增长15.3%。按常住人口计算，人均地区生产总值98685元，比上年增长18.2%。年内，实现工业总产值1321.35亿元，比上年增长20.7%；农业总产值25.20亿元，比上年增长2.1%。全区三次产业结构为3.5∶79.7∶16.8，与上年相比，第二产业比重上升0.3个百分点，第一产业比重下降0.3个百分点，第三产业保持不变。全区完成：固定资产资产投资145.82亿元，比上年增长24.0%。其中基本建设投资110.84亿元，比上年增长34.2%；更新改造投资24.56亿元，比上年增长14.6%；房地产开发投资6.83亿元，比上年下降29.0%。三次产业完成固定资产投资比重构成为1.8∶57.1∶41.1。

【国内商贸】 年内，全区实现社会消费品零售总额59.57亿元，比上年增长23.0%；其中批发零售业务零售额42.90亿元，比上年增长21.5%；住宿餐饮业零售额16.67亿元，比上年增长27.1%；城乡消费同步增长，城市消费品零售额44.63亿元，农村消费品零售额14.94亿元，分别比上年增长23.9%和20.4%。城乡集市贸易成交额13.35亿元，比上年增长9.9%。

【对外经济贸易】 在全球金融危机的大背景下，全区进出口总值12.89亿美元，比上年下降11.2%；其中，出口总值10.03亿美元，比上年下降12.8%；进口总值2.86亿美元，比上年下降5.0%。全年新签利用外资合同6宗，合同利用外资金额0.53亿美元，比上年下降40.0%和27.1%；全年实际利用外资1.15亿美元，比上年增14.7%。

【财税与金融】 年内，全区实现财税总收入35.62亿元（含海关代征增值税），比上年增长56.3%；其中地方本级财政收入19.76亿元，比上年增长53.8%。年末，全区金融机构各项存款余额176.13亿元，比上年增长26.7%，其中城乡居民储蓄存款余额107.15亿元，比上年初增长18.2%；金融机构各项贷款余额117.09亿元，比上年增长37.9%。

【工业经济】 年内，全区实现工业总产值1321.35亿元，比上年增长20.7%。其中规模以上工业实现产值1286.15亿元，比上年增长24.0%。规模以上轻工业实现产值553.73亿元；规模以上重工业实现产值732.42亿元，比上年增长22.8%。食品饮料业、纺织服装业、石化生产业、塑料制品业、金属材料加工业、新材料产业、节能环保产业等七大支柱产业实现产值881.41亿元，占全区规模以上工业总产值68.5%；规模以上民营工业实现产值711.05亿元，占全区规模以上工业产值的55.3%。全区工业产值超亿元以上企业达220家，占全区规模以上企业总数的45.65%。

【招商引资】 年内，全区新引进项目86个，合同投资总额92.78亿元，分别比上年增加53.5%和38.4%。新引进超亿元项目21个，集中在新材料、电子电器、机械装备等新兴产业。增资扩产势头良好，全年新增资项目16个，意向增资金额19.75亿元。投资强度进一步提高，突破200万元/亩。

【产业创新】 大力实施“产学研创新联盟”工程、“产学研创新平台建设”工程、“产学研联合攻关”工程、“科技招商引资”工程和“创新人才培养”工程等产学研结合“五大工程”，提升产业创新能力和竞争力。“中科院佛山产业技术创新与育成中心高明新材料专业中心”、“高效轧制国家工程中心高明分中心”、“高明区（中科院）新材料专业中心”等先后挂牌成立并投入运作。年内，共新建各类创新平台与工程技术研发中心11个，全区首个“院士专家企业工作站”也宣告成立。

【农村工作】 年内，全区实现农业总产值25.20亿元，比上年增长2.1%。其中种植业产值6.71亿元，比上年下降1.0%，林业产值0.47亿元，比上年增长4.0%；畜牧业产值10.17亿元，比上年增长3.5%；渔业产值6.66亿元，比上年增长3.0%；农民人均纯收入7238元，比上年增长11.8%。

年内，农作物总播种面积34.19万亩，其中粮食作物面积17.70万亩，粮食总产量5.45

万吨，比上年增长 2.9%。肉类总产量 4.83 万吨，比上年增长 2.5%；其中猪肉产量 2.46 万吨，比上年增长 2.4%；禽肉产量 2.35万吨，比上年增长 2.5%。全年水产品产量 5.51 万吨，比上年增长 11.2%。

年内，全区农业机械总动力增加到 18.53 万千瓦，比上年增长 0.8%；化肥施用量 3.57 万吨；有效灌溉面积 16.29 万亩；农村用电量 3.80 亿千瓦时，比上年增长 5.8%。

年内，区农业生态园崇步中心区中的海峡两岸农业合作试验区建设项目顺利完成，档次、水平逐步提升，并引入多个规模化花卉种植项目，打造全国最大红掌种植基地，花卉园艺种植产业初具规模。新发展农民专业合作组织 2 个，大型农业生产基地和农业龙头企业分别增至 26 个、6 家，带动辐射农户 4950 户。加快发展农产品深加工，新建的5400 吨罗非鱼加工项目试产成功。2 万亩的粮食创高产示范片亩产增幅 2.1%，示范作用明显。

【城镇建设】 中心城区铺装道路 137.1 公里，面积 354.8 万平方米；建成区绿化覆盖面积 851.1 公顷，园林绿地面积 775.9 公顷，公共绿化面积 112.1 公顷。全面完成镇街 5 项污水处理工程，配套管网建设同步推进，新增城市污水日处理能力 10.5 万吨。

加快融入广佛都市圈，广明高速东段等“东靠”十大重点项目取得积极进展。探索推进县域经济一体化，携手高要、鹤山、新兴三地，成功举办“要明鹤兴”县域经济一体化发展论坛，并签订更紧密合作框架协议，确定合作对接事项 115 项。

年内，完成西江新城总体规划，23 项基础设施工程进入设计施工阶段，其中广东纺织职业技术学院、高明职业技术学校新校区、妇幼保健院全面动工。制定“三旧”改造专项规划，全面启动 16 个“三旧”改造项目，项目总投资 18.7 亿元，改造范围 102 万平方米。

年内，完成土地利用总体规划修编和多个重点区域控制性详细规划。城市管理重心加速下移，建成一批城管示范区、严管区、示范路，覆盖范围约 34 平方公里。城市违法用地与违法建设、乱摆卖等“八乱”现象得到进一步遏制。

【交通运输】 年内，全区公路通车总里程 684.05 公里，其中等级公路 671.66 公里，桥梁总数 150 座，其中特大型桥梁 2 座。全年各级累计投入交通基础建设资金 15 亿元。广明高速公路高明段竣工通车，江肇高速公路高明段加快建设，广明高速西延线与江罗高速公路高明段完成工可评审，龙高公路及高明大道快速化改造全面动工，杨西大道至人和段建成通车。全区行政村公交通达率和村道硬底化率均达 100%。

年内，完成客运量 973 万人，比上年增长 13.7%；旅客周转量 40480 万人公里，比上年增长 7.8%；完成货运量 589 万吨，比上年下降 48.3%，货物周转量 41785 万吨公里，比上年下降 44.2%。港口货物吞吐量 570 万吨，比上年增长 24.2%，旅客吞吐量 5.08 万人，比上年下降 42.5%。

【邮政与通信】 全年邮电业务总量 6.93 亿元，比上年增长 5.2%；其中电信（含移动、联通、电信、网通、铁通）业务总量 6.68 亿元，比上年增长 5.3%。年末电话用户数 11.13 万户，比上年下降 10.8%，其中小灵通用户 3.47 万户，比上年下降 24.6%。移动电话用户数 48.09 万户（含电信、移动和联通），比上年增长 13.5%。互联网用户 5.41 万户，比上年增长30.6%。

【环境保护】 与上年相比，全区主要污染物化学需氧量基本持平，二氧化硫排放量有所下降。工业污染得到有效控制，工业废水排放达标率 99.47%，工业二氧化硫排放达标率、工业烟尘排放达标率、工业粉尘排放达标率、固体废物综合利用率均达 100%；环境影响评价制度执行率、当年“三同时”制度执行率均达 100%；关停 9 家立窑水泥企业和 8 家陶瓷企业，4 家保留陶瓷企业全部通过环保清洁生产现场验收；基本完成秀丽河整治（清淤）工程；启动规模化禽畜养殖场的污染和三洲大涌水环境综合整治工作。

【供电与供水】 高明区城网可转供率达到 89.19%，比佛山供电局下达指标 77.8%高出 11.39 个百分点。全年城网 10 千伏线路停电供电减少影响中压客户停电时户数 5647.36 时•户，减少影响低压客户停电时户数 907201 时•户。全年实际完成投资 5.95 亿元，实现计划投资 5.61 亿元的 106%，为 2005~2008 年累计电网投资 4.48 亿元的 1.33 倍；6 个 10 千伏及以上输变电工程项目顺利投产，其中高明首个 500 千伏输变电工程——沧江输变电工程、220 千伏后龙、110 千伏丽景、石塘输变电工程的投产时间分别比原计划提前 1～8 个月，从根本上改善了高明电网结构。年内完成供电量 25.7436 亿千瓦时，同比增长 10.07%；售电量 25.1619 亿千瓦时，同比增长 11.07%。

全年供水 6610.13 万立方米，同比增加 365.95 万立方米，增长 5.9%；其中，高明水厂年供水 5241.36 万立方米，增长 0.9%，最高日供水达 17.27 万立方米，增长 7.3%；合水水厂年供水 687.46 万立方米，同比增加 77.68 万立方米，增长 12.7%；杨梅水厂年供水 538.10 万立方米，扩建完成投产后最高日供水量达 4.69 万立方米；西安水厂年供水 143.21 万立方米。全年售水 5748.15 万立方米，同比增加 465.93 万立方米，增长 8.8%，售水量增长主要集中在荷城。荷城供水分公司年售水 3924.03 万立方米，同比增加 453.02 万立方米，增长 13.1%；杨和供水分公司年售水 763.18 万立方米，同比增长 1.8%；明城供水分公司年售水 661.37 万立方米，同比下降 0.6%；更合供水分公司年售水 399.58 万立方米，同比增长 1%。实现年销售收入 7892 万元，同比增长 6.7%；实现净利润 564 万元，同比增长 81.9%。

【城乡居民生活】 年末，全区在岗职工年人均工资 20327 元，比上年增长 8.1%；农村居民年人均纯收入 7238 元，比上年增长 11.8%；城乡居民储蓄存款余额 107.15 亿元，比上年增长 18.2%。

社会事业全面发展

【科学技术】 年内，全区企事业单位承担国家和省各类重大科技项目 22 项，承担省部（省院）产学研合作专项 10 项，对全区 19 项科技计划予以立项扶持，获广东省科技进步奖 2 项，佛山市科技进步奖 6 项。全区共有国家高新技术企业 13 家。已组建起以企业为依托的省、市、区级工程中心分别达到 6 家、9 家和 14 家。2009 年，全区高新技术产业产值达 500.55 亿元，占全区工业总产值的比重超过 37.9%。年内，共申请各类专利 237 件，比上年增长 34.7%，其中：发明专利 49 件，实用新型专利 91 件，外观设计专利 107 件；共获专利授权 161 件，比上年下降 23.7%。其中：发明专利 11 件，实用新型专利 52 件，外观设计专利 98 件。全区实有专业技术人员 16911 人。

【教育事业】 全区普通中学 12 所，在校学生 20593 人；中等职业学校 3 所，在校学生 5899 人；小学 20 所，在校学生 21868 人；幼儿园 27 所，在园幼儿 9813 人；全区中小学专任教师 2623 人，其中：普通中学专任教师 1393 人，普通小学专任教师 1230 人。全区普通高中毕业生的升学人数 1907 人，其中升本科 726 人、大专 1181 人；成人高考录取 271 人，其中本科 173 人、大专 98 人。

【文化事业】 全区共有电影放映单位 10 个；公共图书馆（室）6 个，乡村图书馆（室）83 个，总藏书量达 65.08 万册，比上年增长 18%；各类文化馆（室）61 个，文化活动广场 9 个，名人故居、纪念馆 9 个，博物馆 1 个；全年举办群众文化活动 141 场次，观众 30 万人次；放映公益数字电影 1382 场次，观众达 20 万人次；有线电视用户数 98204 户，电视人口覆盖率达 100%，在市内率先实现农村有线电视整体平移。

【卫生事业】 镇（街）卫生院（社区卫生服务中心）建设和三大医院新建扩建工程已全面启动。2009 年末，全区共有医疗卫生机构 105 个，卫生工作人员 1876 人，卫生专业技术人员 1586 人，其中：执业医师和执业助理医师 584 人。卫生机构病床位 1004 张。全区一级以上非营利性医疗机构门诊量 224.92 万人次，住院 3.21 万人次，每门诊人次费用 71.51 元，比上年下降 5%。

【体育事业】 年内，全区运动员参加高水平综合性运动会取得新突破，首次参加全运会的 5 名体育健儿，获银牌、铜牌各一枚。在组团参加佛山市第七届运动会中，以金牌 34 枚、银牌 30 枚、铜牌 24 枚的总成绩，成为历年来获金牌和奖牌总数最多的一次。年内，首次实现高明籍运动员进入国家一线队。全年新建及改建公共篮球场 34 个；运动员参加全国赛夺得金牌 11 枚、银牌 15 枚、铜牌 7 枚；参加省赛夺得金牌 4 枚、银牌 3 枚、铜牌 10 枚；36 个行政村达到珠三角农村体育设施标准要求，占行政村总数的 70%。

【人口与计生】 年内，全区人口与计划生育事业继续保护良好的发展态势，全面完成市下达的人口计生各项任务。全年全区人口出生率为 9.85‰，自然增长率为 5.2‰。年末全区总户数 80667 户，户籍人口 293129 人，比上年增加 2399 人；年末常住人口约 35.42 万人，比上年增长 7.97‰。

【社会保障和福利事业】 年末，全区参加养老保险在职人数 86800 人，参加失业保险在职人数 78686 人，参加工伤保险在职人数 98228 人，参加医疗保险在职人数 86359 人，分别比上年增长 3.4%、3.0%、4.3%、3.7%。参加农村基本养老保险人数 8594 人，比上年增长 16.1%。全面实施居民门诊医疗保险“一卡通”。低保标准提高到每月 310 元，实现应保尽保。居民住院医疗保险实行市级统筹，缴费标准由每人 120 元提高到 160 元，住院年度累计最高支付限额由 5 万元提高至 8 万元。新增就业岗位 6812 个，帮助 10271 人就业，培训农村劳动力 1776 人。全区共有敬老院 6 间，床位数 320 张，入住人数 190 人；社会福利院 1 间，床位数 180 张，收养人数 93 人；社会救济总人数6678人，较往年增加1317人。

【精神文明建设】 年内，全区加大投入，大力推进文明村居创建活动，全年创建区级“十好”和谐文明村居26个、示范村居2个；推荐74个村居申报第二批佛山市“十好”和谐文明村（居）；区文广新局被评为广东省文明单位；荷城街道中山社区被评为广东省文明社区；荷城街道塘伙村、更合镇白洞新村被评为广东省文明村。在文明窗口创建工作中，出台新管理办法，扩大创建对象范围、创新监督模式、完善申报程序、健全管理机制；设立“文明看台”专栏，组织“参创窗口”负责人及一线服务人员参加“迎国庆——礼仪佛山阳光行”窗口行业服务礼仪演示比赛。全年全区创建区级文明窗口单位14个。以诚信建设为重点，开展“百城万店无假货”创建活动，在荷城街道文昌路开展以“诚信兴商、文明消费”为主题的创建“诚信经营示范街”活动，组织参观学习和商户培训，150多户商户代表签订诚信经营承诺书和门前“三包”责任书。

深步水水库湖光山色乐逍遥

加紧县级区域合作 推动西江西岸一体化

5月8日和15日，佛山市高明区区长潘志文带领区相关部门负责人分赴高要市、新兴县、鹤山市（以下简称“三地”）开展贯彻落实《珠江三角洲地区改革发展规划纲要》学习交流活动。

高明与三地地缘相近、人缘相亲，在交通、环保、产业、就业、教育等多个领域的合作前景与空间非常大。在与三地交流过程中，潘志文建议各地打破行政壁垒、开展深入合作，共同构筑西江西岸的一体化发展平台。对高明区提出的系列建议，三地政府均予以积极的回应，并就构建定期沟通协调机制达成一致共识——成立由各方政府办公室、发改部门牵头的工作小组，协同交通、经贸、劳动保障、教育、环保、科技、财政等部门，就各个领域展开具体的对接和合作，并签订合作协议。

Gao Ming Nian Jian

高明年鉴

2010

GAOMING

大事记

大 事 记

1月

1日 高明区提高低保家庭临时生活补助水平,每人每月补贴金额从15元调到45元。

是日 区调整污水处理费,杨和镇、明城镇、更合镇居民住户从原来的每立方米0.20元调整至每立方米0.55元;行政机关、事业单位、工商企业、社团、个体户等从原来每立方米0.20元调整到每立方米0.60元。

是日 区门诊医疗保险试行"一卡通",参保人可跨院就诊,全区20余万参保人受惠。

2日 区首批38个"十好"和谐文明村居受佛山市的表彰。

5日 荷城街道塘伙村经济合作社挂牌成立,首个发展项目的塘伙村旅游生态水上乐园同时动工。

6日 全区17家陶瓷、水泥高污染企业全部关闭。

是日 广东省安全生产百日督查"回头看"暨元旦、春节前安全生产检查活动督查组到高明督查。

8日 区召开高明大道精细化管理和建筑垃圾整治现场会。潘志文等区领导参加会议,并与有关部门负责人察看现场,部署工作。

是日 区举行副处以上离退休老干部慰问座谈会,马亮照、潘志文等区领导参加座谈会。

9日 马亮照、潘志文等区领导及有关部门负责人组成4个慰问小组,分赴各镇(街道)、区人武部、边检站,慰问驻地官兵、农村特困户、优抚对象和老党员。

11日 春运首日,区长潘志文带队开展春运交通检查。

是日 区计划投入4300万元,利用两年时间,开展对农村饮用水第二次改造,2009年有149个村庄纳入改造范围,占应改造任务的59.4%。

12日 区召开人口与计划生育工作会议。会上,区长潘志文与各镇街、部分计生综治单位代表签订计生管理责任书,对2008年度计生工作先进单位进行表彰。

是日 区召开第十三届人大常委会第二十二次会议,听取和审议区政府《关于佛山市高明区2008年本级财政预算调整和超收安排的报告》,审议通过《关于召开佛山市高明区第十三届人民代表大会第四次会议的决定》。

是日 市委宣传部副部长、市文化广电新闻出版局局长徐东涛和佛山珠江传媒网络有限公司总经理李中锋等有关领导到高明视察"园园通"有线电视首期工程完成情况。

是日 区公布《招商引资奖励办法(试行)》,享受奖励的引资项目包括新办工业项目、物流、交通运输业、商贸流通、酒店、餐饮、旅游、农业开发及经区政府认定等项目。

是日 早上6时许,高明水厂位于荷城荷美街的1米口径供水管发生爆裂，100米街道水浸，2.5万户用水受不同程度影响，全城5层以上住户基本停水，于次日零时全面恢复供水。

13日 省委常委、省委秘书长徐少华和市委常委、市委组织部部长冯德良慰问团一行，在区委副书记黄坚等市、区领导的陪同下，前往革命老区明城镇明阳村委会开展慰问活动。

是日 共青团佛山市高明区十六届二次会议召开。

14日 区召开政法综治工作总结会，区委书记马亮照、副书记黄坚等区领导参加会议。会议总结2008年区政法综治工作，对2009年的工作进行部署，表彰政法综治先进单位和个人。

15日 市长陈云贤率领的春节慰问团，在区委书记马亮照、区长潘志文的陪同下，前往杨和镇敬老院、清泰村委会慰问优抚对象和特困党员。

是日 区委书记马亮照带队到高明出入境检验检疫局、高明海事处、佛山海关驻高明办事处慰问。

是日 广明高速公路西樵至更楼段施工难度最大的控制性工程，6188米富湾特大桥主桥正式合拢。

16日 区召开区委十届五次全体（扩大）会议。会议传达贯彻省委十届四次全会和市委十届六次全会精神，分析当前发展形势，研究部署2009年各项工作。同时对2008年区委干部选拔任用工作进行民主评议，并审议通过《关于区广贤等5名区委候补委员递补为区委委员的决定》和《中共佛山市高明区第十届委员会第五次全体会议决议》。

是日 晚上，区文学艺术界联合会迎春晚会暨2009“欢乐村居行”送戏下乡启动仪式在荷城广场举行。

19日 马亮照书记带领有关部门负责人到挂钩联点更合镇平塘村委会慰问。

19日 区召开2008年度文明委工作总结会议。会议总结2008年文明委工作，部署2009年工作。

是日 区发布《临时建筑规划管理暂行规定》，对临时建筑的审批管理、施工及验收管理、拆除及补偿等事项都有明确规定。

是日 广东发展银行高明支行乔迁新址，正式落户荷城沿江路463号，即银海广场首层和二层。

20日 高明交警节前专项整治行动拉开序幕，当天共查处各类违法违规车辆209例。

21日 区举行2009年党政军迎春茶话会。

是日 区首批56套廉租房住房建成并交付租用，第二批100套廉租住房动工兴建。

22日 区召开区政府全体会议。会议总结2008年区政府各项工作，对2009年工作进行部署。

2月

1日 春节后第一个工作日，区委书记马亮照，区长潘志文带领区级领导班子成员、各单位负责人、部队官兵共200多人到荷富路广明高速出口处开展义务植树活动。

是日 省“家电下乡”活动启动，时间持续到2013年1月31日。

2日 《高明区产业转移规划（2008～2012年）》正式出台。

是日 马亮照、潘志文等区领导分别慰问春节期间仍坚守岗位的口岸联检部门、新闻单位、供电供水单位、公安干警、行政执法、人民法院、中医院、妇幼保健院和环卫处等干部职工。

是日 区委副书记黄坚，区委常委、宣传部部长严冰，副区长余明开等领导慰问佛山日报社高明记者站记者。

3日 2009年高明区春季招聘会在区技工学校举行，共有195家企业、6000多个职位进场参加招聘。有8000余名大中专毕业生、农民工进场应聘，3200多人落实就业岗位。

3~5日 区委书记马亮照、区长潘志文、区委副书记黄坚一行，分赴四个镇街开展集体约谈活动。

5日 区委、区政府组织副处级以上领导干部专题学习讨论《珠江三角洲地区改革发展规划纲要》。

7日 区在香港会展中心举行2009年港澳乡亲春茗酒会，卢汉超、冯德良、李子甫、杨锡基、黄炳等市领导，马亮照、潘志文、黄坚等区领导，与参加春茗酒会的300多名嘉宾共商高明发展大计。

9日 农历正月十五晚，区在世纪广场举办元宵烟花文艺晚会。

10~11日 召开政协高明区八届四次会议，补选区惠娘为高明区政协主席。

11~12日 区十三届人大四次会议召开。

15日 区下发《关于进一步精简会议改进会风的通知》，将每周星期四、五定为区委、区政府"无会日"。

18日 区召开中共佛山市高明区纪委十届四次全体会议，总结区2008年的反腐倡廉工作，部署2009年工作任务。

19日 区首个"无会日"，区长潘志文到西江新城开展调研活动。区政协主席区惠娘、区委副书记黄坚等区领导也分赴各镇街开展调研活动。

20日 《高明区推动主办部门负责制办法(试行)》正式实施。

21日 区摄影家协会数十名会员及慈善单位代表，前往区潭山康复新村慰问麻风病康复者。

22日 由明城镇人民政府和区史志办公室联合编纂的《明城镇志》出版发行。

23日 《高明区现代服务业发展规划》正式颁布。

是日 共青团高明区委推出实施城乡共青团联点挂钩工作等六大举措，帮助农村青年就业。

24日 区委书记马亮照等区领导带同相关部门负责人先后现场查看杨西大道、江肇高速公路和高铜线等交通建设重点工程，并召开现场办公会议。

25日 区200多名领导在区会议中心收看《珠江三角洲地区改革发展规划纲要》报告会。

是日 《高明区创意产业发展实施方案》正式出台，计划至2010年建成高明创意产业园区。至2015年，从事创意产业的企业超300家，营业收入超30亿元。

28日 区投资规模最大、规格最高的现代服务业项目——富逸湾项目暨五星级(国际)大酒店举行奠基仪式。

是日 区首个村干部函授大专班在市委党校高明分校点正式开课。

3月

1日 随着45家定点医疗机构与社保部门计算机系统实现联网，高明在全市率先正式实施门诊医保“一卡通”,全区约26万参保人受惠。

2日 区召开十三届人大常委会第二十三次会议。

是日 区举行高明旧汽车客运站改造暨高明广场一期工程动工仪式,潘志文等区领导出席活动。

是日 区第二届妇女运动会开幕,有1000多名妇女参加。

是日 区开始免费发放全省统一的“机动车环保分类管理标志”,发放首日有92人领取。

3日 区召开电力工作会议,计划投资5亿元,建设15项110千伏以上输变电工程及10千伏以下配电网工程。

是日 区召开2009年度武装工作会议。佛山军分区政治部主任凌四明,区委书记、区人武部党委第一书记马亮照,区长潘志文等出席会议。

是日 区召开教育系统推进教育现代化建设工作动员大会,提出力争在2009年下半年义务教育阶段的学校100%达到规范化。

4日 市委常委、常务副市长周天明到高明调研,了解区重点项目建设、立项融资以及2009年1月至2月经济、财税运行情况。

是日 区召开深化农村体制改革工作会议。会议提出,区力争用2年左右的时间,全面完成全区深化农村集体经济组织管理体制改革工作。

是日 区召开2009年宣传文化工作会议。会议提出全面提升城市文化品位。

5日 副省长佟星一行在副市长李子甫、区长潘志文等市、区领导陪同下,对江肇高速公路(高明段)工程建设情况进行现场视察。

是日 高明“百万妇女懂法律,乡村平安促和谐”普法活动在荷城广场举行,1000多名妇女参加。

10日 高明恢复建制的第一条柏油路——跃华路环岛大花坛被拆除,用水泥填平改造成红绿灯路口。

11日 区召开深入学习实践科学发展观活动动员大会,活动至8月基本完成。

是日 区下发《关于进一步精简文件改进文风的通知》,要求全区各级干部各部门严格把好发文关,进一步提升文件质量、精简文件数量。

12日 区开展义务植树活动。区级领导班子成员,区直部门负责人、驻军官兵代表近300人到明城镇高田水库参加植树。

是日 区在白石坳垃圾填埋场,集中销毁假冒伪劣的食品、药品、日用品、服装、床上用品、家用电器、电脑配件等商品100多种,共5吨价值30多万元。

13日 市委书记林元和到高明调研,了解区深入学习实践科学发展观活动开展情况和经济社会发展情况。

是日 区建筑与房地产协会2009年年会在恒威大酒店召开,宣读《佛山市高明区建筑与房地产协会倡议建筑与房地产行业四项诚信自律公约的通知》。

14日 区激情沧江·文化暖流“五个一”工程暨“高明讲坛”进基层活动在明城镇高明贝斯特公司正式启动。

15日 荷城街道中山社区正式成为高明第一个“广东省绿色社区”;明城镇新岗村委会、明北村委会、更合镇珠塘村委会、水井村委会四个行政村为市级生态示范村;本田金属技术(佛山)有限公司、广东溢达纺织有限公司获得市级环保模范企业称号。

是日 区畜牧中心及荷城屠宰场联合发

出通知，即日起区外生猪超过下午4时30分将不得进入屠宰场，以保证生猪检查到位。

是日 区首家恒亮医学验光配镜中心在区人民医院正式成立。

17日 吉林省龙井市市委常务副书记姜兴延率考察团一行18人到高明参观考察。

是日 省港澳办经济合作交流处林涛处长，省发改委、外经贸厅等领导一行5人到高明考察投资环境及产业布局状况。

17~21日 副区长刘志刚带队赴武汉、北京两地，考察武汉理工大学、华中科技大学、北京交通大学和北京科技大学，参观材料复合新技术、硅酸盐材料、金属新材料等国家重点实验室，并和4所院校达成合作意向。

18日 区召开沧江河水质综合治理新闻发布会，从2009年起高明启动沧江河综合整治工程。

19日 省政府办公厅召开全省电视电话会议，通报广东省2008年度人口与计划生育目标管理责任制考核情况，高明区被授予“广东省2008年度人口与计划生育先进单位”称号。

是日 市委常委、常务副市长周天明到高明就门诊医保“一卡通”推行情况进行专题调研。

22日 香港顺龙仁泽基金会主席蔡伯励，区长潘志文等为来自各镇街的100名困难大学生发放每人2500元助学金。

22~23日 重庆市綦江县委书记王越、县长徐世国率领县党政考察团一行12人到高明参观考察。

24日 杨和镇杨梅水厂扩建主体工程动工兴建，总投资2000万元。

25日 区召开2009年第一季度安全生产工作会议，通报首季度安全生产基本情况。

26日 佛山市银企合作洽谈会率先在高明举行，洽谈会重在破解企业融资，为遭遇融资瓶颈的企业构建“金融超市”。

是日 区长潘志文深入各镇街，现场视察镇街污水处理建设情况。

27日 区与市同步举行“三旧”改造“双百计划”启动仪式，潘志文等区领导及相关部门负责人参加活动。

29日 旅港高明同乡会在香港九龙弥敦道伦敦大酒楼举办会员春节联欢敬老大会，区政府组团前往祝贺。

31日 市天然气利用工程高明段管线在明城工业园内正式开工建设，管网启用后，将为高明提供充足的天然气供应。

是日 区召开教育现代化建设工作领导小组（扩大）会议，区长潘志文指出，2009年是高明区创建“广东省教育现代化先进区”的攻关关键年，年底将接受省的督导验收。

4月

1日 区召开区委理论学习中心组学习会。会议邀请广东省人民政府发展研究中心副主任李惠武教授作“把握广佛同城机遇，促进高明科学发展”的专题报告。

是日 即日起，在高明区中等职业技术学校就读的外地户籍学生，可以参加上半年居民住院和门诊基本医疗保险，参保费用按日计算。

2日 区召开种粮补贴工作会议。区2009年种水稻每亩补贴49元，补贴资金4月底前一次性兑付到种粮农民手中。

是日 区科幼绘画五作品首次在第24届广东省青少年科技创新大赛获奖。

是日 区聘任首批35名特邀环境监督员，其职责包括监督全区环境执法人员的行政执法活动以及日常工作，检举污染环境和破坏生态的行为等。

3日 无会日，区长潘志文到荷城街道、杨和镇，深入调研企业生产经营状况，重点了解企业的厂房建设、产品生产、产品销售等情况。

7日 区有18家销售网点通过家电下乡活动备案审核，农村居民在本镇区域内即可买到家电下乡产品，享受财政补贴。

是日 市生猪及其肉品专项治理小组副组长、市食品药品监管局陈锋局长带领市经贸局、农业局、卫生局、质监局、卫生监督所的有关负责人到高明督查生猪及其肉品专项治理工作。

8日 区环卫部门在荷城文昌路、文明路及沧江路部分路段等中心城区三个繁华路段，首次安装100个分类垃圾箱。

9日 高明公安分局刑侦大队举行赃车发还大会，将被盗的10辆汽车、17辆摩托车归还失主。

11日 区“文明交通·你我同行”活动正式启动，区委常委、宣传部部长严冰，区委常委、高明公安分局局长梁恩球等区领导出席启动仪式。

12日 台湾花卉企业首次进驻明城镇，首期土地租赁约160亩，计划打造全国最大的红掌生产基地，填补高明海峡两岸农业合作的空白。

13日 区召开《佛山市高明西江新城总体规划》评议会，听取总体规划初步情况汇报。马亮照、潘志文等区级领导班子成员出席会议。

13~21日 由中科院与省市合作领导协调委员会副主任竺玄率领的中科院专家团一行访问高明，开展产学研对接活动。

14日 区举行2008年度纳税大户表彰大会，对广东溢达纺织有限公司等纳税额超500万元的50家企业进行表彰奖励。

是日 区烟草专卖局在荷城古耶村附近的一家养狗场内，查获200箱共1万条假烟，为高明历年来查获的最大假烟分销点。

15日 政协高明区八届十三次常委（扩大）会议召开。会上，听取区经贸局关于高明区如何应对金融危机、帮助企业的情况介绍，区交通局关于高明区道路交通网络规划和建设情况介绍，研究确定2009年区政协常委会专题调研题目为《抢抓机遇，加快高明融入广佛同城化步伐的建议案》。

是日 获得第二批全国文明单位称号的区公路局举行揭牌仪式。区公路局在2009年2月被中央文明委授予第二批全国文明单位称号，继2005年获“全国精神文明建设工作先进单位”后获得的又一殊荣，成为高明首次获此殊荣的单位。

是日 市委办副主任、机关党工委书记周青带领市委办系统50名党员到高明考察。

16日 区委书记马亮照在中交四航局总经理孙国强和顾问沈长林的陪同下，冒雨驱车视察广明高速公路西樵大岗至更合白石段全线，并实地察看广明高速公路西樵大岗立交、沙寮立交、富湾特大桥等重要工程。

是日 副市长李子甫一行10人到高明调研。

是日 区工商行政管理局、高明公安分局等部门联合行动，共取缔“黑网吧”11家，暂扣电脑61台。

17日 中央扩大内需促进经济增长政策落实第15检查组，由省、市领导陪同到高明检查有关工作。

19日 区与中科院专家访问团举行产学

研合作座谈会，双方达成初步合作意向，拟在高明建设中科院新材料专业中心(暂定名)。

20日 区召开水利"三防"工作会议，分析总结2008年水利"三防"工作情况，研究部署2009年水利"三防"各项工作。

是日 以区委常委吴耀棠为团长，区外事侨务局局长江苏、区文化广播电视新闻出版局局长吴兆华、荷城街道办事处副主任杜伟南、杨和镇委委员李梅玲等一行前往日本横滨市，对广东要明鹤同乡会进行友好访问。

21日 区委区政府、区总工会举办劳动模范庆"五一"茶话会，邀请72名劳模参加。

22日 区组织120多名纪检监察干部举行培训。

是日 区组织专家召开酸甜果蔬企业产品联盟标准审定会，审定通过酸甜果蔬行业标准。

22~24日 区长潘志文带领区产学研合作代表团赴北京，与北京科技大学、中科院工程研究所、中国纺织科学研究院等高校院所开展产学研合作洽谈活动。

23日 中韩合作"爱心阳光计划"49期暨佛山新农村与农业现代化建设高峰论坛活动在高明举行。韩国东亚科学技术协力财团教授郑教宽、华南农业大学教授骆世明分别为高明科技人员、农村干部作专题报告。

是日 区文广新局联合文化、公安、工商、行政执法、海关等部门开展行动，将收缴的3000册盗版、非法书报刊物和六合彩报1万份(张)、1万张非法音像出版的集中销毁。

24日 区出台《产学研专项资金管理办法》，明确各项目扶持资金，计划每年将划拨不少于100万元支持产学研。

25日 市人大常委会副主任蒋顺威率领市人大常委会有关人员到高明，开展农村土地承包经营权流转工作情况调研。

27日 区召开科学发展观学习实践活动转段工作会议，区级领导班子成员及参加第二批学习实践活动单位负责人参加会议。

28日 法国驻华贸易顾问朱茂先生在高明经营的毅力温控器有限公司新厂房举行搬迁庆典活动，法国驻穗总领事章泰年先生前来祝贺。区委书记马亮照等区领导参加庆典剪彩仪式。

29日 区召开2006~2008年度佛山市高明区劳动模范、先进劳动者和先进集体表彰大会，对10名区劳动模范、179名区先进劳动者和68个先进集体进行表彰。

是日 区召开纪念"五四"运动90周年暨新团员入团宣誓大会。

30日 区召开全区第一季度经济分析会。

5 月

4日 区团委、区青协在荷城七星岗公园举行"青春·欢乐·奋进——我们的节日"欢乐嘉年华活动。

7日 区举行2008年度二氧化碳专项治理表彰大会，10家出色完成二氧化碳治理工作的企业受区政府表彰。

是日 区城市行政执法局和交警荷城中队联合行动，对兴华市场、午阳市场、东华路等乱停乱放、违规占道经营的机动车进行整治。

8日 潘志文带领区相关部门负责人赴高要市进行学习交流。

是日 区出台《关于加快建设现代产业体系的指导意见》。

9日 区委书记马亮照、区外侨局局长江苏与广东恒威集团有限公司岑敏华出席四川省汶川县水磨镇郭家坝村“佛山侨心居”工程揭碑仪式、汶川县第二中学封顶仪式和“禅寿老街”首期工程落成仪式。

10日 区在杨和镇西坑村举行“防灾减灾”活动启动仪式暨西坑水库下游群众安全转移演练。

是日 区妇联、区慈善会以及各镇街开展慰问单亲特困母亲家庭活动，向71名单亲特困母亲送上4.26万元慰问金。

12日 第98个国际护士节，区举行“5·12”护士节暨优秀护理集体和个人表彰大会，对区2007年至2008年度61名优秀护士、8名护龄30年以上护士和6个优秀护理集体进行表彰奖励。

是日 香港佛山工商联会访问团到高明访问。

是日 区发布《关于进一步加强和改进舆论监督工作的意见》，要求各部门支持和配合新闻媒体的采访活动。

是日 区环保、公安、行政执法等多个部门联合执法行动，对高明水厂取水点附近一级水源保护区进行执法，现场教育非法游泳者。

13日 区委老干部局和区离退休干部管理中心组织全区企业离休干部，前往荷城石洲村旺林园艺有限公司考察参观。

14日 区经贸部门公布第105届广交会高明企业参展情况，共有22家企业参展，成交额2145万美元，比上届增加3.3%。

是日 区人事局在区会议中心举办新一轮公务员业务能力培训，共有400多名公务员参加。

是日 第19个全国助残日前夕，副区长余明开及市区两级残联领导分别到各镇街，慰问全区83名残疾孩子。

15日 潘志文率团赴新兴县和鹤山市开展学习交流活动，为加快促进区与周边县区在交通规划、产业发展等领域的合作。

15日 区农业局联同更合镇在“合水粉葛绿色生产核心基地”田村试点，举办首期“合水粉葛绿色生产技术培训班”，与62户葛农签订产品质量承诺书。

19~22日 由英国驻广州总领事馆文化教育处牵头，英国彼特伯勒市10位中小学和幼儿园校长以及教育官员组成的代表团，到高明展开为期4天的交流访问活动。

20日 区科技协会召开第七届三次全体扩大会议，对先进科技团体、个人进行表彰。

21日 2009年佛山市城市可经营项目投资推介洽谈会暨签约仪式开幕。

是日 区召开整治无证无照经营工作会议，副区长王培星要求各部门采取“疏堵结合”的方式对“两无”经营进行整治。

是日 佛山市中小企业融资服务推介活动在高明举行。

21~31日 区长潘志文率团赴意大利、英国等欧洲国家考察。

22日 区40名来自社会各界的代表畅游广州，体验广佛同城魅力。

25日 区发布《关于做好强降雨灾害防范工作的紧急通知》，要求各单位对重要隐患点要逐个检查预案落实情况，对新发现的地质隐患点及时纳入群防群策体系，确保群众生命财产安全。

是日 区委书记马亮照一行奔赴沧江泵站等地，视察防汛情况。5月22日至25日大规模集中降雨已经持续4天，区内普遍出现大到暴雨，明城镇等局部地区出现特大暴雨，区23个监测点测得降雨量最大达到370毫米，其余超过250毫米；荷城中心城区出现内涝现象。

26日 区召开《食品安全法》宣传贯彻会议。会议要求《食品安全法》进农村、进社区、进企业、进商场、进学校，使人人皆知。

30日 荷城街道南岸村龙舟队代表高明出战佛山市汾江河龙舟邀请赛，与广佛肇11支队龙舟队展开角逐。

6月

1日 区正式实行新的工商注册登记审批制度，由原来的串联审批改为并联审批，最后区工商部门核发营业执照时进行总把关，提高审批效率。

是日 副区长、区妇儿工委主任俞宙虹率队到更合镇合水小学开展"关爱山区留守儿童'六•一'"慰问活动。

2日 区与四川大学专家访问团举行产学研合作洽谈会。

3日 区与新兴县正式签订《关于推进高明区与新兴县两地劳动保障对接合作协议》。

5日 "生态高明、从我做起"区自行车环城巡游活动启动，200人的自行车队伍从世纪广场进入沿江路，途经沧江路、文昌路、文华路等繁华路段，倡导人们努力做到绿色环保。

是日 更合镇召开十三届人大七次会议，谭应佳当选为更合镇第十三届人民代表大会主席，李文生当选为更合镇人民政府镇长。

7~9日 2009年全国普通高考，全区共有2830人报名参加高考，其中，高职类考生134人，社会考生7人；开设高明一中、纪念中学两个考场共99个试室，全部安装电子监控设备并实现全省联网，对高考全程进行监控录像。

8日 区印发《查处取缔"黑网吧"长效工作机制实施方案》，完善"黑网吧"举报制度。

9日 下午2时40分，区委书记马亮照做客高明区政府网、广佛都市网，与网民在线互动，就高明如何抢抓《纲要》实施和广佛同城发展机遇、应对国际金融危机、加快发展民生事业、推动高明实现科学发展等问题听民声、问民计。

是日 区沧江工业园创新产业园概念规划由华南理工大学和意大利费拉拉大学联手编制完成。

是日 区正式出台《高明区加快残疾人事业发展意见》，进一步完善残疾人社会保障制度，3年内建成一所残疾人综合服务机构，5年内建成一所特殊教育学校。

是日 区第二届村际篮球赛在区体育局健身广场拉开帷幕，来自各镇街行政村或社区的自然村为单位的12支代表队，参加为期6个晚上的角逐。

10日 更合镇金谷朗旅游度假区举行奠基仪式。

11日 佛山市2009年"休渔放生节"主题活动在高明世纪广场旁的西江水域举行，将500多万尾鱼放进西江水域。

是日 市政协副主席苏明实、常委陈善泽，副区长俞宙虹、区长助理江苏等领导出席香港富利(亚洲)有限公司助建明城缜明东村盈富幼儿园捐款仪式。

12日 区重新修订的《农村宅基地管理暂行办法》出台，对城镇规划内的农村居民住宅建设、西江新城规划内及"城中村"等不再单独安排宅基地。

16日 《高明区商业网点规划》正式向社会征询意见。

是日 区开展“能源紧缺体验日”活动，活动的主题是：争做节能表率，实践科技发展。

17日 区人大常委会组织区内省、市人大代表实地视察高明社会主义新农村建设情况，听取农村居民的意见和建设。

是日 区委常委、荷城街道办书记黄棋泰率领荷城街道、国土局等部门专门开展非法采矿调查行动，查处位于富湾一带的3家非法采矿、洗矿点。

18日 区委书记马亮照、区长潘志文率团赴鹤山、台山考察，以加强相互间合作，推动高明发展。

19日 区委书记马亮照、区长潘志文率区党政考察团到顺德区参观学习。

22日 区人大常委会第三十二次主任会议召开，会议听取区政府《关于佛山市高明区廉租住房建设情况的报告》等。

23日 区委书记马亮照带队赴成都与四川大学签订产学研全面战略合作协议。

是日 区开展城区燃气执法行动，共查处10多个燃气代充“黑点”。

是日 区长潘志文带领区有关部门负责人，到镇街考察“农家乐”旅游项目的建设情况。

是日 《三洲旧区改造控制性详细规划》接受区职能部门的评议，26日通过专家评审。

24日 区第四届读书节正式启动，15项特色趣味读书活动深入村居。

是日 区召开深入学习实践科学发展观活动转入整改落实阶段工作会议。

是日 区委、区政府发布表彰决定，表彰区26个先进基层党组织、120名优秀共产党员和19名优秀党务工作者。

是日 区举行区委理论学习中心小组“强化新闻策划，打造宣传强势，提升高明形象”专题报告会。

25日 历经3年零6个月建设，高明首条高速公路，广明高速公路西樵至更楼段竣工通车。

是日 广东纺织职业技术学院高明校区在高明区荷城街道富湾奠基，标志着高明将有第一所大学。

是日 佛山市安安美容保健品有限公司、中国科学院南海海洋研究所、佛山科学技术学院在杨和镇签订协议，共建海洋生物制品(佛山)产业化示范基地。

26日 区举办入党积极分子培训开班和新党员宣誓仪式，156名入党积极分子开始为期7天的培训学习，109名新党员面对党旗宣誓入党。

是日 高明法院召开打击毒品犯罪宣判大会，对龙世芳等10名非法持有毒品罪、贩卖毒品的被告人进行一审宣判。

30日 区召开纪念中国共产党成立88周年座谈会，主题是“回顾党的光辉历史、切实转变作风，推动科学发展，以优异成绩迎接新中国成立60周年”。

是日 区组织有关企业参加2009佛山现代服务暨第六届佛山（国际）物流合作洽谈会，携30个项目进行招商。

7月

1日 区委书记马亮照、副区长俞宙虹等区领导前往区教育局调研。

是日 建党日，区委书记马亮照、区长潘志文等区领导率领4个慰问组，分别慰问困难党员和老党员。

是日 高明实现住院市级统筹，参保人住院不再受区域限制。

2 日 市委常委刘国强到高明开展“三农”问题调研。

是日 区十三届人大常委会第二十五次会议召开，听取审议区政府《关于贯彻执行<促进科技成果转化法>情况的报告》。

6 日 市政法委副书记徐南带领市督导组到区检查镇街综治信访维稳中心建设情况。

7 日 市委副书记、市长陈云贤，副市长李子甫带队到高明调研。

是日 市政协主席蔡河义率领市政协调研组到更合镇，实地考察更合镇旺田村和水井村两个革命老区建设情况。

8 日 区召开派驻纪检组长（纪委书记）工作会议，正式启动派驻纪检组长（纪委书记）试点工作。区交通局、建设局、公资办、西江新城管委会等 4 个单位成为区首批试点单位。

9 日 区委书记马亮照、区长潘志文带队参观考察三水区云东海湖等现代服务业发展项目后，就地召开座谈会。

12 日 区综治办公布《中心城区安全小区建设工作实施方案》。

13 日 香港凤凰卫视品牌栏目—凤凰大视野项目组相关人员到高明参观中国近代第一位报人梁发的故居。

14 日 市人大常委会副主任蒋顺威率领市人大常委会调研组，对高明开展规范人大对镇街财政预算监督工作进行调研。

是日 区在荷城街道铁岗村的豆制品集中加工场召开现场会，落实各种问题的方案，确保加工场在 8 月 1 日试投产。

15~17 日 区举办首届残疾人运动会。市残联理事长张玉昆，潘志文、区惠娘、谭定生、余明开等区领导出席开幕式。

16 日 区公布 2008 年度科技进步奖名单，20 个项目获奖，获奖项目最高奖励 3 万元。

21 日 区召开“双拥”工作会议。

是日 市人大常委会副主任林邦彦率领市委依法治市办到区进行“民主法治村（社区）”建设和法治城市、法治区创建工作调研座谈。

是日 区政协在富湾湖酒店召开庆祝中国人民政治协商会议成立 60 周年座谈会。

23 日 佛山市高明海外联谊会在澳门召开第四届理事会第三次年会。

24 日 区统侨部门组团出席马来西亚霹雳要明会馆成立 48 周年会庆。

28 日 区召开区委十届六次全会。会议传达贯彻省委十届五次全会、市委十届七次全会精神，总结 2009 年上半年工作，分析当前形式，对下阶段工作作部署安排。

是日 市人大依法行政调研组到高明就依法行政工作举行座谈会。

29 日 区组织区级领导班子成员赴广州某部队开展军事日活动，参观部队的营房和装备，观摩部队军事汇报表演。

是日 区“沧江悦读会”在区图书馆举行成立仪式。“沧江悦读会”共有会员 138 名，是区首个从事阅读交流的社会团体。

29~31 日 区委办全区副科级以上领导干部纪律教育学习班。

30 日 《高明区古耶贝丘遗址保护规划》接受评审。

是日 明城镇专职消防队正式挂牌成立。

是日 区委常委、区人武部政委史建新，副区长余明开等区领导到佛山军分区开展慰问活动。

31 日 区委书记马亮照，区委副书记、区长潘志文，区委副书记黄坚，副区长余明开分别到各镇街慰问优抚对象。同日，区委书记马亮照，区长潘志文分别带队到区人武部、高明边检站慰问驻区部队。

是月 从7月起，区城乡居民最低生活保障标准和定期定量人员的救助标准分别由原来每人每月280元，提高至每人每月310元。农村五保对象由原来的每人每月280元，提高至每人每月400元。

是月 从7月起，社会散居孤儿最低养育标准从原来每人每月280元提高至每人每月600元，所需经费将由区、镇街财政按4:6的比例分担解决。

是月 从7月起，区提高重点优抚对象及“五老人员”定恤定补标准。

8月

1日 区人民医院750多名医务人员庆祝建院25周年，新的综合住院大楼同日奠基动工。

是日 高明中心城区的16个公厕全部实行免费开放。

5日 荷城中心城区中山大道实施中修整治。

7日 2009高明越野穿越珠峰西藏之行正式启动。

10日 凌晨2时，一辆装有27吨液化石油气槽车从韶关开往高要市，在荷城新村堤围路段侧翻，新村500多居民紧急疏散，事故没有造成人员伤亡。

11日 区第十三届人大常委会第二十六次会议，接受何树志辞去区人民法院院长职务，任命李少锋为佛山市高明区人民法院副院长、代院长。

是日 区农机推广中心在明城镇新岗村委会芹水村举办水稻机械插秧现场演示会。

是日 区直机关举办《音乐与人生》座谈会，邀请华南师范大学南海校区艺术教育中心万忠如教授上音乐养身课。

12日 区人大常委会调研组到区行政执法局进行专题调研。

12~15日 区经贸代表团前往重庆市合川区和綦江区开展友好对接经贸活动。

13日 区举行沧江工业园科技创业中心产业化基地揭幕仪式，副区长刘志刚等领导为基地揭牌。

是日 区30多位省、市、区级人大代表前往南海发电一厂进行视察，呼吁建立长效环保监督机制。

14日 区政协主席区惠娘率领区政协视察组，先后到荷城街道塘伙村和石洲花卉种植基地进行视察。

15日 开展酒后驾驶整治专项行动，共检查600多辆车辆，查出酒后驾驶4人。

是日 山东省临沂市河东区党政考察团由区长李枝叶带队，在区委常委罗雄等领导陪同下，先后考察海天（高明）调味食品有限公司、沧江工业园明城园区。

16日 区出台《关于实施高明区公共文化设施覆盖工程的意见》。

17日 杨和镇召开教育现代化建设工作动员会，对下一阶段工作作部署。

18日 区珠江货运码头二期续建工程项目进入试运营阶段。

19日 区创建“广东省推进教育现代化先进区”进入扫尾冲刺阶段，全区14项创建指标中，除了非必达指标“教育国际化”外，已有13项达标或基本达标。

20日 区公布《历史文化遗产资源保护及开发利用实施方案》。

22日 由区委宣传部、区文化广电新闻出版局主办，各镇街政府协办，佛山电视台高明分台承办的“唱响高明·祝福祖国”高明区首届全民歌唱比赛，在杨和赛区拉开序幕。

25日 区举办区委理论学习中心组专题报告会，邀请中山大学中国第三产业研究中心主任、博士生导师李江帆教授作题为“加快发展现代服务业”的专题辅导报告。

是日 区组织经贸代表团拜访香港中华厂商联合会和香港贸发局。

26日 区长潘志文率团前赴香港参加“佛山——香港CEPA合作交流会”。

是日 区政府召开畜禽养殖污染综合整治工作动员大会，规定2011年3月底前，必须完成畜禽养殖污染综合整治，保护水资源，保障人民群众身体健康。

27日 区委书记马亮照、副书记黄坚一行到杨和、更合等镇调研维稳信访工作。

是日 区使用GPS定位仪，将全区共416处地面文物及大量非文物文化遗产项目全部锁定，打开定位仪便一目了然。

28日 下午2时40分，3名戴口罩、手持斧头的劫匪打劫荷城祥兴金银首饰加工店，砸烂柜台后掠走数万元的首饰，分乘两辆无牌摩托车逃逸。9月16日，公安机关将3名犯罪嫌疑人中的黄某、谢某缉拿归案。

是日 杨和镇召开十二届人大七次会议，听取上半年财政预算执行情况的报告，通过镇人大财经小组成员名单。

29日 凌晨1点，杨和镇上巷村村口一陆姓士多店老板遭杀害。30日晚上，公安机关将犯罪嫌疑人杜某全、杜某杰缉拿归案。

31日 区委书记马亮照分别到高明公安分局、区检察院、区法院调研，强调保国庆平安是当前工作的头等大事，全区公检法队伍要切实做好国庆期间的“保平安”工作，确保让市民度过一个欢乐祥和的国庆假期。

是日 市人大常委会到高明调研召开座谈会，副区长余明开介绍高明下阶段推进农业科技成果转化的工作思路。

9月

1日 上午9时30分，区在荷城世纪广场隆重举行“迎国庆万人上路保平安”誓师大会启动仪式。区委书记马亮照、副书记黄坚，区委常委、政法委书记、公安分局局长梁恩球等领导出席大会。

是日 区西江新城“农村宅基地换房”社区建设项目等统筹城乡发展的七大重点项目正式启动，标志着高明城乡一体化发展进入新阶段。

是日 高明一中开学礼，高明农村信用社与高明一中签署《高明农村信用社助学奖学金捐款协议书》，正式启动“向日葵”助学奖基金，高明农村信用社每年上半年划拨人民币10万元设立助学奖金基金，本金及利息专项用于帮助高明的贫困学子及奖励优秀学子。

是日 北京科技大学“高效轧制国家工程研究中心高明分中心”，在杨和镇基业冷轧钢板有限公司内成立，并举行挂牌仪式。

2日 “合水粉葛”获核准注册，成为高明第一件地理标志证明商标产品，符合标准的粉葛将全部贴标识。

是日 区召开全区信访工作会议。区委书记马亮照表示，各方须着力抓好民生问题化解等六方面的工作，确保社会发展大局的和谐稳定。

是日 市委政法委副书记徐南率队抽检明城镇和更合镇的综合信访维稳中心。

3日 区委书记马亮照一行先后到明城镇猪肝坪、更合镇绿美施和杨和镇白果山的“补充耕地”示范点进行调研。

6日 由《南方日报》主办，高要、高明、鹤山、新兴等四地人民政府协办，高明承办的“要明鹤兴”县域经济一体化发展论坛在区会议中心举行，市委常委、宣传部部长叶志容，四地党政领导、有关专家学者、四地企业代表以及媒体共160多人出席论坛，热议在珠江三角一体化背景下县域合作发展大计，探索建西江以西区域一体化合作机制。首创县域一体化合作发展的做法引起省委的重视和关注，9月15日至18日，省委办公厅组织调研组先后到高明、高要、鹤山、新兴四地调研县域经济一体化有关情况。

是日 高明西江新城总体规划（2009～2020）通过专家组评审会评审，并建议西江新城规划建设应凸显山林水都特色，尤其要做好水的文章。

8日 区召开2009年教师节座谈会，区委书记马亮照等区领导与全区教师代表一起，畅谈高明教育事业发展大计。

是日 2009年高明早稻、晚稻政策性水稻保险覆盖率达100%，全区政策性水稻保险投保面积累计15.9万多亩。早稻受台风、暴雨等不良天气影响，受害涉及农户100多户，获保险赔款金额11.5万元。

8~10日 区委书记马亮照带领由区委专职副书记、区纪委书记、各镇（街道）党委（党工委）书记以及区委组织有关负责人等组成的考察团到昆明市学习考察行政问责制。

10日 澳门高明同乡会成立二十七周年暨第六届理监事就职典礼在澳门万豪轩酒店举行。区政府组团由区长潘志文带队前往祝贺。

12日 高明社区“邻里日”活动在荷城街道中山社区启动。荷城作主会场，杨和、明城、更合三镇各设分会场，同时举办主题为“情暖高明，守望相助邻里亲”的社区“邻里日”活动。

14日 受台风“巨爵”的影响，高明境内局部地区出现8～9级台风，致1700亩瓜菜、8500亩粉葛、沙葛，400亩花卉、水果受影响，4000亩水稻受浸。

15日 佛山海天（高明）调味食品有限公司酱油二期工程全面启动，标志着全球最大的酱油调味品生产基地落户高明。

是日 区政协组织部分政协常委和委员30多人，先后视察荷城西安卫生服务中心、明城镇社区卫生服务中心建设工地和区人民医院综合大楼建设工地，委员们详细询问工程的进程、医务人员的待遇等问题，为提高农村医疗卫生服务水平积极提建议。

是日 贵州省遵义市红花岗区考察团到高明参观学习。考察团认为，高明在规划、基础设施及服务环境等方面的经验值得借鉴。

16日 区召开区委理论学习中心组专题报告会，邀请广东省政府发展研究中心副主任汪一洋作题为“加强城乡统筹，促进城乡一体化发展”的专题报告会。

是日 区统计局举办全区统计员培训班。

17日 高明粤中纵队纪念馆被命名为佛山市第三批爱国主义教育基地。

是日 省公安消防总队在高明富湾工业开发区举行一场油罐火灾区域灭火救援

演练。

18日 区举行镇(街道)综合信访维稳中心揭牌仪式。市委副书记吴志强、区委书记马亮照等领导出席主会场荷城街道综合信访维稳中心的挂牌仪式。

21日 区政协举行座谈会庆祝中国人民政协成立60周年。区有关领导、区政协常委、各民主党派代表、政协委员代表,以及在高明生活的省、市政协委员代表、区政协退休领导干部代表等近100人参加座谈会。

22日 世界“无车日”,区划定荷城东华路东段(文明路至文昌路)为“无车区”,实行交通管制,市民自觉主动选择公交等绿色出行方式,并建议有关部门改善公交服务。

23日 区召开深入学习实践科学发展观活动第二批总结暨第三批动员大会。

是日 区卫生部门证实高明境内有2个小学生和1名幼儿感染H1N1甲型流感,对3例患者采取相应的防治措施,病情均转为轻微或消失。

24日 高明区(中国科学院)新材料专业中心挂牌成立。区长潘志文、副区长刘志刚等参加揭牌仪式。

是日 区表彰全国三八红旗手、红旗集体获奖者和获奖单位。区人民医院内二科主任陈小桃,获“全国三八红旗手”称号;高明电信荷城服务中心获“全国三八红旗集体”称号,也是“全国三八红旗集体”荣誉称号首次落户高明。

是日 区委书记马亮照到更合镇综治信访维稳中心开展接访活动。

是日 区召开三季度安全生产工作会议,研究部署“国庆、中秋”两节安全生产工作。

25日 市委书记林元和率领检查组,检查高明绿化工程建设情况,对区取得的成绩给予肯定。

是日 区开展慰问“老党员、老干部、老劳模、老烈属”活动。区委书记马亮照和区长潘志文等区领导奔赴一街三镇,走村入户,送上关怀和问候。

26日 区委宣传部、区文广新局在荷城街道西安实验小学举办“祖国在我心中,千人书画庆华诞”活动。

是日 明城镇通过“省级卫生镇”复查。

29日 区举行污水处理厂建设五项工程暨第一污水处理厂二期工程完工试水仪式。马亮照、潘志文等区领导及投资方代表参加试水。

是日 团省委副书记陈东一行到高明调研,对共青团高明区委在全市率先进行基层团组织公推直选工作表示肯定。

10月

1日 上午9时正,区庆祝中华人民共和国成立60周年升国旗仪式在世纪广场举行。马亮照、潘志文等区五套班子领导与近万名干部群众参加升国旗仪式。

是日 区残疾人联合会开始统一换发第二代《残疾人证》,高明约有1.7万多名残疾人需要办理此业务。

是日 各镇街污水处理费上调,杨和镇、明城镇、更合镇居民类污水处理费从原来每立方米0.55元提高到0.8元,其他类污水处理费由原来每立方米0.6元提高到0.9元,往后每年增加0.1元;荷城街道西安旧圩、富湾片区居民类污水处理费由原来每立方米0.2元提高到0.8元,其他类污水处理费每立方米

0.2 元提高到 0.9 元，往后每年增加 0.1 元。

是日 区安全文明小区治安联防费正式上调，收费标准按小区规模分类，其中 400 户以上治安联防费每户每月从原来 12 元提高到 20 元，300 户至 399 户从原来的 12 元提高到 24 元，200 户至 299 户从原来 12 元提高到 26 元，100 户至 199 户从原来 12 元提高到 28 元，99 户以下从原来 12 元提高到 40 元。而车辆停放场地每辆每月从原来 80 元提高到 100 元。

是日 自产自销蔬菜商要进入荷城莲花市场经营，必须出具《蔬菜批发临时准入证》，无证者不得进场经营。

10 日 区召开首批派驻纪检组长工作汇报会，对前 3 个月区纪委、监察局派驻纪检组长（纪委书记）工作进行汇报总结。

11 日 区建设局举办摄影作品展，共展出作品 167 幅，记录高明自恢复建制 20 多年来的发展变化。

12 日 高明首家盈汇担保投资有限公司正式挂牌营业。

13 日 区委理论学习中心组召开第九次学习会，学习贯彻党的十七届四中全会的精神。

是日 区举行少年先锋队建队 60 周年纪念活动。

14 日 区委书记马亮照到区关心下一代工作委员会调研，对区关工委十几年来在信息工作、家长学校建设、学校德育建设、“问题”青少年帮教等方面的工作成绩，给予充分肯定。

15 日 国际盲人节。为方便残疾人生活，高明正在创建全国无障碍建设城市。

是日 区有 24 家企业的产品包括卫浴、家电、家具等，前往广州参加第 106 届广交会参展。

是日 区政协在香港召开 2009 年港澳委员座谈会，马亮照、区惠娘、黄坚等区领导与港澳委员、旅港澳乡贤共聚一堂，共谋发展大计。

16 日 香港通善坛一行 30 多人，在主席叶永成、会长夏德建的带领下到高明，到区中医院参观，并与区中医院领导等进行座谈交流。

17 日 绿色生态·活力高明 2009 年佛山旅游文化节高明篇系列活动在荷城常安食街举行。2 万多名游客共同参加濑粉品尝活动，获上海大世界吉尼斯总经理现场颁发“大世界吉尼斯之最（规模最大的濑粉品尝活动）”证书。

19 日 区 38 名来自区直机关以镇街的干部开赴连州市和封开县两地 17 个贫困村进行帮扶，为期一年。

是日 区召开 1～3 季度经济分析会，分析总结 1～3 季度经济工作，安排部署下阶段经济工作。

22 日 华南理工大学公共管理学院课题组发布《2008 年度广东省地方政府整体绩效评价报告》。高明区政府以总体绩效指数“0.68”的战绩获得全省第六。

是日 区人大常委会通报对区政府“八项实事”工作的调研结果。

是日 潘志文、余明开等区领导前往区福利院慰问。高明目前 60 岁以上的老人约 4.4 万人，占总人口 14.4%，比全国 12%的比例偏高，其中百岁老人 21名，年纪最大的 109岁。

是日 第四届全国沿海部分区、县（市）统计工作专题研讨会在高明召开。来自江苏、浙江、上海、山东、广东省等地的 26 个县级统计局领导及代表 60 多人参加研讨会。会议就“县级统计局如何立足现状，加强基层统计基础建设，构建现代统计服务体系”的主题进行深入探讨。广东省统计局局长辛晓维在会上分析在经济危机中广东省的发展现状及存在的困难，介绍广东省统计系统改革形势和统计方法、统计制度的实施情况。

23日 区召开2009年冬季征兵工作会议。会议传达上级征兵工作会议精神，总结2008年冬季征兵工作情况，对征兵全优单位进行表彰，部署2009年冬季征兵工作。

25日 区出台《关于规范机关事业单位聘用离（退）休人员的意见》，规定各级机关、群团组织和财政核拨事业单位，原则上不再聘用离退休人员。

26日 广东省第16个“环卫工人节”，区政府对77名获得先进环卫工人进行表彰。

26~30日 英国彼特伯勒市教育代表团一行14人到高明，开展为期5天的交流访问活动。

27日 庆祝中华人民共和国成立60周年暨纪念高鹤粤剧团成立53周年文艺晚会在高明影剧院举行。

28日 高明首家五星级酒店，碧桂园凤凰酒店正式对外营业。

30日 全区实现全面覆盖数字电视，全部自然村完成数字电视平移，标志着区有线电视跨入数字时代。

11月

3日 区召开大学生村官工作动员会，20名大学生村官集体亮相。区委常委、组织部部长吴耀棠出席会议并讲话。

是日 区委宣传部发布《关于建立和完善网络发言人制度的意见》。

4日 区拟东西江新城、荷城街道率先启动农村“两分两换”试点工作，相关试点工作政策文件已出台。

是日 区公布《政策性农村住房保险实施方案》。

是日 区“质量振兴杯”第二十二届领导干部篮球赛，于晚上7时30分在区健身广场拉开序幕。经过角逐，纪委联队夺冠，人大联队第2名，荷城街道和明城镇为第3、4名，两办联队和杨和联队被评为体育道德风尚奖。

5日 区召开2010年度党报党刊发行工作座谈会。

是日 中国科学院副院长施尔畏带队到高明考察，了解高明企业科技需求及高明区（中国科学院）新材料专业中心的运作情况。

8日 区长助理、区外事侨务局局长江苏应邀出席马来西亚雪隆顺德会馆成立60周年纪念活动。

是日 区召开创建《南粤锦绣工程》文化先进县会议，启动文化先进县创建工作。区委常委、宣传部部长严冰出席会议。

9日 区甲流疫苗接种工作正式启动，全区卫生系统一线医护人员作为首批接种对象，全区符合条件的首批1500多人接种疫苗。

是日 佛山军分区政治部主任凌四明在区委副书记、区长潘志文，区委常委、区人武部部长史建新等领导陪同下到区检查征兵体检工作。

10日 富湾泵站破堤开建，建站用的100米西江大堤已被完全破开。

是日 区城市中心到新白云机场专线正式开通。

11日 市委常委、常务副市长周天明率市调研组到高明调研。

是日 区出台《信访督查专员、信访督查专员助理工作规则(试行)》。

12日 区举行"心系老区·情倾高明"革命老区二次改水首期工程验收暨二期工程启动仪式。

13日 更合中学奉行火灾紧急逃生自救演练,仅用3分钟,1000多名师生便从教室跑到操场安全地带。

15日 杨梅水厂扩建工程竣工暨通水仪式,日供水能力由1万吨扩容至5万吨。

16日 区召开"三旧"改造工作会议,通报"三旧"改造项目的进展情况,部署下阶段工作。

16~17日 区委书记马亮照,区长潘志文分别带队赴对口扶贫点清远连州和肇庆封开指导对口帮扶工作。

17日 区沿江路以东区域拆迁听证会在区建设局举行。

是日 高明气温只有6℃左右,为40年一遇。

18日 区委宣传部在杨和镇举行社科普及周活动启动仪式暨社科咨询活动。

19日 区组织30个城市可经营项目参加2009年佛山投资环境推介暨项目洽谈会,项目涉及工业、服务业、市政基础设施建设等多个领域。

20日 常务副市长冼瑞伦带队到区开展"三农"工作调研,副区长余明开等陪同到杨和镇丽堂新村现场考察。

21日 三洲旧区采风活动暨"印象·三洲"摄影开拍。全景式记录三洲旧墟的历史风情,活动时间至12月底结束。

是日 区青年联合会召开第三届委员会第一次全体会议,伍少莹当选为区三届青联主席。

23日 区公布《科技企业创业孵化基金管理办法(试行)》,扶持初创科技型企业的发展。

24日 区召开第三批学习实践活动学习调研阶段工作总结及分析检查阶段工作安排会议。

25~27日 马亮照、黄坚等区领导带领区委工作调研组,到各镇街调研开展深入学习实践科学发展观活动、镇街综治信访维稳中心建设运行以及重点工程项目建设推进等情况。

27日 区地税局在荷城广场开展纳税志愿服务活动。

28日 珠海高明乡亲联谊暨首届珠海高明同乡会理、监事就职酒会在珠海市香洲区天鹅酒店举行。

是日 荷城街道举行申报广东省教育强镇复评验收总结会。荷城街道蝉联"广东省教育强镇"。

29日 区印发《关于进一步加强革命老区建设工作的实施意见》。

12 月

1日 区召开电网建设工作会议,高明供电局向区政府通报电网建设进度等相关情况。

是日 高明"慈善一日捐"活动拉开序幕。活动至本月15日结束,共收到捐款近90万元。

是日 区《商业网点规划》正式由区人民政府批准实施。

是日 市委宣传部在高明更合镇良村举行"情暖佛山"送书下乡活动。

11月30日至12月1日 省市第三次全国文物普查办公室组建的验收专家组,对高明实地文物调查阶段的工作进行检查验收。

4日 庆祝千禧小学建设10周年暨香港佛山工商联会回乡访问团助学活动在更合镇千禧小学举行。

6日 香港医学会会长谢鸿兴首次回故乡高明区三洲东亭村访问。

是日 市首家获QS认证的民旺豆制品加工厂在高明投产，从生产源头上保证豆制品的质量安全。

8日 佛山市加强革命老区建设工作会议在高明召开。

是日 区召开全区镇街综治信访维稳中心建设现场会。

是日 区召开居民养老保险工作会议，出台《高明区居民养老保险实施办法》。

9日 市委副书记、市长陈云贤带领市政府调研组到高明调研。

是日 区举办2009年舆情引导评论培训班，400多名网络发言人参加培训。

是日 区举行公共安全视频监控系统建设项目合同签订暨工程启动仪式。

11日 区召开新兵入伍欢送会，全区99名新兵光荣入伍。

是日 荷城街道组织辖区内40多名市、区人大代表开展民生工程视察活动，重点考察政府在教育、二次改水两项"惠民利民"工程建设情况。

是日 共青团高明区委、区青年联合会联合举办"破冰之旅——青春相约2009"高明未婚青年大型户外活动。

13日 香港半山区扶轮社造访高明，探望区福利院老人。

14~15日 马亮照、潘志文等区领导带领调研组到各镇街开展年终调研，全面了解各镇街2009年经济社会发展情况及2010年工作思路。

16日 区举行广告装饰行业协会成立会议暨第一届理事会就职典礼仪式。

是日 国家人口计生委科技司副司长许梅林一行到区计生服务站，重点了解计生服务机构的定位、运作方针等情况。

17日 高明110KV小洞变电站建成投产。110KV小洞变电站位于更合镇小洞工业区附近，总投资6263万元，首期投入主变电压器2台，共计容量100兆伏安，100KV线路26公里。

18日 佛山市天然气利用工程高明LNG站液化天然气接收站项目正式投产，结束区只能通过槽车运输供气的历史。

是日 由《佛山日报·今日高明》联合其他单位主办的"我的母亲河"环保标志设计大赛暨"2009我的母亲河"摄影大赛在高明供电局大楼落幕。

17~18日 马亮照、潘志文等区领导分别带领产业发展、城市建设管理、党建、民生建设、社会维稳调研组，以与区各有关单位负责人座谈的方式，了解具体情况，听取下阶段工作意见和建议。

21日 区召开实施公职人员问责制工作动员大会，区级班子成员、区各有关单位负责人共300多人参加会议，区委书记马亮照作动员讲话。

22日 中国科学院·佛山新村料产业技术发展高层论坛在高明召开。副市长王玲，区长潘志文等市、区领导应邀参加论坛。

23日 全国文物工作先进县表彰大会召开。区委常委、宣传部部长严冰，区文广新局局长吴兆华出席大会。高明获"全国文物先进县"称号。

是日 区第十三届人大常委第三十一次会议召开。

24日 区召开部分企业座谈会，30家企业应邀参加。

25日 区新妇幼保健院正式动工，计划于2011年下半年投入使用。

是日 区在杨和镇王丽堂举行蔬菜园艺机械现场演示会，省内外20多种机型参加了演示。

28日 国家科技部火炬中心副主任马彦民到高明沧江工业园科技企业创业中心调研。

29日 副市长邓伟根带领督查小组到高明检查企业违法排污情况。

30日 区召开政府机构改革动员大会，正式启动新一轮政府机构改革工作。

是日 区举行五项污水处理工程建设项目完工投产仪式。

是年 2009年区重点民生工程农村二次改水超额完成任务。原计划149条自然村完成农村改水，实际完成170条，累计共投入资金2600多万元，惠及农村居民5.3万多人，余下81条自然村，将于2010年底前全部完成改水工作。

英国彼特伯勒市教育代表访问高明

5月19日，英国彼特伯勒市教育代表团访问高明。

此次来访的英国彼特伯勒市教育代表团一行10人当中，有八位是来自该市八所中小学和幼儿园的校长。来访4天里，代表团深入高明区一中、纪念中学、沧江中学、荷城街道富湾中学、沛明实验小学、第三小学和西安实验小学进行了考察与交流。代表团先后观摩了高明区中小学相关老师所授的美术课、英语课、双语历史课等课程，观看了艺术特长生的扬琴、笛子、芦笙演奏和蒙古舞的表演，并试弹了乐器，与师生一起编织了“中国结”，还参加了相关学校升旗仪式。

22日下午，在英国驻广州总领事馆领事胡达伟、副区长余宙虹的现场见证下，区教育局与英国彼特伯勒市政府就今后在校际交流、教师、学生交流和互联网交流等教育合作方面签署了备忘录；高明一中等高明区八所学校分别与托马斯·迪肯学校等英国彼特伯勒市八所学校签署了11个区域性校际联系项目备忘录，并成为姐妹学校。

Gao Ming Nian Jian

高明年鉴

2010

政　　治

区领导机关

中共佛山市高明区委员会

【概述】 2009年，中共佛山市高明区委坚持以科学发展观为指导，按照“抓项目、保增长”的工作方针，大力推进“两转型一再造”(产业转型、城市转型与环境再造)，深入贯彻落实《珠江三角洲地区改革发展规划纲要》，积极应对国际金融危机，推动全区经济保持平稳较快发展，精神文明建设与社会各项事业发展取得了新的成绩。

【区委十届五次全会(扩大)会议】 1月16日，区委召开十届五次全体(扩大)会议。全会传达贯彻省委十届四次全会和市委十届六次全会精神，总结区委2008年工作，分析当前发展形势，研究部署2009年各项任务。区委书记马亮照代表区委常委会作了题为《加快建设“新兴产业之城、岭南山林水都”，推动高明经济社会全面转入科学发展轨道》的报告。会议充分肯定了区委常委会2008年以来的工作，总结了高明改革开放30年和恢复建制27年来所取得的成就和经验，并提出2009年全区要围绕“抓项目、保增长”工作方针，加快“新兴产业之城、岭南山林水都”建设步伐，确保全区经济社会实现平稳较快发展。

【区委十届六次全体(扩大)会议】 7月28日，高明区委召开十届六次全会。会议传达贯彻了省委十届五次全会、市委十届七次全会精神，会议分析总结了全区上半年经济社会发展情况，并对下半年经济工作和全面贯彻落实《珠江三角洲地区改革发展规划纲要》作了部署。会议要求，全区要“紧扣一个中心，突出两大重点，抓好三个结合，实现四大跨越”(即紧扣“科学发展、先行先试”这一中心，突出“东靠西连”两大重点，抓好与应对金融危机冲击、解决发展突出问题和强化“新兴产业之城、岭南山林水都”发展定位三个结合，实现交通建设、产业发展、城乡发展和民生事业四方面跨越)，以《规划纲要》的贯彻落实为着力点，推动经济社会的平稳较快发展和全年各项目标任务的完成，确保实施《规划纲要》第一年开好局。

【区委学习中心组学习会】 2月5日，区委学习中心组召开学习贯彻《规划纲要》专题讨论会。会议由区委书记马亮照主持，区班子领导成员分别就如何贯彻落实《规划纲要》作了中心发言。马亮照指出，《规划纲要》的出台，开创了珠三角改革发展的新航程，既体现了国家对广东发展的重视，也是全省解放思想学习讨论活动的一个重要成果，全区要充分抓住这一历史机遇，全力推动高明实现跨越发展。

2月25日，区委学习中心组举行学习贯彻《规划纲要》报告会，收看省政府发展研究中心副主任李惠武所作的学习贯彻《规划纲要》宣讲报告录像。

4月1日，区委学习中心组举行“把握广佛同城机遇，促进高明科学发展”专题报告会。会议邀请省政府发展研究中心副主任李惠武作学习辅导报告。区级领导班子成员、区局以上单位的正副职领导、各镇（街道）领导班子成员，以及各党委（党工委）、党组中心组学习秘书等共300多人参加了报告会。

5月20日，区委学习中心组组织观看爱国主义教育电影《南京！南京！》。活动以中华人民共和国建国60周年和南京大屠杀72周年为契机，引导广大干部群众牢记历史、珍惜和平，进一步弘扬爱国主义精神，为实现中华民族的伟大复兴而奋斗。

6月24日，区委学习中心组举行“强化新闻策划打造宣传强势，提升高明形象”专题报告会。会议邀请南方日报社总编辑王春芙作辅导报告。区委副书记黄坚在报告会上要求，全区要进一步强化新闻宣传意识，提高把握正确舆论导向的能力，为建设“新兴产业之城，岭南山林水都”营造良好的舆论氛围。

8月25日，区委学习中心组举行“加快发展现代服务业”专题报告会。会议邀请中山大学中国第三产业研究中心主任李江帆教授作辅导报告。区委常委、宣传部部长严冰在主持讲话中指出，加快发展现代服务业是高明区优化产业结构，转变经济发展方式的重要战略举措，要通过进一步提升现代服务业发展水平，促进全区实现更好更快发展。

9月25日，区委学习中心组组织观看爱国主义教育电影《建国大业》，通过重温60年前建立新中国的伟大历程，增强领导干部热爱祖国、努力建设中国特色社会主义、实现中华民族伟大复兴的历史责任感。

10月13日，区委学习中心组召开专题学习会。区委书记马亮照主持会议并作了讲话，就如何学习贯彻党的十七届四中全会精神提出意见和要求。区相关领导分别作了中心发言。

【重大活动】 1月8日，高明区举行副处以上离退休老干部座谈会，区委书记马亮照，区委副书记、区长潘志文等区领导出席了座谈会。马亮照在致辞中希望老同志发挥余热，继续关心和支持全区经济社会建设；区长潘志文在座谈会上通报了2008年全区经济发展情况以及2009年工作思路。

1月9日，区委书记马亮照，区委副书记、区长潘志文等区领导及有关部门负责人组成慰问小组，分别前往各镇（街道）、区人武部、边检站，慰问驻地官兵、农村特困户、优抚对象和老党员，为他们送上节日的祝福和问候。

2月7日，高明区在香港会展中心举办2009年新春酒会。区委书记马亮照，区委副书记、区长潘志文分别在酒会上致辞，感谢社会各界人士对高明区经济社会发展的关心和支持，并表示高明将与社会各界人士携手抗击国际金融危机，共创美好明天。

2月28日，高明区富逸湾项目暨五星级（国际）大酒店举行奠基仪式。该项目由富逸湾实业开发有限公司投资建设，总投资35亿元，是高明区近年来投资规模最大、规格最高的现代服务业项目。

3月12日，高明区区级领导班子成员，区直部门负责人、驻区官兵代表近300人来到明城镇高田水库参加义务植树活动。活动中，区委书记马亮照表示，建设绿色生态高明需要全民参与，区委、区政府将加大绿化投入，深入推进“三年促变、绿地高明”工作，营造优美的生态环境，加快建设“岭南山林水都”。

3月27日，高明区与佛山市同步举行“三旧”改造“双百计划”启动仪式，区委副书记、区长潘志文等区领导及相关部门负责人参加了活动。在活动仪式上，高明区纳入全市改造计划项目的佛明纸箱厂等3个拆迁改造项目正式启动。

5月21日，高明区组团参加2009年佛山市城市可经营项目投资推介洽谈会。本次活动高明区共推介项目23项，投资总额46亿元，涵盖了交通建设、“三旧”改造、市政建设、文教旅游、科技卫生等5个领域。

6月4日至7月初，区委书记马亮照率领区相关领导和区各有关部门，先后走访了市发改局、市交通局、市建设局、市国土资源局、市规划局等部门，就高明区当前在贯彻落实《规划纲要》、加快融入广佛同城、实施“东靠西连”发展思路等方面的问题进行了协商，取得了上级部门对高明区贯彻落实《规划纲要》重点项目的支持，并确立了高明区落实《规划纲要》的十项重点工程项目。

6月9日，区委书记马亮照在高明区政府网与网民在线交流，就如何抢抓《规划纲要》实施和广佛同城发展机遇、应对国际金融危机、加快发展民生事业、推动高明区科学发展等问题听民声、问民计。

6月10日，金谷朗旅游度假区举行奠基仪式。该项目位于高明区更合镇金谷朗村山谷，总投资约10亿元，是高明区近年来投资规模最大的休闲旅游度假项目，项目建成后将加快高明打造珠三角休闲生态旅游服务基地步伐。

6月23日，区委书记马亮照带领区有关部门和企业负责人赴四川大学开展产、学、研对接活动。在本次活动中，高明区与四川大学签订了产、学、研全面战略合作协议，荷城街道办、区塑料行业协会与四川大学高分子科学与工程学院签订了共建“塑料成果转化基地”等协议，6家企业与四川大学签订了9个产、学、研项目合作协议。

6月25日，高明区举行广明高速（西樵至更楼段）通车仪式。省交通厅厅长何忠友，中交集团副总裁陈奋建，市人大常委会副主任黄少霞，副市长邓伟根，区委书记马亮照，区委副书记、区长潘志文等领导出席了活动。广明高速（西樵至更楼段）建设历时3年零6个月，是高明区首条高速公路。

6月25日，广东纺织职业技术学院富湾新校区奠基，全国政协委员、省政协常委谢明权，省教育厅副厅长魏中林，省科技厅副厅长龚国平，市委常委、组织部部长冯德良，区委书记马亮照，区委副书记、区长潘志文等领导出席了奠基仪式。新校区总投资7.8亿元，建成后将大大推动高明区职业教育事业的发展。

6月30日，高明区组织参加2009佛山现代服务业暨第六届佛山（国际）物流合作洽谈会，并携30个项目进行招商。项目涵盖物流设施建设、物流外包、商贸流通服务、旅游投资合作等六大类。洽谈会上，高明区共有7个项目成功签约，项目金额达40亿元。

8月12日至15日，高明区经贸代表团前往重庆友好对接县区——合川区和綦江县开展经贸活动，通过对接考察促进与合川、綦江两地企业的交流，加强与两地经贸合作。

8月13日，高明区举行沧江工业园科技创业中心产业化基地揭幕仪式。沧江工业园科技创业中心是“广东省中小企业服务机构示范单位”和省级孵化器，产业化基地的正式运作，为沧江工业园科技创业中心申报创建国家级科技企业创业中心迈出重要一步。

9月1日，高明区统筹城乡发展七项重点项目同时举行启动仪式，全面推进城乡一体化建设进程。区委副书记、区长潘志文等区领导参加了主会场西江新城“农村宅基地换房”社区建设项目启动仪式，并为工程培土奠基。

9月6日，“要明鹤兴”县域经济一体化发展论坛在高明区隆重举行。论坛由南方日报社主办，高要市、高明区、鹤山市和新兴县四地政府联合协办。市委常委、宣传部部长叶志容，高要、高明、鹤山、新兴四地有关领导，以及有关专家学者、媒体、企业代表共350多人参加了活动，共同探索构建西江以西区域一体化合作机制。

9月8日至10日，区委书记马亮照带领考察团到昆明市学习考察行政问责工作。马亮照表示，昆明市通过严格的行政问责，迅速提升行政效率、强化了干部执行力，为经济社会快速发展提供了平台、载体和抓手，其经验做法值得高明区学习借鉴。考察活动结束后，高明区借鉴昆明经验出台了《佛山市高明区公职人员问责暂行办法》，在全市率先推行公职人员问责制度。

9月29日，高明区污水处理厂建设五项工程同时举行完工试水仪式。区委书记马亮照，区委副书记、区长潘志文等区领导出席了主会场中心城区第一污水处理厂二期工程项目完工试水仪式，并观看进水情况。污水处理工程的圆满完成，将有效改善高明区的城市发展环境，提升城市发展品位。

10月1日，高明区在世纪广场隆重举行庆祝中华人民共和国成立60周年升国旗仪式。区级领导班子成员、1000多名领导干部及近万名群众参加了仪式，共同庆祝新中国成立60周年。

10月17日，绿色生态•活力高明——2009佛山旅游文化节高明篇系列活动启动仪式在高明区常安食街举行。市旅游局局长朱粤平，区委副书记、区长潘志文等市、区领导，以及“要明鹤兴”（高要市、高明区、鹤山市、新兴县）四地旅游局局长出席了本次活动。

11月12日，高明区举行“心系老区、情倾高明——革命老区二次改水首期工程验收二期工程启动仪式”。区委书记马亮照，区委副书记、区长潘志文等区领导以及顺德区副区长周爱群、陈村镇党政领导等出席了活动。顺德区陈村镇在启动仪式上捐资1000万元支持革命老区二次改水建设。

11月16日、17日，区委书记马亮照，区委副书记、区长潘志文分别带队赴清远连州和肇庆封开指导对口帮扶工作。按省、市部署，高明区对口帮扶连州7个贫困村和封开10个贫困村，计划用3年时间帮助他们基本改变落后面貌。

12月22日，高明区举办“中国科学院——佛山新材料产业技术发展高层论坛”。副市长王玲，区委副书记、区长潘志文等市、区领导参加了活动。来自中科院下属研究所的10多名专家学者与高明区新材料企业代表一起探讨新材料产业发展前景与趋势。

12月30日，高明区举行五项污水处理工程建设项目完工投产典礼。区委书记马亮照，区委副书记、区长潘志文等区领导及市、区有关部门负责人出席了仪式。五项污水处理工程总投资3.3亿元，每日新增污水处理能力10.5万吨，从此结束杨和、明城、更合三镇没有污水处理厂的历史。

【重要会议】 1月12日，高明区召开全区人口与计划生育工作会议。会议总结高明区2008年人口与计划生育工作，部署2009年各项工作任务，要求有关部门建立健全利益导向机制，创新计生服务机制和责任工作机制，推动计生工作取得新突破。

1月14日，召开全区政法综治工作总结会。会议总结了2008年高明区政法综治工作，并对2009年的工作进行了部署，要求各有关部门关注民生，采取有效措施营造平安稳定、公平公正的社会环境。

1月19日，高明区召开2008年度文明委工作总结会议。会议总结2008年文明委工作，部署2009年工作，并审议通过了高明区2008年“十好”和谐文明村、“十好”和谐文明示范村、文明单位和文明窗口单位名单。

2月18日，高明区召开中共佛山市高明区纪委十届四次全体会议。会议传达中央纪委十七届三次全会、省纪委十届三次全会和市纪委十届四次全会精神，总结了高明区2008年反腐倡廉工作，部署了2009年各项工作。

3月3日，高明区召开2009年度武装工作会议。佛山军分区政治部主任凌四明，区委书记马亮照，区委副书记、区长潘志文等领导出席了会议。会议要求严格落实党管武装制度，充分发挥民兵预备役在经济社会建设中的重要作用，抓好干部管理、国防教育、武装基础设施建设等各项工作。

3月4日，高明区召开深化农村体制改革工作会议。会议要求全区力争用2年左右时间，全面完成深化农村集体经济组织管理体制改革工作，并以深化农村体制改革为契机，切实加强统筹城乡规划发展，加快解决“三农”问题。

3月4日，高明区召开2009年全区宣传文化工作会议。会议提出，2009年要以“推介城市形象，提升文化品位”为重点，继续组织开展“五项文化惠民工程”，打造“激情沧江”文化艺术节等特色文化活动，全面提升城市文化品位。

3月11日，高明区召开第二批深入学习实践科学发展观活动动员大会。会议要求全区各级党组织和党员干部，从深入研究解决当前影响和制约高明科学发展最紧迫、最突出、最重大的问题入手，研究新思路、新举措，推动全区经济社会实现科学发展。

4月30日，高明区召开全区第一季度经济分析会。会议传达贯彻市第一季度经济工作会议精神，总结分析全区一季度经济发展情况，研究提出下阶段加快贯彻落实《珠江三角洲地区改革发展规划纲要》的思路措施，并安排部署下阶段经济工作任务。区委书记马亮照，区委副书记、区长潘志文分别在会上作了讲话。

6月24日，高明区召开第二批深入学习实践科学发展观活动转入整改落实阶段工作会议。会议总结高明区开展分析检查阶段主要情况，并对整改落实阶段工作作了具体部署。

7月21日，高明区召开“双拥”工作会议。区委副书记、区长潘志文要求，“双拥”工作要以维护社会稳定、促进经济发展、推进军队现代化建设为重点，以解决难点热点问题、维护广大军民利益为重要内容，推动驻军现代化建设，促进全区经济社会又好又快发展。

8月27日，高明区召开区委常委会议。会议传达省委书记汪洋和省长黄华华在8月14日省委常委会议上的讲话精神，以及市委书记林元和在8月21日市委常委会议上的讲话精神。会议要求全区要贯彻落实好省、市会议精神，围绕争当探索科学发展模式排头兵这一中心，立足当前、着眼长远，巩固发展持续向好的经济形势，大力推进“三促进一保持”，确保实现全年经济社会发展目标。

9月2日，高明区召开全区信访工作会议。会议传达中央、省维稳信访工作电视电话会议精神，分析当前全区信访维稳形势，并对下阶段信访工作进行了部署。区委书记马亮照，区委副书记、区长潘志文，区委副书记黄坚等区领导参加了会议。

9月23日，高明区召开深入学习实践科学发展观活动第二批总结暨第三批动员会议。会议由区委副书记黄坚主持，区委书记马亮照在总结动员讲话中总结了全区第二批学习实践活动情况，对取得成效表示肯定，并对开展第三批学习实践活动提出了要求。

10月19日，高明区召开1～3季度经济分析会。会上，区委书记马亮照充分肯定了全区前三季经济发展所取得的成绩，并对下阶段经济工作提出了突出抓好重点项目落实等六方面要求。区委副书记、区长潘志文通报了全区1～3季度经济运行情况，并对第4季度经济工作进行了安排部署。

10月19日，高明区召开扶贫开发工作暨帮扶干部驻村动员大会。区委副书记、区长潘志文，副区长王培星等区领导参加了会议。会议要求派驻干部尽快融入当地干部群众，积极研究帮扶脱贫措施，为扶贫对象解决实际问题。

10月23日，高明区召开2009年冬季征兵工作会议。会议传达上级征兵工作会议精神，总结去年冬季征兵工作情况，表彰2008年度征兵全优单位，并对今冬征兵工作任务作了部署安排。区委副书记、区长潘志文，副区长俞宙虹、余明开出席了会议。

11月24日，高明区召开第三批学习实践活动转入分析检查阶段工作会议。区委书记马亮照指出，第三批学习实践活动学习调研阶段取得了阶段性成果，基层党组织建设得到了加强，一批突出的热点难点问题得到了解决；在分析检查阶段，要认真排查问题并剖析深层次原因，为制定整改措施打好基础。

12月21日，高明区召开实施公职人员问责制工作动员大会。区委书记马亮照在动员讲话中指出，推行公职人员问责制是区委、区政府为转变机关作风而作出的重大部署，要通过建立强有力的问责机构、形成全方位的问责体系和树立行政问责的高度权威，形成令社会满意的服务力、强化决策部署的执行力和增强科学发展的推动力，实现转变作风、提高效率、促进发展。

12月30日，高明区召开政府机构改革动员大会，启动新一轮政府机构改革工作。区委书记马亮照在动员讲话中指出，政府机构改革方案坚持大稳定、小调整的原则，既符合上级的要求，也符合高明区的实际，要求各部门在机构改革期间要严肃执行、严谨实施、严明纪律、严守岗位，确保改革工作有序推进。

【表彰决定】 1月8日，区委、区政府作出《关于表彰2008年度佛山市高明区社会治安综合治理先进单位和先进个人的决定》，对区委、区府办等84个先进单位、黎景芳等121名先进工作者予以表彰。

1月15日，区委、区政府作出《关于表彰佛山市高明区2008年度机关效能和机关作风建设优秀单位的通报》，对获得优秀等次的区委、区府办、区财政局、区发改局等3个A类单位，区人事局、区外事侨务局、高明出入境检验检疫局等3个B类单位，区直机关党工委、区委组织部、区委宣传部、区人大机关等4个C类单位给予表彰。

2月26日，区委、区政府作出《关于表彰2008年度佛山市高明区精神文明建设先进集体和先进个人的决定》，授予区纪委（区监察局）等30个单位“佛山市高明区2008年度文明单位”称号；授予区公路局路政管理所等24个单位“佛山市高明区文明窗口单位”称号；授予荷城街道塘南村委会塘伙村民小组“佛山市高明区‘十好’和谐文明示范村”称号；授予荷城街道塘南村委会进洲村民小组等23个村“佛山市高明区‘十好’和谐文明村”称号；授予丘延俊等50个家庭（户）“佛山市高明区文明家庭（户）标兵”称号；授予梁佩珍等50位同志“佛山市高明区精神文明建设先进工作者”称号。

4月10日，区委、区政府作出《关于表彰2006～2008年度高明区劳动模范、先进劳动者和先进集体的决定》，授予苏伟坚等10名同志“高明区劳动模范”荣誉称号；授予吴毅明等179名同志“高明区先进劳动者”荣誉称号；授予区图书馆等68个单位“高明区先进集体”荣誉称号。

6月24日，区委作出《关于表彰佛山市高明区2008年度先进基层党组织、优秀共产党员和优秀党务工作者的决定》，授予荷城街道社区系统党委等26个基层党组织“先进基层党组织”称号，授予区广元等120人“优秀共产党员”称号，授予吴计明等19人“优秀党务工作者”称号。

【国家、省、市领导视察高明】 1月13日，省委常委、省委秘书长徐少华率慰问团到革命老区明城镇明阳村委会开展慰问活动。徐少华勉励老区群众解放思想，利用土地资源发展现代农业，实现致富目标。市委常委、组织部部长冯德良，区委副书记黄坚等市、区领导陪同慰问。

1月16日，市委副书记、市长陈云贤带领春节慰问团到高明区慰问。在区委书记马亮照，区委副书记、区长潘志文等区领导的陪同下到杨和镇清泰村委会等慰问。陈云贤表示，市委市政府高度重视革命老区发展，将不断加大老区建设投入力度，为老区群众办更多的实事好事。

3月5日，副省长佟星一行在副市长李子甫，区委副书记、区长潘志文等市、区领导陪同下，到江肇高速公路将军山隧道施工现场检查督导江肇高速公路（高明段）工程建设情况。佟星对江肇高速（高明段）建设工作表示肯定，要求项目属地政府严格按计划推进工作，确保江肇高速2011年全线贯通。

3月13日，市委书记林元和一行到高明区调研。调研组视察了溢达纺织有限公司等一批重点企业和在建重点项目。林元和要求高明区围绕“两转型一再造”，坚持淘汰一批、提升一批、发展一批，并重点做好“种树、修路、搞项目”三件事情。

7月7日，市委副书记、市长陈云贤，副市长李子甫等市领导到高明区调研。在区委书记马亮照，区委副书记、区长潘志文等的陪同下，市调研组一行视察了江肇高速将军山隧道建设现场等项目，就高明区企业生产经营状况、城市交通基础设施建设、新农村建设等方面开展实地调研。

12月9日，市委副书记、市长陈云贤带领市政府调研组到高明区调研。调研组一行视察了西江新城科教园区和柯维光电等一批重点建设项目和企业。区委书记马亮照，区委副书记、区长潘志文等区领导陪同。

12 月 16 日，国家人口计生委科技司副司长许梅林到高明区调研计生服务站建设情况。许梅林鼓励各计生服务站根据群众需求调整定位，擦亮品牌，使服务站成为计生服务对象的首选服务机构，让社会满意、群众满意。

12 月 28 日，国家科技部火炬中心副主任马彦民到高明区沧江工业园科技企业创业中心调研。马彦民鼓励高明区加强人才培养，创新人才机制，为企业加快发展创造良好的人才保障环境和科技转化环境。

中共佛山市高明区委员会负责人名录：

书　记：马亮照

副书记：潘志文

　　　　黄　坚

常　委：梁瑞强　严　冰　张明生（　～2009.7）

　　　　吴金宁（　～2009.1）吴耀棠（2009.2～　）

　　　　罗　雄　陈仕兴　黄棋泰

　　　　梁恩球（　～2009.1）史建新（2009.2～　）

（陈志芬）

佛山市高明区人大常委会

【概述】 2009 年是地方人大设立常委会 30 周年。年内，佛山市高明区人大常委会在区委的领导下，深入贯彻落实科学发展观，紧紧围绕“抓项目、保增长”工作方针，依法履行宪法和法律赋予的职责，积极发挥人大代表作用，各项工作取得了新的成绩。

【区十三届人大四次会议】 2 月 11～12 日在区会议中心召开。会议听取和审议区人大常委会主任马亮照作的《佛山市高明区人民代表大会常务委员会工作报告》、区长潘志文作的《政府工作报告》、区人民法院院长何树志作的《佛山市高明区人民法院工作报告》、区人民检察院检察长郭俊峰作的《佛山市高明区人民检察院工作报告》，审议《佛山市高明区 2008 年国民经济和社会发展计划执行情况与 2009 年计划草案的报告》和《佛山市高明区 2008 年预算执行情况和 2009 年预算草案的报告》。大会通过上述报告并作出决议。

会议期间收到代表 10 人以上联名提出的议案 9 件，经议案审查委员会审议并报大会主席团通过，全部议案转为建议；收到代表提出的建议和意见 76 件。建议、意见全部交区人民政府及有关部门办理。

【监督工作】 *加强对经济工作的监督* 听取和审议区政府《关于“十一五”发展规划纲要的中期评估报告》，听取区政府关于 2009 年上半年国民经济和社会发展计划执行情况报告等经济工作方面的专题报告，提出提高财政资金使用绩效监督、狠抓重点项目落实的建议，为推动全区应对危机率先突围发挥了积极作用。创新监督工作方式。以开展深入学习实践科学发展观活动为契机，制订依法规范镇（街道）财政预算监督的工作意见，强化监督镇（街道）预算执行。年内，各镇分别增开一次镇人代会，审议本年度预算执行情况；常委会会议在审议区本级财政预算执行情况，同时审议荷城街道财政预算执行情况。出台常委会审议意见交办督办试行办法，探索用制度保证常委会会议质量的新路，增强监督工作实效性。

加强对关系群众切身利益问题的监督

1.推动加强南海发电一厂污染整治监督力度。针对南海发电一厂的污染问题，组织人大代表分别向全国、省、市人大常委会及国家和省环保部门上书，要求加强污染治理，并争取市人大常委会组织佛山市、南海区和高明区人大代表对污染整治情况进行视察。在市、区人大常委会和环保部门监督下，南海发电一厂一期脱硫工程于10月投入运行，二期工程环保设施与主体工程同步施工。2.加强对“黑网吧”和“废品收购站”整治的跟踪监督。组织区人大代表听取和审议区政府《关于整治“黑网吧”和废品收购站的工作情况报告》，敦请区政府开展整治“黑网吧”和废品收购站专项行动。全年查处取缔“黑网吧”61家，自行关闭“黑网吧”109家，取缔无照经营废品收购站3个。3.支持区政府推进第二批廉租住房建设。组织开展廉租房建设专项调研，分析廉租房建设分配和管理情况，专项听取区政府关于廉租房建设工作情况的报告。至年底，第二批首期112套廉租住房竣工。推动区政府全面解决全区人均住房面积不足12平方米渔民的住房难问题。4.跟踪督办基层卫生服务体系建设。常委会主任会议听取区政府关于推进农村医疗卫生体系建设情况报告，提出大力推进农村医疗卫生体系建设、高度重视职业病防治监督等意见和建议。

加强对“一府两院”依法行政、公正司法的监督　继续探索定期听取公安和“两院”专项工作报告制度。专项听取公安分局贯彻落实市委“三年实现社会治安明显好转”要求的情况汇报，组织人大代表视察全区社会治安综合治理情况。开展多项执法检查活动，调研城市管理行政执法、民事行政检察和法院工作情况，提出整改建议，促进“一府两院”依法行政和公正司法。

【民主法治建设】大力推进依法行政和司法公正，提升依法治区水平。以开展“法律六进”（进农村、社区、企业、机关、单位、学校）活动为抓手，扎实开展法治区创建工作，全区有52个党政群团和司法机关分别制定依法行政、依法办事工作方案，规范依法行政行为。在全区开展规范性文件清理活动，规范性文件审核率100%，备案率100%。全面开展“民主法治村（社区）”创建活动，全年完成70个村（社区）创建任务，占全区村（社区）的97%；完善和规范农村集体经济组织494个，超额完成年度工作目标；民主法治村建设向村小组延伸工作完成291个，基层组织机构更加健全，促进农村社会的发展与稳定。

【人事任免工作】坚持任前法律考试、任前就职发言、“两院”任职人员任前考察及任命后当场颁发任命证书制度，强化人大任免干部的法律性和严肃性。全年依法讨论任免国家机关工作人员29人次。

【人大代表工作】不断创新提升代表履职能力机制，增强代表工作的活力。在区人代会召开期间，举办人大代表学习培训班，提高代表履职能力。推行网上办理代表议案、建议工作，区人大代表上年提交的87件建议全部办理答复完毕，代表满意和基本满意率100%。推进重点议案的落实，把办理好区十二届人大一次会议1、2号议案[《关于整治秀丽河的议案》、《关于高明区各镇（街道）必须规划建设污水处理系统的议案》]及区十三届人大三次会议《关于对高能耗、高污染、低效益的水泥和陶瓷产业进行全面整治及优化升级的议案》列为工作重点，组织人大代表对三个议案的办理进行多次实地视察，听取和审议三个议案办理工作情况报告，推进议案的办理。至年底，三个议案办理工作基本达到议案提出的目标要求，经区人大常委会第三十一次会议审议通过，对三个议案进行结案。组织人大代表到高要市、新兴县人大常委会调研，共同探讨依法推进《珠江三角洲地区改革发展规划纲要》的实施，推动“要明鹤兴”县域经济一体化发展。开展评选优秀区人大代表活动，调动人大代表当政议政的积极性和主动性。

【信访工作】 严格落实信访工作责任制，全年受理群众来信来访137件（次）；办理上级人大常委会交办的信访案件13件（次）；常委会领导接待上访群众56人次，批示重点信访案件130件，维护人民群众的合法权益和社会稳定。

【常委会及其机关建设】 开展深入学习实践活动，坚持边学边查边改，集中解决突出问题，完成18个整改落实项目，各级代表和机关干部职工对人大常委会学习实践活动满意率100%。坚持和完善各项学习制度，确定每月一个专题进行学习，每人每年写一篇心得体会文章，把理论学习活动常规化，为依法履行职责打好思想理论基础。全年围绕区委中心工作开展专题调研19项，推进相关工作落实。建立区人大机关政务内网，提高机关工作效率。

佛山市高明区人大常委会负责人名录：

主　任：马亮照

副主任：谭定生　陆帜然　刘德乐
　　　　夏细华　谭国雄　龙　启

区人大常委会办公室

主　任：易玉明（　～2009.9）
　　　　张明生（2009.11～　）

副主任：李建平　何子平

区人大常委会法制工作委员会

主　任：杨建平

副主任：吴文硕

区人大常委会财政经济工作委员会

主　任：陈　坚

副主任：麦嫦玲

区人大常委会城乡建设环境与资源保护工作委员会

主　任：郑宏渠

副主任：刘海驱

区人大常委会教育科学文化卫生华侨工作委员会

主　任：陈汉辉

副主任：严子强

区人大常委会选举联络人事任免工作委员会

主　任：刘景棠

副主任：谭燕媚

区委依法治区办(代管)

主　　　任：谭国雄

常务副主任：李悦兴

（谭海潮）

佛山市高明区人民政府

【概述】 2009年,佛山市高明区人民政府按"抓项目、保增长"的工作方针,认真贯彻落实《珠江三角洲地区改革发展规划纲要》,积极应对国际金融危机,经济在逆势中实现平稳较快发展,基础设施建设快速推进,社会主义政治文明和精神文明建设不断加强,人民群众生活水平持续改善,社会各项事业取得全面进步。

【经济发展】 国民经济保持平稳较快增长 年内,全区实现地区生产总值388.05亿元,比上年增长18.5%;其中第一产业增加值12.27亿元,比上年增长1.7%;第二产业增加值277.55亿元,比上年增长20.0%;第三产业增加值58.33亿元,比上年增长15.3%;按常住人口计算,人均地区生产总值98685元,比上年增长18.2%。2009年,全区三次产业结构为3.5:79.7:16.8,与上年相比,第二产业比重上升0.3个百分点,第一产业比重下降0.3个百分点,第三产业比重保持不变。

固定资产投资增速加快 年内,全区完成固定资产投资145.82亿元,比上年增长24.0%,较上年增速提高1.5个百分点;其中基本建设投资110.84亿元,比上年增长34.2%;更新改造投资24.56亿元,比上年增长14.6%;房地产开发投资6.83亿元,比上年下降29.0%。三次产业完成固定资产投资的比重构成为1.8:57.1:41.1。

消费品市场持续畅旺 年内,全区实现社会消费品零售总额59.57亿元,比上年增长23.0%;其中批发零售业零售额42.90亿元,比上年增长21.5%;住宿餐饮业零售额16.67亿元,比上年增长27.1%;城乡消费同步增长,城市消费品零售额44.63亿元,农村消费品零售额14.94亿元,分别比上年增长23.9%和20.4%。城乡集市贸易成交额13.35亿元,比上年增长9.9%。

对外经济贸易小幅下降 在全球金融危机的大背景下,全区进出口总值12.89亿美元,比上年下降11.2%;其中,出口总值10.03亿美元,比上年下降12.8%;进口总值2.86亿美元,比上年下降5.0%。全年新签利用外资合同6宗,合同利用外资金额0.53亿美元,比上年下降40.0%和27.1%;全年实际利用外资1.15亿美元,比上年增14.7%。

财税金融运行平衡 年内,全区实现财税总收入35.62亿元(含海关代征增值税),比上年增长56.3%;其中地方本级财政收入19.76亿元,比上年增长53.8%。地方财政一般预算收入11.80亿元,比上年增长17.9%。2009年末,全区金融机构各项存款余额176.13亿元,比年初增长26.7%;其中,城乡居民储蓄存款余额107.15亿元,比年初增长18.2%;年末金融机构各项贷款余额117.09亿元,比年初增长37.9%。

【工业】 工业产业稳步发展 年内,全区实现工业总产值1321.35亿元,比上年增长20.7%。其中规模以上工业实现产值1286.15亿元,比上年增长24.0%;规模以上轻工业实现产值553.73亿元,比上年增长27.1%;规模以上重工业实现产值732.42亿元,比上年增长22.8%。食品饮料业、纺织服装业、石化生产业、塑料制品业、金属材料加工业、新材料产业、节能环保产业等七大支柱产业实现产值881.41亿元,占全区规模以上工业总产值的

68.5%；规模以上民营工业实现产值711.05亿元，占全区规模以上工业产值的55.3%。全区工业产值超亿元企业达220家，占全区规模以上企业总数的45.6%。

招商引资取得新突破　年内，全区新引进项目86个，合同投资金额92.78亿元，项目数与投资额分别比上年增长53.5%、38.4%。新引入超亿元项目21个，集中在新材料、电子电器、机械装备等新兴产业。增资扩产势头良好，全年新增资项目16个，意向增资金额19.75亿元，增资企业包括亿龙塑胶、海纳川药业、基业冷轧板、广东万和电气等重点企业。投资强度进一步提高，突破200万元/亩。

产业创新能力持续增强　大力实施"产学研创新联盟"工程、"产学研创新平台建设"工程、"产学研联合攻关"工程、"科技招商引资"工程和"创新人才培养"工程等产、学、研结合"五大工程"，提升产业创新能力和竞争力。"中科院佛山产业技术创新与育成中心高明新材料专业中心"、"高效轧制国家工程中心高明分中心"、"高明区（中科院）新材料专业中心"等先后挂牌成立并投入运作。年内，共新建各类创新平台与工程技术研发中心11个，全区首个"院士专家企业工作站"也宣告成立。

【农业农村】　农业总产值持续增长　年内，全区实现农业总产值25.20亿元，比上年增长2.1%。其中种植业产值6.71亿元，比上年下降1.0%，林业产值0.47亿元，比上年增长4.0%；畜牧业产值10.17亿元，比上年增长3.5%；渔业产值6.66亿元，比上年增长3.0%；农民年人均纯收入7238元，比上年增长11.8%。

农产品产量稳步增长　全区万亩基本农田保护示范区标准农田建设项目顺利推进。年内，农作物总播种面积34.19万亩，其中粮食作物面积17.70万亩，粮食总产量5.45万吨，比上年增长2.9%。肉类总产量4.83万吨，比上年增长2.5%；其中猪肉产量2.46万吨，比上年增长2.4%；禽肉产量2.35万吨，比上年增长2.5%。全年水产品产量5.51万吨，比上年增长11.2%。

农业生产条件不断改善　全区农业机械总动力增加到18.53万千瓦，比上年增长0.8%；化肥施用量3.57万吨；有效灌溉面积16.29万亩；农村用电量3.80亿千瓦时，比上年增长5.8%。

农业产业化稳步推进　区农业生态园崇步中心区中的海峡两岸农业合作试验区建设项目顺利完成，档次、水平逐步提升，并引入多个规模化花卉种植项目，打造全国最大红掌种植基地，花卉园艺种植产业初具规模。新发展农民专业合作组织2个，大型农业生产基地和农业龙头企业分别增至26个、6家，带动辐射农户4950户。加快发展农产品深加工，新建的5400吨罗非鱼加工项目试产成功。2万亩的粮食创高产示范片亩产增幅2.1%，示范作用明显。

【城市建设与管理】　市政设施配套进一步完善　中心城区铺装道路137.1公里，面积354.8万平方米；建成区绿化覆盖面积851.1公顷，园林绿地面积775.9公顷，公共绿化面积112.1公顷。全面完成镇街5项污水处理工程，配套管网建设同步推进，新增城市污水日处理能力10.5万吨。

区域合作实现重大突破　确立"东靠西连"区域发展新思路。加快融入广佛都市圈，广明高速东段等"东靠"十大重点项目取得积极进展。探索推进县域经济一体化，携手高要、鹤山、新兴三地，成功举办"要明鹤兴"县域经济一体化发展论坛，并签订更紧密合作框架协议，确定合作对接事项115项。

西江新城与“三旧”改造加快推进　完成西江新城总体规划，23项基础设施工程进入设计施工阶段，其中广东纺织职业技术学院、高明职业技术学校新校区、妇幼保健院新院全面动工。制定“三旧”改造专项规划，全面启动16个“三旧”改造项目，项目总投资18.7亿元，改造范围102万平方米。

城市规划与综合管理不断加强　完成土地利用总体规划修编和多个重点区域控制性详细规划。城市管理重心加速下移，建成一批城管示范区、严管区、示范路，覆盖范围约34平方公里。高明大道精细化管理初见成效。城市违法用地与违法建设、乱摆卖等“八乱”现象得到进一步遏制。

【交通建设】 交通基础设施日趋完善　全区公路通车总里程684.05公里，其中等级公路671.66公里，桥梁总数150座，其中特大型桥梁2座。全年各级累计投入交通基础建设资金15亿元。广明高速公路高明段竣工通车，江肇高速公路高明段加快建设，广明高速西延线与江罗高速公路高明段完成工可评审，龙高公路及高明大道快速化改造全面动工，杨西大道杨梅至人和段建成通车。全区行政村公交通达率和村道硬底化率均达100%。

交通运输量持续上升　全年完成全社会客运量973万人，比上年增13.7%；旅客周转量40480万人公里，比上年增7.8%；完成货运量589万吨，比上年下降48.3%，货物周转量41785万吨公里，比上年下降44.2%。港口货物吞吐量570万吨，比上年增24.2%，旅客吞吐量5.08万人，比上年下降42.5%。

邮电通信业务稳步发展　全年邮电业务总量6.93亿元，比上年增长5.2%；其中电信（含移动、联通、电信、网通、铁通）业务总量6.68亿元，比上年增长5.3%。年末电话用户数11.13万户，比上年下降10.8%，其中：小灵通用户3.47万户，比上年下降24.6%。移动电话用户数48.09万户（含电信、移动和联通），比上年增长13.5%。互联网用户5.41万户，比上年增长30.6%。

【环境保护】 大气环境质量持续改善　全区主要污染物化学需氧量与二氧化硫排放量与上年相比基本持平与下降。工业污染得到有效控制，工业废水排放达标率99.47%，工业二氧化硫排放达标率、工业烟尘排放达标率、工业粉尘排放达标率、固体废物综合利用率均达100%。

污染源整治不断加强　环境管理和环保系统建设得到加强，环境影响评价制度执行率、当年“三同时”制度执行率均达100%。关停9家立窑水泥企业和8家陶瓷企业，4家保留的陶瓷企业全部通过环保清洁生产现场验收。基本完成秀丽河整治（清淤）工程。启动规模化禽畜养殖场的污染和三洲大涌水环境综合整治工作。

【科技教育】 自主创新能力进一步提高　2009年全区企事业单位承担国家和省各类重大科技项目22项，承担省部（省院）产、学、研合作专项10项，对全区19项科技计划予以立项扶持，获广东省科技进步奖2项，佛山市科技进步奖6项。全区共有国家高新技术企业13家。已组建起以企业为依托的省、市、区级工程中心分别达到6家、9家和14家。2009年，全区高新技术产业产值达500.55亿元，占全区工业总产值的比重超过37.9%。年内，共申请各类专利237件，比上年增长34.7%，其中：发明专利49件，实用新型专利91件，外观设计专利107件；共获专利授权161件，比上年下降23.7%。其中：发明专利11件，实用新型专利52件，外观设计专利98件。全区实有专业技术人员16911人。

教育现代化建设迈上新台阶　推进广东省教育现代化先进区创建工作，国际教育合作取得新突破，免费义务教育对象进一步扩展，完成“双转移”招生任务。全区普通中学12所，在校学生20593人；中等职业学校3所，在校学生5899人；小学20所，在校学生21868人；幼儿园27所，在园幼儿9813人；全区中小学专任教师2623人，其中：普通中学专任教师1393人，普通小学专任教师1230人。全区普通高中毕业生的升学人数1907人，其中升本科726人、大专1181人；成人高考录取271人，其中本科173人、大专98人。

【文化、卫生、体育】　文化事业稳步发展　全区共有电影放映单位10个；公共图书馆（室）6个，乡村图书馆（室）83个，总藏书量达65.08万册，比上年增长18%；各类文化馆（室）61个，文化活动广场9个，名人故居、纪念馆9个，博物馆1个；全年举办群众文化活动141场次，观众30万人次；放映公益数字电影1382场次，观众达20万人次；有线电视用户数98204户，电视人口覆盖率达100%，在市内率先实现农村有线电视整体平移。

卫生事业不断发展　镇（街）卫生院（社区卫生服务中心）建设和三大医院新建扩建工程已全面启动。2009年末，全区共有医疗卫生机构105个，卫生工作人员1876人，卫生专业技术人员1586人，其中：执业医师和执业助理医师584人。卫生机构病床位1004张。全区一级以上非营利性医疗机构门诊量224.92万人次，住院3.21万人次，每门诊人次费用71.51元，比上年下降5%。

体育事业开创新局面　区运动员参加高水平综合性运动会取得新突破，首次参加全运会的5名体育健儿，获银牌、铜牌各一枚。在组团参加佛山市第七届运动会中，以金牌34枚、银牌30枚、铜牌24枚的总成绩，成为历年来获金牌和奖牌总数最多的一次。年内首次实现高明籍运动员进入国家一线队。全年新建及改建公共篮球场34个；运动员参加全国赛夺得金牌11枚、银牌15枚、铜牌7枚；参加省赛夺得金牌4枚、银牌3枚、铜牌10枚；36个行政村达到珠三角农村体育设施标准要求，占行政村总数的70%。

【民生事业】　人口和计生事业协调发展　全区人口与计划生育事业继续保持良好的发展态势，全面完成市下达的人口计生各项任务。全年全区人口出生率为9.85‰，自然增长率为5.2‰。年末全区总户数80667户，户籍人口293129人，比上年增加2399人；年末常住人口约35.42万人，比上年增长7.97‰。

城乡居民生活持续改善　全年全区在岗职工年人均工资20327元，比上年增长8.1%；农村居民年人均纯收入7238元，比上年增长11.8%；城乡居民储蓄存款余额107.15亿元，比上年增长18.2%。

社会保障和福利事业加快发展　至年末，全区参加养老保险在职人数86800人，参加失业保险在职人数78686人，参加工伤保险在职人数98228人，参加医疗保险在职人数86359人，分别比上年增长3.4%、3.0%、4.3%、3.7%。参加农村基本养老保险人数8594人，比上年增长16.1%。全面实施居民门诊医疗保险"一卡通"。低保标准提高到每月310元，实现应保尽保。居民住院医疗保险实行市级统筹，缴费标准由每人120元提高到160元，住院年度累计最高支付限额由5万元提高至8万元。新增就业岗位6812个，帮助10271人就业，培训农村劳动力1776人。全区共有敬老院6间，床位数320张，入住人数190人；社会福利院1间，床位数180张，收养人数93人；社会救济总人数6678人，较往年增加1317人。

【政府自身建设】 依法治区水平进一步提高 坚持向人大及其常委会报告工作、向政协通报情况，自觉接受人大和各方监督，全年办理人大代表建议87件，政协委员提案37件，办复率均为100%。政府信息公开加快推进，以政府门户网站作为政府信息公开的载体，全年全区累计主动公开政府信息8876条，全文电子化率为100%。在全省范围内率先全面铺开依法规范镇（街道）财政预算监督工作。开展以"廉政、效能、服务"为主题的机关作风建设活动，机关作风进一步改善。

行政效能建设不断加强 完成工商注册登记并联审批专项改革，建立重点工程项目审批联办机制与跨部门审批协同工作机制。全区884项审批管理事项，81.2%实现"市三天上报、区五天办结"，24%实现即时办结，90.1%实现窗口办结，审批效率进一步提高。建立政府网络发言人和网络民生联络专员制度。深化"三项重点"工作制度，项目完成和基本完成率达99.3%。大力推进联点挂钩工作，服务基层能力明显提高。实施主办部门负责制初见成效。推行"无会日"制度，会风更加务实高效。

【区委、区府办工作】 调研活动 准确把握区委、区政府决策意图，紧扣全区经济社会发展关键环节、重点领域和各阶段的工作重心，在多项事关全局和长远的工作上发挥参谋辅政作用，并以调研报告等形式，催生了纳税百强分类成长计划、加快商贸流通业发展、房地产市场平稳健康发展等政策措施，调研成果进入政府决策层面，并形成正式文件的转化率超过60%。

文稿撰写工作 完成区委十届五次、六次全会报告以及2009年政府工作报告等一系列重要会议的报告和领导讲话等重要文件的起草工作，全年累计起草、审核各类文稿551份，比上年增16%。

三项制度建设 落实"三项重点"工作制度、主办部门负责制、无会日制度等三大机关作风建设长效机制，取得明显成效。一是对全区46个区机关单位的138个项目按工作性质和内容，评定难度等级，编写督查专报10期，推动127个事项全面完成年度工作目标，占92.03%。二是加强对主办部门负责制落实情况的跟进力度，全年调研走访20多个区直部门，编发工作通报12期，完成主办事项126项。三是坚持推进周四、周五无会日制度，大力压减"文山会海"，加快推进文风会风的转变。全年共办会742次，其中本级会议352次，比上年下降38%；全年共发出各类规范性文件405份，比上年下降30%，退回各类不规范文稿30份，圆满完成年初确定的"本级发文数量和会议数量均比上年度减少30%"的目标。

机要保密工作 规范涉密载体保密管理，开展保密大检查工作，共检查16个单位、涉密计算机16台、非涉密计算机40台，涉密移动存储介质16个，未发现涉密现象。全年共收到上级文件约156份，办理电报1488份，保证了中央、省、市重大决策和重要工作部署能迅速传递到位。

督查督办工作 制定《关于进一步加强督查工作的通知》，抓好督查事项责任分解、考评奖惩等工作环节，以《督查通报》、OA平台、《督办落实动态》等形式为载体，加强事前、事中督查，对区委、区政府各项决策部署进行跟进。同时，认真督办人大代表建议和政协提案，全年共跟进办理人大代表建议87件，政协提案37件，办复率均为100%。

信息与舆论宣传 对《高明信息》进行全新改版，在全区建立起150余人的信息负责人和信息员队伍。全年刊发《工作通报》21期、《调查研究》14期、《高明信息》12期。全年上报信息50余篇，被省、市采用15篇。加强舆论引导互动，提高区主要领导与网民交流等活动的筹划能力和宣传影响力，并就区内一些热点问题，做好舆论解释说服工作。

机关后勤保障 落实“五项经费”零增长，完善各项后勤管理制度。加强公务车辆的定编管理，严格执行公务用车编制管理规定和配备使用标准，控制公车经费开支，对车辆维修实行审批备案制度。完善接待监督机制，设立接待开支登记卡，实行账单相互监督。对接待经费实行统一管理、层级审核。

电子政务 以政府门户网站作为政府信息公开的载体，完善责任网络体系，落实责任追究制度，对“休眠”网站进行全面清查。加快推广应用新OA系统，开发发文办理等多个模块，实现70%公文通过OA平台发送，文件呈批基本实现无纸化。

信访工作 对全年排查出的35宗重要信访问题和不稳定因素，全部实行区领导包案，结合区领导接访日制度、领导干部“进家门、问民生、解难题”探访重复上访户活动。抓好信访信息网络建设。全年共受理群众来信来访2069件次，比上年下降48.98%；区长专线受理群众来电307件次，比上年下降55.44%。

规范行政工作 规范性文件审核率和备案率达到100%。全年受理行政复议案件11件，决定维持9件；受理并办结行政裁决案件5件；代理以政府为被告的案件16件，胜诉11件。

应急管理工作 完善应急预案体系建设，制定区级专项应急预案56项。建立应急信息报送机制，推进基层应急信息资源共享，确保事发地政府对突发公共事件的先期处置。积极开展应急演练，组织抗洪抢险等各类应急演练25次。17个单位纳入基层应急管理规范化试点，并指导镇街开展基层应急工作“三个一”试点工程，促进全区应急管理工作步入规范化轨道。

人防工作 人防工作稳步推进，全面理顺审批、执法、监督机制，加强人防工程建设管理，全年共审批工程98宗，审批率100%，新增3个防空地下室，基本实现“应建必建”。新增2台报警器，人防警报实现由城区向郊区延伸。

队伍建设 以深入开展学习实践科学发展观活动为契机，促进全体干部职工牢固树立科学发展观，创造条件让年轻干部接受锻炼，共提拔任用股级干部13人，发展党员5名、培养入党积极分子1名。

佛山市高明区人民政府负责人名录：

区　　长：潘志文
副 区 长：梁瑞强　吴耀棠（～2009.5）
黄小毅　俞宙虹　余中伟
余明开　王培星　刘志刚
区长助理：江　苏

佛山市高明区委区府办负责人名录：

主　　任：林艳红（区委区政府秘书长兼）
副 主 任：赖焕明（区委区政府副秘书长兼）

李启雄(区委区政府副秘书长兼)
欧亚非(区委区政府副秘书长兼)
黎景芳(区委区政府副秘书长兼)
麦志航(区委区政府副秘书长兼)
罗志华(区委区政府副秘书长兼)
管　雪(区委区政府副秘书长兼)
肖伟波(区委区政府副秘书长兼)

政协佛山市高明区委员会

【概述】 2009年,政协佛山市高明区委员会坚持以科学发展观统揽政协工作全局,围绕区委"抓项目、保增长"工作方针,突出"创新、服务"工作理念,履行政治协商、民主监督、参政议政职能,开创政协工作新局面,为高明区科学发展和社会主义民主政治建设作出积极贡献。

【区政协八届四次会议】 2月10日,区政协八届四次会议在高明皇家银海大酒店召开,参加会议有区政协委员、各界人士、港澳嘉宾200多人。会议听取和审议政协佛山市高明区第八届委员会常务委员会工作报告和提案工作报告,听取委员代表发言;列席区第十三届人民代表大会第四次会议,听取和讨论区政府工作报告和其他报告;补选区惠娘为区政协主席,李燕生、颜兆赞为常务委员;表彰政协佛山市高明区委员会2008年委员优秀提案、优秀信息;通过政协佛山市高明区八届四次会议决议。潘志文区长带领政府部分职能部门领导到会听取政协委员代表发言。区委书记马亮照在闭幕会上就如何做好政协工作提出希望。

【深入开展学习实践科学发展观活动】 从3月开始,区政协机关开展第二批深入学习实践科学发展观活动。领导班子带头开展调查研究,广泛听取意见建议,深刻查找剖析存在问题,研究制定整改措施,深入思考推动政协工作科学发展的思路和工作重点,形成共识和明确方向。通过学习实践活动,区政协全体党员干部深受教育,基本达到"党员干部受教育、科学发展上水平、人民群众得实惠"要求。

【积极开展政治协商】 在区政协八届四次全会期间,全面协商讨论《政府工作报告》和其他报告,区委、区政府相关领导和部分职能部门领导列席会议,听取委员发言并积极参加大会协商讨论活动,发挥政协全会整体协商作用。创新常委会议形式,邀请区领导或职能部门领导在会上作专题情况介绍并参与协商议政。全年先后对高明区应对金融危机、构建大交通、产业错位发展等重要课题进行咨政建言,区领导和有关的职能部门领导参加协商议政活动,发挥常委会议重点协商作用。专委会加强与党政部门的相互支持与合作,主动与相关部门联系,走访对口协商的部门,相互交流情况,开展调研视察活动,促进协商工作的经常化和制度化,发挥专委会对口协商作用。

【常委会专题议政】 从4月起,抓住推进高明融入广佛同城化建设进行调研,走访有关职能部门,召开多个专题座谈会,拜访专家和学者,充分听取意见和建议,到高要、鹤山等地交流和学习。6月中旬,报送《关于抢抓机遇,加快高明融入广佛同城化步伐的建议案》,围绕“加强与《规划纲要》的规划对接”、“加快与广佛路网无缝对接”、“推进产业错位发展”、“优化政务环境”等方面提出建议 11 条，为高明区制定“东靠西连”发展思路提供决策参考。

【开展专题调研视察活动】 各专委会、联络委（联络组）围绕中心工作，发挥各自优势，选准调研课题，积极开展建言献策活动。社会和法制委员会关注当前城市管理与社会矛盾，深入进行调查与分析，报送《关于高明区城市管理与社会矛盾的调研报告》并得到政府重视，以《高明调研》形式转发全区；配合区委、区政府推进“东靠西连”发展思路的落实，探索科学发展的新举措，港澳台侨委员会和经济委员会研究和探讨加强“要明鹤兴”合作交流，分别报送《加强要明鹤兴合作，发挥四地侨务资源优势，推动地方经济社会可持续发展》和《加强推进“要明鹤兴”县域经济一体化进程，促进高明经济社会更好更快发展》的调研报告，为党委政府推进落实重大发展战略提供参考。全年组织调研考察活动 20多次，报送调研报告 8 份。

【提案工作】 区政协八届四次会议以来，委员们密切关注经济社会发展中的突出问题、人民群众反映强烈的热点难点、影响和谐稳定的潜在矛盾和民生政策措施的出台落实等问题，积极以提案形式献计献策，为党委政府科学民主决策提供参考。全年 169 人次提出提案 68 件，立案 48 件，提案办复率 100%。提案内容涉及各个方面，其中对民生问题尤为重视。其中 037 号提案《关于加快推进显洲塘整治工作的建议》得到政府和社会各界的高度关注，区政协把该提案列为主席督办提案，加大推进和督办力度。至年底，显洲塘整治前期工作取得突破性进展，整治工作预计在 2010 年初动工，显洲塘污染的“老大难”问题将得到彻底解决。

【信息工作】 全年收到信息稿件 48 件。在向上报送的信息中，全国政协采用 1 件，市委采用 2 件，市政协采用 9 件。编写《高明政协信息》32 期报送区委、区政府，有 11 期得到领导的批示。针对南海发电一厂对高明中心城区环境污染问题，区政协积极向上级政府和部门如实反映情况，广泛倾听社情民意，收集 150 多名政协委员的签名，联名递交《致陈云贤市长的一封信》，反映区政协委员和广大群众的呼声，促请上级政府及职能部门依法整治南海发电一厂污染排放和停止该厂三期工程有关报批工作。加强与南海区政协的沟通和联系，恳请当地有关部门协助解决问题。

【开展视察工作】 年内，结合区委、区政府提出的“八大惠民工程”，组织政协委员对革命老区建设、交通发展、“三农”问题、健康工程、市容综合整治工程等进行多次专题视察，为政协委员咨情问政提供服务平台，监督落实各项民生政策措施。

【文史工作】 按“三亲”（亲历、亲见、亲闻）原则，组织人员深入高明坊间，收集整理高明民间风俗习惯资料，出版高明政协第十四期文史专辑——《高明民俗》，收录 19 篇文章共 10 万多字，使许多濒临失传的民俗文化得到整理和记载。政协文史以特有的形式，挖掘高明历史文化内涵，传承历史文脉，弘扬本土文化，增强市民的文化认同感和归属感。

【巩固和发展爱国统一战线】 加强与各民主党派、工商联和各界人士的合作共事 贯彻落实中共中央《关于进一步加强中国共产党领导的多党合作和政治协商制度建设的意见》，推动民主政治建设。联同区委统战部选送29名优秀民主党派成员和无党派人士参加全省第六期党外人士培训班；举办学习《规划纲要》座谈会等活动，致力提高民主党派和党外干部综合素质。组织他们参与政协的会议和调研视察活动，发挥民主监督作用，积极为他们参政议政搭建平台、创造条件。

加强与港澳台侨的交往联谊工作 1.“积极走出去”。区政协班子成员积极参加港澳台社团组织的各种联谊活动，参加旅港同乡会新春联欢敬老大会、澳门高明同乡会27周年会庆暨第六届理监事就职典礼、港澳委员联谊活动、珠海高明联谊会成立等活动。10月，在香港召开港澳委员座谈会，区委领导通报经济社会建设情况并认真听取港澳委员的意见建议。2.“热情请进来”。发挥优势，广交朋友，全年接待8批600多人次，包括接待香港佛山工商联会佛山访问团、香港通善坛参观团等社团，与香港佛山工商联会访问团在更合镇千禧小学举行10周年庆典慰问活动，与香港半山区扶轮社举行“同声飞扬献祖国，扶弱乐群展爱心”等活动。

加强与各级政协的联系和交往 加强与上级政协和兄弟县(区)政协的联系和沟通，积极配合省、市政协到高明区的调研、视察、文体等活动，使活动取得预期的效果。与兄弟县(区)政协开展联谊、参观学习等活动，取长补短，互相促进。

【弘扬优秀传统文化】 组织人员参加省政协“四洲杯”粤曲大赛、第四届青少年书法大赛等活动。其中参加第四届青少年书法大赛获二等奖1名、三等奖2名。10月，区政协与区文化部门在影剧院举办“庆祝建国60周年暨纪念高鹤粤剧团成立53周年文艺晚会”，来自广州、佛山、江门等地粤剧界和社会各界人士800多人参加，促进三地的文化艺术交流，更好地弘扬中华民族优秀传统文化，为振兴粤剧作贡献。

【庆祝人民政协成立60周年工作】 9月21日，召开庆祝人民政协成立60周年座谈会，政协常委，委员代表，各民主党派、工商联主要负责人，政协退休领导干部和机关干部济济一堂，畅谈人民政协为国家富强、人民幸福、祖国统一做出的巨大贡献以及区政协为推动高明经济社会发展所作出的积极贡献。配合《佛山日报·今日高明》出版庆祝人民政协成立60周年专刊，全面回顾和总结高明政协27年来为壮大爱国统一战线，发展社会主义民主政治，推动高明改革开放和现代化建设所走过的光辉历程和所取得的成绩。

【自身建设】 宣传工作 加强政协工作的宣传报道工作，邀请媒体对政协召开的会议和调研视察活动进行宣传报道，把一些影响重大深远、涉及民生福利的提案和信息刊登上报，引起社会的关注和重视，使人民政协履职为民的形象深入人心。

委员队伍建设 加强委员培训和学习，提高委员素质，严把委员“进出关”，不断吸收各界别优秀分子进入政协委员行列。政协委员始终牢记光荣使命，关心大事、关注民生、奉献社会，同时专注本职工作，发展自己的事业，争当各行各业的楷模，在群众心目中树立业界“精英”和热诚奉献的良好形象。

机关效能和作风建设　开展以“廉政、效能、服务”为主题的机关效能和作风建设活动，健全机关管理制度，规范工作程序，营造机关团结和谐的工作氛围，确保各项工作运转顺畅、协调高效。树立求真务实工作作风，提高服务水平，切实为经济发展、为委员服务，增强政协组织的凝聚力，把政协机关打造成“委员之家”。加强为基层服务工作，做好联点挂钩工作。加强与杨和镇人和社区和廉江市黎村委会沟通联系，推动固本强基，增强农村集体经济，增加农民收入；积极参与封开县扶贫开发“规划到户、责任到人”工作。年内，区政协机关被评为广东省“城乡党组织互帮互助活动先进单位”。

政协佛山市高明区委员会负责人名录：

主　席：吕耀江（　～2009.2）
　　　　区惠娘（2009.2～　）

副主席：区锦勤　冯用均　许新林
　　　　区社凯　张　枫　朱维礼

秘书长（办公室主任）：何锦雄

副秘书长（办公室副主任）：夏国安　梁仕新
　　　　王伟平　梁雄辉

（严日冲）

中共佛山市高明区纪律检查委员会

【概述】　2009年，中共佛山市高明区纪律检查委员会和高明区监察局认真贯彻区委“抓项目、保增长”工作方针，围绕党委、政府的中心任务，深入学习实践科学发展观，以加强机关效能和作风建设为抓手，突出抓好机关效能和作风建设与农村基层党风廉政建设，创新工作体制和方式方法，反腐倡廉建设不断取得新成效。

【机关效能和作风建设】　开展机关效能和作风建设主题实践活动　3月至年底，在全区范围开展“转变机关作风，提高效能服务水平”的机关作风建设活动。活动分动员学习、统一思想，查摆问题、边整边改，完善制度、总结提高等三个阶段。通过开展活动，解决各单位部门在机关效能和机关作风建设的存在问题，为经济社会发展创造良好政务环境。

抓好行政审批制度改革的监督　对区行政服务中心“窗口”建设和管理工作进行监督，促进工商注册登记并联审批专项改革的完成，促进重点工程项目审批联办机制与跨部门审批协同工作机制的建立，审批效率明显提升。

深入走访区内民营企业　组织调研组深入企业，倾听企业、社会群众关注的社会热点问题，回访上年调研111家企业中的30多家企业，化解企业与镇（街道）、区有关职能部门误会，促进区有关职能部门主动为企业办好事实事，为经济增长提供保障。

明查暗访工作　组织有关单位和媒体就镇（街道）机关干部留守值班情况和公职人员在茶庄以休闲为由“涉赌”情况开展暗访活动4次。对区直机关单位上班纪律情况开展暗访12次，涉及单位22个，将暗访情况在高明电台“883民生热线”曝光，并进行全区通报。

办好民生热线节目　坚持每周安排区有关单位领导干部上线，开展走进镇（街道）户外直播，现场解答、回复和帮助解决市民群众关心和关注的社会热点、难点问题。

加强制度创新　牵头制定《佛山市高明区公职人员问责暂行办法》，从2010年1月1日起实施问责工作，整治机关作风和效能建设中存在的不作为、乱作为、慢作为行为，为推动高明经济和社会各项事业的健康发展提供保障。

【农村基层党风廉政建设】　开展专题调研，组织制定《佛山市高明区加强农村基层党风廉政建设实施意见》。年内，举办全区村（居）“两委”干部廉政教育培训班，推进农村廉政文化建设。结合全区“法律六进”活动和“民主法治村（居）”建设开展“法律进农村”试点活动，通过派发宣传小册子、组织法律专家开展法律咨询等形式，提高农民群众的遵纪守法意识。加强支农资金监督检查，监督检查各项强农惠农措施落实情况，纠正损害群众利益的不正之风。对已到期的管理农村财务的中介组织重新进行招投标，健全村级财务委托第三方管理工作，加强农村财务管理。深入推进农村政务、村务和党务公开工作，保障农民群众的知情权、参与权、管理权和监督权。

【重大工程建设项目监督】　报请区政府出台《高明区加强重大工程建设项目监督检查的意见》，加强监督检查2008年以来由政府投资或融资总造价在100万元以上的工程项目，及2008年以前投资在100万元以上还未竣工的在建工程项目，检查内容包括规划立项报批、招标投标、资金管理和使用、质量管理和施工安全、施工和监理单位资质、竣工验收等情况。强化工程建设管理，加大现场检查力度，全年开展重大工程建设项目现场检查6次，对存在问题的2个建设单位发出《监察建议书》，责令进行限期整改。

【监督检查落实科学发展观情况】　监督检查扩大内需促进经济增长方针政策落实情况　监督检查中央、省、市和区扩大内需促进经济增长的各项重大方针政策落实情况，检查6个列入中央新增扩大内需项目，贯彻落实区委“抓项目、保增长”工作方针。

监督检查区直部门落实“联点挂钩”和“三项重点”工作情况　加强监督检查区直部门主办部门负责制、落实“三项重点”和“联点挂钩”工作，纠正行政效率低、办事拖拉和各类行政不作为、乱作为现象，确保区委“抓项目、保增长”工作方针和全年各项工作目标任务的顺利完成。

监督“三旧”改造工作推进情况　年内，全区涉及102万平方米的16个改造项目按计划稳步推进，对全区“三旧”改造工作实施全程监督和定期检查，监督检查“三旧”改造各职能部门履行职责情况。

监督节能减排工作落实情况　加强对节能减排工作落实情况的监督检查，巩固陶瓷水泥行业整治成果，4家保留的陶瓷企业全部通过环保清洁生产现场验收。

【反腐倡廉宣传教育】　廉政教育宣传　组织全区党员干部参加佛山市廉政书画创作活动，全区参评作品110幅（件），选送省、市作品50幅（件），其中有6个作品获省、市奖或入选展览作品范围。制作廉政公益广告在每晚电视节目黄金时间播放，编发“廉政”短信定期发送给广大党员干部，增强教育的针对性和实效性。

纪律教育学习月活动　年内，开展“加强作风建设，保障科学发展”主题纪律教育学习月活动，举办全区副科职以上领导干部纪律教育学习班，邀请市纪委副书记、市监察局局长刘耀淳作反腐倡廉形势报告；举办全区纪律教育学习月活动工作座谈会，要求广大党员干部进一步筑牢拒腐防变的思想道德防线，提高遵守党的政治纪律的自觉性和坚定性。

【廉洁自律专项治理】 1.落实厉行节约制止奢侈浪费。贯彻落实省、市严格控制晚会、展览、庆典、论坛活动规定，实行项目报批制度，严格审核评比达标表彰项目，在全区清理规范评比达标表彰活动工作。大力压缩一般性支出，全区公务购车和用车经费、会议经费、公务接待费用、党政机关出国（境）费用、办公经费等"五项经费"实现零增长。加强对领导干部出国（境）证照的管理工作，全区党政机关因公出国（境）人次比上年减少20.1%。开展领导干部配偶、子女从业和经商办企业情况调查并登记备案。协同市纪委调查更合镇行政服务中心大楼违规超标建设问题。2.治理"小金库"专项工作。组织全区216个党政机关和事业单位（其中区级单位128个，镇级单位88个）开展自查自纠工作，对14个重点单位进行检查，全区清理出"小金库"1个，涉及金额12万多元。

【查办案件】 全年全区各级纪检监察机关受理群众信访举报190件次（含重复件85件次），应办98件，办结95件，办结率97%。立案16件，结案16件（含上年度遗留案件2件）。给予党纪政纪处分16人，涉嫌犯罪被司法机关处理12人。通过办案，为国家和集体挽回经济损失100多万元。注重发挥保护职能，为受到诬告、错告的39名乡科级干部、20名一般干部澄清事实。狠抓乡镇基层办案，4个镇（街道）均有自办案件。

【纠风工作】 药品集中采购监管工作 加强药品集中采购监管，全区11家区级医疗机构均参加网上集中采购药品，药品集中招标采购总金额9500万元。

查处骗取社保医疗门诊保险费案件 6月，督促区卫生局查处高明区明城华立医院开大处方骗取社保医疗门诊保险费案件。经查证，明城华立医院共有12张处方存在处方金额高问题，其中一张处方结算金额高达686.13元。检查组责令该院退回多报销的门诊费，对相关责任人员进行经济处罚并将案件在全区卫生系统通报。

查处骗取补贴行为 查处荷城街道泽英小学一教师骗取低收入家庭住房补贴问题，责令其退回违规申领的住房补贴，要求区建设局、民政局等部门加强审核全区低收入家庭申领住房补贴和廉租房资格，防止类似事情发生。

民主评议行风工作 民主评议区建设、工商行政管理、国土资源、安全生产监督管理等系统政风行风建设情况，评定为优秀。

【行政投诉工作】 全年受理行政投诉2689宗，办结2640宗，办结率98.2%，发出时限受理黄牌35张、红牌2张；全区800多项行政审批事项纳入电子监察系统，受理行政审批9万多件，发出时限受理黄牌4张、红牌4张。

【治理商业贿赂专项工作】 推进非公有制企业治理商业贿赂专项工作，全区开展治贿工作企业42家。开展商业贿赂案件查处工作，全年查处案件17宗，涉案金额113万多元。其中工程建设领域5宗，涉案金额88万多元；土地出让领域2宗，涉案金额8万多元；商品经销领域10宗，涉案金额16万多元。

【执法监察工作】 土地交易监察 全年全区国有土地使用权进入有形土地市场公开交易40宗(其中工业用地10宗、商务金融用地和科教用地各1宗),面积131.84万平方米,底价67029万元,成交价71714万元,比底价高出4685万元。

建设工程招标投标监察 全年全区完成建设工程投标项目243个,总投资标底价184927万元,中标价172015万元,下浮金额12912万元,下浮率7%。6月起不再派员参加建设工程招标投标现场监督工作,重点加强对招标投标有关职能部门履职情况的监督。加强查处违反招标投标法行为,调查群众投诉反映涉及招标投标问题11宗。

政府采购监察 全年全区政府采购项目160项,预算金额10853万元,中标金额10282万元,下浮金额571万元。

产权交易监察 全年全区产权交易8宗,底价3934万元,成交价4851万元,高出底价917万元。

建设用地容积率专项治理 对全区2007～2009年4月的6宗规划用地面积600.73亩的发生容积率调整的房地产项目和22宗规划用地面积808.96亩的发生变更房地产项目的用地进行清查,未发现有擅自调整容积率等违法违纪行为。

【落实党风廉政建设责任制】 将党风廉政建设和反腐败工作63项任务分解落实到全区各职能单位,明确牵头单位和协办单位,明确责任人、工作标准和工作完成时限,召开会议部署,通过专门督办、检查指导等方式,促使各单位抓好落实,确保《工作规划》落到实处。建立健全工作机制,将贯彻落实情况列入领导班子和领导干部的考核评价范围,强化责任考核,严格责任追究,推动惩防体系建设不断向纵深发展。

【加强自身建设】 创新反腐倡廉体制 积极推进纪检监察管理体制改革,向区建设局、交通局、公资办、西江新城管委会等4个单位派驻纪检组长(纪工委书记),正式启动高明区纪检监察机关派驻(出)机构统一管理工作。制定相关配套制度,加强派驻干部和业务工作管理,强化纪检监察机关监督职能。

开展主题实践活动 结合学习实践科学发展观活动,深入开展"做党的忠诚卫士,当群众的贴心人"主题实践活动,开展向王瑛同志等优秀纪检监察干部学习活动,全面加强领导班子和干部队伍建设。

开展调研工作 开展专题调研,为上级部门和区委、区政府的决策提供参考。其中纪检监察管理体制专题调研为区委开展纪检监察管理体制改革提供重要参考;农村基层党风廉政建设专题调研,出台《加强农村基层党风廉政建设实施意见》,为今后三年全区加强农村基层党风廉政建设工作进行总体规划和部署。回访企业活动专题调研报告除供区领导决策参考外,通过沟通协调,帮助企业解决久拖未决的实际问题。

业务建设 举办全区纪检监察干部业务培训班,安排多名干部参加中纪委、省纪委和市纪委举办的各类培训班,提高干部队伍的理论和工作水平。

【重要会议】 2月18日,召开区纪委十届四次全体会议。区委常委、区纪委书记陈仕兴传达十七届中纪委三次全会、省纪委十届三次全会和市纪委十届四次全会精神,代表区纪委常委会向大会作工作报告。区委书记马亮照就整顿和转变机关作风提出要重拳出击，抓好“五治”(一治“庸”，即“只做和尚不撞钟”问题；二治“懒”，即作风不实、纪律松弛问题；三治“乱”，即“吃拿卡要”、以权谋私、损公肥私等不正之风问题；四治“繁”，即行政审批手续繁杂、程序过多问题；五治“恶”，即作风粗暴、态度恶劣问题)。4 月 22 日，召开全区纪检监察培训工作会议，以会代训形式对全区纪检监察干部进行业务培训，区委副书记黄坚代表区委要求全区纪检监察干部要带头廉洁自律，秉公办事，坚决维护纪律的严肃性。7 月 7 日，召开区纪委、监察局派驻纪检组长(纪工委书记)工作会议，正式启动派驻纪检组长(纪工委书记)工作，区委书记马亮照要求首批派驻纪检组长(纪工委书记)要找准定位、认真履责、树立权威。7 月 29 日，举办全区副科级以上领导干部纪律教育学习班暨纪律教育学习月动员大会，区委书记马亮照提出要加强作风建设，加强纪律教育，保障科学发展。10 月 10 日，召开区纪委派驻纪检组长(纪工委书记)工作汇报会，区委书记马亮照同志要求全区纪检监察干部在工作、学习和生活中要严格要求自己，切实做好“五个表率”(坚持原则、秉公执纪的表率，遵纪守法、廉洁自律的表率，服务群众、执纪为民的表率，求真务实、忠于职守的表率，热爱学习、精通业务的表率)。12 月 21 日，召开实施公职人员问责制工作动员大会。会议由区长潘志文主持，区委书记马亮照在会上作了动员讲话，明确实施行政问责制的目标、任务和要求，宣示区委、区政府以铁腕手段推进行政问责制的信心和决心。区委常委、区纪委书记陈仕兴就《佛山市高明区公职人员问责暂行办法》作解读说明。

中共佛山市高明区纪律检查委员会负责人名录：

书　记：陈仕兴(区委常委兼)

副书记：罗伟平　　黎祐任(～2009.7)

罗远光(2009.11～)

常　委：罗远光(～2009.11)

温长华　　陈　辉　　谢海文

李佩玲(2009.12～)

佛山市高明区监察局负责人名录：

局　长：罗伟平

副局长：罗远光

(仇建华)

民主党派·群团组织

民主党派

【中国民主同盟佛山市高明区总支委员会】

支部建设　一是强化组织机制建设。落实《民盟高明总支委员会参政议政工作奖励方案》，盟员参政议政意识有较大提高；对入盟积极分子严格把关，听取其单位领导意见，考察其参政议政能力。二是加强学习，提高思想认识和理论水平。学习《珠三角规划纲要》，和盟中央、盟省委、盟市委的重要会议精神。参加区委统战部学习《珠三角规划纲要》座谈会，提交《广佛同城之浅见》、《学习〈纲要〉座谈小结》等建议材料。一、二支部分别组织盟员学习中共十七届四中全会精神及胡锦涛总书记在政协成立60周年大会上的讲话精神，提升盟员政治敏锐性和参政议政能力，提交《浅析党员民主意识》等学习心得。三是参加培训教育，提高自身素质。6月4日，在盟市委参政议政培训暨表彰大会上，市委统战部宣教科科长廖小强就《统战信息撰写和统战理论研究》作专题报告，盟总支主委、支部主委和特约信息员参加会议。6月29日至7月3日，区委统战部选拔组织民主党派、无党派人士参加省社会主义学院学习培训，总支有10人参加。10月13～15日，区委统战部组织到四川遂宁第三产业发展状况考察学习活动，总支有3人参加并撰写考察报告。特邀区交通局介绍高明的交通发展状况及今后交通规划，加深对高明经济建设的了解。

开展活动　秦静梅获佛山市英特尔创新大赛三等奖；梅娟莉、李健芳获2009年度高明区教育系统先进个人称号；唐世勇获CCTV“神州大舞台”2009年第一期魅力家庭秀“魅力爸爸”称号；梁伟新获高明区2008年度科技进步二等奖；黎荣昌获实用新型专利奖；付凤珍获高明区2007～2008年度优秀护士称号。

参政议政　围绕“保增长”社会经济热点问题提出建议。“两会”期间，梅娟莉代表总支作《全球金融危机格局下高明经济发展的“危”与“机”》发言；提交《关于成立产业发展中心的建议》、《关于对交通违章处理的建议》、《关于在高明沧江河源头建立自然林生态保护区的建议》、《关于促进房地产发展的几点建议》、《关于市政工程要先做足规划论证后再动工的建议》、《关于加强对区内电动车管理的建议》、《关于暂缓国内成品油价格机制调整实施的建议》、《利用电视、网络、电台广播、手机短信开展法律宣传的建议》等提案；提交《也来谈谈机遇》、《我国应对当前金融危机之浅见》、《大力发展消费信贷，破解产能过剩的困局》、《应对全球金融危机的几点建议》等建议；一支部形成《关注青少年法律意识的养成，提高社会治安的稳定性》的调研报告等。积极参与区委统战部“全区幼儿园状况调研活动”和区政协“八项惠民工程”专题调研活动。

中国民主同盟佛山市高明区总支委员会负责人名录：

主　委：张　枫

副主委：钟　仪　吴文硕

【中国农工民主党佛山市高明区支部委员会】

支部建设　一是加强组织建设。强化支部管理，提高集体观念和团结合作精神，积极开展党内民主生活和各项活动，营造良好氛围，构建团结合作、和谐发展的民主组织。二是把握正确方向，推动组织稳步发展。年内吸收2名政治素质好、层次高、代表性强、有发展潜力的知识分子入党，并送佛山市委会参加新党员学习班培训。三是加强培训学习，提高素质。派员参加高明区第六期党外人士培训班；组织全体党员开展“三促进一保持”等专题学习。

参政议政　通过“两会”提议案、提案、建议和反映社情民意等形式，履行参政议政职责，全年提交议案、提案、信息、意见和建议10条，贺东生《关于在沧江路泰和路十字口设立固定交通指示灯的建议》和《关于移动电话呼叫120直接转高明急救中心的建议》，钟文《关于尽快恢复镇级广播站功能的建议》，黄志权《关于重视政府消费，拉动内部需求的建议》、《关于加快我区陶瓷产业结构调整评价验收工作的建议》和《关于进一步完善工业园区配套设施建设的建议》得到政府及相关部门的重视。积极参与调研，扩大支部影响。参加区委统战部“镇（街）幼儿园调研活动”，深入明城镇潭边幼儿园，就硬件建设、制度建设、师资配置、幼儿教育和后勤保障等方面展开调研，撰写报告；派员参加四川考察和区“健康工程”等调研活动，提交多份调研心得和考察意见。

社会服务　9月，由支部成员黄尚书担任队长的广东省对口支援汶川医疗二队飞赴四川，在汶川县水磨、映秀、旋口、银杏和三江片区进行为期3个月的医疗支援工作，10月下旬在水磨中学开办了1期“关爱女性健康”主题学术讲座。积极参加农工党佛山市委会以及区委统战部组织的各项活动，调动支部成员的积极性，使组织生活在内容和形式上适应时代要求，富有生气。

中国农工民主党佛山市高明区支部委员会负责人名录：

主　委：龙　启

副主委：钟　文　黄志权

【九三学社佛山市高明区支社委员会】　支部建设　全年组织全体社员集体活动5次，主要内容：传达市委会2009年工作的重点；关注金融危机的影响和广佛同城化给区经济带来的机遇；讨论珠三角规划纲要对今后发展重要作用；学习区政协编纂的部分提案和信息，鼓励社员撰写提案，提高参政议政的能力和调研能力，要求委员每年写1条信息或提案；组织学习了解政协60年的发展史。

参政议政　年内，王孝杰、金鑫、裴超成、仇惠琼、俞斌向区委区政府提交议案或信息。有6人参加高明区第六期党外人士培训学习班。9月，有3人参加区统战部组织的四川考察调研，并撰写调研报告。

社会服务　积极参加社会服务活动，了解乡镇幼儿园环境、教育、设施及管理情况，提出建议和意见；积极参与高血压、糖尿病、艾滋病、心血管疾病、传染性疾病、消化系统疾病等预防和治疗的宣传活动；积极参加高明区的慈善活动，捐款捐物献爱心。

九三学社高明区支社委员会负责人名录：
主　委：王孝杰
副主委：裴超成　金　鑫

【中国民主促进会佛山市高明区支部委员会】

支部建设　一是做好组织发展工作。注重质量，长期物色，重点跟踪，将政治素质好、作风正派、学有专长的中青年骨干发展为会员，全年重点考察对象1名，通过考察，批准入会。二是做好培训教育工作。注重时政和统战理论的学习。组织收看民进中央学习贯彻科学发展观视频会议；组织学习中共十七届四中全会精神；学习民进中央主席在庆祝中华人民共和国成立60周年、纪念政协成立60周年座谈会上的讲话；派员参加高明区第六期党外人士培训班。

参政议政　发挥会员自身优势和特点，关注民生、社会热点难点问题，积极向民进省委会、市委会及时反映社会动态。年内撰写了《关注网瘾少年，构筑和谐家庭》提案。

中国民主促进会佛山市高明区支部委员会负责人名录：
主　任：朱维礼
副主任：韩向东

【中国民主建国会佛山市高明区支部委员会】

支部建设　抓好制度建设。年内召开6次支部全体会议，商讨参政议政议题，审议通过《民建高明支部分工》、《民建高明区支部会议制度》等。抓好学习培训。以学习贯彻科学发展观为重点，组织会员深入学习胡锦涛同志在党外人士迎春座谈会上的讲话精神；学习胡锦涛同志在政协成立60周年及国庆庆祝活动中的讲话精神等。派员参加民建省委主办的骨干会员培训班和高明区第六期党外人士培训班。

参政议政　一是撰写区政协大会发言稿及提案。到更合镇、荷城街道与企业了解企业面临的主要问题，形成区政协大会发言稿《携手同心，共度时艰》；以支部集体及成员名义撰写《把停车场建设纳入规划的建议》、《规范公交车上落客，减少城市道路安全隐患》、《关于创建“绿色通道”，激活“信用担保基金”的建议》等3篇政协提案，被立案，落实情况良好；撰写的政协信息《高明经济增长原因及对策建议》被区政协采用，列为政协信息第十三期。二是开展专项调研，提交《关于促进就业、保持社会稳定的意见建议》等3篇建议性文稿。

社会活动　参加市委统战部和各党派市委会共同举办的佛山市各民主党派第一届运动会，有3名会员参加多项运动项目，取得较好成绩；在区委统战部组织的文体活动中，获中国象棋比赛的冠亚军；参与区委统战部组织的关于高明区学校安全方面的调研；参与各镇街小学、学前教育的调研；参与关于高明区发展“农家乐”惠农措施的调研。

中国民主建国会佛山市高明区支部委员会负责人名录：
主　任：谢衍卫
副主任：陆水养

（仇敏华）

区总工会

【概述】　2009年，佛山市高明区总工会围绕“组织起来、切实维权”工作重点，切实抓好基层组织建设、维权帮扶、劳模评选、职工培训、安全生产和劳动保护等工作，保障广大职工的经济、政治、文化和社会权益，维护社会和谐，推动社会发展。

【构建劳动关系和谐企业】 加强劳动关系预警机制建设，建立一支由967名工会干部、职工组成的劳动关系信息员、安全生产监督员、劳动保护监督员、工资支付监控员队伍；巩固劳动关系协调机制，通过开展“共同约定行动”，推动平等协商签订集体合同制度，全区签订集体合同的企业1168家，已建工会的企业集体签订合同率100%；签订劳动合同职工11万人，合同签订率97%；不断深化厂务公开民主管理制度，区内公有制企事业单位职代会建制率100%，非公有企业开展厂务公开民主管理773家，建制率83.9%；开展“构建劳动关系和谐企业”活动，推进“十优关爱外来工企业”评选推荐工作。发挥科学维权的作用，企业侵权事件得到有效控制。

【工会组织建设】 进一步加大中小型企业、非公有制企业工会组建力度，新建基层工会29个，新发展工会会员2849人，新发展农民工会会员1600人；开展创建“先进职工之家”活动，通过推行先进典型经验，创建全国、省、市“先进职工之家”39家，区“合格职工之家”225家。全区合格职工之家创建率83%，先进职工之家创建率30%。

【工会活动】 *劳动竞赛* 组织450家企业，开展“当好主力军，建功十一五”、“同舟共济保增长，建功立业促发展”主题劳动竞赛和“节能减排金点子”合理化建议活动63场次，参加活动职工3.9万人次，提出合理化建议1226条。年内，举办“十佳外来工”评选活动，激励外来务工人员的劳动积极性，有效发挥企业职工的主人翁精神，创造经济效益，全区涌现大批先进集体和个人。

劳动模范表彰 区劳动竞赛委员会广泛组织职工开展群众劳动竞赛活动，评选一批先进集体和先进劳动者。4月，区委、区政府召开表彰大会，表彰2006～2009年度劳动模范，授予10人为劳动模范、179人为先进劳动者、68个单位为先进集体。

学习培训 围绕“安全生产与预防管理”、“职业道德与企业文化”等课题，开展职工职业技能培训“阳光行动”，培训农民工2278人；组织职工开展“提升素质保安康，凝聚职工促发展”、“六个一”系列活动，有120家企业、1千个班组、4万职工参加全国“安康杯”竞赛；组织参加全国职工安全健康知识普及学习2万人次；深入开展“创建学习型组织、争做知识型职工”活动，通过创建模范“职工书屋”的办法，全区建成国家、省、市级模范“职工书屋”13家。

举办企业职工运动会 举办庆“五一”机关职工乒乓球赛、“和谐企业大家创”职工演讲比赛；安排工人文化宫曲艺团送戏到工业园区企业进行慰问演出；选派插花艺术代表队参加佛山市女职工技能竞赛活动，夺得插花技能比赛季军。在节假日期间，各镇（街道）工会、区直工委、基层工会结合实际开展内容丰富的文体活动，增强工会组织的凝聚力。

【帮扶工作】 开展“农民工援助行动”、“富裕高明大家建·发展成果共同享”困难职工慰问活动、“情暖职工”金秋帮扶活动；为特困职工家庭应届毕业生登记推荐就业工作；举办2场大型现场招聘会，并提供就业指导、职业介绍、政策咨询等。帮扶困难对象3251人次，就业服务1746人次，介绍1539名农民工实现就业。落实职工参加省职工医疗互助保障计划，发动4287人购买医疗互助保障计划9692份。依托区困难职工帮扶中心平台，办好12351职工维权热线，发现纠纷，妥善处理，履行工会“第一帮助人”的作用。

【内部管理】 坚持开展“三走访”活动，(走访基层工会、走访职工、走访企业)，让干部零距离接触群众、近距离处理问题。通过各种方式方法，加强对全区工会干部的教育培训，指导和协助各镇(街道)总工会、基层工会开展工会干部职工培训980人次。抓好联点挂钩工作，深入开展调研活动，干部进村入户108人次，组织各类文体咨询活动、讲座5场。

佛山市高明区总工会负责人名录：

主　席：陆帜然(区人大副主任兼)

副主席：程润超　傅建英

(黎培生)

团区委

【概述】 2009年，共青团佛山市高明区委抓住新中国成立60周年和五四运动90周年的契机，以开展城乡团组织联点挂钩作为工作主线，以服务青年就业创业为重点，以深化基层团组织规范化建设为载体，推动青年文化活动、青年志愿服务、青年组织建设实现新的进步。

【青少年思想道德建设工作】 开展“科学发展，青年争先”主题学习活动，引领青年争当实践活动排头兵；组织学习《珠江三角洲地区改革发展规划纲要》，与高要市团委签订共青团合作框架协议，共同组织西江环保行；深入开展“青春·欢乐·奋进——我们的节日”五四系列活动、“我与祖国共成长同奋进”主题教育和主题队日活动，大力弘扬爱国主义民族精神；开展“共庆光辉60年 实践青春新誓言”18岁成人宣誓仪式；积极推行更合平塘村和杨和基业公司两个市级分类引导青年试点工作，努力探索如何最广泛吸引青年的思想引导方式。

【服务青年就业创业工作】 推出“六大举措”：深入农村厂企，开展青年状况调查；实施城乡共青团联点挂钩工作机制；在全区建立23个青年就业创业见习基地；举办青年就业创业培训5期，培训青年1000多人；与区农信社合作开设青年创业贷款“绿色通道”，全区15名青年成功获得贷款74万元；举办以“青年显身手，技能领风骚”为主题的农村青年劳动技能大赛，掀起农村青年学科学、练技能的热潮。

【基层组织建设和基层工作】 深入推进基层团组织规范化建设，通过年底检查验收，全区新增24个区级规范化示范点。至年底，全区已建立示范点47个，团工作制度化、规范化、日常化水平不断提升。组织全区59个机关事业单位、学校团组织与72个村居团支部结对子，开展城乡共青团联点挂钩互助共建“五个一”大行动，开展有效帮助青年的工作项目370个；组织团课58场次，参加人员1577人次；送书籍报刊15096册；筹资53386元资助98名困难青少年；慰问困难青少年家庭128户79324元；举办各类主题团日活动66场，参加人员5143人次。

【青年文化活动】 创新五四活动模式，举办五四欢乐嘉年华活动激发基层团组织创造力，共谋划、齐参与、同欢乐；举办第三届“激情沧江”青年辩论大赛，12 支青年精英队伍才智迸发，围绕高明科学发展出谋划策；开展第二届青年村际篮球赛，促进村居联动，活跃基层群众性文体活动；青少年夏令营异彩纷呈，近 1000 名青少年踊跃参加番禺和西安营活动；举行“破冰之旅——青春相约 2009”高明未婚青年大型户外联谊活动，为 88 名未婚青年做红娘，搭建文明、健康的交友平台。

【青年志愿服务行动】 成立机关志愿服务总队，定期组织新志愿者的专业分类和综合技能培训；首次试行志愿服务项目招投标模式，拨出 3 万元义工专项经费对科学合理、切实可行的 7 个志愿项目分别给予 4000 元至 5000 元的资金支持；推进爱心志愿服务社区建设工作，全年创建爱心社区 18 个，通过“志愿服务队挂钩 + 注册志愿者跟踪 + 社区志愿者参与”的联合互动形式，有效扩大志愿服务覆盖；举办十杰志愿者、志愿服务组织的评选表彰活动；全年累计组织开展各类探访和慰问 56 次、便民集市和学雷锋活动 22 场，向社会提供各类志愿服务达 4013 人次。

【青年社团活动】 青年联合会　11 月 18 日，高明区青年联合会第三届委员会第一次全体会议顺利召开。会议总结过去 5 年的工作，部署、制定今后 5 年的工作任务，选举产生第三届委员会主席、副主席和常务委员，伍少莹当选为区青联主席，邓伟健、陈鹏生、曾兆基、谢天山、谢庆山、谢志尚为副主席。区委书记马亮照，团市委书记、市青联主席陈新文，区委常委、组织部部长吴耀棠等领导应邀出席了会议。

青年商会　6 月中旬，组织 20 多名会员赴昆明进行商务考察活动；多次组织会员开展企业行，促进会员沟通，加强交流合作；中秋期间对全区 200 多名孤寡老人开展中秋慰问，彰显青商热心公益的社会责任感。

【扶苗助学行动】 全年积极筹措社会资金 13 万元开展“扶苗助学”、“情暖高明 青春暖流”等行动，帮扶困难青年 65 名、困难学生 160 多名；组织发动全区少先队员为中秋节烧伤少年谢嘉城捐款 11.8 万元，鼓励其自强不息、逆境奋发。

【团干培训工作】 组织 10 名团干部赴中央团校参加为期两周的学习；选派 5 名优秀团员青年参加团市委后备干部培训；组织 72 个村居团支部书记参加团务暨素质拓展培训；先后组织三批共 92 名基层团干和少先队辅导员赴禅城、南海、三水等地学习、交流团队和青年文明号管理工作。

共青团佛山市高明区委员会负责人名录：

书　记：伍少莹

副书记：谢天山　吴伟强（　～2009.1）

邓伟健（2009.8～　）

（区杏坤）

区妇联

【概述】 2009 年，佛山市高明区妇女联合会围绕“服务”与“和谐”两大主题和党政中心工作，突出重点，求真务实，创新创优，为高明经济社会和谐跨越发展做出贡献。获“崇文佛山·2009”第四届读书节活动优秀组织奖。

【“巾帼文明岗”创建活动】 开展2008～2009年度高明区“巾帼文明岗”申报评选工作，11个单位(岗位)被授予高明区“巾帼文明岗”；高明供电局荷城供电所沧江营业厅等3个单位获省“巾帼文明岗”称号，杨和镇计划生育办证服务厅等6个单位获市“巾帼文明标兵岗”称号；陈小桃获全国“三八红旗手”称号，中国电信高明区分公司荷城客户服务中心获全国“三八红旗集体”称号，分别是高明区第二个个人和首个集体获此项国字号荣誉；佛山电视台高明分台新闻部获省“三八红旗集体”称号；杜颖梅等4人获市“三八红旗手”称号，高明区机关幼儿园获市“三八红旗集体”称号。

【开展和谐家庭文化活动】 高明区第二届妇女运动会 3月2～5日举行。各镇(街道)、机关、企事业单位等36支代表队近千名妇女参加篮球、羽毛球团体赛、坦克行军、好运彩球迎面接力、集体跳绳、田径、趣味门球等7个项目。

阳光家庭校园亲子活动 5月15～23日，“大手牵小手，让爱驻我家”高明区阳光家庭校园亲子训练营活动在荷城街道三洲德信实验学校、杨和镇中心小学、明城镇中心小学、更合镇中心小学举办，有800名学生和家长参加。

爱心大使同乐日 5月23日，在盈香生态园举办“亲近大自然、保护大自然——‘爱心大使’同乐日”活动，各镇(街道)的单亲特困母亲家庭成员和“爱心大使”先进个人、先进集体代表联谊交流。区委组织部等17个单位、麦计雄等2人分别被评为区援助单亲特困母亲家庭活动“爱心大使”先进集体和先进个人。

和谐家庭知识讲座 6月4日，在区影剧院举办“亲子教育与和谐家庭”知识讲座，来自全区各个阶层的800多名家长参加，邀请中国第一代潜能教育咨询专家、培训师郭天祥教授解读家长与孩子沟通交流方法，诠释亲子教育和家庭和谐的内涵，掌握正确的亲子关系观念和行为。

经典诗文诵读活动 暑假期间，举办中华经典诗文亲子朗诵大赛和亲子共读擂台赛，激发广大家庭成员的读书兴趣，提升现代家庭的文化品位，推进学习型和谐家庭建设。全区73户家庭参赛，年龄最小的只有4岁，最大的70多岁。

【妇女儿童维权工作】 普法宣传教育 “三八”节期间，全区各级妇联举办“三八维权周”大型普法宣传活动5场次，制作妇女学法图片18幅，印发普法宣传单张20000多份，9780多名观众参加了活动。各级妇女学校组织举办法律知识讲座、培训38期，专栏20期，出版《维权园地》4期，培训妇女5700多人次。联同区法院、团区委举办“为了明天——预防青少年犯罪”法制教育模拟法庭4场次。举办“妇女法制乡村行”大型户外普法宣传活动4场，有4000多名群众参与。

信访调处工作 完善各项信访制度，强化服务水平，做好个案跟踪落实，24小时开通“12338”、88889883妇女维权服务热线。全年全区各级妇联接待信访个案305宗，接待来访个案217宗，接听来电81宗，来信6宗，网上投诉1宗。其中婚姻家庭类个案178宗、劳动和社会保障类19宗、人身权利类12宗、财产权益类46宗、文化教育类3宗、综合类47宗，处理率99%以上。个案跟踪21宗，解决9宗。

特色维权项目 继续指导明城镇妇联深化特色服务项目“同样的关爱 同样的服务”的开展，举办法律知识、卫生保健、劳动技能讲座6场次，培训外来女工1000多人，印发宣传单张6000份；到企业播放电影54场，组织文艺汇演3场；免费为6000多名外来女工进行生殖健康普查。更合镇妇联通过动态管理、个案跟踪、亲子互动等方式开展“关注山区留守儿童、共构和谐更合”特色项目，在妇联维权工作站、各村（居）、学校设立心灵热线，举办家庭亲子同乐日拓展活动等共7场次，616名儿童和家长参加了各类活动。

【关爱弱势妇女儿童】 坚持“爱心助困、和谐高明”宗旨，整合社会资源，重点在就业、医疗、子女读书、励志等方面帮扶单亲特困母亲家庭。年内，区、镇（街道）妇联与区直机关单位妇女组织慰问283户单亲特困母亲，送上慰问金和礼品共18万多元。12月13日，在广东正野电器有限公司举办“情暖高明 关爱女工”之“我与正野同成长，一切从心开始”——2009企业女工心理调适团队训练营拓展活动，80多名女工参加。杨和镇妇联组织70多名单亲特困母亲召开慰问援助交流会；更合镇妇联协同区妇幼保健院免费为贫困单亲特困母亲和残疾母亲进行妇科检查。

关注困境儿童 经积极协调，争取到广东省儿童福利会从2009年起对高明50名贫困孤儿进行为期2年的援助，每名孤儿获援助金2000元。4月，专门发出为患“脂蛋白肾小球病”的少年林俊杰爱心捐款的倡议，筹集爱心捐款13万多元。“六一”期间，到更合镇合水小学慰问山区留守儿童，给山区留守儿童送上节日问候。10月，慰问中秋节意外烧伤的小朋友谢嘉城，送上慰问金3000元。

【家庭教育和未成年人思想工作】 1.推进家庭教育工作。加强中小学、幼儿园和社区家长学校建设工作，召开中小学、幼儿园家长学校建设工作会议和社区家长学校建设工作现场会。7月底，对5所申报区级示范性家长学校建设工作进行评估验收。10月23日，在明城社区家长学校召开高明区示范性社区家长学校授牌暨工作现场会，对获示范性社区家长学校的中山、长安、明城、人和、新圩等5个社区家长学校进行授牌。11月，联同区教育局、区机关工委在5所社区家长学校举办“与孩子同成长”社区家庭教育巡回报告会，近千名家长接受培训。

2.开展小公民道德教育活动。举办“与孩子的心灵对话”儿童论坛活动，200多名学生家长接受家庭教育。举办“净化网络护卫孩子——万名母亲网络护卫行动”的签名承诺活动，印发《倡导绿色上网，共享健康网络——建设绿色互联网倡议书》，引导家长和少年儿童的文明上网。

【实施妇女儿童发展规划】 开展“两个规划”未达标项目专题调研、人口与青春期性健康教育调研、少年儿童权益保护专题调研、家庭教育工作调研等，推动妇女儿童“两个规划”终期目标顺利达标。做好2009年妇女儿童发展规划监测工作，完成《佛山市高明区儿童发展规划（2001～2010年）2009年监测统计报告》和《佛山市高明区妇女发展规划（2001～2010年）2009年度监测评估报告》。9月27日，召开全区妇女儿童工作会议，明确实施“两个规划”方向和措施。

【队伍建设】 1.开展学习实践科学发展观活动。将学习实践科学发展观活动与自身建设和推动妇女儿童发展结合起来，深入4个镇（街道）、8个相关部门、8个村（居）和企业进行专题调研，召开调研座谈会12场，听取100多名来自基层各界妇女群众的意见和建议，形成5份有质量、有分析、有方向的调研报告。举办“我为高明妇女事业科学发展献一策”有奖征文活动，收集征文61篇，为高明科学发展献策13条。

2.加强组织制度建设。对照科学发展观学习实践活动中查找的问题，对基层妇女组织有关制度进行重点整改。完善团体会员工作制度；协助高明妇促会召开第二届会员代表大会，选举产生新一届理事会。加大信息报送、妇女工作宣传交流力度，编撰《妇工通讯》4期，向上级妇联报送信息150条，在自身网站发布各类信息125条。

3.加强培训，提高素质。6月23～26日，联同区委组织部在广东女子职业技术学院举办机关优秀年轻女干部培训班，提高大局意识、竞争能力和团队协作水平。针对全球金融危机、甲型H1N1流感疫情全球爆发等形势，全区妇女学校培训以转变就业观念、卫生知识、法律知识等为重点内容，共举办培训班128期，培训妇女9497人次。

【联点挂钩工作】 深入泰和村委会进行调研，实地考察16次，参与排查和化解矛盾纠纷4宗，解决农村热点难点问题4宗，慰问困难群众和困难党员8户，赠送3000多元的打印复印传真机一台。6月18～19日，到对口帮扶点廉江市良垌镇苑瑶村开展城乡基层党组织互帮互助活动，慰问苑瑶村2名困难党员，实地考察孤儿麦丹妹的危房修建施工现场，并资助3000元。

佛山市高明区妇女联合会负责人名录：

主　席：杜颖梅

副主席：罗少华　仇月华

（王晓岚）

区工商联

【概述】 2009年，佛山市高明区工商业联合会围绕区委“抓项目、保增长”工作方针，履行职责，坚持服务立会，创新发展，引导和帮助会员企业提升企业竞争力，共同应对金融危机，切实维护会员合法权益，促进非公有制经济人士健康成长和非公有制经济健康发展，为高明经济发展和社会进步作出贡献。

【非公企业党建工作】 加强非公企业党建工作，配合上级部门开展各项主题实践活动和调研活动。年内，在非公企业党组织中开展“我为企业逆风飘扬添风采”主题实践活动，发动非公企业党组织和共产党员帮助企业共渡难关，为经济发展、社会稳定出谋献策；深入非公企业开展调研，了解非公企业在金融危机下的发展情况，倾听企业主、党组织负责人及党员心声，为加强基层党建工作提出新思路、新举措；参加市委宣传部开展建设学习型党组织专题调研座谈会，就创新体制和现有体制提出建议。

【会务工作】 *联谊考察活动* 2月23日，在富湾湖酒店举办2009年文化沙龙和春茗酒会。邀请佛山社会经济发展研究所所长、《佛山研究》主编、中共佛山市委党校经济学副教授赵起超主讲《识时务，通权变——金融危机下我们的对策》，结合佛山未来发展规划和政府出台的扶持政策对2009年经济作预测，鼓励民营企业主加强信心，有效应对世界经济金融危机的冲击，保持民营经济的又好又快发展。中国建设银行高明支行行长粟立军在文化沙龙中推介银行的信贷项目，表示建行将在信贷政策、信贷规模、业务运作和资源配置上对区内重点建设项目、重点产业优先支持，竭力为企业解决融资困难。马亮照、区惠娘、黄坚等区五套班子领导和市工商联主席岑润洪、党组副书记李成章出席酒会。区委副书记黄坚代表区委、区政府对高明区2008年的主要经济情况和2009年工作计划作简要通报，鼓励企业增强发展信心，勇于接受挑战，迎难而上，继续做大做强企业，为高明和谐跨越发展作贡献。

坚持“走出去，请进来”工作方针，为会员企业提供交流合作平台 组织会员到台湾、中山、高要参观学习，与当地工商联和友好商会互相交流，参观知名企业，考察投资环境，听取经验介绍，拓宽经营发展思路；热情接待广西南宁，山东青州，鹤山、高要等地商会和友好社团，推介高明的投资环境、扶持政策和优惠措施，促进两地经贸合作；参加香港、澳门工商社团的庆典活动，探望港澳乡亲和顾问，增进友谊。

讲座论坛 3月16日，邀请中山大学酒店管理学院酒店培训中心主任梁健全教授为饮食业会员主讲“面对目前全球金融危机饮食界应对的谋略”专题讲座，鼓励企业主加强信心，有效应对世界经济金融危机的冲击，保持饮食业的健康稳定发展。组织会员参加上级工商联、经贸局、科技局等单位主办的各类学习培训班、论坛、讲座、博览会、交易会等，为会员提供学习和拓展市场的机会，进一步提高会员素质，增强企业的竞争力。

调查研究 1.年初，主要领导带队走访本会非驻会副主席和执委、常委企业，了解生产经营情况，听取意见、建议。2.先后配合省、市工商联开展民营企业应对金融危机调研、工商联会员2009年问卷调查、县级工商联贯彻落实全国工商联组织工作会议情况调查问卷、民营企业参与光彩事业统计调查，如实反映调查数据，掌握会员企业的基本情况、社会责任意识、参政议政和重点关注问题等3.倾听会员诉求，向财政、工商、税务等部门了解情况，寻求帮助解决企业投资者以自然人登记的房地产变更为法人问题，得到财政、地税部门的支持，提出解决办法，帮助企业做大做强。4.通过调研，向区政府提交《关于饮食行业工商年检问题的情况反映》，简化饮食行业办理工商年检的程序。5.参加佛山市行业协会发展专题调研座谈会，就推进区域行业协会（商会）的发展提出建议。6.配合区纪委开展企业回访活动，企业对政府职能部门整体服务工作的评价感到满意。7.配合区纪委做好公职人员问责调研工作。11月20日组织部分企业代表专门召开实施问责制征询意见座谈会，征求会员代表对实施办法的意见和建议。8.配合区委宣传做好党报党刊发行工作，发动企业支持党报党刊发行工作。盈星木业有限公司订阅了50份《人民日报》，赠送给区内各农家书屋。

维护会员合法权益 会同经贸、科技部门，帮助会员企业申请技术改造、技术创新项目，亿龙新材料科技有限公司、柯维光电有限公司、远华塑料有限公司、顾地塑胶有限公司等18家民营企业获取扶持资金800万元；西城橡塑厂在旧厂搬迁过程中因排污处理不当遭到环保部门的处罚，经会领导与环保部门沟通协调，督促该厂及时进行整改，免受处罚；就业晟聚氨酯有限公司的厂房质量及企业权益问题开展多次考察调研，并向区政府上报《关于业晟聚氨酯有限公司等企业厂区周边消防通道不畅的情况报告》，敦促落实解决方案；协助爱迪尔卫浴有限公司解决用地纷争，协助湛江渔港申请设置简易临时交通标致牌和申请减免税事宜，减少该企业因高明大道快速化改造带来的经营影响；联系教育局和有关学校，为会员企业外来员工解决子女入学问题；沟通工商、消防部门，协商解决饮食业会员营业执照年检时限和消防整改问题等。

表彰纳税大户　宣传先进典型，倡导依法纳税、创新发展，打造企业品牌，为地方经济发展作贡献。在高明区2008年度纳税大户表彰大会上，有50家纳税超过500万元的企业受到表彰，比上年增加15家；广东溢达纺织有限公司、佛山市诚德特钢有限公司、佛山市高明列度时装有限公司等3家会员企业获得“高明区十大纳税大户”称号；佛山市高明基业冷轧钢板有限公司等11家会员企业获“高明区纳税大户”称号；在高明区科技创新表彰会议上，高明区企业新增“广东省名牌产品”4个，“广东省著名商标”2个、“产品采用国际标准生产”15个、“产品采用计量定量包装‘C’标志”4个；广东炜林纳功能材料有限公司等6家公司的产品和商标分别荣获“广东省名牌产品”、“广东省著名商标”、“产品采用国际标准生产”等称号。推荐企业会员参加第二届“佛山市民最喜爱的品牌企业”暨“广佛同城至爱佛山品牌”评选活动。

指导基层商会工作　召开三届二次会员大会，通报商会2008年工作情况及2009年工作设想；完善商会工作机制，对商会副秘书长以上人员进行分工，明确人员职责；不定期召开常务工作小组会议，实行会内轮值聚餐议事制度等，加强会员之间的沟通交流；与友好商会交流学习，增进友谊并促进饮食业发展；组织会员参加培训班、美食节以及外出参观考察，使会员开阔视野、增长见闻。

发展新会员　加大行业协会建设力度，引导条件成熟的广告装饰行业企业成立行业协会。12月16日，佛山市高明区广告装饰行业协会正式成立，佛山市创世纪广告装饰策划有限公司总经理严日盛当选为第一届理事会会长。年内，发展了佛山市爱迪尔卫浴有限公司、佛山市高明盈润机械有限公司、佛山市高明高森木业有限公司、佛山市高明区高科中小企业服务中心、佛山市高明区金焱塑料制藤有限公司、佛山市创世纪广告装饰策划有限公司、佛山市高明区高鸣广告有限公司、佛山市高明区新粤丰陶瓷厂、广之旅国际旅行社高明营业部等一批非公企业入会，入会企业涉及卫浴产品、机械制造、塑料制品、广告装饰、中介服务和饮食娱乐等行业；发展佛山市高明区荷城街道体育裁判协会成为团体会员，使会员队伍更有代表性和凝聚力。

诚信经营创建活动　联同区文明委在荷城街道文昌路开展以“诚信兴商、文明消费”为主题的创建“诚信经营示范街”活动。倡议示范街所有商户成立文昌路商会，促进、完善行业自律；积极鼓励商户成员参与“诚信经营示范店”创建活动，推动示范街创建活动的开展。利用广播、电视、上门宣传、派发倡议书等多种形式进行宣传，营造创建良好氛围。

【联点挂钩工作】　年内，到挂钩点罗稳村委会开展调研14次，机关工作人员下乡66人次，参加村委会工作会议5次，排查调解矛盾纠纷3件，上报信息5篇。协助村委会做好2009年度门诊医疗保险的参保和交费工作，村民参保率98%；加大计生、综治、消防和卫生的宣传力度，确保村委会工作的顺利开展；为村委会配置一套办公设备，改善村干部的办公条件，指导村干部学习电子办公知识；协助村委会建设“农家书屋”，赠送书籍和报刊一批；指导村委会开展学习实践科学发展观各项活动，通过开展学习、调研和整改，健全村民自治和民主管理制度；在节假日，开展慰问困难党员和单亲特困母亲家庭活动。

【自身建设】 一是加强机关作风建设，完善机关内部管理制度，改进工作作风，形成“有为才有位，有位更有为”的工作氛围；二是深入开展学习实践科学发展观活动，提高政治理论水平，增强党性原则、修养；三是加强纪律教育和党风廉政建设教育，增强干部抵御腐败的能力；四是加强业务技能知识学习，组织干部和会员参与企业管理、商业咨询、信息化服务等先进知识的学习培训；五是积极开展企业文化建设，引导企业树立“构建和谐社会”意识，依法经营，规范经营，建立和谐劳资关系，主动承担社会责任。

佛山市高明区工商业联合会负责人名录：
党组书记：区社凯
主　　席：杨　升
副 主 席：蔡成均　杜满雄

（陈海芳）

区侨联

【概述】 2009年，佛山市高明区归国华侨联合会（简称“区侨联”），履行“群众工作、参政议政、维护侨益、海外联谊”基本职能，提高参政议政、为侨服务能力，加强对外宣传联络，拓展海外联谊。

【对外联谊】 协助区政府、区委统战部、区外事侨务局做好接待来访工作，先后接待来访高明探亲、观光旅游、洽谈贸易的海外侨胞、港澳同胞。3月23日接待泰国广肇会馆副理事长何雪桃女士；4月3日赴肇庆市拜访澳洲要明洪福堂同乡会黄汉元副会长；4月9日接待新西兰顺德同乡会会长苏靄琏女士；5月12日接待香港佛山工商联代表团；5月14日接待美籍华人李锐成、秘鲁籍华人邱伟廉品尝高明特色美食濑粉；9月接待澳门高明同乡会区健之会长；11月7日赴鹤山沙坪拜访回国出席“全国医博会”的高明籍乡亲程铭钊博士等。广交朋友，宣传高明，取得较好成效。

【友好访问】 开展海外联谊工作，加强与海外侨团联系。区侨联领导2月6日、7日先后参加区政府在香港、澳门举办的春茗酒会，参与赴港澳拜年活动；4月20日，出访日本，拜访广东要明鹤同乡会，了解华裔新生代的情况，并参观了日本横滨山手中华学校，就高明区中小学校与横滨山手中华学校缔结姐妹学校的事宜进行了商议；5月22日，赴印尼雅加达参加第五届世界广东同乡联谊大会；6月8日，首次联动区、镇、村三级组团赴香港塔门岛拜访旅港高明杜氏乡亲，了解侨情的变化动态。9月10日，出席澳门高明同乡会27周年会庆；11月6日，出访新加坡拜会前新加坡高明同乡会会长曾荣辉先生等高明旅新乡亲，掌握当地社团的发展状况。

【捐建“侨心居”】 积极开展高明“侨心居”建设工程，宣传发动海外侨胞、港澳同胞和海外港澳社团捐资助建高明区困难归侨危房改造，改造后的农房统一悬挂高明“侨心居”标志牌，纪念捐助人的关爱。至年底止，接受皇朝集团董事长岑国林先生捐资1万元，高明区浩辉水处理有限公司张洪余先生捐资2万元，旅港高明同乡会团体及个人捐助共港币3.5万元。区侨联领导多次走访困难归侨家庭，了解其生产生活状况和危房改造意愿，制定项目实施计划。年内，已落实对杨和、更合镇2户困难归侨家庭实施"高明侨心居"建设工程。

【"侨乡丰碑"图片展】 为了铭记高明恢复建制近30年来海外乡亲热心支持家乡公益事业的善举，褒扬捐赠者的爱国爱乡热情，配合区外事侨务局在高明爱国主义教育基地——高明区档案展览中心，专设"侨乡丰碑"专题华人侨捐公益事业图片栏。作为高明发展历史档案文献选展"流金岁月"的组成部分，专栏分"杰出人士"、"捐建学校"、"美化村容"、"造福桑梓"、"外籍留芳"等五个部分，精选85幅珍贵的历史照片，系统地反映出高明华人侨捐公益事业，促进当地经济、教育、社会民生事业发展的情况。该图片展是2009年高明区外事侨务局"侨法宣传月"系列活动之一。

【慰问归侨】 在春节、中秋等节日期间慰问困难归侨。9月24日，举办老归侨座谈会，对70岁以上的归侨发放慰问金。9月25日，协助区外事侨务局举办归高明侨界代表迎国庆、贺中秋座谈会，向区侨界代表、港澳乡亲等致以节日问候，感谢他们对家乡建设的关心、支持。

【参政议政】 围绕区委、区政府的中心任务，抓住侨界的热点问题，倾听侨声，深入开展调查研究，及时、准确地反映港澳侨人士的呼声和意见，为区经济建设和社会发展建言献策。区政协港澳台侨联络委员会主任、区侨联主席江苏撰写《加强要明鹤兴合作，发挥四地侨务资源优势，推动地方经济社会可持续发展》政协提案，提出合理有效地利用侨务资源，探索切实可行的区域侨联工作合作模式，实现资源共享、优势互补，有效共同推动地区经济社会全面持续发展。

【出版乡讯】 年内，《高明乡讯》改版为大16开本，已出版《高明乡讯》第41、42期，图文并茂，全彩印刷，向海外侨胞宣传报道高明新面貌，使侨胞进一步了解家乡的现状和发展。

佛山市高明区归国华侨联合会负责人名录：

主　席：江　苏

副主席：梁章荣　黎文东

（吴颖欣）

区　科　协

【概述】 2009年，佛山市高明区科学技术协会（简称"区科协"），围绕区委、区政府中心工作，开展多种多样培训和科技交流，提高全民科学文化素质，为广大科技工作者服务。年内，举办技术培训班255期，培训3万人次；无偿科技咨询20100人次；外出科技交流110次，730人参加；推广新技术25项；发表论文62篇；开设科普宣传专栏45个；印发科普资料20000份，举办科普展览38次，58000人参加。

【重要会议】 5月20日上午，佛山市高明区科学技术协会七届三次全委扩大会议在区府会议中心召开。区各有关单位主要领导和区科协七届委员会委员，各镇（街道）各企事业科协的秘书长、区直学（协）会理事长、科普教育基地（学校）等60人参加。会议通过黄志勇主席代表七届常委会作的《科学发展结硕果，自主创新强高明》工作报告，明确提出2009年科协工作的指导思想和主要任务。大会表彰了佛山市高明区科协系统先进科技团体和先进科普工作者。

12月7日，召开区科协七届四次常委会议，会议决定：杨兆波任佛山市高明区科学技术协会秘书长；佛山市海天（高明）调味食品有限公司为高明区科普示范基地；高明区明城明南村委会为高明区农村科普示范村。

【中韩“爱心阳光计划”】 4月22日，由中国科协、韩国东北亚科技协力财团、广东省科协联合主办，佛山市科协、市人事局、高明区人民政府等单位承办的中韩合作“爱心阳光计划”暨佛山新农村与农业现代化建设高峰论坛在高明举行，这是“爱心阳光计划”首次在广东举行。出席论坛的有中国、韩国的知名专家和学者，韩国农协驻华首席代表，中国科协、省科协、省农业厅领导，各地级市科协主席及区各镇（街道）科协、科技工作的领导，科技助理，农办和村民委员会（主任），农村科技示范户和顾问，区直各学（协）会、科普教育基地负责人等200人。市委常委、宣传部部长叶志容在开幕式上致辞。区委书记马亮照、区长潘志文对这次活动给予高度评价，要求今后多开展交流活动，进一步加以深化，促进区的新农村建设和现代农业发展。

【推进院士专家企业工作站建设】 省科协给予区科协大力支持，鼓励区建立“院士专家企业工作站”。区科协积极引导科技创新要素向企业集聚，促进科技与经济发展，围绕企业急需解决的关键技术瓶颈问题，帮助企业提高自主创新能力并建立长效机制。通过调研，完成广东省炜林纳功能材料有限公司“院士专家企业工作站”筹备工作和相关材料申报，通过省科协的审定，“工作站”的授牌仪式于2009年12月22日在省科协举行。

【科学馆建设】 科学馆是实施科教兴国战略的基础设施，是面向公众进行科普宣传教育的重要阵地和青少年校外科技活动场所，是精神文明建设的窗口。区人民政府下发明府办复[2009]55号文，同意在西江新城公共活动中心区域规划建设高明区科学馆。工程建筑面积20000平方米，楼高5层，投资规模9800万元，力争工程尽快动工兴建。

【农村科普】 1.积极开展农村科技服务，提高农民综合素质。3月17日，召开高明区农村科技致富经验交流会，全区科技示范户50人参加会议，对生产过程中存在技术上的问题等作经验交流。开展农村党员干部培训工作，把农村党员干部培训与创建全国科普示范区结合起来，在12个村委会中建立农村党员干部培训示范点，并在村委会书记、村委干部中建立科技示范户，带动村民依靠科技致富，增强基层党组织的战斗力和凝聚力。

2.推进科普教育基地和科普示范村的建设。年内，在科普设施建设的基础上，佛山市海天（高明）调味食品有限公司建设成为区首个工业企业科普教育基地，明城镇明南村创建成为区第3条农村科普示范村。高明区创建省级科普示范基地2个、市级科普示范基地2个、区级科普示范基地4个、区级农村科普示范村3条，区级科普教育示范学校4所。科普示范点的建成，带动区科普工作的开展，营造科普教育的良好氛围。

【科技服务】 5月27日，佛山市科协、区科协组织佛山市农林技术管理办公室、佛山市农业科学研究所、佛山市地震局、佛山市健康教育所、佛山市护理学会、佛山市中医药学会在明城镇潭坳村委会组织开展“科普惠农兴村”活动，邀请种植、养殖、医疗等专家为村民解答生产的疑难问题，推广先进的农业新技术，为群众免费赠送高效复合肥800包、优良种子3000包，发放科普资料2000份。组织医护人员免费为400名群众进行义诊。

深入企业、镇街等基层一线进行调研，广泛联系区科技工作者，了解他们工作、科研、生活等各方面的情况以及遇到的困难，与区人事局协调，向区政府反映情况，争取出台《高明区高层次人才工资外津贴申领实施细则》等政策，11月开始，由区财政向区高层次科技人才发放生活补贴，改善生活待遇。

【科技竞赛】 3月26日，由广东省科学技术协会、省教育厅、省科学技术厅、省知识产权局和湛江市人民政府联合主办的第24届广东省青少年科技创新大赛在湛江市师范学院举行。高明区参加创新项目4项、科幻绘画1幅。有5项作品获奖，(一等奖1项，二等奖2项，三等奖3项)。11月，举办区2009年青少年科技创新大赛，收集作品260项，科技论文和小发明86项，科技实践活动11项，科幻绘画158项，动漫5项。有91项作品获奖，获市级科技创新大赛一等奖5项、二等奖14项、三等奖30项，科技论文、小发明、科幻绘画等4个作品选送参加省青少年科技大赛。

【科技交流】 组织参观活动，举办农民培训班、交流会、总结会和其他活动，安排参加活动的人员前往各基地和示范村参观学习。9月，区科协协助市科协共同做好广佛“惠民科普之旅一日游”的接待工作。该活动是广东省科协、广州市科协与佛山市科协共同举办的2009年“万人科学传播大行动”，组织广佛两地市民100人到高明区科普教育基地——海天(高明)调味食品有限公司，参观酱油生产线和展览馆，了解调味品的生产工艺和中国以至世界的饮食文化。

佛山市高明区科学技术协会负责人名录：
主　　席：黄志勇
专职副主席：谭志东

(关惠峰)

区文联

【概述】 2009年，佛山市高明区文学艺术界联合会深入学习实践科学发展观，团结广大文艺工作者，围绕庆祝建国60周年等系列活动，以丰富多彩的艺术形式满足全区市民的文化生活需要，为高明“三个文明”建设做出了积极的贡献。

【发挥职能作用，推动文艺事业健康发展】
1.多层次、多渠道开展群众文艺活动。一是举办“欢乐村居行”送戏下乡活动。共组织各协会送戏下乡10多场。二是多层次、多渠道开展“魅力大舞台·文化周末”活动，达到中心城区文化广场每周有活动、镇街文化广场每月有活动的目标。三是与区文广新局制定文化暖流“五个一”工程实施计划(年内组织一万多册图书、一千多场公益电影、一百多场文艺活动、数十场公益讲座和培训，以及一系列的流动文化服务送进农村、企业、社区、学校和军营），至年底，已为基层配置图书10000多册、电脑50台和书架、阅览桌椅一批等；超额完成送电影下乡任务，除将财政购买的1122场数字电影送到基层外，还发动企业积极参与，开展企业专场近百场；把全区的文艺团队和文艺骨干组织起来，分片区、分任务规划了近百场文艺活动，已组织87场；“高明讲坛”已举办公益讲座19场，其中送到基层的有9场。

2.大型文化活动亮点频现。继续走政府主导、企业支持、群众参与的文化活动运作新路子，会同区有关部门组织开展区第四届读书节、“高明讲坛”、“魅力大舞台·文化周末”、广场电影放映、新年音乐会、大型群众歌会（巡游）、元宵烟花文艺晚会、粤曲私伙局大赛、文化旅游节以及“庆祝建国60周年”系列活动等，亮点纷呈，品牌效应不断显现。如区第四届读书节，历时3个多月，组织活动16项，参与群众3万多人次，“营人文之风，造智慧之源”，进一步培养了全区群众崇尚读书、自觉阅读的良好习惯，积极弘扬和实践了新时期的高明人精神。在区2009年元宵节烟花文艺晚会上，组织多个协会进行文艺表演，吸引群众超过6万人。7月1日，组织各协会参加区委宣传部举办的“颂歌献给党——高明区庆‘七一’广场文艺演出”活动。积极发动协会成员参加“唱响高明·祝福祖国”高明区首届全民歌唱大赛。举办文艺演出晚会，庆祝祖国60周年华诞，吸引上千群众观看。10月27日，为纪念高鹤粤剧团成立53周年，邀请著名艺术家、国家级演员彭炽权、吴元标等人登台演出，吸引近千名粤剧爱好者观看演出。成功协办佛山秋色高明区巡游，丰富群众的文化生活。

3.协助开展民族民间文化活动。积极推动相关协会开展民族民间文化活动，如协助举办龙舟展示、濑粉节活动，把岗雕乐、花鼓调等非遗项目加工成舞台剧等，推进高明区的非遗保护和传承工作。

【协会活动】 **摄影家协会** 参加区举办的“庆祝新中国成立60周年美术书法摄影剪纸工艺品展”，展出作品142幅；响应2009送欢乐下基层慰问活动号召，组织开展官山慰问等活动，送去摄影知识，为协会成员提供采风机会，通过摄像头记录广明高速公路建设、人民生活、新农村建设情况等；会员获得国家、省、市摄影家协会举办的摄影大赛奖项40多个，黎雄杰、冯星分别获广东省第22届摄影展览入选奖和铜奖。

作家协会 将工作重点放在促进交流、扶持人才、服务社会上，发挥桥梁纽带作用。由赵洪、吕雷合著的《国运——南方记事》获得中宣部第十一届“五个一”工程奖；赵洪、夏建芳的《商人的蜕变》在庆祝中华人民共和国成立60周年“威鹏杯”报告文学征文中荣获一等奖。出版《高明作家作品选2009》，资助朱超等2位作家出版个人作品集。

戏剧曲艺家协会 多次送戏下乡，开展演出交流活动，满足群众的业余文化需求，全年开展类型戏曲表演活动100多场。将送戏下乡与慰问活动相结合，在全区开展了一次大规模的敬老慰问活动，吸引了众多企业、社会各界人士的支持。区曲艺团入选由佛山电视台和佛山群众艺术馆举办的私伙局群英会大赛总决赛，并获“十佳私伙局”称号。区曲艺专干谢丝贤代表佛山市群众艺术馆参演广东省第六届群众戏剧曲艺花会，粤曲独唱《劫后情》荣获曲艺类金奖。

书法家协会 协助举办“佛山市纪念改

革开放30周年美术书法大赛获奖作品展”，共展出获奖作品90多件，其中高明区有7件作品入选；成功举办“祖国在我心中·千人书画庆华诞”活动，区内的书法家、书画爱好者以及西安实验小学的师生共1000多人一齐挥毫，表达对祖国60华诞的美好祝福。青年书法家协会狠抓书法创作，黄敏渝、郑美欣、曾俊龙、石景俞等少年会员分别获广东省第四届青少年书法大赛二等奖、三等奖和优秀奖。

美术家协会　协助社会力量开办区内首个民办美术馆——明苑美术馆。面向基层、面向群众，开展美术、书法培训，在社区建立培训中心，深入基层单位组织策划书画展览。在省文化厅等举办的广东省第十届美术书法摄影作品联展中，龙恩海的水彩画《修补状态》获银奖，韦燕桂的国画《稻花香里说丰年》获铜奖。

音乐家协会　组织2场广场钢琴音乐欣赏演出，参加演出人数达80人次，观众人数超过3000人次。举办高明区首次交响乐欣赏讲座。提高观众欣赏音乐的水平。5月至11月协会合唱团参加“广佛同城——和声飞扬”活动，获得广东省百歌颂中华大赛银奖。邱军平、李文清创作的《长江水》获得省文化厅主办的广东省群众文艺作品评选一等奖。

语言艺术家协会　协助文联组织编排策划文联“改革开放30周年”大型文艺晚会，组织会员及少儿语言表演艺术团演出音乐童话剧《十二生肖拜大年》；积极参加高明区“3·15”文艺晚会、区妇女法制宣传活动文艺表演、区直机关党风廉政建设小品大赛等公益活动，其中参演节目小品《小草的梦》参加佛山市首届残疾人文艺汇演获二等奖。

舞蹈家协会　成立高明区舞蹈家培训基地，坚持公益性培训，举办“舞彩缤纷”系列活动。全年举办各项公益性舞蹈培训班3期，培训人数达1000多人次，组织35名青少儿艺术团学员参加舞蹈考级，全部以优良成绩通过。参加第五届全国青少年艺术风采电视选拔——佛山赛，舞蹈《织之织》、《小荷才露尖尖角》获优秀奖。深入各机关事业单位开展文化合作及舞蹈培训辅导，辅导高明残疾人舞蹈《怒放的生命》参加市残疾人汇演获二等奖，并获邀参加省演出。

诗社　新发展社员6人；组织社员到教育农庄采风；围绕悼汶川、庆建国等主题的诗篇，佳作频出。全年共创作诗词1000多首，出版《高明》诗刊2期。

民间工艺家协会　选送谭小平、谭惠玲、区美霞等十几幅作品参加高明区庆祝国庆60周年活动和佛山市举办的“荟萃佛山 精品剪纸”展览，与佛山剪纸协会交流学习活动，提高剪刻结合水平。

佛山市高明区文学艺术界联合会负责人名录：

主　席：吴兆华

副主席：钟伯钧　赵　洪　邱军平　谭梓源

（区燕芬）

区　残　联

【概述】　2009年，佛山市高明区残疾人联合会深入学习实践科学发展观，潜心为残疾人排忧解难，办好事、办实事，在残疾人康复、就业等工作取得较大成绩，努力推进残疾人事业发展。

【基层组织建设】 4月16日，以区残工委名义下发通知，要求各镇(街)按要求成立残联，组建残协。4月21日，区政府残疾人工作委员会召开全体委员(扩大)会议，研究部署各镇(街)残疾人组织建设工作，要求各镇(街)在7月1日前召开残代会，成立残联。深入有关部门和各镇(街道)调研，指导各镇(街道)做好镇级残联、村级残协组建工作。各镇(街道)均成立筹备工作小组，制定召开残代会工作方案，做好代表人选物色和会前各项工作。截至7月9日，全区各镇(街)均召开了第一次残疾人代表大会，全面完成镇(街)残联的组建工作。争取区委领导和部门的重视，将残疾人工作实绩考核纳入2009年镇(街)领导班子工作实绩考核内容，确保残疾人工作在基层得到更好地开展和落实。

【康复工作】 每月到镇(街)免费为低保困难精神病患者发药，随访诊断；对重症患者加强监控，落实监护人，必要时强制送院治疗。年内资助精神病患者入院治疗60人次，资助特困精神病患者药费5人次，为困难精神病患者免费治疗发药2096人次。

【扶贫助残】 完善城乡最低生活保障、农村“五保”供养等生活救助政策，确保符合条件的残疾人得到救助。1月，对持《中华人民共和国残疾人证》残疾等级为一、二级人员实行分类施保，按现行低保标准每人每月增发10%的救济金，全年为一、二级贫困残疾人纳入分类施保412人。5月，联同南海凯洋医疗设备有限公司为困难肢体残疾人赠送轮椅35张。

【培训就业工作】 1.加大对区残疾人种养培训基地的建设力度，拓宽经营范围和渠道，发挥基地的示范、扶持和带动作用。3月13日和6月10日，基地在市残联的支持下，先后两次购买引进4000多只贵妃鸡苗进行培育饲养，在原来养殖猪苗的基础上丰富了养殖品种。8月3日，基地为荷城街道的5户残疾人家庭免费提供950只贵妃鸡苗；5月13日和10月27日，分两批为全区四个镇(街)的10户贫困残疾人家庭免费赠送猪苗合共102头。

2.做好残疾人个体经营(种养)项目扶持工作。4月30日，联同区财政局对上年部分扶持对象进行跟踪随访和检查指导。11月，对全区14名贫困残疾人发放“扶持残疾人发展个体经营(种养)项目”扶持资金合共8.9万元。

3.做好集中安置就业工作。与福利企业和盲人按摩机构联系沟通，协调落实优惠政策，做好年审工作，为残疾职工购买社会保险，实现与健全人同工同酬。全年共推荐48名残疾人到福利企业及盲人按摩机构就业。

4. 做好分散按比例安置残疾人就业工作。9月30日起，向区内机关、事业单位发出《高明区残疾人就业保障金缴款通知书》，开展征收残疾人就业保障金工作，截至年底，共征收2008年度残疾人就业保障金324416元。

【文体工作】 1.参加省、市残疾人文艺汇演。在5月18日举行的佛山市残疾人文艺汇演活动中，组织《怒放的生命》、《小草的梦》、《身残志不残》、《红旗飘飘》等4个节目第一次参加汇演，获得3个二等奖、1个优秀奖。其中舞蹈《怒放的生命》被选送参加6月4日在广州举办的全省残疾人文艺汇演。

2.成功举办高明区第一届残疾人运动会。7月15～17日，由区政府残疾人工作委员会主办，区残疾人联合会、区体育局承办的高明区第一届残疾人运动会在高明区体育馆举行，来自全区4个镇(街道)的4支代表队120名残疾人运动员参加了田径、游泳、羽毛球、乒乓球、举重、射击6大项69个小项的比赛，共决出金牌69枚、银牌50枚、铜牌38枚。

3.参加佛山市第六届残疾人运动会获得好成绩。9月7～11日，佛山市举行第六届残疾人运动会，高明区组织34名残疾人运动员参加了田径、游泳、举重、射击、羽毛球、篮球等六大项目比赛，取得9金、9银、11铜，总分148分的好成绩，首次夺得聋人男子篮球赛亚军，实现历史性突破。

4. 组织视力残疾人欢度盲人节。10月15日第二十六届国际盲人节，组织8名视力残疾人前往三水参加由市残联举办的联欢活动，加强沟通，增进友情。

【"全国助残日"系列活动】 1.组织走访慰问残疾儿童少年活动。5月14日，区政府副区长、区残工委主任余明开带领区教育局、民政局、残联、团委、妇联等部门组成的慰问组，走访慰问了跃华中学、区社会福利院17名残疾学生和残疾儿童，送上慰问金及慰问品共9400元。5月14日，市残联理事长张玉昆率领市助残慰问组到高明区开展慰问活动，先后走访慰问了荷城街道、杨和镇、更合镇8名适龄而未入学的残疾儿童少年，详细了解其生活状况和实际困难，送上慰问金及慰问品4000元。"全国助残日"期间，区残工委为全区73名在校残疾学生发放节日慰问金7300元，送上党和政府的关怀和温暖。

2.广泛开展助残日宣传报道活动。围绕"助残日"主题，通过报刊、电(视)台、网络等媒体和渠道，宣传报道高明区残疾人工作开展情况和残疾人事业发展状况，在中心城区和各镇(街道)拉挂宣传横幅14条，扩大社会影响。

3. 开展残疾儿童少年未入学情况和在校(园)残疾儿童少年情况摸底调查工作。5月6日，会同区民政局、区教育局下发《关于开展残疾儿童少年未入学情况和在校(园)残疾儿童少年情况调查工作的通知》(明民办[2009]33号)，对全区学龄前未入幼儿园、未入学适龄残疾儿童少年和在校(园)残疾儿童少年等三方面情况进行全面系统的调查摸底，形成调查报告上报区政府。截至2009年5月29日，全区3～15周岁残疾儿童少年共有166人，其中：未入学残疾儿童少年65人，约占总数的39%；在区内普通教育学校(幼儿园)随班就读的残疾儿童少年88人，约占总数的53%；在市启聪学校就读的残疾少年13人，约占总数的8%。

【维权工作】 做好残疾人来信来访工作，维护残疾人的合法权益。实行信访工作"一把手"负责制，由区残联理事长直接分管信访工作，做到事事有回音、件件有落实。全年接待来访2批13人次，来信3件，咨询317人次。

【其他工作】 做好盲人按摩机构年检、盲人定向行走培训、康复工作者培训、残疾人事业统计台账等各项工作。10月1日至11月30日，集中免费换发第二代残疾人证。全年核发、新办残疾人证2546个。

佛山市高明区残疾人联合会负责人名录：
理 事 长：陆文勇
副理事长：杜卫东

(黄兆安)

地方军事

【概述】 2009年，中国人民解放军广东省佛山市高明区人民武装部以党的十七届四中全会精神为指导，贯彻落实科学发展观，狠抓思想政治建设、干部队伍建设、军事斗争准备、民兵营（连）“四个基本”建设和安全管理等，取得较好成绩。

【军事斗争准备工作】 战备工作　修改完善《民兵预备役抢险救灾方案》；加强“信息引接”建设，值班室、民兵武器装备仓库实现与分区值班室可视监控系统互联互通；加强辖区民兵应急连、民兵森林防火分队、民兵防化分队3个应急专业力量建设，落实编制、人员和装备。

军事训练　重点抓武装系统干部、民兵骨干、专业应急分队、防空分队应用训练和实战演练，提高民兵分队遂行急、难、险、重任务能力。每天1小时体能训练，组织民兵轻舟分队骨干参加分区组织集训和省军区考核竞赛，分别获单项第一名和第三名。组织民兵14.5高机分队进行高机操作使用、射击技能和实弹射击等科目训练，参加省军区在汕尾市海丰靶场举行的全省民兵防空部队实弹战术综合演练，取得连续命中3个空飘气球成绩。

国防体制建设　根据形势任务和辖区内经济发展与兵要地志变化情况，区、镇两级进行国防动员潜力调查和民兵组织实力调整。制作《国防动员及兵要地志多媒体课件》。调整武委会、国防动员委员会成员。开展兵役调查摸底工作，对转业干部、退伍军人、适龄青年和地方专业技术人员进行预备役登记，实现电脑信息化管理。

【“四个基本”建设】 一是制订措施方案，理清工作思路。分别到镇（街），与镇街研究抓建达标具体措施和办法。完善区民兵营、民兵分队“四个基本”建设方案，抓好民兵分队“四个基本”建设，解决基层“四个基本”建设“抓什么、怎么抓、谁来抓”问题。二是明确人员分工，搞好统筹协调。结合区实际，采取措施，明确人员分工包片，即部领导带1个机关干部包1个镇街抓建工作，并把责任制度和奖惩机制落实到人。协调镇街、村（居）开展“四个基本”建设。三是经常到镇（街）实施面对面、手把手帮建，组织召集达标民兵营营长集中时间、集中人员、集中精力，对照省军区关于民兵预备役营（连）“四个基本”建设实施细则及考评标准，查漏补缺，整理和完善登记统计资料，制作各类职责、制度牌和各类图表。购置配备民兵分队所需物资器材。

【征兵工作】 3～5月，开展征兵普查和兵役登记工作，确定应届毕业生预征对象。10月，召开今冬征兵工作会议，成立征兵领导机构，设立征兵办公室。将征兵新政策、廉洁征兵监督卡、举报电话等汇编成册，通过上门、发信函等形式，发到适龄青年家中。全区身体合格青年 222 人（本科 6 人、大专 18 人、初中以上 198 人）。完成 99 名新兵（进藏兵 12 名、普通兵 87 名）征集任务。

【安全管理】 每月召开一次安全管理工作形势分析会，每个干部职工与部党委签订安全管理责任书，做到每次会议有部署、每天交班有强调、每周活动有检查、每月小结有讲评。在重大节假日，以人员、车辆、枪支弹药、营院秩序、物资经费及秘密载体等为重点，狠抓安全工作的落实。严格按照上级有关人员管理规定，狠抓一日生活制度管理，没有发生违纪问题。严格执行车辆派遣和管理制度，加强对驾驶人员安全教育，没有发生车辆事故。落实枪弹管理，双人双锁，坚持部领导查库和干部住库制度，武器弹药库 26 年安全无事故。落实保密制度，执行"网络保密十条禁令"，加强计算机和涉密载体管理，没有发生过失泄密事件。

【"双拥"共建活动】 优抚安置工作　成立转业干部、随军家属就业安置领导小组。年内安置 3 名转业干部，解决 1 名随军家属就业和 1 名小孩入学。

全民国防教育　通过国防教育网、电台电视台、报刊等途径，利用民兵整组、军事训练、专武干部、民兵营长集训、征兵、学生军训和全民国防教育日等时机，宣传国防和军队建设思想，提高国防观念。7 月 29 日，组织区级领导班子成员 30 多人到某部队过"军事日"，观看官兵军事科目汇报表演，参观部队主要武器装备和连队内务秩序。全年 3 次组织区五套班子成员、镇（街）党委书记和武装部长开展过"军事日"活动。协调驻军官兵 30 多人，组织学生进行军训和国防教育 3500 多人次。联同区委宣传部在高明区技工学校举办国防教育有奖知识竞赛和国防教育图片展，参加人员 6500 多人次。9 月全民国防教育日期间，办板报 20 期，建立宣传栏 12 个，悬挂横幅 28 幅，张贴标语 15600 多条。参加庆祝新中国成立 60 周年歌咏、演讲比赛及文艺会演。10 月 1 日组织干部职工参加区升旗仪式，组织人员收看国庆阅兵电视节目。

"三个文明"建设　协调驻军出动官兵 640 多人次参与植树等公共场所建设，组织文艺活动、球赛 10 场次。中秋节期间，组织驻军官兵和民兵预备役人员 300 多人扑灭明城镇潭塱村将军山大火；组织 1200 多民兵巡堤坝和山塘水库，抗击自然灾害。国庆期间，出动民兵预备役人员 600 多人次参加"迎国庆保平安"大巡逻活动，协助公安机关在街头巷口执勤和巡逻。

【队伍建设】 抓好党委中心组专题理论学习和党的十七届四中全会精神学习，5 名党委成员带头学习钻研、交流发言、撰写心得体会和理论文章，平均每人撰写理论文章 8 篇。年初，调整 3 名新的班子成员。强化党管干部原则，抓"感恩、知足、尽责"教育，解决好当官为什么、身后留什么、为单位做什么的问题，落实条令条例和有关干部管理规定，坚持定期思想汇报制度，抓好干部"八小时以外"管理。坚持抓干部理论水平和业务素质提高，要求人人结合工作写心得体会、写新闻稿件。组织政工干部参加军分区在区举办的政工干部集训暨新闻报道工作座谈活动。年内干部在地级市以上报刊发表稿件 110 多篇。采取选送培训、以老带新、岗位调整、交任务压担子等形式，抓好干部队伍业务学习、能力培训和复合型人才培养，促进干部队伍整体素质提高。政委史建新参加南京陆军指挥学院国防动员指挥班培训，并利用业余时间参加中南大学研究生班学习。

【后勤工作】 狠抓《后勤工作条例》和《后勤管理条例》落实。坚持“党委理财”原则，严格执行预算，正确把握经费应用，杜绝经费超支，保证全年各项预算经费收支平衡；与地方财政部门和开户银行办理资金集中支付改革工作。严格经费审批报销制度，坚持主官双签报销和经办人、证明人签字规定；坚持请示汇报制度，每月向分管领导汇报经费收支使用情况，每季度向部党委汇报经费执行情况及会计分析。开展车辆管理专项整治、驾驶员作风纪律整顿和技能培训，坚持车辆派遣审批制度和日常检查与定点、定期维修保养制度。

中国人民解放军广东省佛山市高明区人民武装部负责人名录：

部　　长：张明生（ ～2009.2）
刘哲友(2009.2～)

政治委员：史建新(区委常委兼)

副 部 长：梁龙光（ ～2009.2）
甘山龙（2009.2～ ）

（张昭和）

组织·宣传·人事

组织工作

【概述】 2009年，中共佛山市高明区委组织部围绕区委“抓项目、保增长”工作思路，以深入开展学习实践科学发展观活动为重点，加强基层组织、领导班子及干部队伍建设，全面加强和改进组织工作，为高明经济社会全面发展提供强有力的组织保证和人才支持。

【深入开展学习实践科学发展观活动】 3～9月，开展第二批深入学习实践科学发展观活动，全区68个区直单位4262名党员参加，经学习调研、分析检查、整改落实三个阶段，全面完成学习实践活动的各项任务，使学习实践活动与工作“两不误、两促进”。各单位组织开展专题学习、交流会和举办培训班等860多场次；开展专题调研240多项，形成调研报告120多篇；废除旧制度65个、修订制度192个、制定新制度157个；化解矛盾纠纷174宗，为民办好事实事1097件。第三批学习实践活动自9月开始到次年2月结束，全区各镇（街道）、村（社区）、中小学校、基层医疗机构和“两新”（新经济组织和新社会组织）组织等320个党组织的14986名党员参加。到年底，在第三批学习实践活动中，区、镇（街道）两级派出指导检查组24个，派出指导员110名，建立党员领导干部联系点173个，开展指导检查工作700多次，提出指导意见和建议1200多条。各基层党组织开展专题学习、交流会、座谈会及举办培训班等1900多场次，组织知识测试1.4万多人次，化解矛盾纠纷120多宗，为民办好事实事1200多件。

【领导班子、干部和人才队伍建设】 调整和充实部分镇（街道）、区直机关、事业单位正副职岗位，各级领导班子形成和保持更为合理的年龄、学历结构。至年底，全区有区管副科级以上干部547人（男477人，女70人），平均年龄46.5岁；大专以上学历485人，占88.67%（研究生学历22人，占4.02%，本科学历227人，占41.5%）；出台《关于区直新提拔区管干部及优秀年轻干部到区信访局工作有关事项的通知》和《佛山市高明区信访督查专员、信访督查专员助理工作规则（试行）》，安排4批8名新提拔的副科以上干部到区信访局挂任信访督查专员；指导出台《佛山市高明区高层次人才工资外津贴申领实施细则》等人才政策实施细则6份，调整区人才工作协调小组相关组成人员，理顺人才工作领导机制，形成党委统一领导、组织部门牵头抓总、有关部门各司其职的人才工作新格局；严把民主推荐关、民主测评关和组织考察关、酝酿决定关、举报调查关、任职试用关等五道“关口”，做到履行程序一步不缺，防止选人用人上的不正之风，提高选人用人的公信度，全年考察干部 30 人，提拔干部 16 人，对试用期满考核合格的 14 名领导干部，予以正式任职。对 15 个行政单位执行《干部任用条例》情况进行抽查，加强镇（街道）的务指导，全面提高干部选拔任用工作水平。

【深入推进固本强基工程】 1.落实困难党员帮扶救助工作机制。设立“佛山市高明区困难党员帮扶救助专项资金”。每年由区财政安排 20万元以及区留存党费中划拨 10万元作为专项资金，在春节或“七一”前夕，对生活困难的党员家庭给予 500～2000元的现金帮扶救助。全年帮扶困难党员 146 户，帮扶资金 18.2万元。加大对建国前入党的农村无职党员的关心力度，生活补贴从每人每月 215～235元提高到 360元。

2.继续加强农村党员干部现代远程教育站点建设。在第一批 55个农村远程教育终端接收站点的基础上，年内建成街道、社区第二批 22个远程教育终端接收站点，实现全区所有镇（街道）和村（社区）终端接收站点全覆盖，纵横贯通、上下联结的农村党员干部现代远程教育网络体系全面形成。

3.农村干部队伍建设有新举措。公开选聘高校毕业生到农村任职，首次在全区范围内公开选聘 20名大学毕业生到农村任职，优化基层干部队伍结构，提高农村干部总体水平。

4.调整提高农村干部工资补贴标准。年内起，村（社区）“两委”成员工资补贴标准在原基础上每人每月增加 200 元，并建立绩效考核奖励机制，奖励标准为每人每年 2000～8000元。提高 1990年前村级离任干部生活补助，自 1月起执行新的补贴标准：连续工龄 20年以上每月 360元；连续工龄 10年以上每月 350 元；间断工龄合计 10 年以上每月 340 元；连续工龄 5～9 年每月 330 元。

5.扎实开展干部下基层驻农村工作。年内选派51名干部驻农村基层，其中市直单位选派驻村干部 10 名，区直有关单位选派驻 25 名，镇（街道）选派 16 名。全年驻村干部走访农户 6027 户，召开座谈会 295 次，举办农村实用技术培训与咨询活动 92 次，排查解决相对突出问题 220 宗，为群众办实事好事 296 件，扶持资金 655.3 万元。

6.联点挂钩工作有新成效。健全联点挂钩工作的长效机制，形成挂钩单位每月下基层，单位主要领导负责，班子成员轮流跟进，信息联络员负责处理日常事务的工作机制。

7.扎实推进“两新”组织（新经济组织和新社会组织）党建工作。成立“两新”组织党工委，设正副书记和办公室主任各一名。全区选派党建指导员 10 人担任党建指导员，推动“两新”组织党建工作。至年底，建立“两新”党组织 96 个；开通 12371 党员咨询服务电话，畅通党员咨询党内业务、了解政策法规以及建言献策的渠道。

【干部监督工作】 提升干部人事档案管理水平，获省委组织部干部人事档案工作目标管理二级达标证书。加强事前监督，抓好离任经济责任审计工作，在经济源头上对领导干部实施有效的监督。加强因私出国（境）证件的管理，全年受理申领因私证件 182 宗，办理因公出国（赴港澳）政审批件 56 宗 118 人，登记备案率 100%。做好“科学规范和有效监督区委书记用人行为”试点工作，制定《高明区“科学规范和有效监督区委书记用人行为”试点工作实施方案》和《高明区委书记用人行为规范（试行）》。建立区管干部个人有关事项集中报告制度，明确规定区管干部应当每年填写《区管干部个人有关事项报告表》，向组织部门报告本人情况。做好“一报告两评议”工作，在全委会报告年度区委干部选拔任用工作情况，民主测评区委干部选拔任用工作和新提拔（重用）干部。

【干部培训工作】 认真贯彻落实中央、省和市委“继续大规模培训干部，大幅度提高干部素质”战略部署，初步建立区直局以上单位干部教育培训工作备案制度，全年培训各级干部43期1425人。村级干部队伍教育培训取得新突破，组织全区农村基层党组织书记到长三角地区交流培训。举办公务员“九项通用能力”教育培训，1000多名股级以下公务员参加。加强妇女干部和党外干部教育培训，联同区妇联和区委统战部举办高层次培训班2期，培训妇女干部和党外干部65人。

【率先全市推行公职人员问责制，深化干部人事制度改革】 1.推行公职人员问责制，加强干部监督管理。在全市率先推行公职人员问责制度，提高机关办事效率和服务水平，增强全体公职人员特别是机关干部勤政廉政意识。全区100余个单位、5000余公职人员列入行政问责制范畴，问责内容包括在执行决策、履行执法执纪职责、履行社会管理职责及机关效能建设工作等十个方面的问责事项，包含45种应该问责的情形，被问责的公职人员，采取诫勉谈话、通报批评、停职检查及免职等八种问责方式。

2.完善镇（街道）领导班子工作实绩考核机制。总结以往考核工作经验，完善镇（街道）领导班子工作实绩考核制度体系，在考核内容、指标体系和做法上均有创新，突出体现以人为本、科学考核和评价。

3.采取“两推荐一述评”（指干部选拔任用过程中的民主推荐和组织推荐，干部选拔任用中考察对象进行个人述职并由组织评分的过程）方式选拔领导干部。在全区范围内公开选拔团区委副书记1名，整个过程严格履行组织推荐、资格审核、笔试、面试（述职发言）、民主推荐等程序，采取笔试与“两推荐一述评”相结合的方式进行选拔，在面试环节引入“大评委”制，为推行公开选拔工作提供借鉴。

4.通过定向招录方式选拔镇（街道）领导干部和公务员。按照省、市的要求和部署，做好选拔优秀村支部书记担任乡镇领导干部和从优秀大学生村官中招录乡镇公务员工作。

5.加强和规范干部的使用和管理。做好公务员法实施中公务员（工作人员）依法登记和扫尾工作，规范公务员的调任和转任，特别是科级领导干部的调任，执行和贯彻中纪委、中编办联合下发的《机构编制违纪行为适用<中国共产党纪律处分条例>若干问题的解释》，规范编制、职数管理。

【老干部工作】 认真落实老干部政策，坚持从政治上、生活上关心老干部，结合区委区政府“情暖高明”活动，组织开展“老党员、老干部、老劳模、老烈属”走访慰问活动。组织老干部参加佛山市第五届老干部运动会，在麻将、门球比赛项目分别获得冠军和第三名。

【自身建设】 1.深入开展学习实践科学发展观活动。活动收集到实践科学发展观的各类建议21条，整改落实阶段梳理出9大方面20个内容的整改项目。2.开展“组织部长下基层”活动。班子成员深入到各镇（街）、区直机关单位开展提高选人用人公信度和组织工作满意度等课题调研，形成调研报告4篇。开展谈心活动，采取上门访谈、主动约谈、集体座谈等形式，与镇（街道）党政正职和区直单位一把手共65名应谈科局级干部进行一次谈心谈话，征求、梳理意见建议20多条。固定每月15日为组织部长接待日，部领导轮值接访。3.开展结对帮扶活动，解决实际问题。在基层建立工作联系点，与生活困难党员、老党员、下岗失业职工党员或农民工党员结成对子帮扶，全年帮扶资金和物资2万多元。4.深化拓展“讲党性、重品行、作表率”学习实践活动。一是在围绕中心、服务大局上深化拓展；二是在带头加强党性修养、改进作风上深化拓展；三是在找准和解决组织部门自身建设突出问题上深化拓展；四是在打造眼界宽、思路宽、胸襟宽的高素质组工干部队伍上深化拓展；五是在提高组织工作满意度上深化拓展。5.抓好组工调研信息工作，全年在佛山《组工通讯》和《组工信息》等刊物登载20篇文章。

中共佛山市高明区委组织部负责人名录：

部　长：区惠娘（区委常委兼）（　～2009.3）
　　　　吴耀棠（区委常委兼）（2009.3～　）

副部长：蔡传娟　李文生（　～2009.5）
　　　　谢庆山　杨智聪（2009.6～　）

中共佛山市高明区委老干部局负责人名录：

局　长：沈惠朝

副局长：梁晓红

（刘明月）

宣传工作

【概述】 2009年，中共佛山市高明区委宣传部坚持以邓小平理论和“三个代表”重要思想为指导，全面深入贯彻落实科学发展观和《珠江三角洲地区改革发展规划纲要》，根据区委“抓项目、保增长”工作方针和“高举旗帜、围绕大局、服务人民、改革创新”总要求，加强宣传思想文化建设，为高明区社会发展提供思想基础、舆论支持和精神动力。年内，高明区被评为全国文物工作先进县（区），顺利通过广东省《南粤锦绣工程》文化先进县（区）验收。

【扎实推进理论武装工作】 1.积极组织党委（党组）中心组理论学习。全年区委中心组结合形势任务组织15次集中学习，邀请高层次专家学者作辅导报告，提升区委中心组的学习质量和影响力。各基层党委（党工委）、党组中心组组织集中学习504次（其中专题学习科学发展观65次，学习党的十七届四中全会精神32次，学习《珠江三角洲地区改革发展规划纲要》61次，邀请专家学者举行专题报告会27次）。

2.努力做好指导和服务工作。编写2009年度《佛山市高明区党员干部学习辅导材料》，印发18000册。编印《中心组学习参考》9期，供区委中心组成员和基层中心组学习使用。在深入学习实践科学发展观活动期间，积极探索学习实践活动与中心组理论学习相互促进的切入点，重点指导区质监局、审计局、农业局和更合镇等单位，培育学习实践活动的特色和亮点。举办中心组学习秘书培训班，制作反映区委中心组学习情况视频片1辑以及编印《高明区理论学习中心组学习秘书工作指引》作为学习秘书的培训教材，将中心组理论学习要求及区委中心组开展理论学习的成功经验推广到全区局以上单位；组织经验交流和观摩活动，区交通局、质监局和农业局3个单位的学习秘书在会上作经验交流。

3.全力推进理论研究。各级党委（党工委）、党组中心组注重理论联系实际，探索"先行先试，科学发展"新路子。全年区委中心组成员提交论文和学习心得57篇。区发改局、建设局、教育局积极组织理论研究，所提交的论文《三十年历程，三十年巨变、三十年辉煌》、《展示辉煌成就，总结成功经验》、《实现新跨越，再创新辉煌》、《潮平岸阔，风正帆悬》参加佛山市理论研讨会，获得二等奖2个、三等奖2个。

4.实现理论学习与宣传平台有效下移。全年举办公益讲座"高明讲坛"20场，其中实施"高明讲坛"进基层10场，分别在明城贝斯特公司、杨和镇川东热敏磁电有限公司、更合镇万和健康电器有限公司和巨塘村等为企业员工和村民举办讲座，开拓了理论宣传"进村镇、进企业"新形式。创新"社科普及周"活动方式，举办社科咨询、社科知识专题讲座进基层、社科图书展销和图书"以旧换新"及送书下乡等活动，面向广大群众宣传普及哲学社会科学。

【新闻舆论引导工作】 1.经济社会活动宣传声势浩大。发挥驻区新闻媒体的引导作用，集中宣传高明区深入学习实践科学发展观活动和贯彻实施《珠江三角洲地区改革发展规划纲要》及"抓项目、保增长"各项措施，报道学习实践活动和贯彻落实《规划纲要》的新进展、新成效。始终坚持以经济建设为中心，突出发展经济、投资环境、改革和创新能力的系列宣传。加强"八大惠民工程"和事关群众切身利益的热点难点问题的报道。在国庆宣传活动中，围绕节约、简朴、热烈原则，突出爱国主义教育，推出"忆峥嵘岁月"10个爱国主义专题报道和"巨变无声"、"走进老区"、"高明巨变"、"百姓看变化"等专题。拍摄制作《粤中纵队60周年回眸》专题片12集。

2.促进对外宣传工作上新水平。全年策划"广佛同城、生态高明——信合相约，高明'角仔'主题美食之旅"、"文明交通、你我同行"、"传统龙舟文化展示活动"、"广佛同城，高速高明——广明高速高明段试驾试乘率先体验"活动、"唱响高明·祝福祖国"全民歌唱大赛等。协助举办"要明鹤兴"县域经济发展论坛，探索县级区域一体化机制。组织高明区网民与市领导林元和、陈云贤、冼瑞伦、邓伟根等网上互动交流。6月9日，组织策划区委书记马亮照与网民在线交流活动，参与在线交流活动的网民2000多人，期间有3万多人浏览在线交流网页，收集网民提供的意见和建议1000多条。

3.提高突发事件新闻处置能力。充分利用培训机制，加强信息员队伍建设，全年各镇（街道）、区各有关单位共报送新闻信息1200多篇（条）。继续推行"三定"（定时间、定地点、定内容）发布，调动镇（街道）和区直单位适时召开新闻发布会，全年举办新闻发布会18场。加强通讯员联络工作，新闻媒体和基层通讯员保持着密切的联系，及时编发新闻报道要点，全年成功化解"血色沧江河"事件、"救命钱为啥遭透支"、东立鳌云职校事件、佛照明尿汞超标事件等负面新闻，做到疏堵结合，事实清晰，应对得当。

4.网络宣传管理实现新突破。成立区互联

网宣传管理办公室，加强网上舆情搜集，及时报送舆情信息，提供网上社情动态。在公安网监等部门和网络评论员配合下，开展网上宣传引导，收集整理网络社情民意，以每周一报的形式报送《网络舆情信息》，重大舆情即收即报。全年编印《网络舆情信息》61 期，为区党政领导班子决策提供信息服务。开展整治互联网低俗之风专项行动，加大网络宣传力度，在镇（街道）、区直部门设立网络评论员队伍，明确评论员工作职责，加强正面宣传，适时提出引导议题，及时回应事件，还原真相，消除疑虑，实现网上舆论有效引导。

【文化活动蓬勃开展】 1.三级公共文化设施不断完善。区级文化设施逐步上规模、档次。完善文化信息资源共享工程区级分中心，完成区影剧院安全维修工程，完善区文化大楼各功能室，建立区博物馆文物调查及数据库管理系统等。全年为基层配置图书 2 万多册、电脑 50 台、书架和阅览桌椅一批等，提升基层文化硬件建设。推动荷城文化站按省特级站标准建设，杨和文化站、明城文化站、更合文化站按省一级站标准建设。扩大“农家书屋”覆盖面，全年全区建成农家书屋 23 家，建成行政村（社区）综合文化室示范点 10 家。加强区内 5 个博物展馆的管理和开放工作；推进梁发报园、古耶贝丘遗址、湿地公园等文物保护工程的立项和建设。制订全区历史文化遗产资源保护及开发利用实施方案，编制古耶贝丘遗址保护规划，完成了《高明文物》和《高明区非物质文化遗产项目图典》编辑工作。通过举办龙舟展示、濑粉节，把岗雕乐、花鼓调等非遗项目加工成舞台剧等形式，加大非遗保护和传承力度。

2.拓展公共文化服务。完善共享工程区级分中心，建成绿色上网示范点，镇级共享工程服务点基本建成。实现市、区图书馆业务“一卡通”。全年在各村（社区）、企业和文化广场放映公益数字电影 1380 多场。围绕庆祝建国 60 周年主题，开展 2009“魅力大舞台·文化周末”活动，区镇两级举办广场、村居文艺活动 141 场。开展“园园通”有线电视二期工程，完成 12 条新村庄通有线电视工程，在全市率先完成农村有线电视整体平移工作。

3.文化活动和文艺创作亮点频现。组织实施文化暖流“五个一”工程（一部好的戏剧作品，一部好的电视剧或电影作品，一部好的图书（限社会科学方面），一部好的理论文章（限社会科学方面），一首好歌）。组织开展区第四届读书节、“高明讲坛”、“魅力大舞台·文化周末”、广场电影放映、新年音乐会、大型群众歌会（巡游）、元宵烟花文艺晚会、粤曲私伙局大赛、旅游文化节及“庆祝建国 60 周年”系列活动等。其中高明区第四届读书节，历时 3 个多月，组织活动 16 项，参与群众 3 万多人次。举办第二届高明区文化艺术“荷花奖”评选活动，调动全区 11 个文艺家协会和广大文艺工作者的创作积极性，一批作品和节目获得国家、省、市的奖励，其中，由省作协副主席吕雷与区文联副主席赵洪同志合著的《国运——南方记事》，获全国第十一届“五个一工程”奖。

【思想道德建设和精神文明建设】 思想道德建设 1.开展“文明交通·你我同行”活动。制作播放文明交通公益宣传广告，成立交通志愿者服务队，定期开展“我为文明交通站次岗”执勤活动；结合“行车文明、停车文明、乘车文明、行路文明、服务文明、管理文明”六大文明主题开展进机关、进校园、进企业、进社区、进家庭等文明交通“五进”活动。2.组织

"我们的节日"系列活动。组织"新春贺文明，春联送农家"活动，举办"理性爱国、真心行孝"主题的"缅怀革命先烈，传承优良传统"教育活动和组织龙舟传统文化展示活动。3.实施"绿色文明"教育实践活动。植树节期间，举办"妆点家园，美丽高明"美化城区活动。组织"感恩母亲"主题活动。在母亲节期间，制作派发母亲节感恩贺卡4000多份；举办"亲近大自然、保护大自然——'爱心大使'同乐日"活动；开展慰问单亲特困母亲家庭活动；组织"大手牵小手，让爱驻我家"——高明区阳光家庭校园亲子训练营活动。举办"高奏爱国主旋律，为六十华诞献礼"系列活动。组织三人篮球赛、爱国主义教育电影巡礼、书画集邮展等活动，唱响爱国主旋律。

精神文明创建活动　采取"几个一点"的创建投入模式，大力推进文明村居创建活动，全年创建区级"十好"和谐文明村居26个、示范村居2个；推荐74个村居申报第二批佛山市"十好"和谐文明村（居）；区文广新局被评为广东省文明单位；荷城街道中山社区被评为广东省文明社区；荷城街道塘伙村、更合镇白洞新村被评为广东省文明村。在文明窗口创建工作中，出台新管理办法，扩大创建对象范围、创新监督模式、完善申报程序、健全管理机制；设立"文明看台"专栏，组织参创窗口负责人及一线服务人员参加"迎国庆——礼仪佛山阳光行"窗口行业服务礼仪演示比赛。全年全区创建区级文明窗口单位14个。以诚信建设为重点，开展"百城万店无假货"创建活动，在荷城街道文昌路开展以"诚信兴商、文明消费"为主题的创建"诚信经营示范街"活动，组织参观学习和商户培训，150多户商户代表签订诚信经营承诺书和门前"三包"责任书。

净化社会文化环境工作　推进"文化环保"工程，宣传、教育、文化、工商、执法等部门围绕净化网络、取缔黑网吧、净化声频荧屏、整治校园周边环境等4大工作任务开展多次专项整治行动，派发绿色上网倡议书20000多份，组建网络监督和网吧监督员队伍，与网吧经营者签订责任书，建立监督巡查制度，强化网吧管理。加强爱国主义教育基地管理。制定《关于加强和完善高明区爱国主义教育基地管理工作的意见》，整合全区21个爱国主义教育基地，打造红色旅游线路，粤中纵队纪念馆被授予佛山市第三批爱国主义教育基地。开展"祖国发展我成长"未成年人主题教育活动。结合"六一"国际儿童节、少先队入队仪式和共青团入团仪式，组织区内各中小学校开展"60年成长60年辉煌"主题班会、"魅力红领巾"才艺展示、"活力少先队——魅力共青团"初中团员、队员快乐成长导航行动等活动。

中共佛山市高明区委宣传部负责人名录：

部　长：严　冰（区委常委兼）

副部长：区国文　吴毅明　李赛玉

（王素芳）

人事工作

【概述】　2009年，佛山市高明区人事机构编制部门围绕区委、区政府中心工作，按"抓项目、保增长"工作方针，以抓工作效能提升为手段，以促进各项工作落实、推动人才人事和机构编制工作发展为目标，采取积极措施，稳步推进以重点工作为主的各项工作任务。

【健全完善人才政策体系】 制定人才政策实施细则　3月，制定、印发《佛山市高明区高层次人才工资外津贴申领实施细则》等6份人才政策实施细则，形成相互衔接的政策体系。

建立高层次人才信息库　至年末，全区录入高层次人才信息库人才626人（教育类511人，占81.6%；卫生类78人，占12.4%；工程及其他类37人，占6%），其中，在站博士后5人，取得博士学位10人，正高职称5人，其余皆为副高职称人员。

落实人才政策　发挥“柔性引才”作用，全年引入外地专家3名。采取多项措施服务高层次人才：首次免费为500名高层次人才进行健康体检；至年末，高明区获国家人力资源和社会保障部批准设立博士后科研工作站2家，在站博士后5名，全年为博士后工作站发放引进博士后奖励经费12万元，为在站博士后人员发放2009年生活津贴9.4万元；创新使用和留住人才激励机制，积极营造人才工作环境，为博士后陈俊解决夫妻两地分居和孩子上学及生活问题；着手落实高层次人才工资外津贴的申领发放工作；筹办区专业技术人才新春专场音乐会，营造“尊重劳动、尊重知识、尊重人才、尊重创造”良好氛围。

【高校毕业生就业服务工作】 在媒体开设以“人才·就业·服务”主题系列宣传活动，推进人才和就业工作开展。采取整合人才智力与劳动力市场资源共同举办室内人才招聘会和专场招聘会、举办跨区域招聘会和外出招聘会、为高校毕业生提供见习岗位及开通“窗口一站式”服务等措施帮助高校毕业生实现就业；实施特困家庭毕业生就业工作由专人跟踪负责措施；与区职业培训就业局网站整合，完善高明人力资源网建设；建立定期报告高校毕业生就业进展情况制度。全年在有形人才市场举办招聘会230场，进场招聘企业935个，提供需求职位约2.5万个，初步达成意向约8000人，落实高校毕业生就业人数953人，占回生源地就业毕业生总数的83%以上；无形人才市场落实的高校毕业生就业人数117人，约占回生源地就业高校毕业生总数的12%。经统计，回高明就业的应届高校毕业生就业率达95%。全年登记援助就业的16名特困生100%落实就业。

【完善公务员管理制度】 机关事业单位工作人员平时考核工作　在做好公务员日常管理工作的同时，结合本区实际，探索建立体现科学发展观和正确政绩观要求的考核评价指标体系，修订完善公务员平时考核办法。5月，区纪委、组织、人事、监察等4部门联合发出《关于进一步健全机关事业单位工作人员平时考核工作的通知》，建立和完善平时考核制度、考核特殊情况通报制度和平时考核责任追究制度，调整平时考核计算项目和扣发标准，加强机关事业单位工作人员的管理和作风建设，加大考核结果在奖惩中的使用，提高行政效能。

公务员招录及事业单位工作人员、政府聘员招考工作　年内考试录用公务员中，区直机关、参照《公务员法》管理事业单位有11个单位32个职位招考，报名人数2354人，通过审核1351人，经过笔试、面试、体检、政审等程序，最终录用29人。全年组织招聘事业单位工作人员、政府聘员考试3次，228人参加，录取42人。

参照《公务员法》管理事业单位工作人员登记工作　5月17日，组织拟列入登记资格考试对象的人员和待定人员参加市组织人事部门组织的参照《公务员法》管理事业单位登记资格考试。9月初，按市的工作安排将考试合格的有关人员上报登记，市委组织部、市人事局于11月批复78人登记为参照《公务员法》管理机关（单位）工作人员。

公务员培训工作　与组织部门联合制定《高明区公务员九项通用能力培训方案》，经区委、区政府批准并实施。6～11月，完成区公务员通用能力新提拔股级公务员任职类、“窗口”服务类、乡镇基层管理与服务类、行政执法和政法类、公共管理类（四期）培训任务，举办培训班11期，参加培训1006人。

年度考核等次审核工作　全区参加年度考核等次审核4733人（不含教师系统），其中党政群机关2362人，事业单位2371人。考核定为优秀等次的有694人(其中党群机关373人、事业单位321人)，占全体考核人员的14.66%，称职（合格）等次3990人（其中党政群机关1957人、事业单位2033人），不定等次44人（其中党政群机关31人、事业单位13人），不合格等次1人，未参加考核4人（休病假超过半年）。

【事业单位人事制度改革】　事业单位实行聘用制工作　年内，区直事业单位全面实行聘用制，按新聘岗位兑现相关待遇。改进和完善推行聘用制工作中出现的实际问题，镇（街）事业单位推行聘用制工作基本完成。

义务教育学校绩效工资实施方案的制定和报批工作　4月，佛山召开全市义务教育学校实施绩效工资工作会议。会后，区人事局根据《印发广东省解决中小学教师工资福利待遇工作方案的通知》和《关于印发广东省义务教育学校绩效工资实施意见的通知》及市实施绩效工资工作会议的统一部署，摸底和测算区直机关在职公务员、中小学校在职和退休人员的津补贴发放情况、年收入情况、专业技术人员结构等，为制订实施方案提供科学依据。根据调查和测算结果，区人事局与财政、教育等共同研究拟定《佛山市高明区义务教育学校绩效工资实施办法》，经区委、区政府同意后上报市人事局、财政局、教育局审批，经市批复同意实施。

【人事信访维稳工作】　公务员登记遗留问题　积极向上级人事部门反映情况，在主动争取上级出台政策予以解决未登记人员（聘干、工人身份人员等）登记的同时，做好相关的政策解释工作和思想政治工作，稳住队伍。

解决部分工资改革和津补贴套改出现的信访问题　一是协调财政、社保、公资办等部门，解决原国合商业、外贸等部门保留行政待遇的退休人员的待遇问题。二是解决本区曾担任过原部、委、办副职人员的职级待遇问题。三是查找政策依据并及时与财政部门沟通协调，解决原经济发展总公司退休人员退休补贴调整问题。四是妥善处理原二轻供销联社14名退休人员要求调整退休补贴的问题。五是解决经费供给渠道由财政核拨改为自收自支前退休的区直事业单位人员要求享受退休补贴问题。六是处理原高明党校一些退休人员要求享受机关退休补贴待遇的信访问题。七是与多个部门沟通，处理区水利工程管理体制改革前退休的水管事业单位退休人员的退休补贴问题。

军队转业干部安置和企业军转干解困维稳工作　年内，上级计划安置到本区军队转业干部5名，均按计划安置到位。全年安置随军家属2名，提高1名随军家属待遇。不折不扣执行企业军转干解困维稳政策。5月，全面摸底全区企业军队转业干部47人档案和人员信息，生活困难和失业困难补助经费报请区政府同意后全部兑现并及时发放；为9名立过功的企业军转干部发放《优诊证》并组织其体检。按政策补发在企业工作的军转干部工资收入低于城镇职工平均水平部分。

【行政管理体制改革】 地方政府机构改革工作 根据《关于印发<广东省市县人民政府机构改革意见>的通知》、《关于印发佛山市人民政府机构改革方案的通知》等文件精神，调查研究区政府组成部门的职责配置、机构设置等问题，做好改革前期各项工作：印发《关于开展机构改革调研的通知》，书面调研37个单位的职能运转及机构设置有关问题，初步掌握各部门运作情况及存在问题。根据书面调研意见，专题调研改革中的重点难点问题。与周边区、市编委办座谈，加强沟通机构改革相关问题交流，了解兄弟区机构改革的思路；积极与市编办就区级机构改革的事项进行沟通，结合区情实际，拟订区政府机构改革方案，做好方案的报批，全面启动区政府机构改革工作。

事业单位分类改革 按照省、市对事业单位分类改革的工作部署及具体要求，根据全区事业单位承担职责任务开展调研，从甄别、整合事业单位职能属性入手，结合本轮地方政府机构改革，拟定全区事业单位分类改革初步方案，按《广东省事业单位分类指导目录》要求，上报高明区事业单位分类情况。

其他体制改革工作 1.配合实施《珠江三角洲地区改革发展纲要》和区委、区政府工作部署，参与相关的体制改革工作，重点做好改革过程中涉及的管理体制创新、职能转变和机构编制调整等工作，理顺机构设置，明确职责分工，尽可能适应新时期公共事务管理的需要。2.适应镇(街道)工作实际，对一街三镇机关重新进行“三定”，规范机构及职数的设置，保障镇街机关机构设置适应新时期工作顺利开展。3.为推进区政府投资项目工程建设管理体制改革，实现职能和资源的有机整合，创新区政府投资项目的代建工作机制，参与研究组建区工程建设中心的相关工作。4.为加强区镇街环保服务管理和环保现场执法监管工作力度，构建与镇街经济社会发展相协调的环保服务机制和执法体制，适时调整镇(街道)的环保机构的设置。

【开展深入学习实践科学发展观活动】 围绕贯彻落实科学发展观，将“服务就业、服务企业、服务人才”工作定为局重点工作项目，围绕“大中专毕业生就业服务工作和特困生就业安置工作”、“完善人才政策”、“地方政府机构改革”等主题调查研究，将调研结果转化为破解制约人事工作科学发展问题的成果。抓好联点挂钩工作，维护基层稳定，全年挂钩帮扶困难党员、单亲特困母亲家庭、贫困学生等40余人(户)，捐赠资金和物品共计5万余元。

佛山市高明区人事局负责人名录：

局　长：蔡传娟

副局长：陆品健　区桂棠

佛山市高明区机构编制委员会办公室负责人名录：

主　任：蔡传娟

副主任：陆品健

（陈燕辉）

统战·外事侨务

统战工作

【概述】 2009年，佛山市高明区委统战部围绕区委、区政府“新兴产业之城、岭南山林水都”战略定位和“抓项目、保增长”工作方针，强化“破解六大难题，增强六种活力”认识，协调五大关系和谐，为高明经济社会发展服务，取得良好效果。

【开展“三促进一保持”系列行动】 按照省委“三促进一保持”(促进提高自主创新能力、促进传统产业转型升级、促进建设现代化产业体系，保持经济平稳较快发展)工作部署以及市委统战部的部署，为区内企业应对金融危机出谋划策，保驾护航。1.落实企业扶持措施，解决企业融资难题。区政府于2008年底出资2000万元设立中小企业信用担保基金，协助有关企业联系金融机构和担保公司，办理手续，协助亿龙新材科技有限公司、骏腾塑胶有限公司等16家优质中小企业获得总额约为7980万元的担保基金贷款，缓解企业融资难问题。2.鼓励中小企业进行技术改造和技术创新。部主要领导走访企业，为中小企业解读省、市、区扶持中小企业发展政策，鼓励企业申请技术改造、技术创新专项资金，协助欧一电器有限公司、柯维光电有限公司等中小企业申请技术改造、技术创新专项资金。3.邀请专家学者授课，提高企业管理水平。与区工商联联合开展系列活动，邀请佛山市经济研究所、市委党校教授、中山大学酒店管理学院酒店培训中心教授等专家学者为区民营企业家作专题讲座，引导民营企业调整和建立高效的组织结构和管理体系，应对金融危机。

【民主党派和无党派人士统战工作】 1.做好教育培养，落实党外干部的政治安排。年内，经培养，确定民盟高明支部谢庆云担任区中医院副院长，致公党成员黄瑞良担任区人民医院副院长。党外干部培训班被组织部门列入干部培训重点班，6月底，在省社会主义学院举办高明区第六期党外人士培训班，选送29名优秀民主党派成员和无党派代表人士参加培训学习。

2.抓好沟通联系，搭建参政议政平台。畅通建言献策渠道，推动党外人士参政议政。4月，组织区各民主党派、无党派人士学习《珠江三角洲地区改革发展规划纲要》座谈会，围绕“广佛同城”中高明如何跟上全市的步伐核心话题，就交通建设、医疗卫生、生态环境、产业发展、城市定位等方面内容提出意见和建议。11月，组织各民主党派代表参加区委、区府办召开的高明区实施问责制征询意见座谈会，发挥民主监督作用。

3.抓好调查研究，发挥民主监督和建言献

策积极性。全年各民主党派成员在应对金融危机、改善民生等方面提出意见建议28条、撰写论文7篇。5月，组织民主党派深入镇（街道）幼儿园调研，了解幼儿园硬件建设、制度建设、师资配备、幼儿教育、后勤保障等问题，形成《高明区幼儿教育情况调研报告》向区政府汇报；10月，到四川遂宁考察现代农业园，借鉴其"农家乐"成功经验，撰写《关于四川遂宁"农家乐"的调研报告》报送区政府，为发展特色旅游产业提供参考。

4.抓好联谊活动，增强统一战线凝聚力。开展多项活动，提高民主党派人士参政议政热情，增强统一战线凝聚力。围绕庆祝新中国成立60周年这个主题，组织全区各民主党派成员开展"四个一"活动（举办一场座谈会、举办一场文艺晚会、举办一次征文活动、举办一场文娱体育活动），引导广大民主党派成员进一步增强民族自尊心、自信心和自豪感，始终做到坚持走中国特色社会主义道路不动摇。

【台湾事务工作】 1.加强服务，帮助台资企业渡过难关。开展以服务台资企业为重点的排忧解难行动，走访台资企业，了解其应对金融危机的措施和做法，以及对政府出台的方针政策的意见反馈。宣传高明区应对金融危机推出的政策措施，营造良好的营商环境，促成企业增资扩产，其中冠宇机械公司增资开发新的节能燃煤气化新技术投入生产，淞湛金属有限公司增资开发暖风机生产线。

2.加强两岸交流，扩大经贸合作。根据省、市台办的部署，杨和、明城两镇与台湾台南县两个乡镇开展对接交流合作。4月和6月分别接待来自台南县甲镇和将军乡的两个参访团，10月参加市对台经贸考察团赴台南考察交流，加深两地感情和相互了解。

3.搞好台商联谊会活动。年内，高明台商联谊会第五届届满。深入了解，听取会员的意见，物色会长和副会长人选。11月21日召开全体会员大会，产生19位新一届理监事，选举颜春夏为第六届会长，许武钦为秘书长。引导台商积极参与社会公益事业，慰问更合、新圩小学学生，送去学习用品及牛奶一批；为台湾8·8风灾捐资近10万元人民币。

【民族宗教工作】 1.开展民族宗教政策法规宣传教育，加强业务培训。提高依法行政能力。至年末，区民族宗教部门有3名干部经过学习培训获得《行政执法证》。4月，举办宗教政策法规学习培训班1期，全区宗教场所负责人和宗教人士参加，重点学习《宗教事务条例》，讲解党和国家的民族宗教方针政策、法律法规，分析宗教工作中碰到的问题，提高宗教人士爱国爱教的政治素质和依法开展宗教活动的自觉性，为民族宗教政策的落实和开展工作营造良好的环境。

2. 推进杨梅观音禅寺上山大道硬底化建设。原规划杨梅观音禅寺上山大道长1.2公里，宽5米的道路硬底化工程，需投入近100万元，因筹措资金困难一直未完成。向区政府反映，争取政府重视和支持并出资帮助解决，年内铺设了沥青道路，为观音寺解决了多年上下山行路难的问题。

3.引导宗教界投身社会事务。鼓励宗教界发扬关爱弱势群体，服务社会的优良传统，组织宗教界人士参加扶贫济困、赈灾捐资、助残助学等帮扶活动。杨梅观音禅寺响应省民宗委和市民宗局的号召，筹集资金5万元与连南县的贫困少数民族结对子进行帮扶活动，投入10多万元开展义务植树造林、增殖放生活动，改善生态环境，美化、绿化场所。

【非公有制经济统战工作】 1.引导非公经济代表人士参政议政。年内推荐非公经济代表人士担任市政协委员2人、区政协委员5人，区工商联吸收新会员10家，团体会员2个。

2.加强基层组织建设。年内，全区有广告装饰行业70多家，符合成立行业协会条件，12月中旬，以工商联为依托，成立佛山市高明区广告装饰行业协会，引导行业向规范化方向发展，提高行业整体竞争力。

3.鼓励非公企业打造品牌，为地方经济服务。在区2008年度纳税大户表彰大会上，有50家纳税超过500万元的企业受到表彰，比上年增加15家。在区科技创新表彰会议上，新增"广东省名牌产品"4个，"广东省著名商标"2个、"产品采用国际标准生产"15个、"产品采用计量定量包装'C'标志"4个。积极推荐企业参加第二届"佛山市民最喜爱的品牌企业"暨"广佛同城至爱佛山品牌"评选活动。

【港澳及海外联谊工作】 1.做好日常联络接待工作。春节期间向海外、港澳台重点社团、人物和海外联谊会理事成员寄发贺年卡300多份，全年接待600多人次。

2.以社团建设为重点，推进粤港澳联谊活动。(1)推动澳门高明同乡会补选会长。澳门高明同乡会原会长不幸去世，为使同乡会保持正常运行，积极推动筹组新一届领导架构，8月，选出新一届会长及理监事成员，区健之担任任会长，罗志昌担任理事长，特邀澳门行政委员梁维特，立法会委员梁安琪、麦瑞权、陈明金和全国政协委员梁华等人担任荣誉会长。在澳门高明同乡会二十七周年会庆暨第六届理监事就职典礼上，澳门中联办协调部副部长高其兴出席宴会，潘志文区长代表区委区政府致辞，寄语澳门高明同乡会在新一任会长的带领下会务更兴隆。(2)为旅港高明同乡会购买新会所牵线搭桥。旅港高明同乡会会址位于九龙旺角，会所面积小，设施不足，阻碍会务发展，职守们有意向购买新的会址。区委统战部通过与区政府、民政局、慈善会等部门多次沟通，达成共识，调回原旅港澳乡亲赞助的区教育奖励基金124万元给旅港高明同乡会作购买新会所使用。(3)促成珠海高明商务服务中心成立。据统计，在珠海工作生活的高明乡亲有六七千人，多年前已酝酿成立联谊组织，2009年，部主要领导多次到珠海与热心人士接触商谈，11月28日，珠海高明商务服务中心正式成立，选举陈汝成担任会长，为调动、整合珠海高明同乡各界人士优势，开创联谊新局面打下坚实基础。

3.发动港澳乡亲及海外联谊会会员为高明慈善公益事业贡献出力。全年发动港澳及海外乡亲朋友捐资近50万元支持杨梅观音禅寺建设，其中谭惠忠先生捐资10万元港币、曾兆基先生捐资10万元人民币、冼柱刚先生捐资3万元人民币；香港佛山工商联会为更合千禧小学捐赠教师学生服装和资助贫困学生家庭50户，捐款13万元；香港顺龙仁泽基金会举行助学金发放仪式，为贫困学生发放助学金。

【联点挂钩工作】 全年到挂钩点明城镇新岗村委会开展工作23次、69人次，参加基层工作会议8次。指导基层深入开展学习实践科学发展观活动，引导农村党员学习实践科学发展观，解决好热点难点问题，维护农村发展和稳定；加强村委会领导班子内部团结，坚持定期召开班子工作会议和民主生活会，查摆影响农村科学发展的问题；完善各项规章制度，推行农村党员、干部联系工作责任制，接受群众监督。上半年，新岗村委会步洲村农与非农户籍村民发生利益分配矛盾纠纷，造成弃耕农田约270亩。多次召集区农业、民政、明城镇、新岗村委会等单位召开协调会和现场会，理顺双方矛盾，最终促成弃耕农田复耕。下半年，资助2万多元支持芹水村建设灯光篮球场、乒乓球场和垃圾池。推进落实农村二次水改；慰问单亲母亲家庭和特困党员；协助村民小组成立经济社，解决农民利益纷争；派驻干部帮扶计生工作。

【自身建设】 1.加强机关作风建设。通过深入开展学习实践科学发展观活动，增强以人为本、服务群众的意识；深入基层挂钩点，配合镇政府、村委会为解决农村基层矛盾出谋划策，深入工厂企业，为企业排忧解难。2.完善制度，提高机关效能。完善机关内部管理、机关学习、保密工作管理、档案工作管理等制度，建立机关工作人员平时考核制度。加强内部协调配合，发挥整体优势，改进工作作风。3.加大统战信息宣传力度。全年撰写统战理论政策研究课题论文1篇，完成调研报告2篇。完善网站建设，充实网络宣传平台，宣传区重大统战联谊活动和统战工作动态。全年上网信息22条(篇)，上送佛山市统战部信息15条。

中共佛山市高明区委统战部负责人名录：
部　长：区社凯
副部长：罗紫雄　杜湛超

佛山市高明区民族宗教事务局负责人名录：
局　长：杜湛超
副局长：梁永芳

佛山市高明区台湾事务局负责人名录：
局　长：黎耀芳
副局长：伍国光

（仇敏华）

外事侨务工作

【概述】 2009年，佛山市高明区外事侨务局贯彻执行党和国家的外事侨务方针政策，坚持为国家总体外交服务、为地方经济服务和为侨服务的宗旨，贯彻落实《珠江三角洲地区改革发展规划纲要(2008～2020年)》，按照建设“岭南山林水都、新兴产业之城”战略定位要求，围绕区委、区政府“抓项目，保增长”工作方针，深入学习实践科学发展观，增强素质，提升服务，发挥外事侨务职能优势，推进落实各项工作。

【深入学习实践科学发展观】 按照区深入学习实践科学发展观活动领导小组的要求和步骤，成立机构，制定方案，扎实完成学习调研、分析检查和整改落实三个阶段各项任务。认真组织专题学习与调研活动，夯实思想基础，形成专题调研报告《实践科学发展观，深化海内外联谊，推动培育侨务可持续发展》，为侨务可持续发展探索新思路和对策；广泛征询意见，找准影响外侨工作科学发展的突出问题，开好领导班子专题民主生活会和专题组织生活会，召开群众评议座谈会，形成《高明区外事侨务局领导班子学习实践科学发展观分析检查报告》；制定和落实整改方案，健全完善规章制度，推进体制机制创新，促进机关工作面貌的改变，提高工作效率，推动工作的科学发展。

【因公出访呈批和证照管理】 1.严把外事审批关，狠抓因公出访管理工作。严格执行《中共中央办公厅、国务院办公厅关于坚决制止公款出国（境）旅游的通知》、《关于实行定额管理压缩2009年度党政机关因公出国（境）经费的通知》及《关于加强因公出国（境）管理工作的通知》等文件精神，加大对拟出访团组的审核与审查力度，对党政干部因公出国（境）人数实行定额控制，坚决杜绝公款出国（境）旅游，出国人数比上年减少20.1%。更新审批及打表系统，统一使用佛山市因公出访管理网络信息系统进行审批、管理，实行电子化、无纸化办公，提高办事效率。2.完善证照管理制度，加强内部管理，做好出访团组的跟踪。全年办理出国（境）团组172批294人次，其中办理出国团组14批43人次；办理赴港澳通行证158批251人次。没有出现一例违反纪律现象。

【为经济建设服务】 1.为企业服务。一是支持企业“请进来”和“走出去”参与国际竞争。全年办理企业出访团组55批，95人次；办理企业邀请外国商人、专家、工程技术人员来华进行商务活动签证通知表142批212人次，为企业拓展海外业务和引进技术、人才等提供便利快捷的服务。与区经贸局、工商联等部门深入民营企业调研，宣传推广APEC（亚太经济合作组织的英文简称）商务旅行卡的作用和好处，并着手办理该项业务，支持民营企业“走出去”拓宽商贸渠道。定期调研外（侨）资企业，了解企业经营状况，帮助企业化解矛盾和解决实际困难。协助佛山市高明区远华塑料实业有限公司等企业申请政府支持企业应对金融危机的专项贷款及解决厂房租赁问题，深入挪帝克洁具有限公司开展调研，配合当地镇政府解决该企业在投资建设中产生的问题。2.积极牵线搭桥，推动粤港澳合作。围绕《珠江三角洲地区改革发展规划纲要》，借助加快区域经济一体化尤其是广佛同城化的有利形势，积极牵线搭桥，协助相关职能部门开展招商引资工作，力促高明与港澳合作有新突破。收集整理汇编区政府出台的相关政策和2009年的招商计划，拜访省港澳办和香港驻粤经贸办事处，介绍高明区经济发展情况，并就高明区经济发展和开展CEPA等工作展开会谈，争取上级部门的支持。邀请省港澳办经济交流合作处、省发改委、省外经贸厅等部门及市外事侨务局到高明区调研，实地考察投资环境及产业布局等情况。跟进和配合有关部门做好CEPA示范城市合作交流的各项工作，保持与省、市港澳办沟通联系，及时为经贸等部门提供相关信息，推动与港澳地区的交流与合作。发挥资源优势，做好穿针引线，引荐外资、港澳企业落户高明。全年协助区直有关部门和镇（街）引进外资企业5家（港资企业4家，荷兰投资企业1家），投资总额为887.19万美元。3.积极开展国际交流活动，拓宽对外友好交往的渠道。一是协助做好经贸、招商代表团出访的有关策划和办证工作，拓展对外交流与合作。协助团组赴意大利、瑞士、英国、法国、新加坡等地开展招商引资、洽谈合作项目、学习城市规划和管理经验。配合区教育局做好英国彼特伯勒市教育代表团两次到访高明的接待工作，该市8所学校与高明区8所中小学、幼儿园正式结为姐妹学校，为两地的教育文化合作打下基础。协助区政府做好外事接待工作，推介高明区投资环境，为企业发展和转型升级做好服务工作。邀请香港科技大学副教授区子廉博士回乡到高明沧江中学进行学术交流，并为150多名高明教师讲授多媒体教学方法，推动高明教育事业多元化发展。

【为侨服务】 1.侨务信访工作。依法维护侨胞的合法权益和社会稳定，全年收到来信23件、接待来访32人次、来电19次。其中已办结16件，占76%；未办结的正在处理之中。2.实施“归侨侨眷关爱工程”，帮助2户特困归侨维修危房，帮助3位困难归侨参加农村医疗保险。3.利用重大节日走访各镇（街）70岁以上的老归侨及困难归侨侨眷，送上慰问品及慰问金，了解其生活、身体状况。

【侨捐管理】 1.引进侨捐项目。发动海外侨胞、港澳同胞和海外港澳社会团体捐资20万元人民币建设汶川县水磨镇郭家坝村“侨心居”房屋20户，支持地震灾区的群众重建家园。“高明侨心居关爱工程”接受旅港高明同乡会及个人捐助港币3.5万元，资助困难归侨侨眷重建房屋2座。6月，牵线引荐香港（亚洲）富利有限公司捐资50万元改建的明城镇盈富幼儿园落成使用。香港溢达杨元龙教育基金首次在高明启动助学活动，向高明一中42名贫困学子捐助10万多元人民币。2.侨捐项目监督管理。4月，全面清查华侨华人、港澳同胞在区内捐建校舍及教育设备设施的使用情况，建档造册，上报市外侨局。在区档案局设立“侨捐项目”专栏工作，褒扬捐赠者的爱国爱乡热情，提高他们的荣誉感，营造良好的社会氛围，激发旅外乡亲支持家乡的建设热潮。3.落实“侨爱工程”选点，助推新农村建设。贯彻国务院侨办《关于联合开展“侨爱工程——万侨助万村活动”的通知》精神，选好选准万侨助万村示范点并上报市外侨局。

【海外联谊】 积极参加区及市内各区海外、港澳社团举行的各项联谊活动；热情接待来访泰国广肇会馆、澳洲要明洪福堂同乡会、新西兰顺德同乡会等海外、港澳社团和重点人士，广泛联谊，广交朋友，推介高明的投资环境。开展海外侨情调研，涵养侨务资源。首次联动区镇村三级组团赴香港塔门岛拜访旅港高明杜氏乡亲，初步摸清香港塔门高明籍乡亲的情况，了解侨情的变化动态，掌握第一手资料；出访日本，拜访（日本）广东要明鹤同乡会，了解华裔新生代的情况，双方就加强两地联谊、举办夏令营活动事项交换了意见，参观日本横滨山手中华学校，商议区中小学校与横滨山手中华学校缔结姐妹学校的事宜；出席马来西亚雪隆顺德会馆60周年庆典活动，广结联谊，推介高明；前往新加坡拜访前新加坡高明同乡会会长曾荣辉先生等高明旅新乡亲，掌握当地社团的发展状况，共同探讨恢复新加坡高明同乡会事宜。全年牵头组织或参与“走出去”活动8批20多人次、“请进来”活动11批200多人次。以电话、信函等形式向海外港澳乡亲传情，加强海外港澳社团的联系，利用春节、中秋等节日寄送贺卡600多份。

【纵横互动，推动侨务工作创新发展】 围绕区委、区政府“东靠西连”区域发展新思路，落实《珠江三角洲地区改革发展规划纲要（2008～2020年）》，推进广佛肇经济圈的快速发展，促进与周边市区外侨部门的联系和合作交流，与肇庆市、鹤山市、高要市等周边县市开展交流活动。7月，与鹤山市、高要市外事侨务局签订交流合作协议，探索建立外事侨务部门合作机制，协商共享利用资源优势，互通侨务资源，加强外事活动的交流合作。参加市外侨局组织的赴广州荔湾区参观学习活动，考察逢源街社区侨务工作建设情况，听取社区侨务工作经验介绍，开展工作交流。

【对外宣传】 1.加强文秘和信息报送工作的指导，年初召开文秘信息工作座谈会，部署全年宣传工作。2.精心编写好《高明乡讯》。年内《高明乡讯》改版为大16开本，向海外侨胞宣传报道家乡建设和变化情况，扩大外事侨务工作的社会影响力。3.加大与媒体沟通力度，积极向各级侨网报送信息，全年对外提供信息30多条次。4.做好网站栏目改版工作，不断充实和更新网站信息，及时把高明区经济社会发展情况及外事侨务工作动态向海外乡亲发送。5.通过"走出去"、"请进来"等途径做好宣传，使海外侨胞了解高明、认识高明。向海外侨胞和外国友人赠送《高明投资指南》、《高明乡讯》、画册、音像等对外宣传资料，扩大对外的联络，宣传、推介高明。

【联点挂钩工作】 全年深入挂钩村更合镇白洞村委会调研12次，办实事好事4件，支持资金17250元，利用春节、中秋等传统节日慰问困难单亲母亲、孤寡老人、困难老党员18户。组织全体干部职工到挂钩村开展学习实践科学发展观知识竞赛暨调研活动，为其辖下的4条自然村自来水工程改造支持8000元。

【自身建设】 1.加强组织领导，抓好政治理论学习和业务培训。加强领导班子和党支部建设，坚持"三会一课"（每季度召开一次党员大会、每月召开一次支委会、每月安排一次党小组会、每半年安排一次党课）制度，健全和完善学习、廉洁自律、目标管理等各项制度，加强领导班子和党支部建设，充分发挥党支部核心作用；以开展深入学习实践科学发展观、机关效能建设和纪律教育月活动为契机，开展学习调研活动，增强创新意识，转变工作作风，推动工作创新发展；组织参加上级举办的各类学习培训班，提高干部职工理论水平和业务能力。全年参加省、市、区举办的政治理论、业务学习培训班达30多人次，派出1名新招公务员到基层锻炼。2.以各项活动为载体，促进和谐机关建设。发挥工会、妇委会等作用，坚持每月组织干部职工开展文体活动：与挂钩村开展庆祝建党88周年篮球友谊赛；举行庆祝"八一"建军节射击活动；参加区直机关乒乓球比赛和"迎国庆"运动会；筹集善款1200元帮助患病学生林俊杰等。

佛山市高明区外事侨务局负责人名录：
局　长：江　苏
副局长：梁章荣　陈文芳

（谭希纯）

政　法

政　法

中共佛山市高明区委政法委员会

【概述】 2009年，中共佛山市高明区委政法委员会围绕区委、区政府“抓项目、保增长”工作方针，践行科学发展观，构建社会主义和谐社会，发挥政法综治龙头作用，加强社会治安综合治理，严厉打击各类违法犯罪，维护社会治安和政治大局稳定，为全区经济发展营造和谐稳定、公平、高效的法治环境。

【政法工作基本情况】 1.社会大局持续稳定。树立“稳定压倒一切”思想，建立健全矛盾纠纷排查调处机制，切实加强对敌斗争，圆满完成国庆60周年等重大活动及敏感期安保任务。年内，全区共排查出重点矛盾纠纷案件93起，成功调处62起，成功率66.7%，处于稳控15起，正积极调处16起，成功调处历史遗留问题、积案4起；受理群众来信来访2069件次，同比下降48.98%，全年没有出现群众进京上访情况；发生因医疗事故、交通事故、土地、劳资纠纷等引发各类群体性事件及不安定因素苗头16起，同比下降57.9%；依法妥善解决了高力宝水泥厂劳资纠纷，维护了社会大局稳定。

2.社会治安平稳有序。年内，全区刑事报警数4680宗、立案数3770宗，同比分别下降11.7%、3.6%；破案1435宗，破案率同比上升1.1%。检察机关依法批捕各类刑事犯罪嫌疑人802人，起诉778人，同比分别增加22.8%、28.6%。审判机关审结刑事案件417件，判处罪犯710人，结案率100%；审结刑事附带民事案件17件，判处罪犯赔偿经济损失62.69万元。

3.综治措施得到落实。强化综治责任机制；中心城区安全小区创建工作稳步推进；公共安全视频监控系统建设进展顺利；镇街综治信访维稳中心建设基本完成，综治基层基础不断夯实；取缔无证照经营、打击黑网吧和非法传销专项整治工作取得明显成效；无毒无邪社区（村）创建活动继续深入，试点经验受到省、市的肯定；社区戒毒（康复）推进取得新成效；流管服务站改造提升、“一站式”服务建设、“门禁卡＋视频监控”技防管控等工作得到落实。

4.充分发挥职能作用。公安机关继续深入行政审批改革，积极推进“服务措施一网办”，方便群众办事，管理服务水平不断提升。交通、消防安全管理成效显著，全区受理交通事故案350宗，死亡63人，受伤524人，财产损失84.5913万元，“四项指数”同比分别下降51.25%、8.7%、51.44%、37.12%；发生火灾事故6宗，同比下降14.3%，实现了“零死亡”。检察机关全面推行“阳光检务”，开通12309职务犯罪举报电话，促成36宗案件当事人自愿达成和解。审判机关转变执行工作思路，全面提升执行实效，共执结各类案件3257件，结案率90.27%，实际执行到位金额6570.47万元，执行到位率40.06%。司法行政机关以“关注民生，化解民忧”为出发点，推动法律援助工作发展。年内，各法律援助工作站办理援助案件154件，接受咨询2880人次。办理民事诉讼援助案件39件，刑事辩护援助案件37件，民事非诉讼援助案件184件。接待来电、来访群众咨询4359人次；全年开展社会纠纷大排查16次，排查各类矛盾纠纷783件，司法所直接参与调处375件，成功调处368件，成功率98.1%。

【政法综治信访工作】 坚持把综治信访工作纳入社会发展和经济建设总体规划，建立健全党委、政府统一领导，党政一把手负总责，分管领导负主责的责任机制，形成相关部门各负其责、协调配合、齐抓共管、上下联动的工作态势。一是区委、区政府加强对政法综治信访工作领导，定期不定期听取政法综治信访情况汇报，及时研究解决工作中的各种困难。二是坚持责任目标检查考核，将综治信访工作纳入年终领导班子实绩考核内容，督促各镇（街道）、各部门严格落实各项工作措施。三是建立健全各级党政领导干部定期接访群众制度，区委书记、区长每月安排1天接访群众，其他班子成员每月安排2次接待群众来访。四是加大对政法综治信访工作投入，把政法综治信访经费纳入年度财政预算，保障工作顺利开展。

【突出工作重点，化解各类矛盾纠纷】 1.深入排查，全面掌握信息动态。坚持信访维稳信息网络建设，不断完善基层信息员配备，建立广泛的情报信息网络，提前获取预警性、内幕性信息，强化社会稳定形势分析研判，坚持“每日一报，每周分析，每月研判”工作机制，对苗头性、倾向性问题做到早发现、早报告、早控制、早处理。

2.明确重点全力抓好稳控工作。一是重点抓好“两节”、“两会”及国庆安保等敏感时期的稳定工作，落实“五个确保”目标。二是着力解决涉军等重点群体的上访诉求，通过推荐就业岗位、办理住房公积金缴存等措施的落实，做好教育疏导和稳控工作。三是全力化解因劳资纠纷、“三旧”（旧城镇、旧厂房、旧村居）改造、环境污染、农村经济体制改革等重点问题引起的不稳定因素。

3.健全工作机制化解矛盾纠纷。强化领导包案责任制落实，把领导包案作为解决重大疑难信访问题的一项主要措施，有效化解信访难题。开展“信访积案化解年”活动，狠抓专项整治，集中化解久拖不决的信访问题。加强“处突”队伍建设，提高快速反应和处置水平，依法妥善处置年内发生的群体性事件16起。

4.创新方法，加强隐蔽战线斗争。围绕反邪教等对敌斗争防控任务重心，开展警示教育、“无邪社区”建设等活动，抓好帮教巩固、人员管控、专案调查等工作，圆满完成重大国事活动及敏感期安保任务，实现上级提出的“三零”和“三无”目标。

【严打整治】 1.提高重大恶性案件攻坚能力。公安机关强化组织领导，集中优势兵力，对命案以及影响恶劣的暴力犯罪全力予以侦破。年内，10起命案全部侦破，实现命案破案率100%；检察机关依法快捕快诉，及时办理黄某等3人抢劫金铺案、张某等11人赌博团伙案等一批有重大影响的刑事案件；审判机关严厉打击抢劫、故意伤害等严重暴力犯罪，审结该类案件80件，判处罪犯140人。

2.着重突出专项打击威力。发挥主力军作用，针对突出的治安问题和多发性犯罪，适时组织开展“粤安09”、“打黑扫赌收黑枪”、“创平安、迎国庆”等系列专项行动，狠狠打击违法犯罪分子嚣张气焰。强化便衣专业打击，公安机关在原有“打两抢”、“打两车”、“打现行”3支便衣专业队巩固提高基础上，新增“荷城派出所伏击组”，完善专业化打击队伍，增强打击效能。

3.注重预防和查办职务犯罪。检察机关加强追逃和案件协查工作，协助发案单位、职务犯罪多发易发行业和领域及重点建设工程单位抓好源头治理。年内，立案侦查贪污贿赂、渎职侵权等职务犯罪案件10件10人，同比增加25%和11.1%，追回赃款折合人民币310万元，挽回经济损失500多万元；成功将挪用公款130多万元潜逃10年的犯罪嫌疑人郭某抓获归案。

4.严厉打击各类经济犯罪。公安机关持续开展打击假币、销售假冒商品等为重点的系列打假行动。年内，立经济犯罪案件34起，破28起，挽回经济损失242.64万元，逮捕各类经济犯罪嫌疑人42人，同比上升6%。检察机关依法打击破坏市场经济秩序犯罪，批捕生产销售伪劣商品、合同诈骗、非法经营等犯罪嫌疑人29人，起诉37人；审批机关对经济犯罪案件快审快判，有力地维护市场经济秩序。

【夯实基层基础，推动社会治安综合治理】 1.建设镇街综治信访维稳中心。9月，荷城街道、杨和镇、更合镇综治信访维稳中心建成挂牌运作，明城镇全新综治信访维稳中心将于2010年2月8日前建成。年内，维稳中心受理矛盾纠纷385宗，成功调处350宗，调处成功率90.9%。

2.推进安全小区创建活动。协调有关职能部门开展专项调研，重新调整治安联防费和车辆占用场地费的收费标准，缓解经费严重不足问题，为重新规划部署安全小区创建工作提供基础。年内，新增星河、康宁2个封闭式安全小区，华虹苑、京山花园等12个安全小区实现零发案。

3.深化治安重点难点专项整治。开展“查处取缔无证无照经营专项整治月”、集中整治黑网吧“雷霆”行动等专项行动。加大“黄赌毒”打击力度，查处黄赌毒案件886起，有效净化社会风气。全年开展5次大型清查城中村出租屋行动，色诱抢劫案下降55%。严厉打击传销活动，有效震慑传销分子。

【创新机制，提升社会管理水平】 1.扎实推进流动人员和出租屋服务管理。一是不断改进和完善流管服务站场建设。二是推进“一站式”服务建设，方便群众。三是推行出租屋“门禁卡+视频监控”技防管控新模式。四是加强流管工作各项业务培训，提高协管员业务素质。五是加大流管相关服务管理政策、法规宣传力度，营造良好流管工作氛围。

2.深入开展禁毒人民战争。以“控制新吸”、落实“减毒计划”为重点，推进“五大战役”，开展“四项整治”，重点抓好社区戒毒（康复）和无毒无邪社区（村）创建，深查严打涉毒犯罪行为，不断加大禁毒宣传工作力度。

3.加快社会治安技防建设。公共安全视频监控系统建设取得新突破，600支一类视频摄像头的布点和招标工作顺利完成，安装工程已经启动。

4.依法调节理顺各类社会关系。公安机关

建立密切联系群众常态化机制，开展“大走访”活动，夯实群众基础。检察机关深化完善“教育、感化、挽救、预防”一体化的未成年人刑事检察工作机制，对未成年人犯罪依法从轻处罚，给予改过自新机会。审判机关全力开展司法救助活动，全年对1469名经济困难的当事人缓、减、免收诉讼费144.236万元，对41名困难群众实施执行专项基金救助。司法行政机关以“法律六进”（进农村、社区、企业、机关、单位、学校）为重点，开展“民主法治村居”活动，全力推进法律顾问、法律服务和法律援助等工作，维护困难群众的合法权益。

【队伍建设】 公安机关推行关爱、暗访、激励等多项机制，激发队伍战斗力的提升和精神面貌的改观。检察机关通过机关作风建设年、狠抓党风廉政建设、公诉人辩论赛、演讲比赛等活动的开展，加强队伍素能培训，确保队伍无违法违纪事件发生。审判机关严格执行“五个严禁”规定，开展“人民法官为人民”、“司法能力建设年”和“廉政警示教育年”等活动，提高法官做群众工作、解决实际问题和拒腐防变能力。司法行政机关坚持抓好政治思想教育和培训，完善工作督查、学习交流和考核检查等制度，加强党组织建设，激发队伍活力。

中共佛山市高明区委政法委员会负责人名录：

书　记：吴金宁（　～2009.2）
　　　　梁恩球（2009.2～　）

副书记：李汉华　朱智平　张志强

（姚　明）

法制工作

【概述】 2009年，佛山市高明区人民政府法制局围绕区委、区政府的中心工作，以落实《全面推进依法行政实施纲要》为工作主线，加强自身建设，全面履行职责，切实做好政府各项法制工作。

【清理和管理规范性文件】 清理规范性文件

年初，按照佛山市法制局要求各区清理规范性文件的通知精神，制定高明区的清理方案、工作指引等文件，成立领导小组，召开动员大会，明确具体工作步骤、方法和要求。4月底，各单位对部门规范性文件提出清理意见。6月底，各单位对各自负责清理的区级规范性文件提出初步清理意见。下半年，组织力量审核各单位上报的文件清理意见。

规范性文件管理　贯彻落实《广东省行政机关规范性文件管理规定》，加强对政府规范性文件的备案审查，做好规范性文件的报备工作。加强与文件拟定部门沟通协调，严格审查规范性文件的合法性，兼顾审查文件的合理性和适当性，从源头上防止政府机关制定违法或不当的规范性文件，控制行政权力违法扩张和滥用，促进政府机关依法决策、科学决策、民主决策，保障行政管理相对人的合法权益。全年审查审核规范性文件30件，向市法制局报送备案规范性文10件，规范性文件审核率100%，备案率100%。

【办理行政复议和行政裁决案件】 全年受理行政复议案件11件。其中申请人为公民的7件，法人或其他组织的4件。复议案件类别为公安4件、工伤3件、民政1件、环保2件、规划1件。决定维持9件,撤回申请1件,未结1件。受理行政裁决案件5件,已全部办结。在复议案件的审理中,探索行政复议简易审理。在审理中严格依法受理案件,对可跳过行政复议环节、直接提起诉讼更有利于保护当事人权益的,向当事人做好诉讼指引和法律解释工作。对不符合受理条件的,向当事人耐心解释清楚,提供必要的法律咨询服务。积极运用和解、协调等方式解决行政复议案件。对双方争议较大的案件,经过走访调查,实地查看,查明事实,及时作出公正裁决。以办理行政复议案件为契机,指导区相关职能部门依法行政。

【政府诉讼代理工作】 全年代理以政府为被告的案件16件,其中行政诉讼案件10件,民商事诉讼案件6件。至年底,案件审理胜诉11件,1件审理结果为责令作出行政行为,4件未审结。办理行政应诉案件过程中,加强与职能部门协调配合,认真调查取证,加强与法院的沟通,积极代表政府应诉。全年代理以政府为行政复议答复人的行政复议案件5件。

【加强行政执法监督】 为部分行政执法人员办理换发执法证手续,为54名行政执法人员申领行政执法证。针对群众反映上路执法人员执法不规范问题,组织力量明察暗访公路“三乱”现象,没有发现问题。开展行政执法案卷评查活动,从12月底起,评查部分行政执法单位在2009年的执法案件。

【积极担当政府参谋助手】 参与处理政府涉法事务,审核修改政府重大合同,向区政府和有关职能部门提供法律专业意见。全年完成政府交办的审核、协调各类文件,合同、纠纷81件(不完全统计),均提出具体办理意见和建议。参加各类问题协调会议等。

【机关建设】 调整人员结构。9月,从区公安分局法制办公室选调程洪波负责行政复议和行政确权、行政诉讼等工作;左群改办理规范性文件审查工作。搬迁办公室至一楼,更换办公电脑,添置部分办公设备。

【存在问题】 人员编制少,与承担的大量工作任务不相适应。办公条件还有待改善,3个职能股挤在一间办公室办公,没有行政复议立案室、听证室和卷宗查阅室,执法监督股缺少开展工作必要的取证设备等。

佛山市高明区人民政府法制局负责人名录:
局　长:杨保唐
副局长:郭建湘

(严文静)

公安工作

【概述】 2009年,是实现三年社会治安明显好转的基础年。佛山市公安局高明分局以国庆安保工作为重点,以“三项建设”(公安信息化建设、执法规范化建设、和谐警民关系建设)为主线,全力维护社会政治稳定,推进严打整治斗争,加强治安防控体系建设,不断改进公安行政管理服务,提高群众安全感和满意度,为构建平安、和谐、富裕高明做出了积极的贡献。

【三项建设】 公安信息化建设 1.公共治安视频监控系统建设取得突破。在区委、区政府支持下，解决3000万元建设经费，完成600支一类视频摄像头的布点、招标工作，安装工作已经启动。2.情报主导警务建设取得突破。成立专门情报信息室，建立"三色预警"（绿、黄、红三种颜色代表辖区治安状况平稳、趋于严峻和严峻）和"每周警情分析发布"制度，初步实现"情报信息一网综"，引导警力向案件多发地段、时段转移，提升打击和防范效能。3.网上绩效考核取得突破。以杨和派出所试点的成功经验，在基层所队推广数据自动生成、简单明了、科学合理的绩效考核系统，提高警务效率。4.深化公安机关行政审批改革，依托信息化手段，推进"服务措施一网办"。在高明政务网站开辟"公安业务专栏"，推动信息公开和服务群众，打造数字警务；出入境、人口、车管管理等多项业务实现网上公开、网上办理，方便群众办事。

执法规范化建设 以理性、平和、文明、规范执法为指导思想，完善执法考评机制，每季度考核一次，定期通报，实现考核经常化、制度化，全区考评成绩达到97.6分，在五个区内排名第二；加强执法业务培训，采取跟班学习、集中培训、旁听庭审等多种措施，实行全体执法民警大轮训；加强民警执法指引，针对基层民警日常执法容易出现问题的交通违章查处、巡逻盘查、武器警械使用等环节，细化相关程序规定和标准规范。向民警下发《佛山市公安局高明分局执法办案指南》、《强制隔离戒毒证据规格》等资料，做到人手一册，确保民警有法可依、有章可循。

和谐警民关系建设 出台《佛山市公安局高明分局密切联系群众的指导意见》，以表格形式细化各单位的目标任务，建立密切联系群众常态化机制。指挥中心针对110接处警情况进行回访群众，形成调研报告提交分局党委，促进警民理解与互动。年内，全区民警深入基层、深入实际、深入群众，扎实开展"万名所长进万家"、"专访农民工"和"大回访"等活动，走访困难企业48家、家庭247户、农民工314人次，解决实际困难132件。

【社会管理和防范】 巡防机制改革 在中心城区科学设置14个防区、15个卡哨，建立战训队、交巡警、派出所等优势互补、时空交错、力量交叉的"防区＋卡哨"巡防模式，提高见警率、管事率和群众安全感。9月，开展"迎国庆、保平安"万人大巡逻活动，实行机关民警挂钩防区（白天上班，晚上巡逻），发动民兵、志愿者、武警等社会力量参与巡逻新的尝试。同时，积极参与封闭式安全文明小区建设，人防、物防、技防立体交叉的中心城区社会防控体系日趋完善。

规范两队管理培训 整合全区群防群治力量，发挥"两队"（治安联防队、保安队）在维护社会治安中的重要作用，分局治安部门对全区治安联防队员和各厂矿企业、安全小区、娱乐场所保安员共680人次分批进行专业培训，提高他们的纪律意识、安全意识、业务技能以及与公安机关的联动能力。各派出所加强各自辖区"两队"规范化管理，发挥社会力量参与治安的积极性。杨和派出所实行值班民警与厂企保安员互相打卡监督模式，形成警企联防新格局，有效维护工业园区的社会治安。

清查整治活动 以实现"三年社会治安明显好转"为总目标，开展综合整治行动。一是加强城中村出租屋管理。针对治安混乱的苏棠村，安排民警全天候蹲点整治，联同工商、综治等部门连续开展5次大型清查行动，使以色诱抢劫案下降55%。二是加强黑网吧和废品收购站的清查力度。促成政府成立专门领导小组，共清查出无牌无证废品收购站36间，取缔黑网吧61家，收缴非法电脑设备394台。三是加大“黄赌毒”打击力度。对全区旅业、娱乐场所、茶庄开展定期检查。查处赌博或为赌博提供条件案件705宗，抓获涉赌人员2684人，销毁赌博游戏机650多台、赌博麻将机300多台，关闭变相经营旅业房53间，取缔无证无照旅业8间，无证照废旧收购站点36个。打掉盘踞高明、鹤山、东莞、高要的游戏机赌博团伙，刑事拘留骨干成员12名。

社区警务建设　年内，新增车站、河江、罗西、溢达等4个警务室，扩大社区警务工作辐射面，使社区警务室增至27个。各警务室创新工作方法：杨和对川警务室推行“出租屋星级管理”；荷城南洲警务室坚持“五小工程”（收集小信息，查处小案件，宣传小警情，调处小纠纷，做好小事情）构建大和谐社区。完善社区警务考核机制，实行“双向考核”，出台《佛山市公安局高明分局社区警务考核方案》，成立由指挥中心、治安大队、监督室等组成的专门考核小组，对社区民警工作台账、出租屋管理等方面进行内部考核；全面推行社区民警向群众述职制度，将群众评议情况作为衡量社区民警工作成效的重要标尺，实现“内部考核”与“社会评议”的有机统一。

【维稳工作】　维稳处突队伍建设　重新修订和完善《高明分局处置突发群体性事件预案》，分局机关组建两个处突方队，4个派出所分别组建专业处突队伍，从巡警大队抽调教官对基层一线全体民警轮训一次。在各镇街党委、政府支持下，4个派出所的头盔、防刺服、盾牌等维稳处突装备均得到解决。抓住60周年国庆安保机遇，建立反恐机制，推动区政府成立反恐领导小组和反恐办公室，落实以公安机关为主力、各部门参与的反恐专门力量，针对性地开展维稳处突和反恐联合演练。成功化解金融危机背景下社会的不稳定因素，实现国庆60周年安保、“绿色高明·万人濑粉节”和“佛山秋色大巡游”等大型活动的“零差错”。

维稳情报信息收集　以村居、厂矿、企业为单位，发动基层民警建立广泛的情报信息网络，树立“人人都是信息员”的意识，将公安民警“大走访”工作与情报信息收集有效结合起来，获取情报信息更快、更灵、更深、更准。全年向上级机关和党委、政府提供《情报信息》81期、《情况反映》142期。

舆情信息研判　建立维稳工作联席会商机制，打破部门信息壁垒，形成信息资源共享、共同研究解决问题的协作局面。由分局指挥中心牵头国保、治安、网监大队等各相关单位，半个月召开一次联席例会，对各单位收集的维稳情报、网上舆情及时进行研判，及时提出应对策略和预警信息，为上级领导决策提供参考。5月起，召开会议5次，提出各类有价值研判信息和意见建议59条，发挥参谋助手的作用。

涉警信访案件调处　抓好各类维稳信访案件及涉警信访的调处，参与和支持各镇街综治信访维稳中心建设，加强与镇街有关综治单位的交流互动，收集民情民意、化解纠纷。对重点涉警信访案件实行局领导包案、专人跟踪。

【严打整治斗争】　命案和大要案侦破　对命案及影响恶劣的暴力犯罪案件落实领导负责制，实行“特案特办、重点经营”的原则，强化组织领导，集中精干力量，运用科技资源，全力侦破，维护人民群众生命财产安全。年内，发生的“2·18河江故意杀人案”、“8·28杨和士多店抢劫杀人案”等 10 起命案均得以侦破，命案破案率 100%。对社会影响恶劣的案件，如某高速收费站盗窃案、“8·28”文明路抢劫金银加工店案，均及时攻克，显示高明公安能打硬仗的扎实功底。

开展系列专项打击行动　年初始，开展“粤安 09”、“打黑扫赌收黑枪”、“打击假币 09 行动”等系列专项行动，始终保持对各类违法犯罪严打高压的态势。在“创平安，迎国庆”重点打击行动中，分局提出“不拖全市后腿”的口号，共出动警力 6861 人次，清查出租屋 10756 间，整治治安黑点 39 个，破案 842 宗，摧毁各类犯罪团伙 122 个，抓获各类嫌疑人 2889 人，逮捕 386 人。刑侦部门打掉涉黑恶势力团伙 6 个，抓获涉黑恶嫌疑人 28 名，缴获仿制手枪、子弹、刀具一批，打击了黑恶势力的嚣张气焰，圆满完成各项预定目标任务。

打击违法犯罪　全区刑事报警数、立案数、破案率、逮捕数等主要指标出现“两降两升”可喜局面：年内，刑事报警数 4680 宗、立案数 3770 宗，同比分别下降 11.7%、3.6%；破案 1407 宗，破案率 38.1%，比上年升 1.1%，逮捕 806 人，同比上升 18.5%，创历史新高。查处治安案件 6488 宗，其中“黄、赌、毒”案件 886 起，行政拘留 1159 人、送劳教 30 人、强制戒毒 256 人。

便衣专业化打击　在巩固提高“打两抢”、“打两车”、“打现行”3 支便衣专业队的基础上，新增“荷城派出所伏击组”，形成 4 支专业队的专业化打击。年内，4 支专业队抓获嫌疑人 1744 人、刑拘 680 人、逮捕 534 人，逮捕数占分局总逮捕数的 66.3%。其中，“荷城派出所伏击组”抓获各类嫌疑人 723 人、刑拘 284 人、逮捕 212 人；荷城派出所全年刑事立案下降 5.29%，伏击组组长罗伟忠在群众中赢得“神捕”美誉，事迹获《广东公安报》专题报道。通过专业化打击，全区“两抢”(抢劫、抢夺)、“两入”(入屋盗窃、入室盗窃)等多发案件分别同比下降 19.3%、1.5%。

毒品犯罪打击　坚持“露头就打”的方针，以情报导侦为载体，加大对城中村等重点涉毒地区阵地的控制。全面开展“大收戒”和“社区戒毒”活动，遏制毒品蔓延和吸毒人员滋生，铲除毒品生存土壤。年内，破获毒品犯罪案件 32 宗，捣毁制毒工场 1 个，打掉贩毒网络团伙 1 个，抓获涉毒犯罪嫌疑人 39 名、逮捕 34 人，送强制隔离戒毒 256 人。行动中缴获毒品海洛因 247.53 克、甲基苯丙胺 36.54 克、氯胺酮(俗称 K 粉)18.98 克。

打击经济犯罪　保持对经济犯罪的严打高压态势，全年立经济犯罪案件 34 起、破 28 宗，挽回经济损失 242.64 万元。经侦部门加大企业、农村经济犯罪法制宣传力度，持续开展以打击假币、销售假冒商品等为重点的系列打假行动，打掉全省首宗假烟销售网络 5 人团伙。年内，逮捕各类经济犯罪嫌疑人 42人，同比上升 6.0%。

【公安行政管理工作】　交通管理　交警部门加大交通执法、打击、教育力度，全年出动警力 11596 人次，查纠各类交通违法行为 69908 起(不含警告处理)，教育违法行为人 53351 人次、比上年增加 22.38%，立刑事案件 42 宗，逮捕 38 人。开展创新交通宣传模式，实行一名民警联系一间学校、社区或农村，每季度一次宣传活动，做到全警宣传，交通安全意识深入民心，事故四项指数连续 5年全面下降。全区发生各类交通事故 6611宗，其中：简易程序 6261宗，一般程序 350 宗，死亡 63人，受伤 524人，财产损失 84.5913 万元，“四项指数”

(一般程序)同比下降 51.25%、8.7%、51.44%、37.12%。全区机动车拥有量 112855 辆,办理汽车注册登记 2473 辆,摩托车注册登记 1768 辆;机动车检验 35782 辆(汽车 10263 辆,摩托车 25519 辆)。机动车驾驶人拥有量 191536 人。

监所管理　开展"防自杀、防斗殴、防疾病、除监霸"为主题的"春蕾行动"、"监管专项执法行动",关押违法犯罪、吸毒人员 2316 人次。投入 8 万多元对现有监控设施进行改造,解决原有监控影像模糊、数据存储时间短等问题。开展深挖犯罪专项行动,全年提取线索 209 条,破获案件 72 宗。

出入境管理　巩固省文明窗口建设成果,推进出入境管理工作。增设"港澳 E 点通自动受理机",利用科技手段缩短办证流程,方便港澳往来客商和群众。开通暑寒假、周末学生办证绿色服务通道,解决学生办证难问题。全年主办非法居留案件 5 宗,越南人非法入境案件 2 宗。年内,受理审核材料数量(人次)为 63359 份,跨区申请达 42369 份。其中,内地居民办证 63359 份(护照 4242 份、前往港澳通行证 57 份、个人旅游 57496 人、探亲 781 人、商务 448 人、大陆居民往来台湾通行证 335 份);境外人员办证 152 份。

人口管理　将本区户籍人口信息和二代身份证信息数据实时维护到省厅人口信息库,居民可通过"佛山警务在线网"实时查询户政业务办理结果。人口管理、行业管理等工作进一步夯实,办理暂住证纳入实有人口管理的人数达 61800 人。

网络监察和信息通信　狠抓基础建设,妥善应对各类网上突发事件,打击各类网上违法犯罪活动,全年公安网安全责任零事故。年内,全面推进"网上主持人"、"网上 110"、"网上警务室"等服务,建网监警务室 3 个,全年发现并处置淫秽色情、诈骗等各类有害信息 890 条,上报情报信息 80 篇。完成 64 个重要信息系统的定级备案和发证工作,31 家专线联网用户单位安装网络安全审计产品,落实安全技术措施,保障网吧网络信息系统安全。

后勤保障　完善涉案财物管理,处理涉案车辆 904 辆,涉案物品 1250 件,推进新看守所建设、法院旧楼改造、机关大院场地改造等重点工程建设,购置警用车 20 辆、无线对讲机 300 台、电脑 63 台、打印机 47 台、酒精测试仪 11 台、空调 101 台,总值 3559 多万元,各项警务工作得到有力保障。

消防工作　更合镇专职消防队正式挂牌成立,实现专职消防队"一镇一队"目标。集中开展公众场所、高层和地下建筑、火灾隐患重点地区等消防安全专项治理行动,"迎国庆、保安全、促和谐"消防安全大检查。年内,消防大队接处警 268 次,出动消防车 836 辆次、官兵 4387 人次,救助群众 51 人。火灾 6 起,同比下降 14.3%,直接经济损失 173.7 万元,人员"零伤亡"。

【队伍建设】　创新暗访机制　专门成立暗访小组,对民警纪律作风、执法执勤、110 接处警、窗口服务、内部管理等定期进行暗访检查,及时纠察执法活动和队伍管理存在的突出问题,及时追究有关领导和民警责任。加强党风廉政建设,开展形式多样的廉政教育活动,发动民警撰写心得体会。通过从严治警,做到防微杜渐,确保队伍健康发展。

创新关爱机制　落实从优待警,出台《关于探访慰问民警的实施办法》,对因公受伤、生病住院、亲属病故的民警和职工进行探访慰问。年初,民警李龙因病住院,分局及时进行探访慰问,并发动全体民警捐款献爱心,助其渡过难关。落实民警休假制度，缓解民警工作压力，凝聚警心，团结队伍。

创新引导机制　利用《公安简报》、《政工简报》、《高明警讯》等多个平台，大力宣扬先进人物和事迹，挖掘不同层次、类型、岗位的典型，把他们树立成警队的"风向标"。在公安网页上设置"局长点评"栏目，每月一期，局长亲自点评警队先进事迹，与基层民警形成情感共鸣，达到凝聚警心、鼓舞士气的目的。年内，涌现罗伟忠、何超明、何永宁等一批新典型，形成学有榜样、赶有目标、你追我赶、共同进步的浓厚氛围。

佛山市公安局高明分局负责人名录：

局　长：吴金宁（　～2009.1）
　　　　梁恩球（2009.1～　）

政　委：罗国良

副局长：杜耀科　周　勇
　　　　谭卫平　王肇华
　　　　李伟雄（2009.2～　）
　　　　黄绍华（2009.9～　）

（王东斌）

检察工作

【概述】　2009年，佛山市高明区人民检察院全面落实科学发展观，突出"强化法律监督，维护公平正义"检察工作主题，围绕区委"抓项目、保增长"工作方针，全面履行检察职责，各项工作取得新进展。

【"严打"斗争】　依法履行批捕、起诉职责，严厉打击各种刑事犯罪。全年受理提请逮捕案件508宗885人，比上年(下同)上升14.1%和16.8%；批准、决定逮捕477宗802人，上升20.2%和22.8%。受理移送审查起诉案件474宗825人，上升30.6%和29.3%。决定提起公诉440宗778人，上升30.6%和28.6%。在打击"双抢一盗"(抢劫、抢夺、盗窃)和涉赌案件专项斗争中，坚持"两个基本"(基本事实清楚，基本证据确凿)原则，从重从快批捕起诉，营造"严打"声威。批准逮捕"两抢一盗"案件409人，决定提起公诉"两抢一盗"案件404人；批准逮捕涉赌犯罪案件25人，起诉涉赌犯罪案件23人。依法打击破坏市场经济秩序犯罪，全年批捕生产销售伪劣产品、非法经营、合同诈骗等破坏市场经济秩序犯罪嫌疑人29人，起诉37人。在履行批捕起诉职责过程中，依法快捕快诉，及时办理黄某文等3人持械抢劫金铺案、张某义等11人赌博团伙案等影响重大刑事案件(详见表一、表二、表三)。

表一：

2009年审查批捕、起诉情况表

类别 / 项目	审查批捕		审查起诉	
	人数（人）	同比增（+）减（-）	人数（人）	同比增（+）减（-）
受案	885	16.8%	825	29.3%
批准、决定逮捕	802	22.8%		
不批准逮捕	83	-20.9%		
决定起诉			778	28.6%
决定不起诉			17	持平
报送佛山市检			20	33.3%

表二：

2009年审查批捕、起诉犯罪案件性质分类表

项目 \ 类别	批准、决定逮捕 人数（人）	批准、决定逮捕 同比增（+）减（-）	决定起诉 人数（人）	决定起诉 同比增（+）减（-）
故意杀人	4	300%		
故意伤害	88	-16.9%	76	持平
强奸	6	20%	5	150%
抢劫	70	42.9%	72	50%
抢夺	18	-21.7%	19	46.2%
盗窃	321	36.1%	313	55.7%
职务侵占	9	-33.3%	8	-42.9%
破坏电力设备	15	-31.8%	14	-36.4%
贩卖毒品	32	3.2%	36	56.5%

表三：

2009年审查批捕、起诉犯罪嫌疑人(被告人)身份情况表

项目 \ 类别		批捕、决定逮捕犯罪嫌疑人 人数（人）	批捕、决定逮捕犯罪嫌疑人 同比增（+）减（-）	决定起诉被告人 人数（人）	决定起诉被告人 同比增（+）减（-）
工人		13	-13.3%	13	持平
农民		404	-13.1%	367	-18.3%
机关工作人员		2	持平	2	-33.3%
个体劳动者		15	-11.8%	13	-40.9%
无业人员		368	138.9%	383	233.1%
其中	受过刑罚劳教处分人员	37	48%	38	40.7%
	妇女	31	63.2%	36	125%
	外来人员	435	6.9%	425	7.1%
	不满18周岁	36	-12.2%	31	-6.1%

对轻微犯罪适用宽缓的刑事政策，构建轻微刑事案件和解机制，成功促成36件案件当事人自愿达成和解，使被害人获得合理经济赔偿，犯罪嫌疑人和被告人得到从轻处理。深化完善“教育、感化、挽救、预防”一体化的未成年人刑事检察工作机制，对未成年人犯罪依法从轻处罚，给予其改过自新机会。对涉案的未成年人进行心理辅导，加强对未成年犯罪嫌疑人进行训诫，加深其对法律严厉性的认识，提升未成年犯罪嫌疑人对法律的敬畏心理。为不捕、不诉和判处缓刑未成年人建立帮教档案、开展案后回访，引导其回归正途。

【查办职务犯罪】 年内，立案侦查贪污贿赂、渎职侵权等职务犯罪案件11宗11人（贪污案4宗4人，受贿案2宗2人，挪用公款案2宗2人，行贿案1宗1人，玩忽职守案2宗2人），比上年增加37.5%和22.2%。涉案金额10万元以上50万元以下案件5宗，100万元以上案件4宗，追回赃款折合人民币310多万元，挽回经济损失500多万元。加强追逃和案件协查工作。3月，将挪用公款130多万元潜逃长达10年的犯罪嫌疑人郭某强抓获归案；协助外地检察机关查办案件7宗，抓捕逃犯一名。开展扣押冻结款物专项检查活动，对近年所办案件涉及的赃款共折合人民币220多万元，上缴国库或依法作其他处理（详见表四）。

表四：

2009年立案侦查职务犯罪案件情况表

项目 \ 类别			立案数	同比增（+）减（-）
案件性质分类	贪污	件	4	33.3%
		人	4	持平
	挪用公款	件	2	50%
		人	2	50%
	受贿	件	2	-33.3%
		人	2	-33.3%
	滥用职权	件	2	50%
		人	2	50%
	行贿	件	1	新增
		人	1	新增
人员分类	机关工作人员	人	2	持平
	国有企事业单位工作人员	人	8	167%
	其他人员	人	1	-66.7%
贪污贿赂立案数额	10至50万元	件	5	25%
	100万元以上	件	4	300%

【诉讼监督】 履行诉讼活动的法律监督，保障司法机关严格依法、客观公正，做到有罪追究、无罪保护。

在审查批捕、起诉中，对不符合批捕、起诉条件的，依法不批准逮捕83人，不起诉17人；追诉漏犯2人。对错误的刑事判决、裁定，依法提出抗诉1件，已获二审法院改判。

监所检察　落实权利告知和在押人员约见检察官制度，及时受理在押人员的控告和申诉。加强刑罚执行和监管活动监督，全年审查监管场所提请减刑、假释、保外就医案件5399宗，对不当案件提出纠正意见46宗。查办刑罚执行和监管活动职务犯罪案件，立案侦查2宗2人。加强对羁押问题的监督，全年没有发现超期羁押案件。

民事行政检察　受理民事申诉案件22宗，立案审查22宗（提请抗诉1宗，建议提请抗诉6宗，作息诉处理15宗）。开展息诉工作，化解社会矛盾，保障当事人合法权益，维护审判权威，取得良好监督成效。

【预防职务犯罪】 贯彻标本兼治、综合治理、惩防并举、注重预防的方针。结合办案，对职务犯罪特点、规律和原因的分析，运用检察建议、警示教育、预防咨询等措施，协助发案单位、职务犯罪多发易发行业、领域和重点建设工程单位，抓好源头防腐治理。发出检察建议5份，开展预防宣传和警示教育15场次，受理行贿犯罪档案查询14次。与建设、国土等行政执法部门和行业主管单位定期召开预防职务犯罪工作联席会议，建立健全相关制度，增强预防工作的针对性，扩大预防覆盖面。

【检察改革】 1.全面推行“阳光检务”，提高检察工作透明度和公信力。设立“阳光检务大厅”和案件管理中心，公开检察机关办案流程、诉讼当事人的权利义务等相关制度和规定，接受案件当事人电话和来访查询，扩大群众知情权、查询权、监督权。7月起，开通12309职务犯罪案件举报电话，方便群众举报。坚持重大事项和重要工作向区人大常委会报告，走访人大代表和政协委员，听取意见，接受监督。邀请人大代表观摩公诉人出庭活动，推进人民监督员制度试点工作，对拟作不起诉处理的自侦案件依法提请人民监督员监督。

2. 以驻镇街检察工作联系办公室为切入点，强化信访维稳工作。把检察工作延伸到基层，各镇街设立检察工作联系办公室，听取民声，收集社情民意。畅通控告申诉渠道，全年受理信访案件 113 宗。4 月，开展领导干部大接访活动，设立 3 个点，现场接受群众举报、咨询。落实检察长接访日制和首办责任制，重视做好来访人员疏导解释工作，防止矛盾激化和越级上访。

3.建立和完善案件办理工作机制，提升办案质量。制订公诉阶段律师会见工作指引，探索不批捕、不起诉案件说理制度。完善刑事司法与行政执法衔接机制，依法扩大简易程序适用，提高诉讼效率。完善查办职务犯罪案件“双报批、双报备”、讯问职务犯罪嫌疑人全程同步录音录像、规范扣押冻结款物等制度，推行办理职务犯罪案件“一案一评估、一案一建议、一案一教育”工作机制，落实职务犯罪案件审查逮捕权上提一级制度，加强案件管理，确保办案质量和办案效果。

【队伍建设】 1.思想作风建设。开展深入学习实践科学发展观、机关作风建设年等教育活动，加强检察队伍政治思想和纪律作风建设，引导全体检察人员树立正确人生观、价值观和事业观，强化检察人员的司法责任意识和廉洁意识，激发队伍的工作热情。2.党风廉政建设。坚持严格教育、严格管理、严格监督，落实党风廉政建设责任制。建立检务督察机制，强化内部监督工作，狠抓执法过错责任追究制度的落实，促进执法作风改善，确保队伍无发生违法违纪事件。3.队伍素质能力培训。加强对检察人员业务技能和综合素质的系统培训，组织全院人员参加各类培训 376 人次；开展岗位练兵，举办公诉人辩论赛、演讲比赛。实施文化育检工程，干警主创的报告文学《赌色囚笼》在《检察日报》和《当代检察官》杂志上连载。

佛山市高明区人民检察院负责人名录：

检 察 长：郭俊峰

副检察长：关振华　岳旭阳　张　永
陈俊华（挂职 2009.9～　）

（何颖辉）

审判工作

【概述】 2009 年，佛山市高明区法院贯彻落实科学发展观，坚持“三个至上”（党的事业至上、人民利益至上、宪法法律至上）指导思想，加强审判执行工作、法院改革和队伍建设，落实为民司法各项措施，履行法定职责，各项工作取得新进展。全年受理案件 5842 件，办结5449 件，同比分别增长 42.45%、36.57%，结案率 93.27%；法官人均办案 139.7 件，同比增长18.7件。

【法院改革】 立足自身实际，积极改革创新，构建科学、高效的审判执行管理长效机制，推动整体工作科学发展。1.狠抓审判精细化管理。开展审判管理年活动，成立审判管理办公室，出台相关规定，将以往分散于多个部门的管理职权集中到单一的专门机构，提升管理效率。推行绩效数字化管理，完善《岗位责任考评和奖罚办法》，重点考核案件的结案率、发改率、信访发生率、调解率、上诉率和申诉率等指标，激励干警办精品案，提高审判质量。完善民商事审判归口管理，对人民法庭职能进行调整优化，着手推动专业法庭设置，实现各类民商事案件科学分类和高效审理。2.做好民事调解。全面推动诉调对接，与区司法局联合在法院机关和 3 个人民法庭设立调解工作室。依托法官驻村联络点平台，引入社会调解因素，扩大调解主体范围，建立起以法庭为主体，司法所、村居委会为辅调解网络。坚持"调解优先，调判结合"原则，落实全程调解思路，创新诉讼调解模式，出台《立案调解工作规程》，试行立案调解，将调解贯穿于包括立案阶段在内的诉讼全过程。全年调解民商事案件 816 件，调解率 49.9%。3.稳步推进执行治理。争取区委支持，健全党委政法委组织协调、人民法院主办、有关部门联动、社会各界参与的执行工作长效机制。开展集中清理执行积案活动，采取领导包案、执行威慑等方式，共清理执行积案 1449 件，占 92.65%。创新执行工作机制，出台《关于实行主动执行制度的规定》，在全市范围内率先试点执行。实行集中拍卖制度，明确规定执行标的物拍卖必须在法院监督和指定场所进行，规范拍卖秩序，减少不当干扰。充实执行队伍，选调 3 名德才兼备的优秀干部轮岗到执行岗位。

【刑事审判】 全年共审结刑事案件 417 件，判处罪犯 710 人，结案率 100%。贯彻宽严相济的刑事政策，严厉打击抢劫、故意伤害等严重暴力犯罪，审结该类案件 80 件，判处罪犯 140 人。加强对刑事被害人及其家属合法权益保护，审结刑事附带民事案件 17 件，判处罪犯赔偿经济损失 62.69 万元；组织公开宣判大会 2 场，宣判案件 17 件犯罪分子 31 人。实施未成年人犯罪挽救和预防工程，建立帮教档案，推行法官定期回访，帮助未成年人罪犯重返社会；与团区委合作，开展"预防青少年犯罪"模拟法庭活动，全力预防未成年人犯罪。

2009 年部分多发刑事案件统计表

案件名称	案件宗数	同比增减%
盗窃	141	+35.58
故意伤害	52	+13.04
抢劫	28	-3.45
交通肇事	28	-3.45
走私、贩卖、运输、制造毒品	26	+18.18
抢夺	14	+100
诈骗	11	+57.14
挪用资金	9	+350
破坏电力设备	9	-25
受贿	9	+350
职务侵占	8	0
敲诈勒索	7	0
合同诈骗	6	0
强奸	5	+400
故意毁坏财物	5	+25
贪污	5	+150

【民商事审判】 审结民商事案件 2009 年，审结民商事案件 1749 件，解决诉讼标的金额 13.83亿元。审理的民商事案件主要类型：婚姻家庭纠纷、房地产纠纷、侵权损害赔偿、劳动争议、民间借贷、金融纠纷、合同纠纷等。

民事审判 全年受理民事案件 1199 件，同比增长 15.51%；审结 1169 件，同比增长 14.05%；解决诉讼标的金额 14233.52 万元，同比减少 16792.45 万元。民事审判工作重点：一是依法及时审结各类侵权案件，保护公民合法的人身财产权利，审结侵权纠纷案件 507件，同比增长 13.17%；二是依法及时审理婚姻家庭纠纷案件，维护妇女儿童合法权益，审结该类案件 230 件，同比减少 1.71%；三是妥善解决劳动争议纠纷，保护企业职工劳动权益，审结此类案件 123 件，比上年增长 355.56%。

商事审判　全年受理商事案件 592 件，比上年减少 27.80%，结案 580 件，同比减少 29.10%，结案率 97.97%；解决诉讼标的 24099.56 万元，同比减少 25.16%。商事审判重点：一是依法审理各种金融纠纷案件，规范金融市场秩序，审结金融纠纷案件 90 件，解决诉讼标的金额 13665.29 万元；二是及时审理各类合同纠纷案件 369 件，准确划分责任，依法制裁违约行为，维护生产和流通领域市场的活动秩序，解决诉讼标的金额 9768.11万元。

2009 年部分民商事案件统计表

案件名称	结案宗数	同比增减%
婚姻家庭	230	-1.71
房地产纠纷	78	+136.36
侵权损害赔偿	507	+13.17
劳动争议	52	+92.59
民间借贷	128	+15.32
金融纠纷	90	-69.59
合同纠纷	369	-14.58

2009 年民商事纠纷结案方式构成

结案方式	结案宗数
判决	758
撤诉	187
调解	552
驳回起诉	3
终结	0
移送	1
其他	135

【行政审判】　全年审结行政案件 21 件，判决撤销行政行为 3 件、判决维持行政机关行政行为 7 件、裁定驳回起诉 1 件、判决驳回诉讼请求 2 件。运用协调和解方式解决行政纠纷，在行政机关主动完善或改变行政行为后，行政相对人自愿撤诉 11 件，协调和解率 52.38%。审查、强制执行非诉行政案件 97 件，执结标的 180.61 万元。

【执行工作】　全年执结各类案件 3257 件，结案率 90.27%，实际执行到位金额 6570.47 万元、到位率 40.06%。在执行工作中，转变执行工作思路，重点提高实际执结率和申请执行标的实际到位率上，结案率虽同比下降 4.69%，但执行到位率提高了 11.56%，实现当事人合法权益。执结包括高明科教园案、杨西大道案、高铜公路案等。

2009 年各类执行案件结案方式构成

结案方式	结案宗数
自动履行	420
强制执行	1889
终结执行	389
其他	559

【审判监督】　严格履行审判监督职责。审监庭全年收各类案件 5 件，同比下降 44.44%，均全部审结（再审案件 1 件，重审案件 4 件；刑事方面 1 件，民事方面 4 件）。对裁判文书生效后又发生新证据及由于对法律认识理解问题导致裁判结果不一致的，依法进行维持或改判。无法维持的，提请审委会讨论决定，确保当事人合法权益不受侵害。审判监督注重调解艺术，以定纷止争、息诉服判为目标，在已审结 4 件民商事案件中（调解 1 件，撤诉 1件），调撤率达 50%。创新质量评查机制，改“全年集中评查”为“即改即评”，实时监控案件质量。

【法庭工作】 3个人民法庭全年受理案件997件，同比减少8.2%，结案976件，比上年减少9.46%，解决诉讼标的金额12599.94万元，同比减少30.83%。明城法庭从实际出发，落实“调解优先，调判结合”工作原则，调处各类型带普遍性和全局性的纠纷案件，调解率高达54.86%。荷城法庭参与社会综合治理，推动法官驻村联络点工作开展，加强信息宣传与调研工作，服务于审判实践。更合法庭将工作重点放在正确、恰当处理好涉农案件上，得到地方党委、政府高度评价。

【司法为民工作】 1.积极与人大代表联络。开展百场走访活动，组织法官深入企业、乡村等基层一线走访人大代表、政协委员，听取意见，改进工作。组织庭审观摩和“百场见证执行”活动，增加工作透明度，自觉接受监督。全年举办活动2场，邀请人大代表、政协委员25名观摩见证庭审与执行工作。2.加强立案“文明窗口”建设。完善诉讼指引，制发诉讼流程图、诉讼指南，提供法律咨询，确保群众懂得打官司。开展巡回立案、预约立案、邮寄立案等便民活动，解决当事人打官司难问题。3.狠抓涉诉信访源头治理。实行信访室接访与院长接访相结合制度，健全首接责任制和信访事件联动处理机制，完善重大信访情况报告和应急处理制度，加强排查摸底，对排查出的14件重大涉诉信访案件，实行领导包案负责，确保妥善处理。全年处理各级部门督办、转办信访案件11件，处理群众来信38件，接待群众来访303人次。4.开展司法救助活动。出台《诉讼费用缓、减、免工作规定》，全年对1469名经济确有困难当事人缓、减、免收诉讼费144.236万元。依法为23名符合法定条件的刑事被告人指定辩护人，切实维护刑事被告人的辩护权利。5.加强劳动者权益保护力度。全年审结劳动争议案件52件，同比上升92.59%，为2510名劳动者追讨被拖欠工资和社会保险费618.65万元，保障劳动者合法权益。

【调研、信息、宣传工作】 以强化调研为抓手，扎实推进“学习型”法院建设。成立专题调研小组，重点对涉及农村土地纠纷、集体土地收益分配等社会焦点问题进行调研，形成《关于建立基层法院长效司法为民工作机制的调研报告》等2篇。内部调研刊物《高明审判》质量进一步提高，全年刊登业务探讨文章50篇18万多字；编写简报、信息、司法统计分析等材料40余篇；重视新闻宣传工作的质量以及形式的多样化，在《人民法院报》发表文章5篇，在《南方日报》、《佛山日报》等省市级媒体发表新闻近200篇，电视台报道近10次，电台报道50多次。

【队伍建设】 1.加强理念教育，坚定政治方向。加强对社会主义法治理念，特别是“三个至上”重要指导思想的学习，改进和提升机关作风效能。2.加强队伍建设，提升司法能力。开展“人民法官为人民”主题实践活动和“司法能力建设年”活动。全年组织各类培训活动4次，培训干警228人次。采取法官教法官、轮岗交流、帮扶锻炼等方式，提高法官做群众工作、解决实际问题能力。注重高素质人才引进，通过公开招录和选调，引进法学本科以上法律专业人才15名。鼓励干警参加学历教育，在编干警本科比例83%，研究生比例12%，7名干警攻读在职研究生。注重后备人才培养，调整12名年轻干警充实到人民法庭、执行局等业务第一线。3.狠抓廉政建设，确保队伍纯洁。开展“廉政警示教育年”活动，出台《非案件承办人过问案件登记管理暂行规定》，杜绝关系案、人情案，切实保障审判、执行人员依法独立办案。严格执行最高人民法院“五个严禁”规定(严禁接受案件当事人及相关人员的请客送礼;严禁违反规定与律师进行不正当交往;严禁插手过问他人办理的案件;严禁在委托评估、拍卖等活动中徇私舞弊;严禁泄露审判工作秘密),加强对审判执行重点领域、关键敏感部位的监督。建立法官廉政档案,对法官廉洁表现进行考核、记录,作为晋升评优的重要参考依据。围绕“加强作风建设,保障科学发展”主题,开展纪律教育学习月活动,狠抓院、庭领导“一岗双责”的落实,健全教育、制度与监督并重的惩治和预防腐败体系。

【基础建设】 抓住上级法院和区委高度重视基层法制建设的契机,全力推进法院各项基础建设。上半年,新审判办公综合楼竣工交付使用,各部门密切配合,完成搬迁工作,审判办公环境焕然一新。

佛山市高明区人民法院负责人名单:
院　长:何树志(　~2009.8)
代院长:李少锋(2009.8~　)
副院长:谢龙兵　彭友雄　薛付奇

(汪玲霞)

司法行政

【概述】 2009年,佛山市高明区司法局树立科学发展观,围绕区委、区政府中心工作,发挥司法行政职能作用,突出抓好“三项重点”工作(普法宣传、人民调解和司法所业务规范化建设),促进司法行政工作科学发展。

【三项重点工作】 1.普法宣传。以“法律六进”(进农村、社区、企业、机关、单位、学校)为抓手,开展普法工作。一是开展“民主法治村居”建设活动。4个镇(街道)均设立法制辅导站,村委会普遍建立法律图书角和高标准的法制宣传栏;赠送《“法律进村镇”常用法律知识读本》、《便民法律手册》等10多万册;建立近300人的专、兼职相结合的普法联络员队伍;派出律师和法律服务工作者深入各村及人口集中的农贸市场,为基层干部和村民上法制课56堂7400多人次。二是建设普法新阵地。在各镇(街)新建普法宣传栏总长600多米,普法阵地遍布城乡、企业,在普法中起到重要的作用。三是组织做好“12·4”宣传周活动,推进依法治区和法治城市创建工作。组织编写《农村(社区)法制宣传读本》、《高明普法》等法律刊物。全年编写印发法律书籍近9万册(《农村(社区)法制宣传读本》6万册),及时派发到各镇(街)及农户。四是发挥法制副校长、讲师团作用,开展“法律进校园”活动。组织法制副校长、律师到高明中、小学校上法制课19次,受教育学生达7000多人。

2.人民调解。以化解矛盾纠纷为抓手,全力维护社会和谐稳定。一是加强基层调解会组织建设。司法所积极协助镇(街道)建立健全人民调解组织,加强工作指导,完善工作台账,规范村居、企业调解组织对纠纷的登记。建立人民调解工作经费保障机制,对工作进行考核奖评,按照调解案件数量和质量进行补贴,激发各级调解组织及调解员工作积极性,促进基层调解工作的落实。二是组织开展5月调解宣传月活动。通过板报、条幅、座谈会和咨询等形式,向群众宣传《土地管理法》、《信访条例》及《治安管理处罚法》等法律法规。年内,举办人民调解及法律咨询活动4次,接待群众咨询6000多人次，派发大量调解工作宣传资料。三是做好司法所进驻镇(街道)综治中心工作。四是诉调结合，在区人民法院及各镇(街道)法庭成立人民调解和法律援助工作室。五是安置帮教工作得到落实。开展2003～2008年间高明籍刑释解教人员、非监禁刑事犯罪调查摸底专项活动，加强社区服刑人员和安置帮教对象监管，维护社会稳定。对600多名服刑人员和刑释解教人员的表现、就业等情况进行调查摸底，增强工作针对性，及时做好跟踪和帮教工作。全年接收刑释解教人员133人(刑释人员65人、解教人员68人)，全部落实安置帮教措施，无脱管、漏管和重新犯罪情况发生。

3.司法所业务规范化建设。以维护困难群众合法权益为抓手，积极开展法律援助。一是通过简化案件的受理、审批程序等，大力拓展法律援助工作，确保更多困难群众得到法律帮助。年内，办理民事诉讼援助案件39宗，刑事辩护援助案件37宗，民事非诉讼援助案件184宗，接待群众来电、来访咨询4359人次，维护困难群众合法权益。二是加强援助工作站建设。完善工作站人员岗位职责、接待来访、信函处理、内务管理、档案管理等制度。各工作站办理援助案件154宗，接受群众咨询2880人次，占全区法律援助业务总量的59.2%。三是开展农民工维权活动。各法律援助工作站共调处农民工矛盾纠纷76宗，代理非诉讼案件3宗，见证1宗，引导和帮助农民工运用法律手段维护自身权益。四是加大援助工作宣传。开展法律援助咨询有奖问答活动，在高明电视台滚动播出法律援助工作宣传短语，法律援助律师在电台解答法律援助个案，编印《法律援助专刊》派发，引导群众和企业依法、理性表达诉求。

【当好地方政府参谋】 以提司法建议、诉讼、起草和审查法律文书等形式，发挥职能作用，提出解决社会热点难点的方法和措施，当好党委政府法律参谋，把好重大工作事项的法律关口。全年司法所担任法律顾问144家，为镇(街道)重大工作事项提出司法建议书48份，全部被镇(街道)政府采纳，协助镇(街道)政府及部门修订、制作法律事务文书143份。

【公证工作】 围绕党委政府中心工作，在任务重、人手不足的情况下，集中力量，优先服务，为西江新城用地、江肇高速及杨西大道征地、更合电网扩建征地等长期困扰当地政府的难题办理证据保全公证158宗。全年办结各类公证案件1623件，其中，涉外民事公证298件，国内民事公证1305件，国内经济合同公证20件，总标达1.9亿多元，有效发挥公证预防纠纷、减少诉讼的作用。

【公职律师事务工作】 主动为政府或职能部门提供优质高效的法律服务，促进政府依法行政、依法管理。年内，公职律师担任政府及相关职能部门法律顾问11家，代理民事诉讼案件55件，为政府及相关职能部门提供法律咨询意见11次，出具法律意见书及律师函5份，起草、修改、审查政府部门相关合同22份，接受群众法律咨询1000多人次。

佛山市高明区司法局负责人名录:

局　长: 林少华

副局长: 程双喜　陈满田

(吴　昕)

行政执法

【概述】 2009年，佛山市高明区城市管理行政执法局深入贯彻落实科学发展观，围绕区委、区政府“抓项目、保增长”工作方针，开展“城市管理创新年”、“城管执法规范化建设年”、“城管执法文化实践年”活动，抓重点、破难点、造亮点，优化市容环境，打造高效、创新、和谐城管氛围，促进城管执法事业科学发展。年内，12319城管服务热线被团省委授予2009年“广东省五四红旗团支部”称号。

【城市管理行政执法工作】 围绕“城市管理效益”紧扣“民生”与“和谐”两大主题，坚持“依法行政、执法为民”理念，不断提升管理效益。至11月底止，处理市容环卫、市政公用、城市规划、城市绿化、生活环境噪声和饮食服务业污染、无照商贩占道经营等案件56760宗，其中现场教育和纠正案件54173宗；行政处罚案件389宗；受理群众来电、来信、来访投诉2003宗，处罚金额179597元；办理人大议案、建议4件；政协提案1件。年内，获省级表彰的1个，市级表彰的5个次，区级表彰的3个次。

【创新城管模式】 “数字城管”建设工作 一是计划投入934万元，启动建设“数字城管”信息系统监督中心和指挥中心，覆盖中心城区、河江、三洲旧圩和沧江工业园三洲片区核心部分，总面积26.3平方公里。二是以主办部门负责制实施为抓手，明确城管委相关成员单位责任分工，细化管理措施，坚持每周一巡查、一通报制度，及时处理路面开裂凹陷、两旁乱拉挂乱搭建、广告招牌设置混乱等突出问题。对工作隐患做到早发现、早通报、早协调、早整改、早解决。年内，共清拆高明大道两旁违法建(构)筑物798平方米；查处乱拉挂、乱张贴等行为755宗；教育、整改破坏沿线绿化行为847宗次。

临时摆卖点建设 在加强原来“三定”临时摆卖点管理的基础上，直属分局通过与罗西村沟通，村委会同意在圣堂村前闲置地建设占地6666平方米的便民集市，项目已完成图纸设计与规划，报建手续办理中。与市场管理方协调，在午阳市场、文华市场外设置临时摆卖点；杨和分局加强与镇政府及村委会协调，将杨梅河东路规划为烧烤一条街，将紧靠杨梅市场的木棉巷、合欢巷及对川市场前350平方米空地开辟为临时摆卖点。明城分局建议当地政府取消明殿商贸城北面的停车位，将其设置为临时摆卖点，引导无处摆卖商贩入场经营；更合分局与镇政府及市场物业协商，由市场物业投资100万元对合水市场及周边进行改造升级，彻底疏导市场周边和先烈西路乱摆卖。

造亮点，推进城管工作 一是创建社区城市管理工作站。实行管理重心下移，解决城管“八乱”(乱摆卖、乱搭建、乱张贴、乱拉挂、乱涂写、乱挖占、乱堆放、乱撒漏)现象，先后在一街三镇设立4个社区城管工作站，直接受理市民对城市管理方面的投诉、意见和建议，通过派遣执法队员进站，深入街区，面向群众，服务市民，及时发现情况、处理问题、化解矛盾，推行“围绕属地、群防群治、综合治理”的管理新模式。二是打造城管示范区(路)、严管区。根据各镇(街道)实际，示范路由原有的4条增加到8条(总长度18.6公里)。设置“城管示范区”8个(总面积6.079平方公里），在管理范围内划分示范区、严管区、相对严管区和适当放宽区，竖立标识牌向社会公布，分等级、分标准管理。

构建城市“大综管” 一是理顺优化城管工作机制。健全城管委联席会议制度，发挥城管委及其办公室统筹协调和督导职能，就规划建设垃圾消纳场所及清理历史黑点、东华夜市搬迁、常安食街治理、高明大道超载整治，市政管理中的久拖难解问题进行沟通协调，明确责任，落实措施，加快解决城市管理的重大问题；二是推进城管联动互助保障机制的落实。加强与公安、工商、规划、建设、国土、环保等职能部门的沟通协调，增强城管执法保障能力，营造良好的城市管理环境。开展整治污染物超标排放、机动车非法占道经营、行政处罚执行难、查处违法建设等城市管理工作，营造责、权、利有机统一，条块结合、齐抓共管的城市管理局面。

市容市貌专项整治 一是综合治理违法倾倒垃圾行为。年内，处理违法乱倾倒垃圾43宗，查扣违法倾倒垃圾车辆14辆。二是开展城市噪音扰民和油烟污染整治。年内，查处噪音扰民和饮食服务业污染案件562宗，委托环保部门监测和处理43宗，立案查处21宗。三是整治乱拉挂、乱张贴、违法设置广告等行为。8月，开展打击中心城区、镇街建成区及各主干道乱拉挂、乱张贴、违法设置广告等专项整治，派发宣传单张3400份，清理乱拉挂横幅、违法设置广告225条（块），面积2480平方米，清理乱张贴近1627平方米。四是加强道路遗撒行为管控。年内，查处理道路遗撒案件42宗。五是开展国庆期间市容环境整治。行动期间处理各类违法行为557宗，暂扣人力三轮车26辆、机动车13辆、手推车5辆，成衣、服饰、水果等物品一批，清理招牌、灯箱196个，乱拉挂横幅70余条。六是开展文昌路“诚信经营示范街”创建工作。年内，开展专项行动12次，拆除乱拉挂横幅120多条、户外广告12幅，清理占道灯箱31个、门前拖把杂物200余件，处理占道经营187宗、乱摆卖298宗。

【营造城管执法良好氛围】 加强与新闻媒体合作 主动邀请记者亲临执法一线追踪报道执法行动，宣传执法情况。在《今日高明》开辟宣传专栏，对工作动态和工作亮点进行宣传，报道“佛山市城管执法双十佳”先进集体和先进个人事迹。年内，报纸、电视台、广播电台等各种新闻媒体刊登和播出城管信息53条（次），制作13期宣传专栏，更新局网站信息动态102条、法律法规10部，发布执法公告24则，编辑执法简报6期，局机关、各分局制作政务宣传专栏8期。

户外执法宣传 一是开展“城管户外宣传暨‘三八’服务日”活动。在一街三镇设置宣传展板、宣传岗、咨询岗、投诉岗，受理群众投诉、咨询，向市民派发带宣传性质的雨伞、围裙和宣传单张9500份（件），受理群众投诉20宗，当场作出初步回复12宗。二是开展“参与城管执法体验日”活动。邀请市民代表、城管监督员和媒体记者共17人参与乱摆卖、大排档占道经营和车辆乱撒漏等整治，零距离接触一线执法。三是开展“小记者面对面交流”活动。组织小记者们参观12319城管服务热线窗口，介绍行政执法局的职能职责和主要工作。四是开展“千人执法日”活动。活动以步巡为主、车巡为辅，教育纠正为主、实施处罚为辅，派发宣传资料，接受群众咨询，倾听群众对城市管理的合理诉求和建议，重点对“八乱”行为进行教育、纠正和劝导。活动中共派发宣传资料2500多份，教育整改各类违法行为136宗，发出整改通知书23份，暂扣三轮车、水果、成衣等一批。五是开展“城管联点挂钩服务日”活动。活动中共赠送书籍1108册，派发宣传资料500份，接受群众咨询、投诉32人次，义务照相212人次，义诊服务136人次，义务理发103人次。六是开展“城管执法宣传进校园”系列活动。年内，联同区有关部门成功举办高明首届“城管杯”校园漫画创作大赛、建立以学生群体为突破口，以学生带动市民，以宣传、学习、参与为内容的城管宣传新平台，引导全社会共同参与城市管理。

【队伍建设】 开展深入学习实践科学发展观活动　一是开展“六个一”活动［即开展一次“我为佛山（高明）科学发展献一策”活动，深入调研活动，“高明科学发展的实践与思考”征文活动，专题学习辅导，讨论活动，知识竞答活动］。二是广泛征求意见。采取登门走访、个别谈话、召开座谈会、发放调查问卷、发放征求意见表等形式，广泛征求相关部门、义务监督员、基层单位、服务对象、执法相对人等意见建议，找准在发展思路、体制机制、队伍建设、工作举措等方面存在的问题；三是开好专题民主生活会和组织生活会。党组成员根据“三对照、三查找”，认真分析，查摆存在问题。各支部以“践行科学发展观，我为高明作贡献”为主题召开组织生活会，分析查找自身差距和不足，提高认识；四是形成领导班子分析检查报告。五是制定整改落实方案。发扬民主，广泛听取意见建议，按照重在创新体制机制、重在取得实效的要求，由党组主要负责同志亲自抓方案的起草制定，形成“四明确一承诺”整改方案，把各项举措目标化、责任化，解决群众反映集中的突出问题；六是创新机制体制。探索、建立、完善和优化各项工作机制，打破体制障碍，弥补制度缺失，促进城管执法事业科学发展。七是抓好满意度测评工作。组织党员、干部、职工和群众对局活动情况进行满意度测评，并向群众公布测评结果。

开展纪律教育学习月活动　一是根据实际，相对集中5天时间认真学习相关文件、讲话精神及《反腐倡廉教育读本》；二是组织党员干部观看《贪之害》、《国门惩腐》、《“蚁穴”透视》、《佛山市机关作风建设明查暗访专题片》等电视教育片，对片中反映的问题，举一反三，认真查摆自身存在问题，及时整改；三是客观分析本单位廉政建设工作情况，查找存在问题，提出对策措施和建议，为切实有效抓好反腐倡廉工作；四是结合学习实践科学发展观和机关作风建设活动中涌现出来的典型事迹、好人好事，各分局通过制作廉政建设专栏，营造良好的学习氛围；五是结合建党88周年、建国60周年，组织全局人员观看电影《铁人》，组织党员参观明城“三谭”纪念馆，让党员干部接受革命传统教育和爱国主义教育；六是组织领导干部和保密员学习《保密法》，利用省、市保密局网站开展学习，共有9人签订保密承诺书。

机关作风建设　围绕“转变机关作风，提高廉政效能服务水平”这一主题，制定局2009年机关作风建设活动实施方案，明确工作措施和要求，采取学习教育、对照检查、完善制度和查访督促等办法，切实解决本单位本部门在机关效能和机关作风建设存在的具体问题。

抓好党组中心组学习　制订学习计划，建立健全学习制度，抓好党组中心组发言人制度，全年组织中心组成员集中学习11次，党组成员撰写中心发言近45000字。

联点挂钩工作　局领导13次带队深入挂钩点合水良村开展调研活动，完成调研材料2篇；协助开展查环查孕工作，资助计生工作鼓励金5600元。为推进门诊医疗保险购买及“民主法治进村居”工作，解决农田灌溉、牵线落户农田整治项目提供服务。组织区妇幼保健院到良村开展“眼科义诊活动”、组织村干部到“省级文明村”石洲村委会学习交流，推进良村农家书屋和星光老人之家建设，斥资1万元装修良村村委会办公楼外墙。协助解决山地、宅基地、土地承包、房屋买卖等矛盾纠纷。组织党组成员到湛江市廉江良垌镇禄寿村开展互帮互助活动，慰问特困党员、群众和学生55人。

业务培训　组织由市、区组织人事部门等单位举办的城管执法系统业务轮训，文秘人员及通讯员培训，公务员通用能力行政执法类培训，优秀青年股级干部培训，档案人员岗位培训，公务员心理健康讲座，公务员“三项内容”全员培训20期，有168人次参加培训。

加强“窗口”建设，打造城管服务品牌　强化12319城管服务热线建设，提高“窗口”服务水平。坚持24小时值班制，严格履行“8小时限时回复、24小时处理回复”服务承诺，打造“城市管理有诉求，请拨12319”星级服务热线。全年处理各类投诉2003宗，处理率及回复率100%。2009年区行政投诉绩效测评排名中5次获得第一，12319城管服务热线顺利通过区“青年文明号”验收，获团省委授予“广东省五四红旗团支部”称号。

佛山市高明区城市管理行政执法局负责人名录：

局　　　长：罗永年
副　局　长：梁汝佳　曾建雄　邓葆华
直属分局局长：曾建雄（　～2009.8）
王满庭（2009.8～　）
杨和分局局长：梁尧生
明城分局局长：林汉中
更合分局局长：夏友华（　～2009.8）
杜明坚（2009.8～　）

（黄兰芬）

广明高速公路西樵至更楼路段建成通车

6月25日，广东省2009年度首条竣工的高速公路——广明高速公路（西樵至更楼段）正式通车。该路段起于佛山西二环高速公路，与建设中的江肇高速相交，止于高明区更合镇白石，与省道S273相连，全长42公里，是高明区第一条高速公路。道路为双向六车道设计，全程设大岗、荷城、沧江、明城等四处互通立交。

广明高速公路是珠三角通向粤西南地区的重要通道，东起于京珠高速公路化龙立交，西止于江罗高速公路高村立交，全长130公里。全程分西樵至更楼段、陈村至西樵段和广州段以及西延线等四段建设，全线预计2012年建成通车。

基础设施建设

交通·邮电

交　通

【概述】 2009年,佛山市高明区交通局围绕区委、区政府"抓项目、保增长"工作方针,加大基础设施建设,全面推进重大交通项目建设,完善交通路网,提高行业管理,公共交通获得长足发展,公路路况和水路通航条件良好,交通运输生产稳步增长,安全生产形势稳定。

【高速公路建设】 6月25日,高明区第一条高速公路——广明高速公路西樵至更楼段建成通车。该工程建设历时3年半,投资31.42亿元。江肇高速公路是国家高速公路网珠江三角洲经济区外环高速公路的重要组成部分,其中高明区境内路段长约24.3公里,该工程2008年8月动工,截至12月底,完成投资10.28亿元,占高明段总投资额的52%。完成广明高速公路西延线工程可行性报告评审,水土保持方案、环评等已获批复,正加紧进行项目用地、林地使用专项研究等报审工作。完成江罗高速公路高明段工程可行性评审工作。

【区内干线路网建设】 1.完成杨西大道沧江四桥至河村段长2.6公里征地。12月,施工及监理单位进场施工。2.省道高铜线黄村至深步水水库段正在施工,已完成工程量10.3%。3.高铜线深步水水库至版村段路基工程基本完成,进入路面施工阶段。4.龙高公路、高明大道快速化建设项目:6月25日,西岸路口立交动工,至年底,完成工程量18%;9月,碧桂园路口下沉式隧道动工,至年底,完成工程量8%;九江大道立交施工单位进场开展施工准备工作;沿江路口立交完成施工图设计修编。5.荷更大道荷杨段正进行两阶段施工图初步设计工作。

【地方公路建设】 加快推进地方公路建设项目:完成杨更线、更宅线和双合线路面维修工程;完成大塱新村桥、三石村桥、双元村桥和座阁桥施工任务;完成合和大道和迳尾主题林工程施工任务;完成新市桥建设改造工程竣工验收工作;完成大田村桥主桥施工任务。稳步推进更云线路面工程、新歌线路面扩宽建设工程等项目。

【立项融资工作】 全年完成沧江四桥、龙高路、高明大道快速化项目的西岸路口立交、沿江路口立交、九江大道立交、碧桂园路口下沉式隧道和荷更大道荷杨段龙涛湾公路工程、大岗臂隧道工程、杨西大道立交工程、茶山公路工程等9个重点项目的立项融资工作。

【交通对接工作】 围绕"东靠西连"战略构想,加强与周边地区的交通对接。一是突出"东靠"主线,加快融入广佛同城化进程;二是突出

"西连"主线,发挥高明在广佛肇经济圈承东启西作用,拓展高明发展空间。1.以交通路网对接为突破口,以广佛同城及广肇经济圈路网连接为重点,推进佛山城市轨道交通二号线南庄至荷城段、禅高快速路、"佛山一环"西延线、广明高速延长线、珠三角城际轻轨肇顺南线和江肇高速公路重点建设项目,实现广佛同城及广佛肇经济圈交通对接。2.加强与高要、新兴和鹤山等周边地区交通主管部门的沟通,密切交流、互访,建立四地交通部门信息交流平台和交流机制,初步拟定路网对接合作协议,加快推进接壤区域重要交通项目,实现重要交通节点无缝对接,取得显著成果。

【公共交通】 全区行政村100%通公交。9月1日,接驳明城镇至苗迳村委会公交线路开通,实现全区行政村100%通公交。

推进公交站亭建设 公交站亭建设是交通系统重点建设项目和政府推进的民生建设工程之一。6月,公交站亭建设项目动工,计划2010年6月完成。

【交通运输管理】 *春运工作* 1月11日开始至2月19日结束,共40天时间。按照"以人为本,安全有序,以客为主,兼顾货运"原则,落实省厅和佛山市交通局文件精神,实现"安全有序、运送及时、服务到位"春运目标,区内各交通运输企业和港口码头没有出现重大交通事故。春运期间,投入公路客运班车104辆,投入运力与上年相当,投入核载338座水路客船1艘,完成水陆旅客运输总量276113人次,比上年升3.1%。

稽查监督工作 1.重点抓好客运市场整治工作。联同公安分局、物价局等部门对违法行为进行定期或不定期整治,扭转区新客运站高明大道东段客运班车随意停车上落客、出租的士不按规定排队候客、非法营运等违章行为。年内,在汽车客运站周边查处客运班车不按规定上落客56宗,查处出租的士乱收费18宗,查扣非法营运面包车13辆。4月,开展打击"黑车"等非法从事出租汽车经营专项治理活动,与四区交通局开展联动执法,联合打击非法营运"黑车",查扣非法营运"黑车"23辆,净化客运市场,收到较好效果。

2.加大整治超限超载力度。加强与公安交警、派出所沟通,定期或不定期开展联合整治超限超载行动。出动执法人员2617人次,检查超限超载车辆866辆,查获超限超载车辆830辆,卸货7608吨;查扣其他违法车辆156辆。

3.加强公交、出租车企业的监督管理。按照《佛山市交通局公共汽车企业年度服务质量信誉考核实施办法》,每月组织运管执法人员对辖区公共汽车进行实地考察评分,对交通违法、乱收费和不文明服务等行为进行查处,记录在企业年度服务质量考核中,督促企业提高公交服务质量水平、履行服务承诺。

【路政管理和公路养护】 坚持依法行政,从严治路,强化措施,推进路政管理规范化、法制化建设。截至11月底,路政人员上路巡查8969公里,制止违法案件63宗,查处损坏公路案件27宗,立案24宗,结案率100%。全年修补砼板、坑槽沉陷等病害面积2万多平方米,机械清扫路面400多万平方米,人工清扫路面100多万平方米,填补路基缺口100多立方米,修理路缘石586米,整理路肩40多万平方米,清理水沟500多千米,补种警示桩324条,沥青灌注路面裂缝里程达70多公里。

【队伍建设】 1. 3～9月,开展深入学习实践科学发展观活动，坚持“两手抓”、两不误、两促进，形成学习实践活动与业务工作齐头并进良好局面。2.开展深化纪律教育学习活动，建立健全反腐倡廉各项制度，加强机关效能和机关作风建设，优化简化审批和办事程序，加强效能监察和改革干部考核工作，开展“学、比、摆、测、改”等活动，提高服务水平和办事效率，推进依法行政。

【安全生产】 坚持“安全第一、预防为主、综合治理”方针，落实责任，强化安全宣传教育和培训，提高系统安全生产意识，做好应急预案编制和演练，开展安全检查和专项整治。年内，全区交通行业无发生安全生产死亡事故，安全生产事故直接经济损失比上年下降25%。

【港航建设】 推进港口码头建设。6月底，珠江货运码头续建工程的2个1000吨级泊位建成，进行交工验收。中油高富码头扩建工程完成工程可行性报告修编工作。9月中旬，佛山海螺水泥有限公司专用码头项目使用岸线申请获交通运输部批复，批准建设3个3000吨级散货泊位，使用岸线339米。

佛山市高明区交通局负责人名录：
党组书记、局长：江仲佳
副　　局　　长：陆镜芳　麦浩芳　谭华江
纪　检　组　长：梁其星（2009.7～　）

佛山市高明区港航管理局负责人名录：
局　　长：江仲佳
副局长：陈宇常

（何天篮）

公路建设管护

【概述】 2009年，佛山市高明区公路局按照市局“抓住机遇，乘势发展，适应改革，再创辉煌，构建‘四有’、和谐的佛山公路”工作思路，围绕“四上四化”（路网上水平，标准上等级，路况上台阶，绿化上档次；路面黑色化，干道快速化，养护机械化，管理信息化）总体目标，以科学的发展观统揽全局，和谐发展，关注民生，求真务实，出色完成各项经济指标和工作目标，“四个文明”建设得到同步发展。年初，被中央文明委授予“全国文明单位”称号。

【公路养护】 1.提高管养公路服务水平。针对公路路网增加，干道快速化、交通量激增和公路城市化，对养护要求越来越高的情况，在原有机械和维修模式基础上，创新开展黑色化路面的快速化养护和公路的精细化养护；利用现有人才、设备和技术，发挥专业养护优势，推进微波修补技术应用。2.加强养护中心（所）内部管理，完善科学管理办法，以科技手段降低成本，提高生产效益。3.深化内部劳动竞赛活动，劳动竞赛与创建活动结合，促进公路路况稳定。4.以确保路面质量为中心，加强公路全面养护，突出桥梁养护和绿化养护，改善行车环境，延长公路使用寿命。5.加强不同结构路面预防性养护，凸显其在公路养护中的基础性作用。6.发挥机械化、快速化养护优势，减少施工对行车干扰，提高路面通行率。7.实行精品、立体、全面养护，确保路面、路基、桥涵和附属物得到养护，提高管养公路“畅、平、洁、美、绿”水平。年内，管养公路里程184.803公里（省道98.073公里），1～4季度公路技术状况指数 MQI 平均 87.8，完成市局下达计划 105.8%(其中省道平均指数 MQI92，完成市局下达计划 108.2%)；路面行驶质量指数 RQI 93.5，完成市局下达计划103.9%(其中省道指数 RQI 96，完成市局下达计划的104.3%)。巩固杨和公路养护中心为市局“双文明养护中心”。巩固文明路GBM 工程 140.5公里。

【公路工程建设】 1.以创新合作思维开展公路工程建设。争取政府支持，与施工企业和民营企业合作，发挥公路部门机械化、专业化施工优势，实行优势互补，共创“双赢”局面。2.从规划着手全面介入合作项目，推进“高明一环”荷村至富湾段工程的实施完善，重铺高明大道杨和跨线桥至合和大道口段沥青路面，打造穿越中心城区 S362 线中山路段示范路。3.加快在建项目建设。续建工程有高铜线、杨西大道南段改造工程等。公路工程建设，做到三个到位(认识到位、措施到位、监管到位)，确保交通畅通。4.加强廉政管理，构建预防职务犯罪体系，努力打造公路建设的精品路、品牌路。全年完成改建、大中修工程和对外工程量 8000 万元以上，固定资产增值盈余 600 万元以上。

【年票征收工作】 实施“费改税”改革。停征养路费，利用原来“稽征”设备，完善年票代征管理工作，保持优质服务，提高文明服务水平，让车主、业主和主管部门满意。全年代收路桥年票 2856 万元，完成年度计划 105.6%；追收养路费 31.25万元。

【路政管理】 实施新修订《广东省公路条例》。加强与执法部门沟通协调，保护路产路权。加快行政许可服务窗口正规化建设，完善路政窗口“六个统一”(门牌名称统一、办证窗口背景墙标志和标语统一、办事流程统一、规章制度统一、法律文书统一)建设，提升服务窗口办事效率和对外服务形象。增加人力，加强公路路政管理，规范行政许可，维护公路路产路权，确保公路畅通。1～12 月，出动路政人员 1307人次，拆除非交通标志广告招牌 135 座(块)计 210平方米，清理路障杂物 71 处计 505立方米，整顿工石场和工业园区出入口 74 处(个)，查获洒漏污染公路车辆 3 台；与有关部门签订临时占用公路用地协议书 93 份，收回占用补偿费 64.38 万元；处理路政案件 73 宗，收缴公路修复、赔偿费 109.36 万元，公路路产免受损失 82.2 万元。

【内务管理】 1. 实施事业单位分类改革，参照公务员管理模式，符合条件人员上半年均参加全省统一“参公”考试，加强管理，规范工作制度。2.推动管理创新，发挥信息化技术，维护“高明区公路局”网站，完善办公自动化、大道班管理系统等。3.研究探索人才引进、培养机制，攻克工作难题。举办和参加岗位培训，提高专业技术水平；开展公路绿化知识培训，为绿化养护工作打基础；建立人才队伍，积极开展科研立项，在高铜线改造项目中成功地将不合格土壤改良后满足工程要求，节省资金，减少环境污染；开展道路桥梁建设养护、信息化管理和材料等研究课题，加快新技术、新工艺、新材料推广应用。4.建设勤政廉政的公路管理队伍。加强管理制度的执行监督，确保公路建设高标准、高质量、高效率，工程优质、干部优良、造价合理。5.坚持“安全第一，预防为主，综合治理”方针，抓好行业安全监督，开展安全教育，增加安全设施配置，完善安全网络体系，完善应急队伍建设，定期组织和参加应急保障队伍培训和演练。组队参加市局安全知识竞赛获得第二名，代表市局参加省局安全知识竞赛获得第四名。6.加强机械管理，提高机械管理水平。全年工程养护机械完好率和利用率分别为95%、70%；汽车完好率和利用率分别为92%、85%。7.开展“公路文化”建设。3月，组织女工参加高明区妇女运动会；5月，举办职工运动会；参加高明区交通行业迎“国庆”运动会，获得团体总分第二名；与高明区摄影家协会联合举办“我爱公路摄影比赛”活动，提升公路文化品位。8.推行局务公开，及时向职工公布重大事项和制度；召开十届一次职工代表大会，审议通过行政工作报告；组织职工代表对局领导及中层干部进行民主评议等。9.做好挂钩联点工作。发动职工为挂钩点更合镇白石村委会捐款6000多元，开展爱心助学；组织资金、人力整治水害。10.做好职工劳保、社保等工作，组织职工进行健康体检。

佛山市高明区公路局负责人名录：
局　　长：谭文雄
副局长兼党支部书记：利东仔
副　局　长：刘广伟　黎敬志

（黎文红）

【安通运输站场有限公司】 2009年，佛山市高明区安通运输站场有限公司围绕“平安客运、和谐客运”主题，开拓创新，抓好开源增产，完善服务功能，提高服务质量，加强队伍建设，安全、优质、高效地完成旅客运输组织工作，取得良好社会、经济效益。全年旅客发送量约218.6万人次，比上年下降0.6%；班车发班约18.2万班次，比上年增加2.7%；售票营收约3646万元，比上年下降2.2%。

经营管理　1.围绕发展，创新思路，深化改革经营管理模式。采取广开门路、提高服务质量等办法，应对日益激烈的客运市场竞争和国际金融风暴所带来经济疲软现象，以优质服务吸引乘客和运输单位进站经营，促产开源。重点抓好节日运输，利用“春运”、“清明”、“端午”、“中秋”、“五一”、“十一”等假日客运高峰，合理部署，为公司创收。年内，新引进线路4条（阳春、广西桂林、广西靖西、湖南长沙）。2. 9月，积极推行人性化服务，联同保险公司推出“乘客人身意外伤害保险”业务，保障乘客人身安全，增加公司收入。3.规范客运车辆管理，对短途站、公交站场乱停放、随意上落客等现象进行整治，公交车辆秩序明显改观。年内，通过省交通厅专家组站级验收，被评定省“一级A类汽车客运站”。4.落实站场管理制度和服务制度，严格执行进站车辆管理规定，严肃处理失班、私自装客、私接、交行包等违规现象，共处罚60多台次，保证公司良好信誉。积极开展“党员先进性教育”、“青年文明服务月”等活动，提升服务质量。年内，受理服务投诉7宗，全部妥善解决。

安全工作　1.贯彻“安全第一，预防为主”方针，牢固树立安全责任意识，认真贯彻上级安全生产会议精神，制定安全生产计划，加强安全教育，增强安全意识。2.加强安全检查，重点治理、消除各类安全隐患，确保安全生产。3.落实责任，进行安全机构设置、制度建设、资金保障、装备配置和宣传教育等自查，改进措施，强化监督，完善管理制度，实现全年安全生产目标。全年安全状况良好，安全事故发生率为零；安检总车辆71856辆，合格70738辆，合格率98.44%；查获危险物品1124件。4. 6月，开展“安全月”活动，进行消防系统、消防设施检查，及时更换有问题的设备；开展安全知识培训教育，组织公司全体职工观看录像视频资料，学习危险物品鉴别和安全知识等教育，开展消防实践演练，提高使用消防设施的技能。5.加强营运客车车辆技术状况监督管理，由公司领导牵头，安保部主任负责组织落实，对参加营运客运班车进行系统性安全隐患排查，对部分存在安全隐患、没有按规定配备灭火器、消防锤等安全器材的车辆限期整改，进行复查，确保营运客车车辆技术状况良好和安全装置齐备，保证客运班车安全。6.加强站内保安室与警务室相互协作联防机制，加强防范网络，使站内和周边车流、人流、治安状况明显改善，没有发生消防、交通事故和较大治安案件。

春运工作　结合本区客运市场实际，制定《春节工作方案》、《安全应急预案》和《春运应急运力预案》，按照“积极预防，周密部署，落实责任，突出重点，强化检查，狠抓防范”工作步骤，把好安全关口，圆满完成春运任务，共发送旅客26.4万人次，比上年上升2.2%。

内部管理　1.与施工单位沟通，对新站场基础设施进行修复，后续维修工作有序进行。2.加强出租场所租赁管理，定期进行安全消防、卫生检查，发现问题及时整改。3.完成税务、审计申报工作，做到资金收付安全、准确、及时；做好电脑微机票、固定票等票据保存、领用和核销工作，保障资金运作。

佛山市高明区安通运输站场有限公司负责人名录：

总经理：周永辉

副经理：郑兴志　何启明

（谭艳君）

【区汽车运输有限公司】　2009年，佛山市高明区汽车运输有限公司围绕“治理隐患，防范事故”宗旨，以宣传、教育、培训和考核为重点，加强管理，挖掘市场，在竞争中求得生存和发展，各项工作取得较好成绩。全年完成客运量555万人次，比上年增加8.8%；客运周转量68038万人公里，比上年增加8.1%；总行程3077万公里，比上年增加0.3%；总营收入2094万元，比上年减少5万元。全年发生行车责任事故0宗，受伤0人，死亡0人，经济损失0万元，折合百万行车公里四项安全指数分别为：事故宗数为0宗/百万公里，受伤人数为0人/百万公里，死亡人数为0人/百万公里，经济损失为0万元/百万公里。

经营状况　拓宽经营思路，开拓客运线路、做好客运线路延伸和车辆更新工作，不断提升市场竞争力。重点抓好现有客运线路经营管理，严肃运行纪律，完善自营车用油、维修保养定额制度，控制运输成本，做到增收节支。公司有大、中型客车73辆，出租车50辆。年内，积极做好高明至清远、高明至深圳（宝安）和高明至东莞线路开通筹备工作。不断开拓线路，提高车辆利用率，积极联系旅游包车业务，全年包车903车次。5月，参与收购安通站场项目洽谈，由于土地价格评估过高，造成收购价超出预期目标而未实现。11月，参加本区98台出租汽车客运经营权授予的招投标。成立招投标小组，分析自身优势和不足，进行标书编写工作，后因标书制作不合格而未能参标。

安全生产　贯彻执行“安全第一、预防为主”方针，健全和落实各项安全管理制度，实行层级安全责任制，与各部门负责人签订《安全生产、消防安全责任书》，将责任落实到人；抓好全员安全意识和责任感教育。投入资金120万，开展安全宣传、培训、奖励及安全设施建设，对所有客运专线车辆和出租车进行GPS监控；运管部和宏明公汽抓好安全教育工作，定期组织驾驶员进行安全例会学习。开展安全生产“三项行动”（宣传教育、安全执法和安全生产治理）。5～8月，开展“百日安全、文明服务，拒绝交通违法行为”竞赛活动；6月，开展“安全生产月活动”，举办驾驶员脱产培训，学习《交通安全法》和《道路运输条例》等，组织驾驶员进行实操应急演练和驾驶技能培训。

服务质量 提高服务质量，规范驾驶员服务行为。宏明公汽加强服务质量监督，设立举报和投诉电话，纠正驾驶员服务态度差等问题；定期检查车辆车容车貌，责令不合格车辆搞好车辆卫生。4月，广东省交通厅对公司进行安全生产、经营行为、服务质量、管理水平和履行社会责任等道路运输企业质量信誉考核，被评为AAA等级，成绩优秀。

ISO9001:2000质量管理体系 公司于2004年通过ISO9001:2000质量管理体系认证。4月，对质量管理体系进行内部审核和管理评审，发现4项不合格项目，分别涉及办公室、宏明公汽和出租车3个部门，主要是车辆清洁卫生、车辆设施、驾驶员和乘务员服务态度、劳动纪律等问题，针对审查发现问题进行整改。7月，认证机构对公司质量管理体系进行复评后第2次监督检查，由于质量管理体系在本公司运行正常，外审顺利通过。同时，专家组对公司专线班车GPS监控、行车路单对行驶证和驾照检查、出租车路查路检记录等提出进一步完善的意见。

春运工作 春运前，提前做好客源调查摸底工作。成立春运领导小组，制定春运工作方案和应急预案。运管部狠抓车辆技术工作，节前完成全部车辆二保工作，杜绝隐患车辆带病上路运行。运管部和宏明公汽分期组织驾驶员进行春运安全教育，加强驾驶员春运安全意识。办公室组织张贴春运安全专题墙报，做好春运安全宣传工作。春运期间，运管部和宏明公汽组织安全员每日上路检查车辆运行状况，监督车辆安全运行，及时赶赴现场处理意外情况。经营部组织好运力，合理安排班次，做到春运期内没有旅客滞留现象发生，保证春运工作安全有序地进行。春运期间完成客运量82万人，周转量9767万人公里，总行程301万公里。

文化建设 9月下旬，参加区交通局举办的高明区交通行业“迎国庆”运动会，参赛运动员全力拼搏，获得团体总分第三名、单项男女混合拔河比赛第一名、趣味“包、剪、锤”第一名。

佛山市高明区汽车运输有限公司负责人名录：

总 经 理：杜仕明

副总经理：谭绍雄　蔡通明

（肖秀茵）

邮　政

【概述】 2009年，佛山市高明区邮政局围绕省公司“实现三个转变，打牢五大基础，提升五大效能”要求和“改革、共度、增效”总体目标，狠抓落实，顽强拼搏，各项工作取得实效。全年业务收入2567万元，其中企业完成1958万元，完成计划101.4%，比上年增加10.4%，银行完成609万，完成计划100.83%，完成上级下达业务指标。

【邮政业务】 开展主题营销活动，挖掘业务增长点，全力支撑邮政高效业务持续发展，确保企业经济效益提高。

专业板块业务 邮务板块完成业务收入591.29万元；金融板块完成业务收入1211万元；物流板块完成业务收入545.69万元。

函集业务 积极推进函集专业营销体系建设，完善营销网络。通过专业和区域营销团体协作，建立以支局长为主导函件区域营销团队；调整函件业务结构，加大函件类业务比重，提升函件业务效益；狠抓项目开发，带动业务增长；抓好数据库商函业务，带动业务开发；积极拓展文化礼品市场，借助建国60周年和广州亚运题材，加大个性化邮品开发，举办“庆祝中华人民共和国成立60周年何国津先生个人邮展”，提升集邮社会效果；深入培育集邮市场，配合校园文化节活动，开展集邮知识讲座、邮票展览、集邮知识有奖竞猜等活动。

报刊业务 加大报刊零售业务规范管理，调整零售报刊管理模式，以租用方式经营并适当提高费率，抢占报刊零售市场；加大投递队伍建设，对新投入的6个报刊亭进行优化运作，促进报刊收订业务发展。

金融业务 通过“共创历史，共建辉煌”活动，邮银合作，力促余额发展。年内，储蓄余额45164万，比上年增加7086万。通过开展“绝地反击”活动，发展代理保险业务，完成保费约560万。

速递业务 成立区速递物流分公司，促进改革，激活机制，盘活人力，拓宽业务市场；以EMS全夜航、经济快递业务，结合时限承诺服务，抢占国内物品类业务市场；利用国际卡哈拉和精品线路，加快国际EMS业务推进步伐；以项目拉动发展同城业务。

【管理工作】 加强管理开源节流，严控成本健康运行。加强考核成本费用的监管和管理，通过预算管理，加强对成本控制，把结果控制转变为过程控制；建立健全财务管理制度，将业务开支控制在预算额度范围内，强化财务管理。树立节约观念，严格控制业务接待费、会议费、水电费和修理费开支；加强用户欠费管理，防止收入跑冒滴漏；强化成本标杆考核，加强专业成本控制，提高经营效益；积极推进量收系统工作；积极推进资产盘活工作。

【内部建设】 加强通信能力建设 1.新邮件处理中心投入使用，规范邮件作业要求，提高邮政服务水平。2.加快投递能力建设，提升核心服务水平，落实投递管理现场5S（整理、整顿、清扫、清洁、素养）管理制度。3.完成投递信息系统上线工作，信报箱建设被纳入城市建设验收范围，邮政信箱被纳入楼房竣工验收项目。4.完成更楼邮政网点和人和邮政网点搬迁工作。5.完成三洲、合水、宜家邮政网点营业厅标准化装修改造和新机要室装修工作，提升邮政企业形象。6.推进村邮站建设，投入4.1万元建设苗迳、崇北邮政服务站，提升邮政服务社会主义新农村能力。

加强素质建设 1.提升员工服务技能。抓好营销、营业、投递人员素质教育。年内，对营业、投递、企业管理、市场营销等各工种专业技术人员培训达145人次，举办服务技能培训80人次；组织技能练功比赛，提升员工服务技能；组织区局领导、营业支局（所）长和营销人员参加远程教育培训，提高领导干部综合管理水平与业务素质。2.强化员工营销能力。突出建设营销团队，加强营销人员组织管理，完善营销人员准入、准出制度和业绩考核办法，推进营销体系和营销队伍建设。3.提高员工执行能力。加强员工理念教育。积极开展“双创”活动，学习北京东四邮电局“用户是亲人”服务理念、先进事迹和优质服务精神，实施《邮政服务规范》，开展“创新服务理念 创建示范窗口”活动，增强员工“窗口”服务的意识。4.深入开展科学发展观实践活动。认真查找并及时整改影响企业发展和涉及员工切身利益的突出问题，增强员工创造力、凝聚力，确保全面完成全年目标任务。

【安全生产】 树立“保安全”就是“保增长、保稳定、保大局”的理念，实行“人防、物防、技防”三结合，严格执行《广东邮政企业领导、部门和岗位安全职责》，做好消防、安全隐患治理工作，抓好安全素质教育，提高全员安全意识，以“合规管理”(负责识别、评估、提供咨询、监控和报告银行的合规风险)为核心，加强金融安全管控，推进合规建设，贯彻“三规两法”(邮政金融资金安全监督管理暂行规定、安全检查规定、案件责任查究规定和广东邮政金融积分管理办法、违规行为问责管理办法)，加强安全生产管理监控。年内，实现“三无”(无责任死亡事故、无重大责任火灾事故、无重大责任盗抢案件)目标，企业安全平稳发展。

【提升服务质量】 按照省公司“打牢五大基础、提升五大效能”总体发展目标，完善质量监督检查体系，积极开展“双岗”(质量管理岗和监控岗)履职检查，规范经营、营业、投递服务质量检查；按照《佛山市邮政局质量管理岗和监控岗管理办法》，落实责任，加强质量监控，提升营业、投递服务、出口邮件、总包规格等质量，增强邮政营业窗口服务意识，提高服务效率。

佛山市高明区邮政局负责人名录：

局　长：曾晓斌
副局长：李小蓝　徐伟强

（唐今朝）

电　信

【概述】 2009年，中国电信股份有限公司佛山高明区分公司以移动、宽带业务为重点，坚持品牌经营和融合发展，突出宽带和移动重点业务发展规模，网络建设和业务发展取得显著成绩。年内，完成业务保底收入、业务发展等考核指标，移动业务被评为佛山分公司单项奖；明城、富湾营业厅被评为省营销中心先进绩效奖；荷城客户服务中心被评为“全国三八红旗集体”。

【CDMA网络升级】 加强CDMA网络建设，提升网络质量。深化精确管理，提升综合服务能力和网络运营能力，2G移动网络应运正常，3G移动网络取得领先地位。年内，新建基站23个，新建室分(室内分布系统)74个，63个基站开通EVDO和30个WIFI热点，移动网络有了质的飞跃，形成IX+DO+WIFI无缝网络比较优势。应对数据业务竞争，突出电信运营CDMA网络品牌，提高客户感知度。

【完善基础网络】 推进光进铜退(在宽带接入模式上以光纤取代铜缆)工程，加强光纤到户、光纤到楼建设，宽带网络业务继续处领先位置。年内，完成铜缆改造3160线，建设EPON宽窄带7000线、ADSL共9264线；完成管线工程项目16项(其中通信管道工程6

项），新增 582 管孔公里；配线电缆工程 8 项，新增配线 3822 线对公里。电缆线路大修整治 2 项，整治线路 860 线对公里。

【资源配置与管理】 1.优化人力资源配置，实行部门和中心定员定岗，充实一线队伍，提高营销能力。2.实现营维分离，使营销维修更专业、专注。3.开展“竞争上岗”和“岗位晋级”良性竞争机制，突破职业通道建设。4.开展员工培训，形式新颖，融合实际，效果显著。5.推出天翼业务，让营销和营业员尽快熟悉、掌握新业务、新套餐营销技巧，利用晨会、培训班、听录音、情景演练和才艺大赛等方式进行营销经验交流。

【绩效管理】 完善以绩效考评为基础的薪酬激励制度。完善实施《绩效工资分配办法》、《组织和个人绩效考核办法》和《业务发展积分奖励办法》，使考核更到位，操作性更强。通过业务发展积分奖励，加大业务发展奖励，调动职工积极性，促进企业持续健康发展。

【荷城客户服务中心获“全国三八红旗集体”称号】 该中心秉承“用户至上，用心服务”理念，强化内部管理，改革创新，开展“用心擦亮服务窗口”活动，对内营造和谐氛围，对外强化客户感知，打造学习型班组，以知识培训为基础，以能力培训为重点，注重新知识与新业务有机结合，打造温馨舒适环境，让每一位客户都有被“重视”感觉，树立金牌服务，塑造电信新形象，赢得社会各界普遍认同和赞誉，被评为“全国三八红旗集体”。这是建国以来高明第一次获得中国妇女界最高称号。

中国电信股份有限公司佛山高明分公司负责人名录：

总 经 理：莫进雄

副总经理：钟伟航　谭汝峰

（梁文靖）

中国移动通信集团广东有限公司高明分公司

【概述】 中国移动通信集团广东有限公司高明分公司是中国移动通信集团广东有限公司下属分支机构，有员工 150 多人，下设市场部、综合部、集团客户部和区域销售中心。2009 年，公司围绕“一增、一保、一转”工作思路，抓住高明区域经济回暖形势，整合公司资源，完成经营考核指标，促进企业进入价值型发展的良性轨道。

【精化基础服务，巩固客户满意度】 1.打造 99%普遍服务+1%精细服务，狠抓服务厅内部管理规范性，强化提升服务销售技巧，实现基础服务优化。通过自营厅“一对一”帮扶、初期管理和心态调整等形式，提升自营厅和他营厅整体服务水平，使服务厅在市级各项业务考核中 100%达标。2.开展“美丽同行，生日有你”、“高尔夫俱乐部活动”等 VIP 客户体验活动，打造优质服务品牌，提升高价值客户满意度。3.高度重视客户投诉，通过典型案例分析共享，做好各项投诉预防和控制，各宗投诉处理及时率达 95%以上。4.落实“峰终”理论（判断客户体验峰终时刻及核心需求，强调注重客户“峰”值时刻的核心需求和服务过程的“终”点体验）服务，抓住每个服务的关键点，通过全面灌输、宣传，以点带面，细化和深化服务厅各项细节服务管理，服务基础更加扎实。年内，服务厅普通客户满意度平均91分，第三方暗访成绩平均96分，全年满意度与暗访成绩在佛山五区排名第一。

【深化信息化建设，增强企业竞争力】 深入开展个人信息化业务，推进各类产品从技术导向向客户导向转变，积极推广139说客、飞信、邮箱、手机报、天气预报、12580和手机支付等新业务。开展节日营销活动，推广新业务，提高业务渗透率、使用率和普及率。集团信息化业务实行精耕细管，围绕政府、市场和社会三大市场深入运营。与政府相关部门开展政务信息化合作，结合民生热点力促信息化业务发展。

【加快TD网络建设,创造优势网络价值】 整合合作单位资源，优化配置，提高工程建设效率，TD室内站选址进度位居全市前列。推行网络市场联动模式，构建网络高效服务，建立105个集团客户传输预覆盖资料库。推行网络投诉客户联动服务，建立快速处理投诉机制，为集团拓展提供网络建设绿色通道，给客户良好网络感知度。

【安全生产和风险管理】 以“安全生产年”活动为契机，开展安全文化建设、安全生产宣传教育和安全生产隐患排查治理等活动。通过开展“安全服务送基层活动”，将安全法律法规、安全技术、安全管理、应急管理和安全文化方面知识送到基层，帮助基层查隐患、找漏洞、出实招，提出解决方法和途径，推动基层落实安全责任，提高安全管理水平，建立安全生产长效机制。采取“走出去、请进来”做法，自主开展纵向或横向、跨区域学习交流活动，邀请专业部门安保专家学者开展上门教育活动。加强安全运营管理，组织各级管理者签订安全生产责任书，每月进行安全运营检查，定期开展“消防演练”、“防抢演练”和“服务厅紧急事件处理”等，发动全体员工查找内部安全隐患，员工安全意识显著增强，实现全年安全生产零事故。

【文化建设】 以“健康和谐·心跨越”为主线，以“激情工作、快乐生活、健康成长”为宗旨，以和谐凝聚力量打造有战斗力大团队为目标，开展“信息达人”竞赛活动、“齐亮巾帼英姿”女性趣味运动会和幸福家庭日等活动，成立摄影、舞蹈、篮球、足球、羽毛球和乒乓球等协会，引导员工培养健康生活方式，加强员工关怀，为员工减负，提升员工归属感和幸福感。

【推动公益事业,增强企业影响力】 开展志愿者便民服务活动，打造“责任型、贡献型”企业形象，增强企业影响力。年内，参加“春风送暖，爱心三月”便民活动，现场为外来务工提供报平安长途电话，帮助市民解决日常使用移动通信服务遇到的问题；开展爱心信息使者活动，通过手机向身边朋友发送绿色环保、节能减排红段子信息，分享环保心得；组织团员青年参加无偿献血活动，献血3000毫升；响应区民政局号召，在端午节前夕，向高明区孤寡老人捐赠爱心粽17份；与区团委合作，在竹园社区建立动感地带爱心社区，走进社区开展志愿服务，为孤寡老人、单亲家庭展开帮扶行动。

【党风廉政建设宣传教育】 通过邮件、手机短信和宣传栏等多种传播途径，进行党风廉政建设宣传教育，内容涵盖中央重要文件解读、廉政漫画、廉政格言警句和节假日廉洁自律宣传等。组织党员干部观看《贪之害——贪权、贪财、贪色警示录》、《"蚁穴"透视》、《建国大业》等专题教育片，赴三水参观省纪委"纪律教育学习月活动示范点"，接受警示教育。公司领导为员工讲授廉洁文化课，筑牢思想道德防线，提高员工自律和自警意识。

中国移动通信集团广东有限公司高明分公司负责人名录：

总 经 理：黄宏元

副总经理：罗志洪

（陆华芳）

中国联合网络通信有限公司佛山市高明区分公司

【概述】 2009 年，中国联合网络通信有限公司佛山市高明分公司加大固网宽带建设，完善 2G 网络、加快 3G 网络建设，拓展集团客户，提升增值业务渗透率，积极推进固定和移动网络宽带化，加快融合业务发展。

【业务发展】 全面满足用户综合服务需求，打造一流的全业务电信运营商，为消费者提供崭新的 3G 通信体验（高速手机上网、手机搜索、手机音乐、手机电视、可视电话、手机报、手机邮箱和无线上网卡等"沃·3G"业务）和资费实惠的手机套餐（"沃·3G"基本套餐、"沃·3G"学生套餐、"沃·3G" iPhone），满足客户的个性化需求。国内语音通话与可视电话均采用"长、市、漫三费合一模式"，在国内拨打国内电话不收取长途费和漫游费；全国范围内接听语音电话和可视电话均免费优惠。年内，发展移动用户比上年增长 10%，发展互联网用户比上年增长 30%，整体运营水平再上新台阶。

【市场营运】 1.实行属地化管理。将高明区域划分为两个业务片区，成立东区和西区区域营销服务中心，实行属地化管理，配合网格一体化经营，加强各区域中心业务、服务和资源的承载与维系能力。2.实行自有营业厅承包营销机制。通过营销机制创新，快速盘活资源，调动营业一线人员积极性，沧江营业厅整体效能大幅提升。沧江营业厅人均效能增长 75%，盈亏率提升 60%，人均收入增长 65%。3.加强服务网点建设。以满足客户需求为导向，制定各镇级核心服务网点及充值网点建设规划，使网点结构和分布更趋合理。至 12 月，营销渠道总数 200 多家，充值网点总数 500 多家。开辟新型服务渠道，加强网上营业厅（www.10010.com）、手机营业厅（wap 版 wap.10010.com；wed 版 mob.10010.com）和短信营业厅等电子渠道，推广社会销售渠道，补充传统缴费渠道，提供全天候电子服务。4.开展特色营销。拓宽各类用户层，包括户外促销、节后拦截等，提升产品销量。通过校内合作建设、学生直销队设立和宿舍充值点建设，开展充值维系工作。开展路演活动和歌友会等定向营销活动，树立品牌形象。

【服务管理】 1.开展提升服务质量活动。开展"微笑天使"、"服务标兵" 等主题活动。3·15 期间，开展"创优消费服务先进单位"评选活动。2.开展服务优化管理工程。8月，开展提升营业、营销和客服人员服务技能竞赛，强化服务规范，改善窗口服务，打造3G“服务领先”优势，提升企业核心竞争能力。举行“我服务，我精彩”技能大赛，高明沧江营业厅获联通系统“2009年优秀营业厅”、“2009年集团优秀团队”称号。3.组织客户俱乐部活动。组织VIP客户俱乐部活动，开展生日回馈、礼品积分对换和免费体验等活动，举办知识讲座，提升用户对联通的感知度与满意度。与公司所服务的集团公司举办球类比赛等联谊活动。11月，以“iPhone（苹果）手机随手行”为主题，举办iPhone俱乐部会员活动，现场讲解iPhone手机应用操作、软件下载、售后流程及保修时间、范围等基础知识；邀请会员亲自体验iPhone手机应用，展示与WCDMA网络结合功效，为iPhone用户和爱好者提供学习和交流服务平台。

【网络建设】 遵循业务发展、网络先行理念，加强网络建设，加快盲点基站建设。全年新建基站68个，优化基站110个，完成全区120多个网元3G升级改造和30多次升级割接操作，完成2G和3G互操作。通过单站优化、簇优化、片区优化和系统优化等手段，提升网络质量。网络覆盖率达到99.47%，网络容量达到3500ERL。在规划区内，路测3G话音接通率达到99.77%，语音掉话率从0.77%降到0.12%，标准下载速率为14.4Mbps，实际下载速率达到7.2Mbps，平均下载速率超过家用宽带，网络测试指标全面达到3G商用网标准。

【综合保障】 1.建立责权利统一管理机制。通过理顺架构、优化绩效考核、明确工效挂钩考核和优化人员管理办法、健全内部管理机制、统筹成本管理费用预算等措施，实现责权利统一管理机制。2.开展劳动竞赛。通过开展竞赛评比活动，提升员工积极性。开展每月一次“闪亮之星”评比，选出各业务线当月业绩突出员工，展示其形象和事迹。3.推进企业文化建设。3月，成立文化小组，开展有益身心文体活动、社会活动，丰富员工业余生活。

中国联合网络通信有限公司佛山市高明区分公司负责人名录：

总 经 理：谭洁明

副总经理：温永钢（2009.4～　）

（王兆冬）

水利·供电·供水

水　　利

【概述】 2009年，佛山市高明区水利局贯彻落实省、市水利工作会议精神和区委、区政府“抓项目、保增长”工作方针，以确保实现“三防”安全和水利工程建设安全为目标，开展防洪排涝、内河涌整治和水资源管理三项工作，研究新情况，解决新问题，圆满完成各项工作任务。

【“三防”工作】 年内，全区受“浪卡”、“莫拉菲”、“天鹅”、“莫拉克”等台风影响，经历了3次大暴雨。面对台风洪涝灾害，落实防汛责任，抓好危险区域人员安全转移，及时排查工程隐患和险情。5月23～25日，普降暴雨到大暴雨，局部地区特大暴雨，全区内涝险情由过去老荷城片区、三洲片区发展到杨和人和片区，明城祟步、陶筑片区，全区受灾面积达到2万多亩，其中杨和镇水稻6823亩、鱼塘1615亩、农作物830亩受浸，山塘漫顶2个，溃坝1个，环山排洪沟和田段发生3处严重险情，人民群众生命财产安全受到极大威胁。区、镇各级领导深入察看险情30多人次，出动专业人员50多人次，出动抢险队伍6支、人员400多人次，机械设备超100台次，转移群众160多人。全区无水库垮坝、无堤围溃决、无人员伤亡，实现有险情、没灾情目标。

年初和9月，全区出现不同程度旱情，“三防”指挥部采取有效措施，及时采取关闭沧江水闸蓄水灌溉，经过4次(为期15天)蓄水，解决25000多亩农田用水难题。10月，荷城街道“三防”指挥中心大楼投入使用，全区4个镇(街道)“三防”指挥大楼全部完成软硬件建设。“三防”信息、水利工程建立相应数据库，实现市、区、镇“三防”信息数据交换，实现资源共享。

【水利工程建设】 加强基础设施建设，推进秀丽河整治、西坑水库除险加固、马宁泵站、富湾排涝泵站4项重点工程建设。

秀丽河整治(清淤)工程 投入资金4000多万元，完成土方工程量112万立方米，石方工程量0.8万立方米。9月，验收合格。12月，通过人大常委会考察和讨论，同意销案。秀丽河告别以往河道淤塞、水流不通、发黑发臭历史。

西坑水库除险加固工程 系高明区唯一列入中央扩大内需投资的水利项目。2008年11月25日至2009年1月8日，实施应急加固工程，完成增加抛石工程资金投入259.62万元。2月18日主体工程动工。工程克服各种技术和恶劣天气影响，将在合同时间内完成主体工程并在汛期前发挥水库功能。

电排站建设 2月23日，动工兴建马宁泵站(含东水闸重建),工程预算投资 4813.83 万元。11月3日,动工兴建富湾排涝泵站,工程投资 7600 多万元。

镇(街道)水利建设　杨和镇率先在镇级实施《排涝规划》,清理内河涌,修建和维护电排站,建设环山排洪沟工程,制订年度计划,开始对杨梅河一河两岸统一规划,分步实施建设工程,全年投入水利工程建设资金 1000 万元。明城镇投入资金启动沧江河明城城南、城北段建设。荷城街道配合区水利部门做好荷城片区排涝设施建设前期工作,解决配套资金。更合镇盘活现有土地,融资投入水利建设。

【涉水规划建设】 1.做好涉水行政审批。组织专职人员,负责协调各镇(街道)、西江新城、交通、规划、国土和建设等部门工作,根据项目建设内容,按照有关水利法规,结合《排涝规划》提出意见建议。2.努力推动涉水规划工作。(1)启动论证编制《荷城水环境规划》,适应荷城片区、沧江工业园和西江新城建设,委托有资质单位对西水闸以东、富湾泵站以南、沧江泵站以西的地区进行论证。(2)推进《西江高明段行洪控制线调整及西江沿岸综合开发规划》。配合新城区规划建设和"三旧"改造,组织人员对西江沿岸土地、机关事业单位、工矿企业等社会经济情况进行调查,绘制相关图、表、报告等。(3)做好沧江峰江陂以上不设堤防规划工作。与有关部门协调,完成规划工作,从源头保护母亲河。3.加快实施《排涝规划》。针对区内排涝标准低、内涝形势严峻的情况,积极拓宽水利建设的融资渠道。上半年,在建行、广发行融资 2.8 亿元;协调南方电网高明供电局,优先安排对除大沙站、富湾站以外的电网配套建设,减少区级投资几千万元。

【队伍建设】 组织开展机关作风建设活动。通过采取学习教育、对照检查、完善制度和查访督促等办法,强化机关干部廉洁从政和为人民服务意识,全面提高依法行政、廉政勤政水平。年内,杨和镇水利所等6个单位被评为先进单位,谭雄初等 20多位同志被评为市、区各级先进个人,沧江泵站管理处被省市评为标兵,区水利局被市评为水资源管理先进单位,高明区十三围西江干堤无蚁害堤坝建设项目荣获佛山市科学进步奖。区水利局参加区机关单位年终考评,评定为优秀等级。

佛山市高明区水利局负责人名录:

局　长: 臧继炎

副局长: 谭雄初　徐祖明

麦挺生　邝远华(2009.3～　)

(谭炳辉)

【沧江泵站】 2009 年,佛山市高明区沧江泵站管理处遵循"安全第一,常备不懈,以防为主,全力抢险"防汛工作方针,立足于防大洪、抗大灾,确保水闸挡得住,泵站排得出,完成防洪、排涝、灌溉、航运等工作任务。全年降雨量 1358 毫米,最高水位 4.64 米,累计关闸蓄水抗旱 4 次,关闸时间 47 天,蓄水水位最高 1.98 米,形成内外水位差最大 1.73 米,缓解区农业生产用水紧张情况,促进农业生产发展。

设备检测与汛前试运行　做好枢纽工程设施、机组设备汛前检测与试运行工作。3～4月,检查所有仪表能否正常运行,中央控制室所有开关、按钮能否正常操作;模拟试验继电保护系统装置;检查蓄电池容量;励磁调试运行;高压开关柜转动部件加油润滑,高压电路中真空开关分、合闸空投试验；高压电缆，主机、辅机所有的电动机绝缘度检测；船闸、泄洪闸电器设备检测。更换主电机润滑油，检查油位、更换油阀；供水泵、排水泵、气系统、供油泵、滤油机及管道的检查，更换调角机构冷却水管、压力表、水阀；清洁转子滑环和碳刷，检查主机定子和转子间隙；船闸、泄洪闸闸门启闭设备的检测。落实日常维护、检修、运行记录工作。检查、修复所有照明系统设备。检查泄洪闸闸门、闸墩、消力池、海曼等设施情况，拍摄照片存档。4月8日，对沧江泵站4台主机进行空载试运行，运行状况良好。完成应急度汛工程，对进水池导流墙鸡嘴坝进行抛石固基，防止水流对导流墙冲擦损毁。

冬修工作　制定冬修工作计划，召开冬修工作会议。年内投入22.5万元，完成情况有：1.水工建筑方面：船闸内外护坡、污水塘护坡等六角砼修缮工程。2.机电设备方面：水泵橡胶轴承检查和更换轴瓦橡胶；叶轮间隙及电机轴承间隙的测量；电机、电缆绝缘测量等。高压开关柜隔离开关、真空开关、负荷开关的检修、加油润滑；3.低压设备：直流系统蓄电池性能检测；开关触头清理；继电保护系统试验；励磁设备检测；继电器的检查与维护。4.辅机系统：所有管道及阀门检查、加润滑油；电机检测；充、排水阀及机构维修保养。5.沧江水闸：电气线路检查；启闭机及钢丝绳检查、清洁及加润滑油；闸门导轮加润滑油；启闭机维护。6.沧江船闸：船闸导航灯维护，电气线路检查；启闭机及钢丝绳检查、清洁及加润滑油。完成主厂房起重机检测、维修和年检工作。

管理工作　实行“文明服务窗口”模式管理，执行船闸安全运行规程和日常养护制度。按区财政“收支两条线”制度，所收全部款项上缴区财政专户实行统一管理。投入3万元，完善整个枢纽工程沉降测量工作，编写沉降测量报告书归档管理。落实岗位责任制，定期做好绿化和环境卫生管理工作；定时对所有房屋、电气设备、供水设施、照明器材进行检修维护；定期开展检查和评比工作。开展实施“无蚊害达标”工程建设，灭绝蚊害。落实专人负责，做好整个枢纽工程范围内预埋诱杀箱及检查工作。投入8.1万元，完善档案管理规范化管理。鼓励职工参与在职培训学习，组织佛山市水利同行交流经验，学习先进管理经验。全年没有发生安全责任事故和违法违纪行为。

佛山市高明区沧江泵站管理处负责人名录：
主　任：罗雄飞
副主任：冯海锋　罗仕文

（谭浩军）

供　电

【概述】　2009年，广东电网公司佛山高明供电局围绕“创先工作、电网建设、增供扩销、安全生产”四项中心任务，团结一致，全面推进各项工作，完成各项经济技术指标和工作任务。全年完成供电量25.7436亿千瓦时，同比增长10.07%；售电量25.1619亿千瓦时，同比增长11.07%。

【电网建设】　采取“一项责任、两套机制、三线联动、四方共管、五个挂钩”的电网建设成功经验，探索建立政府主导型的电网建设协调工作机制。至年底，高明区城网可转供率达到89.19%，比佛山供电局下达指标77.8%高出 11.39 个百分点。全年城网 10 千伏线路停电转供电减少影响中压客户停电时户数 5647.36 时·户，减少影响低压客户停电时户数 907201 时·户。全年实际完成投资 5.95 亿元，实现计划投资5.61亿元的 106%，为2005～2008 年累计电网投资4.48亿元的1.33倍；6 个10千伏及以上输变电工程项目顺利投产，其中高明首个 500 千伏输变电工程——沧江输变电工程、220 千伏后龙、110 千伏丽景、石塘输变电工程的投产时间分别比原计划提前1～8 个月，从根本上改善了高明电网结构。

【安全生产】 2009 年，高明配网设备运行情况良好，没有发生一般设备事故和一类障碍，配电变压器故障率 0.34 次／百台·年，配网线路跳闸率（剔除重合成功线路）1.73次／百公里·年，同比分别下降 35.84％和 27.82％；现场违章率 0.52%，低于 1.5%考核指标，为近年较佳成绩；电力设施被盗案件宗数同比下降 82%，损失同比下降 74%；高明电网共启动各级电网风险预警 5 次，均成功渡过险情，以“零事故、零故障”完成建国 60周年庆典保供电任务。至年底，连续安全运行 4417 天，全年实现三个百日安全记录。积极推进安全生产风险管理体系建设和荷城供电所运检一班生产班组规范化建设，全面开展作业、设备、电网、环境与职业健康风险领域风险评估，规范编写任务业务指导书，初步建立应用安全生产风险管理体系。大力加强现场作业管理和设备安全运行管理，有效降低电网和设备故障率，确保安全稳定。落实配网施工安全“四方联动”管理办法，强化设计、施工、竣工、运行全过程监督。实行每月安全考核评优，形成人人争当安全标兵的局面。

【电力供应】 实施“少停多供、度电必争”的策略，积极增供扩销，全力保电量增长。一是发挥“增供扩销，三方联动”工作机制作用，大幅缩短客户工程设计、施工周期，187 户客户早用电 561 天，多供电量约 300 万千瓦时。二是积极推广实施 10 千伏配网带电作业，合计减少停电 35.5 小时，减少停电电量损失约 9.1 万千瓦时。三是加强自发电市场管理，争取 6000 千瓦自发电负荷转用网电。四是优化业扩报装流程、供电方案答复、工程设计审查、查验接电等环节平均办理时限，比省公司的服务承诺时限缩短 70%。五是走进社区、企业开展14 场能源替代宣传活动，引导客户以电代气、代油、代煤，全年实现居民用电同比增 16%。通过“五个一”（一项机制、一项作业、一个市场、一个流程、一个替代）取得的效益电量 6700 万千瓦时，拉动电量增长 3%。6 月 29 日，高明年供电量在全市率先实现正增长；全年完成供电量 25.74 亿千瓦时，同比增长 10.07%，增幅位居全市前列。

【可靠性管理】 抓住影响供电可靠性的关键因素，认真细致地加强配网基础管理，在停电需求比上年增加 181.6%的严峻形势下，将年度计划停电纳入预算管理，统筹全年主配网停电需求，大幅减少停电次数和时间。全年实现城镇供电可靠率 99.9523%（用户年平均停电时间 4.1767小时）、农村供电可靠率99.7688%（用户年平均停电时间 20.2559 小时），居全市前列；城镇中低压用户年平均停电时间4.5941小时，农村中低压用户年平均停电时间19.5189小时。强化配网综合停电管理，做好计划停电预算控制，坚持先算后停，滚动修编月度停电计划，减少重复停电、超时停电和临时停电。加强停电全过程管理，实现“事前预测评估、事中控制检查、事后统计分析”闭环管理。严格停电考核，全年计划停电按时停送电率98.08%，延时送电同比减少2宗；停电时间超过24小时线路同比减少4条，累计3个月内停电超过1次线路同比减少10条。加大转供电力度，对具备转供电条件线路，100%执行环网转供电。积极推行客户受电工程带电接火，全年实施10千伏带电作业9次，直接避免11724户高低压用户共35.5小时停电。全面核对营销系统、供电可靠性系统、配网生产系统电源点数据，“站—线—变—户”对应关系完成率100%。

【队伍建设】 1.配合佛山供电局开展近年来最大规模的干部交流、调整工作，调理充实局领导班子，完成19名干部的管理升格，从普通员工中提拔任用5名年轻干部，对30名干部岗位进行调整。干部队伍年龄、专业、能力结构得到极大优化。以“一线员工培训”为重点，在培训管理、课程、师资、设施、网络建设方面“五指成拳”，对一线员工采取系统性和针对性培训，有效地提高了一线员工业务能力，促进不同层次的基层员工共同进步。班组员工持证上岗率由56%升至100%，在全市率先实现全员持证上岗，高级工及以上人员比例提升近15个百分点。后进员工技能水平明显提高，减轻班组业务骨干工作压力，班组工作更加和谐。年内，“一线班组培训经验”被评为南方电网公司“班组培训金点子”，在全网宣传推广。

2.以“科学发展、创先实践、彰显责任”为主题，将党员实践与企业安全生产等中心工作紧密结合起来，开展各具特色的党员创先主题实践活动，营造士气高涨、激情创先的良好氛围，继续保持“干部零违纪、职工零犯罪”良好局面。

广东电网公司佛山高明供电局负责人名录：

局长、党委书记：李柏根（　～2009.6）
李达明（2009.6～　）
党 委 副 书 记：李锦泽（　～2009.8）
纪委书记、工会主席：李锦泽（2009.8～　）
副　　局　　长：江建平　李铁款（　～2009.8）
刘志雄（2009.8～　）

（刘绍培）

供　水

【概述】 2009年，佛山市高明区供水总公司围绕“稳队伍、保安全、促发展、增效益”工作方针，提升服务水平，保障供水安全，促进企业发展，各项经济指标保持稳步上升。

全年供水6610.13万立方米，同比增加365.95万立方米，增长5.9%；其中，高明水厂年供水5241.36万立方米，增长0.9%，最高日供水达17.27万立方米，增长7.3%；合水水厂年供水687.46万立方米，同比增加77.68万立方米，增长12.7%；杨梅水厂年供水538.10万立方米，扩建完成投产后最高日供水量达4.69万立方米；西安水厂年供水143.21万立方米。全年售水5748.15万立方米，同比增加465.93万立方米，增长8.8%，售水量增长主要集中在荷城。荷城供水分公司年售水3924.03万立方米，同比增加453.02万立方米，增长13.1%；杨和供水分公司年售水763.18万立方米，同比增长1.8%；明城供水分公司年售水661.37万立方米，同比下降0.6%；更合供水分公司年售水 399.58 万立方米，同比增长 1%。实现年销售收入 7892 万元，同比增长 6.7%；实现净利润 564 万元，同比增长 81.9%。

【水厂管理】 一是做好挖潜改造、保障供水工作。针对机械设备使用时间较长、部分设备老化隐患多的情况，进行挖潜改造。首先是对机组设备进行定期检查、保养；其次是对电气及自动化设备进行定期维护、检修，降低高压无功影响；再次是对旧水厂原出厂水管进行技术改造，提高供水效能。二是发挥镇级水厂优势，突显供水体系作用。在 8 月杨梅水厂投入运行前，高明水厂基本处于满负荷供水状态，通过合水水厂、西安水厂和加压站合理调配，保障杨和、明城两镇用水，发挥全区统一供水体系优势。

【工程建设】 成立工程建设指挥部，负责杨梅水厂扩建及该厂至高明大道 DN800 给水管铺设工程建设。工程经过设计、预算编制、审核、环评等筹划，聘请北京中外建设管理有限公司为监理单位。杨梅水厂至高明大道段 DN800 供水管道第一、第二标段分别在 3 月 21～23 日动工建设，6 月 20 日，全线贯通且与高明大道 DN800 供水主管接驳，完成 7806 米 DN800 给水管道铺设任务，其中，钢管3291 米，砼管 4515 米；6月 30日，完成管道试压、管道冲洗等工作。

3 月 18 日，杨梅水厂扩建工程动工，7 月 10 日，完成主体工程，8 月 25 日投入试供水，9 月底投入使用。杨梅水厂扩建后生产能力提高到 5 万立方米 /天(超负荷生产时可达 5.5 万立方米/天)，与之配套的供水管道与区内的供水主管网络并网，形成东有高明水厂、西有合水水厂、中有杨梅水厂格局。杨梅水厂实行全自动化控制，在中央控制室便可控制整个生产流程，降低企业运营成本。该厂供水电耗约 170 千瓦时 /立方千米，比高明水厂节约 34.6%。

【内部管理】 服务活动 4 月，在荷城供水分公司收费班开展“文明服务月”活动。举办“服务意识和服务技能”培训班，聘请专业讲师进行授课。

节能降耗工作 高明水厂在深夜停用所有高压电机时，同时断开高压电容开关，把高压无功补偿暂时退出运行，减少进厂高压线路电流，降低供电线路损耗；利用现有机组，合理调节出厂水压，轮换使用机组；合水水厂根据源水水质变化，控制“三耗”用量，降低制水成本；发挥杨梅水厂和西安水厂“低成本”供水优势，合理调配两间水厂，降低综合供水成本。

水费回收 各镇(街道)供水分公司围绕加快水费回收工作，加大水费追收力度，提高水费的收缴率。一是对不同性质水费拖欠采取多种办法追缴。如对临时性质用水或特种用水水费拖欠一个月，对工业和民用性质拖欠两个月以上，发出催缴通知后，如未按期交费，即实行拆表停水处理；二是协调解决欠费较多的自然村。对欠费较多、拖欠时间较长的自然村，与当地政府及村委会沟通，商讨解决办法，对多次催缴仍未缴交，实行停水处理，如杨和供水分公司追回欠费时间长达一年多屋边村水费；三是安排专人专责追收。派出专人对自然村进行跟踪追收，将催缴通知书发到村委会书记、主任及村长，并与驻村干部联系催缴，确保通知到户；四是对代收费(即其他部门、单位委托我公司的收费)建立确认制度。随着各代收费项目收费标准调整，代收费金额增加，做好资金统一调配，9 月起，各供水分公司就代收费项目与收费主体对当月收取费用总额实行双方共同签名确认制度。

管网维护　一是对使用时间长、爆漏频繁、群众意见多的供水管网采取针对性措施解决。如荷城供水分公司加强巡查，主动查找爆漏点并及时维修，控制管网水“跑、冒、滴、漏”现象。如对威发楼、东华大厦、荷香路等地段（区域）管网通过重新铺设主管等改造措施，减少水量漏耗；如杨和供水分公司，根据杨梅片区原供水管网比较残旧，在杨梅水厂扩建完成投入使用后，部分管道频繁出现爆漏现象，有针对性地加强管网巡查、维护工作，配足人力对街道主要管网进行检测，发现爆漏及时维修，减少水损，确保供水回收率；二是加快抢修速度。受天气影响，供水管道爆漏较多，据统计，全年维修DN150以下管道1878次，DN150及以上管道75次。

用水核查　一是加强对用户用水性质稽查，由抄表员每月上报用户用水性质变化情况，按相应用水性质标准征收水费；二是对用水管网繁杂用水户进行不定时监测，对可疑用水户进行突击检查，查处违章用水和行业违规用水行为，减少不良用水事件发生。全年共查处私接用水户3户、盗水户3户、擅自改变用水性质用水6户。

【农村水改】　配合各级政府改善民生问题，制订农村水改工作方案和措施。抽派专业技术骨干参与区“农村水改”专责工作小组工作；各分公司按属地原则，配合属地政府做好农村水改工程现场勘察、设计、预算和工程监督等工作。制订《关于配合“农村水改”的工作流程和实施办法》，规范总公司各部门在农村水改工作中的职责和相关工作流程。做好农村水样检定工作，全年完成134条自然村155次“水样”检测工作。

【安全生产】　1.强化安全生产意识，促进安全生产常态化。坚持定期安检与重大节假日前安检相结合，重点排查电器设备安全操作、危险源储存、使用废旧电器更换、防火安全和安全通道等方面（环节）安全隐患。5月，召开安全生产培训教育会议，学习修订《佛山市高明区供水总公司安全生产管理制度大纲》，参加人员65人。6月，开展以“关爱生命、安全发展”为主题的“安全生产月”活动，开展安全知识有奖竞赛活动。围绕安全生产主题活动，宣传安全生产知识，组织干部职工学习《安全生产法》、《安全生产管理制度大纲》。

2.抓好水质监测，确保水质安全。针对年内雨水较多、西江源水水质变化大情况，高明水厂化验室加强对源水、出厂水和管网水监测，根据监测结果，及时反馈指导氯气和净水剂投加。安排杨梅水厂2名化验员到高明水厂跟班参加培训，提高杨梅水厂水质分析化验技能。高明水厂化验室主动与各分公司、水厂沟通，协助解决存在的水质问题，处理突（偶）发事件。定期抽取各镇管网水样进行化验分析，确保管网水质安全达标。

佛山市高明区供水总公司负责人名录：

党支部书记、负责人：李海飞

副　总　经　理：汪文华　曾博

（钟广南）

城镇建设

城镇规划管理

【概述】 2009年，佛山市规划局高明分局围绕区委、区政府“抓项目、保增长”工作方针和以科学发展观统领全局、全力推进经济社会又好又快发展的要求，加快推进重点工作项目的落实，各项工作成效明显。规划报建办公室获区行政服务中心“2009年度优秀服务窗口”称号。

【三项重点工作】 编制城乡一体化规划 抓住《珠江三角洲地区改革发展规划纲要》实施带来新一轮城镇化发展机遇，逐步打破城乡二元结构和城乡规划壁垒，结合广佛同城化热点话题，编制高明区城乡一体化规划。7月，开展佛山市高明区城乡一体化规划竞赛，经过两个月的时间，4个竞赛方案均已完成（原确定的5个设计单位中的其中一个中途退出竞赛）；10月25日将竞赛成果送至招标代理收存；10月29号召开专家评审会选出两个优胜方案。11月6日将两个优胜方案报送区政府，由区党政联席会议确定中大方案中标。

规范用地性质变更及改变容积率审批相关制度 根据省专项小组检查后的意见制定《关于建设用地容积率调整的管理规定》，并开始执行。

下放审批权限、建立审批绿色通道 建立区、镇重点项目规划审批绿色通道，制定《佛山市规划局高明分局关于区重点项目规划审批“绿色通道”的管理办法》。

【规划编制】 组织编制高明城乡一体化规划和不开发区规划、富湾片区控制性详细规划等，其中高明区的不开发区规划为重点规划编制项目，区政府召集有关部门召开评议会，并根据各部门意见补充材料深化方案。富湾片区控制性详细规划经两次方案汇报会收集意见，进入方案深化阶段。沿江路以东、跃华路以北、荷香路南北区域、三洲旧圩等控制规划经区政府审核并报市政府审批。

【规划管理】 完善审批制度 健全完善科学民主决策机制，重大事情坚持集体研究解决，严格规范审批程序，切实执行集体会审、分级审批制度，把好项目审批关。修订《佛山市规划局高明分局规划方案评审制度》，深化审批制度改革，将审批权限最大限度地下放到基层管理所，明确机关职能科（室）与基层管理所在项目审批时的权力和责任；成立项目审批监管小组，监督检查管理所规划管理项目审批程序的合法性。由局领导分别挂钩联系各管理所，实行领导班子成员挂钩联系管理所制度，指导和帮助各管理所做好与属地镇政府（街道办事处）及有关部门的协调工作。

依法依规受理审批（核）建设项目 坚持城市规划"一书两证"(选址意见书，建设工程规划许可证、建设用地规划许可证）制度，认真执行省、市和区规划管理技术规定，要求区行政服务中心分局窗口和各管理所受理的业务输入行政审批服务平台后，跟踪审批进程，严禁出现超时现象。全年通过区行政服务中心窗口及各管理所受理各类报建 1064 单，收取基础设施配套费 4272.29 万元，核发《建设用地规划许可证》168个，规划用地面积345.31公顷；发放《建设工程规划许可证》238 个，建设面积 328.75 万平方米；进行工程规划验线 109 单。加强批后管理，全面推行建设工程规划竣工验收制度，对建设工程的各项规划指标特别是强制性内容进行检查，符合规划要求的颁发《规划竣工验收合格证》。全年建设工程竣工规划验收 122 单。

落实"两个机制" 1.提前介入机制。推行规划"提前介入"，实行方案预审制度。针对建设项目报建程序相对复杂、涉及部门多等特点，在严格执行有关法规政策的前提下，尽量使审批工作前置，由技术人员与申请单位、设计单位沟通，对申请人拟送审或处于设计阶段的方案进行非正式预审，及时指出方案中的存在问题，从而有效避免送审方案重复修改的现象，为各报批单位提供全方位服务。2.主动协调机制。明确规划是引领城市经济发展的龙头，积极完善主动协调机制，处理好与相关部门之间的关系。

【规划监察】 法规监察科定期到各规划管理所进行规划效能监察，指导规划管理所法规监察工作，督促指导规划管理所对违法违规建设的跟踪监察、记录、处理工作，对不符合规划或擅自改变规划的建设项目依法严肃处理，全年查处违法违章建筑 63 宗，并及时向区行政执法局发函处理。重视群众的信访、投诉，全年接待群众来访 89 人次，接受群众来信 38 封，接受群众网上投诉、建议 36 宗，承接市规划局、区长专线办及区信访局、佛山市 12345 热线投诉中心转办的信访案件 37 份，承办人大代表建议、政协提案 9 件，均做到现场调研、及时回复、耐心解释、化解矛盾。

佛山市规划局高明分局负责人名录：
局　长：谢安华
副局长：符和雄　杨航军　王绍信

荷城管理所所长：钟胜锋（　～2008.5）
区艺研（2008.5～　）
杨和管理所所长：伍启华
明城管理所所长：罗华方
更合管理所所长：梁宇生（2008.5～　）

（孔德庭）

城镇建设与管理

【概述】 2009 年，佛山市高明区建设局围绕"抓项目、保增长"工作方针，认真履行部门职能，较好地完成各项年度工作任务。

【惠民工程】 *全面完成五项污水处理工程项目* 9月 29日，中心城区第一污水处理厂二期项目、中心城区第三污水处理厂、杨和镇污水处理厂首期项目、明城镇污水处理厂首期项目和更合镇污水处理厂全面完工并试水，新增城市污水日处理能力 10.5 万吨。12 月 30

日正式投产，实现“一镇一厂”建设目标，改变各镇以往没有污水处理设施的历史，达到区第十二届人大一次会议2号议案要求，顺利完成区政府与市政府签订《污水处理设施建设责任书》的2009年污水处理厂建设任务。

廉租房建设项目　2009～2010年第二批廉租住房建设项目位于高明大道专业批发市场后，占地面积13890平方米，建筑面积约15000平方米，共5座226套。8月正式动工，其中第四、五座112套于11月封顶，超额完成市下达年内建成100套廉租房的任务。

【“三旧”改造工作】　旧车站附近区域一带改造项目　完成旧车站公有部分房屋拆除工作，进入私有房屋的动迁工作阶段。

沿江路以东区域旧城改造　至年底，已完成区域范围内的3家企业的拆迁，占地面积约24亩，正办理政府储备用地的有关手续；进行搬迁协商并有明确实施方案的企业4家，面积143亩。全力推进居民住宅动迁工作，完成拆迁范围内251户居民的入户调查，初步确定居民的搬迁安置方式，落实26.31亩拆迁安置房建设用地，11月完成补偿方案的听证会工作。改造资金得到落实，成功在区农业银行融资4.4亿元，第一期1亿元贷款资金已到位，有效地解决了拆迁改造资金不足的问题，为实现滚动开发提供资金保障。

【全面推进“三年促变，绿地高明”工作】　年内，“三年促变，绿地高明”完成城市绿化、道路绿网和水系绿网绿化等项目投资4823.18万元，绿化面积66.36万平方米，新增绿化面51.22万平方米；完成生态公益林林分改造绿化面积489万平方米，投资420.98万元；完成义务植树活动及山上造林绿化面积536万平方米，投资450万元。

【启动“农村巷道100%硬底化工程”】　按市政府统一部署和区政府的安排，负责实施“农村巷道100%硬底化工程”，草拟《高明区农村巷道硬底化建设实施方案》，完成全区自然村的巷道硬底化和排水渠建设现状摸底调查工作。9月1日在荷城街道半月洲村举办“农村巷道100%硬底化工程”启动仪式。

【建筑业管理】　规范建筑行业管理　落实建筑企业动态管理、执业资格实行注册制度、社会（企业）信誉实行诚信考评的行业管理体系。全年对18家施工、监理企业网上动态扣132分，46个从业人员网上动态扣317分。落实施工许可管理制度，办理施工许可128项。制定《关于加强施工现场管理的规定》、《高明区施工起重机械安全管理办法》、《关于加强全区建筑节能管理和建筑节能工程质量控制的通知》、《高明区危险较大工程质量安全管理办法》等6个质量安全生产制度。

工程报监、验收和检测工作　全年完成工程报监137项，总建筑面积120.27万平方米，工程总造价11.87亿元；办理工程竣工验收221项，总建筑面积135.61万平方米，工程造价16.57亿元，工程合格率100%。建筑工程总建筑面积比上年增加83.7%，总造价增加133.67%；工程竣工方面，总建筑面积比上年增加62.90%，总造价增加138.4%。全年完成检测报告4614份，各项检测年总值1090.495万元。严把施工图审查关，完成施工图审查项目超过167项，面积208万平方米，审查到违法强制性规范条文207条。

加强建筑工程质量安全管理，规范建筑业市场　开展“质量月”、“建筑工程质量执法大检查”、“安全生产年”活动、安全生产“三项”活动、“安全生产月”活动，组织建筑施工质量安全大检查4次，检查在建工程75个、施工单位29个、监理单位20个，发出隐患整改通知书75份，提出工程质量、安全问题或隐患420条，其中要求56个工地限期整改、19个工地停工整改，整改率100%。全年未发生质量安全事故。加大起重机械管理力度，确保起重机械使用安全。产权登记起重机械309台，建立起重机械档案；登记挂牌起重机械132台。

加强有形建筑市场及招投标管理 按照公开、公平、公正原则，依法查处规避招标、虚假招标的行为，严格执行评标等各项制度，全年监督工作179项（监督233项次），比上年增长129%。其中施工标113项，监理、勘察设计标47项，其他标19项。施工项目招标总造价9.5775亿元，中标总造价8.0502亿元，为区财政节省1.1202亿元，节省率11.70%。完成的招投标项目中，投资总额在500万以上73项，占40.78%。

引导施工企业开展创优活动 年内，1个项目获得佛山市“文明施工，安全生产”双优工地称号，并申报广东省“双优工程”及广东省样板工程评审；1个项目计划申报“鲁班奖”；1个项目申报“双优工地”。

建设工程造价管理 协助佛山市造价站做好《建设工程工程量清单计价规范》(2008版)的推广培训，举办建设工程造价员继续教育培训班学习，培训人数75人。参与《佛山造价信息》编辑工作。做好建设工程造价咨询工作，处理工程造价咨询问题16宗。

全面开展建筑节能工作 贯彻执行《节约能源法》和《民用建筑节能条例》等法律、法规及技术标准。全区新建民用建筑节能设计审查率和合格率100%。全年建筑节能施工图审查145项、面积137.30万平方米，发现违反建筑节能强条13条。组织参加市建设局《民用建筑节能条例》宣传会，组织区内有关企业参加第二届广东节能环保技术及应用展览会等。完成新型墙材推广使用和墙材统计工作，中心城区范围内新型墙材使用率100%；开展“禁实”(禁止使用实心黏土砖)检查3次。抓好新建建筑可再生资源的利用，住宅天面太阳能改造比上年有所增长。

继续推进沧江桥建设工程 至年底，沧江桥建设工程完成工程总量的79.5%，桥梁段小箱梁已全部架设完成，桥面主车道混凝土已捣制完毕，桥面栏杆支座及人行道板正在施工。西安段引道路基填土完成85%。

积极参与创建全国无障碍建设城市 制订工作方案，成立领导小组，明确部门职责，完成调查表填报工作，为高明区开展无障碍建设城市工作奠定基础。

【房产管理】 全年房产交易总量10939宗，比上年6956宗增加57.26%，其中住宅部分7021宗，比上年4531宗增加54.95%。交易总额为31.06亿元，比上年的19.33亿元增加60.68%，其中住宅部分26.39亿元，比上年的16.55亿元增加59.46%。交易总面积102.35万平方米，比上年65.50万平方米增加56.26%，其中住宅部分81.50万平方米，比上年的51.83万平方米增加57.24%。全年全区房地产交易收缴契税约2亿元。

产权产籍管理 全年受理一手房产交易8776宗，面积72.48万平方米，价值257712.63万元；受理房产交易合同备案7589份，面积63.89万平方米，价值246351.4万元；受理二手房产交易1728宗，面积20.53万平方米，价值29619.64万元，其中二手房产权转移房产继承、赠与等165宗；受理抵押登记7941宗，面积211.65万平方米，抵押金额530692万元，其中按揭登记3547宗，面积39.94万平方米，抵押金额170671.76万元。做好房地产登记簿建设工作，接受省建设厅验收。

全面加强市场监管与调控　全年核发预售许可证45个，预售套数2134套，预售面积327923平方米；确权套数4952套，总面积732602平方米；房屋面积测绘510宗，面积100.09万平方米。房地产市场信息管理系统的升级改造基本完成；完成与中行高明支行等几大银行开发预售款实时监控系统建设，进入调试阶段；实行房地产开发统计季报制度和商品房交易情况周报制度；成功举办2009年第三届高明区房地产博览会暨品牌车展；想方设法解决房产办证历史遗留问题，牵头协调有关部门对波顿时装有限公司、恒威时装有限公司、佛山市高明诚德特钢有限公司、佛山市高明基业冷轧钢板有限公司等企业房产办证的妥善处理，解决企业的困难。做好"丽苑商住楼"、"永安花园F座"等4个楼盘办理竣工确权登记手续，解决购房者房产办证问题。

规范房地产市场管理　制定《佛山市高明区房地产市场秩序整治及进一步落实商品房预售合同网上备案工作方案》，重点检查房地产项目审批、开发、交易等环节，查处违规房地产开发企业，净化房地产市场。

物业管理　做好《广东省物业管理条例》宣传工作，配合做好制定《佛山市物业管理条例实施办法》调查和意见征询等工作。完成房屋租赁契约备案23宗，面积3129.82平方米。配合有关部门做好安全文明小区的构建工作。年内，首批10个安全文明小区全部完成规划并举办安全管理收费价格听证。

加强城镇房屋白蚁防治工作　办理130份《白蚁防治合同》登记备案；办理竣工验收的工程有42宗，建筑面积488060.48平方米。

【住房保障】　1.落实工作重点，突出抓好以实物配租形式、结合发放租赁补贴等，解决235户符合廉租住房保障条件的城镇低收入住房困难家庭的住房问题。其中56户家庭将以实物配租的形式解决住房困难，其余的179户家庭以领取住房租赁补贴解决其住房问题。2.加强廉租住房工作的动态管理，做好2009年度新增低收入家庭住房情况调查。联同区民政局、社区居委对年内申报的低收入家庭逐一上门调查核实，完成144户低收入家庭住房情况调查，完成初审工作，将符合条件的136户送区民政局审核。3.推进农村危房改造工作。联同区民政局、各镇（街道办）联合开展全区农村危房调查。全年荷城街道改造危房19间，投入资金11.42万元；更合镇改造危房51间，投入资金32万元。4.加强住房基金的管理。全年审批申请支取房屋公用部分维修使用住房基金8宗，12.96万元；收回单位职工房改房补差价款29宗，28.95万；销售安居楼杂物房14间，38.06万元；支付农村危房改造资金11.42万元；支取低收入住房困难家庭住房租赁补贴14.28万元；支取区邮政局职工住房货币分配补贴6.84万元。

【市政建设】　市容综合整治工程建设　1.完成跃华桥扩建工程，投资1379.79万元，经半年多建设，于2010年元旦前竣工通车，极大地改善了河江与城区的交通状况。2.河江片区排水管网改造工程，预算投资1500万元。已完成施工的前期准备工作。3.中山路中修整治工程。长1.62公里，宽80米，总投入资金2300.9

万元，包括路面沥青罩面工程、绿化、照明、人行道提升改造工程。其中沥青罩面工程投入资金约1800万元（包含非机动车道沥青罩面工程约500万元，主车道沥青罩面工程约1300万元）；完成人行道改造面积4738.98平方米，绿化、照明、人行道提升改造工程总投入资金1000.9万元。4.中心城区内街巷道路硬底化建设。完成文竹路、飞龙巷，云开街以及星河花园小区项目等工程项目。硬底化总面积21368.16平方米，新建排水管1178米，铺设人行道面积3053平方米，改造道路面积1210.5平方米，投入资金569.96万元。推进的第二期（广安路、宝华街、升平街道路、沧江中学前小区硬底化工程，欣荣街及华乐园南侧道路工程、泰和路部分人行道工程）6项内街巷硬底化工程项目，建设面积36976.64平方米，新建排水管道2179.86米，预算工程造价686.7万元，力争在2010年上半年完成。

碧桂路道路工程　7月20日动工，10月15日通车，投入工程资金683.8万元。

三景路道路工程　施工单位已落实，待荷城街道完成征地即可开展施工。

推进市政工程建设　明建公司与相关部门落实借款所需的抵押物等资料，与相关银行紧密配合，按计划完成首期的融资工作。完成融资4.62亿元；正在进行融资3.36亿元。全年市政工程建设投资5871多万元。

【公用事业管理】　燃气管理　1.加快管道燃气建设进度，确保清洁能源不断覆盖，至年底，铺设市政管约40公里，庭院管43公里。年内，荷城至明城LNG站沿线的燃气管道工程顺利完成。配合做好佛山市天然气高压管网建设工作，明城LNG储配站于12月底投产，储存能力500吨，确保高明区天然气清洁能源的用气需求。2.加强燃气突发事故的应急抢险，完善燃气突发事故应急抢险预案，组建一支抢险队伍。在“6•1事件”和“8•10液化石油气槽车翻侧事故”，抢险队伍能做到快速反应、冷静果断、按规章制度妥善处理事件，较好完成抢险工作。3.加强燃气市场监管。全年暂扣钢瓶200多个，纠正违规经营30多宗，规范工业瓶组站供气1家。规范经营瓶装燃气供应站，要求中间商统一挂靠正规气站，实施全区瓶装燃气供应站点统一标识，规范行业管理。全年全区液化石油气的销售量21541吨，天然气销售量1400万立方米。

加强饮用水安全监管　重点加强全区供水企业的水源水保护和水质监测工作，确保供水水质安全。通过企业日常排查与行业督查相结合形式，认真开展安全排查行动，杜绝隐患，确保全区居民饮用水安全。9月中旬，市公用局与市水业集团水质监测站技术人员抽检区供水企业，均达到有关标准。

加强城区管理，改善城区市容环境　加强城市管理，全年办理相关业务和行政审批364宗。加强建筑垃圾管理，确保建筑垃圾得到有效处理，减少对市容市貌的影响。加强城市桥梁管理，启用佛山市城市桥梁信息管理系统。对全区11座城市桥梁普查，完善信息系统建设工作。加强公共市政设施的维护和管理，完成中心城区内户外广告的初步统计。协助区行政执法局开展中心城区乱拉挂、乱张贴宣传品和违法设置广告的专项整治联合行动。做好沧江工业园（除杨和镇辖区）范围内市政日常维护管理接管工作。做好高明第三届濑粉节的节前广告宣传系列工作，完成现场环境保洁。圆满举办省第十六个环卫节庆祝活动，表彰中心城区77名环卫先进工作者。推进创建全国文明城市工作，开展做好“诚信经营示范街”工作。依法完善城市管理，制订《高明区排涝应急预案》、《佛山市高明区鼓励利用社会资金建设停车场实施办法(征求意见稿)》。完成2010年迎春花市招投标工作。

城市环境卫生管理　做到城市生活垃圾日产日清，确保城区环境卫生质量。接管沧江工业园(三洲、西安片)环卫管理工作，合计接管26条街道、面积58.36万平方米。全年新增保洁面积约3万平方米、新增上门收集垃圾569户。至年底，中心城区保洁面积341.94万平方米，上门收集垃圾52457户。完成清运垃圾量43839吨，清理化粪池2035个、清理淤塞下水道1707次、清疏10.33万米、清渣8590吨。

城市照明与路灯管理　加强路灯巡查，确保亮灯率98%以上。抓好路灯节能改造的基础数据整理工作，为路灯节能降耗提供依据。投入31.3万元实施城区路灯老化设施改造项目工程，完成莲花路、荷花塘、永安街、七星岗公园的路灯、门楼及荷城公园门楼灯饰改造。投入155.5万元全面完成城区内巷街道照明及灵龟公园照明工程。完成荷城广场照明灯光改造工程。

园林绿化管理　做好“国家园林城市”复查迎检、“全市绿化检查工作”、“全区绿化检查”工作。加强中心城区绿地管理，绿地生长态势良好。全年补植乔木95株、袋苗约37200袋，草皮1400平方米，施肥27吨。翻种面积约12000平方米；修剪绿篱约10.8公里，修剪乔木1.4万株，草皮约14万平方米；完成绿化迁移面积约8309平方米；及时更换道路节点花钵时花，保持美化亮点，摆放时花20460袋；新接管绿地面积30329平方米。加强园林绿化工程管理。完成2009年春节中心城区摆花、灯饰工程等绿化工程7项，工程造价180.6万元；完成高明大道提升工程设计方案、预算，基本完成内街巷绿化设计及预算，工程预算总造价684.10万元。结合绿化检查，加强公园、广场及高明大道的绿化建设，提升城市印象，对植物施肥5次、8.5吨。做好公园、广场设备设施的维修和安全检查，确保游人的安全。全年公园、广场举办公益活动30次。

排污排涝工作　全年，污水处理站机组安全运行4284小时，排放污水、雨水总量3005万吨。

【行业综合管理】　加强建筑企业资质管理　加强企业资质管理，全年办理企业资质业务62宗。完善佛山市建筑业企业诚信管理系统工作，办理并发放诚信手册22宗、核查区外建筑业企业诚信手册390宗、锁定区外建筑业企业技术人员115人，组织并办理全区建筑业企业诚信年终综合考评。完成建筑行业统计工作。全年完成城市建设、房地产类和勘察设计业企业等统计报表89份。加强资质制度文件的落实，网上公布建筑业企业奖惩通报等，对相关企业加分及扣分情况网上登记。

加强城建档案管理　全年完成归档的城建档案22855卷，办理档案查询1500多人次，办理调档12000多人次。提升档案馆硬件建设，购置档案柜、资料架、电脑等设备一批。派员参加业务培训及邀请区档案局进行业务指导，提高工作人员业务水平。年内，通过区档案局年审检查。

【援建水磨镇及帮扶工作】　援建水磨镇工作　2008年11月至2009年5月，选派建筑技术人员黄劲博参加佛山市第一批赴水磨镇参加市对口援建项目代建管理中心工作，主要负责所有援建工程的造价咨询工作、茶家乐风貌改造工程和农技推广站工程的建设工作。3月初，选派王利忠参加佛山市派出的第二批赴地震灾区汶川县水磨镇对口支援工作，安排在农村及桥梁项目组，负责征地拆迁和农村基础设施的维护及各个桥梁的业主代表，具体内容包括征地拆迁，农村的饮水、道路和农村公共设施用房以及风雨廊桥、高明大桥、三水大桥、南海大桥、顺德大桥等大桥梁的立项、初步设计、施工图设计、招投标和施工整个过程管理。

驻连州扶贫工作　10月，派出谢俊斌为首批驻连州市扶贫工作工作人员，进驻连州市西江镇山塘村委会，展开帮扶工作。11月，班子成员及相关人员前往连州市展开帮扶工作调研，根据实际情况制定帮扶工作计划。

【行政管理】　开展学习实践科学发展观和"民主评议政风行风"活动　围绕经济建设工作中心任务，把开展民主评议政风行风工作与业务工作、深入学习实践科学发展观活动、"三促进一保持"活动、纪律教育学习月活动结合起来，加强作风建设，促进事业改革发展。实行党务政务公开，公开办事流程和办结时限等，及时公布重大事项及重点工作的进展情况，做到党务政务"阳光透明"。抓好班子建设和廉政建设，召开"切实转变作风，推动科学发展"主题民主生活会，狠抓党风廉政建设责任制的落实。

内部管理　1.局内部招投标工作监督管理。制定实施细则、操作流程、招标代理的确定办法，规范局内部标的招标范围、招标制度及招标程序。全年有9个工程局内部招标，招标总造价108.073万元，中标总造价92.859万元，节省15.214万元，节省率14.08%。2.加强制度管理。从制度上规范工作作风、工作纪律、工作效能，完善《区建设局内部管理制度》，加强作风建设。

党建群团工作　完成机关党委的换届工作。吸收发展预备党员10人，转正2人。完成中层干部竞聘上岗工作，把能力强、素质好的干部充实到中层干部队伍中来。

做好人大建议、政协提案办理工作　创新工作机制，完善办理制度，按时完成区人大建议、政协提案28件办理工作，做到建议提案按时办复率、满意率100%。

综治信访工作　妥善解决群众反映的热点问题，全年受理12345热线、信访、投诉、咨询等共471件，办结率100%。

【存在问题】　建筑工程质量安全监督管理仍存在薄弱环节；市政投资建设资金抵押物不足、廉租住房建设资金的落实较为困难；绿化管理和绿地管养还有待加强；污水处理站的设备严重老化；市政工程欠债问题仍然难以解决等。

佛山市高明区建设局负责人名录：

局　　长：李卫文

副 局 长：欧德坚　叶东辉（～2009.8）

梁栋柯　黄思明

杜伟南（2009.8～）

（罗永兰）

西江新城建设管理委员会

【概述】　2009年，佛山市高明西江新城建设管理委员会落实科学发展观，围绕"新兴产业之城、岭南山林水都"的发展定位，完成总体规划，狠抓融资工作和征地工作，全面推进市政工程，新城建设工作跃上新台阶。

【融资工作】 抓住扩大内需的契机，主动与各金融机构沟通，提前组织资料，采取银团贷款、专项贷款等融资模式，共融资 23.25 亿，实际到账 17.75 亿元，余下资金将根据资本金情况分批到位。至年底止，西江新城工程建设投入资金总额约为 1.25 亿，征地投入约6.071 亿，合计投入约 7.321 亿元。

【总体规划顺利完成】 经过历时一年的城市规划国际竞赛，4 月 13 日进行西江新城总体规划（2009～2020）成果汇报，9 月 5 日通过专家组评审，11月 10日通过《南方日报》A12 版整版公示规划成果，并通过批准。规划初步方案将西江新城定位为：广佛西翼生产性服务业和休闲性服务业为主的现代服务业集聚核，西江组团集行政办公、文化娱乐、商业商务和体育休闲功能于一体的城市公共活动中心，高明城区具有“山林水都”特色的岭南滨水宜居新城、广佛后花园。

【市政工程建设全面铺开】 至年底，西江新城已启动 20 个工程建设项目，总投资约 22.3 亿元。有 12 个项目已动工，投资约 10.15 亿元，其中开工建设的施工标 36 个，中标总价约为 7 亿元，有 7 个施工标已经完工。正在建设的重点工程包括荷富大道扩建工程、高明职校新校区工程、沧中附小、新妇幼保健医院、大德路、东湖路、怡乐路、环湖路、凤凰路等，沧中附小和新妇幼保健医院建设工程土建造价约 1.23 亿元。

【征地工作】 年底止，新城范围内科教园区征地已经完成。其中，苏村、良江、上下古耶完成部分征地，禾洲、湾渡、官棠、阮埇的土地正在征收中。

【“两分两换”试点工作】 7 月中下旬，组织开展调查摸底工作，广泛听取民情民意，确保西江新城“两分两换”（宅基地与承包地分开、搬迁与土地流转分开，以宅基地置换商品房、以土地承包经营权置换社会保障）试点工作顺利推进。西江新城规划范围内共有 19 条自然村，占地总面积 2560 亩，农村户籍 3188 户，人口 12590人。佛山市高明区西江新城“农村宅基地换房”社区建设项目位于西江新城核心地区，即荷富路以西，西江大道以南，凤凰路以东，明国路以北区域。选择 1～2 个条件成熟的村（居），根据“等价”或“等量”原则，按照规定置换标准换取西江新城“农村宅基地换房”社区中的房屋。宅基地由区政府统一征收、统一安排，实现“土地节约集约有增量，农民安居乐业有保障”目标。年内，出台《佛山市高明区关于开展农村“两分两换”试点工作的实施意见》，拟定《“两分两换”农村宅基地换商品房具体方案》和《工程成本预测方案》。“农村宅基地换商品房”社区名称拟命名为祥富小区，投资开发有限公司作为业主单位，首期建设 200 套城镇住房，建筑面积 20000平方米，楼高 11层，工程投资规模 2800 万元。

【内部管理】 1.综合服务工作。认真完成领导讲话、调研报告、工作汇报、重点项目进度周报及月报等综合性文字材料，全程督办文件落实、行政投诉处理、档案资料管理等工作，认真组织党组中心组学习、民主生活会等活动、会议。2.认真组织学习实践科学发展观活动。提升干部职工的思想水平、业务水平。3.宣传策划。制作《西江新城宣传画册》，编写《工作简报》7 期、宣传栏 4 期，上报政务信息 8 条。在维护好办公 OA 平台的基础上，7 月建成开通管委会网站。

佛山市高明西江新城建设管理委员会负责人名录：

主　　任：麦志航

副 主 任：陆锦辉　刘烜业　田建寅

（贺颖慧）

环境保护

【概述】 2009年，佛山市高明区环境保护局深入学习实践科学发展观，围绕区委、区政府“抓项目、保增长”中心工作，履行环境监督管理职能，加强环境执法能力建设，提高服务水平，全力推进污染物总量减排，探索开展区域环保合作模式，积极应对各种不利环境因素的冲击，较好地完成年内各项工作任务。

【环境质量】 年内，中心城区空气环境质量达到国家环境空气质量（月均值）二级标准，其中，空气质量达到优的有114天，达到良的有209天，达到轻微污染的有7天。城区降尘达标率100%，酸雨频率69.3%，降雨pH值平均为4.84；建成区区域环境噪声和交通噪声达标率100%；西江（高明段）水质各评价项目均基本达到《地表水环境质量标准》（GB3838～2002）Ⅱ类标准，高明河、三洲大涌和秀丽河各个断面均达到目标水质类别要求。环境质量基本维持在上年水平，持续保护良好。

【污染减排工作】 全面落实重污染高耗能企业关停工作　年内，9家立窑水泥企业和7家玻璃、马赛克、陶瓷企业如期关停，预计可削减SO_2排放量3182吨。

重点减排项目的工程建设全部完成　纳入总量减排的重点工程项目广东溢达纺织有限公司热电联供项目和佛山市海天（高明）调味食品有限公司，分别投入437万元和415万元，建成锅炉尾气深化治理设施和在线监测监控系统，预计可削减SO_2排放量993吨。

环境基础设施建设实现新突破　年内，4个镇（街道）的5个生活污水处理厂同时动工。11月，主体工程陆续建成并开始进水测试。

全面推进陶瓷企业清洁生产　年内，保留下来的4家陶瓷企业全部通过清洁生产现场审核。

【环评审批】 强化服务意识，严把建设项目准入关　全力提供环评服务，为企业排忧解难。年内，环评审批工作主要体现为“三个一律”：一是重大招商项目一律提前介入。部分项目由于产业政策、产业布局和排污总量等因素的制约，不适合引入，为避免镇（街道）招商引资人力、物力的浪费，为企业发展节省时间，环保审批工作在招商阶段提前介入，节省行政资源。二是重点融资项目一律进入审批绿色通道。配合招商引资工作，将市政工程、水利工程、社会事业工程等重点建设项目纳入环评和审批工作绿色通道。全年接受融资项目环评任务165个，均按期按质按量完成，为争取融资贷款赢得先机。三是资料齐备的项目编制环评一律提前办结。在资料齐全的情况下，填报环境影响登记表的项目，审批时限从原15个工作日压缩为5个工作日；编制环境影响报告表的项目，审批时限由原20个工作日压缩为15个工作日。

严把项目审批关，从源头控制污染的产生　年内，环评审批工作服务和服从于总量控制这一核心，落实"一前置二公示"制度：一是以总量减排作为建设项目环评审批的前置条件。对所有新建项目全部实行主要污染物先减后建制度，决不突破总量这一条红线。全年受理工业项目303个，其中31个项目因不符合环保相关要求而被否决，占总申报项目的10.23%。项目审批时，鼓励新建企业开展清洁生产，降低能耗，从源头上减少污染物的产生。二是贯彻执行审批公示制度。把公众的反馈意见作为环保审批是否通过的重要考量依据，对环境影响较大的敏感项目实行网上公示和现场公示。

全年受理项目申报537个，其中：工业项目303个，第三产业129个，建筑报建项目105个；已批工业项目265个，不予审批31个，未按要求提供资料的项目7个；已批第三产业项目110个，不予审批5个，业主弃办14个。已批建筑报建项目105个；批出环评348份，其中工业批出环评163份，建筑项目批出环评77份，第三产业批出环评108份(其中机动车维修类环评20份)。

【环境执法】 *严厉打击环境违法行为* 1.不定期开展专项行动。年内，多次开展环保大检查行动，分别是针对钢铁行业的"雷霆行动"、针对废气的"闻风行动"、针对金属行业的专项整治行动、针对重点环境区域的无牌无证企业的联合专项执法大检查等。专项行动持续时间长短不一，以解决实际问题为目的，短的两三个星期，长的达三个月。2.经常性检查与突击检查有机结合。执法人员实行24小时轮班制，对日常确定的黑名单进行突击性检查，尽量杜绝企业利用节假日或晚间偷排的侥幸心理。3.执法人员与群众互动形成机制。在社会中聘请环保义务监督员，不定期地向环境执法人员反映违法排污线索；改革和修订公众举报环境违法行为有奖制度，明确规定，群众发现环境违法行为，只要反映到区环保局，经查实都给予奖励。全年给予有效举报发出奖金20多万元。4.公众参与，媒体联动形成常态。安排专人与网络、报纸、电视台和电台建立联动机制。群众反映到媒体的环境问题，执法人员均第一时间进行查处；媒体配合，及时曝光违法企业。

全年受理各类环境咨询、投诉、信访案件901宗，立案调查的环境案件392宗，已办结385宗(结案率98.21%)；其中实施行政处罚的环境违法行为90宗，罚款233.65万元；出动各类检查3316人次，检查企业3866间次，发出整改通知书235份。

健全污染源日常监督管理制度 1.推进污染源在线监控系统建设。继续推进重点污染源在线监控(测)系统的建设工作，完善在线监控系统。至年底，全区有16间企业23个监控点位划入监控中心管理范围。2.加强危险废物和放射源的监督管理。全年督促70家企业与资质单位首次或继续签订委托危险废物回收处置合同并备案，办理完成危险废物跨市转移的审批手续47份，对49家放射源使用单位落实严格的日常监督制度。3.做好排污许可证的审发和排污费的征收。全年核发排污许可证107个，开单征收排污费720.7万元(已到账534.6万元)。完善排污费征收工作，依法扩大排污费的征收面，对建筑工程、码头煤场、自制水企业等排污单位开征排污费。4.完善应急管理体系，做好环境信访维稳工作。参加环境突发事件应急演练，组织应急处置业务培训，完善应急装备的配置，提升对突发环境事件的应战能力。整合环境信访工作资源，畅通12369和88883340环保投诉热线，开展"民生热线"直播节目，收集网络媒体的信息，及时

解决群众关心的热点、难点问题。全年妥善处理环境突发事件6宗、涉农污染事件25宗。

【化解历史遗留的验收难题】 制定《佛山市高明区建设项目竣工环境保护验收管理程序规范》，加强高明区建设项目竣工环境保护验收管理工作，规范建设项目竣工环境保护验收管理程序，从制度上规范全区建设项目竣工环境保护验收管理，理顺建设项目竣工环境保护验收思路。成立3个验收专责小组推进建设项目竣工环保验收工作，化解历史问题。全年为50家企业和36家限期治理企业办理验收工作。

【整治水环境工作】 综合整治畜禽养殖污染 根据高明区畜禽养殖业污染状况，拟定《佛山市高明区畜禽养殖污染防治管理暂行办法》和《佛山市高明区畜禽养殖污染防治综合整治实施方案》，于8月26日召开综合整治动员大会，正式启动全区畜禽养殖污染治理工作。年内，与有关部门及各镇（街道）通力配合，开展全区畜禽养殖禁养区、限养区和非禁养区划定的工作。

整治三洲大涌污染 落实区政府关于三洲大涌整治的工作任务，根据分工要求，制定《关于对荷城街道三洲片区企业污水管网调查工作实施方案》。联同区建设局、荷城街道办、沧江工业园、国土分局等部门，全面摸底调查三洲片区污水管网；成立2个调查小组，全面调查掌握片区内工业和生活排污状况。调查形成了三洲片区市政污水管网现状图，为三洲大涌截污治污和下阶段调查企业排水情况提供依据。

【环保宣传】 围绕“6•5”世界环境日主题，与区委宣传部联合举办环保宣传月活动，开展环保征文大赛、保护母亲河摄影比赛、环保自行车环城行巡游等活动。结合日常生活环保知识，编印环保宣传手册，向市民发放环保宣传资料。成立网络宣传工作小组，应对网民意见，定期收集整理有关环保方面的信息。经常邀请媒体共同参与环保专项大检查行动，制作环保专题节目，曝光违法违规企业，提高执法的透明度。

【环保区域合作】 贯彻落实《珠江三角洲地区改革发展规划纲要》，加强与周边地区的环保工作联系与交流，6月上旬，先后与高要、鹤山、新兴三地环保部门签署环保合作协议，探索推进区域间环保合作。环保合作协议包括加强联合环境执法、加强区域环保审批联动、加强大气复合污染治理、加强流域水环境整治、开展科研合作、建立联合应急机制等内容。签署合作协议后，率先在联合执法、项目审批、信息通报等三方面进行尝试，取得较好的成效。

【环境监测能力建设】 加强环境监测能力建设，形成系统的环境监测管理体制。年内，富湾水质自动监测站建设列入重点推进项目之一。至年底，水站的设计、经费、报建、审批和承建单位全部落实。站点的建成将填补高明区饮用水源水质自动监测领域的空白。

年内，环境监测站派出30人次参加省、市举办的环境监测培训和应急演练，在污染源监测、污染事故监测、验收监测、环境影响评价监测和环境质量监测等方面，为政府决策提供了大量的基础性环境监测数据。全年监测企业550间次，获得监测数据19249个（比上年增加1.7倍），征收环境监测费793079元。

【队伍建设】 1.把学习实践科学发展观活动

与环保工作紧密结合，创新工作方式方法，在推进污染减排、提升行政服务水平、改进机关人员作风、加强环境执法能力建设等方面取得明显成效。2.强化内部管理，引进监督机制，“创新一种制度，引入一种监督，树立三种形象”：(1)创新设立“警示、警诫、黄牌”纪检监察制度。针对群众反映的环保队伍存在的问题，制订并推行《警示、警诫、黄牌警告规定》制度，设立纪检监察室，安排专人负责党风廉政和纪检监察工作，下发《纪检通告》5份、《警示通知书》22份、《警诫通知书》1份，有效改进环保队伍工作作风。(2)引入环保义务员监督机制。年初，在社会中首次聘请特邀环境监督员35名，负责宣传环保政策、法律法规，监督环保工作人员的行政执法活动及日常工作，检举污染环境和破坏生态的行为。(3)树立廉洁、公正、阳光的环保新形象。加强队伍培训，定期邀请检察院人员宣讲预防职务犯罪的知识，提高干部职工拒腐防变的能力。

佛山市高明区环境保护局负责人名录：

局　长：王健尧

副局长：严贤荣　蔡子强

王满庭（　～2009.8）

（李英勤）

行政服务

【概述】 2009年，佛山市高明区人民政府行政服务中心以“优化提升政务环境”为工作目标，以“审批提速，服务提质”为切入点，提升政府行政服务第一窗口形象，全面完成年初制定的工作目标和任务。全年受理各类审批、办证等业务143588件，比上年增加57521件；办结数137769件，比上年增加52788件，办结率95.9%。接受群众网上业务咨询237件、网上投诉16件，均准时回复处理。

【限时审批制度】 巩固落实“市三天上报、区五天办结”限时审批制度，简化审批部门内部审批环节，巩固提高三大并联审批专项改革，深化以“两横两纵”审批流程专项改革为重点行政审批制度改革。全年全区取消事项69项，调整事项30项，有关部门将主要精力转向政策制定、市场监管、社会管理、公共服务等工作上来。至年底，全区有审批管理事项884项（行政许可事项425项，其他审批事项262项，另有日常管理事项197项）。管理事项中，81.2%的事项实现“市三天上报、区五天办结”限时审批制度，24%的事项实现即时办结，90.1%的事项实现窗口办结。

【并联审批】 根据明府办[2008]136号文件要求，加快工商注册登记并联审批程序改革，参观学习吸收禅城等区的工商注册登记并联审批开展的经验，结合实际，制定《高明区工商注册登记并联审批改革实施方案》，从6月1日起在全区范围推进实施。新方案大大压缩了审批时限，将原需要20个工作日的审批时间压缩到10个工作日左右。积极推进建立工商注册登记并联审批操作系统，与行政审批系统、电子监察系统对接，加强对并联审批的实时监察力度，到年底已投入使用。组织23个相关单位的业务科长及窗口工作人员开展工商注册登记并联审批系统应用培训。在推进工商注册登记并联审批过程中，中心从制度、人员和技术给予充分保障，保证工商注册登记并联审批运行畅顺。12 月底，并联审批受理事项包括名称核准 226 件，登记注册 57 件，合计 283 件；办结事项中名称核准 226 件，登记注册 57 件，合计 283 件，办结率 100%。畅通联合审批绿色通道。12月设立“综合服务窗口”，统一受理涉及多部门审批事项的审批前置咨询工作。

【审批配套】 整合和推进工商注册登记并联审批需配套的单位和项目的进驻，继续扩大中心的业务受理范围。4 月 1 日起，区工商局及其下属镇街的工商所登记窗口整合搬迁至中心，统一受理上述 4 个窗口的工商登记注册及动产抵押、展销会、户外广告等业务。

【“窗口”建设与管理】 9 月，区政府出台《关于进一步规范契税、耕地占用税征收管理的通告》，到中心办理契税缴纳和房产证人员剧增，导致房产、财政契税、国土等服务“窗口”业务量持续居高不下，中心积极采取应急措施应对，保证该业务受理有序开展。上半年，中心牵头带领全区“窗口”工作人员到南海狮山培训基地对“窗口”工作人员进行礼仪培训，提高服务水平。

【12345 行政服务热线】 年内，12345 行政服务热线作为考核内容纳入机关效能和机关作风建设考核工作。在《佛山日报•今日高明》开辟每周一期的“12345 服务热线”专栏，报道典型案例形式等热点问题。在新车站候车大厅安装大型广告牌，在 504、507 号公交专线车上喷绘宣传画，扩大 12345 服务热线的宣传影响。

【行政审批效能监察】 中心服务大厅通过应用电子监察系统履行监督职能，规范窗口工作人员的审批行为。全年全区报送行政审批业务 93407 宗，提前办结率 73%，发放黄牌警告 4 次，纠正 1 个单位不实时报送数据行为，补报行政审批业务 1728 宗。

【联点挂钩工作】 年内，继续挂钩更合镇大幕村委会。制定 2009 年联点挂钩工作计划，每季度安排一名主要领导负责跟进和协调具体工作，选派 1 名老党员干部任挂钩村驻村干部，定期开展走访调研活动，解决群众实际难题。提供联点挂钩与扶贫专项经费 2.5 万元建设星光老人娱乐中心。中心党支部、工会、团支部和妇委会通过春节慰问困难党员，母亲节慰问单亲特困母亲，“六一”儿童节向儿童赠送书籍及体育用品，“七一”慰问老党员干部等活动帮扶特困党员、优抚对象、特困单亲家庭。协助挂钩村解决新围村山地合同纠纷问题，做好甲型流感宣传和防控工作。

【自身建设】 开展学习实践科学发展观活动，以科学发展推进优质服务，以优质服务助推科学发展。创新审批管理制度，深化行政审批制度改革；细化和完善窗口考核方案，规范工作人员的窗口服务行为，完善进驻窗口管理监督制度；推进并联审批改革，建立完善工商注册登记并联审批制度。探索镇街行政服务中心建设，探索行政服务中心“一站式”服务平台建设机制。

佛山市高明区人民政府行政服务中心负责人名录：

主　任：朱子华

副主任：陈国坚　谢乙生　邓少雄　刘　淘

（谭颖妍）

“‘要明鹤兴’县域经济一体化发展论坛”在高明区举行

2009年9月6日，由南方日报社主办，高要市人民政府、高明区人民政府、鹤山市人民政府、新兴县人民政府协办的“‘要明鹤兴’县域经济一体化发展论坛——珠三角县域一体化初探”在高明区举行。省委党校副校长陈鸿宇，南方日报社副总编辑黄常开，佛山市委常委、宣传部部长叶志容，省社科院科研处处长丁力，“要明鹤兴”四地党政领导，四地各主要职能部门、各接壤镇街、重点企业负责人以及中央、省、各市及港澳驻广州媒体等共约300多名嘉宾出席了论坛。与会专家认为，这是自《珠江三角洲改革发展规划纲要》正式实施之后，广东省首个以县级区域一体化为主题的高端发展论坛。

论坛中，高要、高明、鹤山、新兴四地领导以及知名专家学者，就“要明鹤兴”县域经济一体化提出了创新性的意见和建议；四地还联名发表了《“要明鹤兴”四地合作宣言书》，共同承诺探索共建“要明鹤兴”一体化合作机制，并谋求建构中国县级区域一体化的有效模式。

此次论坛引起了社会的广泛关注与好评，也引起了省委有关领导同志的关注。论坛后，省委办公厅专门组成调研组，就“要明鹤兴”一体化探索分赴四地进行调研。

经济

经济管理

发展和改革管理

【概述】 2009年，佛山市高明区发展和改革局围绕区委、区政府“抓项目、保增长”工作方针，以科学发展观为指导，着力组织实施《珠江三角洲地区改革发展规划纲要(2008～2020年)》，以争做部门主责制示范单位、优良服务先进单位、高效服务满意单位为目标，努力工作，取得“一个创新、两个之最、三个有效”(创新工作方式，开通行政审批“绿色通道”。抓项目立项融资管理力度为历年之最和争取获得中央政策和资金支持力度为历年之最。贯彻区域发展新思路，“东靠西连”见成效；加强专题研究，调研成果见实效；全面落实工作责任，主办事项见绩效)成绩。

【三项重点工作】 贯彻落实《规划纲要》，促进区域发展 对《规划纲要》涉及高明区的41项指标任务进行分解，梳理和跟进贯彻落实《规划纲要》68个重点项目，全力推进广明高速西延线等十大重点项目建设，加快融入广佛都市圈。主动出击，加强沟通，搭建“要明鹤兴”四地发改部门信息合作交流平台。根据高明与高要、鹤山、新兴贯彻实施《规划纲要》交流会备忘录精神，成立工作领导小组，与三地发改局加强沟通交流，制定对接(合作)方案，草拟推进交流合作的协议，协助区政府做好《三地贯彻落实纲要基本情况》、《高明经济社会发展基本情况》、《各单位近期与三地对接(合作)的基本情况》等资料的收集整理工作，牵头跟进落实好215项“要明鹤兴”区域合作项目，为进一步做好“东靠西连”工作，推动高明经济、社会发展和“要明鹤兴”县域经济一体化发展发挥积极作用。

城市可经营项目推介洽谈工作 以政府为主导，牵头为政府建设项目引入民间资本建设搭建平台，组织80人代表团参加2009佛山城市可经营项目投资推介洽谈会暨签约仪式。投资推介和签约项目40项，投资总额83亿元；政银企合作签约项目2项，签约总额6.8亿元。洽谈会上，高明区推出城市可经营项目涵盖交通、市政、“三旧”改造、文化旅游、教科卫等领域。至年底，17个签约项目中已有14个动工兴建，动工率82%。

抓好政策对接落实，加快产业结构调整 抓住国家扩大内需战略机遇，抓好政策对接，加强与国家、省市发改部门沟通，争取更多项目能申领国家、省专项扶持资金。派出两名副局长到北京与国家发改委固定资产投资司、经济贸易司、经济体制综合改革司等部门对接交流，了解相关政策。全年全区获中央资金支持项目10个，总投资4.7亿元(中央预算内配套投资2657万元，省配套资金95万元，市级配套资金500万元）。

【重点立项融资工作】 围绕区委、区政府“抓项目，保增长”工作目标，抓住国家扩大内需战略机遇，加快高明区重点项目立项融资工作。与各部门、镇（街道）加强沟通联系，创新审批方法，开辟绿色审批通道，简化审批环节，全年完成重点项目立项150项，投资总额125.9亿元。项目中，与金融机构签定贷款意向57项，签约金额46.544亿元，实际到位资金18.984亿元。至年底止，有13个项目动工，其中4个已完工，有8个项目已开展前期工作。

【固定资产投资项目立项】 全年办理固定资产投资项目立项（审批、核准、备案）520项，投资总额225.37亿元，其中审批政府投资项目344项，投资总额141.67亿元，企业核准项目37项，投资总额18.2亿元，企业备案项目139项，投资总额64.68亿元。

【招标投标管理】 年内，将全区174个重点项目纳入《关于加快我区重点工程项目招标投标工作的意见》范围。全年在区招投标交易中心完成各类交易项目428个。其中建设工程214项，比上年增加111项；预算投资184928.28万元，比上年增加140600.05万元；中标金额172015.51万元，节省额12912.77万元，节省率6.98%。

【项目跟进服务和协调工作】 深入基层密切跟进项目的进展情况，按要求对省、市、区重点项目进行情况分析，及时汇总上报。加强与上级部门和区有关职能部门的联系，全力推进重点项目建设。在6个省重点项目中，广明高速、中心城区污水处理厂二期、明城污水处理厂、杨和污水处理厂等4个已完工，西坑水库除险加固工程、新粮库建设工程等2个项目建设进展顺利；在31个市重点项目（含6个省重点）中，杨西大道杨梅至人和段工程、高达重工机械、杨梅水厂、新富湾小学等11项市重点工程已完工，除6个项目因融资困难或前期工作未完成不能如期动工外，其他项目已全部动工。

【经济运行预测和监测】 深入调查研究，了解全区企业运营情况，做好月度经济运行情况监测和分析，为区领导正确把握全区经济社会发展情况以及正确决策提供参考；完成《关于<佛山市高明区国民经济和社会发展第十一个五年发展规划纲要>的中期评估报告》；编写完成《佛山市高明区2008年国民经济和社会发展计划执行情况与2009年计划草案的报告》；牵头组织有关单位完成高明区2008年度镇（街道）领导班子工作实绩经济建设部分考核并制定《高明区2009年度镇（街道）领导班子经济建设工作实绩考核内容及评分标准》。做好区工作目标和市下达各项工作任务进度监测和各季度经济运行情况分析，完成2009年区执行市下达考核任务的情况分析及关于高明区落实《珠江三角洲地区改革发展规划纲要》考核情况说明等，及时让领导掌握情况，确保顺利完成各项目标任务。

【调研工作】 根据《规划纲要》和省、市对加快建设现代产业体系的要求，调查完成《高明区产业发展的演变历程及现状特点》和《高明区房地产发展情况调研报告》等调研报告；草拟《佛山市高明区关于加快建设现代产业体系的指导意见（代拟稿）》；牵头开展《高明区现代服务业发展规划》组织实施工作；研究形成《加快发展我区商贸流通业的建议》。

【“十二五”规划编制工作】 全面铺开“十二五”规划编制工作，印发“十二五”规划编制工作方案；多次赴省、市上级发改部门做好对接，做到规划编制的工作步骤、时间安排与上级部门大体一致；“十二五”前期研究课题已具雏形，发放到相关部门征询意见，已通过区政府审定；组建“十二五”课题研究专家队伍。

【粮食管理】 1.开展粮食清仓查库，加强粮食应急保障。根据上级指示精神，成立7个自查小组，定任务、定人员、定时间，推进落实检查工作。牵头圆满完成跨市交叉检查任务。按照省粮食局“有设施、有协议、有牌子”要求，筛选粮食应急供应点15个、粮食加工点5个，进一步完善粮食应急网络建设。2.积极推进粮库建设，着力解决资金瓶颈问题。制定2009年粮食储备库建设推进计划，安排专职人员负责跟进工程施工。粮库用地的土方平整、高压线路改造、挡土墙工程基本完工。组织粮库工程设计招投标工作，设计图已经通过规划部门审核。走访农发行商讨建仓贷款问题，与区国土、规划、建设等部门密切沟通，获建仓专项贷款2440万元，确保粮库建设顺利推进。

【机关行政工作】 机关效能和机关作风建设 以“做好部门主责制的示范单位、做好优良服务的先进单位、做好高效服务的满意单位”为机关效能和机关作风建设目标，全年做好主办事项16项、协办事项12项。加强“窗口”建设，以“又快又好”为目标，全面建设规范、高效、廉洁的服务型“窗口”单位：严格实行“市三天上报、区五天办结”审批时限制度；把“企业投资项目登记备案”项目初审权下放到各镇（街道），优化审批程序；规范语言、服装、办事程序，增派“窗口”人员，提升服务质量；利用网站发放申请表格，方便群众。全年实现零收费、零黄牌、零红牌、零投诉。

联点挂钩工作 制定和完善《高明区发展和改革局联点挂钩工作方案》，成立工作领导小组，明确分工，切实保障联点挂钩工作稳步推进。多次到挂钩点月明居委会开展调研，总结和解决问题：资助其购置办公设备，改善办公环境和服务环境，帮助创建“六好”社区；加强与官当村新班子沟通交流，帮助其发展农村集体经济，在官当村牌坊建成富昌杂贸市场；配合荷城街道平息官当村绿地返还问题造成的群众集体上访事件，保障挂钩社区的和谐稳定。按照省、市、区关于“规划到户、责任到人”帮扶工作要求，选派干部驻点肇庆市封开县大洲镇大播村开展帮扶前期工作。

其他工作 以组织实施《规划纲要》为契机，开展深入学习实践科学发展观活动，提升党员干部理论素质，转变机关工作作风。撰写《三十年历程，三十年巨变，三十年辉煌——高明改革开放三十年综述》，并被选为区全体党员学习资料；参加佛山市庆祝建国60周年理论研讨会，参选论文获得全市二等奖。

佛山市高明区发展和改革局负责人名录：

局　长：谢志强

副局长：黄颖宇　谢剑文

麦炎光（　～2009.8）

潘海洋（2009.8～　）

（谭晓荣）

国土资源管理

【概述】 2009年，佛山市国土资源局高明分局围绕“保增长、保红线”首要任务，深入学习实践科学发展观，以贯彻基本国策为着眼点，以实现国土资源管理目标为立足点，以服务地方经济建设为出发点，落实《珠江三角洲地区改革发展规划纲要（2008～2020年）》，加强国土资源保护，推进依法行政，加强队伍建设，努力夯实业务基础，不断提高国土资源管理水平，较好地完成全年的各项目标任务。

【土地利用规划】 1.年内，重点项目和扩大内需项目的征地拆迁、用地报批工作推进顺利。广明高速（西樵至更楼段）征收地报批资料已按新规定组织材料上报到国土资源部审查；广明高速延长线的用地预审资料已经省国土资源厅批复；江肇高速公路（佛山高明段）完成征地，支付征地补偿款9493.8863万元，支付青苗及地上物补偿1.3356亿元，征收地报批资料已上报国土资源部审查。第一批扩大内需项目用地9宗，面积39.4441公顷和其他城镇建设批次用地15宗，面积347.5153公顷，已按规定组织材料上报到省厅审查。

2. 土地利用总体规划修编工作基本完成。其中数据库已通过省厅审批，区级规划成果已上报省国土资源厅备案，4个镇（街道）的规划修编成果经市人民政府批复同意实施。新土地利用总体规划确定高明区耕地保有量12677公顷，基本农田保护任务9824公顷，城乡建设用地总规模10321公顷。

3.加强闲置土地清理处置工作。盘活批而未供、供而未用、用而不足的存量建设用地，确保闲置土地处置工作落实到位。至年末，清查闲置土地458宗，面积17209.54亩，其中已收回10宗，面积677.3亩；已处置180宗，面积7891.765亩，收取闲置费40.3万元。

【土地市场】 1.加强土地市场的管理和调控。本着“条件成熟、确保重点、综合平衡”精神，参照禁止供地和限制供地项目政策，科学编制土地上市计划，合理确定土地数量、结构、分布。全年通过招拍挂方式共出让国有土地使用权32宗，面积107.26公顷，出让金5.6亿元；办理国有建设用地使用权转让55宗，面积为30.1公顷，转让金额为1.85亿元。

2.开展省级开发区集约节约利用评价工作。高明沧江工业园属省级开发区，其土地集约利用评价工作于去年12月经区政府批准后正式开展，经修改完善，《佛山市高明区沧江工业园区土地集约利用评价》结果已通过省厅审批。

3.搞好土地收储和融资，支持经济发展。协助市政府出台《佛山市高明区市区两级联动储备土地实施方案》，解决高明区土地征收与储备的资金困难，加快重点项目建设。年内，利用政府的储备土地筹措资金用于区经济建设，以土地储备中心作主体抵押土地面积1306.95亩，向银行融资6.7亿元；协助区建设局向银行融资，提供91.92亩储备土地作抵押；协助区市场物业公司办理续贷3000万元，提供70亩储备土地作抵押；协助各镇（街道）办理续贷2.6445亿元等。充实土地储备库，为城市建设提供支撑，全年储备7宗土地，面积481.82公顷。

【耕地保护】 年内，耕地保有量及基本农田保护考核指标执行情况已列为区政府主要负责人业绩考核的重要内容。与各镇(街道)签订耕地保护责任状,层层落实任务。全年全区低效园地、山坡地开发补充耕地任务2.1万亩,其中更合镇10000亩、明城镇6000亩、杨和镇5000亩。至年末,低效园地、山坡地开发整理项目已完成整理验收2616.34亩,收地20420.84亩,测绘16907.84亩,设计14466.84亩,实现新增耕地2118.88亩。筹措资金7973.338万元支持各镇加快收地速度,督促各镇负责人抓紧开展规划设计和施工。

【"三旧"改造】 年内,以"双百计划"(自2009年起的若干年内,佛山全市每年启动100个以上有一定规模的"三旧"改造项目;每年完成100个以上旧改项目改造)实施为开局,梳理出16宗、102公顷可改造"三旧"(旧城镇、旧厂房、旧村居)用地。沿江路以东、旧汽车客运站一带、三洲片区旧城镇改造已开始完善拆迁安置方案、工程报建及招商引资等工作。至6月,旧厂房改造已完成改造8.1万平方米,超前完成年度计划;长安居委会新亨村和塘南村委会塘伙村投入数百万资金分别以改造旧商铺厂房、新建农村公寓为重点进行改造示范点建设;"三旧"改造项目库用地复查完毕。

【地籍管理】 依托"金土工程",推进国土资源信息化建设和地籍管理规范化,配合《佛山市"金土工程"一期建设方案》率先开展信息化建设工作,加快国土资源网络建设、硬件设施配套、市区镇三级国土资源业务网联网、电子政务建设与应用等,其中登记发证、用地审批、土地市场、档案管理等业务系统已在线使用。数字化国土管理使到地籍管理进展斐然,全年新发国有土地使用证11821本、他项权利证627本、集体土地使用证1684本。开展土地权属争议调处的各项工作,全年受理权属争议3宗。确立2009年是第二次土地调查"决战年"的思想。至年底,已完成农村土地调查初始成果、统一时点更新工作及专项用地统计工作。

【测绘管理】 至年底,高明区已测1:500数字化地形图368平方公里,尚有570平方公里数字化地形图未施测。针对数字化地形图缺失影响经济建设、城市规划、城市综合管理、农村土地管理、防灾救灾等方面工作进展的情况,积极推动区基础测绘全覆盖工作的开展,已完成项目招标,确定项目单位。基础测绘工作采用航空摄影测量、全球卫星定位GPS和全野外数字测量技术手段进行地形图测绘,获取山地与丘陵地区1:2000地形图、农村地区1:500地形图,并完成农村的权属调查,以推动农村土地登记发证工作和新农村建设规划设计工作。提升日常测绘业务水平,全年完成土地宗地图455份,房产宗地图61000份,创收1000多万,比上年业务量增加16倍,收入增长67%。

【矿产管理】 1.开展矿山企业开发利用年检。3月开始,开展全区矿山企业年检,至4月,已检矿山13个,占应检矿山的100%,合格率100%。2.开展打击无证采矿违法违规行为专项行动。全年发现并立案查处无证采矿13宗(其中执结6宗,及时制止11宗,移交工商部门处理1宗),罚没金额81850元。3.做好矿山安全生产管理工作。配合安全部门抽查区内矿山的安全生产情况,无发现突出的安全生产隐患和行为,矿山安全生产环境明显改善。

【地灾防治】 健全地质灾害监测网络，完善地质灾害防灾减灾工作管理和运行机制，组织编制实施《佛山市高明区地质灾害防治规划 2009～2020》。在汛期前，颁布《佛山市高明区 2009 年度地质灾害防治工作方案》，调整地质灾害防治领导工作小组和应急工作组，落实地质灾害领导责任制。根据各地质灾害隐患点实际情况，分时段进行防范，不留一丝漏洞。年内，高明区被评为“全国地质灾害群防群测‘十有县’”。

【执法监察】 坚持“预防为主、事前防范和事后查处相结合”原则，查处土地、矿产资源违法案件，从源头上防范和减少违法行为的发生。一是做好国土资源部和广东省卫片（卫星航拍的图片）检查工作。在省第四次卫片检查中，发现本区违法用地 85 宗，占地 946.3 亩（包括耕地占 51.7 亩），已结案 84 宗，总违法用地面积下降率 87.4%；在全国第九卫片检查中，发现本区违法用地 28 宗，占地 859.7亩（包括耕地 33 亩），已全部结案。二是联同相关部门打击比较有影响的违法案件，通过新闻媒体曝光，遏制违法案件不断上升的势头。全年查处新增违法用地56宗，面积约1248.5亩（包括耕地 18 亩），违法用地比上年减少 33 宗，总面积减少791亩，占用耕地面积减少 33.7亩。

【依法行政】 1.开展乡（镇）、村级干部国土法律知识培训，全年培训人员 500 人次。以“4•22”地球日、“6•25”土地日、“8•29 测绘日”为契机，通过现场咨询、发放传单、问卷调查、有奖竞答、悬挂标语等形式宣传国土资源管理法律知识，派发宣传资料 3000 余份，制作宣传版画 12 个，发放问卷 600 余份。

2.开展基层国土所规范化建设。至年末，除杨和镇国土所共用联合办公场所外，其余 3 个镇街基层国土所的硬件原则上达到“七个一”（一处独立的办公场所、一辆违法用地动态巡查专用车、一部举报电话、一台电脑、一台打印机、一部照相机、人均一套办公桌椅）基本标准。为各所新添多台高速扫描仪、高配置电脑、手持 GPS 等设备。

3.落实国土资源动态巡查制度。坚持“预防为主、事前防范和事后查处相结合”原则，从源头上防范和减少违法行为的发生。完善动态巡查制度，建立动态巡查台账，建立落实常态化动态巡查处理报告制度。实行区、镇（街道）、村（居）委三级巡查负责制，重点巡查城乡结合部、主要道路两侧、村庄周围、基本农田保护区的土地和矿产资源开发、利用和保护情况。对群众举报和巡查发现的违法案件，做到早发现、早报告、早制止、早处理。

4.构建土地执法共同责任机制。协助区政府出台《佛山市高明区推行土地执法共同责任办法》，制定《土地违法案件查处配合联动机制》和《土地动态巡查零报告制度》，明确国土、规划、行政执法、公安、镇（街道）、工商、建设、林业等部门职能和执法范围，制止乱占滥用土地现象，解决违法行为发现难、制止难，违法案件调查取证难、处理难和执行难等问题。

【土地信访】 严格贯彻“首问负责制”，做到来访有记录，来信有答复，处理有反馈。积极做好上访当事人的思想工作，稳定来访人的思想情绪，从源头上防止群访、越级访、重复访的事件发生。全年受理信访案件 133 宗，其中走访案件 21 宗 70 人次，来信案件 92 宗，电话投诉15宗，其他5宗，调查并回复133宗，回复率100%；在规定时限内受理和回复佛山市行政投诉44宗、12345行政服务热线60宗，受理和回复率100%。

【管理创新】 针对影响和制约保障科学发展的主要问题是土地历史遗留问题和储备土地融资问题的情况，根据《珠江三角洲地区改革发展规划纲要》和结合高明区实际，拟定《关于集体建设用地转为国有用地的请示》、《关于加快推进旧城镇旧厂房旧村居改造的请示》、《关于进一步理顺“三旧”改造建设用地使用权确权问题的请示》等。拟定《关于储备土地办理抵押登记有关问题的请示》、《关于办理储备土地登记发证有关问题的请示》提高储备土地融资率。请示得到区政府审批并形成意见下发，为完善历史遗留用地手续创造了条件，其中116宗用地纳入“三旧”改造项目库。

【队伍建设】 加强理论学习、技能培训和强化业务素质，开展地籍管理业务、地质灾害突发公共事件应急管理、窗口服务、公务员综合管理能力等培训15次；改善政风行风，成立领导小组及办公室，将民主评议政风行风工作落到实处。

佛山市国土资源局高明分局负责人名录：
局　长：区德骥
副局长：周维兴　何锦辉　区有雄

（潘　科）

工商行政管理

【概述】 2009年，佛山市高明区工商行政管理局围绕区委、区政府“抓项目、保增长”工作方针，积极应对新“三定”方案出台和“两费”停征带来的形势变化，加强队伍建设，规范市场经济秩序，全力打造创新型工商，维护消费者权益，服务地方经济社会发展，有效推动工商转型升级。

【监管执法】 整治“黑网吧” 根据区政府《查处取缔“黑网吧”长效工作机制实施方案》和《“黑网吧”举报奖励办法》，成立整治黑网吧工作领导小组，与三大电信运营商建立快速协调机制，划定300元、500元、1000元三个等次举报奖励金额，在佛山五区率先建立“属地管理、部门联动、联席会议、源头治理、举报奖励、行政问责”等六项长效机制，突出源头治理和“网”、“吧”同治的工作思路。全年收到群众举报黑网吧线索20多条，经查证属实的11条已全部查处完毕。组织大规模黑网吧集中整治行动6次，查处取缔黑网吧61家，收缴用于非法经营的电脑设备394套，切断或限制其网络信号的113户，109户黑网吧主动关门停业，全区临街的商铺、住宅及规模以上的黑网吧基本绝迹。全区黑网吧泛滥的势头得到遏制，“黑网吧”整治长效机制基本建立。

柔性监管 积极应对金融危机，全力推动“四个执法”，贯彻柔性监管理念。一是规范执法，坚持依法行政。编印《工商行政管理机关执法办案手册》和《工商行政执法实用手册》300多本，涵盖工商执法处罚条文500多项，指导一线队伍办案。二是和谐执法。试行“轻微违法首违不罚制”，加大行政指导和教育帮扶力度，主要体现在“两个70%以上”（全年发现的违法行为70%以上以教育警告等方式予以改正；立案查处的503宗案件中，78.72%的案件予以从轻减轻处罚）。三是重点执法。将执法重心放在维护经济社会稳定、保障社会民生方面，着重抓好“五打一清”工作（打击传销、打击走私、打击假冒伪劣、打击不正当竞争、打击违法经营食品和清理无照经营），没收假冒伪劣物品一批。四是艺术执法。举办执法办案沟通技能培训班2期，培训执法人员与当事人沟通赢得当事人理解和支持，提升“人性化”执法理念，实现“法理、道理、情理”三者之间的统一和平衡。向区委、区政府提交《关于2009年上半年服务和执法情况专题报告》。

网格化监管　以网格化监管为依托，提高巡查监管效能，实现全方位监管到位。制订工作方案和成立领导机构，制作网格化监管示意图，层层签订责任书落实人员责任。组织人员学习市局制定的《网格化综合监管工作手册》，网格监管人员及时将巡查监管情况录入业务系统。推动全区综合整治无证无照经营工作，全年查处无照经营案件259宗，罚款金额79.24万元，没收金额79.59万元。加强重点行业监管，防范执法风险。全区231户重点行业均建立“登记和巡查档案”，并及时更新，建档率100%，实现登记软件、登记台账、登记档案一一对应。全年日常巡查重点行业经济户口600多户次，制作书面巡查记录和系统录入率100%。开展安全生产监管工作，全年开展全区安全生产专项检查13次，配合地方政府及有关部门开展安全检查23次，出动执法人员2000多人次，检查各类经营户2.2万多户次，开展废品回收站、危险化学品、娱乐场所、非法排污、“五小场所”（小商店、小农资店、小作坊、小餐饮店和小屠宰场）等专项整治行动和“迎国庆、保安全、促和谐”消防安全检查、“安全生产月”、安全生产百日以及安全生产隐患治理年活动。参加区政府组织打击非法盗挖矿产资源活动6次，组织执法部门查处非法盗矿案件2宗。

【食品安全监管】　1.向区政府递交请示并获得区财政经费支持，率先开展县级区域流通环节食品质量监测工作。全年抽样监测4次，抽检食品120批次，立案查处经销不合格商品的经营户2家。2.在莲花工商所推行食品安全校园行活动，形成政府牵头，工商部门、教育部门、市场开办者、食品经营者良性互动的格局。签订《供校食品质量安全承诺书》、《校园食品安全齐抓共管协议书》等文书，开展学生食品安全趣味竞赛和学生食品安全图片巡展、发放学生食品安全倡议书、开设食品安全课堂、组织抵制垃圾食品签字等活动，有7所学校5000多名中小学师生参与，其中自编的《学生食品安全歌谣》被区政府及教育局网站作为学生食品安全教育素材采用，广东珠江频道对整治行动进行专题报道。3.狠抓源头，完善流通环节蔬菜销售的追溯链，对全区最大的蔬菜批发市场——莲花市场自产自销蔬菜批发商实施“准入证”管理，发放《市场蔬菜批发临时准入证》，解决流动性农户蔬菜批发商不需办理营业执照及食品流通许可证难以管理的难题。该市场自产自销蔬菜批发商100%持“准入证”经营。4.在明城工商所探索食品分类监管，建立“两分一点一店”分类监管模式：全辖区的食品经营主体、客体进行分类，然后对不同类别的食品经营主体、客体实施不同频度、方式的分层、分级监管；在各村（居）委会和食品经营户中建立“食品安全联系点”，收集食品经营户、消费投诉举报及意见建议，挖掘违法食品经营线索；开展“流通食品安全放心店”评选活动。经层层筛选和评选，评出食品经营户 15 家，颁发“流通食品经营放心店”荣誉牌匾并向社会公布。

【消费维权】 全年受理处理各类咨询 1759 件，申诉 241 件，举报 447 件，办结率 100%，为消费者挽回经济损失 29.16 万元，成功调解跨国消费纠纷 1 宗。与高明电视台合作，每周播出一期“天天 315”电视节目，剖析典型案例，介绍消费维权知识，全年播出节目 54 期。举办“3·15 国际消费者权益日”活动，组织“消费与发展”调查问卷活动并形成调查报告报送区政府。完善消费维权网络，年内新设投诉联络站 2 个，全区建立 12315 消费者投诉联络站 14 个，红盾维权进社区工作站 18 个，消费者申诉、举报点全面覆盖各镇（街道）。

【创新服务】 整合中心“窗口” 自 4 月 1 日起，将中心城区的登记、广告、动产抵押和食品流通许可等 4 个审批窗口整合为 1 个中心登记窗口并进驻区行政服务中心，形成“内部整合、部门并联、简政放权、分级管理”审批运作模式，实现“一个窗口许可、一站式服务”，办照期限由 15个工作日缩短至 5个工作日内。推进并联审批业务软件的上线使用，实现相关登记资料和审批业务在各职能部门之间共享互通，提高办事效率。全年办理并联审批业务 305 宗，群众办事时间缩减 50%。9～12 月，在全区 48 个行政审批绩效测评单位中位居前两名，在全市审改会上作书面经验介绍。全年受理登记、年检验照业务 18500 多次。至年底，全区有各类经营户 17387 户，比上年增加 1463 户，增长 9.2%。其中企业增加 299 户，增长 11.6%；个体工商户增加 1164 户，增长 8.7%。

优化服务措施 1.配合区政府引进大项目，实行特事特办，年内新成立注册资本超过 500 万元的企业 23 家，注册资本 2.6 亿多元。2.帮助企业解决融资难题，扶持企业做大做强。5 月，举办高明区中小企业融资推介活动，有 135 家中小企业代表参加。全年办理动产抵押登记业务 78 件，抵押物价值 20 多亿元，为企业带来贷款 14 多亿元。3.推行网上年检，举办网上年检知识培训讲座，培训经营者 2300 多户。借助网上年检，全年年检验照率 80.3%，其中网上年检验照率超过一半。

构建联络员网络 6 月，出台《企业联络员制度》，在全区投资规模和影响力较大的企业中推行企业联络员制度，在重点行业中推行重点行业联络员制度。企业联络员实行聘任制，享有定期接受培训、优先办理企业档案查询、优先获得上门指导和登记服务、优先获得工商部门协助解决企业难题等 4 大优惠服务。至年末，在全区企业中颁发 446 份《企业联络员证》（其中企业联络员 224 名、重点行业联络员 222 名），企业联络员成为“工商工作的联络员、工商业务的办事员、工商法规的宣传员和工商行风的监督员”。

创建“诚信经营示范街” 8 月底，区委、区政府印发活动实施方案，成立创建活动领导小组，制定《创建活动任务分解表》，细化 19 个成员单位的职责分工。召开创建活动动员大会，与会商家现场签订《诚信经营承诺书》和《门前三包责任书》。拟定《诚信经营承诺书》、“诚信经营示范店”评选办法及标准、

《诚信经营行为规范》、创建活动视觉标识等宣传材料，在文昌路设置诚信经营标牌，悬挂、张贴宣传标语口号，邀请商户代表128人次召开座谈会5次，派发宣传单张450份，印发工作简报3期。组织成员单位赴东莞市正桥街学习考察，召开文昌路现场办公会议，现场商讨解决市政设施、道路保洁、户外广告、流动摊贩等难点问题。加强管理规范，完善文昌路经济户口信息台账，联同区行政执法局整治乱摆卖、占道经营、违规设置广告招牌等行为，联同物价部门开展明码标价专项整治。

建立信息分析引导机制　出台《信息分析引导制度》，将工商业务信息划分为7大类别和35项具体工作任务，分解到区局机关各股室。定期分析整合信息资源，通过门户网站平台对外发布。

商标战略　推行商标“三书”（《商标注册申请建议书》、《商标策略提示书》和《商标事务告知书》），强化商标指导。广泛使用“三书”，发放3000册《商标申请注册和使用实用手册》，全方位跟踪指导商标注册及使用。8月，“合水粉葛”注册为农产品地理标志证明商标，初步确定由区旅游协会提出“高明濑粉”证明商标的注册申请。全年全区新增注册商标110件，新增“省著名商标”6件，新增商标数量为历年之最。全年全区有注册商标1098件，省著名商标15件，有5件商标新提出申请认定省著名商标。加大商标专用权的保护，全年查处涉及服装、装饰涂料、鞋类和酒类等行业商标违法案件6宗。

建设社会主义新农村　建设“农资使用联络点”。至年底，全区建成农资使用联络点18个，包括个体户、专业合作社和有限公司种养产品蔬菜、水果、花卉、树木、生猪、“三鸟”、水产品等类型。加强对联络点的指导及信息反馈工作，收集各联络点报送的农资商品使用质量情况表格46份，实行动态监控农资情况。5月起推动农资配送和“三合一”台账工作，解决农资监管中台账记录和索票索证落实难等问题。至年底，全区有3家大型农资批发商开展统一配送业务，62户次农资零售经营户与配送商签订了配送协议。在更合镇推行星级农资监管工作。建立起由镇政府领导、工商所负责牵头，各相关职能部门配合的农资监管机制。全镇40家农资经营户基本完成星级评定工作，进入检查验收阶段。农资产品质量明显提升，更合镇全年农资案件发案率减少75%。打击制售假冒伪劣农资、坑农害农的违法行为。全年配合上级工商部门开展抽检工作3次，组织开展后续处理清查行动6次，办结农资违法案件5宗，类型涉及无照经营、销售假冒伪劣商品、发布虚假广告等。

【内部建设】　建立创新机制　出台《2009年各单位创新工作任务要点》和《创新成果评审奖励办法》，明确区工商系统15个单位的21项创新工作任务、完成时限和具体要求，全力打造“一所一品牌”。成立创新成果评审奖励委员会，明确创新成果的要求、标准、评价方法和程序，每年年终分“调查研究奖”和“工作成果奖”两个类别和三个档次年度评选创新成果，解决创新成果难以量化评价的难题。年内，莲花工商所“食品安全校园行”、更合工商所农资星级监管工作已经形成政府发文牵头、各职能部门齐抓共管的局面，社会效应明显。

实施法制员聘任制　年初通过竞争上岗公开选拔7名法制员，由区工商局统一派驻到区工商系统的各办案单位。法制员任期内享受副股级待遇，实行量化考核和定期轮岗制度。法制员派驻制得到省工商局的肯定，经验在《广东省工商行政管理系统法制员工作规定》发表。

绩效考核　年初组织人员前往南海区学习取经，制定出考核指标并向全体干部职工征求意见，组织研讨工作会议 5 次，专题培训 2 期，撰写第二、三季度绩效考核情况分析报告 2 份。7 月起全面试行对工商所的绩效考核工作，历经考核成绩预公示、公示等阶段，机关各考核股室能将考核与服务相结合，各工商所将考核与科学发展相结合，推动基层工商所效能优化。在开展区局对工商所的绩效考核工作的基础上，稳步推动工商所对个人的绩效考核工作，第四季度起试行。

理顺办事机制　出台《精简会议及文电若干措施》，严格审批程序，压缩会议时间，建立并会和“无会日”制度，狠治“文山会海”，会议数量下降约 20%。出台《政务信息考评办法》，以“三同”（信息工作做到与重点工作同布置、同检查、同落实）、“五度”（信息质量力求体现速度、深度、高度、亮度、广度）为指导思想加强信息工作，扩大工商工作影响力，增进政府、群众、监管对象对工商部门的了解和认同。印发《推行主办部门负责制办法》，明晰主办、协办部门的分工和责任，局领导班子和中层干部签订“一岗双责”责任书，提升机关工作效能，促进党风廉政建设。

佛山市高明区工商行政管理局负责人名录：

局　长：黄铁雄

副局长：聂炎辉　雷志明

黎维基（　～2009.12）

余家菊（2009.12～　）

（甘泽广）

物价管理

【概述】　2009 年，佛山市高明区物价局按照省、市价格主管部门的工作部署和区委、区政府“抓项目、保增长”工作方针，围绕党和政府关注、群众关心、社会反映强烈的价费热点问题，突出“稳价格、安民生、保改革、促发展”工作重点，结合深入学习实践科学发展观活动，依法做好价费管理工作。

【三项重点工作】　调整中心城区安全小区治安联防费　年初，荷城街道办就中心城区安全小区治安联防费收费偏低不利维稳工作的情况，提出调整中心城区安全小区治安联防费要求。2 月，联同区综治委到荷城街道办调研，了解其安全小区建设及经费运行情况。5 月，审核 32 个小区 2008 年成本情况，预测 2009 年经费开支情况。7 月协同区综治办对创建安全小区进行宣传，发放调查问题卷 1190 份，广泛征询居民对安全小区建设规模、经费管理、收费标准、保安人员素质、小区绿化、小区内停车收费等方面的意见和建议。8 月，联同荷城街道办、综治办分片召开小区居民代表座谈会 3 场，听取居民对调整安全小区治安联防费的意见。9月，依法组织 32 名小区居民代表召开论证会，对调整方案进行公开论证，报呈区人民政府批复后，10 月 1 日正式执行。

清理涉企收费　针对国际金融风暴使企业压力重重的情况，贯彻全省治理整顿乱收费减轻企业负担工作电视电话会议精神，全面清理涉企收费，减轻企业负担。3 月，与财政局、纠风办联合发文，部署在全区范围内开展治理整顿乱收费工作，向企业发放缴费情况调查表，并深入4个镇(街)及32个企业召开座谈会，全面了解企业在经营过程中的交费项目及标准，深入涉企收费较多的单位开展涉企收费专项检查。7月，配合省、市涉企收费专项检查组对区建设局、国土局、规划局、交通局等4个收费单位收费情况进行专项检查，对涉嫌违规收费的单位按办案程序进行登记，提取相关票据凭证和询问笔录。结合收费许可证年审工作，落实国家发展改革委员会关于取消和停止100项行政事业性收费的通知精神，全面清理全区行政事业性收费，取消项目36项，停止项目1项，全年减轻企业和群众负担5790万元。落实企业生产用电执行优惠电价政策，减轻企业负担36万元；降低大工业燃气燃油加工费，大工业全年减少成本支出约3232万多元。

调整高明区污水处理费收费标准　落实《印发广东省"十一五"主要污染物总量减排工作方案的通知》和《广东省佛山市污水处理收费改革目标责任书》要求，调整全区污水处理费收费标准。深入区供水总公司及各镇分公司，了解高明区污水处理费征收情况；监审高明区第一污水处理厂一期污水处理成本和第二污水处理厂的污水处理成本，为科学合理制定污水处理收费标准奠定基础；9月，组织召开调整污水处理费价格听证会，组织25位价格听证参加人对全区调整污水处理费方案进行公开听证。经区政府批准，杨和、明城、更合3镇于10月1日执行新的收费标准，荷城中心城区将从2010年1月1日起执行新的收费标准。

【价格收费管理】　收费许可证年审　根据省、市要求，3月，联合区财政局、审计局下发《关于开展2008年度收费综合年审工作的通知》，成立收费综合年审工作组，统一部署和安排全区行政事业性收费综合年审。在自查自报基础上，5月，联同区财政局、审计局重点抽查质量技术监督局、杨和镇等8个收费单位。年内，全区应进行年审的行政事业性收费单位43个，经营服务性收费单位77个，年审率100%。按照综合年审工作程序，核发、换发行政事业性收费许可证101个、经营服务性收费许可证78个，注销收费许可证3个。

规范经营服务性收费　按"重要商品和服务价格实行成本监审制度"要求，严格把关各单位要求调整经营服务性和中介服务收费标准的申请，广泛咨询相关企业和群众的意见，考虑群众承受能力，根据申请单位的成本及收支情况，拟定各项收费标准。全年适度调整高明区公办中小学校以及沧江中学住宿费收费标准，全区污水处理费、中心城区安全小区治安联防费收费标准，批复高明区明城至苗迳、新圩至歌乐接驳公交车线路票价。在石油气及瓶装液化气价格不断攀升的情况下，严格执行高明区瓶装液化气价格管理办法和价格备案制。

【价格监督检查】　节假日市场价格监管　元旦、春节、"五一"、"十一"期间，做好对商场、农贸市场、汽车站、出租汽车公司、票务代办点、邮政代办点和液化石油气经营门市部等经营单位的节日价格检查工作。重点检查：1.与人民群众息息相关的商品，如粮、油、肉、石油气、药品等价格动态；2.监督检查运输企业票价和铁路代售点票价手续费；3.规范经营者明码标价行为，从严打击价格欺诈行为。

农资价格检查　根据省物价局《转发国家发展改革委关于深入开展全国化肥价格检

查，切实维护化肥市场价格秩序的通知》要求，3月开始，部署农资市场价格专项检查工作。经检查，全区种子价格比较平稳，与上年基本持平，肥料价格比上年略有下调，总体农资供应充裕，销售价格比较稳定，经营者能严格执行国家化肥价格政策，做到明码标价，未发现批发、零售商囤积居奇、哄抬价格和价格欺诈等违法、违规行为。

教育收费检查　配合市联合检查组对全区教育收费进行专项检查。重点检查：1.义务教育阶段收费政策贯彻落实情况，特别是学生户籍不在佛山市的借读生收费执行情况；2.高中择校生“三限”（限人数、限金额、限分数）政策落实和择校费收取与使用情况；3.各项教育经费下拨是否及时、足额到位；4.教辅资料费、学生伙食费、补课费、捐资助学费等情况。经检查，全区学校基本上没有乱收费的现象。

医疗和药品价格检查　根据市物价局《转发广东省物价局关于开展药品和医疗服务价格专项检查的通知》要求，重点检查区人民医院、明城华立医院、合水卫生院。各医院均能认真执行国家的药品和医疗服务价格政策；部分医院存在打包收费、扩大范围收费、超标准收费等现象。

【价格服务】　与相关部门联合印发各项工作方案，成立工作领导小组，明确各个阶段的活动内容和工作要求。加强价格服务进万家的软硬件建设，在全区镇（街道）建立社会物价监督站4个、监督服务点214个，聘请物价助理员、企事业物价员294名，设立公示牌168个，价格服务网络覆盖全区。贯彻落实政策法规。加强价格监督员培训工作；加强价格法律法规宣传和群众沟通，印发资料5000多份，开展政策咨询活动89次。收集整理价格服务进万家资料并归档，迎接省、市检查验收。

【价格异动管理】　成品油、液化石油气价格监管　年内，受国际油价格攀升影响，成品油及液化石油气价格不断变动，全年高明区瓶装液化气价格变动11次，从7月起连续上调9次。针对此种情况，在每次油价、气价调整后，及时开展监督巡查，严格执行国家规定的零售中准价及浮动幅度，要求明码标价、守法经营，打击散布虚假涨价信息、囤积居奇、哄抬价格、牟取暴利等价格违法行为。通过新闻媒体及时发布价格、供求信息。

公交车票价格监管　针对去年区公交车实施站段收费调整后宣传不足及公交运输公司部分司机没有严格执行调整后票价标准的情况，向市民做好咨询解释工作，联同交通管理部门加强监督检查力度，进行不定期、不定时明查暗访，现场取证，发现一起处理一宗。经监督治理，公交车乱收费行为越来越少。

流感药品价格监管　受“甲型H1N1流感”影响，部分药品价格呈上升态势。根据省、市要求，开展流感药物、口罩等相关药用品价格巡查检查，打击哄抬物价行为，重点检查正方大药房（12家分店）、恒仁堂大药店（10家分店）、永健大药房、大参林连锁店、众生堂、万家健康等8家较大的零售药店。检查中对部分药店超出国家最高零售价格每包5.8元售卖板蓝根颗粒冲剂的行为，处以罚款500～1000元，责令立即整改。

房地产价格监管　年内，房地产销售价格投诉成为市民投诉咨询热点问题。联同区建设局组成检查组，重点检查高明区碧桂园房地产开发公司（碧桂园）、银海房地产有限公司（银海广场）、荷城房地产开发公司（尚城名筑）、西安房地产公司（秀丽花园）等大型楼盘。全区房地产市场价格秩序较好，未发现有价格违法行为。

【价格举报查处】 年内，交通运输、房地产物业管理收费、成品油价格、医疗药品收费、市场商品价格等成为价格收费咨询、举报热点。发挥12358价格举报电话作用，实行24小时有人接听制度，确保投诉渠道畅通；对群众来访、来信、来电认真做好解答、宣传、回复，对确认是价格违法行为的举报，能即时进行查处就即时办理，做到件件有回音，事事有着落，取信于民。全年区物价局价格举报中心接到价格举报、咨询件180件，立案查处价格违法案件17件，实施经济制裁32768元（没收违法所得17618元，退还消费者14250元，罚款9000元）。

【价格评估】 规范内部管理，提高工作水平，向公检法部门和有关行政单位提供优质的价格认证服务。全年价格认证中心完成涉案财产价格鉴定439宗，价格鉴定金额456万元。案宗复议率0%。

【学习实践科学发展观活动】 3～9月，开展学习实践科学发展观活动，围绕“党员干部受教育、科学发展上水平、人民群众得实惠”总要求，开展基层调研7次，召开征求意见座谈会2次，发放征求意见问卷50份，查找突出问题9个，落实整改8个（未完全整改的问题是机构属性和干部身份明晰的问题），新建制度3个，修订制度7个，召开领导干部民主生活会和党组织生活活动各1次，为群众办实事2件，帮助驻村解决因公路建设遗留问题9个。

佛山市高明区物价局负责人名录：

局　长：罗文雄

副局长：颜惠能　彭伟雄

（陈群芳）

统计工作

【概述】 2009年，佛山市高明区统计局围绕区委、区政府“抓项目，保增长”工作目标，以统计数据质量为中心，认真履行统计职责，强化统计队伍建设，加强统计基层基础建设工作，精心组织开展第二次全国经济普查工作，加快统计信息化进程，深入开展学习实践科学发展观活动，努力提升统计服务水平。区普查办被评为广东省第二次全国经济普查先进集体，张枫等4名经普工作人员被评为“第二次全国经济普查先进个人”。

【开展第二次全国经济普查工作】 年内，经过区经普办和各镇（街道）经普办工作人员以及全区750多名普查人员努力，完成辖区内2277家法人单位、372家产业活动单位、12680户个体经营户的清查、入户登记、资料审核、数据处理及上报等各项技术性工作。

【统计基础建设】 统计法制建设　坚持依法治统，加强统计法制建设，开展统计普法，完善统计监督机制，规范统计执法检查，结合“全国法制宣传日”、日常统计工作、年报会议等开展统计法宣传活动，采取张贴墙报、发放宣传单和小册子、播放多媒体语音视频广告等方式宣传新《统计法》。组织实施统计检查，结合“五五”普法活动开展经济普查数据质量抽查等专项检查工作。

统计业务培训　年内，组织各镇(街道)专(兼)职统计人员业务培训，举办全区统计员、业务骨干开展经济普查清查、普查业务培训班等，全年培训人员800多人。9月，组织全区规模以上企业统计人员600多人进行专业业务培训，由农财、社会投资、工交能源和综合信息等股室讲解各项专业知识。做好统计从业人员考试培训和继续教育培训，保障统计从业人员能及时更新多方面的统计知识。9月，组织120多名统计人员参加2009年统计从业资格考试并获得统计从业资格证。

基层基础建设　开展调研工作，摸清全区统计基层建设的现状，向区政府提交《调研报告》，得到区政府的重视和支持，为基层设立了专职统计助理一职，解决了基层统计无专人负责的局面。

【统计信息化建设】　年内，正式推广投入使用基层统计联网直报系统，改变人手抄送纸质报表传统，使基层统计人员把更多的精力放到统计数据的审核把关和数据分析上。加强基层统计员应用技术培训，逐步实现工业企业联网直报。开通网上直报系统信息库的查询功能，让群众及时、准确地了解全区宏观经济形势及相关行业的经济运行情况。至年末，全区通过直报系统上报数据的企业400多家。

【统计服务工作】　经济运行监测　结合全区经济运行态势和国际金融危机影响，多次到镇(街道)调研分析研究全区经济运行走势，撰写日常经济运行情况分析、专题分析，及时反映社会经济发展过程中的特点、存在问题等，判断和预测整体经济走向形势，为区委、区政府领导决策提供信息服务。

统计产品开发　做好《统计年鉴》、《统计月报》等统计资料的整理编印及统计网站信息更新，及时更新统计动态和数据。全年出版统计刊物10多份、5000多册。

企业服务　为企业申报免检、名牌产品提供全程服务，并做好外资企业联合年检工作。

考核评价工作　加强考核评价指标体系分析，配合区委组织部完成镇街领导班子目标管理考核评价。

【专业调查】　全年开展城镇住户、居民消费价格和商品零售价格统计、企业景气调查和企业家信心指数、规模以下工业抽样、其他服务业抽样、人口变动和劳动力、公众安全感与公安满意度及基本单位名录库调查等常规性调查，以及非公有制企业人力资源状况调查、2009年公众安全感和公安工作群众满意度调查、2009年全国城镇居民家庭投资状况及心态调查等临时性调查，合计40多项。

【信息交流】　5月，派员参加全国沿海部分区县(市)统计工作交流会，吸取其他地区先进的统计工作理念。10月，承办全国沿海部分区、县(市)第四届统计工作专题研讨会，邀请到国家统计局相关领导参与区统计局《关于新形势下进一步加强基层统计工作的若干建议(讨论稿)》的研讨和交流。

【机关建设】　联点挂钩工作　1.年内，积极到联点单位孔堂村开展联点帮扶工作，帮助解决村民医疗保险和养老保险问题，全年参加调研12次、挂钩座谈会10次，排查发现矛盾纠纷7件，参与化解矛盾纠纷6件，慰问困难党员、单亲母亲家庭、困难学生、残疾人家庭，捐助资金和物品价值2.8万元。抓好杨和镇清泰村计划生育挂钩联点工作，确保该村计生工作顺利开展。2.继续结对帮扶廉江市良垌镇篁竹村党支部，“七一”期间，走访困难党员、困难群众和贫困学生并送上慰问金。3. 12月，深入封开县金装镇仁厚村，走访对口扶贫户10户，调研制定扶贫方案，落实扶贫工作。

机关作风建设 年初，召开动员大会，成立领导小组，制定机关效能和机关作风建设活动实施方案，分阶段开展机关作风建设活动。加强机关效能建设，把机关效能和机关作风建设纳入制度管理，修订《佛山市高明区统计局工作制度汇编》，制定《高明区统计局同岗替代制》，规定岗位职责。

【人口普查前期准备工作】 年内，向区政府申请成立高明区第六次全国人口普查领导小组，为开展高明区人口普查工作提供有力的组织保障。

佛山市高明区统计局负责人名录：
局　长：张　枫
副局长：黄小玲　李定国

（余淑君）

质量技术监督

【概述】 2009年，佛山市高明区质量技术监督局充分发挥自身职能，全面推进质量兴区工作，推动名牌带动战略，积极优化产业结构，着力提升生产企业的管理水平，紧贴地方经济发展需要开展工作，取得较好成绩。

【三项重点工作】 年内，三项重点工作实现“两超一保”（完成时间超前、完成数量超额、完成质量保质）。其中，推动节能降耗计量体系认证工作和豆制品集中加工场建设工作在第三季度提前完成，采标和名牌战略在第四季度中旬提前完成。至11月，完成18个产品采标、10家企业11个产品的企业名牌申报、45家企业的二、三级计量体系认证工作，完成率分别是120%、200%、300%，超额完成年初定下的任务。牵头主办，联合多家职能部门，建成佛山市首家豆制品集中加工场，让市民吃上放心豆腐，提升全区食品质量总体水平。

【标准化工作】 做好标准备案登记、采标等工作 通过按行业分类对生产企业进行无标生产监督检查，建立企业无标生产信息通报和跟踪制度，加强标准化宣传和培训工作。年内，全区企业产品标准覆盖率98%以上；有10家企业参与30项国家、行业、地方标准制修订。全年全区企业产品标准审查备案78个，标准登记50个。在采标工作上，有14家企业的18个产品办理采标领证。在争创企业标准化良好行为上，1家企业通过省级标准化良好行为AAA级验收。

做好组织机构代码办证服务工作 全年新办理机构代码证1002家，变更363家，换证718家，年检2086家，办理数字证书9家，迁入13家，迁出6家，电子扫描并上传档案3165份、数据3106条。

推动联盟标准制订工作 以“引导高明酸甜果蔬行业健康发展，营造良性竞争氛围”为宗旨，以区质监局标准计量协会为主导单位，依照《产品质量法》和《食品标识管理规定》要求，结合高明酸甜果蔬行业特点，制定高明联盟标准《酸甜果蔬》，于5月发布实施。

贯彻执行《标准化法》，做好标准化宣贯工作 围绕帮扶企业，加大标准化的宣传力度，培训企业标准化管理人员，举办标准化宣传班和企业标准化人员培训班各1期，免费培训企业标准化管理人员484人次，发放学习资料将近1000份。

【特种设备安全监管工作】 全面落实特种设备安全监管工作 至年底，全区拥有各类在用特种设备5505台(套)，其中属于重点监控的特种设备37台、锅炉258台、压力容器1978台、电梯520台、起重机械2332台、厂内机动车辆97台、大型游乐设施5台、压力管道315组。发出《特种设备现场安全监督监察记录》409份、《特种设备安全监察指令书》219份，办理特种设备使用登记169份(其中锅炉33台、压力容器87台、电梯83台、起重机械178台、厂内机动车4台)，办理安装告知181份。

严格监管特种设备使用单位 建立特种设备使用档案，实行定期巡查制度；与特种设备使用单位签定责任书，严格落实企业的安全主体责任；对特种设备操作人员进行安全培训，杜绝无证上岗。开展受理告知、办理使用登记、特种作业人员培训、特种设备现场监察等工作，结合实际开展液化石油气站、码头吊、电梯等各项特种设备专项整治工作，消除安全隐患。

【食品安全监管】 开展食品安全监管工作 至年底，全区有食品企业144家，小作坊77家，酱油半成品生产企业1家，其中67家企业取得食品生产许可证(QS)，另有3家已通过QS现场审查；签订食品小作坊承诺书的小作坊7家，比上年减少10家(包括小作坊通过了QS，小作坊进驻集中加工场、收回不符合条件的小作坊承诺书等)。针对全区食品企业的地域特点，清理全区大米、食用植物油、饮料、酱腌菜等15类135家食品生产企业(已取证为8大类：大米、食用植物油、酱油、饮料、炒货、糖果、茶叶、方便面)，建立食品企业电子档案；在镇(街道)聘用食品管理的协管员协助管理；与食品企业签订食品安全目标责任书和承诺书，落实第一责任人负责制和食品企业承诺制；落实定期巡查工作制度和定期巡查回访制度；重点做好食品添加剂备案登记工作；积极宣传国家食品安全法律法规。围绕食品专项整治工作，建立健全食品安全标准体系，推动小企业强强联合，在食品制造行业中推行联盟标准制订，逐步提高企业产品标准的技术水平，确保全区食品卫生安全。

开展食品治理专项行动 按照省、市、局的食品抽检计划，开展大米、食用植物油、调味品、饮用水、酱腌菜、糕点、月饼、酒类、产品专项抽样检验，共抽检食品生产企业239家，抽检产品337批次，合格309批次，合格率91.69%。其中大米、调味品、肉制品、酒类、炒货、淀粉及淀粉制品、豆制品等产品合格率较为稳定。全年有28批次食品检验不合格，责令限期整改16批次，查处12批次。

创建豆制品集中加工场 7月牵头联同相关职能部门建成民旺豆制品集中加工场，9月取得QS认证。

【计量监管工作】 1.动员生产企业申请二、三级计量保证体系认证。为企业提供咨询服务，协助企业整理《计量管理手册》、《计量器具总台账》等资料；在授权范围内认证完成或者协助上级完成计量内部审核工作，为企业查找计量管理及计量器具使用等存在问题提出建议，督促整改。增强企业内部计量管理，实行内部挖潜，提高经济效益。至年底，全区有二、三级计量保证体系确认43家、C标志6家。

2.开办计量内审员培训班。年内，开办计量内审员培训班1期，参加培训47人，详细讲解计量法律法规，传授计量器具的使用、维护知识及企业物耗管理、能源计量管理、内部计量管理知识。

3.加强能源计量，协助企业节能降耗。成立节能降耗工作领导小组，对区内重点用能的企业普查建档，邀请有关节能专家到企业开展现场指导节能技术工作，帮扶企业改进落后的生产设备和技术，鼓励企业采用节能新技术、新工艺，达到节能减排的效果。对区内重点耗能的企业特别是列入省千家重点企业进行能源计量考核，督促其按照《用能单位能源计量器具配备和管理通则》的要求配备能源计量器具。至年底，完成51家年耗能2000吨以上标准煤企业的普查，完成29家的能源考核，其中14家为列入省重点监管的企业，均实现平均降耗4.8%的目标。

【质量监管工作】 1.加强企业质监业务知识培训。举办免费培训班，召开质量分析会，近400多家企业的600多名管理人员参加，培训内容主要有质监法律法规、标准化知识、质量监督和管理、计量管理以及特种设备安全管理知识等，向企业管理人员详细系统地讲授质监各方面的业务知识、办事程序，以及在日常产品质量管理过程中应该注意的事项。2.开展质量月活动。9月，开展“全员全过程全方位参与，全面提高质量安全水平”主题质量月活动，结合“质量和安全年”活动，在质监网等宣传栏开展“质量月活动”专刊宣传，并用短信形式向市民宣传。

【执法打假工作】 全年出动执法人员2120多人次，检查相关企业、店铺530多家次，立案116宗，比去年增加11宗，结案108宗。加强查处食品和特种设备安全、无标无证生产等违法行为，消灭无标无证生产，预防和减少食品、特种设备安全事故的发生，切实维护生产许可证、3C认证等市场准入制度，保护群众利益和生命财产安全，维护市场经济秩序。在重大节假日前期，开展“计量执法专项大检查”，处罚短斤缺两、计量器具未按照规定申请检定和经计量人员检定为不合格的计量器具等违法行为，维护消费者利益。联同工商局、烟草专卖局、酒类专卖局、公安局等职能部门开展节前烟草、酒类商品专项检查行动。

【联点挂钩工作】 全年到联点挂钩单位合水社区12次，赠送电脑2台及经费15000元，发动机关人员捐款10272元，均用于改善社区办公条件和资助社区功能建设；帮扶慰问困难党员13户，资助6900元；援助单亲特困家庭4户，资助2628元；捐助物品28件，价值8000元；党建慰问7000元；计生工作资助6000元。与社区领导相互交流经验，深入讨论如何促进农村经济发展，帮助困难群众脱贫致富。

【自身建设】 *加强队伍能力和素质建设* 利用效能建设、科学发展观活动、“作风建设年”、学习实践活动等加强干部队伍的思想政治和职业道德教育。修订完善规章制度60多条，常与区检察院开展联合预防职务犯罪活动，出台建立健全惩治和预防腐败体系实施办法，明确重点监控部位和惩防机制。重视责任落实，落实“一岗双责”制度，明确“一把手”为廉政建设第一责任人，与各室（股、队、所）签订党风廉政建设责任状。重视基层基础。探索开展基层质监网络建设，建立起一支由16名行风监督员、5名质量协管员组成的队伍，从源头加强监管。

完善行政执法文件程序制度　不断深化自身建设，加强学习法律知识，全方位不断提高工作的品位。在现场执法中，要求做到执法严明、公正、廉洁；在办案过程中，不断加强搜集证据的能力，力求做到证据合理、合法、充足和有力。案件办理完毕后，及时总结办案心得，严格执行案审制度，解决用法分歧问题，使施法更科学，更正确。坚持“案件谁主办，谁负责归档”原则，不断完善制度，提高执法水平。

完善行政案件移交制度　根据《佛山市质量技术监督系统行政案件移交管理办法》规定，各职能科室在对企业进行检查时发现违法行为的，按规定在限期内填写《行政案件移交书》，把案件移交到稽查队，由稽查队统一立案查处，从而使行政案件的办理更专业、更规范、更公正、更合理合法。

组织学习《问责暂行办法》　组织全体公职人员学习《佛山市高明区公职人员问责暂行办法》，全面提升质监系统公职人员素质，促进公职人员正确履行职责，提高工作效率，增强执行能力，保证政令畅通。翻印《佛山市高明区公职人员问责暂行办法》小册子，集中学习具体内容。

佛山市高明区质量技术监督局负责人名录：

局　长：杜　迅

副局长：金嘉滨　陆伟坚

（张小萍）

审计工作

【概述】　2009年，佛山市高明区审计局围绕区委、区政府“抓项目、保增长”工作方针，认真履行审计监督职能，加强预算执行、党政领导干部经济责任、政府投资项目、关系民生专项资金和国有企业等审计监督。全年完成审计项目24个，查处违规金额687.92万元，管理不规范金额81543.61万元；上缴税费1.98万元，上缴财政专户580.60万元，核减工程款105.34万元；提出审计建议121条，提交理论研讨文章、信息55篇，被上级审计机关采用23篇。年内，获区文明单位、档案工作先进集体和“爱心大使”等荣誉称号。

【预算执行审计】　重点审计本级预算执行和其他财政资金收支、地方税收征管情况，延伸审计国库办理地方预算资金收纳拨付和区经贸局等7个部门专项资金使用情况，以及区恒达交通管理有限公司、高明西江新城建设开发有限公司等12个区属企业的政府债务情况。将使用涉及民生资金及重点专项资金多的单位作为部门单位财务收支审计的重点，审计佛山市国土资源局高明分局、区卫生局、区农业局、高明教育基金的财务收支情况。审计查处管理不规范金额27300.61万元，为区人大加强预算执行情况的监督和区政府加强预算管理提供依据，有效规范全区财政收支管理。

【镇级财政财务收支审计】　重点抓好全区4个镇（街道）财政财务收支、重大建设项目资金、土地出让金、专项资金、预算外资金、政府债权债务、“收支两条线”管理和干部年薪制执行情况等审计，查出违规金额1.98万元，管理不规范资金52660.64万元。审计注重从管理、制度、政策和体制层面分析研究问题，审计结果引起区领导高度重视并专门批示，要求各镇（街道）抓好整改，提高镇（街道）依法理财能力，促进镇（街道）经济建设健康发展。

【经济责任审计】 提高领导干部的责任意识和依法理财能力，促进建立和健全管理制度，发挥审计“免疫系统”功能和“保健医生”作用。对区公有资产管理委员会、水利局、第一中学、妇幼保健院、供水总公司等5个部门单位（企业）主要负责人进行经济责任审计，查出违规金额580.60万元，管理不规范资金1324.76万元。

【政府投资审计】 以扩内需、保增长、调结构为审计目标，部署开展扩大内需促进经济增长和区政府投资重大项目建设资金的审计，重点审计广东西坑水库工程、高明康先广猪场大型沼气工程、深圳农牧实业有限公司高明分公司大型沼气工程、沿江路沥青罩面工程、荷富路路灯工程等项目，并审计检查区15个重大建设项目资金使用情况实施，有效实行关口前移、提前介入、同步跟进的监督服务工作。审计查出违规金额105.34万元，管理不规范金额131.57万元，核减工程款为政府节约资金105.34万元。

【专项资金审计】 重点审计区养老、失业、工伤、医疗、生育等5项社会保险基金和保障性住房情况专项资金，审计查出管理不规范金额126.03万元，揭露和纠正专项资金管理中存在的问题，促进资金使用单位完善制度，规范管理。

【企业审计】 重点审计区新金叶发展公司的财务收支情况，审计查出管理不规范资金451.78万元，督促企业建立和完善内控制度，堵塞漏洞，加强和规范经营管理，确保资产保值增值。

【帮扶工作】 每月深入挂钩村更合镇平塘村委调研，全年协助排查化解用地矛盾纠纷等案件2件，解决农村热点难点问题3件；做好廉江市良垌镇飘竹村互帮互助活动；支持以上两个村委会各项经费20000元，捐资助学5000元，捐助扶贫对象资金4000元。从10月开始，派出1名审计人员驻连州市龙坪镇朝天村帮扶15户贫困家庭。

【队伍建设】 认真抓好深入学习实践科学发展观活动、纪律教育学习月活动以及机关作风建设等三大主题教育活动，以“内抓机关管理，外抓审计纪律”为重点，加强审计队伍的教育、管理、监督和考核工作，完善规章制度，取得明显成效。

佛山市高明区审计局负责人名录：
局　长：孙先莉
副局长：谢佩文　林盛杰

（梁健梅）

公有资产管理

【概述】 2009年，佛山市高明区公有资产管理委员会办公室依法履行公有资产监督管理职责，做好公有企业体制改革和企业职工稳定工作，实现公有资产保值增值，取得良好经济效益。

【企业发展】 抓住机遇，积极与金融部门联系，多渠道融资，解决建设资金不足，加快实施交通、供水等重点项目的建设。年内，供水总公司投资2100万元，完成杨梅水厂扩建及高明大道供水管道铺设工程，有效缓解杨和、明城等中、西部地区生产、生活用水压力；恒达公司落实交通基础设施建设资金3亿元，杨西大道人和至杨梅段8.2公里道路扩建工程在上半年顺利建成通车，龙高路及高明大道快速化项目在下半年顺利推进。

【企业管理】 盘活公有资产 坚持闲置资产“宜卖则卖、宜租则租”原则，通过公开拍卖、公开招租等方式，处置一批公有企业闲置资产，增加政府收益，确保资产不流失。年内，处置发电厂5台发电机组和配套设备及沧江物业公司文昌路福源巷8卡商铺；对原科技大楼、社保培训中心、土资公司大楼补办证件、调整规划；对各镇（街道）的道班站土地房产进行招租；对文华阁烂尾楼进行翻新改造；对供水总公司专业市场地块及西安庆洲原交通总站地块移交区政府储备。

完善管理制度 制定《区属公有企业领导班子和领导人员考核暂行办法》文件，明确公有企业人员招聘工作纪律，完善公有资产监督管理政策法规体系。加强企业国有产权转让的方案审核，加大对国有集体产权交易的监管力度，严把资产评估中介机构选聘关，全面实行进场交易，防止暗箱操作，增强产权交易透明度。加大留守企业整合力度，减少留守成本。加强企业重大事项管理，年内依法对27宗企业国有资产处置事项和8宗固定资产购置事项进行审批。加大公有企业财务人员培训力度，完善企业财务和国有资产统计工作体系，加强企业资产运营情况分析、提示和警示。

加强财务审计 抓好企业财务审计工作，完成明珠客运联营公司、安通运输站场公司的清产核资及资产评估工作，对民用爆破器材专卖公司、华发房地产公司、驰业贸易公司财务情况进行内审，对市场物业公司、食品企业集团、二塑集团留守负责人变动进行审计，对安通运输站场公司资产盘亏进行核查，协助审计部门对新金叶公司、恒达公司进行年度审计，发现问题及时纠正。

规范职工薪酬 做好企业工资监控工作，审批或审核市场物业公司工资调整和供水总公司“工效挂钩”方案，提高公有企业从业人员工资待遇，严把财务审批关，年内审批续贷或新增贷款8宗。

【企业转制】 完成明珠客运联营有限公司75%国有股权转让的工作；顺利推进安通运输站场公司股权转让工作，通过媒体宣传刊登股权转让招商公告，向投资意向者进行详细推介。理顺供水总公司转制问题，由区政府继续管理。

【旧区改造】 发挥公有企业在城市“三旧”改造中的示范作用，做好沿江路以东公有企业的搬迁工作。佛明纸箱厂和水电机械工程公司旧厂房移交区“三旧”办拆除；向区政府移交食出码头、客运港、土出公司土地作储备，将好年华、喜来登房产移交明建公司作抵押；加紧推进发电厂厂区建筑物的拆除工作。对佛明针织厂等沿江路公有企业职工安置问题开展调研，部署企业搬迁、职工安置工作。

【维稳工作】 对企业历史遗留问题不推诿、不回避。全年调处各类矛盾纠纷38件，预防群体性上访4件62人次；接待职工群众到访54起129人次，主动约访7起68人次；完成上级信访部门交办的信访案件20件。无发生越级到省和到京上访或群体性突发事件。

【安全生产管理】 加强突发事件应急预案的制定和落实，抓好安全生产管理工作。对民爆公司仓库、食出公司码头、市场物业公司属下农贸市场、恒达公司在建工地等重点企业进行检查，确保企业安全生产。全年没有发生重大安全事故。

【队伍建设】 按照"大稳定、小调整"原则，配强配好企业领导班子。年内对9家企业的20名领导班子成员进行职务调整，公有资产监管队伍素质进一步提高。开展各种文体活动：组队参加佛山市国资系统第一届乒乓球赛；举办"供水杯趣味运动会"，开展"窗口"企业争创青年文明岗和"走出家门口看发展"活动。丰富系统的文化活动，加强企业间的交流，增进职工友谊。

佛山市高明区公有资产管理委员会办公室负责人名录：

主　任：仇伟佳

副主任：杨智聪（　～2009.6）
康燕玲（　～2009.8）
梁建森（　～2009.8）
冼初成（2009.9～　）
李海飞
陈勇标（2009.7～　）

（夏伟盛）

2009年区属公有企业领导干部职务任免情况表

编号	姓名	职务任免		时间	文号
		聘任/续聘	解聘		
1	李国安	佛山市高明区聚丰建设投资有限公司总经理、法人代表		2009.2.24	明资[2009]2号
2	李国安	佛山市高明区沧江工业园发展有限公司总经理、法人代表		2009.3.31	明资[2009]3号
3	易仲明		佛山市高明区沧江工业园发展有限公司总经理、法人代表	2009.3.31	明资[2009]3号
4	易仲明	佛山市高明区沧江工业园发展有限公司副经理		2009.4.15	明资[2009]4号
5	梁远强	佛山市高明区体育服务站经理、法人代表		2009.5.19	明资[2009]5号
6	刘汉文		佛山市高明区体育服务站经理、法人代表	2009.5.19	明资[2009]5号
7	林志蔚	佛山市高明区沧江物业管理有限公司副经理		2009.6.22	明资[2009]7号
8	林剑棠		佛山市高明区涂料化工厂厂长及法定代表人	2009.7.1	明资[2009]9号
9	陈国坚	佛山市高明区市场物业管理有限公司总经理		2009.8.25	明资[2009]10号

续上表

编号	姓名	职务任免		时间	文号
		聘任/续聘	解聘		
10	苏海文	佛山市高明区市场物业管理有限公司副总经理		2009.8.25	明资[2009]10 号
11	白志文	佛山市高明区市场物业管理有限公司副总经理			
12	区坚雄	佛山市高明区市场物业管理有限公司副总经理			
13	苏健星	佛山市高明区食品企业集团总经理	佛山市高明区市场物业管理有限公司总经理职务		
14	李兆强	佛山市高明区食品企业集团副总经理			
15	李兆泉	佛山市高明区食品企业集团副总经理			
16	李有行		佛山市高明区食品企业集团总经理		
17	苏健星	佛山市高明区食品企业集团肉类联合加工厂厂长、佛山市高明区食品公司经理		2009.9.9	明资[2009]13 号
18	李有行		佛山市高明区食品企业集团肉类联合加工厂厂长、佛山市高明区食品公司经理		
19	关洁萍	佛山市稳安民爆器材有限公司高明分公司副经理		2009.11.23	明资[2009]14 号
20	阮启明	佛山市高明区新金叶发展公司经理		2009.11.25	明资[2009]15 号

食品药品监督管理

【概述】 2009 年，佛山市高明区食品药品监督管理局围绕保障全区人民饮食用药安全中心工作，坚持以科学发展观统领食品药品监管，更新思想观念、改进工作作风、创新监管方法、提升依法行政能力，各项工作开展顺利、成效明显。

【药品监管工作】 *专项整治* 年内，加大抽检力度，强化市场巡查，加强监管重点地区、重点品种，完善社会监督体系，采取加强联合办案、完善应急机制、畅通举报渠道、不定时突击检查等系列措施，规范全区“三品一械”（食品、药品、化妆品、医疗器械）市场秩序。全年立案 27 宗，没收货值金额 31476.60 元，罚没金额 105155.71 元。

日常监管 重点检查药品采购渠道、购销凭证、经营范围、挂靠经营等问题；加强 GSP（药品经营质量管理规范）认证跟踪检查，严格按程序和 GSP 条款的要求，有计划、有重点地开展 GSP 认证跟踪检查；加强从业人员培训，提高医药行业人员整体素质。

建设药品、医疗器械安全信用体系 对

新开办零售药店实行约谈制度，提高药品经营企业和从业人员的法律意识和质量意识，督促企业规范经营行为。推进药械安全信用体系建设，加强涉药单位信用档案建设。指导行业协会开展“诚信药械企业”评选活动，发放诚信计分卡，实施计分评比。一季度，评选出全区 47 家药械诚信单位，营造良好的药械营销环境。

建设“城市社区药品安全保障体系” 3 月开始，探索开展创建“安全用药示范社区”活动。通过建立监管网络、完善药品供应网建设、建立“社区群众常见病常用药档案”、加大专项整治力度、开展药品安全知识宣传等措施，将监管重心向基层下移，建立长效监督管理机制，构筑城市社区居民药品安全保障体系，提高人民群众安全用药水平。

【服务医药经济】 1.为医药企业发展开辟“绿色通道”。取消药品经营企业等行政许可收费，增加服务项目，提前介入新开办零售药店的审批，实行急事急办、特事特办，促进医药企业的发展。年内，宏盈科技有限公司投资建设高明区第一家药品生产企业，至年底，企业已获药品生产许可证，即将正式投产，将建成国内一流专业眼药水生产企业。2.加强医药企业服务。搭建信息平台，定期公布近期假劣药品信息、药品抽检质量信息公告及相关医药行业信息，让企业通过政府网站掌握药品质量信息。定期组织召开企业经验交流会，现场学习观摩会，让企业之间加强沟通、相互促进。3.实行弹性监管。对企业按信用等级进行分类管理，减少对企业的日常监督检查次数，降低因检查对企业造成的干扰。完善领导干部与重点企业联系点制度，实行结对帮扶，加强市场调研，定期征求企业意见，不断提高服务水平。

【食品安全监管】 专项整治 年内，先后开展为期 2 年的食品安全专项整治行动以及打击违法添加非食用物质和滥用食品添加剂、生猪及其肉品安全、羊狗猫肉品加工经营市场、节前食品安全检查等专项行动。通过突出重点区域、重点品种，利用技术监测、行政处罚、舆论监督等综合手段，严厉打击生产经营假冒伪劣食品行为。在生猪及其肉品安全专项治理工作中，规范生猪屠宰环节“瘦肉精”检测程序，完善企业检测体系和政府监督体系，整合生猪定点屠宰场，推进生猪“定点供应，厂场挂钩”新模式，保障全区生猪及其肉品质量安全。

应急管理体制建设 年内先后发生“生猪瘦肉精超标”和“蔬菜农药残留超标”事件，均通过检测及时发现并迅速启动应急行动，迅速向社会发布权威信息，追回问题食品，消除社会不稳定因素。组织相关部门研究分析，查找监管漏洞，避免类似事件再次发生。3～12 月，查获“瘦肉精”残留超标外地猪 82 头，全部实行无害化处理。年内，销毁农药残留超标菜心 3000 多斤。

【处置流感疫情】 出台应对甲型流感应急预案，全面部署防控甲型流感工作。组织药械企业落实应急药械的生产、采购、存储任务，开展对应急药械生产、经营、使用单位的专项监督检查，严格执行值班制度等工作措施，为全区应对甲型流感疫情提供防控药械的质量安全和储备保障。

【食品药品宣传】 突出“四个强化”：强化日常新闻宣传，运用广播、电视、报刊、网络等媒体开展法制宣传；强化“法律六进”活动，组织业务素质高的执法人员开展送法下乡活动；强化专题宣传活动，以“3·15”宣传、“综治宣传月”等专题宣传为载体，强化社会关注食品药品工作；强化农村的宣传活动，从10月开始，开展食品药品安全巡回下乡宣传活动。

【机构改革】 年内，区食品药品监管局由省垂直管理机关改革为地方管理机关。在过渡期间，及时传达贯彻上级关于食品药品监管体制改革的有关精神，做好干部的思想政治工作，服从大局，按照年初制定的工作计划，加大监督检查力度，确保机构改革期间思想不乱、工作不断、队伍不散，如常运作。配合区定编办开展调研工作，将全区食品药品安全监管的现状及存在问题、食品药品监管工作的重要性、关于食品药品监管体制改革的建议等形成材料，向区委、区政府和有关部门汇报。

【内部建设】 加强队伍建设。通过拓宽培训渠道，丰富培养方式，完善培养办法，加快培养年轻干部的步伐。强化监督管理，建立健全科学的干部绩效考评机制、监管责任体系和责任追究制度。加强廉政建设，通过组织观看廉政电教片及机关作风效能暗访片，增强干部队伍廉洁自律、依法行政的自觉性。加强机关效能建设，规范行政许可，提高行政许可的科学性、规范性，提高办事效率和公开透明程度。邀请省食品安全协调处进行《食品安全法》学习辅导，使干部职工及早了解和掌握消费环节食品监管方面的业务知识，确保机构改革后能够及时到位，尽快进入角色。

佛山市高明区食品药品监督管理局负责人名录：

局　长：祝德辉

副局长：罗惠莲　陈少通　彭硕强

（易毅颖）

安全监督

【概述】 2009年，佛山市高明区安全生产监督管理局始终坚持“安全第一、预防为主、综合治理”方针，全面贯彻落实科学发展观，层层落实安全生产责任制，重点抓好“安全生产年”活动、“三项行动”、企业规范化考评验收、应急救援管理等工作，落实安全防范措施，全力控制和减少各类事故，从源头上遏制重特大事故发生。

【事故统计】 全年发生各类事故358宗，死亡65人，受伤524人，直接经济损失381.3万元，与去年相比，分别下降51.3%、8.5%、51.4%、5.2%。发生的各类事故中，工矿商贸事故2起，死亡2人，直接经济损失123万元，事故宗数和死亡人数与上年持平，直接经济损失比上年上升57.7%；道路交通事故350起，死亡63人，受伤524人，直接经济损失84.6万元，与上年相比分别下降51.2%、8.7%、51.4%和37.1%；火灾事故6起，无人员伤亡，直接经济损失173.7万元，与上年相比，火灾起数下降60%，伤亡人数持平，直接经济损失上升95.2%；全年未发生水上交通和群死群伤重特大安全生产事故。全区全年亿元GDP死亡率为0.19，工矿商贸企业从业人员10万人死亡率为1.35，道路交通万车死亡率为5.53，均未超过佛山市政府下达的指标。

【安全生产执法】 全年全区安监执法监察队伍出动检查2560人次，检查生产经营单位1496家次，查出各类事故隐患4770条，发出整改指令书297份、强制措施决定书9份，完成事故隐患整改4770条，隐患整改率100%。处理投诉举报12宗;开展烟花爆竹专项执法8次,收缴非法经营储存烟花爆竹10吨;查处生产安全事故2宗,行政立案4宗,实施经济处罚罚款27.68万元,对已取得安全生产、经营许可证的单位执法监察30家,覆盖率100%。修订完善《高明区安全生产行政执法委托实施办法》,与各镇(街道)安监办重新签订执法委托书,将部分执法权限委托镇(街道)安监办,夯实安全生产执法监察基础。

【安全生产隐患排查治理】 根据国家、省、市安全生产年工作部署,深入开展隐患排查治理活动,通过企业自查自改和政府部门督查整改相结合,治理安全生产隐患问题。其中工矿商贸企业开展自查自改7078家次,自查隐患685项,整改隐患685项,整改率100%;督查企业治理隐患413项,整改隐患413项,整改率100%。其他重点行业开展自查自改企业928家次,自查隐患130项,整改隐患130项,整改率100%;督查企业治理隐患197项,全部落实整改。

【安全生产规范化建设】 根据市安监局规范化考评验收的统一部署,采用"政府出钱,专家把脉,企业受益"办法,从3月开始,对全区775家企业进行安全生产规范化管理考评验收,全面提升企业安全管理水平。经考评验收,全区有规范化管理A类企业12家,B类企业596家,C类企业167家,没有D类企业。

【安全生产应急救援管理】 10月,区编委批复同意区安监局增设佛山市高明区安全生产应急救援指挥办公室,明确其主要职责任务,核定工作人员4名,基本实现"有机构、有职责、有编制、有人员、有经费"的应急管理模式。年内,以非煤矿山企业和危险化学品生产经营企业为重点,指导企业完善应急救援预案,配置应急救援装备,开展应急演练。至年底,有633家生产经营单位已制定完善应急救援预案,预案总数661个,组织大型应急演练5次,企业举行演练568次,与46家企业签订《佛山安全生产应急抢险救援承诺书》。完善应急救援平台基础数据,全年录入应急物资仓库50家、应急物资201项、应急救援队伍51支、各类应急预案298份、指挥协调部门17个,安全生产应急救援能力得到增强。

【安全生产宣传教育】 在"安全生产月"期间,制作播放电视公益广告片,悬挂宣传标语,组织企业征订安全生产明信片3.2万封、安全生产台历5000套,举办安全生产咨询日活动,发放安全生产宣传手册和1500个宣传环保袋,现场开展安全生产有奖知识竞答活动;积极建设安全文化示范企业,组织企业参加佛山市安全生产知识竞赛,征集108幅作品参加佛山市安全生产摄影大赛,营造良好的安全生产氛围。抓好安全生产培训,提高企业从业人员安全生产意识和专业技能,组织企业规范化工作和电工、焊工等特种作业人员培训,举办生产经营单位主要负责人新证培训班1期、继续教育培训班11期,培训800余人次,企业自行组织对员工培训40000余人次。

佛山市高明区安全生产监督管理局负责人名录:

局　长:陈权胜

副局长:冼初成(　~2009.8)

梁建森(2009.8~　)

陈世常

(许志燕)

工业·经贸

高明沧江工业园

【概述】 2009年，广东佛山高明沧江工业园区管委会在区委、区政府和佛山高新区管委会领导下，在镇（街道）和相关职能部门大力支持和配合下，以贯彻落实科学发展观为主线，按照市、区贯彻落实《珠江三角洲地区改革发展规划纲要》各项具体要求，深化园区实体化管理体制改革，推进招商选资工作，做好园区基础设施建设和企业服务等各项基础性工作，培育园区优势产业，园区经济保持平稳健康发展。全年园区实现工业总产值285亿元，比上年增长22.1%。下半年，园区企业经营状况良好，产销两旺，食品、机械装备、陶瓷卫浴、纺织服装等主导产业发展状况良好，海天集团、本田金属、塞纳自动梯等龙头企业增资扩产项目纷纷上马，园区经济建设呈现良好发展态势。

【招商引资】 全年引进企业项目5个，其中外资项目2个，合同投资总额2.56亿元（其中外商投资1800万美元），新引进项目平均投资强度260万元/亩；增资扩产企业2家（骏鸿纺织印染有限公司二期和亿龙塑胶有限公司增资项目），增资总额2.45亿元。新引入的高新技术企业斯隆电气公司已完成报建手续，12月正式动工建设，实现项目当年引进当年动工。斯隆电气公司主要从事电力设备研究开发及制造，主要产品供应广州地铁使用，该企业成为园区电气及装备制造业发展的新生动力。

【园区规划】 提升园区产业结构，打造招商引资新载体，计划按照第三代现代化生态型环保工业园标准，全新打造沧江工业园区创新产业园。依托华南理工大学和意大利费拉拉大学完成专题调研和概念规划工作。专题调研对高明投资环境进行深入研究和分析，对气候、环境、文化、工业、经济、交通、税收、土地政策、人力资源、服务体系等方面进行全面介绍，在意大利成功进行首次推介招商工作，意大利客商对创新产业园表示充分肯定和关注。年内，着手推进创新产业园的征地工作以及规划细化工作，按照前期招商推介掌握的企业需求情况对创新产业园规划进行修编完善，为园区招商选资打造良好载体。

【基础设施建设】 以规划为龙头完善园区规划布局，根据园区及企业发展实际需要，制定分步实施方案，以国家高新区区域——三洲核心片区为重点，提升园区基础设施建设水平。开展兴联路、兴辉路等5条次干道路建设工程，完善园区道路交通和排水排污管网建设。重点加强绿化建设工作，开展7个绿化工程项目，其中三和路（人和段）绿化提升工程、海天南路一期绿化工程已经竣工验收，沿路各企业都积极配合做好绿化建设工作，道路及厂区绿化景观得到明显提升。重点推进中心城区第三污水处理厂及管网建设，第三污水处理厂厂区及截污管网建设基本完成。推进在建项目建设进度，员工服务中心项目建设进展顺利，妥善处理并重新启动杨西大道、沧江桥、海天南路二期、污水处理提升泵站等4个重点项目建设。园区全年基础设施建设投入1.5亿元，新开展工程13项，完成工程8项，完善园区道路、路灯、排污等基础设施建设，三洲核心片区基本形成路网相连、配套完善、环境提升、功能齐备的良好环境。

【企业服务】 深化实体化管理各项工作，提升机关行政效能，努力构建和谐高效政务环境，为园区企业提供全方位服务。加强与镇（街道）及职能部门的沟通联系，着力建立和完善有关工作机制，在市政建设和管理、土地征用及手续办理、规划建设、合作招商等方面加强衔接，使有关工作顺利开展，促进行政效能提升。对海天集团二期项目、本田金属二期等重点企业扩建工程，不断加大服务工作力度，为海天二期项目提供供电、供水、交通、路灯等方面的配合。对企业反映情况较严重、关系企业经营发展的重大问题，按照主办部门负责制要求，加强联系有关部门积极妥善加以解决。完善企业服务体系建设，对重点项目、重点工程实行“五个一”（对每个重点主责事项安排一名分管领导负责，由一个部门牵头，组织一支队伍执行具体工作，建立一个切实可行的机制方案，真正做好一抓到底）；为企业提供一对一协助，通过服务加强与企业的沟通，帮助企业解决困难，促进政企关系融洽，促进“以商招商”工作开展。

广东佛山高明沧江工业园区管理委员会负责人名录：

主　任：谭伟业

副主任：严杰丰　罗乃谦　麦智波

（韩健哲）

经贸工作

【概述】 2009年，佛山市高明区经济贸易局围绕区委、区政府“抓项目、促增长”工作主线，以科学发展观统领全局，积极应对国际金融危机背景下的宏观经济形势，攻坚克难，狠抓落实，全区实现地区生产总值388.05亿元，增长18.5%，工业总产值1321.35亿元，增长20.7%。其中规模以上工业总产值1286.15亿元，增长24%；固定资产投资总额145.82亿元，增长24.0%；社会消费品零售总额59.57亿元，增长23%。全区实现出口总值100296万美元，比上年降12.8%，全市降幅最小；完成实际利用外资11505万美元，增长14.71%，超额完成市重新下达的全年任务指标11230万美元，增幅位列全市第二；合同外资额逆势冲刺5000万美元，达到5324万美元，下降27.09%，超额完成市下达任务指标。

【经济运行监测与分析】 围绕经济运行中带苗头性、趋向性的问题重点开展调研，针对企业发展面临经营资金紧张、市场环境不好、政策导向趋紧、用工成本增加、外贸形势严峻、受服务体系制约等六大问题，开展企业调研23次，抽样调查企业239家，及时提出对策建议；根据企业运行情况准确判断经济运行拐点，建立九大产业龙头企业经营运行监测机制，为领导决策提供依据。

【招商引资】 全年全区引进项目（含增资扩产项目）86个，合同投资金额92.76亿元，分别比上年增长53.5%、38.4%；新引进项目70个，合同投资金额73.01亿元，其中引进3000万元以上项目（含增资扩产项目）64个，比上年增长64.1%，5000万元以上项目（含增资扩产项目）50个，比上年增长56.25%，亿元以上项目（含增资扩产项目）21个，比上年增长50%，合同投资金额64.06亿元，占全年项目合同投资金额的69%，比上年提高6.2个百分点，外资项目（含增资扩产项目）16个，比上年减少27.3%。

产业链招商成效初显 全年新引入项目86个（含增资扩产项目16个），合同投资金额92.76亿元。其中金属材料制品行业21个，占项目数24%，占总金额16.37%；电子电器行业9个，占项目数10.47%，占总金额16.9%；塑料制品行业8个，占项目数9.3%，占总金额4.8%；纺织服装行业6个，占项目数7%，占总金额13.7%；节能环保3个，新材料3个，食品生产1个；其他行业29个，占项目数33.72%，占总金额27.5%。其中超亿元项目21个，主要集中在金属材料、电子电器、新材料等新兴行业，如金属材料的南越钢构、广羊电缆、泛扬五金、通盛电子铜材、奇盛科技等5家企业，电子电器行业的万和电器、三川电工、广能电器设备等3家企业，节能环保行业的佛照明白炽灯转换电子节能灯、新诺非晶硅薄膜太阳能电池，新材料产业的中旗新材料、懿丰生物科技，石油化工行业的中油高富码头工程、毅利化工有限公司等。

引进项目质量日趋提高 全区引进86个项目中，总投资3000万元以上项目64个，5000万元以上项目50个，亿元以上项目21个，投产运营项目3个，开工建设项目28个，项目动工投产率达36.05%。21个亿元以上项目中，工业项目19个，占比90.04%。在谈项目13个，意向投资金额达27.2亿元。其中5亿元以上的大项目4个：分别为佛山万和电气有限公司项目，合同投资总额10亿元，预计投产后可实现年产值20亿元；总投资9.5亿元的溢达建设经济总部项目，预计投产后可实现年产值10亿元；佛山市高明区德铸重工实业有限公司项目，合同投资总额5.8亿元，预计可实现年产值16亿元；广东中旗新材料项目，合同投资总额5.5亿元，预计投产后可实现年产值10亿元。

创新招商方式 大力促进招商创新，做到“四个依托”（依托龙头企业招商，延伸产业链条；依托协会商会招商，引进产业集群；依托园区招商，承接产业转移；依托企业家招商，引进团队精英）和“一个结合”（实现政府招商与中介招商相结合，建立“政府引导、市场主导”招商引资工作模式），加快出台《佛山市高明区委托代理招商试行办法》，积极探索委托招商、代理招商等多种招商模式。采取小分队外出、举办专题推介活动等方式“走出去”招商，加大外出招商引资力度。全年区委、区政府主要领导参与小分队专题招商活动4次，组团赴意、英、俄、新加坡等国家推介高明，举办意大利陶瓷产业示范园推介会、沧江工业园创新产业园推介会、高明—意大利投资贸易推介会等专场推介会，捕捉大量项目信息，达成多项共识，与意中双向经济贸易工

业投资文化交流促进会签订《佛山市高明区委托代理招商工作备忘录》等。全年共完成招商引资总额92.76亿元，引进外资项目6个，其中实现实际利用外资11505万美元，比上年增长14.71%，增幅位列全市第二。

骨干企业增资势头强劲　中油高富、溢达、亿龙塑胶等16个龙头企业增资扩产项目投资总额19.75亿元，其中3000万元以上项目12个，亿元以上项目4个，分别为增资9.5亿元的溢达建设经济总部项目、增资2.5亿元的碧桂园扩大生产建设项目、增资2亿元的亿龙塑胶项目和增资1.6亿元的中油高富码头工程。

土地投资强度不断提高　引进的工业项目合同投资81.43亿元，出让工业用地面积3348.8亩，工业用地投资每亩投资强度突破200万元，达到每亩243.2万元。

【工业发展】　骨干企业支撑作用持续增强　年内，溢达、中油高富、海天、佛照明、顺成陶瓷、炜林纳、万和电器、正野电器、顾地塑胶等9家骨干企业实现工业产值达200.05亿元，同比增长29.8%，占规模以上工业产值的15.5%。龙头骨干企业的做大做强，增强了抵御金融危机影响的能力，带动全区经济逆势发展。

自主创新能力显著提升　全面实施技改创新工程，152个企业（项目）被纳入省、区技改创新工程项目库或滚动计划。企业资本运作进展顺利，亿龙等8家企业被作为重点培育的拟上市企业，川东热敏、柯维光电、亿龙新材科技已与证券公司签订合作协议。企业争创著名商标意识增强，炜林纳等4家企业获“广东省名牌产品”称号，顺成陶瓷等2家企业获“广东省著名商标”称号。企业融资有新进展，16家企业成功申请信用担保基金贷款总额7980万元。

产业结构优化　筛选保留4家规模大、实力强、技术优、品牌好的陶瓷企业并基本完成优化升级，科学编制佛山陶瓷产业基地高明示范园规划，推动陶瓷产业向高层次发展；深入研究政策法规，争取旋江水泥技改建设新型干法水泥项目和峰江股份、高力发水泥、蓬山水泥改建粉磨站获得省级投资主管部门的核准，其中峰江股份、高力水泥获省经贸委的《产业政策确认》，转产为粉磨站；对4家扶持壮大、限期治理类陶瓷企业进行整治提升，拆平原红河水泥厂旧厂房改建成佛山海螺粉磨站项目，项目总投资5亿元，新建面积5万平方米，首期投资3亿元，年产能200万吨水泥，预计年产值5.7亿元，环评报告已通过专家组审批；码头岸线已获国家交通部批准，所有桩基工程全部完成，展开上部结构施工。节能减排取得较好实效，全区单位GDP能耗0.75吨标准煤/万元，比上年下降15.7%。

“旧厂房”建设改造　溢达特种纺纱厂搬迁工作进展良好：规划分局编制完成旧厂地块的规划要点；广东世纪人资产评估公司完成溢达特种纺纱厂旧厂相关评估。8月，区政府和广东溢达纺织有限公司签订《溢达特种纺纱厂搬迁开发工作推进协议》（下称《协议书》）；10月10日，溢达公司按协议书约定补缴土地出让金和有关税金，财政局按规定扣除相关税费后将剩余部分返还溢达公司，作为补偿溢达特种纺织厂搬迁的各项费用；区国土资源分局完成溢达特种纺纱厂旧厂土地转为城镇住宅用地（兼用商服用地）工作，10月20日溢达公司取得新的土地证。区国土资源分局完成荷城纺织城内原三马用地的回收，筹备荷城纺织城内溢达特种纺纱厂新厂意向地块的第二次“招、拍、挂”工作；广东溢达纺织有限公司着手对原厂地块作开发建设的具体规划设计，计划建成一个集管理中心、研发中心、产品展示中心、高职公寓等于一体的广东溢达纺织有限公司企业总部，与银海广场及明港城整个区域连成一体，建设成为独具西江滨水特色的美丽繁华商贸中心。

产业调整振兴工作 做好《佛山市高明区工业发展和空间布局规划》的征求意见与修改工作；配合佛山市经贸局对“3+9”特色产业基地相关方案提出修改意见；出台《佛山市高明区创意产业发展实施方案》，推动创意产业加快发展；出台《佛山市高明区产业转移规划（2008～2012）》、《佛山市高明区产业转移实施方案》、《高明区加快推进佛山电器照明股份有限公司新动力能源项目工作方案》等措施；加快推进项目落实，大力推进产业转移。

【对外经济贸易】 服务外贸企业 多次深入出口企业调研，现场了解当前行业、企业进出口运营情况，集中解决企业存在的困难和问题。

争取上级扶持政策 协助企业争取获得（2008年度）国家、省各项扶持资金327万元。其中18家外经贸企业64个项目获得中小企业国际市场开拓资金83万元，3家民营外经贸企业的5个项目获得外向型民营企业发展资金8.18万元，5家企业获得进口贴息资金92万元。各项资金均已拨付企业。8家企业获得省七大商品出口征退差资金，11家企业获得省开拓新兴国际市场资金，两项资金144万元已由省下拨并拨付给企业。佛山市海纳川药业公司“优化机电和高新技术产品进出口结构资金项目”被列入省科技兴贸项目。

落实与港CEPA合作成果 稳妥推进溢达公司总部经济项目；积极促进浩辉食品配送等物流新项目上马，加快华南食品配送中心建设；积极推进珠江货运码头二期泊位扩建工程，大力发展河港经济；制订《港澳服务提供者在高明区设置门诊部实施方案》，强力推介佛港两地医疗门诊合作项目。

【扶持企业自主创新】 政策扶持 修订《佛山市高明区扶持中小企业发展专项资金管理办法》，区扶持中小企业发展专项资金由原来的200万元增加到800万元，其中300万元用于支持中小企业技改创新及人才和社会服务体系建设等，500万元用于获得省级配套项目的奖励。修订《佛山市高明区鼓励企业争创知名品牌奖励办法》，新增支持企业开展标准化活动。

技改创新工程 贯彻落实广东省建设现代产业体系技术改造、技术创新滚动计划（2009～2012年），组织实施“技改创新工程”。至年底，全区有152个的企业（项目）被纳入省、区技改创新工程项目库或滚动计划。

指导企业争取项目资金支持 鼓励区内海天集团、广东溢达集团、广东炜林纳功能材料有限公司等22家企业申报省技术创新项目；组织海天、正野、亿龙等8家企业申报省技术改造的项目，并获省资金的安排。

实施品牌战略 年内，广东炜林纳功能材料有限公司等4家公司被评为“广东省名牌产品”企业，高明顺成陶瓷有限公司等2家公司被评为“广东省著名商标”企业，高明宏源纸厂有限公司等15家公司被评为“产品采用国际标准生产”企业，佛山市海航饲料有限公司等4家公司被评为“产品采用计量定量包装‘C’标志”企业。

【服务工作】 建立中小企业信用担保基金运行机制 出台《佛山市高明区企业信用担保机构扶持补贴管理暂行办法》和《佛山市高明

区中小企业信用担保贷款贴息资金管理暂行办法》，按贷款额补贴 0.8%～1.5%。至年底，申请信用担保基金贷款的企业有 68 家，申请贷款总额 3.433 亿元；其中有 16 家企业获得银行贷款，总额为 7980 万元。

搭建政银企沟通交流平台　至年底，全区有 19 个政银企合作项目和 10 个一般性贷款项目获得省贴息专项资金补贴，贴息资金 1072 万元。

支持企业申报上市　至年底，亿龙等 8 家企业被作为区重点培育的拟上市企业，川东热敏、柯维光电、亿龙新材科技已与证券公司签订合作协议，企业资本运作进展顺利。

建设服务平台　推进“工业企业服务热线”、“纳税百强分类成长计划”和工业运行监测体系运行，全面开启“政企直通车”服务平台，完善高明经贸网等网站建设，加强宣传工作，发挥网络“无障碍”优势，在政府和企业之间搭建一条方便、快捷、高效的沟通渠道，为企业排忧解难。

抓展会、搭平台　发挥省粤港经贸洽谈会、市欧洲经贸活动各项境外推介活动、广交会、中博会、机械展、投资推介会等重点展会作用。鼓励企业通过参加各类展会“保市场，保订单”。组织参加市 CEPA 项目对接会，高明区与溢达公司签署《总部经济项目推进工作协议书》，该项目拟投资总额 7300 万美元，合同外资 3000 万美元；组织参加“重庆——佛山经贸合作暨名优产品展销会”，促成佛山市唯艺金属制品有限公司与重庆市某研究院合作，签订工程合同 2000 万元。佛山市诚德特钢有限公司与意向经销商洽谈，签订不锈钢销售合同 300 多万元；组织参加佛山（国际）现代服务业暨第六届佛山（国际）现代物流业洽谈会及招商推介会，会上有 30 个招商推介项目，有 2 个上台签约项目、5 个现场签约项目，签约总金额 40 亿元。

开展经贸洽谈和产业对接工作　以贯彻落实《珠江三角洲地区改革发展规划纲要》及建设广佛肇、珠中江两大经济圈为契机，加强与高要、鹤山、新兴等周边地区的交流与合作，签订《实施〈珠江三角洲地区改革发展规划纲要〉的工业产业对接框架协议》，制订《产业对接工作措施》，为开展交流与合作铺开路子。

【能源管理】　用电稳定安全管理　下半年，企业生产复苏，用电量稳步回升。全年全社会用电量达到 27.72 亿千瓦时，比上年增长 8.87%。其中工业用电量 23.76 万亿千瓦时，比上年增长 10.55%。实加强电力管理，密切关注高峰期电力供应各阶段的形势变化，保障全区电力供应充足稳定。

节能降耗工作　加强监管列入省、市监管的重点耗能企业，完成区内省、市监管的重点耗能企业的考核。

成品油经营管理　建立成品油经营市场的月报制度，密切跟踪成品油市场动态，及时反映成品油市场运行情况；出台《高明区加油站经营资格的准入管理办法》，严格市场准入，规范审批管理，打击各种违规建设；切实加强对成品油市场供应工作的监管，严厉查处不具备经营资格的单位和个人，确保市场的安全和稳定。

【民生行业管理】　加强牲畜屠宰管理　严厉打击私屠滥宰，强化屠宰管理和执法监管，全年出动执法人员 1214 人 / 次，查处私宰案件 2 宗，没收生猪产品 71.7 公斤，罚款 5000 元，杜绝了私宰生猪行为；全面推进生猪“定点供应、厂场挂钩”工作，确保生猪源头质量安全；

加强生猪屠宰企业肉品质量监督管理，特别是监督企业做好瘦肉精抽检、肉品检验及病死猪无害化处理工作，确保出厂肉品质量安全。全年抽检瘦肉精生猪27008头，抽检率为11.7%，查出病（死）猪32340.4公斤（折合359头），检出瘦肉精生猪86头，实现100%无害化处理。积极沟通协调，理顺和明确监管职能，实现各部门齐抓共管，共同治理，使生猪屠宰量稳定上升，肉类市场供应充裕、价格平稳。全年全区屠宰生猪23.176万头，比上年增长20.3%。

酒类专卖管理　严厉打击制售假冒伪劣酒类违法行为，全年出动行政执法人员233人次，查处案件9宗，没收白酒102瓶，查封散装白酒600多斤，没收桶装啤酒390多斤，查处3宗无证经营酒类行为，按有关规定把其中1处案件移交工商部门进行处理；加强埕装白酒经营企业管理，落实贴标销售管理制度；全面实行“酒类流通随附单”可溯源制度；加强对重点经营场所的监督管理，对全区33间企业主体实行备案制度，并建立酒类购销制度。

旅游质量监督　推行例行检查制度，规范旅游市场秩序，全年出动行政执法人员30人次，检查旅游企业30多家，抽查旅游团队15个，抽查导游人员18人次，检查旅游景区（点）7家；规范运作，及时处理各类旅游投诉，全年受理投诉和咨询6件次，办结或回复率100%；抓好旅游安全工作，定期开展旅行社、星级饭店、旅游景点、旅游交通专项整治，重点针对旅游黄金周和暑期旅游旺季组织旅游安全大检查10次，实现全区重特大涉旅安全零事故。

特种行业监管　重点加强废品收购站备案和专项整治工作，规范经营行为，严防销赃窝赃行为，确保社会治安稳定。

【优化发展现代服务业】　**旅游业**　成功举办2009佛山旅游文化节高明篇活动；第三届“万人濑粉宴”创造“规模最大的濑粉品尝活动”大世界基尼斯纪录；广佛地区及“要明鹤兴”四地旅行社共同签订区域旅游合作及工业游合作协议；“要明鹤兴”越野车四地巡游等活动成效显著。旅游休闲项目全面推进，银海高尔夫球新会所项目已竣工，富逸湾酒店、泰康山农业生态园、金谷朗旅游度假区项目进入施工建设或规划设计阶段，全区首家五星级标准的碧桂园凤凰酒店正式投入使用。加快推进农家乐特色产业，出台《关于促进农家乐休闲旅游业发展的意见》，盈香生态园、力创生态园、塘伙村等生态农庄改造提升稳步推进。深度策划旅游精品项目，加快《高明区旅游整合与提升战略规划》、《深步水旅游片区控制性详细规划》编制速度；开展旅游宣传促销，组织参加香港、广州国际旅游展览会、“中国生态旅游年”和广佛同城旅游启动仪式等活动，成功举办“广佛同城生态高明——高明角仔主题美食之旅”等活动。旅游宣传成效显著，全年接待游客近160万人次，比上年增长32.63%，实现旅游总收入10.32亿元，比上年增长25.7%。

商贸行业　编制《高明区商业网点规划》，出台《关于加快发展高明区商贸流通业的实施意见》和《佛山市高明区关于加快现代服务业发展若干政策措施》，积极引入大型商贸流通企业进驻，全面提升现代服务业发展规模和水平；出台《高明区城区第三产业项目布局的规划》，调整第三产业项目布局；全面推进荷城商圈项目建设，总投资额达10亿元的高明广场、中港广场及京柏城等重要节点项目已全面动工，促进大型商业网点建设；加快推进城乡流通网络建设，全面实施“家电下乡”、“家电以旧换新”、“汽车摩托车下乡”等扩内需政策，引导现代流通方式向农村、社区延伸。全年家电下乡直接增加企业销售额达400多万元，群众受惠财政补贴40多万元，刺激以旧换新实际销售额达1030万元，群众受惠财政补贴46.5万元。

物流服务业　制订《高明区“十二五”口岸发展规划》，建设高明装卸点富湾码头和腾信码头及规划搬迁现有的食出码头；建立高明区口岸联检单位联席会议制度，加强口岸联检单位与地方政府的沟通联系，共建文明口岸；做好国家、省市流通业专项资金申报工作，成功争取流通业及服务业发展资金80多万元用于扶持物流企业发展，拉动物流企业投入技术改造资金7000多万元；加大口岸基础设施建设，完成珠江货运码头二期泊位扩建工程，增建珠江货运码头2个1000吨级泊位，年吞吐量达30万标准集装箱，年装卸能力达300万吨，投资额达3000万元；整合高明客运港，保留高明港一类口岸；推进腾信物流有限公司扩建码头项目建设，发展仓储（保税中心）、码头装卸、运输功能，致力将其发展成为周边区域最具实力的物流企业；大力推进海螺货运码头、食出码头扩建、珠江货运码头扩建等大型港口码头项目，全力打造西江黄金水道；加快兴建浩辉集团华南食品配送中心，全力打造沧江工业园食品物流配送中心。

【行政管理】　学习实践科学发展观系列活动，强化学习调研，理清科学发展思路；认真分析检查，找准科学发展问题；加强整改落实，指明科学发展方向。

党风廉政建设　通过抓廉政学习、思想教育、纪律教育、责任分解、制度建设、依法行政、机关效能、作风建设以及严肃查处违纪行为等系列工作，推进党风廉政建设和反腐败工作，收到较好效果。

党建工作　抓好党支部班子建设，开展党员主题实践活动，推行党务公开，建立健全党支部八项制度；做好新党员发展工作，年内发展预备党员1名、培养确定入党积极分子2名。

机关效能建设　抓好学习调研、细化目标管理、优化企业服务、建立健全制度、认真履行职能等工作，转变机关作风，提升工作人员的专业技能和工作能力，促进经贸工作开展。

【存在问题】　受土地储备量不多、园区配套未尽完善等因素影响，招商引资速度放缓；出口与合同利用外资形势严峻；企业抗风险能力有待加强；产业结构有待提高，第三产业发展明显滞后，成为经济发展的重要制约因素。

佛山市高明区经济贸易局负责人名录：

局　长：刘磊芳

副局长：廖冠明　钟炳文　区家延
何伟霞　李伟明

佛山市高明区对外贸易经济合作局负责人名录：

局　长：刘磊芳

副局长：廖冠明　钟炳文　区家延
何伟霞　李伟明

佛山市高明区旅游局负责人名录：

局　长：廖冠明

佛山市高明区酒类专卖管理局负责人名录：

局　长：钟炳文

佛山市高明区招商局负责人名录：
局　长：陈勇标（ ～2009.6）
李伟明（2009.6～ ）

佛山市高明区中小企业局负责人名录：
局　长：区家延

（成佩文）

粮食管理储备

【概述】 2009年，佛山市高明区粮食管理储备中心围绕区委、区政府"抓效益，促发展"工作方针，加强储备粮管理，做好军粮供应工作，积极推进粮食储备库建设，维护粮食市场秩序，较好地发挥自己的职能作用。

【三项重点工作】 *粮食检查* 3～5月，开展2009年全国粮食清仓查库工作。组成7个自查小组，按照自查范围和内容实行定任务、定人员、定时间。参加清仓查库自查63人次，开展专项检查、现场会8次，检查演练1次；检查粮库、储粮点4个，粮食仓库31座；检查粮食（原粮）24094吨，其中稻谷22105吨，小麦1989吨；对国有粮食企业的库存粮食、储备粮轮换，质量、财务、资金和非国有粮食企业执行流通统计制度情况进行检查。经检查，高明区国有粮食企业具备以下亮点：库存粮食数量真实，库存粮食账实相符、质量良好；储备粮按照要求轮换；库存粮食账实相符、账涨相符；政策性补贴资金能足额下拨和按规定使用；填写了工作底稿和汇总表格，准备了总结资料。

储备粮收储 1～7月，完成3256吨区级储备粮轮换任务。严把质量关，入库粮食合格率、宜存率100%，轮换手续规范完善。年内实现省、区级储备粮储存规模和轮换100%。针对市政府增加了高明区储备粮和食用植物油储备任务的情况，采取以下应对措施：一是向省储备粮总公司提出减少承储省级储备任务，腾出仓容；二是挖掘现有仓库的库存潜力，投入改造增加仓容；三是取用代管方式，委托有资质的社会粮食行业企业代管储备。制定代管资格申请方案，成立审核小组，确定市内3家企业代管资格。12月完成新增储备粮油收储任务。

粮食储备库建设 2月，制定2009年粮食储备库建设计划，安排专人负责工程项目。4月，办理建仓贷款2440万元，解决粮库建设融资问题。5月，完成粮库用地土方平整、高压线路改造、挡土墙工程。8月，粮库工程设计公开招投标；12月，完成粮库施工图纸设计，办理审批手续，争取早日动工兴建。

【政策性粮油管理】 1.加强各级储备粮管理工作。调整公司部分部、室主任和主办人员岗位，充实仓储、财务、经营、军供等部门力量；实行主任工作负责制，各司其职，各负其责，加强企业的内部管理。年内，实施春秋两季粮食安全普查，全区各级储备粮工作做到数量真实、质量良好、"三账"相符、制度落实，无出现粮食霉变现象，各项质量指标、原粮卫生等情况符合国家粮食质量标准。

2.抓好军粮供应工作。改进服务方式，坚持实行"四统一"（统一采购、加工、包装、配送）业务。加强军粮质量检查，实行一批一检，每季度全面检查质量和制度，开展军地联合检查，确保粮油质量，部队满意率100%。开展军粮财务专项检查，对2006～2008年军粮差价补贴款拨补和历年网点维修改造资金项目落实情况进行专项检查，均达到上级要求。

3.完善管理制度。修订《高明区粮食管理储备中心财务管理制度》、《高明区粮食储备公司财务管理制度》，制定《高明区粮食储备公司购销业务管理制度》、《高明区粮食储备公司物业资产管理制度》，完善管理制度，严格财经纪律，健全风险管理机制；加强企业财务指导和监督，定期开展业务检查。年内，区粮食储备公司经营业务正常，实现总购进3036万元、销售收入3957万元、利润55万元，利润比上年增加175%。

【安全生产】 各库点实行24小时值班巡逻制度，经常检查防火、防汛设施，增加消防设施投入，实行安全生产和防火、防汛工作责任到人；执行《广东省粮食系统储粮化学药剂管理规定》，建立和健全化学药剂管理制度。印发《高明区粮食储备公司安全生产管理制度汇编》人手一册，组织学习。年内，各库点没有发生失窃、工伤、粮食霉坏、火灾等事故。

【粮食供给与消费】 全区粮食总供给51.61万吨，比上年减少1.20%，总需求量51.21万吨，比上年减少2.80%；全区粮食供需总量基本平衡，略有结余，年末社会粮食库存5.17万吨，比年初库存增加8.50%。2009年口粮价格比上年小幅上升，饲料用粮价格比上年略升。

粮食供给 全区粮食作物面积15.91万亩，粮食总产量5.33万吨，比上年增加0.38%；稻谷产量4.91万吨，比上年略有增加，粮食自给率10.96%。区外调入粮食46.21万吨[小麦2.65万吨、稻谷3.49万吨、玉米30.25万吨、大豆（含豆粕）9.82万吨]，比上年减少1.50%。稻谷调入主要用于调剂居民和外来人员的口粮，小麦、玉米、大豆等粮食主要用于饲料转化和行业用粮。全区粮食供给对外依存度达93.70%。

粮食消费 粮食总消费49.31万吨（不包括外销1.90万吨），稻谷消费6.47万吨，小麦消费2.53万吨，玉米消费30.40万吨，大豆（含豆粕）消费9.79万吨。粮食总消费中，口粮消费5.94万吨，占12.06%，饲料消费41.33万吨，占83.82%，食品副食品及酿造业用粮消费2.00万吨，占4.06%。从粮食消费水平分析，居民生活水平提高，带动畜牧业转化用粮和食品副食品等行业用粮增长；非粮食类食物稳定增加，口粮消费绝对量出现前增后减，减缓了城乡居民口粮消费增长，结构比重下降。

【行业管理】 以横额、张贴宣传图片等形式宣传《广东省粮食安全保障条例》；做好社会粮食供需平衡调查，掌握区粮油供需、库存情况；规范非国有粮食企业统计业务程序，提高统计质量；对16家取得粮食收购资格许可证企业开展核查，维护辖区内粮食市场流通秩序；定期监测粮油价格变化，分析全区粮食市场供求和价格动态，确保粮食市场价格平稳。

【业务培训】 全年参加公务员“三项内容”全员培训、通用能力培训、粮食行业职业技能培训、粮油仓储新技术、新标准和新规范培训31人次；参加各类学习讲座30多人次。

【存在问题】 1.粮食基础设施及信息配套落后，仓储设施分散、残旧，仓库超高堆放，信息化应用程度比较低。2.由于新增区级储备粮收储任务，省级储备粮未能如期轮换，造成仓容紧张，影响入库进度。3.对行业管理工作力度和幅度不够。

佛山市高明区粮食管理储备中心负责人名录：

主　任：谢剑文

副主任：黄永文　谭昶荣

（严敏和）

国有商业

【区烟草专卖局（分公司）】　2009年，佛山市高明区烟草专卖局（分公司）围绕省局（公司）"三年打基础、五年见成效、八年大发展"目标，履行专卖管理职责，在规范经营前提下提升营销管理服务。全年销售卷烟86219.82件，比上年增加289.9件，增长0.34%；销售金额（不含税）2.58亿元，比上年增加1910.90万元，增长8.02%；销售毛利6852.88万元，比上年增加283.44万元，增长4.31%；毛利率26.61%，比上年减少3.43%。被区委、区政府授予"佛山市高明区文明窗口单位"称号。

专卖管理　全年出动检查人数2225人次，车辆497车次，检查零售户17006户次，破获假烟销售网络案1个，查处无证运输案件4起，配合公安机关逮捕犯罪嫌疑人5名。查获案件217起，查扣涉案卷烟465.76万支（假烟233.20万支，私烟11.86万支，非烟220.70万支），上缴卷烟罚没款18.64万元。与公安、工商、交通等部门联合执法行动12次，宣传教育活动26次。1.开展"百日清查"和"百日行动"，保持卷烟打假工作的高压态势。把加强监控、专项整治、普法宣传作为卷烟打假工作的主要手段，采取交叉、错时、夜间、联合等方式提高打假工作水平和能力，多次联合公安、工商等部门开展专项行动，监控和检查重点区域和重点客户。2.联合职能部门深入卷烟打假，成功破获"2009.4.14假烟销售网络案"，查获涉嫌假烟制、储、销案件23起，查获涉案卷烟近529.2万支（含兄弟单位查获的涉案卷烟），半成品烟支11.4万支，销售票据和赊账单据一批，案值253万余元。3.完善规范内管机制。制定《佛山市高明区烟草专卖局2009年内部专卖管理监督工作方案》。调整内管办人员配置，明确内管工作岗位的人员和职责。按照《广东烟草内部专卖管理监督系统使用管理办法（试行）》，做好信息预警处理和营销资料备案工作，提高内管工作信息化、标准化、专业化水平。4.加强法制宣传。在高明各镇（街）以稽查中队为单位开展"送法进社区"普法宣传教育活动。争取政府支持，借助区司法局的《高明普法》平台，协助编写《高明普法之烟草法律法规专刊》（2009年第5期），拓宽宣传渠道。在辖区内17个公交候车亭广告位设置卷烟打假宣传广告牌，宣传重奖举报制假烟机、假冒卷烟行为。5.加强证件管理。完成2008版烟草专卖零售许可证换发工作。通过统一换发许可证，提高持证者依法经营意识，优化卷烟市场布局结构，落实许可证管理各项规章制度，提高依法行政的能力和水平。

营销管理　1.转变营销观念，提升营销能力。开展"客户经理一跟一拜访工作"活动，邀请顺德区局（分公司）吴素芳、贾峰讲授"提升客户经理营销技能培训活动"，将兄弟单位的先进经验融会贯通，化为己用。2.优化工作流程，科学管理时间。由佛山烟草研发的“新型客户经理营销活动智能化管理体系”6月在高明投入试运行，通过优化流程减少了客户经理重复劳动，拜访客户时间延长20%以上。3.优化市场服务。响应佛山市局(公司)“荷香服务”品牌建设年号召，开展服务品牌建设。一是加强卷烟零售明码标价管理。二是推进品牌陈列区建设，提高卷烟经营形象，满足客户需求。三是调整订货时间，提高订单满足率，订单满足率从6月的33.46%提升至12月的49.01%。

内部管理　1.围绕科学发展观要求，加强学习培训。通过召开学习座谈会、专题辅导课、学习交流会等，抓好党员干部理论学习，把学习科学发展观与学习《规划纲要》结合起来、与学习业务知识结合起来、与工作实际和思想实际结合起来，做到真学、真知、真懂、真用。2.加强机关作风建设。切实做好“四要”(节奏要快、标准要高、工作要实、状态要好)机关作风建设活动。全年参加一线走访的机关工作人员341人次，不断提升协同能力和执行能力。3.落实安全工作。始终坚持“安全第一、预防为主”方针，落实完成年度安全工作计划，以稳步推进职业健康安全管理体系为契机，以确保实现安全管理工作“七个为零”(重大火灾事故、重大交通事故、重大治安刑事案件、重大经营责任事故、重大工伤事故、工伤死亡事故、重大爆破七个为零)为任务。通过加强车辆管理、推进职业健康安全管理体系标准建设、组织消防安全演练等措施，切实做好各项安全工作。4.搞好精神文明建设，提升企业软实力。一是通过积极配合佛山市局(公司)人事劳资科做好“四定”(定岗、定责、定员、定薪)工作，以“分类管理、科学设岗、明确职责、严格考核、落实报酬”为总体要求，促进“身份管理”向“岗位管理”转变。二是搞好企业文化建设。在学习实践科学发展活动和庆祝建国六十周年期间，运用展板等方式宣传企业文化，增强企业凝聚力。三是借助《佛山烟草信息》等宣传平台，做好宣传交流工作。全年向《佛山烟草信息》、广东省烟草学会投稿36篇，被采纳刊载25篇，有1篇论文获中南地区行业学术交流会优秀论文三等奖。四是开展联点挂钩工作，为民办好事、办实事。全年为联点挂钩单位更合镇官山村委会提供社保及基本医疗保险费用5.3万元。

佛山市高明区烟草专卖局(分公司)负责人名录：

局　长(经理)：汪周恒

副　局　长：区显国(　～2009.10)

缪剑华(2009.10～　)

副　经　理：缪剑华(　～2009.10)

区显国(2009.10～　)

(陈占佳)

【区食品企业集团】　2009年，佛山市高明区食品企业集团贯彻执行国务院《生猪屠宰管理条例》，做好政府的民心工程，确保“放心肉”供应，保证肉品质量安全，无发生肉品食用中毒事件，全年生猪屠宰158424头。

安全专项整治　3～4月，贯彻《佛山市生猪及其肉品质量安全专项治理行动工作方案的通知》精神，开展专项整治行动。投资2400多元，配备检验器材，建立肉品检验室；肉联厂与区经贸局签订《出场肉品安全质量责任书》，与肉贩签订《佛山市牲畜屠宰肉品质量安全工作生猪经营者责任书》。加强检疫检验，销毁处理病害猪 241 头、病害肉 3121 公斤。

瘦肉精检测　贯彻执行《高明区生猪屠宰环节“瘦肉精”残留检测暂行办法》，做好“瘦肉精”检测。4～12 月，生猪进仓 130616 头，“瘦肉精”检测18168 头，检测比例为13.9%。其中：外地猪进仓 16451 头，检测 6125 头；本地猪进仓 114165，检测 12043 头。全年检出“瘦肉精”超标生猪 3 批 81 头，联同区畜牧中心对其作深埋处理。

疫情防控　1.做好卫生工作管理，坚持每天打扫、冲洗各车间，及时清运猪粪垃圾。2.加强消毒杀菌工作。在待宰车间、卸猪台、沙井、排污渠喷洒消毒杀菌药物；在厂门口设置消毒杀菌池，对进出车辆进行消毒。3.做好疫情扑杀工作。对出现口蹄疫情的生猪进行扑杀，防止疫情传播、扩散。4.聘请专业公司每月进行 2～3 次的除“四害”行动。5.甲流防控期间，贯彻落实各项防控措施，取得实效。年内，接受省、市和区组织的卫生、除“四害”、疫情防控的检查及考评，受到赞赏。

设备维护改造　年内，每天完成屠宰任务后及时对机械设备进行维护，对刨毛机、放血线、输送机、开膛线等设备大小修 30 多次，维修运肉小推车 150 多架次，修复分割肉台 50 多张、加工分割肉台 25 张、运肉小推车 10 辆。在建设生猪交易场期间，加工、安装交易场的铁栏、猪仓门和水电设施，为企业节省资金。

执法检查　打击私屠滥宰，防止未经检疫检验的私宰肉、病害肉上市，确保“放心肉”上市。联同区经贸局，工商、公安、食品卫生等部门组成联合执法队，对荷城街道辖区内各大少市场、烧肉加工点、城中村、窝棚等进行突击检查。全年开展出动 223 人次、54 车次，执法检查 17 次，查获私宰现象 2 次，查缴未经检疫检验私宰肉 134 斤，罚款 5000 元，没收屠宰工具一批。

安全生产　根据佛山市政府《推进生猪“定点供应、厂场挂钩”保障生猪及其肉品质量安全意见的通知》精神，实施“定点供应、厂场挂钩”制度。召开班子会议，成立工作领导小组，制订实施方案；企业领导带队，赴东莞、佛山、南海、顺德等地参观学习，规划兴建生猪交易场；深入区内养殖场（户）了解生猪养殖情况，推进生猪“定点供应、厂场挂钩”工作。

佛山市高明区食品企业集团负责人名录：

经　理：李有行（　～2009.8）

苏健星（2009.8～　）

副经理：李兆强　李兆泉

（何荣安）

供销社商业

【概述】　2009 年，佛山市高明区供销企业集团系统积极参与市场竞争，完成区委、区政府下达的党建、工青妇、计划生育等工作任务。全区社商品经营总额 5231.5 万元，其中商品购进总额 5011.5 万元。至年底，全区社在册职工 304 人，在岗职工 202 人，离退休人员 520 人（详见附表一）。

【业务经营】　全年实现商品销售 5147.5 万元，其中农副产品销售 155 万元，生活资料销售 1777.5 万元，农业生产资料销售 3215

万元，资产经营收入93万元。经营化学肥料7511吨，比上年减少18%；销售农药790吨，比上年增加11%；销售农用薄膜35吨，比上年增加75%（主要供应、商品数量见附表二）。

佛山市高明区供销企业集团负责人名录：

总 经 理：赵世新

副总经理：区志文

（区志文）

2009年高明区供销企业职工、离退休人员情况表

附表一：

项目/数量/单位	从业人数（人）	退休人员（人）	固定资产现值（万元）	经营门店（间）	项目/数量/单位	从业人数（人）	退休人员（人）	固定资产现值（万元）	经营门店（间）
合计	304	520	9898	94	明城供销社	48	90	480	16
社本部	6	9	2850		西安供销社	27	63	650	8
农业生产资料公司	11	12	2850	5	更楼供销社	26	58	800	25
珠江食品厂	18	27	360	2	新圩供销社	33	30	868	10
果林场	1				杨梅供销社	3	47	250	3
供销总公司	1				人和供销社	39	39	150	1
粤华经贸发展公司	1				三洲供销社	40	68	275	16
合水供销社	51	77	382	8					

2009年高明区供销企业商品销售情况表

附表二：

商品名称	单位	数量	上年同期对比	商品名称	单位	数量	上年同期对比
一、生活资料大类				39%以下复合肥	吨	360	+102%
水　泥	吨	1325	15%	40%-59%复合肥	吨	2180	-8%
自行车	辆	620	-14.5%	三、化学农药类	公　斤	33533	+16%
中药材	千　元	531.4	+3%	其中：杀　虫　剂	公　斤	10483	+8%
絮　棉	百公斤	265	+26%	杀　菌　剂	公　斤	8582	+6%
二、化学肥料类	吨	7511	-18%	除　草　剂	公　斤	10633	+11%
其中：尿　素	吨	2008	-8.7%	其他农药	公　斤	592	+25%
碳　铵	吨	1033	-24.7%	农　药　械	架	55	-12%
磷　肥	吨	980	-18.1%	农用塑料薄膜	公　斤	35000	+75%
钾　肥	吨	910	+9%				

私营商业

2009 年私营商业企业情况表

行业	户数（户）	投资者人数（人）	雇工人数（人）	注册资本（万元）
批发零售贸易、住宿餐饮业	394	694	4009	39050.36
其中：住宿餐饮业	16	52	298	3567
居民服务和其他服务业	105	190	251	8500
其他行业	1366	2631	10982	273397.18
合计	1865	3515	15242	320947.54

（甘泽广）

饮食服务业

2009 年高明区住宿餐饮行业统计表

数目 类别	户数（户）	从业（雇工）人数（人）	注册资金（万元）	2009 年新发展（户）
全民所有制	2	60	4142	2
集体所有制	2	40	18	1
外商投资企业	0	0	0	0
个体工商户	1298	3388	5701.83	108
私营企业	16	298	3567	3
合计	1318	3786	13428.83	114

（甘泽广）

农　业

农村工作

【概述】 2009年，佛山市高明区农业局贯彻中央1号文件和各级农村工作会议精神，落实科学发展观，围绕区委、区政府“抓项目，保增长”工作方针，着力统筹城乡发展，强力推进改革创新，强化落实惠农政策，大力发展现代农业，全面推进社会主义新农村建设，加快城乡经济社会发展一体化新格局，促进高明农业、农村经济不断发展、农民持续增收和社会和谐稳定。全年全区农业总产值25.73亿元，其中种植业产值7.17亿元，渔业产值6.5亿元，畜牧业产值10.21亿元。农作物总播种面积34.22万亩，其中粮食作物面积17万亩，粮食总产量5.51万吨；农民人均纯收入7238元，同比增长11.8%。

【农业生态园区建设】 年内，投入400万元完成现代农业生态园崇步中心区三期建设，完善农业基础设施；投入资金400万元，建设海峡两岸农业合作试验区项目，建成温室大棚2.5万平方米，自动喷灌38亩，提升农业现代化水平；投入100万元实施土地开发项目建设，建立优质农作物示范基地1000亩。全面启动万亩基本农田保护示范区标准农田建设项目，提升现代农业生态园档次。加快其他3个园区的现代农业发展步伐，完善“一园四区”新格局。荷城富湾园区建成农业部“全国无公害农产品(罗非鱼)标准化示范区建设项目”5000多亩，以及优质花卉生产面积近4000亩，形成近万亩高档花卉、绿色无公害水果观光生产基地；更合农业园区发展130万只优质肉鸽集约化养殖基地和1.5万亩绿色粉葛生产基地。使绿色无公害农业走上规模化、品牌化生产经营之路。

【农业招商引资】 以现代农业生态园崇步中心区为载体，以花卉种植业为突破口，吸取2008年的成功经验，引入国佳花卉公司，计划投资3000万元打造全国最大的红掌种植基地项目等多家花卉种植项目，花卉园艺种植产业初具规模。

【无公害农产品和绿色食品】 抓好绿色无公害农业和农业标准化示范基地建设，全区共有30个生产基地取得无公害农产品产地认证，15个农产品获得无公害农产品称号，5个农产品获得绿色食品称号。全区无公害农产品产地认定面积达12.18万亩，占全区种养面积的51%，成为珠三角重要的绿色无公害农产品生产基地。

【农业科技示范推广】 加强良种引进推广示范，对名、优、特、新农产品实施重点扶持和优先培育，成功推广种植800亩优质水稻品种“粤晶丝苗2号”和“广银占”，在农科中心示范基地成功试种万京优质紫茄、碧绿翡翠节瓜、韶关张溪香芋和南海里水香芋；池塘无公害养殖水产新品种鸭嘴鲟试验取得成功。联同区农技、农机、水产、畜牧中心开展大型农技咨询活动、技术讲座等34场次，接受农户咨询2.8万人次，派发资料8.5万份，赠送安全高效农药3400多包（瓶）、叶面肥1900多包（瓶）。

【支农惠农】 落实惠农补贴 一是种粮补贴。按照农资综合直补49元／亩，种粮直补8元／亩，良种补贴早造10元／亩、晚造15元／亩规定，全年完成种粮补贴面积15.9万亩，补贴金额1300多万元，受惠农户44660户。二是渔用柴油补贴。总功率232.25千瓦的5.73万元补贴款，全部发放到38户渔民手中。三是农机购置补贴。实施机具补贴1472台，受惠农户536户，同比分别增加291%、270%；财政机具补贴资金81.83万元，同比增加64.67万元。

渔民住房解困工作 严格执行渔民住房解困工作联席会议制度，全年解决无房户渔民入住问题2户，与7户住房困难渔民达成统一协议（购房经济补助6户，采用廉租房措施解决住房1户）。

【政策性农业保险】 开展能繁母猪保险工作。全年办理能繁母猪保险48755头，获理赔能繁母猪1127头，总共理赔金额112.7万元。根据市政府统一安排，在全区范围内试点开展政策性水稻保险和农村住房保险工作。其中：水稻保险早、晚两造累计投保水稻面积159291.59亩，投保农户44660户次，投保金额3230594.85元，保险金额7692万元，完成市政府下达的保险覆盖率100%的目标；农村住房保险方面，完成全区5万农户每户一房的投保工作，投保金额28万元。

【粮食创高产活动】 联同区农技中心在崇步中心区开展早、晚造面积各1万亩的粮食创高产示范活动。建立万亩水稻病虫害绿色防控示范区，实行“五统一”（统一供种，统一播植期，统一采用抛秧和机械插秧高产栽培技术，统一应用测土配方施肥技术，统一贯彻有害生物控害技术）管理，有效控制水稻重大病虫害发生，全年平均亩产421.5公斤，同比增产8.5公斤，增幅2.1%。

【社会主义新农村建设】 推进社会主义新农村建设，加快城乡一体化新格局。市、区财政投入专项资金420万元建设社会主义新农村和旧村居改造示范点。示范点荷城街道塘伙村将新农村建设与发展休闲农业有机结合，加快“农家乐”项目建设，投入800多万元进行基础设施建设，开挖旅游生态湖泊，开展旧村居改造和环境绿化，建成水上游乐配套设施等，打造水乡特色农家风情娱乐中心；更合旺田村科学规划村中建设用地，拆除60多间布局不合理的旧居屋，用于改造村中环境绿化及建设文体活动场所，节约建设用地800多平方米，增加耕地面积12亩，完成村中道路硬底化建设，在建农民公寓20多栋；荷城街道新亨村投入450万元建设5栋新农村公寓，改造村中主干道和牌坊，改善村中居住环境；明城镇崇步村投入68万元完成水改工程，投入134万元改造绿化环境，建设体育设施，丰富村民生活；杨和镇大楠村进一步完善基础设施建设，以“筑巢引凤”形式开发商铺50多间，增加集体收入，促进村民增收，提高村民生活质量。

【农民专业合作经济组织】 从提高农产品品质、建立农产品品牌着手，发挥组织载体、示范带动作用，抓好农民专业合作社的建立，提升农业产业化、组织化水平。年内，新增农民专业合作社2家。

【农业执法】 联同各级农业部门出动执法人员2100多人次，检查农资经营店铺1704家次，未发现金刚烷胺、利巴韦林、瘦肉精、氯霉素、痢特灵等违禁药品销售。联合相关部门举行大型农资打假宣传咨询活动4次，现场设置农业法规宣传、农资打假咨询、真假农资鉴别、农药安全使用技术和病虫防治咨询、新农资产品介绍等宣传咨询专栏，接受咨询4500多人次，派发宣传资料7000多份。

【打造绿色农业品牌】 2009年，组织23家优质农产品生产加工企业和4家生态农庄参加佛山旅游文化节，打造“高明特色农业一条街”。联同更合镇政府主办合水粉葛包装箱设计方案评比活动，广泛宣传合水粉葛的独特品质，新包装箱突显“山林水都”绿色品牌特色。组织农民专业合作社参加“农超对接”洽谈会，减少农产品市场的流通环节，拓宽市场销路，加强质量安全监控，搭建打造农业品牌的新平台。

【扶持农业龙头企业】 继续加大对农业龙头企业的扶持力度，投入农业龙头企业奖励资金143万元，发挥龙头的作用，带动农户规模化生产经营，促进农民增收。龙头企业之一的举世农业开发公司的5400吨罗非鱼加工新建项目试产成功，实现了区内罗非鱼加工零的突破。全区6家农业龙头企业带动增收农户4950户，户均增收6887元。

【农村体制改革】 规范农村集体经济组织管理，推进农村宅基地管理改革，加快“两分两换”试点改革。年内，共完善和规范农村集体经济组织494个，超额29%，年度任务为383个；牵头修订农村宅基地管理办法；制定“两分两换”试点工作实施意见和细则，在西江新城区域范围内选择1～2个条件成熟的自然村率先开展“两分两换”试点改革，引导农村居民“把宅基地和承包地分开，搬迁和土地流转分开，以宅基地置换商品房，以土地承包经营权置换社会保障”。

【农产品质量安全工作】 从源头治理、养殖监管、动物防疫、屠宰加工、宣传教育等环节着手，推进农产品质量安全体系建设，提升农产品的质量安全。年内，区农检中心抽取蔬菜样品9220份，检测合格率96.2%；区水产中心抽取池塘水样184个、水产品113个，药残抽检合格率98%；区畜牧中心抽取饲料样本400多份和猪尿样本1000多份送检测，全部合格；全区共免疫注射猪口蹄疫苗71万头份，猪瘟疫苗100万头份，猪蓝耳病疫苗31万头份，禽流感疫苗3000万羽。实行产地检疫肉猪40万头，家禽种苗5000万只；屠场检疫肉猪20多万头、肉牛2000多头，无害化处理病猪240多头；检查规模养殖户800多家次，未发现在兽药和动物饮用水中添加违禁物质行为。与全区饲料生产企业签订《产品质量安全承诺书》，与30个规模养殖场签订《生猪养殖质量安全责任书》，规范安全养殖行为；监督、指导全区4个定点屠宰场建立完善“瘦肉精”检测室，配置专职检验员，加强

“瘦肉精”自检工作，每天均检测样本90多个，农业部门还按5%以上比例加强抽检，每天检测样本40多个，严把屠宰关，防止不合格动物产品进入流通环节。全年全区无发生食用含“瘦肉精”动物产品中毒事故。

佛山市高明区农业局负责人名录：
局　长：黄伟盛
副局长：钟聪明　邓礼强　李福兴
区文超（2009.9～　）

（颜艳芬）

农业机械

【概述】 2009年，佛山市高明区农业机械化技术推广中心落实科学发展观，精心组织，加快农业现代化和农业机械化进程，较好完成各项农机化工作任务。1.完成农机总作业量200.92万标亩，其中农业作业量105.18万标亩，实际下田机车2480台，机耕面积10.65万标亩，与上年同期持平。2.进行机械插秧、小型耕整、植保机具现场演示8次，共派出技术人员60人次，技术咨询服务5700人次，比上年略增；机械插秧示范作业面积2050亩，比上年增加20%；推广水稻插秧机、收割机、增氧机等先进适用机具3055台，比上年增加55%。3.农机购置补贴申请进展顺利。全年收到563户农户提交的购机补贴申请，比上年增加243%，实施机具补贴1472台，比上年增加291%，受惠农户536户，比上年增加270%。财政机具补贴资金81.83万元，比上年增加64.67万元。4.农机安全监理工作有序进行。办理拖拉机上牌、检测共167台，与上年持平。5.开展农机安全宣传活动12场次，现场接受农机安全生产教育3500多人；开展农机安全生产大检查活动10次，现场查验拖拉机32台，纠正违章9台次；无农机安全事故发生。

【开展深入学习实践科学发展观活动】 按照区委的部署，精心组织，抓关键环节，深入分析检查。围绕农机化水平发展不平衡、农机装备结构不合理、山区适用机具推广较少等问题到各镇（街道）进行调研，先后组织25人次下乡听取基层农机干部意见和建议，召开座谈会12次，发放调查问卷185份。对查摆存在的问题，制订整改方案，从突出问题入手，从群众最关心的事情抓起，细化整改措施，落实整改责任。

【农资打假和抗旱工作】 1.将机耕和农资打假结合进行，先后召开有关会议和农资打假执法检查，杜绝伪劣农机产品销售和使用。2.多次派出技术小组巡回进行机具维修技术指导，保障机具使用效能的正常发挥，全区下田作业拖拉机比上年有所增加。针对部分山区农田出现的旱情，发挥农机装备及技术优势，积极组织农业机械抗御自然灾害，派出技术人员巡回检查全区抗旱机具的使用、维修情况，全区投入抗旱机具500多台。

【农机推广与培训工作】 加快推进农业机械化工作，把水稻育插秧机械化技术作为全年主推技术，做好先进适用机具的示范推广。开展水稻育插秧机械化技术培训、示范演示工作和机具购置补贴政策的宣传，扶持农机大户和水稻种植大户，提供机具、机械技术指导支持，对农业园区机械插秧示范作业实行价格补贴。努力提高农户对新机具、新技术的认识。先后举办水稻机械插秧技术培训班2期，培训人员240多人；水稻机械插秧技术推广演示现场2场次，接受农机技术咨询服务600人次；举办机具示范现场3场次，展示耕整、植保、喷灌等先进机具一批；印发各类机具宣传资料1500多份，技术指导农机操作1000人次；推广微耕机、割灌机、电动喷雾器、船式喷灌机、增氧机、投料机等先进适用机具3055台。

【农机购置补贴工作】 1.搞好农机购置补贴政策的宣传。利用有关农机工作会议，讲解农机补贴政策，提高公开、公正补贴原则的透明度。通过送科技下乡和技术培训开展宣传咨询5场次，发放资料2200多份、接受政策咨询2300多人次，解答补贴机具种类、型号、补贴标准、申请办理程序和相关要求。2.简化农机购置补贴办理程序。9月，将申请环节下放到镇(街道)农办、村委会办理。年内，分4期培训办理农机补贴申请工作人员40多人，发放资料1000份，在各自然村张贴《关于办理农业机械购置申请有关事项通知》500多份。全年收到农户提交购机补贴申请563户，比上年增加243%，实施机具补贴1472台，增加291%；受惠农户536户，比上年增加270%。财政机具补贴资金81.83万元，比上年增加64.67万元。

【农机安全监管】 1.狠抓农机安全生产工作。按照省、市要求，做好农机安全生产法律法规宣传，现场进行农机安全生产教育，派发宣传资料800份，印制宣传标语横幅2000幅，发放宣传挂历1000多份。年内，开展农机安全生产大检查10次，现场查验拖拉机32台，纠正违章9台/次。联同区安监和公安交警对重点路段和重点场所的手扶拖拉机进行联合整治，组织开展农机安全专项检查3次。加强对跨区作业收割机的安全监管，共检查联合收割机25台，纠正违章4台/次。全年所辖路段及作业场地无安全事故发生。2.做好牌证核发工作。从源头上预防事故发生，向拖拉机驾驶员发放年审通知书198份。全年办理拖拉机上牌、检测共167台。

佛山市高明区农业机械化技术推广中心负责人名录：

主　任：李荣汉

副主任：严献标　吴社健

（黄伟强）

种 植 业

【概述】 2009年，佛山市高明区农业技术推广中心围绕区委、区政府“抓项目、保增长、促发展”中心工作，积极应对全球金融危机，开展农技推广工作，确保农业稳定增长，获“广东省农业科技推广先进单位”称号。林庆泉获“广东省农业科技推广标兵”称号。

【水稻、经济作物、水果生产情况】 水稻生产　年内，全区早晚两造水稻生产季节掌握较好，天气对水稻生长有利，直接台风雨影响不大，病虫害影响小。全区水稻产量总体形势：早造增产幅度较大，晚造基本持平，年产保持增长。播种面积14.2万亩，全年平均亩产 346公斤，比上年增加 23公斤，增幅 7.1%，其中：早稻面积 7 万亩，平均亩产 370 公斤，比上年的 323公斤增加 47公斤；晚稻面积 7.2万亩，平均亩产 323 公斤，与上年持平。

经济作物生产 全年全区经济作物播种面积 13.54万亩次，总产量 21664万公斤，总产值为 34668.8 万元。其中：叶菜类播种面积 4.78 万亩次。受天气影响，产量和价格起伏较大，亩产平均 1200～1400 公斤，总产量为 4563万公斤，总产值 7300.8万元；瓜类种植面积 2.15 万亩，总产量 3525 万公斤，产值 5640 万元；茄类中的茄瓜种植面积 6100 多亩，产量 3000～3500 公斤 / 亩，总产量 1952 万公斤，总产值 2537 万元；辣椒种植面积 1500 亩，产量 3000～3500 公斤 / 亩，总产量 480 万公斤，总产值 528 万元；粉葛种植面积 1.5 万亩，产量价格比上年有所上升，平均亩产约 1400 公斤，总产量 2135万公斤，产值 6405万元；沙葛种植面积 0.67 万亩，平均亩产约 5000 公斤，总产量 3350 万公斤，价格比上年低，产值 2010 万元。其他经济作物：豆角种植面积0.13万亩，亩产 1500 公斤，产值 270.4 万元；生姜种植面积 0.53万亩，亩产 2500公斤，产值 3696 万元。

水果生产 水果种植面积：全区水果总面积 4.38 万亩，较上年减少 0.25 万亩，其中：龙眼 1.9万亩，比上年减少 0.12万；荔枝 0.95万亩，比上年减少 0.16 万亩；芒果 0.42 万亩，与上年持平；香蕉 0.38 万亩，比上年增加 0.03万亩；柑橘橙柚 0.2 万亩，与上年持平；其他杂果 0.56 万亩，与上年持平。

水果产量：1.荔枝。成花率 90%，挂果面积 0.81 万亩，荔枝产量为 62 吨，比上年略减。2.龙眼。成花率 93%，挂果面积 1.09 万亩，产量 450 吨，与去年基本持平。3.芒果。成花率 95%，挂果面积 0.36 万亩，年产量 208 吨，比上年略增。4.香蕉、柑橘橙柚和其他杂果。全年天气对这几种水果生产有利，病虫害防治措施及时、有效，产量产值均获得较好收成。

【品种引进、种植、示范】 **粮食创高产活动** 农业园区崇步中心区是佛山市粮食创高产活动示范片，早晚造面积各 1 万亩。对示范农户发放良种“金花占”、“粤晶丝苗 2 号”、“广银占”等优质种子 5 万公斤，免费发放“金葵子”水稻专用肥 3.7 万公斤，“金葵子”叶面肥 1500 瓶，复合肥 1.8 万公斤，高效低毒对口杀虫农药 3000 多瓶、杀菌剂 4400 多瓶，发放毒鼠谷 1.5 万多公斤。万亩高产示范片早造平均亩产 430 公斤，比上年的 415 公斤增加 15公斤，增幅 3.6%。

种子工程项目 农业园崇步中心区被列为省种子管理总站的两种子工程项目《国家级水稻新品种展示片》、《国家级水稻丰产片》和农科中心试验示范基地。早造《国家级水稻新品种展示片》展示水稻新品种 19 个，面积 20 亩；晚造 19 个，面积 30 亩。在项目工作上，一是抓统一管理，二是抓跟踪调查与性状观察分析，三是抓筛选与推广。早造筛选出“时代丝苗”，晚造继续扩大试种；晚造筛选出“五山丝苗”、“七花占”和“粤综占”等较有前途的新品种。《国家级水稻丰产片》项目按省的要求早、晚造种植面积各 500 亩，项目工作与万亩创高产片结合开展，重点抓新品种示范推广，实行“五统一”（统一栽培品种、统一移栽、统一肥水管理、统一施药防治、统一灭鼠），扩大优良品种宣传面，“粤晶丝苗 2 号”和“金花占”等良种种植面积不断扩大。

镇（街道）水稻良种与新品种引进试验示范 在 4 镇（街道）各设 200～250 亩水稻良种示范片 1 个，面积共 800 亩，加速水稻良种推广应用，协助4镇（街道）示范片免费组织良种“粤晶丝苗2号”和“广银占”优质种子2000公斤。在示范片内各设10亩水稻良种示范表证田，对水稻新品种金花占、时代丝苗、九七香、巴太香进行试验、示范和表证，对各示范片进行不定期跟踪，及时制定栽培管理指导措施，为镇（街道）新品种的引进推广提供好的现场和优质种源。

推广新品种、新技术示范工作　开展“两瓜新品种”、“两旱芋新品种”和“上架白瓜种植示范”项目，促进全区经济作物品种结构调整。“两瓜新品种”是“万京优质紫茄”和“碧绿翡翠节瓜”，试验示范项目设在农业园区崇步农科中心试验示范基地和高明盈香生态园，面积各2亩。“两旱芋新品种”是“韶关张溪香芋”和“南海里水香芋”，试种基地设在农业园区崇步农科中心试验示范基地和明城潭边种植基地，张溪香芋种植面积3.5亩，南海里水芋种植面积45亩。农业园区崇步农科中心试验示范基地“上架白瓜种植示范”面积2亩。

农区灭鼠　年内，农区统一灭鼠面积28万多亩，采用毒谷搅拌机统一配制4万公斤，指导各镇、村配制毒谷15万公斤。全年免费向农业园区发放毒鼠谷1.5万多公斤，统一灭鼠面积3万亩次，灭鼠效果达到85%以上。全年累计挽回农作物损失约2300多吨。

水稻病虫害绿色防控示范　1.贯彻落实“公共植保、绿色植保”理念，确保水稻生产安全和稻谷质量安全，在上级业务部门和当地政府大力支持下，在农业园区早、晚造各建立1万亩水稻病虫害绿色防控示范区，实行统一栽培品种、统一移栽、统一肥水管理、统一施药防治。通过示范区的示范和辐射，“两迁”（水稻上的两种迁飞性害虫，即卷叶虫和稻飞虱。）害虫防治效果达85%以上，化学农药利用率提高4%，水稻病虫为害损失率控制在5%以下，提高了稻谷的质量，达到国家食品安全标准。2.发挥JDA自动虫情测报灯的作用，根据JDA自动虫情测报灯监测数据，了解“两迁”害虫迁入动态，指导示范区病虫防控工作。3.根据今年“两迁”害虫迁入动态和为害情况，抓好早晚两造水稻孕穗期和破口期的防治关键，对中心示范片的农户进行全面培训，统一免费供药防治。全年开办培训班12期，培训农户620户次，免费派发杀虫剂3000多瓶、杀菌剂4400多瓶。

测土配方施肥　年内，省农业厅将高明区定为国家级测土配方施肥补贴项目区。贯彻省测土配方施肥工作指导思想和目标，继续开展测土配方施肥技术推广。帮助农户走出多施肥多收获和急功近利的施肥误区，科学地以肥养田、以肥增产。全年全区应用测土配方施肥农作物面积11.73万亩，其中水稻7.58万亩，经济作物4.15万亩。

【科技宣传普及】　农技培训　发挥技术人才优势，开展多渠道、多层次、多形式的农业科技培训工作。组织各镇（街道）村举办各种农技培训班28期，培训人数1908人次，派发资料6512份、优良种子1100包、高效低毒农药9300包（瓶）。

农技咨询和宣传　1.利用圩期广泛开展农技咨询活动，联同区科技信息局、区科协、团区委、区妇联等部门，在全区各圩镇集市、村委会等开展大型农技咨询活动和技术讲座12场次，接受咨询农户人数15114人次，派发资料57585多份、安全高效农药3400多包（瓶）、叶面肥1900多包（瓶）、种子3268包。2.发挥村级公告栏作用，及时将病虫防治、作物管理信息传递到各自然村。实行“村村张贴，期期张贴”《病虫情报》、《高明农技》，保证信息措施到位。全年累计张贴农情信息36期10800多份。3.以“高明农技网”为平台，发报《病虫情报》、《农科园地》、植保信息、种子信息、市场信息等，全年利用发报《病虫情报》、《高明农技》21期。

【农业执法】 市场执法检查　全年开展执法行动24次，出动114人次，检查农资经营单位97家次，抽检农药产品37个，抽检肥料产品43个，合格率69%。

基地检查　加强蔬菜生产基地农业投入品的监控，从源头上杜绝违禁农资的使用，检查基地20次，出动执法人员98人次，不定期检查区内主要蔬菜种植基地87场次，菜农157人次。协助农业局销毁毒菜心4000公斤。

佛山市高明区农业技术推广中心负责人名录：
主　任：罗振辉
副主任：夏裕才　区伟明

（杜细文）

林　业

【概述】 2009年，佛山市高明区林业局围绕建设生态文明和林业发展中心工作，抓住发展机遇，提升可持续发展能力，将全区林业工作推上新台阶。

全年全区共投入林业生产资金2233万元，完成迹地更新8000亩，生态公益林改造7500亩，中幼龄林抚育3.08万亩，义务植树60.8万株，全年无发生大的山火，火灾受害率控制在责任指标内。全区木材生产计划11.17万立方米；办理使用林地审核12宗，面积218公顷（3270亩），各项林业生产指标均按年度计划完成或超额完成。至年底止，全区林业用地面积46379.4公顷（约69.5万亩），有林地面积42388公顷（约63.5万亩），森林覆盖率47.7%，比上年增长3.5%；林木绿化率为55.8%，比上年增长3.8%；活立木蓄积总量达209.3万立方米，比上年增长7.3%。

【造林绿化】 林业生态建设　从2008年起，充分利用佛山市政府提出的“三年促变 绿地佛山”良好契机，积极推进生态公益林林分改造工程，将其作为区重点项目加以落实。去冬今春开始实施生态公益林林分改造第一期工程，建设规模0.75万亩，分四个标段，总投资701.64万元。工程招投标于2008年底完成，2009年顺利进入施工阶段，5月底已经全面完成种植。8～10月完成两次抚育工作，幼苗生长良好，成活率达95%以上。第二期工程0.75万亩的规划设计和招标工作已完成，并进场施工。扎实推动创建林业生态区的前期工作，配合区2010年通过生态区的验收。7月，以区政府名义印发创建生态区工作方案，确立创建目标，明确各部门和镇（街道）责任分工；做好资金预算申报，与周边已完成创建的市区及省林业调查规划院加强沟通，吸取成功经验，为创建生态区提供技术支持。

义务植树和主题林建设活动　2月1日及3月12日，由区领导带队分别开展全区性统一义务植树活动。通过政府牵头，广泛发动市民参与，推动义务植树活动的开展。年内，全区共计营造各类主题林20个，义务植树60.8万株，折算参加人数达16.2万人次，获市有关部门和领导的好评。全区全年实施商品用材林造林0.8万亩，中幼林抚育面积3.08万亩，代购南洋楹、荷木、杉木等各类种子60公斤，育苗210万株。根据区政府关于限制桉树种植的规定，在种子种苗供应、其他用材树种选择上给予支持和指导，缩减桉树种植面积工作取得初步成效。

开展万村绿工作　根据省林业局的统一部署，高明区计划用5年时间，以每年20个村的进度建成100个林业生态文明村。根据区自身实际情况，制订工作方案，将各年任务下达至各镇街。高明区2009年度万村绿行动包括计划落实、规划设计、资金安排等各项工作已经完成，进入苗木的培育和准备阶段。全区已完成杨和镇岑水村和更合镇石街村两个地方的试点工作。

【森林资源管护】 山林纠纷调处　将中心工作放在调解农村矛盾上，做好双方思想工作，详细解释相关法律法规，避免双方出现过激行为，维护全区农村的和谐稳定。联同相关部门，多次深入基层，成功调解4宗山林纠纷案件，其中一宗是杨和镇积聚多年、上访不断的纠纷案件。

保护森林资源　一是发挥森林公安的作用，严厉打击破坏森林资源违法行为。配合省、市开展“绿盾三号”等多项行动，着重打击违法犯罪分子，维护林区社会治安安全，全年办理各类案件16起，其中刑事立案10宗，侦破7宗；受理行政案件2起，查处率100%。二是严格按照区政府文件精神，执行林木采伐审批程序，依法管理好木材采伐和林木流通，合理利用全区森林资源。三是严格规范林地保护管理工作，加强林地用途管制。严格按照《森林法》、《广东省林地保护管理条例》等法律法规要求办理使用林地手续，配合全区各项重点工程和镇（街道）招商引资工作，确保用地符合长远发展需要。四是做好林业有害生物防治工作，按照上级森防部门要求，重点做好松材线虫病、薇甘菊、桉树蝙蝠蛾的普查防控工作，开展抽查和定点布控，加强森林植物检疫工作，实施调运检疫制度，预防森林病虫害发生。

【森林防火】 1.落实防火责任制。贯彻落实上级森林防火要求，做到早安排、早部署，在全区范围内广泛开展森林防火工作；层级签订防火责任书，形成功能齐备、反应灵敏的森林防火指挥系统和工作机制。2.加大防火宣传力度。利用电视台播放森林防火电视公益广告1500次，新制作防火警示牌300多块，翻新山标路标200条，出动森林防火宣传车100多次，挂森林防火宣传标语、彩旗等600多条（面）。3.加强森林防火队伍建设，保障扑救物资供给。组建有一定森林火灾扑救实战知识的半专业扑火队伍4支共180多人，每年举办1期森林防火知识培训班和扑火技能培训班，提高消防队员理论知识，增强实战能力。每年投入大量资金购置扑火物资和设备，定期派专人对设备进行检查维护，确保物资储备充足，设备机具完好。4.加强生物防火林带建设和森林火险隐患排查工作。至年底，全区建有生物防火林带803.93公顷，其中完成十年议案生物防火林带建设任务559.96公顷，完成林缘林带建设103公顷。区、镇（街道）两级森林防火指挥部经常对所有林区防火安全隐患进行全面排查，消除森林火灾隐患。

佛山市高明区林业局负责人名录：

局　　长：叶志强
副 局 长：周文峰　李柏青

佛山市公安局高明分局森林派出所负责人名录：
所　　长：麦炎新

（陈世东）

【佛山市云勇林场】 2009 度，佛山市云勇林场坚持以邓小平理论和“三个代表”重要思想为指导，全面贯彻落实科学发展观，紧紧围绕《总体规划》工作目标，结合森林公园功能需要和实际情况，抓好全年林分改造工作，提高森林资源生态、社会与经济效益，保证林场稳定、持续发展。承担的市科技攻关项目“佛山生态公益林示范效应研究与模式推广”获佛山市科学技术三等奖和高明区科学技术进步二等奖。

林分改造工作　1.全年共完成改造面积 3480 亩，种植火力楠、灰木莲、樟树、米老排、人面子等 55 种乡土阔叶树，成活率 95%以上。2.强化林分林的管理养护。及时补植枯死、鼠害等植株，确保改造林分生长均匀。抓住时机对未郁闭地段幼林进行抚育、追肥。年内，完成幼林抚育面积 15000 余亩。3.落实备耕工作。培育火力楠、香樟、红椎、降香黄檀、格木等乡土阔叶树种 43 余万株，为下一年春季造林工作提供保障。全年完成采伐面积 3478.5 亩，出材量 8101.2 立方米，采用公开投标方式出售。下一年改造地段通过社会招标形式，预计 2010 年 2 月完成。4.抓好苗圃病虫害防治工作。通过精耕细作、喷药消毒、安装紫外光灭虫灯、诱捕器等措施，抓好苗圃等区域的病虫害防治工作，保障树木健康生长。

护林防火工作　1.加强组织领导，全面落实工作责任。实行“谁主管谁负责”制度。森林防火期间，林场成立专项领导小组，以防为主，防打结合，根据实际制定场森林火灾扑救预案，明确各部门职责，层级落实责任，做到任务明确、责任到人和措施到位。2.开展护林防火宣传工作，增强防火意识。重点防火期间，利用会议、标语、警示牌和宣传车在场林区范围内开展宣传，加大宣传力度，拓宽宣传教育辐射面，提高山上作业人员、周边村民及外来人员的森林防火意识。3.健全护林防火工作管理措施。一是森林防火职能部门在加强宣传的同时，组建森林防火应急分队，配备齐全的防火机具，转变护林员管理考核方式，坚持值班制度，及时查处安全隐患，切实做好护林防火工作。二是组织人力维修原有的生物防火林带，抓好生物防火林带的新建与扩建工作，完善网络体系，增强阻隔作用，提高防火能力。委托有关单位进行规划设计，在林区内再建设生物防火林带、森林消防水池和扑火通道等，完善防火扑火设施。三是落实专人负责管护林区公路，及时处理雨水季节的塌方，加强道路的日常管理与养护工作。森林防火期间，保证路两旁 2 米的范围内干净、无杂物，避免烟头引发山火，确保道路安全畅通。年内，完成 Y503 更楼至云勇林场硬底化改造。

林地林权管护工作　做好林地林权保护管理工作，及时处理林地纠纷问题。完善山林权属档案资料，为处理山林地纷争提供有力依据。全年发生侵占林场林地开荒种植事件 31 宗（毁林 13 宗，侵占林地种植 17 宗，盗伐 1 宗），均得到及时处理。加强各伐区管理，杜绝乱砍滥伐和越界砍伐等现象发生，确保林场森林资源安全。

内部管理　1.以人为本，完善、修订各项管理规定，逐渐形成顺应社会趋势、适合林场发展、集中民主意见的管理体系。2.抓好计划生育工作，全年没有出现违规违纪现象。3.发扬民主集中制，拓宽议事渠道，实行厂务公开，提高工作透明度。4.完善财务管理制度，加强专项资金管理，合理安排资金，减少日常开支，保证将资金最大限度安排到生产环节上，严格按照专款专用要求，将财政专项资金全部投入到生态公益林改造建设中，没有出现挪用、截留等违规违纪现象。5.改变生产工作组织施工方式，将幼林抚育、林分改造等以社会招标形式进行施工。林场工作人员分工做好林分改造质量监督、护林防火等工作。

佛山市云勇林场负责人名录：
场　长：陈伟光
副场长：苏木荣

（王　敏）

畜牧业

【概况】　2009年，佛山市高明区畜牧技术推广中心（简称“区畜牧中心”），以农民增收为目的，不断调整养殖业结构，改善养殖生产环境，狠抓畜牧工作落实，保障全区畜牧业安全平稳生产。全年全区出栏生猪32.5万头，家禽1924万只（鸡1621万只、鸭137万只、鹅93万只、白鸽73万只）；存栏家禽440万只（鸡349万只、鸭55万只、鹅36万只、白鸽10万只）；肉类总产量4.83万吨。实现畜牧业总产值10.21亿元，发展速度为102.05%。

【动物防疫工作】　防疫物资贮备、发放　采购足量畜禽疫苗和消毒药，保证强制免疫环境消毒等工作的开展。年内，发放禽流感疫苗1885万ML，猪口蹄疫浓缩苗89万ML，猪口蹄疫合成肽苗7.5万ML，牛口蹄疫O型—亚洲I型二价疫苗1万ML，猪瘟疫苗77.2万头份，猪蓝耳疫苗62.5万ML，消毒药物40吨。

畜禽免疫预防接种　推行畜禽常年免疫与冬季集中免疫相结合方法，制定畜禽免疫程序实行常年免疫，耕牛、家禽散养户实行冬季集中免疫。散养猪只由各镇防疫检疫站兽医人员负责免疫接种。坚持巡查制度，对存栏500羽以上的养禽场和存栏生猪1000头以上的养猪场进行监督检查，及时更新辖区内家禽养殖场的养殖档案。全年强制免疫注射疫苗：猪口蹄疫疫苗51万头、猪瘟疫苗51万头、猪蓝耳疫苗31万头，耕牛口蹄疫O型—亚洲I型二价口蹄疫疫苗0.3万头，家禽规模场禽流感疫苗2500万羽份，冬季家禽散养户畜禽禽流感疫苗11万羽份，应免免疫率100%。抓好重点动物疫病强制免疫工作，动物主要疫病得到有效控制，全区无发生禽流感等重大动物疫病。

动物疫病监测工作　根据佛山市农业局《印发佛山市2009年重大动物疫病监测方案的通知》、《佛山市2009年禽流感、猪流感及A型口蹄疫专项监测方案》、《关于开展2009年佛山市农产品质量安全监测工作的通知》要求，全年全区抽样送往佛山市农产品检测中心检验样品：猪血清样品250份、鸡血清500份。其中猪口蹄疫、猪瘟抗体水平合格率98%以上，禽流感、新城疫抗体水平合格率95%以上。区畜牧中心实验室自行对各个养殖场和交易市场进行监测抽检，全年检测猪血清700多份、家禽血清1200多份。及时、准确掌握免疫情况，查漏补缺，对不合格畜禽再次注射疫苗，提高抗体水平。

无害化处理病死畜禽　加强各环节染疫病死畜禽及废弃产品的无害化处理，消灭疫源，防止疫病传播与扩散。各镇（街道）兽医人员不定期地巡查辖区河涌、山沟，打捞、清理被丢弃的动物尸体并进行无害化处理。年内，无害化处理屠宰场检出病（死）猪242头，合共20多吨。

消毒灭源　实施大规模、大面积、高频率的清洁消毒，派员到场到户督促检查养殖场日常清洁消毒工作，加强防疫重点地区消毒。全年发放使用消毒药物35吨。

完善应急机制　健全应急反应队伍，实行24小时值班制度和日报告及动物疫情零报告制度。建立紧急防疫物资储备库，储备疫苗、消毒药品、器械、防护用品、交通工具，安排专人值班。抽调中心、监督所及各镇兽医站动物防疫人员组成防疫应急反应队伍，防止疫情传播和扩散。

【狠抓畜产品质量安全】　动物及其产品检疫监督　开展动物产地检疫、屠宰场屠宰检疫、市场畜禽产品检疫等工作，杜绝病（死）畜禽、不合格畜禽产品上市，确保市民吃上“放心肉”。年内，全区实行产地检疫肉猪30万头，肉禽2000多万只，家禽接种疫苗2000万只；牲畜屠场检疫检肉猪20万多头、肉牛2000多头，检出病猪240多头，约计22吨，全部进行无害化处理。

禁用药品专项整治　开展“瘦肉精”等禁用药品专项整治行动，重点加强生猪养殖源头监管，监督指导定点屠宰场开展“瘦肉精”检测工作。制订《2009年高明区生猪养殖环节安全监测方案》，要求各镇（街道）动物防疫检疫站按要求抽样送中心检测。全年抽检生猪养殖场800多个，抽取饲料样本420多份，猪尿液样本2000多份。根据《佛山市高明区生猪及其肉品安全专项治理行动工作方案》及《高明区生猪屠宰环节瘦肉精残留检测暂行办法》文件要求，监督和指导定点屠宰厂建立和完善“瘦肉精”检测室，配备专门检验检测技术人员，开展“瘦肉精”自检工作。联同区动物防疫监督所开展全区屠宰环节“瘦肉精”检测情况的专项检查。年内，没收、销毁屠宰环节“瘦肉精”阳性猪3批共81头。全年全区无发生“瘦肉精”中毒事件。

兽药专项整治工作　规范兽药生产、经营、使用环节的监控和兽药残留监管，重点清查禁用兽药、假劣兽药、非法兽药产品、动物性产品中的药物残留等。年内，对全区40多家兽药经营户进行多次拉网式检查，出动行政执法人员300人次，检查经营户300户次，查处经营假兽药案件2起，清缴假兽药11种517袋（瓶），没收违法所得1312元，罚款11880元。

【畜禽养殖污染综合整治工作】　配合区环保部门对全区畜禽养殖污染防治工作实施监督管理，编制《高明区畜禽养殖业发展规划和布局》，制定《佛山市高明区畜禽养殖管理暂行办法》和《佛山市高明区畜禽生态养殖技术指引》，落实禁养区、限养区和非禁养区范围，提出畜牧养殖方面和建议。指导督促养殖场（户）应用推广沼气技术，发展立体生态农业，就地消纳养殖废水、废物，建设生态养殖示范场。落实全年大中型沼气项目新增中央预算内投资资金，用于康先广猪场和深圳市农牧实业有限公司高明分公司大型沼气工程建设。

【基层动物防疫检疫站建设】 争取2008年新增动物防疫体系建设项目中央预算内投资资金36万元，改善镇（街道）动物防疫检疫站办公室、检测室，购进动物防疫设备仪器一批，工程项目，提高基层防控重大动物疫病水平。

【能繁母猪养殖保险工作】 协助中国人民财产保险公司高明支公司开展能繁母猪养殖保险工作，安排专人深入各乡镇规模养殖场和农户家中进行广泛宣传。全年办理能繁母猪保险48755头；能繁母猪理赔1127头，金额112.7万元。

【技术下乡活动】 采取多种形式，开展高致病性禽流感、高致病性猪蓝耳病、猪瘟等疫病防治知识宣传，指导养殖场户进行科学防控、依法防控，提高养殖者防控疫病知识水平和意识。年内，举办各类畜禽养殖技术培训班8期，参训的有镇（街道）动物防疫检疫站技术人员、规模养猪场户负责人及技术人员，培训人数1000多人次；参与有关单位举办科技下乡四次；深入各养殖场广泛宣传，派发畜牧兽医技术资料20000多份。

【联点挂钩工作】 全年深入歌乐村调研11次，下乡44人次，参加挂钩点座谈会1次，帮助村委排查发现矛盾纠纷1件，参与化解矛盾纠纷1件，解决村委热点难点问题2件，组织各类咨询活动1次，捐助扶贫资金35000元，慰问老党员3人、困难家庭5户。

佛山市高明区畜牧技术推广中心负责人名录：

主　任：李日和

副主任：冯宝泰　曾仕辉

（陈玲芳）

水产业

【概述】 2009年，高明区水产技术推广中心以深入学习实践科学发展观活动为契机，通过加强水产品质量安全监管、落实水产业科技项目，促进水产科技进村入户，提高全区渔业生产发展。年内，全区水产养殖面积8万亩（含水库）；水产品总产量5.5万吨，比上年增长10.82%；产值6.95亿元，比上年增长5.7%；鱼塘整治面积3000亩，优质鱼主养面积33020亩；鱼苗场35家，产出鱼苗230多亿尾，比上年增长64.3%。

【水产品质量安全监管】 专项执法检查　年内，区水产中心开展水产品质量安全执法46次，参与区农业局联合执法3次，出动人员279人次。检查水产苗种场99家次、水产养殖场208家次，查处生产记录不全的违规行为33起。

水产品抽样检查　全年现场抽取池塘水质184个、水产品113个、水产饲料3个、渔药2个，抽检合格率98%（其中两个样本为铅含量超标）。

农业部抽检　10月16日，广东省海洋渔业局人员陪同国家水产品质量监督检验中心工作人员对高明区荷城街道、明城镇、更合镇5个无公害水产品产地进行抽检，分别抽取了草鱼、罗非鱼、鲫鱼、鳙鱼4个品种的5个样品，检测样本药物残留合格率100%。

省抽检　6～11月，华南绿色产品检测中心人员对高明区水产养殖场随机抽取33个塘鱼、3个水产饲料和2个渔药样本，检测结果没有发现孔雀石绿、氯霉素、硝基呋喃类、甲睾酮等禁用药物及其代谢物残留。

常规抽检　每月抽检水样1次，15个样本；每季抽检水产品1次，16个样本。全年完成佛山市水产品抽检任务64个、执法抽检任务4个；送区农检中心检测水产品样本7个。

规范水产养殖业“两证、三记录”　年内，通过佛山市区级行政审批服务平台审批水产种苗场生产许可证35家、养殖证5家。全区水产种苗繁育场的“养殖证和种苗生产许可证”持证率100%；水产健康养殖示范场、出口原料备案基地、无公害水产养殖基地、水产苗种场等四类生产单位正逐步建立完善的生产制度、生产记录、用药记录和销售记录，监管率达100%。

无公害水产品生产基地管理　10月，对区内10年到期换证申报的无公害水产品生产基地进行安全生产检查，建立无公害水产品生产基地内检员制度。无公害水产品生产基地面积占水产养殖面积76%，为全市之首。

【推广水产科技项目】　试养鸭嘴鲟　6月，与佛山市高明阳光科农发展有限公司合作，引进鸭嘴鲟苗种25000尾试养。在标准化、无公害池塘养殖，纯养平均亩产668公斤，饲料系数1.30，成活率87%，每亩利润是常规品种的两倍以上，增产增收明显。

罗非鱼的养殖与深加工　省水产技术推广总站将高明区罗非鱼养殖企业纳入“国家罗非鱼现代产业技术体系试验站”建设。组织区内罗非鱼养殖企业负责人和养殖大户与试验站专家座谈，及时掌握罗非鱼养殖最新技术和市场需求信息，为试验站建设积累第一手材料。区举世农业开发有限公司的《罗非鱼方便食品的生产及其质量安全控制技术研究》项目进行试产，实现区内水产品深加工产业零的突破。

鲟鱼活体解剖采卵技术项目通过验收　与阳光科农发展有限公司合作的《鲟鱼活体解剖采卵技术》项目，经过两年技术攻关，破解了鲟鱼解剖采卵成活率极低的难题，每尾价值2万元的产卵鲟鱼得以存活下来，为企业创造循环经济效益，有效地保护了野生鲟鱼资源。项目通过了专家组的验收并获高明区科技进步三等奖。

水产养殖病害远程诊断技术　利用原有检测设备，安装捷安水生动物疫病远程会诊系统，建立水产养殖病害远程诊断平台。利用系统平台，将疑难鱼病、池塘水质检测数据，显微镜图片发送到上一级监测点或任意选择全国范围内的专家进行面对面的视频会诊，快速诊断疫病并开出治疗处方。

【水产科技进村入户】　多渠道传播水产养殖技术　1.每月将水产养殖技术、水产供求信息编入《水产养殖指南》寄送给养殖场户；整理汇编2002～2006年的月刊合订本425本、2008年6月至2009年11月刊合订本1500本赠送给养殖场户。通过9个水产品质量安全宣传栏、信件1896封和农业信息网将养殖技术推广到千家万户。2.年内，举办水产标准化健康养殖技术培训班12期，培训养殖人员875人次，派发资料1750份。3.派员参加区农业局举办的“高明区农业系统科技下乡活动”，现场接受咨询280多人次；派发《水产养殖指南汇编》和《池塘养殖技术要点》等技术书籍418本，“消毒杀”等药物400份（200公斤）。

推广微生物修复技术　将无须换水就能由微生物降解水体有机污染物、净化水质的高效光合细菌8吨免费派发给养殖户，减少病害发生和渔药的使用，提高塘鱼产量和质量，解决部分片区因畜牧养殖、生活污水和高密度养殖等引发池塘水质恶化的问题，

完善水产科技示范体系　定期到塘头进行技术指导，以10个水产示范户为重点，200多名联系户为辅，推广科学养鱼技术，带动养殖户掌握科学技术,促进农村科技致富。

【抗灾复产】　吸取上一年初寒潮冻灾教训，集中各镇（街道）农办水产干部参加水产防寒越冬技术培训和交流会；深入生产第一线，指导养殖场户做好笋壳鱼、罗非鱼和饲料鱼仔的防寒工作。全年全区冻死鱼损失约50吨，为上一年初寒潮损失的0.38%。端午节前夕，暴雨造成区内鱼塘受灾面积4854亩，经济损失约800万元。区水产中心人员迅速深入荷城街道伦埇村、铁岗村，杨和镇的岗水村委和明城镇的云水村委等现场指导抗灾救灾。通过高明电视台等媒介宣传灾后水体消毒、苗种补放、水质调节、病害防治等抗灾复产措施。

【调解渔业纠纷】　年内，全区发生渔业事故、池塘承包价值纠纷案19宗。通过提供技术分析，化解矛盾，妥善处理好事故，保护双方合法权益，促进农村稳定。

【渔政执法管理】　渔船签发工作　全年签发渔业船舶72艘，其中，捕捞渔船44艘、养殖渔船20艘、运销渔船8艘。

打击违规作业和处理渔场纠纷　全年出海巡查150天、检查渔船380艘次、查处各类违规作业20宗。继续将清理沧江河“迷魂阵”作为重点工作，定期不定期进行清理，清理沧江河“迷魂阵”15次，销毁违规网具140栅、约4500米。处理砂船、运输船与捕捞渔船产生的纠纷2宗。

渔船安全生产检查　1月、4月、9月分别开展渔船安全生产检查。法定节假日前，会同高明海事处对西江富湾河段、荷城河段开展安全检查。全年检查渔船380艘次，派发安全生产宣传资料420份。

水生野生动物保护和资源保护费征收　3月和11月，高明渔政大队在全区范围内开展水生野生动物保护宣传和专项执法检查，派发宣传资料250份、检查农贸市场4个、酒楼20间、驯养场3个。年审经营利用证13个、驯养证2个，征收水资源费6803元。

水产品质量安全执法　年内，高明渔政大队派员会同区水产中心对全区范围内的水产养殖场、种苗生产繁育场进行执法检查，开展渔用药物安全使用知识教育。

做好解困渔民住房和渔用柴油补贴工作　按照市政府《关于加快解决渔民住房困难的实施意见》和《佛山市高明区解决渔民住房困难工作方案》精神，建立渔民住房解困工作联席会议制度，重点解决人均住房面积12平方米以下的渔民困难。经调查摸底，区内人均住房面积12平方米以下困难渔民7户（4户人均不足8平方米的，1户选择租住廉租房，3户选择领取5万元购房补助款的方案；3户8平方米以上不足12平方米的选择领取4万元购房补助款），均在12月10日签订协议

书。全区38艘渔船享受国家渔用柴油补贴，总功率232.25千瓦，金额57255元。

【第二届广东“休渔放生节”高明区增殖放流活动】 6月11日，第二届广东“休渔放生节”活动在高明区荷城银海码头隆重举行。活动由佛山市农业局与高明区农业局联合主办，广东省渔政总队佛山支队与高明大队承办。省海洋与渔业局、佛山市政府、佛山市农业局、佛山市和高明区政府有关领导及渔民代表共200人参加增殖放流活动，增殖放流鲩鱼、鳙鱼、鳊鱼、鲮鱼、鲫鱼、鲤鱼和国家二级保护动物胭脂鱼500多万尾。

【联点挂钩工作】 年初，制定《挂钩联系岭南社区居委会工作计划》，规定班子成员每月深入联系点调查研究不少于1次，挂钩联络员不少于2次。年内，慰问经济困难家庭5户，老党员5名；3月5日参加居委会组织的针对计划外怀孕、不按时查环查孕的计生清查行动；暑假期间，支持开展160工程活动；9月协助解决莱茵花园安全文明小区部分车主擅自将花圃改建成停车位问题；协助推进学习实践科学发展观活动；推进“法律六进”（进农村、社区、企业、机关、单位、学校）社区活动。

佛山市高明区水产技术推广中心负责人名录：
主　任：李冠池
副主任：刘敏朝　赵德明

（刘敏朝）

财政·税务

财　政

【概述】 2009年，佛山市高明区财政局积极发挥财政职能作用，实施积极的财政政策，狠抓增收节支，调整优化支出结构，深化财政体制改革，强化财政监管，圆满完成全年财政收支任务。年内，被评为“高明区文明窗口单位”、“维护稳定及社会治安综合治理先进单位”、“计划生育工作综合治理先进单位”、“‘情暖母亲、爱润孩子’——援助单亲特困母亲家庭活动爱心大使”等。

全年全区预算执行情况良好，实现地方财政收支平衡、略有结余。全区三级库财政收入（含海关代征增值税4.9亿元）35.62亿元，比上年增长56.26%。其中，地方财政收入197568万元，完成预算145947万元的135.37%，比上年128442万元增收69126万元，增长53.82%。地方财政收入中，一般预算收入118005万元，完成预算115102万元的102.52%，比上年100089万元增收17916万元，增长17.90%；基金预算收入79563万元，完成预算30845万元的257.94%，比上年28353万元增收51210万元，增长180.62%。区本级财政收入加上税收返还收入、上级补助收入和上年结余，全年预算内总收入221888万元，完成预算155592万元的142.61%，增长48.72%。区本级财政支出199255万元，完成预算152172万元的130.94%，增长45.55%。其中：一般预算支出107480万元，完成预算110084万元的97.63%，增长16.93%；基金预算支出66727万元，完成预算21704万元的307.44%，增长178.87%；专项上解支出25048万元，完成预算20384万元的122.88%，增长18.99%。本级财政支出加上上级追加支出14295万元，全年预算内总支出213550万元，增长46.86%。全年收支相抵，结余8338万元，其中：一般预算结余3985万元，基金预算结余4353万元，实现收支平衡，略有结余。

【财政收入征管】 健全和完善收入增长机制，落实财税增收激励措施，确保收入任务完成；开展财税调研，及早掌握和分析财税收入情况，积极落实应对措施，尽量降低新税费改革对财政收入的影响；加强协税护税网络建设，健全财税收入增长监测、分析和通报机制，全面掌握财税增收主动性；加大力度清缴历年应缴未缴的契税、耕地占用税，保障全区财税收入及时足额入库，全年契税收入19550万元，比上年增长281.69%，耕地占用税收入1796万元，比上年增长100%。加强“收支两条线”管理，狠抓非税收入征管，在全区非税收入管理系统中推广应用刷卡收费模式（POS机），提高非税收入征管的效率和质量，确保非税收入及时、安全缴库。全面清理和规范规费项目，加强收费票据管理，依法挖掘非税增收潜力；重点抽查全区各级征收行政事业性收费、政府性基金和罚没款的部门，严格规管收费、罚没等非税收入的征收缴库行为。努力盘活国有资产，加大对闲置资产的处置力度，重点做好广发银行股权转让、华立医院闲置土地处置等，防止国有资产流失，增加财政收入。协助做好西江新城的规划、征地及融资、开发等工作，增加政府土地储备，增强财政的调控和保障能力。

【财政支出管理】 强化财政预算约束，严格按照预算的范围和内容执行支出预算，控制追加性支出；完善和推进国库集中支付、会计集中核算和财政支出绩效评价工作，强化预算单位的财政支出管理和审核工作，确保财政资金安全、高效运转。落实厉行节约政策，在“保工资、保运转”的前提下，大力压缩一般性支出，严格执行中央关于厉行节约、反对铺张浪费的八条要求，落实省政府提出“五个零增长”（公务购车用车、会议、公务接待、党政机关出国（境）、办公5项费用）和“四个减半”（晚会、展览、庆典、论坛活动）要求。继续压减行政事业单位公用经费5%。做好资金运筹、调度和测算等工作，盘活和集中财力，确保“三农”、教育、社会保障和就业、医疗卫生、科技等重点和公共领域的支出需要，保障社会稳定。

【建立公共财政，推进基本公共服务均等化】

坚持教育优先发展 投入教育经费30299万元，全面落实免费义务教育，建立义务教育经费支付管理制度，加强义务教育经费管理；推进教育现代化建设，建设义务教育规范化学校，促进中小学校布局的调整，改善学校教学、生活设施的配置；加大对弱势群体教育的扶持力度，促进教育公平，落实“两免一补”（免学杂费、免课本费、补生活费）和幼儿教育扶贫助学政策。

建立健全公共医疗卫生体系 落实专项资金1160万元，推动实施农村医疗卫生体系改革，健全医疗卫生服务体系；落实居民门诊医疗改革资金1306万元，在全市范围内率先实现居民门诊医疗保险“一卡通”；落实资金78万元，支持甲型H1N1流感的防控工作，保障群众生命安全。

完善社会保障制度 实施城乡最低生活保障对象分类救助，对城乡特困人员实施分类救助和给予特别照顾，做到应保尽保；提高城乡最低生活保障标准，将城乡最低生活保障标准从原来的每人每月280元提高到每人每月310元，全年发放低保补助金1177万元；落实就业再就业的各项优惠政策，积极推进下岗失业人员小额担保贷款工作，拓宽就业渠道，全年落实就业补助资金452万元；健全住房保障体系，落实廉租房建设、“渔民安居工程”财政补贴243万元。

加大环境保护力度 全年投入1762万元，推进节能减排、大气环境综合整治、重点污染源在线监控和生态保护等工作。

【落实强农惠农政策，促进“三农”发展】 全年落实种粮补贴911万元，能繁母猪补贴及保险补贴723万元，水稻保险补贴225万元，家电下乡、汽车和摩托车下乡补贴328万元，降低了农民生产和生活成本；加大农业产业化服务建设投入力度，推动科技支农资金与财政扶持农民合作专业组织协会资金进行整合，促进农村经济发展；落实“二次水改”资金1225万元、旧村居改造和示范村居建设279

万元等，加快建设社会主义新农村。推进村级会计委托代理服务工作和农村财会人员财政支农政策培训，不断提高农村财会工作水平。

【支持和促进经济发展】 推进项目立项融资，抢抓国家实施扩内需政策的契机，全力配合和支持推进重点基础设施建设，重点推进项目立项融资工作。全年落实贷款项目57个，贷款资金46.54亿元，已到位资金18.98亿元。

扶持企业发展　全年落实中小企业信用担保基金798万元、科技三项经费280万元、产学研专项经费100万元、粤港关键领域重点项目招标经费300万元、外资和民营企业财政扶持专项资金1729万元等；规范各项规费的收取、减免程序，取消和停征100项行政事业性收费项目，杜绝“三乱”现象，优化企业发展环境，降低企业发展成本，促进企业加快发展。

促进城市发展　积极筹措资金，加快推进西江新城建设、交通基础设施建设和城市“三旧”改造，全面提升经济发展水平和城市发展品位。

【财政监督管理】 镇街财政预算监督　配合区人大部门探索依法规范对镇（街道）财政预算监督工作的新途径、新方法，在全省范围内率先全面铺开依法规范镇（街道）财政预算监督工作，将荷城街道财政预算列为区本级预算的一部分内容，同步纳入区人大及其常委会的审议和监督管理，杨和镇、明城镇、更合镇分别增开人代会并成立人大财经小组。

落实和推进财务总监制度　将重点项目单位纳入监管服务对象，向6个部门、16家企事业法人单位派驻财务总监，将80个项目工程资金纳入财务总监监管服务范围。对纳入财务总监监管服务范围的项目资金流动，严把审批管理关，规范财务行为，杜绝不合理开支。

财政性投资基建工程造价概算管理　严格审核基建工程资金预算，控制基建工程规模，节约财政支出，提高财政资金效益。

专项资金管理　加强农田水利基本建设资金、农村劳动力培训专业就业资金以及年内第一批家电下乡财政补贴资金等民生工程专项资金的监督管理，维护人民群众的切身利益。

政府债务监管　规范借款审批程序，加大政府债务控制力度；重点强化新增融资项目资金使用的管理，防范和化解财政金融风险。

行政事业单位资产管理　建立起资产存量管理与增量管理相结合、资金管理与实物管理相结合以及资产管理与财务管理相结合的资产管理体系。

财务监管　开展经费账、国库账、行政事业性收费账等内部检查和稽查；专项治理检查“小金库”，216个单位列入“小金库”清查范围，重点检查单位14个；开展会计信息质量检查，重点检查佛山金葵子科技有限公司、佛山市高明区粮食储备公司等单位。

会计实务管理　加强会计从业人员管理，开展会计从业人员后续教育和会计法律法规宣传教育，认真组织会计从业资格和会计专业技术资格考试；推进会计信息化建设，建立会计人员继续教育网校，改进会计人员继续教育培训方式；推进村级会计委托代理服务工作和农村财会人员财政支农政策培训，提高农村财会工作水平。

【财政管理体制改革】 深化部门预算改革 扩大部门预算编制范围，在全面推行部门预算改革的基础上，选取部分单位试行专项资金支出封套定额包干的管理办法。

推进国库集中支付和会计集中核算制度改革 探索建立具有高明特色的国库集中支付制度与会计集中核算制度相结合管理模式，搭建起财政支出管理电子平台，完善涵盖预算指标、资金支付、会计核算、部门决算、会计监管在内的动态监控机制，确保国库集中支付的数据交换方便迅速、准确安全；全年全区106个行政事业单位纳入集中核算管理，集中核算资金16.57亿元。

政府采购制度改革 探索竞争性谈判采购方式，节约采购资金，强化政府采购监管，维护政府采购的公平公正。全年实施政府采购307项，申请采购金额1.06亿元，节约资金556万元，节支率5.24%。

财政支出绩效评价工作 积极推行财政支出绩效评价工作，对涉及教育、卫生、社保、科技等领域的15个100万元以上大额专项支出进行支出绩效自评、重点评价及核查工作，确保财政资金使用效益。

【行政管理】 思想政治教育和廉政建设 以开展学习实践科学发展观活动为契机，开展专题学习、讨论、调研活动和“六个一”(组织开展“我为佛山科学发展献一策”、“我为高明科学发展献一策”活动、组织一次专题调研活动、组织一次“高明科学发展的实践与思考”征文活动、举办一次专题学习辅导、开展一次专题学习讨论活动、组织一次知识竞答活动)活动，重点学习党的十七届四中全会、省委十届四次全会、市委十届六次全会、区委十届五次全会精神，加强干部队伍思想政治教育；开展以“加强机关作风建设、保障科学发展”为主题的纪律教育学习月活动，加强党风廉政建设和反腐倡廉教育；以创新制度建设为重点，通过深化财政各项改革，健全制度，规范管理，努力从源头上、制度上防止腐败现象。

机关效能和作风建设 制定机关效能和机关作风建设活动实施方案，明确指导思想、目标任务、工作步骤和要求。制订实施《佛山市高明区财政局审批管理事项改革实施办法》，改革经费支出审批、单位自筹资金办理政府采购审批、行政事业单位资产处置审批等13项审批事项，压减10个审批环节及缩短审批时间40天，提高服务效率和服务水平。参加全省财政系统“民声热线”上线直播工作和佛山市政风行风热线“民生直通车”上线工作，虚心接受群众咨询、投诉和举报，促进机关作风转变。

联点挂钩扶贫工作 筹措资金，支持和帮助廉江市的联点挂钩村——良垌镇坡尾村解决乡道硬底化改造工程欠款问题、支持更合镇珠塘村委会改善办公环境和办公条件、支持人口计生帮扶村——更合镇香山村解决计生工作经费紧缺问题等。

干部管理 做好公务员招考录用和国库支付中心在编在职工作人员身份过渡工作；安排新录用公务员到基层锻炼及选派驻村干部；抓好干部职工的业务培训工作，选派业务骨干参加区优秀中青年股级干部培训班、市财政系统财政干部业务知识培训班等，提高干部职工的理财能力和管理水平。

机关文化建设 组织参加区第二届妇女运动会和庆“五一”机关职工乒乓球赛，分别获得最佳组织奖和团体第三名，成功举办高明区财政系统第三届运动会。响应区慈善会“慈善一日捐”活动，发动干部职工奉献爱心、关爱困难群体，共捐得善款13500元。

佛山市高明区财政局负责人名录：
局　长：黄志明
副局长：李宝辉　麦玉卿　蒋　卫

佛山市高明区财政局国库支付中心负责人名录：
主　任：练明娇（2008.7～　）

（麦祥欢）

国　税

【概述】　2009年，佛山市高明区国家税务局深入学习实践科学发展观，落实省、市局和区委、区政府的工作部署，坚持聚财为国、执法为民，以创新与服务为工作主线，以机构改革和流程管理为契机，“突出一个中心、服务一个大局、实现五个提升”（突出以组织税收收入工作为中心，服务社会经济发展大局，全面提升质效益型、法治型、服务型、精细型、人本型的“五型”和谐国税建设水平），全面推进目标管理工作，圆满完成各项税收任务。

【税收收入】　全年组织税收收入207931万元，首次突破20亿元，比上年增长48.21%。其中按税种分：增值税入库78816万元，比上年增收8213万元，增长11.63%；免抵调库30500万元，比上年多调7500万元，增长32.61%；消费税入库25681万元，比上年增收23320万元，增长987.49%；企业所得税入库23050万元，比上年增收7867万元，增长51.82%，海关代征49417万元，比上年增收21375万元，增长76.23%；个人所得税入库371万元，比上年减收662万元，减幅64.09%；车辆购置税入库96万元，比上年增收24万元，增长33.33%。按层级分：中央级收入170698万元，比上年增收60055万元，增长54.28%；省级收入5392万元，比上年增收1256万元，增长30.37%；区级收入31841万元，比上年增收6326万元，增长24.79%。

【依法治税】　坚持依法征税、应收尽收，以组织收入工作为中心，坚持向管理要税收，实现“五个到位”（抓收入的思想认识到位，形成全局上下一心抓收入的良好局面；税收调查和计划分解到位，把握收入工作的主动权；收入工作责任制到位，责任层层分解落实；“抓征管、促收入”措施到位，创新实践“以数管税”工作机制；与地方党政部门沟通到位，增强组织收入工作的社会合力，使税收收入继续保持持续快速增长）。做好税收执法管理信息系统的监督维护，保障系统良性运行，全年保持“零过错”；开展税收执法检查和执法监察工作，加强内部执法监督力度，提高依法治税水平。发挥税务稽查“尖刀”作用，全年查补收入总额2242.45万元，比上年增长334%；完成市局下达总体工作目标106.48%，提前超额完成全年工作目标；开展税收专项检查和清理欠税工作，避免国家税款流失；与区公安、地税等部门联手，严肃查处纳税人违反发票管理规定行为，查处涉嫌6户企业假发票127份，查补税款和罚款143万元。

【以数管税】　坚持“以数管税”工作机制，以解决征纳双方信息不对称问题为重点，抓住涉税数据信息，加强涉税数据信息采集和管理、分析利用，建立以工作考核为保障、以队伍素质为支撑的信息化、专业化、立体化税源管理体系新格局。

1.加强数据采集和管理。与供电部门探索建立新型供电信息共享机制，共享监控企业用电数据；加强数据的校验、修正、维护力度，建立数据管理长效机制，确保数据质量。

2.深化数据分析应用。整合数据资源，开发、推广税收任务分解与收入进度监控软件等辅助软件，增进税收业务与信息技术的融合，搭建收入任务预测分解、数据分析发布和工作任务下达反馈等三大数据平台；深化涉税数据的纵向、横向分析，找准税源管理的风险点，深化数据的分析应用。

3.建立健全信息化、专业化、立体化的税源管理体系。(1)完善和落实“四联动”(税收分析、纳税评估、税源监控、税务稽查衔接的税源管理联动机制)管理工作。制定《区局纳税评估两级联动工作指引》，统筹开展纳税评估工作，成立以综合业务股为主的纳税评估小组，实施“管评分离”。全年纳税评估企业205户，评估补缴税款1436万元，调减企业所得税亏损额1008万元；组织29户企业自查，查补入库1430万元，比上年增长100%；立案检查企业26户，查补税款812.45万，比上年增长57.26%。(2)抓好重点税源管理。建立健全“区局—分局—税收管理员”三级监控管理机制，实行动态监控，及时了解税收入库情况，全年117户增值税重点税源企业共入库增值税税款60462万元，比上年增长13.2%。(3)加强税负管理和行业监控管理。实施“以点控面”，以相关规范企业税负指标来规范同行业税负指标，有针对性地加强行业管理，全年增值税一般纳税人整体税负2.99%，比上年升0.18%；加强行业管理，总结出混凝土、不锈钢和印染等行业管理指标在各分局推广应用。

【征管工作】 抓好网上抄报税推广工作，推广小规模纳税人监控软件，完成2008年度小规模纳税人达标清理认定和锯材、瓶装水行业模型创建工作，以税收征管质量“五率”(准期申报率、入库率、欠税增减率、滞纳金加收率、增值税一般纳税人税负率)考核指标为工作目标，采取措施提高征管质量。以精细化要求强化各税种管理。贯彻执行增值税转型相关政策，加强对固定资产进项抵扣税额的日常管理，堵塞征管漏洞。开展所得税汇算清缴及汇审工作，强化亏损企业管理。加快审核审批退税进度，确保退税款及时顺利退还企业；开展出口退(免)税预警评估工作，评估出口企业70户，实现应补税款380.79万元，不予退(免)税36.8万元。加强信息化建设，开发应用税收收入进度监控软件、《出口货物退(免)税进度月报表》自动产表程序等软件程序，开展基层信息化工作调研，为税收中心工作提供信息化支撑。

【纳税服务】 1.优化纳税服务手段和方式。继续落实“两个减负”(税务机关在依法征税过程中要减轻纳税人不必要的办税负担，同时上级税务机关也要减轻基层税务机关额外的工作负担)，整合上线新版电子排队系统；加大政务公开力度，深化“办税公开”，重视处理申请公开事项，维护纳税人和干部职工的知情权、监督权；积极配合地方政府“纳税百强分类成长计划”工作，加强协税护税网络建设，密切与区政府、财政、地税、经贸、工商、供电等有关职能部门的联系，实时掌握税源关停并转情况、新项目投资情况、企业产值和耗能等情况，积极提供及时、到位的税收服务，支持企业发展壮大，努力涵养税源，促进税收征纳关系和谐发展。

2.加强纳税服务体系建设。开展纳税人访谈和满意度调查工作，加大受理民生热线、行政投诉网、12366 等渠道的投诉举报工作力度，快速进行妥善处理及整改，树立高效公正、勤政为民形象；制定《纳税服务应急方案》，增强处理纳税服务中出现突发事件。

3.建立健全税收宣传长效机制。与区地税局联合开展第 18 个全国税收宣传月活动，增强纳税人依法诚信纳税意识；加强日常税法宣传教育，坚持助推企业发展；重点抓好新税收政策的解释辅导工作，实行新办企业税收优惠告知制度，组织政策宣讲会近 20 次，确保新政策“快、准、稳”的贯彻落实。全年，12366 纳税服务热线人工接听电话 4520 个，话务量比上年增长 26%。

【自身建设】 1.深入学习实践科学发展观。分学习调研、分析检查、整改落实三个阶段开展学习实践科学发展观活动，促进党建工作的改革创新，切实推动高明国税科学发展。2.稳步实施机构改革和人员调整工作。落实上级关于机构改革意见，完善相关岗位设置和人员配置，促进人力资源配置优化，全年涉及岗位调整 52 人。组建税收业务人才库，完善税收业务人才使用和管理。3.狠抓教育培训。坚持业务培训与素质培训相结合，开展各种业务类和综合类的培训，提升队伍的业务水平和综合素质。4.积极做好党、工、青、妇工作。组织开展 2009“迎新春”游园活动等文体活动，切实提高队伍的思想力、行动力和凝聚力。5.提升内部管理效能。围绕税收工作的中心，打造信息调研工作平台，发挥决策参谋、政策导向、桥梁纽带作用；完善财务制度，推进财务管理规范化，开展“小金库”专项治理自查工作，严肃财务管理纪律；加强后勤服务规范化管理工作，促使内部管理效能进一步提升。6.开展厉行节约工作，牢固树立节约意识，营造节能节支氛围。7.提高党风廉政建设和反腐败工作力度。以反腐倡廉为导向，加强预警机制建设、廉政文化建设、纪检监察队伍建设，营造“风正、气顺、心齐、和谐”廉政氛围。

佛山市高明区国家税务局负责人名录：

局　　长：邓国坚

副 局 长：吴志雄　李海青

纪检组长：王晓进

（张珂楠）

地　税

【概述】 2009 年，佛山市高明区地方税务局以科学发展观统揽全局，坚持以组织收入为中心，推进税源管理精细化、工作机制科学化、税收执法规范化、纳税服务多元化，提高队伍整体素质，提高税收管理水平，各项工作取得扎实成效，各项税费任务顺利完成。全年组织各项税费总收入 150779 万元，比上年增加 19748 万元，增长 15.1%，其中税收收入 92080 万元，增收11032万元，增长 13.6%。税收收入中：中央级收入 15926 万元，增长 3.5%；省级收入 23551 万元，增长 13.6%；区级收入 52603万元，增长 17.1%；社保费收入 51045 万元，增长 18%。

【组织收入工作】 抓早税收分析，把握收入主动权 抓好经济税源大调研，及时掌握税源的总量和增量，分析经济增长、政策变动和加强征管等因素对组织收入的影响；坚持按月收入分析和汇报制度，分析税收收入结构，通过广泛收集基础数据，掌握税源情况，摸清税源规模、结构、变化及潜力；建立由各职能部门共同参与、系统上下联动的税收分析和税源调研工作机制，做到动态跟踪与静态监控相结合；按月汇总分局预测数，对各基层分局的月、季税收收入预测结果予以通报，提高税收预测准确率，增强组织收入的科学性。

健全工作机制，狠抓任务落实 1.明确收入思路。从宏观经济、税收政策和征管手段等方面客观分析税源情况，"以数字管税，用数据说话"，既抓重点税源，又抓小户、捡小税，确保应收尽收。2.层级落实任务。根据上级任务的下达和调整，在深入开展税源调查的基础上，及时分解任务，层级抓落实，区局领导定期带队到挂点分局靠前指挥，加强任务落实的组织协调，及时解决收入过程中出现的新情况、新问题。3.形成顺畅收入格局。健全税收分析、纳税评估、税源监控和税务稽查四位一体的互动机制，征管部门指导组织收入工作，基层分局强化税源管理，稽查部门加大稽查力度。4.突出收入工作督导。遵循服务收入大局，积极开展内部督导工作，突出对各项收入措施开展督导，以督导强质效，以督导促收入，其中，荷城分局督导工作成效明显，实现督导促收100多万元。

强化行业控管，管好主体税源 1.房地产业。上半年楼市低迷，土地转让交易"量价齐跌"，下半年楼市持续回暖，楼价大幅飙升。积极开展房地产业税收核查，采取"多方取证、实地查账、重点询问、内查外调"的方法，核查区内疑点多、建账制度未尽完善的房地产企业；实施房地产企业土地增值税清算，建立工作汇报制度、信息反馈制度、问题协调解决制度；建立起房地产行业宣传、管理、检查三位一体的税收管理长效机制。全年房地产税收入库31395万元，比上年增长27.9%，其中碧桂园项目全年入库11383万元。2.建安业。针对随着多项交通基础建设完工结算，组织建安业收入困难重重的情况，完善该行业税源监控，加强与建设、交通等部门沟通与联系，收集涉税信息，掌握新开工项目情况，分户登记造册，实行专人管理。加强日常巡查，及时掌握工程进度，掌握工程付款及结算情况，保证税款及时入库。强化重点项目税收管理，重点落实江肇高速征管协调，加强税收政策宣传和业务辅导，完善项目信息交换机制，密切跟进工程开票情况。全年建筑业税收实现入库18427万元，比上年增长5.8%。其中江肇高速全年实现税收1429万元。

突出重点税种，挖潜增收 1.营业税方面，对房地产业、建安业等营业税重点行业严格发票管理，坚决按预收款开票征收营业税；开展第三产业的纳税自查、纳税核查、专项检查。全年实现营业税入库36597万元，比上年增长15.8%。2.企业所得税方面，落实企业所得税征管范围调整政策，抓好新增营业税户的企业所得税管理；狠抓企业所得税预缴和汇算清缴后续管理，确立对不同类型企业采取不同预征力度，确保行业发展与税负水平的一致性；扩大查账征收面，加强对重点行业企业所得税的管理。全年企业所得税入库12127万元，比上年增长3.6%。3.个人所得税方面，组织开展金融危机对个税影响的专题调研，重点控管高收入人群，建立健全个人收入台账制度；定期比对分析重点纳税人、重点行业个人所得税纳税情况，选择性开展纳税评估，堵塞征管漏洞；部署个人所得税促收及检查工作，强化股权转让所得征收个税管理，全年入库个人所得税14417万元，比上年增长3.4%。

细管小税种，提高增收贡献率　强化管理意识，把小税种管理作为增加组织收入的重要组成部分；强化协调意识，内外加强部门沟通协调；完善管理办法，落实组织收入责任制，深入征管一线落实精细化跟踪管理；完善管理台账，对小税种分门别类建立台账和税源档案。全年城建税、车船税、印花税收入分别增长56.3%、12.8%、10%。重点强化土地增值税征管，强化对房地产企业土地增值税的预征及清算工作，全年入库土地增值税6820万元，比上年增长26.0%。

坚持税费并重，做好"两费"征收　牵头召集区社保基金管理局、区劳动和社会保障局召开联席会议，探索建立健全多部门协作网络。出台《关于社保费欠费日常管理业务的操作指引》，建立欠费责任的岗位链条，做好欠费台账及后续的追踪监控工作，完善欠费移送法院强制执行制度。开展社保扩面工作，依托信息化手段，优化社保征缴流程，提供参保便利，促使参保人数不断增加。推进社保费全责征收上线"大集中"准备工作，推进省属企业上线工作。全年组织社保费收入51045万元，比上年增长18%。强化堤围防护费征管。严格规范征缴行为，大力清理欠费，与相关部门密切配合、通力协作，严厉打击逃避缴费行为。受金融危机影响，全年以企业销售为基数的堤围费全年入库4627万元，比上年减少1.7%。

【税收征管】　建立专业化税源管理新模式　一是建立税源管理岗责体系。设立纳税评估办、税源监控办，在基层分局设立纳税辅导岗、税源管理岗和综合事务管理岗。二是划分重点税源。结合实际，以纳税额、注册资本、占地面积等标准，划定重点企业标准，将税收管理资源向重点税源倾斜。三是以纳税评估促收入。纳税评估办组织全区纳税评估工作，统筹规划各阶段评估开展，深入基层收集评估数据，为基层分局提供评估指导。加强与稽查部门协作，对疑点大、抗拒评估的钉子户转至稽查程序。全年实施企业纳税评估172户，评估税款入库4684万元，占税收收入的5.1%，其中专业评估入库1614万元。

开展企业所得税汇算清缴　一是将汇缴与强化宣传辅导相结合。分4期完成税收管理员和全部446户应参加汇算清缴企业的培训工作。二是将汇缴与落实税收优惠政策相结合，用足用好税收优惠政策。三是将汇缴与强化税基管理相结合，通过对辖区企业收入情况分析，摸清税基。四是将汇缴与强化后续管理相结合，汇集企业报送的汇算清缴数据，对比分析，及时发现汇算清缴中存在的税收疑点线索，开展疑点企业的所得税纳税评估。全年企业汇算清缴446户，其中查账征收企业399户，核定征收企业47户，补缴企业所得税157万元，退税238万元。

强化税政指导　一是建立税政业务问题反馈制度。将日常政策咨询回复情况、热点政策解读定期公布，提高基层对税收政策的把握能力，及时解决基层在执行政策中的新问题；二是加大政策执行力度。重点督查营业税、个人所得税、土地增值税等地方各税政策的执行情况，通过抓好土地增值税清算、股权转让个人所得税管理等重点政策落实，培育组织收入亮点。三是抓好各项税收优惠落实。

加大对优惠政策的宣传，严格审核纳税人税收优惠条件，按照政策规定落实税收优惠，全年对1154宗符合优惠条件的二手房交易减免税740万元，对55户符合下岗再就业优惠的业户减免税37万元，落实残疾人就业减免23户。

提升综合治税水平　加强沟通，主动与各级政府密切联系，积极汇报工作情况，反映工作难点，争取政府支持，推进协税护税措施、办法的出台和落实。主动加强部门协调配合，积极从国土、规划、发展改革等部门获取土地开发、城建规划、工程立项等情况，建立健全数据交换、信息共享、跨部门联动的长效机制。积极参加各级政府开展的经济运行专题调研、招商引资税收影响调研，掌握全区经济形势，发挥职能作用，推进社会综合治税网络的构建和完善。

【依法治税】　健全执法责任制　建立严格的岗位责任制和奖惩制度，细化工作责任，切实执行执法责任制和过错责任追究制，形成事前、事中和事后相衔接的监督机制，增强执法透明度。适时优化调整执法岗位人员的定岗定位工作，明确各人的工作权限、职责以及各个工作流程和环节，做到分工科学合理，岗责设定符合实际。同时把工作重点放在权力制约、行为规范和监督管理等关键环节和部位上，逐步形成及时发现、有效防范和解决处理的有效机制，把依法治税落实到税收业务的各环节。

提高税收执法水平　加大执法检查整改落实力度，针对税收执法检查和征管资料检查发现的问题，认真剖析原因，查找根源，追究责任，督促整改；开展票款管理重点检查、税收执法检查自查工作，采取交叉互查的方式，完成基层分局全面检查和代征单位抽查，对存在问题，明确业务规范，落实整改措施；在各个税收执法岗位，开展执法行为、执法文书、业务流程化、政策服务规范化建设，提高执法能力。加强执法培训，参加全国统一税务稽查人员业务考试通过率100%。

整顿税收秩序　在全区范围组织对供电企业、饮食业、建筑安装业、房地产业等开展专项检查，企业自查入库税款31.28万元，稽查立案检查7户，入库税款42.67万元。开展医疗卫生行业重点单位开展专项检查，自查补报工资薪金所得个税150万元；开展打击餐饮、娱乐行业的假发票专项行动，实施发票突击检查，协助高明公安局抓获售卖假发票犯罪嫌疑人2名，缴获假新版通用定额发票20本、1001张。加强税务稽查基础建设，完善稽查工作制度，对发现的涉嫌偷逃骗税的移交稽查部门，防止以评代查；坚持以查促收、以查促管，全年稽查促收税款、滞纳金入库1213万元。加大税务稽查工作力度，检查8户企业，处理移存案件2宗，入库税款167万元。

【纳税服务】　提高办税服务质量　根据市局建设新型办税服务厅要求，建设、改造新型办税服务厅，经建设改造，各办税服务厅焕然一新。结合实际推行"一站式"及提醒、预约服务等服务形式。推行文明办税，统一"窗口"人员着装要求，推行礼貌用语，以良好风貌面对纳税人，做到举止庄重，热情周到，释疑解难。

拓宽服务渠道　拓宽办税渠道，年内增加工商银行、兴业银行作为协作银行，至年底，已有5家合作银行，使纳税人缴税更加便利。在车船使用税的缴交上，开通邮政局代办车船税业务，方便纳税人缴纳税款。创新沟通形式，拉近征纳距离，局领导、业务部门负责人先后作客电台民生热线节目，倾听民声。

重视信访工作，迅速解决纳税人的信访和来电，妥善解决跨线桥建设受影响业户的税额调整问题，通过稽查介入银海酒店欠缴社保费、新时代文具破产等信访事件，维护纳税人合法权益。启动政风行风评议，向高明区党政机关、社会各界和纳税人代表发放评议表，主动接受外界对区局纳税服务工作的建议和监督，促进营造和谐税企关系。全年受理涉税事项2907宗。

强化政策解读　采取多种形式加强对纳税人开展政策解读，举办企业所得税汇算清缴、新营业税条例等专题讲座；对扶持中小企业发展8项税收优惠政策、二手房税收政策等进行媒体专题宣传；对发票换版工作、社保费全责征收工作举办大型户外宣传活动等。坚持税收例会制度，每月根据形势开展政策宣传。完善税收管理员制度，扎实开展上门辅导工作，以纳税人对新政策知情度、税管员对纳税人的税法宣传面、辅导面，以及对纳税人咨询回复率等量化考核从严要求税收管理员。结合新型办税服务厅的改造，利用好办税厅的液晶电视、自助服务电脑等载体，宣传税收政策，并方便纳税人查询税收政策，确保政策及时公示。

税收宣传　以“紧跟统筹，有的放矢，突出重点，积聚合力”十六字方针强化税收宣传工作，重点开展“税企和谐 共度时艰”系列活动，举办“税务开放日”暨税企和谐交流会，邀请高明区、镇两级政府领导、区内主要行业协会负责人、涵盖4镇（街道）的不同企业代表参加，密切税务机关、政府、企业三方联系。发挥协税护税志愿者队伍作用，邀请重点税源企业青年代表参加户外宣传活动，强化宣传效果。继续开展税法进社区、送税法进校园“税收伴我成长”系列活动及户外广告宣传税宣等，营造浓厚税宣氛围。各基层分局开展送税法进企业活动：荷城分局大户宣讲会点面结合；杨和分局分行业税宣因地制宜；明城分局针对盈富科技产业园送税法；更合分局关注产业升级企业与企业共度时艰。全年举办税收宣传活动16场，参与的纳税人户数超过1000户，参与人数达3000人次。

【队伍建设】　开展学习实践科学发展观活动　召开动员大会，出台学习实践科学发展观活动的实施意见，明确学习实践活动的组织领导、指导思想、基本原则、目标要求、方法步骤全面铺开学习实践科学发展观活动。开展撰写科学发展观学习笔记、科学发展观讨论会、科学发展观知识测试等活动，引导党员干部重视学习实践活动。邀请佛山市委党校专家为全体党员作《学习纲要与落实发展观》的报告，强化对科学发展观理念的理解。召开“切实转变作风，推动科学发展”主题领导班子民主生活会，切实解决突出问题，增强队伍的凝聚力和战斗力；按照“重在解决实际问题，重在人民群众满意”要求，抓好整改落实，重点把握好制定整改方案、切实解决突出问题环节。在开展学习实践活动群众满意度测评工作中，发出及收回《满意度测评表》101份，群众满意度100%，学习实践活动得到广大干部职工的充分肯定。

党风廉政建设　一是抓重点显特色深化廉政教育。加强干部职工特别是领导干部廉政教育，党组对中层以上干部进行诫勉谈话，对各单位负责人进行廉政谈话，增强领导干部履行“一岗两责”的使命感和责任感。落实各项教育学习日制度，组织开展示范教育、警示教育、风险防范和岗位廉政教育，增强地税干部拒腐防变意识和防范风险能力。二是加强作风建设构建效能监察。全面开展机关作风建设，把“四查四树立”和“吃、拿、卡、要、占、报、借”和“收受红包、礼金”两股歪风作为全体干部职工自查自纠的重点，深入排查，坚决纠正。开展“窗口行业树新风网上行”活动、参与评选区“巾帼文明岗”等活动，弘扬清风正气。执行厉行节约、反对铺张浪费规定，实现公务购车用车、会议、公务接待、党政机关出国（境）、办公等5项费用“零增长”，晚会、展览、庆典、论坛等4项活动“减半”，解决讲排场、比阔气、奢侈浪费等不良风气。

优化队伍结构，提高人员素质　根据干部轮岗换岗规定，结合工作需要，优化队伍结构，全年对5名中层干部、9名协税员实施轮岗。吸收优秀人才，年内新增6名干部，充实到机关和基层。加强干部教育培训工作，着力提高教育培训的针对性和实效性。落实各项教育激励机制，鼓励广大干部职工利用业余时间参加学历、专业技术资格考试。以干部综合素质建设为基础，突出岗位技能训练，重点增强税收管理的业务技能，提高税收业务水平。

加强文化建设，激发队伍活力　开展佛山地税核心价值观讨论活动，提高对地税大家庭的认同感；开展篮球、羽毛球、足球、网球以及趣味运动会等体育兴趣活动，健康身心；积极组织参加各类演讲、征文比赛、文艺演出等活动，活跃队伍氛围。积极开展对口帮扶工作，对更合镇泽河村、封开县平风镇范村开展扶贫助弱工作。做好离退休老干部、孤寡老人、单亲家庭等慰问工作。

佛山市高明区地方税务局负责人名录：

局　　长：梁铭强

副 局 长：杨宗杰

颜蔚华（2009.3～ ）

劳子丁　朱伟雄

纪检组长：叶家锋

总经济师：邱志坚

（李文宙）

金融·保险·证券

中国银行业监督管理委员会佛山监管分局高明办事处

【概述】 2009年，中国银行业监督管理委员会佛山监管分局高明办事处(以下简称“高明银监办”)以科学发展观为指导，以“保增长、防风险、促稳定”为主线，结合辖内实际，履行“站岗放哨”监管职责，促进地方经济金融和谐发展。

【辖区银行经营情况】 1.存贷款升幅较大，大部分机构完成上级下达的各项考核指标。至年末，高明区银行业金融机构总资产195.13亿元，银行网点76个，从业人员1063人。全区银行业金融机构各项存款余额(本外币，下同)175.64亿元，比年初增加37.05亿元，增长26.73%；各项贷款余额119.93亿元，比年初增加36.38亿元，增长59.03%。存贷款增幅量创近年历史新高，大部分行(社)基本完成上级下达各项考核指标。

2.不良贷款明显下降，金融机构经营状况良好。至年底，高明区金融机构不良贷款余额6.5亿元，比年初下降0.63亿元，不良贷款率5.42%，下降2.69个百分点。辖区金融机构全部实现盈利，实现盈利2.94亿元，同比下降16.6%。下降原因主要是农信社冲减历年亏损至使账面利润减少。辖区银行机构经营状况良好，抗风险能力持续提高。

【加大政策支持力度，服务地方经济】 认真贯彻落实国家适当宽松的货币政策和扩大内需促发展的一系列政策措施，加大监管政策的支持力度，督促辖内各银行业金融机构增强大局观念和服务意识，不因“危”弃“机”，亦不见“机”忘“危”，加大银行信贷对经济增长的支持力度，坚持区别对待、有保有压，坚守风险底线，采取银行团贷款方式进行综合授信，确保信贷质量和银行业稳健运行。截止10月底，各银行业金融机构对政府项目授信40.6亿元，实际放款18.1亿元，占年内贷款增加额的60%，涉及领域主要有基础建设、市政工程建设、交通、卫生、教育、粮食、水利工程建设等。

【监管和维稳工作】 1.运用各种监管手段，有效进行合规监管。全年办理各类行政报审和批复事项30项、行政注销事项1项，发出风险提示2项，进行各类约见谈话25人次，走访调查36次，开展信访调查、核查2项，复议人大代表提案2项，参加各类检查9项、19人次、共135个工作日。召开各类监管会议9次，其中金融监管工作会议2次、银行业信贷业务风险座谈会1次、银行业安全保卫工作会议3次、银行业办公室主任信息工作会议1次、联席会议例会2次。

2.采取果断措施，应对各类事件发生。(1)针对辖内年初的个别银行金融机构发生解聘守押人员(协解人员)越级上访情况，及时启动应急预案，多次约见其班子成员进行监管会谈，要求其切实承担起第一责任人职责，做好解聘守押人员的思想工作，最终妥善解决问题。(2)针对工行高明支行发生的克隆银联借记卡、信用卡盗取客户资金案，要求经营银行加强与公安部门沟通，采取有效措施，控制和减少客户的资金损失，对所有自助设备进行全面排查。(3)针对一季度辖区发现多起 ATM 柜员机被不法分子侵害案件，要求各行社加强 ATM 柜员机的日常监控和晚间巡查工作，联同公安部门进行一次突击行动进行严打，抓获 2 名案犯头目，组织一次区内银行机构金融风险现场咨询会，加强社会宣传教育。

【村镇银行筹建和农信社改制转型工作】 1.年内，高明区成为佛山市村镇银行筹建试点区。与当地政府密切沟通，取得共识。9 月初，联同区政府、市分局三科组成调查组前往中山小榄镇村镇银行学习考察。10 月，拟订出《高明区村镇银行筹建方案》，成立区村镇银行筹建工作小组和办公室。筹建工作进入与筹建牵头行(大股东)协商阶段。2.贯彻落实《关于进一步深化农村信用社改革的实施意见》精神，加紧督促高明联社积极做好农村商业银行组建准备工作，顺利达到组建农村商业银行的各项要求。针对高明联社存在的不良贷款余额较大、贷款过于集中的两个问题，要求其加强外部沟通交流，主动与当地政府及有关部门联系，强化组织领导，做好分工安排与准备，加强分析预测，积极探索解决措施和手段。年内，改制工作正进入资产清查、为产权升级做好准备的工作阶段。

【内部管理】 一是抓学习。加强自身业务学习，提高综合素质，通过“帮、带、引”等方式，不断提高自身实际工作能力。二是抓思想。在人员少、任务重、压力大的情况下，针对畏难与不平衡情绪，及时进行教育、开导和鼓励，多从生活方面关心员工。三是多锻炼。下半年按照内部管理办法进行换岗，使员工在不同岗位得到更全面的培养、锻炼，提高综合素质。

中国银行业监督管理委员会佛山监管分局高明办事处负责人名录：

主　任：范文东

副主任：林伟均

（林伟均）

中国人民银行高明支行

【概述】 2009 年，中国人民银行高明支行围绕“加强履职效能建设、促进经济金融发展”工作目标，执行适度宽松货币政策，确保辖区金融稳定，提高金融服务水平，推动辖区经济金融持续、健康、平稳发展。至年底止，全区金融机构本外币各项存款余额 176.2 亿元，比年初增长 26.73%；本外币各项贷款余额 117.1亿元，比年初增长 37.89%。全区金融机构实现利润 29356 万元。

【货币政策】 *政策传导机制* 召开 3 次高明区金融经济运行情况分析通报会，提出执行货币政策的建议，引导金融机构加大对基础设施建设、工业园区建设和中小企业发展等方面信贷支持力度，为高明区经济发展提供信贷资金支持。至年末，全区金融机构本外币贷款余额 1170881 万元，比年初增长 321750万元，增长37.89%，增长率比2008年多增 12.81%。

“窗口指导”作用　通过调研和分析，及时发现和预测经济金融运行中的新问题和新苗头，引导金融机构合理调整信贷规模和投向，优化信贷结构。至年末，全区金融机构短期贷款余额 570710 万元，中长期贷款余额 567803 万元。

【金融稳定】　金融生态环境建设　1.优化金融稳定环境。成立高明区金融稳定协调工作小组，制定系统性金融风险的防范、预警、处置制度。制定人民币银行结算账户系统突发事件应急预案，加强和完善辖区金融突发事件应急工作制度建设。配合区政府建立高明区反假币联席会议制度，联同区公安分局开展反假人民币知识宣传入社区活动，向市民宣传反假人民币知识，提高识别真假人民币技能。年内，组织辖区金融机构开展反假宣传活动 3 次，张贴反假宣传海报 170 份，发出反假宣传小册子 1200 多本，答复现场咨询 2300 多人次。

2.优化金融发展环境。建立高明区中小企业信用体系建设工作领导小组和联席会议制度，组织辖区金融部门开展信用信息体系建设工作业务培训，推进辖区中小企业信用体系建设。配合区政府制定《高明区中小企业信用担保基金管理办法》、《高明区加快建设中小企业融资体系的实施方案》，完善和健全辖区中小企业信用信息资料数据库，搭建中小企业信用信息服务平台。年内，利用信息基础数据库对 68 家中小企业信贷资格认定进行筛选和审核，其中 25 家中小企业获担保贷款 13200 万元。

3.优化社会信用环境。配合上级行征信管理部门在高明农信社举办征信数据核对问题研讨会，研究解决农信社个人和企业信用信息基础数据库入库率偏低问题。组织辖内金融机构开展诚信宣传，开展“2009 年征信知识宣传周活动”和“征信知识现场咨询宣传活动”，向市民宣传人民银行开展信用体系建设，征信数据库现场解答市民关于个人信用报告方面的问题，促进社会信用建设。完善企业信用等级评定工作，建立以信贷登记咨询系统为基础的企业、个人信用数据库，健全和完善辖区中小企业信用体系建设。全年组织辖区商业银行开展“诚信兴商”宣传活动 1 次，张贴宣传海报 36 份；开展征信知识宣传活动 3 次，悬挂宣传条幅 20 条，张贴宣传海报 50 张。

票据兑付监测工作　加强高明农信社央行票据兑付后监测工作，实行按季考核、定期监测制度，每季度向上级行报告当地农信社改革试点资金支持工作实施情况，督促和指导高明农信社健全和完善贷款利率定价机制，按季完成贷款利率定价能力评估报告。

【金融服务】　调查研究　围绕辖内经济金融热点、焦点问题开展调查研究，先后组织工业园区土地储备贷款风险、农村征地问题、房贷新政对高明房地产业影响等 23 项调研，反馈经济金融信息，为地方经济决策提供依据。《“农超”对接前景看好但参与率低》、《促进农民增收的主要做法及启示》、《透过春耕生产看广东提高粮食自给率碰到的问题和出路》等 5 篇调研文章被中国人民银行广州分行信息刊物录用。

国库业务　通过改善国库业务办公设备、加强业务技能培训、内控制度执行情况自查自纠与资金风险防范措施等方式，保证财税库行横向联网系统和财政集中支付系统正常运行，确保税款及时入库和财政资金安全。年内，办理国库一般预算收入40.98亿元，增长52.52%，一般预算支出24.44亿元，增长48.63%。

外汇管理　制定《支持地方外经贸发展外汇管理若干措施》，为辖区企业进出口业务发展创造有利条件，帮扶进出口企业应对国际金融危机。加强货物和服务贸易外汇资金流动监测，推动跨境贸易人民币结算工作，加强外汇进出口核销、注册资本到位登记和验资询证工作。开展经常项目、资本项目外汇工作调研，及时向上级局反馈外汇政策执行信息，为制定外汇政策提供依据。全年办理出口核销业务45856笔，金额105043万；办理进口核销业务5856笔，金额22097万美元；发放出口核销单51400份，办理外商投资企业年检227家，注册资本到位登记和验资询证共178笔。

【内部管理】　1.根据《中国人民银行佛山市中心支行进一步加强和改进辖内支行履职能力建设的实施方案》要求，按照"实事求是、因地制宜、精简高效、控制风险"原则，加强支行履职能力建设，突出"金融服务、金融经济政策宣传与地方信息反馈、金融组织协调"三项重点职能。2.开展"制度落实年"活动，根据《中国人民银行分支行机构内部控制指引》，对内部管理制度进行梳理、修订和健全，重新修订《中国人民银行高明支行集中采购管理规定》、《中国人民银行高明支行固定资产管理办法》、《中国人民银行高明支行财务开支管理办法》、《中国人民银行高明支行财产管理办法》。3.组织开展"我与我的祖国"系列主题宣传教育活动和中国特色社会主义理论体系学习宣传普及活动。组织员工学习廉文荐读文章，组织员工到佛山监狱听取在押犯人现身说法，开展正反面廉政警示教育活动。组织员工参加上级行举办国库管理、征信管理、外汇管理等业务培训班，邀请上级行业务骨干为员工上培训课。

【综合治理】　开展"综合治理活动月"和"综合治理整改活动月"工作，邀请公安、消防和交通干警进行防盗防诈骗防抢劫、防火安全消防知识教育和以酒后禁驾为重点的交通安全意识教育，提高员工安全防范意识。组织员工学习中国人民银行广州分行保密工作制度和国家秘密会议保密管理规定等各项保密制度，提高员工安全意识。开展保密、信访、计算机安全、信息安全、交通安全、监控报警系统、消防设备、办公楼防范设施等检查工作，抓好综合治理工作。

【精神文明创建活动】　围绕"行风行貌建设年"主题，开展文明单位建设。组织女职工观看区妇联举办的中华经典诗文亲子朗读大赛；每季度组织员工开展户外文体娱乐活动；组队参加辖区银行同业"迎国庆、贺中秋"文艺汇演；组队参加上级人民银行系统气排球比赛；组织员工参加区"慈善一日捐"活动，为人行系统的"爱心帮扶互助金"捐款；组织员工参加区无偿献血等。黄燕华被评为中国人民银行广州分行"奉献央行、报效祖国"先进典型。黄燕华家庭被评为中国人民银行总行"十佳文明家庭"。

中国人民银行高明支行负责人名录：

行　长：刘穗生

副行长：谢丽文　梁　洪

（李小华）

中国工商银行佛山高明支行

【概述】 2009年，中国工商银行股份有限公司佛山高明支行围绕“发展、规模、速度”的工作方针，立足市场，树立“存款立行、服务兴行、风险保行”战略思想，加强队伍建设，以优质服务为手段，为客户资产保值和增值，拓展优质客户，促进各项业务健康持续发展。

【存款业务】 以理财客户为切入点，挖掘和拓展理财客户群体，建立理财客户档案，跟进客户购买基金、保险、人民币理财和国债等产品的到期点和赎回时间点，及时跟踪客户投资资金在月中与月末间转换，保证客户投资收益，吸引客户资金转化为储蓄存款，促进储蓄存款持续增长。组织村民召开理财沙龙会，把理财产品信息带给村民，带动存款的同时全面发展个人业务。以发展代发工资、第三方存管账户＋灵通快线作为储蓄存款稳存增存基础来源，提高市场份额占比。做好大客户分层次维护工作。行长、主管副行长、网点负责人与客户经理定期与大客户进行沟通，对大客户每一笔大额资金流向进行跟踪监测。

【贷款业务】 以项目贷款为龙头深入开展资产业务营销。根据本地区经济发展趋势，结合区域信贷市场竞争，调整发展思路，瞄准高明区市政设施、教育、医疗等基础性建设发展空间，采取主动出击、银政互动营销策略。组成营销小组，由支行行长带领市场部营销人员筹集及银、政、企三方合作献计献策，在优质项目信贷市场工作取得良好成效。做好项目材料组织、上报和审批，巩固与当地政府合作基础及提升在当地社会影响力。加大银、政、企、保四方合作力度。加强与区政府、企业、专业担保公司合作，参与区中小企业融资担保基金合作，成功发放首笔区担保基金小企业贷款，实现业务新突破。落实省分行业务转型思路，开展“专业换砖头”三专业务等营销。结合区经济发展特点，主动与区塑料、纺织、不锈钢等行业协会沟通，拓展本区域专业市场和产业集群小企业金融业务，针对不同产业集群制定适合发展要求“一篮子”金融服务方案，确定以行业协会为突破口，辐射其他行业协会等。

【中间业务】 一是以“要明鹤兴”县域经济一体化为契机，加强与政府、企业双方合作，关注优质客户上下游企业发展情况，掌握实用有效发展信息。成功发放首笔土地储备项目贷款，增加公司投行收入，扩大收入空间，破创新中间业务收入历史纪录。二是以市场部＋网点联动营销模式，定期总结经验、分析市场需要和客户需求，推出适合市场和客户组合产品，实行捆绑全产品营销，通过“以贷引存”形式，吸引客户，务求客户使用工行多个产品，以客户为中心，提高中端客户渗透率、提高客户忠诚度和贡献度，打造区域第一零售银行。三是加大对客户经理（含营销人员）考核力度，深化“客户经理考核试行办法新方案”的理解，分析研究考核制度细节，对全行营销人员，坚持写营销日志，领导带头每周考核，每周一由综合部收集，支行经营班子审阅，发现有价值信息和营销进度。领导分工与网点挂钩培训学习，加强业务辅导和督导，营销产品与营销人员绩效挂钩，寻找业务突破口和利润增长点。四是通过召开经营分析会、部室网点早会，寻找差距，打通业务发展瓶颈，加强业务学习，增强员工责任感与使命感，强化联动营销服务客户，创新均衡发展；树立"有为才有位"的思想，拓宽中间业务领域，扩大客户群，为本外币结算、理财业务、账户管理和代发工资等业务开通绿色通道；以投行融资顾问、银行卡特约商户和灵通卡为重点目标，提高综合收益。

【外汇业务】 通过分、支行分层次营销，加大对纺织、化工、塑胶等重点客户的营销，制定差别化服务方案，实现国际业务稳步持续发展。采取主管行长定期督导机制，加强对临时账户、验资户转换、留置等措施落实，提高法人账户开户率和产品覆盖率，全年净增法人结算账户较多，实现业务稳步发展，提高结算量、结算业务收入。

【内控管理】 树立"风险保行"意识，杜绝"人情代替检查，信任代替制度"思想，学习"员工违规行为处理暂行规定"，规范操作行为，按规章制度办事，以《业务操作指南》为准则，加强网点负责人与营业经理沟通把关，增强风险防范意识，做到警钟长鸣。主管行长通过家访谈心，了解员工8小时以外思想行为动态，加强员工职业道德教育。开展"警示主题"教育活动，落实客户经理贷款"三查"制度；强化安全演练，维护和执行安全制度，形成"合规经营人人有责"良好习惯；组织学习，营造以执行规章制度为荣，以违规操作可耻内控文化氛围。结合"学规定促发展"和"学规定守纪律珍惜岗位和职业生涯"教育活动，对11个风险点进行重点排查，主管行长、综合部、总会计和运行督导员联合进行突出督导检查，通过抽查录像，了解员工业务操作行为，制定有效整改措施，及时纠正存在问题和薄弱环节，预防为主，防范内控风险。

【队伍建设】 按"个人客户经理案件排查专项检查记录"提纲，加强客户经理思想道德教育，以"警示教育"、"学规定促合规"主题活动为切入点，提高员工安全防范意识和风险合规意识，以家访谈心、操守评价为着力，落实思想教育。落实规章制度。主要对案件排查、大额存款检查内容22条提纲，依法合规经营，对11个风险点检查，现场与客户经理谈心，对理财产品营销及与客户关系沟通，重点对权限卡，印章等重要岗位部位进行检查。以"一对一、面对面"形式检查代保管、外泄客户信息和代客炒股等违规行为重点检查，根据客户经理考核办法，做好保密工作，特别是个人客户营销系统（PBMS）管理工作，对优质客户信息处理、代客户保管现金、存折、卡等进行现场全面检查。

【反洗钱工作】 完善可疑交易报告人工识别工作流程，发现可疑交易金额和笔数要分析和甄别，对不寻常交易按反洗钱相关程序及时报告，支行专管员、网点负责人和兼职信息员及时人工分析。对结算账户、证券交易和第三方存管账户（含保证金），发生大额转账，根据《金融机构大额交易和可疑交易报告管理办法》(人发[2006]2号)文件规定,做好甄别分析和报告,进行识别,并对报告可疑程度和采取措施重要程度和处理情况作出说明。要求各反洗钱信息员,在规定时间内完成分析报告工作,不能漏报一笔可疑交易和大额交易,规范操作,提高可疑交易报告质量,做好堵口把关作用,以制度规范自身经营活动,建立健全反洗钱内部控制制度。

【反假币宣传】 要求一线柜员考取人民银行统一反假上岗证书,持证上岗办理收缴业务,组织员工学习《中国人民银行假币、收缴鉴定管理办法》,落实银行相关规章制度。树立"发现假币一张收缴一张"意识,发现可疑票币,送到人民银行进行鉴别,并开具收缴证明给持有人,3个工作日内答复客户,做到双人共同收缴假币,当面办理有关手续。邀请佛山分行现金中心专业人士讲课,组织员工学习假币识别鉴别方法,落实"一看二摸三听四测"假币基本鉴别手段;对发现HD90、HB90和TJ38假币新情况,通过OA网或电话及时通知网点员工,做好假币防范工作。

中国工商银行股份有限公司佛山高明支行负责人名录:

行　长:张铭辉

副行长:叶振华　潘凤葵　杨耀琪

(吴均荣)

中国农业银行佛山高明支行

【概述】 2009年,中国农业银行股份有限公司佛山高明支行贯彻落实上级行工作会议精神,围绕各项工作目标,结合高明经济发展实际,采取有效措施,加强银政、银企之间沟通合作,加大内控管理工作,全年各项业务实现均衡、健康快速发展。

【业务情况】 整合资源,从政府融资平台项目、中小企业、个人贷款寻求发展,获总行批复准入项目6个;全年累计投放中小企业贷款6亿元;与楼盘达成按揭准入协议,全年累计发放个人贷款2.09亿元。

负债业务　积极推进分区、分层、分销、分流工作,狠抓营业网点环境卫生、物品摆设及加强柜员服务检查监督,提升柜面服务水平。至2009年末,各项存款余额32.99亿元,比年初净增4.6亿元。其中,本外币储蓄存款比年初增2.44亿元,增幅13.2%;本外币对公存款比年初增2.16亿元,增幅21.7%。

中间业务　着力从银行卡业务、投资银行业务、网银、自助设备收入、回单箱收入等方面寻求突破,确保中间业务持续发展。

内控管理　开展节前安全大检查、业务经营管理自查自纠、后台处理中心业务专项检查、经营机构案件集中排查、会计业务专项检查、反洗钱工作自查自纠专项检查、案件风险排查、全辖ABIS柜员掩码自查、案件防控工作检查和每季度自律监管检查等检查活动。召开专题会议,分清工作轻重缓急,做到检查与业务两不误。对检查发现问题建立台账,督促责任单位和责任人限期整改,并做好整改后续跟踪工作，对屡查屡犯违规责任单位和责任人加大问责及处罚力度。加强员工思想与行为管理，从源头控制案件风险，提高员工风险防范和合规操作意识，保持案件防控高压态势，实现全年业务零案件运营目标。

【安全保卫和反洗钱工作】 与分行、支行各部、各网点签订安全防范、社会治安综合治理、消防等安全目标管理责任书，明确安保责任。行领导每季度到网点安全检查，检查面60%以上；综合管理部每月对全部网点进行安全自律监管检查，督导网点落实安全防范措施，加强防暴预案演练、ATM巡查和员工安全知识学习，增强安防意识。结合2008版反洗钱操作系统升级上线，开展反洗钱宣传和培训，完成反洗钱客户风险等级分类工作，对人行现场和非现场检查发现问题及时整改，切实履行反洗钱大额和可疑交易数据归集及上报义务。

【队伍建设】 狠抓中层干部队伍建设，提高中层干部政治素质、管理水平和业务驾驭能力；完善培训管理机制，通过请进来和走出去等培训形式，做好不同层次人员的培训，提高队伍整体素质。全年累计培训员工996人次。

发挥支行党组织、工会、共青团作用，举办各种文体比赛、开展知识讲座、组织各种交流和劳动竞赛等文娱活动，如举办"迎国庆、贺中秋"文艺汇演、金融风险现场咨询会、组织参加分行举办劳动竞赛等活动；鼓励员工通过各种学习渠道，更新自身知识结构，提高自身能力素质，构建学习型银行，全年30多位员工取得本科、大专课程和理财、风险管理、会计等资格认证。

中国农业银行股份有限公司佛山高明支行负责人名录：

党委书记、行长：张仁慧（ ～2008.12）
罗英杰（2009.1～ ）

副　行　长：禤裕龙（ ～2008.12）
夏兆波（ ～2009.10）
李世恒
劳国权（2009.7～ ）
陈锦成（2009.11～ ）

行 长 助 理：程天弟（2009.1～2009.6）

（莫仁宽）

中国银行高明支行

【概述】 2009年，中国银行股份有限公司佛山高明支行以"跑赢大市"为工作目标，围绕"快、宽、准、实"工作要求，结合高明区经济环境和市场特点，提高市场竞争力，防范和化解各类经营风险，实现全面协调可持续发展。

【存款业务】 加强上下联动，优化企业存款结构，走访招商引资部门，了解企业情况，掌握客户信息，对重大客户实行"一对一"跟踪服务，并根据客户实际情况提供理财服务；加强对高明区的市场状况、同业发展情况、客户动态调查分析，每月对同业发展情况、业务水平进行比较，分析差距和优势，确定竞争对策，提出可行措施，推进网点转型工作落实，调动员工积极性，取得储蓄存款增长，确保市场份额。

【信贷业务】 信贷投放　重视贷款项目的营

销工作，针对支行网点集中城区的情况，对镇街和园区重新指派专人专责分片营销，加强结算和公司联动，加大与区政府、工业园招商部门和客户走访频率，挖掘信息，了解和锁定目标客户，积极挖掘存量客户，发展优质授信客户和项目，配合上级行公司业务部加强沟通联动，每周重点客户行长和主管行长挂钩跟进和联系，落实督办措施，取得较好效果。

消费贷款　在零售款业务的发展战略上，积极开展零售贷款市场调研，捕捉市场信息，加强与建设局、房管处、房地产开发商的沟通联系，进行系统性的营销，最大限度挖掘客户资源，有力确保零售贷款业务量稳步增长。充分利用资源联合进行开拓营销，积极搜集市场信息，锁定个投和循环抵质押贷款目标客户，实行逐个攻关，使零贷业务稳步提高。

【中间业务】　通过发展国际业务，增加中间业务收入。面对同业在国际方面竞争业务、抢夺市场的竞争压力，以跑赢大市、提高市场占有率为工作目标，引入部门间优势互补整合营销理念，结算、业务发展部加强联动，共同策划国际业务市场。调整改善结算客户结构，增强新户拓展力度。通过强化网点销售能力，深度挖掘内部资源潜力，抓好对私结售汇、黄金宝、外汇宝、奥运商品等特色产品开拓，拓展保险、人民币理财等业务，推动零售中间业务稳步持续增长。

【内控管理工作】　开展“安全保障年”活动，加强教育监督，强化内控管理推动业务发展，结合支行、上级行检查，梳理、查找各项业务制度落实和操作流程存在的风险点，提升内控管理水平。强化全员依法合规经营理念，签订《依法合规经营承诺书》、《党风廉政建设暨防范案件责任书》，增强员工内控意识和自我保护意识，明确岗位责任、义务和拒绝违规操作权利。开展每月访谈和每季度员工异常行为排查，关注员工异常行为，解决队伍内部矛盾，加强风险控制，消灭案件隐患，全年没有发生责任事故和违法违纪案件，各项业务依法合规发展。

中国银行股份有限公司佛山高明支行负责人名录：

副行长：雷　哲（主管全面工作，～2009.11）
黄健文（主管全面工作，2009.12～　）
潘炜烜（～2009.11）
冯健海（2009.5～　）

（区玉贤）

中国建设银行高明支行

【概述】　2009年，中国建设银行股份有限公司佛山高明支行按照上级行工作总体要求，树立“以客户为中心”服务理念和“永不停步，力争第一”工作理念，以支持地方经济建设为己任，完善机制和渠道建设，积极开拓市场，加大营销力度，完善优质服务，加强内控，防范风险，夯实基础管理工作，各项业务安全运行，加速发展，主要业务经营指标实现历史性突破。

【负债业务】　一是通过推进存款新增“四招”、“四走进”活动，全员行动、全员参与，全员营销，加快存款业务发展。二是结合1000米商圈范围营销活动的推进，一点一策，加强对重要客户的培育。三是建立重点客户项目组、政府机构项目组和中小企业项目组，挖掘、培育和服务好优质潜力大客户。四是做好代发工资、代扣业务等批量营销，促进存款新增，加快存款业务发展。年末，全口径存款新增超9亿元，存款余额突破23亿元大关，新增额在四大商业银行排行第一。

【资产业务】 改进服务质量，加大信贷投放，支持地方经济发展，牵头筹组西江新城建设15亿银团贷款，向西江新城建设开发有限公司发放银团首笔6亿元贷款。针对不同客户群体需求，加大产品推广与创新力度，推出委托贷款、百易安、财务顾问、保函等业务，为企业财务融资出谋划策，使客户买卖双方利益得到保证；加强对中小企业的服务，通过民营企业"成长之路"和"速贷通"业务合理解决其融资问题。在个人贷款方面，提高工作效率，对个贷内部流程处理实施集约化管理，建立业务挂钩负责制、首问负责制、流程监控机制、楼盘走访制度和定期业务交流制度。

【内部管理】 案件防控教育　按省、市分行"安全年"工作的要求和部署，落实安全年工作包干责任制，与各部门、各营业网点签订安全年工作责任书、案件防查、反赌禁赌、保密工作和党风廉政责任书；抓好"一班一讲一主题"教育活动；利用支行每月风险防范分析例会和每天网点的班前班后会组织学习"安全年"案件防控教育文件，并明确纪律教育、合规教育、反洗钱教育、制度学习及安全知识教育等学习，设立专门"安全年"学习登记本登记。

监督排查工作　每月坚持对关键业务环节、主要风险点实行重点现场检查和非现场监控。开展廉政建设活动，落实廉洁从业监督。每月组织党支部中心组进行思想政治学习，要求各单位组织员工学习党中央的"八荣八耻"和总行的"九项严禁"，中共中央纪委《关于严格禁止利用职务上的便利谋取不正当利益的若干规定》等，开展遵法守规、廉洁从业教育，促进合规经营，提高案防能力。落实支行管理人员作风建设、廉洁从业、组织人事、回避制度、厉行节约五项监督。倡导节约，提高全员节约意识，建立节约型支行。开展季度员工不良行为排查工作。以员工从业行为监控为主，及时掌握员工工作表现和8小时内外的思想动态、经济往来、家庭状况和社会交往等方面情况，特别关注员工有否大额购买彩(足)票、大额或频繁炒股、涉赌等行为，消除风险隐患，确保安全。

信贷基础管理　加大信贷业务自查力度，加强贷款贷前、贷中、贷后管理。季度落实高级风险经理对个人助业贷款和小企业贷款贷后督查工作；制定贷后管理考核办法，执行问责制度，加强信贷检查，监控贷款资金用途，确保贷款本息按期回收，根据不良资产额度项目情况等配备人员，做到机构到位，人员到位，措施到位，任务到位。

会计基础管理工作　一是加强对重要单证、票据业务等重点风险隐患管理、检查、整改力度，推进会计基础等级管理工作。二是组织全员岗位大练兵和开展会计业务培训，全面提高会计人员综合素质、服务能力。各营业网点负责人带领柜面业务能手以老带新、以个人带动网点，以网点带动全行，形成你追我赶的学习氛围。三是重视账户管理和对账工作，加大对账工作管理力度，建立对账工作考核机制，落实市分行对账工作要求，提高支行账户管理水平。四是通过以会代训方式，促使会计后台管理人员知识水平快速提升。

企业文化建设　组建开展各类俱乐部活动，通过以球会友，增进与客户感情；组织员工春茗晚会、户外烧烤活动；开展青年团员读书活动，结合平时日常工作、学习、生活感悟，发表读后感想，撰写心得体会；组织参加市分行职工运动会，荣获团体总分第一名；参加市分行"百歌颂中华，爱国歌曲大家唱"群众歌咏比赛和高明区银行同业"迎国庆、贺中秋"文艺晚会，分别获第五名和合唱节目金奖；加强党组织建设，2 名预备党员转为正式党员，2 名积极分子转为发展对象，8 名申请入党员工转为积极分子。

中国建设银行股份有限公司佛山高明支行负责人名录：

行　　长：粟立军（　～ 2009.5）
副 行 长：刘志旦（主管全面工作，2009.6～　）
　　　　　黄兆东
行长助理：邝永康（2009.5～　）

（钟新梅）

高明区农村信用合作社联合社

【概述】　2009 年，佛山市高明区农村信用合作社联合社贯彻落实省联社和全社年初工作会议精神，以科学发展观为指导，围绕"加快发展，强化内控"工作目标，转变经营观念，开拓创新，加快改革发展，强化内控管理，较好地完成各项工作。

【内控管理】　从制度保障、检查整改、处罚制度、科技手段、教育培训等方面着手，加强案件防控治理工作，开展账外账清查、农户小额贷款真实性检查、大额存款进出业务等行动，全年开展和接受内外检查 50 多次，38 名中层干部进行交流，332名员工岗位轮换，落实146名员工强制休假，2 名员工亲属回避，开展审计 119 人次，保持案件零发生。

【业务发展】　存、贷款业务　通过细分对公与零售业务、调整投放政策与考核机制、优化业务流程、提高服务效率、创新业务产品、狠抓客户经理队伍建设等措施，促进各项业务稳步发展。至年底止，各项存款余额比年初增长 10.1 亿元，增幅 18.91%，各项贷款余额比年初增长 6.5 亿元，增幅 16.71%。

中间业务　开展内部银行卡业务竞赛活动、外部营销推广活动，通过新闻媒体开展业务、形象宣传，整合营销力度，扩大市场份额；拓展 POS 机终端客户，完善银行卡业务功能及配套服务。至年末，实现中间业务收入比年初增加 409.71 万元，增幅 85.05%；新增发行珠江平安卡 56760张；新增银联 POS 机101台，涉及商户 97 户。

经营状况　合理安排财务资源，提高拨备水平。财务管理系统成功启用，费用开支业务流程全面优化；合理调配各项资金，成功办理多笔存放同业款项业务，成功申请开办全国银行间同业拆借市场业务，拓宽资金融通渠道。至年末，实现经营利润同比增加 2846 万元。

【流程管理】　流程化改造运行一年，从组织结构、管理模式、营销团队、业务流程等方面进行改革提升，业务管理垂直化，机构设置扁平化，实现从"部门银行"向"流程银行"转型，成效显著。

【会计结算】 设立事后监督中心和账务处理中心，优化结算系统，实现内部往来等电子化流转，加强差错风险管理，加大监督、整改和奖惩力度，会计结算水平得到提升，风险控制能力得到加强，业务差错率得到控制。年内，被省联社授予“支付结算业务管理一等奖”、“支付清算业务优胜一等奖”。

【内部管理】 队伍建设 开展全体柜员脱产业务知识培训、新员工入职培训、案件专项治理警示教育和中层管理人员暨南大学培训班等活动，累计 81 期，培训人员 3600 人次；推出客户经理制，聘任 54 名客户经理。

信息建设 全年开发和维护个人自助贷款、财务管理系统，商品房预售款监管、事后监督等项目 30 多个。其中事后监督系统参加全省科学技术奖项评选，获得三等奖。

安全保卫工作 从硬件和软件两方面加大安全保卫管理力度，科学规划路线，合理设置改造押运模式，在未增加人员及车辆情况下，押运工作及经警休假问题明显改善，节约及优化安全保卫资源。年内，被区公安分局评为“金融安全防范先进单位”。

党建工作 重新成立基层党支部，选举产生新一届支委。推进“四好”（政治素质好、经营业务好、团结协作好、作风形象好）班子建设，完善干部任用机制，选拔 43 名中层管理干部，吸收预备党员 8 名；开展学习实践科学发展观、纪律教育学习、“送温暖”慰问等活动，举办庆“七一”党员主题活动。

企业文化 组织“三八”妇女趣味投篮比赛、“五四”青年节趣味游园活动、“欢乐家庭”爱心种子摄影活动等。开展节日慰问和爱心扶助活动。举办庆“八一”建军节退伍军人座谈活动，创建“向日葵”助学奖学基金，与佛山办事处党组到郎锦党支部开展“一帮一”结对帮扶活动等。组织员工参加区青年辩论大赛、高明区银行同业“迎国庆、贺中秋”文艺汇演节目演出。

佛山市高明区农村信用合作社联合社负责人名录：

理 事 长：林英尧

主　　任：苏文韬（～2009.12）

监 事 长：李干源

副 主 任：黄国文　金向华

（蓝　雅）

中国农业发展银行佛山市高明支行

【概述】 2009 年，中国农业发展银行佛山市高明支行（以下简称“高明农发行”）按照中央“稳粮、增收、强基础、重民生”要求，以科学发展观为指导，以促进农业、农村经济平稳较快发展为首任，把农村民生工程和农业、农村基础设施建设作为当前信贷的支农重点，拓宽支农服务领域，加大信贷支农力度，防控经营风险，深化内部改革，加强基础管理，落实精细化内控管理，在支持“三农”和新农村建设等方面发挥支柱作用，各项工作取得显著成绩。

【业务情况】 全年经营态势总体良好。一是年末贷款余额比上年增幅 15.53%，各项存款比上年下降；二是积极拓展不同种类的贷款业务，信贷业务实现多元化发展；三是贷款结构进一步优化，商业性贷款占总贷款比例进一步提高，至 12 月末，商业性贷款占比为 77.2%；四是降低不良贷款占比 1.19%，至 12 月末，不良贷款占比 1.19%，同比下降 0.69个百分点；五是经营利润大幅增大，全年实现账面利润 3441万元，同比增 687万元，人均创利 229.4万元，比上年增长 125%，经济效益再创历史新高。

【存款业务】 围绕“优化负债结构，降低经营成本”目标，结合“以贷引存”思路，在贷款发放时同步营销存款，拓展新客户，增加存款，完善政策性银行服务功能，为客户提供优质服务，争取企业开户、结算，发挥农发行在农村金融支柱作用。

【中间业务】 针对不同客户群体的需求，加大产品推广，指定业务能力和营销能力较强的客户经理专门负责保险代理业务。加强保险营销工作，企业在项目建设时购买保险，保证信贷资金安全；加强企事业单位结算管理，提高结算服务水平，增加中间业务收入，至 12 月末，中间业务收入比上年增加 47%。

【风险管理】 按“审慎积极、好中选优、严控风险、稳中求进”原则，围绕风险防控，加强精细化管理，促进业务稳健运营。规范制度管理，狠抓提高制度执行力；推行信贷信息真实性核查工作；健全信贷管理内控机制。加大经营风险防控和排查化解力度。做好客户评级授信工作，履行贷款准入把关职责，从源头上防范贷款风险。

【财会管理】 按“健全内控机制，强化经营核算，提高经营效益”要求，做到“账、卡、簿、实”四相符，落实“印、押、证”三分管，实现“录入、复核、授权”三分离制度，重要岗位实行A、B角；执行支行财务主管坐班制，严格业务授权管理，严格操作规程，杜绝任何个人独立完成某一会计业务而不受监督和制约的情况发生，有效利用会计远程监控系统，对柜面业务实行监督和指导，提高业务办理效率，规范支付结算行为，促进会计工作质量提高，确保会计结算质量和结算资金安全。

【安全保卫工作】 建立健全安全保卫工作制度，结合安全防范实际，在重要部位采取“预、守、巡、战”方法，堵塞漏洞。逐级签订安全保卫工作责任书，安全责任落实到人；定期举行安全保卫知识培训及安全、消防演练；定期对“110”联网报警等系统进行测试，确保系统运行正常；加强押运钞管理，将尾箱寄库、现金押运工作委托给专业押运服务公司，降低押运钞风险，实现全年安全营运无事故。

【反洗钱工作】 成立反洗钱工作领导小组，建立反洗钱工作岗位。以“统筹兼顾、突出重点、不拘形式、注重实效”为原则，监控《反洗钱数据监测与上报系统》，逐笔进行登记备案；开展反洗钱培训与开户企业宣传讲解和派发宣传资料等形式，增强员工反洗钱意识，提高反洗钱工作能力。实行A、B 角岗位管理，落实责任，确保反洗钱职能、岗位不缺位，履行反洗钱义务和职责。全年未发现属于异常支付和可疑交易范围支付活动。

【内控制度建设】 抓好内控管理制度，推行岗位轮换、对敏感岗位带薪强制休假；完善人力资源管理机制，优化调整队伍结构，推行业务岗位双向选择、竞聘上岗；完善经营绩效考核办法，推行员工岗位绩效挂钩，实行管理工作制度化、规范化；开展“遵章守纪、合规经营”专题教育活动，增强员工廉洁从业意识，严防案件发生；加强档案收集、整理和保管工作，提供有效档案利用服务，完成文件资料归档立卷工作，其中综合业务档案在全区档案工作年检中被评为优秀档次。

【企业文化建设】 按“总体规划、找准定位、分步实施、常抓不懈、整体推进”原则，加强思想建设、能力建设、作风建设、廉政建设，拓展企业文化内涵，树立企业文化形象和社会形象，参与各种文体活动，鼓励员工参加中国银行业从业资格等考试，每年定期组织员工进行身体健康检查，慰问困难、患病员工。

中国农业发展银行佛山市高明支行负责人名录：

行　长：邱　武（　～2008.12）
　　　　潘建华（2009.2～　）

副行长：阮志坚

（伍燕子）

广东发展银行佛山高明支行

【概述】 2009年，广东发展银行佛山高明支行围绕分行工作思路和经营策略，强化内控管理，抓文明规范化服务，各项业务指标创历史新高，整体经营管理情况良好。

【业务情况】 至年末，各项存款比上年增长89%，各项贷款比上年增长160%，国际结算量比上年增长121%；个人按揭贷款、信用卡业务均超额完成分行下达任务指标。各项业务大幅增长。新增一批大型优质企业客户。利用区中小企业基金成立契机，拓展区中小客户并发放中小企业担保基金贷款。8月，开通办理住房公积金贷款业务，开拓区内各大高端新楼盘，提升个人住房按揭贷款业务和市场占有率。

【中间业务】 延续广发真情理财的品牌，开展大学堂活动，走进社区、走进企业，专业金融理财师针对市场形势，分析讲解基金、保险、第三方存管等业务投资理财策略，为客户提供专业化、个性化理财服务。节假日组织专题讲座，如母亲节期间举办“财富人生，健康有约”沙龙讲座。继广发标准卡、真情卡、南航卡、车主卡、希望卡后，年内推出广发聪明卡，为客户提供更多选择。通过开卡好礼相送、持卡商户打折、时尚欢乐游、美食优惠活动、刷卡有奖等活动，扩大发卡量及巩固广发卡业务。拓展代发工资、代收幼儿园学习餐费、代收燃气等业务，扩大个人客户群体规模，带动储蓄存款增加和中间业务费收入。

【内控管理】 案件风险排查　从客户经理管理、员工异常行为、大额存款管理、现金库存、重要空白凭证和印章管理等方面进行排查，对存在问题进行整改落实。

党风廉政建设及纪律教育学习活动月活动　8月为纪律教育学习月，开展学习实践科学发展观活动、业务风险排查活动、党风廉政建设责任制量化管理整改活动和“合规文化培训季”活动，集中组织相关警示教育和案防业务培训。教育活动采取召开专题教育动员大会、观看警示教育片以及参加佛山人行领导主讲洗钱犯罪防控、佛山银监分局监管科领导主讲案件风险防控、佛山市公安局经侦支队领导主讲案件风险防控、新员工反腐防案警示、信贷法律风险防范等形式展开。

反洗钱工作　对照反洗钱要求，及时整理各项制度、文件资料，进行各项报表报送及客户身份联网核查工作。对授信客户进行尽职调查，按时上报大额资金和可疑数据及等级调整等资料，强化反洗钱工作。

【规范化服务】　网点建设　支行本部年初从文明路38号搬迁至沿江路463号银海广场。营业分区布局合理、设施齐全，统一中英文标识，设置排队叫号机。加大对自助设备投入，营业网点设置多台存取款机，年内在中心城区繁华段如文明路、大型企业等设置24小时离行式自助设备。

软件建设　建立学习制度，每天实行班前会，每月召开例会，集中学习业务理论知识、业务操作规程和各项规章制度，明确各岗位职责，汇报汇总业务开展情况及文明优质服务情况。加强员工8小时内外行为规范管理，建立与员工谈话制度并作记录。6月，参加佛山分行业务技能比赛获团队第五名。8月，荷城支行通过总行文明规范服务考评小组考评并获得标兵单位。支行营业部开展创建区“文明窗口单位”工作，被区政府授予“佛山市高明区文明窗口单位”称号。

【队伍建设】　鼓励员工参加星级柜员考试、新柜员上岗考核、会计主管资格考试、各业务线资格考试等，提高员工业务技能水平。8月，组织全体员工进行户外拓展活动；9月，参加高明区银行业迎国庆文艺汇演夺得银奖；11月，参加分行举办的年度运动会，获得3个单项奖及团体第三名。

广东发展银行佛山高明支行负责人名录：

行　　长：陈小玫

副 行 长：黄　源

行长助理：刘汉芳

（区美谊）

中国人民财产保险股份有限公司佛山市高明支公司

【概述】　2009年，中国人民财产保险股份有限公司佛山市高明支公司以科学发展观为统领，认真贯彻落实分公司年度工作会议精神，坚持效益第一，积极寻找新的业务增长点，深化销售管理改革，提高销售能力，加快理赔速度，提高服务能力，推动管理升级，提高管控能力，加强队伍建设和企业文化建设，实现公司平稳健康发展。全年保费收入4118万元，较上年增长10.11％。

【业务发展】　加强大客户业务维护与管理　加强对大客户业务的日常管理和续保维护工作，建立经常性的沟通机制，提供满意服务，年内，与高明汽车运输有限公司、佛山市公安局高明分局等单位顺利签约续保，保费收入近500万元。

加强沧江营销服务部的管理工作　完善内部管理，强化新增人员的业务技能培训，尽快提高人均产能，释放团队和新增人员的能量，做大团队业务。年内，沧江营销服务部保费收入712万元，较上年增长13%。

加强与区政府的沟通合作，稳妥发展政策性保险业务　一是积极开展政策性水稻保险工作。政策性水稻保险大受种植户欢迎，其推进工作超出预期，原定“到2011年高明区所有水稻都要买保险”的计划，提前到年内实现。年内，有22263户水稻种植户投保，投保水稻面积为159290亩，覆盖率达100%，保费收入226万元。二是积极推进政策性农村住房保险工作。

【内部管理】 一是制订完善《人保财险高明支公司员工薪酬和福利待遇新办法》，下放权限给各部门经理，员工队伍保持稳定，工作积极性不断提高。二是在理赔部门回归支公司后，根据考核情况，配备好部门正、副经理，增强队伍战斗力。三是招聘1名讲师，加强培训工作，组织本公司员工30人参加培训，均考取《保险代理从业人员资格证书》。

【企业文化建设】 积极组织员工参加分公司举办的文体活动，活跃员工身心。一是积极参加分公司举办迎国庆、司庆60周年趣味运动会暨摄影比赛，获得趣味运动项目总冠军、盛水接力单项冠军、瞎子背瘸子接力单项冠军；二是积极组织参加手语操、早会比赛，并分别获得了三等奖、二等奖，营造出积极、健康向上的企业氛围。

中国人民财产保险股份有限公司佛山市高明支公司负责人名录：
总 经 理：廖建伟
副总经理：黄蔚林

（王志洪）

中国人寿保险股份有限公司佛山市高明支公司

【概述】 2009年，中国人寿保险股份有限公司佛山市高明支公司围绕分公司“均衡稳健，协调提升，科学发展，全面推进佛山国寿发展迈上新台阶”工作方针，在分公司总经理室和各销售部门指导和帮助下，结合自身实际情况，团结一致，转变观念，迎难而上，圆满完成各项经营目标。

【业务拓展】 1.狠抓期交业务（特别是10年期以上和银保期缴业务）拓展工作，加大新单期交在保险总规模的占有率，个险10年以上期交实现979.77万，比上年增长18.12%，银保期交实现475.69万，比上年增长25.66%；5年至9年期交总保费从上年的1.6%提高到3.36%。短期险保费规模比上年增长，意外险顺利完成分公司下达的经营目标。2.加大农业业务拓展力度。首先在中心城镇明城设立网点然后再辐射杨和镇、更合镇。其次，根据农村实际调整销售产品，侧重以保障性险种销售为主，将分红险和健康险、短险进行合理搭配，为“三农”服务。

【内部管理】 1.着力解决困扰多年的人力虚挂现象。出勤率从年初的56%提升到年底的84%；新晋升主管2名，主管队伍拥有部经理1名、处经理4名、分处经理3名、组经理19名；营销主管结构合理，管理层级优化。2.抓好后勤服务。因应《保险法》、《广东省分公司柜面管理执行手册》的要求做好柜面人员的培训工作，加强职场环境布置工作，按规定做好晨会、周例会和月例会的经营，加强日常工作和服务意识，为每一位业务员、客户提供快捷高效的服务。3.抓好党建工作。在销售团队主管和业务精英中，党员和入党积极分子占比达到100%，同时吸纳优秀的营销主管作为积极分子发展培养。

【存在问题】 1.三大销售渠道队伍人力不足。2.各渠道管理队伍和团队主管思想观念滞后，需与时俱进，吸收新的管理经验，应对新的挑战。

中国人寿保险股份有限公司佛山市高明支公司负责人名录：

总　经　理：黄胜华

总经理助理：刘红续

（赵森林）

广发证券高明沧江路证券营业部

【概述】 2009年，央行新增信贷比例增加，国务院出台产业振兴经济政策稳定证券市场，市场流动性资金相对宽松，经济数据出现筑底回升，投资者入市信心增强。广发证券股份有限公司佛山市高明沧江路证券营业部（以下简称“高明营业部”）秉承“团结、开拓、求实”的广发精神，贯彻执行总公司的工作思路，及时调整经营战略，抓住市场机会，顺利推进各项工作，取得较好成绩。

【经营管理工作】 1.加强账户管理，有效控制风险，提高服务质量。严格执行公司的业务规则，认真做好客户身份真实性的审核及识别，确保资料的准确性和有效性，做到事前熟悉业务、事中严格执行、事后认真复核，提高风险防范的前瞻性，年内新开户无不合格账户产生。针对创业板开板上市，制定系列应急措施，将业务办理宣传、投资者教育、风险提示、客户办理各环节落实到位，为创业板开户业务的顺利开展打下坚实基础。

2.完善内控机制，合规经营管理。定期组织员工学习和讨论公司下发的各项规章制度，制定《高明营业部安全保卫问责制度》、《高明营业部突发事件应急预案》、《消防安全防范制度》、《广发证券高明营业部创业板工作应急预案》等制度；定期或不定期从风险控制角度对日常运作中的每个环节和流程进行自查，找出主要风险点，事后将合规意识、合规检查贯穿于业务中。年内没有出现员工违规操作业务现象。

3.做好投资者教育工作。通过股民学校平台开展证券、基金理财产品、股指期货、市场风险教育等培训工作，全年举办16场次的投资者教育活动。通过专场座谈会，联同中国电信、中国移动、中国联通、中国银行等单位开展户外营销宣传，加强营业部金融理财市场形象及广发证券品牌宣传力度。

【营业场地搬迁】 针对西江新城及河江开发区日渐发展的情况，及时调整营业场地，扩大市场影响力及服务区域的辐射面。经论证决定，于12月28日搬迁到高明区荷城街道跃华路358号祥虹苑A座一层、二层营业。新场布局合理、功能齐全、环境舒适，受到广大投资者的欢迎。

【经营环境建设】 年内，作为证券市场一

次重大技术升级，上交所新一代交易系统顺利平稳上线。配合上交所新一代系统的切换上线，组织电脑部人员参加上交所新一代交易系统的全网测试等技术与业务的相关准备工作。加强检查机房关键设备、机房通讯线路、行情接收系统、行情分析系统、资讯接收系统，做好信息系统的监控和巡视，根据要求实施进行一级运行特别保障应急处置方案，全力保障营业部交易系统顺利连接。

广发证券股份有限公司佛山市高明沧江路证券营业部负责人名录：

总经理：何海波

（丁丽珠）

海关·边检

佛山海关高明办事处

【概述】 2009年，佛山海关驻高明办事处贯彻全国海关关长会议、广州海关关区工作会议和反腐倡廉会议精神，树立科学治关理念，按照构建海关大监管体系的战略要求，扎实推进业务建设和队伍建设等各项工作协调发展。

【税收征管】 坚持“依法征管、应收尽收，科学征管、促进发展”税收征管思路，从加强征管综合力、提高征管质量入手，开展量质并重的税收工作。一是强化单证审核，加大商品归类、审价力度，减少非价格因素对价格水平的影响，提高报关单申报准确性。二是完善税收监控机制，发挥税收预警监控作用，确保税收动态监测的科学化。三是根据口岸主要税源商品的特点，严把价格和数量审核关，提升口岸整体价格水平。四是各业务部门加强联动，确保审核管理、内销征税和税收后续管理的全面发展。全年两税入库6.16亿元，增长76.23%(关税1.21亿元，增长51.58%；进口环节增值税4.94亿元，同比增长70.75%)，提前3个月完成年度税收计划，创历史新高。

【监管工作】 按照“管得住、通得快”要求，重点加强“两废”(废塑料、废五金)监管力度，全面提升口岸通关监管效率。一是严格执行“两废”查验工作制度，“两废”综合治理成效显著。二是加大打私力度，严格查处和移交违法违规案件，保持打私高压态势。三是丰富日常监管手段，加大非贸易渠道监管力度。四是主动服务，积极与地方政府及码头经营单位沟通，促进珠江码头扩建工程、食出码头增加集装箱装卸业务和改建工程顺利开展，为辖区口岸的物流和外贸型经济发展创造条件。10月，两码头已成功通过广州海关验收。五是密切与高明出入境检验检疫局、高明边检站、高明海事处等口岸联检单位间的联系，共建高效和谐的口岸“大通关”环境。六是做好武警换防、营房建设等工作，稳步推进武警海关执勤长效机制建设。年内，监管进出口货物86.93万吨，同比增长58.87%；货值13.80亿美元，同比增长17.06%；监管进出境旅客5.12万人次，同比增长15.3%。

【加工贸易和保税监管改革】 一是开展加工贸易边角料、副产品内销网上拍卖制度试点工作，不断深化加工贸易流程再造。二是强化加工贸易绩效管理，加强对辖区加工贸易企业及其内销料件的动态监控和分析，定期开展对内销环节的价格审核及内销料件同名异号监控工作，严格内销商品审价、归类，内销料件价格水平稳步提升。三是落实推进引入中介机构协助海关核查试点工作。全年加工贸易实际进出口值8.22亿元，同比增长5.71%；审批内销征税金额合计1256.1万元，同比增长1.17倍。

【风险管理】 完善风险管理分析机制，把监管风险与执法风险一起分析、控制。一是制定《佛山海关驻高明办事处风险管理布控工作实施办法(试行)》，对口岸重点商品、重点企业的风险分析监控。二是各业务部门加强协调配合，开展一般贸易进口货物价格核查，规范企业行为。三是及时了解企业经营情况和减免税设备的使用情况，开展减免税设备的核查，提升稽查实效。四是加强对企业备案和报关员考试管理。对提交资料齐全有效的新备案企业缩短备案周期，提高服务质量。继续做好企业与报关员资料的更新，确保海关对企业管理资料的准确性。全年对16家企业实施稽查作业，发现追补税情事4起，应补税款442.71万元。

【服务区域经济发展】 一是组织到企业学习调研。全年到15家重点企业调研，了解企业生产经营情况和需求，提出企业发展意见和建议。二是在不违背政策原则的情况下，特事特办，为企业提供高效便捷服务，引导企业用足用好减免税、保证金清退等优惠政策。三是加强与地方政府联系。编发《业务动态》等信息载体12期，主动通报有关政策法规及业务数据，分析口岸物流状况，为地方外向型经济发展进言献策。四是按规定做好风险担保金清理工作，实事求是退还企业风险担保金，缓解企业资金压力。

【准军事化纪律部队建设】 扎实推进内务规范化管理，成立内务规范化管理小组，按照“一次检查、一次分析、一次通报、一次整改”要求定期开展检查，及时纠正存在问题；集中开展科室班前列队活动，明确制度要求，抓好日常落实；加强日常考勤和延班管理，应用维护好人事管理信息系统，落实因私出国(境)审批和证照管理制度。

【廉政建设】 落实廉政建设“双责任制”(业务建设和队伍建设的双重责任)，逐级签订年度党风廉政建设责任书；提高科室自我纠错能力，完善内控工作机制；召开监督员座谈会、开展行风问卷调查，拓展廉政监督渠道，改善关风、行风；规范信访工作，强化外部监督，畅通监督渠道、增强监督力度。

【行政后勤工作】 加强财务日常管理，定期开展收支情况分析，加强预算管理和财务管理理论研究，上报专题论文4篇；加强技术设备更新、维护，为业务工作开展提供技术保障；推进关员活动中心规划建设，完成司机室改建工程，大院绿化维护等工作；定期开展各项活动，丰富干部文化娱乐生活；关心伤病孕产干部、职工、家属，帮助他们早日康复。

中华人民共和国佛山海关驻高明办事处负责人名录：

主　任：林　坚(～2009.4)
　　　　　龚仁舜(2009.4～　)
副主任：温宜刚　李飞飞

(刘　歆)

高明边检

【概述】 2009年，中华人民共和国高明边防检查站贯彻落实科学发展观，深入贯彻部局、总队两级党委扩大会议精神，强化部队管理，狠抓业务建设，着力构建和谐警民关系，圆满完成以执勤执法为中心的各项工作任务。

【专业知识培训】 开展业务、服务、外语、法律和梅沙系统应用等培训，制定《检查员年度和中长期培训计划》，建立日学、周练、月考、季赛、年评工作制度，把考核成绩和福利补贴、评功评奖、量化考核直接挂钩。

【为地方服务】 *严密管控保稳定* 规范口岸限定区域管理，与区政府口岸办、海关、检验检疫、海事等单位定期互通信息，分析形势，共同推进国庆安保；与客运、码头、船务公司分别签订安保联防协议；联同高明区公安局共同细化、完善《佛山市高明区公安与边检口岸反恐联合处突工作预案》，定期开展实战演练和港湾清查行动，组织开展模拟敌对分子在旅检口岸实施闯关、冲关和企图制造爆炸反恐处突演练3次；派出50余人次参与高明区治安大巡逻活动；出动警力40多人次参加高明区“迎国庆保平安”治安大巡逻专项行动誓师大会。

主动服务赢赞誉 完善提高边检服务定式标准，制订勤务案例规范处置指引，建立健全站、科两级日常监督机制，对执勤车辆、现场执勤标识、便民服务设施进行改造，升级港区视频监控系统；组建巡查执法服务队，先后为群众办急事、难事38件；3次为因证件（签证）问题不能入境的来华客商提供与驻地企业进行商务会谈场所，为驻地企业挽回经济损失2000余万元；信守“船舶24小时随到随检、随报随检”服务承诺，推行“思想认识零偏差、规范执勤零事故、快速通关零等待、贴心服务零距离、文明执法零投诉”的“五零”工作法；“双创”（创文明口岸、创模范边检站）工作获社会广泛认可和区委、区政府领导3次批示肯定，获评区“文明窗口单位”2个；被总队评为“提高边检服务水平先进单位”，赵凤杰被评为先进个人。全年检查出入境旅客51657人次，船舶2706艘次、员工18119人次，同比分别增长16.9%、47.6%和53.5%，业务水平零差错和零投诉，旅客满意率达到99.99%。每月分析口岸数据提供党委政府参考。

【正规化建设】 1.重视基层建设。落实《基层建设纲要》和《基层党支部考评帮建实施细则》，组织5个党支部进行补改选，配齐配强基层领导班子；举办党支部书记培训班2期，规范基层党务工作；党委成员包干到基层，挂钩蹲点，指导帮扶；年内，将有能力、有干劲、有责任心的17名干部调整到基层一线。2.提高实战技能。针对反偷渡技能和干部体能两个弱项，落实“每周一堂训练课、每月一次考核、每季度一场竞赛”制度，增强部队履职尽责能力；开展“业务学习月”、“英语学习月”活动，举办军事技术、心理知识、新闻宣传、涉警舆情等业务培训，提高官兵的能力素质。年内，在总队提高边检服务水平考核中成绩优秀，在18个边检单位中排名第六。3.狠抓部队管理。修订《干部管理暨量化考评暂行规定》，完善考评体系，严格实施奖惩；开展安全稳定教育整顿活动，每周2次督导检查，排查整改问题隐患；明确安全管理重点部位和重点环节，落实请销假、晚点名和查铺查哨制度，强化管理效果；落实车场日制度和交流干部用车制度，连续13年实现无案件、无事故、无投诉，被总队评为“安全工作先进单位”。

【政治思想教育】 1.坚持政治建警。深入开展学习实践科学发展观活动和忠诚教育活动，专题学习党的十七届四中全会和当代革命军人的核心价值观，全方位、多角度对官兵进行中国特色社会主义发展史教育。2.文化育警活氛围。组织户外登山、举办“三兵”（知兵、爱兵、育兵）主题演讲、邀请书画家“送文化”进警营、举办中秋晚会和集体生日晚会，丰富官兵文化生活。年内，总队政工干部岗位练兵比武竞赛中勇夺三类单位第二名、政委岗位类第三名；1名战士考上军校。3.关爱官兵暖人心。帮助安置转业干部1名、干部家属2名；完善官兵健康档案，定期组织官兵体检；与地方共同组织单身青年文艺联欢和警民联欢，融洽感情联谊，为婚恋牵线搭桥，实现5个100%（官兵谈心、心理测查，百分之百情况熟悉；年度体检、疾病治疗，百分之百认可满意；家属就业、小孩入学，百分之百成功解决；干部成长、考学入党，百分之百公开公正；素质培育、文化熏陶，百分之百以人为本）目标。

【“双拥”工作】 深入驻地企业、联检单位、口岸经营公司走访，积极献计献策，应对金融危机和甲型H1N1流感疫情。全年走访口岸经营、联检单位、驻地企业和共建单位60余次，服务对象500余人次，为驻地企业献计献策50余条，召开警务监督员会议3次，发放预防甲型H1N1流感宣传单1000余份、边检服务水平征求意见表200余份。组织官兵到荷城敬老院开展慰问老人活动；派出官兵20多名参加区委、区政府组织的“尽义务，齐植树，共建绿色和谐高明”植树绿化活动，共植树600多株；7月15日，派出官兵4名作为国旗护卫手参加高明区第一届残疾人运动会；8月出动警力20多人次，义务军训学生1000余人次，支持地方学校开展国防教育。组织全站官兵开展义务献血活动，无偿献血10000多毫升；5个党支部分别与区5名困难学生组成结对帮扶关系，定期上门辅导，送上学习、生活用品和生活费。

中华人民共和国高明边防检查站负责人名录：

站　长：段中慧

政　委：蓝祖斌（2009.4～　）

　　　　张广云（　～2009.4）

（刘礼汪）

高明检验检疫

【概述】 2009年，中华人民共和国高明出入境检验检疫局按照国家质检总局和广东局的工作部署，深入开展学习实践科学发展观活动和“质量和安全年”活动，以争创“五个一流”、争当口岸排头兵为目标，加强队伍建设、制度建设和文化建设，提高检验检疫业务管理、执法和服务水平，推动检验检疫事业科学发展。全年检验检疫出入境货物40051批，同比增长10%；货值约111099万美元，同比增长6%（出境31364批，货值约59031万美元；入境8687批，货值约52068万美元）；发现进出境不合格批次170批，货值约875万美元；

发现动植物疫情125类498次；检疫出入境交通工具2764艘，检疫集装箱119883标箱，检出问题51个；出入境人员检疫7.03万人次，监测体检86人次，发现病例6例；签发一般产地证8389份，签证商品金额9049万美元；签发普惠制产地证2263份，签证商品金额5890万美元；签发其他优惠原产地证550份，签证商品金额816万美元；全申报14077批，货值43175万美元。

【学习实践科学发展观活动】 3～8月参加第二批学习实践科学发展观活动，学习实践活动分三个阶段、六个环节进行。学习调研阶段，组织开展“七个一”活动：组织一次“我为佛山科学发展献一策”、“我为检验检疫科学发展献一策”活动，共收集到18条建议；组织一次调研活动，明确4个调研题目，派出4个调研小组，由科室负责人牵头，深入到基层一线，多方面多角度倾听企业诉求，帮助企业解决实际困难，形成4篇调研报告；组织一次“高明科学发展的实践与思考”征文活动，收到征文10篇；举办一次专题学习辅导，邀请广东省委党校毕德教授为全局人员上了一堂有关科学发展观的课；开展一次讨论活动，组织大家开展一次题为“如何帮助进出口企业在金融危机中率先突围”专题讨论，鼓励大家登陆“佛山市深入学习实践科学发展观活动”专题网；参加“网络拍砖”网上讨论活动；组织一次知识竞答活动和知识测试，测试平均分为98分；每人都撰写一篇学习心得体会，巩固学习成果。分析检查阶段，对照科学发展观要求，通过走访地方政府部门和企业、召开座谈会、发放问卷和征求意见表等方式，广泛听取意见，按照“四查四问四明确”要求，查摆出影响和制约检验检疫科学发展的突出问题和群众直接关心的问题24条，组织召开领导班子民主生活会和党员组织生活会，撰写高质量领导班子分析检查报告，通过OA公文系统、组织问卷调查评议、请服务对象评议、组织网上评议、设置意见箱评议等形式对分析检查报告进行评议。在整改落实阶段，针对局党组分析检查报告中提出的五个方面突出问题落实整改工作，对查摆出来的问题和需要完善的制度，按照轻重缓急和难易程度，分别提出整改落实的目标、方式和时限要求，明确分管领导、分管部门，使整改落实工作有章可循。整改中修订规章制度7个、制定新规章制度2个。结合纪律教育月活动，主动与地方联系开展定点帮扶活动，奉献爱心，支持地方教育事业，向高明区更合镇新圩小学捐赠5000元安装教室空调。

【联防联控，严防甲型H1N1流感传播】 年初，墨西哥突发甲型H1N1流感疫情并迅速在北美地区蔓延，按照质检总局和广东局的要求，积极采取应对措施：一是迅速成立高明检验检疫局防控甲型H1N1流感疫情应急领导小组和工作小组，实施统一调度、统一指挥，确保各项防控措施落到实处；二是密切关注甲型H1N1流感疫情在国际、国内的传播情况，指定专人实时做好疫情信息采集工作，不断通过动态信息调整防控措施；三是组织一线检验检疫人员认真学习有关文件精神，严格按规范要求开展工作，在《高明局突发公共卫生事件应急预案》基础上制订具体应急方案，明确工作职责，提高疫情排查能力、应急能力和协调作战能力；四是迅速购置一批口岸出入境人员体温快速查验设备和防护用品，包括热成像红外测温仪和便携式红外测温仪，增加录像功能，添置70套个人防护用品、30人份的鼻咽拭子、4支手持式体温检测仪；五是加强入境人员体温检测、医学巡查和现场排查工作，设置护照人员专用通道，抓住重点人群、重点区域、重点航线，确保能够做到早发现、早排查、早控制；六是加强与周边口岸协调配合，与江门局建立两地信息通报和疫情协查机制，共同处置了两例发热病例，严格按规程做好各项查验工作；七是加大宣传力度，派发传单和小册子，在口岸宣传栏张贴海报等形式，向出入境人员宣传甲型H1N1流感预防知识，提高群众自我保护意识和社会责任意识，共发放防控宣传资料800多份、《健康提示卡》10000多份，张贴宣传画报20多张，播发电视新闻3条；八是联防联控，通力协作。力促高明区政府及时出台防控甲型H1N1流感应急处置工作预案，明确17个部门的职责，制定应急处理流程，确定隔离人员转运场所，利用电视、报纸进行报道，宣传防控措施。与高明区卫生局、疾控中心、人民医院以及口岸联检单位积极沟通，完善疫情联动机制，充分调动各方资源为口岸甲型H1N1流感防控工作保驾护航。对近3万名出入境人员进行逐一的体温检测、健康询问、医学巡查，核对健康申明卡各项内容，现场排查56人，进行发放《就诊方便卡》和《健康提示》处理，转送4名有发热症状入境人员至高明区人民医院，并进行现场采样，送P3实验室检验，结果均为阴性。

【开展“质量和安全年”活动】 一是制定开展“质量和安全年”活动实施方案，通过召开企业座谈会和利用报刊、电视、信息网络等新闻媒体加强宣传培训，向进出口企业和社会宣传“质量和安全年”活动；二是组织开展专项整治活动，对进出口食品生产企业、重点产品、重点行业以及自身监管工作进行“四查”，排查质量安全隐患，巩固农业投入品、食品添加剂和非食品原料专项整顿工作，严格落实监管责任，加强出口食品源头监管、生产加工监管、产品监管和诚信建设，建立健全“一个模式、十项制度”和“三个环节、八项制度”的进出口食品安全监管体系；三是开展进出口敏感产品质量安全专项整顿行动，以供港澳鲜活农产品为重点，对出口食用农产品注册场专项检查，监督企业建立完善农业投入品的使用管理制度和自检自控体系，加强农兽药、饲料和饲料添加剂等农业投入品监测工作，查找区域性出口农产品质量问题，联合地方相关管理部门、行业组织，研究制定并落实整治措施；四是在“质量和安全年”活动中运用检验检疫技术优势，组织检验检疫人员到生产现场督促和指导企业建立和完善从产品设计、原料进厂、生产加工、产品出口的全过程质量安全控制体系，加强企业生产管理人员培训，扶持有规模生产企业建立比较完善的实验室；五是及时做好“质量和安全年”活动中信息的收集、汇总、分析、报送和宣传等工作，保障敏感进出口商品的质量安全。

【服务地方经济】 1.帮扶企业应对金融危机，保稳定促增长。落实广深珠出境货物直通放行机制，做好与海关的协调工作，简化手续和环节，引导企业充分利用政策提高通关效率，促进外贸发展；开展治理整顿乱收费、减轻企业负担，严格执行总局多项减免检验检疫收费政策，切实减轻企业负担；以帮扶企业、拓宽市场等为切入点，提供全方位、多角度优质高效的检验检疫把关服务，帮助企业找准市场定位，促进外贸产品出口。毛毯、羽毛制品出口量持续上扬，分别增长 17.2%和 9%；开拓非洲新市场，应对阿尔及利亚等国外贸新规定，做好出口到埃及的工业产品装运前检验工作，确保输非货物顺利通关，产品出口非洲企业增至 20 余家；丰富出口产品种类，力促新产品出口，消毒柜和电暖器出口欧美地区取得“零的突破”。

2.服务“三农”，扩大农产品出口。多次走访企业，认真听取企业意见，以服务“三农”，扩大出口为己任，扶持符合资质的农产品生产企业走出国门，帮助企业渡过难关。为确保出口水果质量安全，帮助企业完善卫生质量体系建设、严格实施出口水果溯源制度、加强检验检疫监督管理、加强农残检测、切实提高服务质量等，降低出口成本。高明辖区的出口水果在美、欧市场份额稳步扩大，水果出口逆市增长，水果（鲜荔枝）出口量达 43 万多公斤，比上年同期增长31.27%；供港活猪 73 批 3419 只，同比上升 137.26%；供港冰鲜鱼原料实现“零的突破”。

3.举办检验检疫服务外贸政策宣讲会。10 月 30 日，高明检验检疫局围绕“抓质量保增长，树信心促发展”主题，举办一场检验检疫服务外贸政策宣讲会，参加的企业有 91 家 112 人。宣讲会针对高明外贸企业在应对金融危机中遇到的热点、难点问题，分别就出口农产品检验检疫政策法规、出口工业产品分类管理情况、如何利用优惠原产地证书提高出口产品竞争力等方面做了专题讲座，解读检验检疫服务外贸的政策法规，帮助企业熟悉了解国内外相关法律法规和质量标准，强化企业质量安全意识，促进产业转型升级，提高出口产品质量和国际竞争力。

【加强执法把关，维护国家利益和经济安全】

出口食品生产企业添加剂专项整治工作 一是组织检验检疫人员深入辖区内 12 家卫生注册、登记企业作细致宣传和解释说明，共计 76 人次，将食品添加剂专项整治工作贯彻到位；二是深入进出口食品生产企业进行清理整顿和跟踪核查，掌握了解各企业添加剂使用和管理的基本情况；三是针对添加剂清理整顿过程中发现的问题进行整改，加强对添加剂的验收、检验、存贮、使用、登记等管理工作。

出口农产品企业质量体系建设 一是按 ISO2008 版标准要求，结合法律法规制定相关农产品检验检疫作业指导书，规范检验检疫监管工作；二是从实际出发，因地制宜推广良好的农业规范、“出口电子监管系统”、“全球眼网络视频监控系统”，对出口农产品生产加工的全过程实行监控；三是对出口农产品生产加工企业和备案原料基地进行全面的清查整顿工作，指导备案注册场，建立质量档案；四是加大对企业的宣传力度，帮助企业收集有关进口国家和地区的标准信息，督促企业严格按照出口农产品安全管理体系进行生产加工；五是根据上级部署和本地区实际，针对性地开展农残、药残和兽残的监控工作；六是加强与地方政府部门沟通协调，认真评估本地区出口农产品的现状，查找可能出现的隐患，确保出口农产品的质量安全。

应对动植物疫情疫病挑战 截获进境种苗中重要有害生物光肩星天牛、废料中有害生物红棕象甲，从火龙果中发现了新菠萝灰粉蚧，上述 3 种检疫性有害生物在高明口岸均属首次截获；三次截获美国入境苹果中的可疑病果，送广东局技术中心检验鉴定，确认为两种我国禁止入境的重要检疫性有害真菌——苹果牛眼果腐病、苹果球壳孢腐烂病，均为国内首次检出，国家质检总局据此发出警示通报，暂停两家美国包装厂的苹果输华；先后8次检出检疫性有害生物苹果绵蚜，五次截获检疫性有害生物材小蠹。

进口旧机电产品的检验监管　加强对进口旧工程机械的符合性验证，审核进口旧机电产品的备案资料和装运前预检验证书单证；做好进口旧机电产品到货检验工作，对进口旧机电产品的安全、卫生、环保项目进行检验；加大监管力度，提高检验和监管水平，综合考量设备安全环保性能，完善对销售类用途进口旧工程机械的检验监管模式，探索和建立进口旧工程机械检验监管工作的长效机制。检出批次和货值不合格率比上年同期大幅上升，检出率居广东局下属各分支局前列。

进口敏感商品的监督管理　加强单证审核、证书验证、证书核销等环节，加大现场查验力度，做好视频监控摄录、摄像及拍照等检验记录，落实实验室检验检疫工作。制定进口废物原料、冻品、水果、苗木等4个检验检疫及监督管理工作作业指导书，规范进口敏感商品的检验检疫工作。4月，针对高明口岸废物原料进口量比往年同期大幅增加的情况，与高明海关沟通协调，按照高明口岸检验检疫的验放能力，将进口废物原料日查验放行柜量控制在100柜左右，避免货物滞港，打击不法商人利用废物原料杂带走私行为。

新纳入的法检商品的检验监管　年内，国家质检总局大幅调整法检目录，辖区内新增法检商品生产企业10余家，产品主要有卫生纸、面巾纸、卫生巾、婴儿服装、针织服装、电梯和灯具等。积极做好新纳入法检商品的检验检疫工作：一是对相关生产企业的数量、规模、分布、质量管理及出口情况等进行全面摸底调查，建立企业质量档案；二是深入到相关企业宣传有关的政策，帮助企业做好报检准备工作；三是做好开检前各项准备工作，对检验检疫人员进行培训，组织学习有关商品的检验检疫方法、标准及规范，配备和调试相关检测仪器设备，做好检验监管。

【科技工作】　针对冰鲜冷冻水禽大量供港澳地区及近年频繁发生禽流感疫情等情况，对《禽流感疫苗对水禽免疫效果》进行科研立项，得到广东局的支持。该科研项目由高明检验检疫局牵头负责，广东局动检实验室、东莞局、惠州局参与合作，历时1年多，成功完成课题研究，并在《中国兽医杂志》期刊发表《禽流感疫苗对水禽免疫效果观察》科研论文。

【实现客运旅检“人机犬三位一体”的查验模式】　积极争取海关和地方政府的支持和配合，多次到白云机场、顺德港、中山港、检疫犬培训基地等单位参观学习，完善配套设施，制订培训计划、工作流程和上岗制度。3月5日，高明客运旅检成功实现“人机犬三位一体”检疫查验，改变多年来落后、低效的人工查验模式，提高通关效率和检出率，高明客运口岸检疫查验工作迈上新台阶。从4月起，加强旅客携带物的检疫，实施100%查验，对申报或现场发现可疑物的，做到“逢疑必检、逢检必严、逢疑必报”。

【执法监管和认证认可工作】　1.做好“进出口企业诚信管理系统”试点工作。从1月1日起，启动企业信用管理试点工作，拟定《高明局企业信用系统用户配置表》，设置11类工作岗位，明确人员工作职责和权限，各司其职。将试运行过程中发现的两项问题及时反馈广东局。5月下旬,“企业诚信管理系统”试点工作完满结束,6月1日起正式实施使用。

2.稳步推进法制工作,行政处罚工作取得新成效。一是不断拓宽普法渠道,创新普法形式,与阶段性中心工作相结合,注重时效性,开展法律进机关、进企业和进社区活动和“3·15”消费者权益保护日活动,向群众免费派发宣传资料600多份;二是做好《食品安全法》宣传工作,召开食品安全座谈会,组织辖区内18家出口食品生产企业、种养殖场负责人参加,向企业派发《食品安全法》,指导企业采用编制墙报、开展培训、知识竞赛等方式加以贯彻。三是查处擅自将法定检疫进境植物卸离运输集装箱违法案件1起,维护口岸检验检疫工作秩序;四是加强稽查工作,纠正违法违规行为。

【内部管理】 1.加强ISO质量管理体系建设。按照ISO9001:2008标准要求做好质量管理体系转版工作,同时对局质量管理体系文件进行修订和转版,修改ISO质量管理体系程序文件4个、作业指导书6个,取消作业指导书5个,增加或修改记录表格3个,增加管理制度和党纪作风廉政建设第三层文件2个,并将其独立编号纳入体系管理。9月下旬组织局干部职工进行ISO9001:2008标准内审员培训,有27人获得内审员资格证书。10月13日,ISO9001:2008质量管理体系通过中国质量认证中心审核组的现场审核。

2.加强财务管理。严格按照“五个零增长”要求,从严控制开支,确保水电费、办公费、公务用车费、会议费和接待费的零增长。抓好“小金库”专项治理工作,建立健全工作机制,落实举报制度,完善协调机制,严格执行津贴补贴批复制和财务重大事项报告制度。强化部门预算管理,发挥资金使用效益,依法组织收费,做到应收尽收。

3.巩固综合档案省特级成果。对2007～2008年的综合档案按照省特级要求进行整理,共整理文书档案2164件、设备档案8卷、会计档案187卷、实物档案10件、声像档案118件、业务档案79494件。对人事档案进行最高级别(一级标准)的升级工作,为干部任免调配、职称评定、工资发放等提供决策依据。8月26日,人事档案通过国家局一级目标管理考评。

4.做好安全生产和保卫工作。在节假日前,组织安全生产小组对实验室、卫生处理药品仓库、计算机机房、配电室、档案室、单证保管室、财务室和食堂等要害部门进行全面检查,及时排除安全隐患。完善和强化消防、防盗和卫生等安全措施。加强对办公区和宿舍区的安全管理,新购置灭火器40个,淘汰已到期或不达标灭火器,对办公室防盗设备进行全面维护保养。加强交通安全管理,对全局机动车辆安全性能进行全面的维护检查,加强日常车辆维护,严格用车制度,教育驾驶员安全行车,严禁公车私用、酒后驾车和无证驾驶。

【党风廉政建设】 加强作风建设,树立检验检疫新形象。一是落实党风廉政建设责任制,围绕责任分解、责任实施和责任追究三个关键环节,制定、修改、完善局议事办理规则、作风建设及党风廉政建设等8个相关制度,加强监督检查,严格责任追究,完善工作机制;二是按照“家和万事兴”治局理念加强队伍建设,落实“一岗双责”、“管业务必管行风”等规定,着力解决当前作风建设中的突出问题,大力树立和弘扬解放思想之风、理论联系实际之风、亲民为民之风、真抓实干之风、廉洁从政之风、艰苦奋斗之风等新风正气;三是开展“转变作风抓落实”主题实践活动,针对在学习实践科学发展观活动中群众反映和分析检查找到的突出问题,重点在减少审批、主动服务、提高效率、健全制度等四个方面抓落实见成效;四是推进党务政务公开,通过政务公开栏、电子触摸屏、网站等公开局党务政务,向企业、报检员宣传广东检验检疫综合信息服务平台,加强社会对检验检疫工作监督,促进检验检疫工作健康发展;五是制定切实可行的操作管理规定,坚决杜绝“门难进、脸难看、事难办”和“吃、拿、卡、要、报”等现象,按照“零投诉、无举报、企业满意”的要求加强作风建设;六是组织全体干部职工观看广东省委明察暗访拍摄的《广东省机关建设专题片》、《“国门惩腐”——李培英贪污受贿案警示录》等警示教育片,加强党性党风党纪教育,提高干部职工思想政治素质和廉洁自律观念,落实廉洁从业七项要求;七是抓好服务窗口建设,把服务基层、服务群众、服务大局作为出发点,按照《广东出入境检验检疫局服务窗口建设管理规定》完善办公设施、优化服务窗口环境,加强培训提高人员综合素质,简化办事程序,提高办事效率。

中华人民共和国高明出入境检验检疫局负责人名录:

局　　长:梁美生

副 局 长:陈永红　罗传发

纪检组长:李启波

（李茜芸）

高明海事

【概述】 2009年,中华人民共和国佛山高明海事处切实履行海事监管职责,努力推进视频系统和水上防污设备库建设,不断探索流域监管的有效方式和方法,初步建立西江下游佛山辖区动态执法工作机制,积极开展“西江下游联动执法”、“到港船舶质量检查”等课题研究。全年辖区水域无发生上报范围内的重大安全事故,水上交通安全稳定。

【业务情况】 *船舶监督* 年内,高明港区船舶进出港23889艘次(河船20603艘次,海船3286艘次),船舶进出口港1830万吨;港口货物吞吐量1130万吨,集装箱货物吞吐量20.5万标箱。

辖区巡航 全年开展现场巡航检查181次,视频观测1953次;累计巡航1263小时,巡航里程6319海里,完成年度任务101.9%;船舶安全检查230艘次(河船184艘次,完成年度计划100.5 %,单船平均缺陷7.1项,滞留14艘次,滞留率7.6%;海船46艘次,完成年度计划131%,单船平均缺陷9.6项,滞留3艘次,滞留率6.5%)。船舶安全检查无不当滞留发生,重点跟踪船舶到港检查率100%。

危管防污 全年办理危险货物申报2776艘次,油品吞吐量361.6万吨。船舶在港区水域排放压载水、洗舱水、残油、含油污水许可58宗,接收残油污水共31吨。

行政执法 依法定程序实施海事行政处罚72宗,强制执行2宗。均没有发生行政诉讼或复议败诉案件及国家赔偿案件。

【擦亮CCTV视频品牌，发挥监控震慑作用】 年内，高明辖区视频系统建设逐渐呈现出“全、精、新”的局面：全——11月底，高明海事处与三水海事处协调，西江下游三水白坭段南拓货运码头水域视频前端信号接入佛山海事局视频系统，供高明海事处日常观测使用，填补了该水域视频建设空白，完善了辖区视频观测网；精——率先使用红外线视频枪在重点桥梁设施（富湾特大桥）主通航孔水域昼夜监测安全；新——及时更换老化或技术落后的视频前端，高富、珠江、战备等重点码头完成设备更新换代。3月中旬，高明海事处自主开发的CCTV信息管理系统顺利投入使用，增强了CCTV信息管理功能，提升了CCTV视频系统品牌效应。

CCTV、AIS（船舶自动识别系统）、VHF（甚高频无线电电波）等组成的信息监管网络建成为高明海事处日间海事监管的主要手段。通过监控船舶动态，掌握船舶航行规律，打击船舶明显违法违规行为，纠正船舶装卸作业中的违章行为，落实溢油防范措施，规范船舶停泊等环节，海事监管进入了“看得见、叫得通、管得着”的阶段，初步形成监管信息化、记录电子化，有效提高了海事管理效能。

【深化流域动态执法，实现监管效能最大化】 结合西江下游佛山辖区特点，在《佛山海事局联动执法工作制》的基础上，建立和推行“西江下游佛山辖区动态执法工作制”，以“信息互通，资源共享”为原则，以夜间跨区域交叉巡航执法为主要手段，由佛山海事局执法支队统筹协调，沿线各海事处共同实施，大幅提高夜间海事执法见警率（下半年西江下游佛山辖区实施夜间跨区域巡航执法46次，同比增加100%。）、船舶违章率下降（船舶违章率2.7%，同比下降50%。），应急反应时效性显著提升。

【规范抵港沿海油船检查机制，提高航行和作业安全】 年初，针对西江航道条件的改善以及珠三角腹地经济不断发展，进出西江的海船数量不断增加，内河复杂的通航环境和海船机动性不足，以及部分驾驶人员思想上疏忽大意导致进江海船事故或险情时有发生的情况，成立“到港船舶质量检查”课题组，对进出辖区油船及其所属船舶管理公司进行评价，将其反馈船舶管理公司和高明辖区码头，为船舶管理公司、辖区码头和业主提供参考信息。课题组制作了“沿海油轮船舶质量评估表”，广泛收集航运公司管理人员、船长、海事机构安检员等专家意见，明确各项检查指标在船舶质量评价计分中的权重。

【专项行动】 1.结合《佛山海事局船员实际操作和安全知识专项检查活动工作方案》要求，对辖区适检船舶和船员进行为期1个月的驾驶台资源管理的专项检查行动，实操检查船员23人，扣分1人。2.按《2009年佛山海事局运输船舶吨位丈量专项检查活动方案》要求，8月底开始组织运输船舶吨位丈量专项检查活动。检查船舶20艘，其中海船2艘，内河船18艘，未发现“大船小证”现象。积极开展宣传交通运输部打击“大船小证”行动，打击不法船主的侥幸心理，培养执法人员测算评估船舶吨位能力。3.加强内河集装箱运输安全管理，规范集装箱船舶装载、系固工作，减少集装箱船舶安全事故发生。

【完善水上应急处置体系】 1.6月，围绕“政府主导、部门监督、企业运作、社会参与”理念，率先在省内建设水上防污设备库，成功组织溢油应急演练，协助省政协水上溢油应急调研组顺利完成在佛山市的调研工作。设备库由高明区水上交通事故应急反应指挥分中心下设办公室负责管理。11 月初，高明海事处联合区应急办、区港航局组织辖区普众码头防污工程有限公司的专业应急队伍、各重点危货码头的工作人员 80 多人，成功举办首期高明辖区水上溢油应急处置培训班，充实一线应急人员的理论知识和实操技能。

2.及时对《高明辖区水上溢油应急计划》进行修订，提议区政府适当调整指挥分中心成员，健全应急响应程序，初步形成“政府主导、财政支持，部门监督、专业指导，企业运作、专业应急”处置机制，保障辖区水域环境和广佛人民饮用水源安全。

【节日及季节性水上交通安全工作】 结合高明辖区“四季三节”的特点，落实春季重点防雾、夏季重点防台防洪、节日期间防范非法渡运等措施。

1.充分评估分析国庆、中秋长假平沙渡口可能出现客流高峰、非法载客等问题，及时组织街道政府、港航、平沙渡口所等部门召开“节日期间安全监管措施协调会”，明确监管职责，督促渡口经营单位制定安全措施，防范类似去年“十一”客流高峰时段的超载现象。2.针对辖区春季浓雾多发、夏秋洪水台风、冬季枯水强风的特点，派发宣传单，借助甚高频发布预警，及时传递危险天气和水上交通安全信息。3.重点抓好安全管理责任的落实，加强防范工作，开展油船安全检查、海船配员核对、砂石船整治、驾驶台资源检查等专项行动，督促船舶落实雾航、防台防洪等安全作业制度，教育船员遵守雾航、洪水、台风期间的操作要求。

中华人民共和国佛山高明海事处负责人名录：

处　长：何兆信

副处长：梁志健　王黎明

（冼健强）

科教文体卫

科 技 · 教 育

科 技

【概述】 2009年，佛山市高明区科技信息局围绕区委、区政府“抓项目、保增长”工作方针，坚持“抓项目、搭平台、促创新、扶企业”工作思路，以提高自主创新能力、转变经济发展方式为目标，在完善科技创新体系、促进产学研结合、推动产业技术自主创新、实施知识产权带动战略、信息化建设、防震减灾、科学技术普及等工作取得显著成效，推动各项工作上新台阶。

【产、学、研工作】 1.构建产学研创新联盟平台，推动产业关键共性技术进步。结合高明产业特色与院校学科优势，发挥政府主导作用，加强与院校对接，通过“政府搭台、企业唱戏”，促进新材料、金属材料、塑料等重点产业与院校合作，提升产业创新能力和竞争力。年内，区政府先后与中科院工程所、四川大学、北京科技大学签订全面战略合作协议，共建“学研创新联盟”；与省纺织技术学院、武汉理工大学船舶学院、华中科技大学生命科学院达成合作意向，全面铺开与相关院校的合作。以院市合作为契机，与中科院工程所共建“高明(中科院)新材料专业中心”，承办“中科院·佛山新材料产业技术发展高层论坛”；以基业公司为依托，与北京科技大学共建“高效轧制国家工程中心高明分中心”；安安公司与中科院海洋所合作共建“海洋生物化妆品产业化示范基地”，威仕达、炜林纳公司分别与四川大学合作共建“绿色环保型高仿真合成革制造技术研究中心”和“高分子工程联合研究所”。全区新材料、生物技术、金属材料、塑料、纺织等多个产业领域共建校地、校企创新平台10多个。其中，“高明(中科院)新材料专业中心”是区政府投入与国家最高科研院所共建的第一个研究机构，9月挂牌运作，办公场所设在原高明地税局富湾分局，面积约1400平方米，配备工作人员、研究人员19人，计划3年共投入800万元，免费提供办公、研究、试验场所。中心的建成为高明特种陶瓷材料、高性能金属材料、涂料、光电子信息材料、有机高分子材料和特种化学品等产业提供先进的技术、工艺、产品和装备的咨询和产品检测服务。

2.加强联合技术攻关，促进科技成果转化。年内，引进来自12个高校、科研单位的17名科技特派员派驻到15家企业，落实与中科院、四川大学、北京科技大学为代表的院校产学研合作项目36个，为企业新增产值超30亿元，新增利税超7亿元；组织10项承担省部、省院产学研合作专项，共获扶持经费475万元。炜林纳公司与中科院工程所、中科院广化所合作承担“替代高分子材料用有毒有害助剂的关键技术开发及产业化”列入省院全面战略合作重大项目，获省院合作专项经费扶持 150 万元。该项目应用自主开发 9 项专利技术和所承担的国家 863 计划成果，利用轻稀土资源及可再生植物资源，采用先进合成技术和环保工艺，制备无毒无害高分子材料用系列助剂。该产品相对进口助剂价格低、且无毒无害，具有极为广阔的应用前景，将推动国内高分子材料产品出口。项目的实施，将建成年产 2 万吨的新型稀土功能助剂及专用料自动化生产企业，年新增产值超 3 亿元，创利税超 8000 万元。

3.加大财政扶持力度，推动产学研合作项目。发挥财政资金示范带动作用，设立“产学研专项资金”，每年安排不少于 100 万元，纳入财政预算。集中全区科技经费，对产学研合作项目予以重点扶持，在立项的 19 个科技项目中，属于产学研合作的有 15 项，下达科技经费 255 万元，占下达全部科技经费 75%。年内，全区已投入近 400 万元用于产学研合作。

【科技企业创业中心建设】 一手抓自身建设，一手抓科技创业服务。根据科技部火炬中心标准，对入驻的 26 家企业和服务的 40 多家企业重新考核、筛选、登记建档，并新登记入驻小企业 60 多家。根据外部环境，创业中心开拓思维，走向社会、市场、企业，挖掘各种资源，创新商业模式。一是推进产业化基地建设，与西特电器公司共建“高明科技企业创业中心西特产业化基地”；二是根据区政府决策，开展国家级大学生创业见习园创建工作。年内，接受国家科技部火炬中心马彦明副主任和孵化器管理处张丰海处长视察，获得肯定和好评；三是加强对中小企业服务能力建设，创建成“2009 年度广东省中小企业服务机构示范单位”，并获省市专项资金支持；四是推动与省纺织技术学院、武汉理工大学船舶学院、华中科技大学生命科学院的合作。特别是粉葛深加工和游艇项目已得到香港和广州投资商的重视与投资意向；五是积极探索中心市场化运作，获得科技部领导肯定。

【科技创新体系建设】 1.加强科技基础设施建设。年内，区政府决定投入建设高明“科技中心”，吸引院校到高明设立研究机构。区科技信息局根据项目建设立项、融资要求，完成项目选址、环评、用地规划及指标审批等工作；西江新城管委会解决融资问题。项目选址位于西江新城生产服务中心区内（荷富路以东，苏河路以西，秀丽湖以北），正进行报建、设计、工程招标等工作。

2.加强专业镇技术创新体系建设。加强专业镇与高校产学研对接，深化杨和金属材料专业镇与北京科技大学、明城建筑材料专业镇与武汉理工大学已有合作基础，更合不锈钢专业镇与北京科技大学广东研究院、荷城塑料专业镇与四川大学高分子材料学院分别建立“塑料成果转化基地”、“不锈钢成果转化基地”合作关系；加快专业镇信息服务平台建设，做好“荷城塑胶材料信息服务平台”推广应用，初步完成明城建材信息服务平台、更合不锈钢信息服务平台建设。

3.加强与周边地区科技合作与交流，推动区域创新资源共享。贯彻《规划纲要》及建设广佛肇经济圈精神，落实高明与高要、新兴、鹤山等地政府提出的合作部署，发挥各地科技优势，推进自主创新资源共享，加强与三地科技部门联系与交流，促进公共创新平台建设，提高区域自主创新能力；加强产业技术联合攻关，推动科技成果转化和科技人才交流，发展区域智力支持达成三地合作共识，制订切实可行措施，逐步推进三地合作共融。

【企业自主创新工作】 一是组织企业开展科技攻关。年内，组织企业承担省、市科技专项22项，获科技经费支持800多万；加大财政科技投入，做好本级科技项目立项攻关工作。对全区19个技术含量高、市场前景好的科技项目予以立项，并从区科技三项费用、产学研专项资金中安排扶持资金340万元。二是加强企业研发机构建设。鼓励企业通过加大投入、整合资源，加强工程中心建设。年内，申请国家级、省级工程中心各1家，组建市级、区级工程中心各4家；落实财政扶持企业工程中心建设资金120万元；做好一批省、市工程中心建设的检查验收工作。三是推动高新技术产业化。通过产学研结合、技术攻关、成果转化等措施，推动全区高新技术产业实现持续较快发展。全年全区实现高新技术产业产值500.55亿元，同比增长23.6%以上，占全区工业总产值37.9%；加大宣传力度，落实国家扶持高新技术产业发展政策，组织4家企业创建成为国家高新技术企业；年内，完成20多项科技成果的鉴定（验收）工作；做好科技进步奖励工作，奖励2008年度科技进步项目20项，其中一等奖6项、二等奖7项、三等奖7项；获2008年度省科技进步奖2项、市科技进步奖5项。

【知识产权工作】 1.加大知识产权宣传力度。围绕“4·26”世界知识产权日宣传周活动，通过论坛、讲座、培训等多种形式，开展《国家知识产权战略纲要》、《广东省知识产权战略纲要》、“知识产权的企业价值及其实施策略”等专题宣传，向广大群众普及知识产权意识；推进中小学知识产权教育工作，培养青少年创新精神和创新意识，加强中小学知识产权教育试点学校建设工作。年内，发展中小学知识产权教育试点学校5所，发放《知识产权教育读本》、《中小学知识产权教育教师辅导材料》一批。全区知识产权教育试点学校已发展到15所，占全区学校的43%。

2.加大企业专利推广与应用力度。协助省知识产权局开展“企业运用知识产权应对金融危机调查”。年内，组织溢达等3项申报中华环境保护基金会“节水专利资助”、5项参与市专利奖评选、1项申报市专利技术的实施计划；奖励2008年度高明专利奖25项，其中发明专利奖6项，实用新型专利奖21项，向专利权人发放奖励金16.2万元。全年全区共申请专利237件，同比增长34.7%，发明专利42件，增幅居五区之首，同比增长50%；获专利授权150件。

【信息化建设工作】 1.促进工业化与信息化融合。年内，先后举办“信息化培训系列活动启动仪式暨首场中小企业电子商务培训”、“佛山市信息化巡回培训高明专场”等活动，推广信息技术。完成《高明区关于大力推进信息化与工业化融合的意见》（初稿）编写工作；组织举世公司承担的“基于RFID水产品数字化安全生产监控服务平台建设”项目列入市信息技术支持项目；成功举办信息协会高明分会年会。2.做好无线电管理工作。按要求配备无线电监测车，做好高考、中考、公务员考试、自学考试、成人高考、教师“代转公”考试等大中型考试和春运、“两会”召开、三防期间无线电监测保障工作。及时处理各类台站投诉，加强无线电行政执法；做好无线电日常管理和监测月报工作；完善应急无线调度，组建应急通信中继网。年内，分别在明城、更合各加建一个无线中继台，实现全区镇街辖区内主要区域能通过使用无线手持和车载对讲机进行清晰语音通话，提高无线电应急处理能力。

【科普工作】 开展各类培训和科技交流。举办技术培训班255期，培训人数3万多人次；无偿科技咨询20100人次；外出科技交流110次730人次。推广新技术25项，发表论文62篇，开设科普宣传专栏45个，印发科普资料20000多份，举办科普展览38次，参观58000人次。

1.中韩爱心阳光计划。4月22日，由中国科协、韩国东北亚科技协力财团、广东省科协联合主办，佛山市科协、人事局，高明区政府承办的中韩合作"爱心阳光计划"暨佛山新农村与农业现代化建设高峰论坛在高明隆重举行。2.院士专家企业工作站。区科协通过调研，完成炜林纳公司"院士专家企业工作站"筹备和相关材料申报工作，并通过省科协审批，组建高明首个"院士专家企业工作站"。3.科学馆建设。科学馆是实施科教兴国战略的重要阵地。区政府下发文件，同意在西江新城公共活动中心区域规划建设高明科学馆。工程项目建筑面积20000平方米，楼高5层，总投资规模为9800万。

【防震减灾工作】 *地震应急体系建设* 调整区防震抗震救灾工作领导小组成员，加强防震抗震救灾工作领导；修订《高明区地震应急预案》，完善地震分级响应机制和震情、灾情上报和发布制度；收集全区地震应急基础数据，加强日常地震监测和地震台维护工作；做好强震台选址工作，拟在荷城街道新建国家级强震台1个；开展学校校舍抗震安全排查工作。会同建设、教育、消防、国土、水利、安监、镇政府（街道办）等部门，完成对全区中小学校舍地震安全性能排查，实现安全排查鉴定两个100%，消除安全隐患。

防震减灾宣传 以全国首个"5·12防灾减灾日"为契机，组织举办应急演练活动，参与应急演练师生约2万多人。利用883民生热线、专题讲座、地震知识有奖问答、宣传展板、宣传标语等加强全区防震减灾科普宣传教育，推进地震科普宣传"三个一"工程。全年向广大市民、中小学、村（居）派发地震知识宣传手册6500多本，《应对地震灾害》的DVD光盘200多张；向镇街科技办和区防震抗震救灾领导小组成员发送100个民用"地震应急包"。在中国地震局、省地震局组织的2008年度"市（地）防震减灾工作综合评比"活动中，荣获全国县级防震减灾工作先进单位和全省县级防震减灾工作综合评比一等奖。

【联点挂钩工作】 结合部门职能和挂钩村实际，推进联点挂钩工作。一是帮助潭埇村委会完成四个季度查环查孕目标的98%以上，计生工作上新台阶；二是协助做好"流感"防控工作，确保零发病率；三是开展送温暖、献爱心活动。年内，共慰问困难群众和党员12户，赠送慰问物品5000余元、现金3000元、书籍及多媒体资料2000余册；四是开展"科普惠农兴村"活动。五是加强对廉江和连州的挂钩帮扶工作。派出一位责任心强的同志远赴连州驻村入户。年内，累计下乡102人次，其中，主要领导下乡12人次，到联系挂钩村调研20次，参加座谈会20次，排查矛盾纠纷2件，参与化解纠纷3件，解决农村热点难点问题7件，开展体育活动1场等。

佛山市高明区科技信息局负责人名录：
局　长：黄志勇
副局长：严战康　钟　仪　谭志东

（陈建佩）

防雷减灾

【概述】 2009年，佛山市防雷中心高明分中心（下称高明防雷中心）深入贯彻落实科学发展观，按照"防雷减灾、造福社会"理念，围绕区社会经济发展和防灾减灾需求，着力增强防雷减灾能力、推进气象科技创新、提高防雷服务质量与效益，推动实施佛山市气象事业发展"十一五"规划，为实现全区社会经济快速发展提供一流的气象防雷服务。获佛山市气象系统"先进集体"、高明区"精神文明单位"称号，获市气象系统先进个人称号2人，支部发展党员1人。

【行政审批】 认真履行行政审批职责，全年办理施工图技术审查223宗，审核建（构）筑物528座，累计建筑面积126.3万平方米；对在建的1000余座建筑物进行防雷工程质量监督，派出分段检测人员2300多人次。

【检测验收】 严格执行《中华人民共和国气象法》、《防雷减灾管理规定》（中国气象局第8号令）、《广东省防御雷电灾害管理规定》等法律法规，履行对全区新建建（构）筑物防雷设施竣工验收、旧建筑物防雷设施定期检测工作。年内，派出新建建（构）筑物防雷设施竣工验收人员2424人次，完成竣工验收建筑物808座；派出定期检测人员1644人次，落实防雷设施定期检测单位548个，提出整改单位53个，发出整改通知53份，落实整改单位51个，整改率96.2%。

【防雷宣传】 投入经费3万余元，开展安全生产科普宣传活动3次，印制、派发各类宣传手册等资料万余份。6月，高明防雷中心主任黄志聪、市气象台副台长炎利军、市局业务科科长陈志芳做客高明电台"883民生热线"节目，解答气象防雷知识；13、16日，派出技术骨干参加区安委分别在荷城广场和更合镇举办的安全生产月宣传活动，现场解答防雷知识，派发气象、防雷宣传资料3000余份。

【雷电灾害调查】 雷电灾害调查小组随时待命，接报雷灾事故，24小时内到达现场进行调查、鉴定，为受灾企业、群众提供防雷咨询，向省防雷中心提供科学研究资料。全年接到雷灾事故报告3起，直接经济损失1.7万元，没有人员伤亡。

【计量认证】 5月，佛山市防雷设施检测所高明分所计量认证转版复评审工作顺利通过省计量认证评审专家组的审查。7月，领取新的计量认证证书和印章。

【气象局筹建工作】 成立高明气象局作为实施"十一五"规划项目上年已获省气象局批准。年内，区政府正式启动三定方案草拟工作及气象预警中心选址工作，各项工作进展顺利。

【风险评估】 加大宣传力度，积极宣传雷击风险评估工作的重要性和必要性，以重点企业、大型工程和易燃易爆场所为突破口开展风险评估工作。年内，与市信息中心合作完成高明 LNG 燃气站等一批危险化学品企业的雷击风险评估工作。

【联点挂钩】 全年出资 1.2 万元补贴更合镇吉田村委会村民参加农村合作医疗保险，资助 7000 余元购买柜式空调机 2 台，解决村委会办公场所夏季炎热问题，获区委、区政府好评。

【内部管理】 1.深入开展学习实践科学发展观活动，边学习、边实践、边整改、边提高，形成领导班子分析检查报告，重点落实党的十七大精神和“学习实践科学发展观”工作。2.抓好局务公开工作。成立局务公开领导小组和监督小组。利用专栏、网络和会议公布等形式定期公开资料；拓宽意见征集途径，通过网站留言、意见箱、书面留言和办公系统留言等途径向群众征集意见，确保言路畅通。3.修改和新增内部管理规章制度 20 余份，强化防雷施工图设计审核、防雷检测工作、财务管理、安全生产等方面管理。

佛山市防雷中心高明分中心负责人名录：
主　任：黄志聪
副主任：付湘宁

（丁伟杰）

教　育

【概述】 2009 年，佛山市高明区教育局贯彻落实《珠江三角洲地区改革发展规划纲要(2008～2020 年)》，顺利完成创建“广东省普通高中教学水平优秀学校”、中职学校扩招和沧江中学附属小学(民办)动工 3 个重点项目，全面实行主办部门负责制，实施教育系统绩效工资分配，强化管理与效益，积极开展创建“广东省推进教育现代化先进区”工作，推动全区教育事业优质均衡协调发展。全年全区教育总投入约 4.3476 亿元。其中：投入 1.4 亿元新建学校 3 所，投入 2500 多万元改建学校 5 所；投入 280 多万元按高标准补充常规教学仪器；各中小学校围绕建设“文化的、生态的、亮丽的”校园文化，投入 182.5 万元开展新的校园文化建设。全区有全日制普通高中 4 所，初级中学 8 所，小学 20 所，幼儿园 27 所，职业技术学校 2 所，技工学校 1 所，广播电视大学 1 所，社区学院 1 所，成人文化技术学校和社区学校各 4 所。在校中小学生 42461 人，中职学生 5899 人，在园幼儿 9813 人。

【办学水平】 全区 0～3 周岁婴儿教育参与率 72.42%；幼儿入园率 98.62 %；小学适龄儿童入学率 100 %；初中入学率 100%，初中毕业生升学率 97.58%；高中毛入学率 98.80%，高中升学率 75.10 %；中职毕业生就业率 98.50%。中考考生 4555 人，应届上本科线人数 678 人，术科上线成为新的增长点，本科上线人数 58 人，上线率为 37.4%。提前批和第一批录取 291 人，第二批录取 1770 人，第三、四批中职录取 2483 人，一至四批次共录取 4544 人，录取率 99.80%。高分层考生大幅增加，文理科总分 600 分以上 86 人，与上年相比增加 40.9%。

【纪律教育】 制定学习实践科学发展观计划和实施方案，在教育信息网开辟专栏，举行专题、辅导报告会和民主生活会，征求意见建议，提交学习体会文章，把学习引向深入。开展机关效能和机关作风建设。年内，办理来信（电）及网上投诉168件，办结率100%，做到件件有落实，把矛盾化解在萌芽状态，维护全区教育稳定发展。区高考、中考违纪率为零。

【教育督导】 制定《关于建立义务教育阶段学校办学行为督查制度的通知》，组织督查小组，开展中小学规范办学行为督查。深入杨和镇沙水小学指导规范化学校建设；对荷城街道泽英小学进行“佛山市义务教育优质学校”督导验收；检查挂钩镇（街道）学校义务教育阶段学生课业负担专项督导；指导区二中、区四中做好省普通高中教学水平评估申报工作。指导区内10所幼儿园上等级。

【公平教育情况】 全区适龄女性学生15326人（中小学9598人，初中5728人），女性适龄人口教育机会系数为1；农村免费学生11697人（小学6424人，初中5273人）；残障儿童99人，入学率97.97%；非户籍常住人口子女入学率100%。1月1日起，广东省户籍学生和非广东省户籍常住人口子女政策性借读生享受免费义务教育。全年全区免费义务教育实际投入的金额为2677.5405万元，其中上半年1272.6765万元，下半年1404.864万元，共有69783人次（其中上半年35727人，省内市外户籍的学生1753人；下半年34056人，省内市外户籍的学生2476人）享受了免费教育。

【扶贫助学】 全年向低保家庭子女学生（含幼儿园低保生）2394人次补贴学费和生活费346.795万元。其中：农村低保家庭学生1337人次，占全区低保家庭学生人数的68.60%。按省教厅《关于实施广东省“千校扶千校”行动计划的通知》要求，区沧江中学等5所学校共派出10位领导、教师分赴湛江廉江市5所学校开展对口帮扶。沧江中学赠送了价值5万多元的多媒体教学平台、电脑等，组织十多名骨干教师送优质课到帮扶学校，开展学科公开交流课。

【教育调研】 开展中小学教学视导，从学校管理、课堂教学、教育科研等方面为学校“问诊、把脉、开处方”；建立涵括考务管理、成绩管理、成绩监测、教学评估、学业报告和发展性评价等内容的《高明区中小学教育教学质量发展性评估系统》，加强质量监控与检查；举行公开课、讨论课、教学现场课展评等教学研究、展示活动，结合学校实际，围绕“草根”课题研究和“精品”课题建设，开展中小学校教育科研活动。年内，全区教师申报市级以上课题182项；获佛山市教育科研成果奖62项（一等奖2项、二等奖19项、三等奖41项）；获广东省中小学教育创新成果二等奖2项。

【校园安全建设】 狠抓安全责任意识，落实层级管理责任，严格各项管理制度，实施多种检查方式结合，对学校安全教育和管理常抓不懈，严防食堂食物中毒、宿舍火灾、交通安全和拥挤踩踏等事故发生；积极推进校舍安全工程工作，对全区中小学校舍安全和建筑安全进行逐一排查和初步鉴定。组织高（职）中和初中二年级学生开展青春期性健康及艾滋病预防知识宣传教育讲座活动16场，听课学生7500多人。

【教育合作】 推进广佛同城，加快“要明鹤兴”县域经济一体化。5～6月，先后与新兴县、高要、鹤山三地教育局进行沟通，就如何加强基础教育领域、科研、人才、政策信息等方面的合作交换了意见；9月，与新兴县教育局签订《关于推进高明区与新兴县两地教育对接合作的协议》。

【教育现代化建设】 开展创建"广东省推进教育现代化先进区"工作，推动全区教育事业优质均衡协调发展，形成区、镇(街道)、局、校、社区五方联动，幼、普、职、高、成五教齐抓，师资、设施、内涵、资金四项要素并举的良好局面。建立目标责任制、领导责任制、协调反馈机制和专项督查督办机制，狠抓各项工作落实。

教育信息化建设　根据《高明区教育现代化装备规划及实施方案》，投入3793.28万元，分镇实施；各镇(街道)教育装备工程已完成安装投入使用。全区中小学校均已建成校园网站，有9所学校成为广东省现代教育技术实验学校。区信息教育资源总存量达到4600G，自主开发的新课程特色资源达到1100G以上，信息技术学科覆盖率达100%，信息技术课堂覆盖率达86.51%。全区人机比达7:1，其中：高(职)中4.5:1，初中7:1，小学8:1。

教育国际化工作　全区有8所中小学与香港17所中小学开展"同心同根——香港内地中小学生交流体验活动"，共接待香港中小学师生600多人；区沧江中学等校与香港圣工会陈融中学缔结姊妹学校。英国彼特伯勒市教育代表(校长团)5月来访，与区一中等8所学校(幼儿园)签署了区域校际合作备忘录，加强区域校际合作、相互学习交流。10月，英国彼特伯勒市教育代表(教师团)再次访问，开展互动交流，召开中英教育成果研讨会。

素质教育　落实《学校艺术教育工作规程》，完善各校艺术教育场室设备，各年级均开设音乐、美术课，艺术考核合格率98.44%。全区中小学均成立3种以上艺术活动小组(团体)，每个学生每年至少参加一个体育或艺术活动小组。积极组织青少年科技创新活动、学生美术作品竞赛、艺术展演活动等以学生为主体的知识、技能、作品竞赛活动，获国家一等奖21人次、二等奖45人次、三等奖102人次，获省一等奖1人次、二等奖2人次、三等奖3人次，获市一等奖8人次、二等奖17人次、三等奖46人次。

体质达标工作　严格执行晨检和因病缺勤登记制度，抓好校园传染病防控工作，做好H1N1流感防控工作，保障师生身体健康；完善课间体育活动，上足上好体育课，学生体育课考核合格率、体质健康标准达标率和优秀率分别为98.12%、97.29%和30.53%。全区中学生(含职业技术学校和技工学校)共23473人进行身体健康检查。认真推广全国第三套广播操。

特色办学　杨和镇杨梅小学获"佛山市体育特色学校"称号，并通过广东省体育特色学校评估验收，是高明区第一所省级体育特色学校。杨和镇沙水小学倡导"每天阅读一小时，健康聪明一辈子"、"每天运动一小时，健康快乐一辈子"口号，开发佛山市首个学校中药科普园和中药科普教育室，指导学生进行中药科学实践探索。明城镇东洲中学开发"三谭"德育课程和校本教材《红色经典——熠熠"三谭"》，进行爱国主义和革命理想教育，开拓全区德育工作新模式。荷城街道西安实验小学出版校本教材《水墨欢歌》(含VCD有声教材)，为区内中小学有声校本教材之首，开展美术大课间活动，创设国画教育特色。

【教师队伍建设】 年内，新招教师59人，代转公 16 人，评选出全国优秀教师 1 名、南粤优秀教师 6 名、省级名教师 1 人、佛山市骨干教师 21 人、市学科带头人 10 名、区先进教育工作者 516 名。中小学教师参加各类竞赛，获市级以上奖励 104 人次。举办中小学校长论坛和“校长协作体”，组织教师参加“英特尔未来教育”项目学科教师培训、骨干教师和学科带头人培养对象的培训，中小学教师职业道德全员培训等活动。组织部分中小学校长和教师参加市以上培训或出国进修培训。18 名教师获 2009 年度高明区高层次人才工资外津贴。全区现有中小学（含幼儿园）教师 3600 名，幼儿园、小学和初中专任教师学历达标率 100%，高职中教师学历达标率 95.8%；中等职业技术学校“双师型”教师占专任教师比例85.6%，专任教师与教职工比例93.3%。全区具有研究生程度以上学历的中小学教师 369人，其中高职中教师占25.8%。全区中学高级教师 493人，小学高级教师 1108 人。小学、初中和高中教师人均月收入分别为 5138.2 元、5363.5 元和 5451.3元，教师月平均收入 5284.1元。

【学前教育】 全区共有幼儿园 27 所。其中：省一级 2 所，市一级 7 所，区一级 8 所；公办幼儿园 3 所，达到省级优质幼儿园办学条件的 2 所，占 66.7 %。建立“政府负责，镇（街）为主，部门分工”的学前教育管理体制和全区学前教育联席会议制度，各级财政安排专项资金，对具有本区农业户籍并在户口所在镇（街）接受学前教育的幼儿给予每人每年 300 元的保教费补助。在部分山区小学增设幼儿部，引入民间资金开办盈富幼儿园和童声幼儿园，切实解决山区幼儿入园难问题，使学前三年幼儿入园率达 98.62%，达到省推进教育现代化的指标要求。实施等级幼儿园评估奖励制度（对评上区一级、市一级和省一级的幼儿园分别奖励 3 万元、5 万元和 10 万元）。年内，全区共支付幼儿园公用经费 930400 元（财政支付 344615 元），支付保教费 866250 元。纳入区财政预算内正常拨款的学前教育经费从无到有，实现零的突破。

区机关幼儿园　以自主、创新的美术教学作为办园特色，激发幼儿创作欲望和绘画兴趣，成为区首批“示范性家长学校”。学校团支部被评为区“五四团支部”；参加第三届“成长的足迹”全国幼儿创意美术大赛获优秀组织奖；代表区参加佛山市首届教育博览会。

荷城街道三洲机关幼儿园　投入 300 多万元，新建建筑面积 1500 多平方米的多功能教学楼，按省一级幼儿园标准配置。60 幅作品参加“成长的足迹·第四届全国幼儿创意美术大赛”获集体二等奖；46 人次获佛山市、高明区、街道办教育系统先进工作者及优秀班主任奖。

明城镇盈富幼儿园　9 月开办，占地面积 4200 平方米，建筑面积 1860 平方米，户外活动及绿化面积 2340 平方米。以中英双语教学为特色，注重培养幼儿英语兴趣，养成良好的英语语感。

更合镇童星幼儿园　以“保护幼儿生命，促进幼儿健康”为育人目标，开展两岁以上幼儿“游戏识字”，中、大班“珠心算”教学活动。开展“亲子运动会”活动。“半天公开课”获家长的高度评价，公开课《皮皮鼠吃跳跳糖》获镇一等奖，成为区优秀课例展示。

【义务教育】 3 月，全区 28 所义务教育阶段学校 100%通过省规范办学行为检查，优质学位比例提高到 92.6%。

荷城街道第一小学　投入1500多万元建成新教学大楼，建设100兆的校园网，更换全部教师办公桌椅，添置更新学生桌椅800多套。以艺术教育为特色，举行“创建文明校园”诗歌朗诵大赛，开展“校兴我荣，校衰我耻”主题演讲活动。抓好“四边活动”（边学习、边实践，边实践、边体会，边实践、边交流，边反思、边提高），营造“合作、互助、共进”教研氛围。提出“以文化塑造形象，让师表成为习惯”口号，实行“师德师风一票否决制”。杜燕颜获“广东省2009年南粤优秀教师”称号。

荷城街道富湾小学　9月28日，荷城街道富湾小学新落成，占地100亩，建筑面积达18000多平方米，总投资4000千多万元。10月19日，全体师生迁至新校上课。倡导“集体研究，资源共享，个人加工，课后反思”教学研究模式。举行教师、教学和校内开放活动周，要求每位教师都上一节展示课。举行“弘扬中华文化，营造书香校园”优秀课文朗读比赛。举行安全防震疏散演练。佛山农标普瑞纳公司关爱委员会按300元/人/月标准资助品学兼优、家庭困难的学生6名，为期一年。

杨和镇沙水小学　投入近40万元，完善学校场室改造，增设幼儿部。建设佛山市首个学校中药科普园和中药科普教育室，开设“文明礼仪”和“中药科普”两门校本课程，开展文明礼仪与中药科普知识两项特色教育。以中国优良传统文化为主线，倡导两个“一辈子”（每天阅读一小时、健康聪明一辈子，每天运动一小时、健康快乐一辈子）口号，营造“书香·人文·人性”读书氛围。实行“五个一”（一督“红领巾监督岗”、一播“广播每天定时向全校师生广播”、一讲“每周一升国旗下讲话”、一评“每周进行一次班级综合评比”、一星“每月在学生中评选一星”即“守纪之星、环保之星、礼仪之星、诚信之星、学习之星”）开展少先队工作管理模式。获区第16届中小学生毽球团体赛小学男子组冠军、女子组亚军。

明城镇明城小学　以“全面发展重素质，生动活泼育人才”为办学理念，以培养创新精神和实践能力为突破口，成立写作、绘画、田径、篮球、乒乓球、毽球、足球、电脑、合唱、舞蹈等兴趣班，为学生架设全面发展桥梁。年内，派出30多位老师分别到广州八一小学、骏景小学、华阳小学、顺德西山小学、南海平北小学、清远等地进行学习交流。获“广东省知识产权授课试点学校”称号；学校少先队被评为高明区少先队红旗大队。

更合镇中心小学　改善办学条件，调整学校布局，撤并版村小学、白石小学，增设附属幼儿部。以“四课”（备课、说课、评课、上课）为抓手，以骨干教师为引领，探讨“同课异构”校本教研实践模式，让教师更多地关注课堂、拓展课堂、延伸课堂，把教研活动辐射到镇内小学。年内，派出6名教师前往东莞市高埗镇中心小学开展“同课异构”教研活动，与禅城区城南小学、高要市蛟塘镇中心小学、鹤山市宅梧镇中心小学共同举办4校教学联谊活动。获区教育系统2008～2009学年度“先进集体”称号；参加第16届区中小学生毽球团体赛获小学生男子组第三名。获评为区级名教师、骨干教师6人。

区沧江中学　塑造内涵丰富、特色鲜明的校园文化，全面提高学生综合素质。狠抓教师队伍建设，促进教师专业发展。加快现代信息技术教育和基础教育课程改革步伐，提高学校管理水平和教学质量。年内，获评为广东省朝阳读书活动先进集体、英特尔(R)未来教育项目推广示范学校、书香校园、校本培训示范性学校和区家长示范学校。德育创新成果《强化生态体验教育，营造和谐奋进校园》获市一等奖。科研课题成果获省创新成果二等奖。教师参加各类评比获区级以上奖励206人次，学生参加区级以上各类竞赛获奖304人次。赖雪梅被评为广东省2009年南粤优秀教师。

荷城街道跃华中学　投入近300万元，改善设备设施。以“自主管理、养成教育”为德育核心，制定《跃华中学帮教“后进生”措施》，要求教师们做好“四个一”(每周谈话一次、每两周与家长通话一次、每月汇报一次、每学期评选一次)。开设“校讯通”平台，加强与家长沟通。开展征文比赛、主题教育活动月等，用鼓励代替批评，用赏识代替责骂，用唱一支歌、做一件好事和写说明书代替惩罚。被评为佛山市安全文明学校。

杨和镇人和中学　确立“以人为本，全面和谐发展”与“活动引领，提高素质”的办学特色。在2008、2009年中考取得历史性突破，连续两年总分、平均分居全区镇(街)中学第一名。是区级大课间体育运动展示点，区禁毒教育、全国亿万农民健康促进行动宣传、安全文明教育示范点，佛山市学校健康宣传教育及健康促进基地，被评为2009年广东省“千校扶千校”先进单位、区教育系统先进单位。梁友被评为广东省2009年南粤优秀教师。

明城镇东洲中学　将“三谭”精神教育定为学校办学特色，制定创建特色方案，编写校本教材《红色经典——熠熠“三谭”》，实施“一拓三进”(拓展“三谭”教育资源，让“三谭”精神进校园、进课堂、进师生头脑)工程。教师获国家级奖项2人次、市级奖项13人次、区级奖项27人次；学生获国家级奖项6人次、市级奖项24人次、区级奖项49人次；考入区重点高中学生84人(一中33人，纪中51人)，总分600分以上1人，体艺特长生5人。严静华被评为广东省2009年南粤优秀教师。

更合镇更合中学　构建“三二三”(建立三级教学管理网络、建立两个管理机制、抓好三项教学流程管理)德育工作模式，对学生实现形、行、思三方面教育。通过“同课异构”、优秀教案评比、骨干教师优质课示范、“1+1”的教师互帮、百花论坛、集体备课和参与教育科研等形式帮助教师共同成长。在英语口语、打造书香校园和开展科技创新教育方面进行探索，走特色办学之路。杨剑雄被评为广东省2009年南粤优秀教师。

【普通高中教育】　成立创建工作领导小组，加大投入，增设计算机室，理、化、生综合探究实验室，艺术室和图书资料等设备设施，做好申报迎评的相关工作，确保区二中、区四中实现“广东省普通高中教学水平优秀学校”目标。5月，两校通过佛山市教育局组织的普通高中教学水平评估；9月，获得佛山市“广东省普通高中教学水平优秀学校”称号。年内，实现区内4所普通高中均为优质学校目标，其中2所被评为广东省国家级示范性普通高中。

区第一中学　年内，被评为广东省校本培训示范学校、第九届中学生运动会闭幕式优秀表演单位、区教育系统先进集体和示范性家长学校等，获中小学校长实践锻炼指导工作成绩突出奖、第24届佛山市青少年科技创新大赛优秀组织奖。高考文理科总分600分以上86人，比上年增加80.9%；应届生上线923人，上线率96.8%，比上年上升2.8%，其中本科上线人数575人，本科率60.74%；艺术类本科上线人数44人(3人上重点线)，比上年提高 69.23%，上线率 73.3%。

区纪念中学　筹资 190 多万元改善学校环境，按照“以绿色植物造景为主，园林小品创新为辅，适当设置景点”思路，营造“环境优美、功能齐全、文化浓厚、恬静雅致”氛围。以“塑现代人格，促自立自强”办学理念，构建“办学思想教育系列”、“传统教育系列”、“养成教育系列”、“人格教育系列”、“科技教育系列”、“成功教育系列”和“处室文化教育系列”等七大系列的主题教育活动。建成省特级档案室，实现档案管理的标准化、规范化和科学化。学校语文科组成为广东省职业道德先进班组；教师获广东省中小学教育创新成果三等奖 2 人，区级以上表彰 68 人次；学生获省“三好学生”、2009 年度宋庆龄奖学金各 1 人，获市、区各类竞赛奖励 92 人次。

区第二中学　确立“师生为本、高效开放、尊重个性、全面发展”办学理念，追求“学校有特色，教师有专长，学生有特长”的境界，制订《高明区第二中学三年特色建校规划》，与赣南师范学院音乐学院签署合作教育意向书和毕业生实习就业培训基地协议书，借助高校的师资和管理，创办艺术特色高中，形成“一体两翼，普特并举，突出艺术教育，全面提升学校综合办学档次”办学模式。学校通过广东省普通高中教学水平优秀标准评估。高考上线 266 人，上线率 46.1%，增加 7.8 个百分点，再创历史新高。

区第四中学　年内，通过省普通高中教学水平评估。9 个市、区级课题取得明显成效，促进了新课程的实施。全校 6 个科组开展《粤教版高中语文新课标口语表达课在农村中学的实验和探索》校级课题 20 多个。学生获“2009 年广东省生物竞赛”二、三等奖各 1 人；4 人分别荣获佛山市中学生作文大赛一、二、三等奖；3 人荣获佛山市第三届中小学生书信活动优秀奖、二等奖；获高明区时政杯中学生论文评比活动一等奖 1 人；获高明区青少年信息学奥林匹克选拔赛一等奖 3 人。高考本专科上线 96 人。

【职业教育】　全区中职学校秋季招生 2924 人，中职在校生与普高在校生比例为 47∶53，超额完成扩招任务。至年底，有中等职业技术学校 3 所，达到省级以上重点办学条件和实训条件要求 2 所。区技工学校被评为省重点技工学校；区职业技术学校被评为省重点职中，并申报国家级重点中职学校。总投资近 7.8 亿元的广东省纺织职业技术学院建设动工（规划总面积 68 万平方米，可容纳 15000 名学生）；建设中的高明区中职学校新校区，占地 480 亩，投入 4 亿元，可容纳 6400 人。全区中等职业学校毕业生“双证率”100%，毕业生就业率 98.50%。年内，招收东西两翼及粤北山区学生 1445 人，超额完成上级下达的“双转移”943 人的招生任务。

区职业技术学校　围绕申报“国家级重点中等职业学校”中心工作，强化内部管理，突出内涵建设，改善办学条件，与新兴县新兴理工学校联合办学，推行“1+2”（第一年在新兴县新兴理工学校就读，第二年到高明区职校就读，第三年由区职校负责推荐顶岗实习）培养模式，提高办学效益，被评为区教育系统先进集体。徐汉芬被评为省 2009 年南粤优秀教师。

区技工学校　2009 届毕业生 333 人（50 人参加高考），全部走上工作岗位；参加高职类高考 50 人，上线 41 人，上线率 82%（全省上线率为 42%，上级下达的指标为“24 人上线、上线率 48%”）。与溢达集团、海天调味品公司等大中型企业联合，共同培养企业急需的实用型人才。组织教师培训20多次、300多人次。学校团委获区团组织规范化建设考评第一名，被推荐为2009年度佛山市五四红旗团委，07文秘一班团支部获区五四红旗团支部标兵称号；服装三班团支部获评为佛山市五四红旗团支部；学校青年志愿者服务队被评为佛山市志愿服务先进集体。06电气班黎荣海、区汉源获高明区第24届青少年创新科技大赛科技发明类一等奖、第三届佛山市科技创新之星擂台赛第一名、佛山市第24届青少年创新科技大赛发明创造类二等奖。

东立鳌云职业技术学校　年内，建成计算机操作室3间，实现了百台的规模；设立服装设计与制造操作室，配备20台左右平车，增加相应教学用具；设立数模实操车间，安装铣床3台、数控车床5台；设立80平方米钳工操作室，改善学生金工实习条件；设立80平方米汽修操作室，基本满足汽修专业教学要求；对教学楼、部分学生宿舍进行装修，共完成装修面积30360平方米，改善了学校的办学环境。开展师德大讨论，制定《东立鳌云职业技术学校教师职业道德规范》，将政治业务学习、师德表现与教师考核挂钩，构建师德建设长效机制。引进专业人才30多人。全年招生1016(高明校区720人、南海校区296人)，其中双转移学生占95%左右。与万和等企业开展厂校挂钩、探索合作办学新模式。与香港专业进修学校达成合作意向，培养实用型人才。

【民办教育】　全年划拨省级民办教育发展专项资金8万元，划拨英豪、文苑等幼儿园上等级奖励金32万元。

【成人教育】　年内，参加成人高考考生314人，其中专升本188人，高中起点升专科126人。全年4次自学考试报考共7086科次，新生404人(1月份考试1825科次，4月份考试1898科次，7月考试1434科次，10月份考试1929科次)；上半年办理毕业证90人(本科55人，专科35人)。区职业培训就业局先后开办电脑、电工、家电维修、水产养殖等36个培训项目，组织民办培训机构参与职业培训，年培训量超过10000人次。

区广播电视大学　有在校生1326人，34个教学班，另有公务员、会计电算化、计算机操作、会计职称考试等多种岗位短期培训班。学校设办公室、教务处、总务处和培训处，有教职工16人，讲师以上职称的兼职教师40多人。校园占地6亩，校舍建筑面积4384平方米，有教学楼2幢、标准教室18间、电脑室2间、教学电脑110台、多媒体课室12间，设有图书阅览室、会计模拟实验室和其他电教设备，安装教育卫星电视接收天线，开通高明电大教学网站。

杨和镇成人文化技术学校　占地4535平方米，有2幢5层高的教学楼，校舍建筑面积1600平方米。制订一系列规章制度，完善学籍档案。年内，开办暑期英语和维修电工学习班，主办(协办)多次广场文化、歌咏比赛和文艺晚会等活动。

明城镇成人文化技术学校　投入32.9万元添置设备建成综合电教室和电脑室，配备教师办公电脑、电工、焊工实训操作设备；投入3万元购置图书室书架和图书2500册；投入10.6万元完善室内装修、校园改造(运动场建设和围墙翻新改造)等。开展18至45岁农村户籍人口岗前培训，首批培训85人，第二批92人。

更合镇成人文化技术学校　协助开展教师教育技能培训、不锈钢培训班、皮制品培训班、冲压技能培训班、会计从业人员培训班等各类型技能培训。联同计生办每月定期举办1期婚育培训班，参加人数8592多人次。协助新圩社区创建佛山市级社区教育实验区；协助新圩社区、珠塘村委会、平塘村委会等建成农家书屋9间。

【社区教育】　建立社区学院、社区学校和社区教育中心三级办学网络平台，订立社区教育联席会议制度，出台《高明区社区教育管理办法》等文件。年内，荷城街道中山、三洲、安泰、江湾社区和石洲村委会积极创建省、市级社区教育实验区；街道辖下多所中小学、幼儿园与近20个社区挂钩，参与学习型社区和学习型村镇建设工作；杨和、明城和更合镇针对社区教育基础较薄弱实际，抓好社区教育示范点。83.78%社区建有社区文化教育、艺术教育与社区娱乐中心。

高明区社区学院　年内开办，校址位区广播电视大学。全年开办会计电算化培训班6期，培训学员300多人次；开办会计从业资格和会计初级职称考前辅导班3期，培训学员400多人次；开展全区会计上岗证持证人员继续教育培训班20期，培训3500多人次；联同区人事局组织4期专业技术人员计算机模块学习考试，约2000人次参加；受区财政局委托，承担全区会计从业资格和会计初级职称考试工作，顺利组织安排1200多人参加统考。与区妇联开展妇女干部电脑操作基础知识培训，参训40多人；与荷城街道计生办开展业务培训2期，培训社区计生干部约100人次；与高明中医院开展社区中老年人免费体检和建立健康档案，受益群众100多人；配合区教育局开展网络办公系统应用培训3期，培训信息员150人次；协助区流动人口管理办公室开展业务培训1期；协助区水运公司、组织人事部门、区海关、区老干局等开展各类知识培训；与荷城街道岭南社区建立长期合作关系，参与组织社区中小学生乒乓球比赛、重阳节社区老人联谊及退休党员活动等。举办社区教育专干培训班。

【区教育科研培训中心】　以蹲点方式开展全区各中小学校全周调研视导活动，对学校管理、课堂教学、教育科研等工作形成两三万字视导反馈报告，帮助学校总结经验、指出存在问题、提出后续发展建议，推进课程改革，构建有效课堂，提高教育质量；实施“草根课题”和“精品课题”双轮驱动战略，提升教育品味；加快教育信息化建设步伐，打造区、镇（街）、校一体化教育信息化网络平台，实现全区教育信息资源共建共享。

佛山市高明区教育局负责人名录：

局　长：李杰铿

副局长：梁惠琼　陈卫球　赵超越

佛山市高明区第一中学负责人名录：

校　长：陈国光

副校长：朱维礼　李敏华　李昌旺

佛山市高明区纪念中学负责人名录：

校　长：李海良

副校长：风吉民（　～2009.8）　徐苑芬　张祖亲

佛山市高明区第二中学负责人名录：

校　长：梁子明

副校长：肖万春（　～2009.8）　傅铭辉　赵庆儒（2009.8～　）

佛山市高明区第四中学负责人名录：

校　长：罗松芳

副校长：李培庆　陈海明

佛山市高明区沧江中学负责人名录：

校　长：严福安

副校长：黄国东　赵建初

佛山市高明区职业技术学校负责人名录：

校　长：严光耀

副校长：赵镜邦　陈锦成　黄信平

佛山市高明区广播电视大学负责人名录：

校　长：兰吉林

副校长：黎国庆

佛山市高明区教育科研培训中心负责人名录：

主　任：朱　杰

副主任：莫希礼

佛山市高明区技工学校负责人名录：

校　长：罗伯尧

副校长：黄志均　黎术冰

（任锵文）

文化·体育

文　化

【概述】 2009年，佛山市高明区文化广电新闻出版局围绕区委、区政府"抓项目、保增长"工作方针，积极探索建立具有高效性和持续性的文化服务机制。加强文化软、硬件建设，印发《高明区历史文化遗产资源保护及开发利用实施方案》，加强资源整合，发掘地方特色文化资源。出版《高明文物》和《高明区非物质文化遗产项目图典》。开展创建全省"南粤锦绣工程"文化先进县（区）工作，经验被编入2009年全省公共文化服务体系建设工作会议材料，被评为全省文明单位。12月22日获国家文化部、国家文物局授予"全国文物工作先进县（区）"称号，是全省第四个通过第三次全国文物普查验收的县（区）。由广东省作协副主席吕雷和区文联副主席赵洪创作的《国运——南方记事》获中宣部第十一届"五个一工程"奖，为建设"新兴产业之城、岭南山林水都"营造社会文化氛围。

【创建广东省《南粤锦绣工程》文化先进县】 按照争创省文化先进县和《珠江三角洲地区改革发展规划纲要》要求，提请区政府批转《关于实施我区公共文化设施覆盖工程的意见》，促进三级公共文化设施建设。1.投入80万元完善文化信息资源共享工程区级分中心，投入70万元开展区影剧院安全维修工程，完善区文化大楼各功能室，建立区博物馆文物调查数据库管理系统。2.推动荷城街道文化站按省特级站标准，杨和、明城、更合镇文化站按省一级站标准完善设施。3.年内，全区建成农家书屋23家、行政村（社区）综合文化室示范点10家，覆盖全区城乡的文化网络不断完善。

【五项文化惠民工程】 将资源、资金向农村和基层倾斜，深入开展系列重点公共文化服务工程：1.年内，建成23家农家书屋，至年底，全区农家书屋总数达56家，覆盖78%的行政村（社区）。2.按高配置、高性能要求，完善共享工程区级分中心，建成绿色上网示范点，镇街共享工程服务点基本建成。3.实现市、区图书馆业务"一卡通"。4.全年送公益数字电影到基层1382场，获佛山市基层公益电影放映工作优秀组织奖。5.区、镇（街道）两级文化部门开展"魅力大舞台·文化周末"活动141场（含送戏下乡），观众20万人次。6.组织开展"园园通"有线电视二期工程，完成12条新村庄的通有线电视工程，在全市率先实现农村有线电视整体平移。全区公共文化服务载体呈多元化、个性化、科技化特点。

【文化暖流·"五个一"工程】 组织实施文化

暖流·“五个一”工程，缓解金融危机对企业及群众情绪的影响。全年为基层配置图书20000多册、电脑50台、阅览桌椅和书架等一批；将财政购买的942场数字电影送到基层，发动企业组织广场电影和企业专场电影440场；组织全区文艺团队和文艺骨干分片区、分任务规划近百场文艺活动送到基层；举办“高明讲坛”公益讲座30多场（到基层讲座10多场）；开办公益文艺培训班28期、展览10期。加强流动图书车、演出车、展览设备及流动电影放映队建设，使文化阵地服务与流动文化服务互为补充。

【推进文艺精品工程】 与企业、媒体合作，实行政府搭台、媒企互动，围绕“庆祝建国60周年”主题，组织开展高明区第四届读书节、高明讲坛、魅力大舞台·文化周末、广场电影放映、新年音乐会、群众歌会（巡游）、元宵烟花文艺晚会、粤曲私伙局大赛、文化旅游节等大型文化活动，显现品牌效应。开展第二届高明区文化艺术“荷花奖”评选，调动全区11个文艺家协会和广大文艺工作者积极性，一批作品、节目获国家、省、市奖励。

【文化市场管理和执法】 1.邀请监察和法制部门介入，严格、规范做好网吧牌照申领工作。全年全区新增网吧牌照15家。2.突出重点，突破难点，会同相关职能部门组织开展了整治互联网低俗之风、网吧专项治理、净化荧屏声频、治理校园周边环境、“保护著作权宣传周”、清理文化市场无证无照经营摊档、整治境外卫星电视传播秩序及安全播出、文化市场消防安全检查、整治酒吧酒城等系列工作。年内，开展联合专项整治行动27次，出动检查人员6388人次，检查出版物、音像、印刷、网吧和娱乐场所1585间（次），查处无证经营书店及音像店档68家，查缴非法书报刊2391本、六合彩小报13944份、非法音像制品29824张（册），立案8宗，结案7宗；查处“黑网吧”35间，收缴电脑206台、赌博机1台。3.做好文化市场管理和执法举报电话的公布和查处投诉等工作，与区关工委协作组建“五老”（老干部、老战士、老专家、老教师、老模范）网吧义务监督员队伍，强化媒体舆论引导，动员广大群众积极参与文化市场管理。

【稳步推进文化产业发展】 一是发展提升印刷复制新闻出版、广播电视、文艺演出、文化娱乐、图书音像等文化产业。年内，全区有各类文化经营单位（店档）460多家，其中，出版印刷企业254家，总投资36亿元。二是加快发展文化旅游产业，将古耶贝丘遗址、灵龟塔、唐龙窑遗址、三谭革命事迹展览馆、粤中纵队纪念馆等历史文化资源与高明区的青山绿水、锦绣田园、古朴村落的自然环境有机融合，形成具有地方特色的文化旅游项目。三是打造民俗文化品牌，保护利用好非物质文化遗产，提升地方文化底蕴，促进文化资源转化为经济资源。

【“三馆一中心”公共文化服务】 以丰富服务内容和创新服务方式为着力点，发挥“三馆一中心”（区文化馆、图书馆、博物馆和电影发行放映管理中心）提升公共文化服务水平的作用。区文化馆：开办“高明艺术讲坛”，建好文艺培训分中心，加强文艺骨干培训工作；认真承办“魅力大舞台·文化周末”、“欢乐村居行”、文艺作品评选等制度化活动；加强非物质文化遗产保护和文化交流工作，搭建群众文化活动组织、培训、创作、交流、评比的工作平台。区图书馆：通过国家一级馆的复评；高标准完善了文化信息资源共享阵地设施；联合图书馆工作取得实质性进展；读书节被省评为"'书香岭南'全民读书活动"优秀项目；"高明讲坛"从区图书馆延伸到基层，形成特色服务品牌。区博物馆：加强龙窑遗址陈列馆、历史文化名人馆等管理和开放工作，全年接待群众 7 万多人次；开展文物普查、发掘和征集工作，建成文物调查及数据库管理系统。区电影发行放映管理中心：区影剧院完成数字化改造，成为一级院线；设立数字电影流动放映队 4 支，开展"2131"(21世纪每村每月放映 1 场电影）电影下乡工程，队伍建设和服务水均有长足提高。

【镇(街道)文化站工作】 各镇(街道)文化站争取当地党委、政府大力支持，把握创建全省文化先进县契机，在设施建设、场地管理、活动开展、队伍发展等方面寻求突破。荷城街道：坚持"送文化"与"种文化"相结合，组建 28 个村居 32 支文艺团队，加强和扶持街道 7 个协会、11 个曲艺私伙局建设工作，提高文化活动质量和数量；建设标准抓好农家书屋工作。杨和镇：投资 600 万元规划建设新文化广场，完善文化基础设施；农家书屋书籍配送制度得到落实；通过派发印有数字电影宣传小胶扇等办法，创新提升公益电影放映服务质量。明城镇：完善镇文化活动中心布局，加强环境美化配套设施建设，逐步形成文化站服务特色；广场文化活动管理走向规范化。更合镇：把原派出所大楼改造为镇文化站；扶持镇第二文化分中心（新圩社区综合文化室）及官山综合文化室建设，优化全镇文化阵地布局；粤中纵队纪念馆创建成为市级爱国主义教育基地。

佛山市高明区文化广电新闻出版局负责人名录：

局　长：吴兆华

副局长：李冠雄　邱军平　仇艳芳

佛山市高明区文化市场综合执法队负责人名录：

大 队 长：黄浩明

副大队长：麦桂平

（叶志芳）

广播电视

【佛山人民广播电台高明分台】 2009 年，佛山电台高明分台 883 频道克服广告市场各种不稳定因素，以活动带动经营，成功参与广州、香港、佛山等地大型旅游展，市场份额比上年同期升幅高达 45%，完成广告创收 590 多万元。

宣传报道　1.围绕高明区委区政府中心工作，创新策划、创新宣传形式，播出国庆 60 周年专题宣传、广明高速系列报道、学习实践科学发展观活动、崇文佛山·2009 高明区第四届读书节专题报道等 50 多期，营造积极向上、祥和安定节日氛围。开展走进老区，寻访高明老革命、老战士（或者他们的后代），策划播出纪念新中国成立 60 周年专题报道 15 篇；追述在高明区内一些日渐失落的行业，以小见大，见微知著，从侧面展现高明社会的发展变化历程。2.坚持舆论监督和关注民生，促进和谐高明建设。"883 民生热线"坚持"服务政府、反映民生"宗旨，为政府和市民沟通搭建平台。“883 民生热线”全年累计播出 248 期，接听群众热线电话 992 个，策划访谈节目 84 期，其中：邀请政府领导、专家等嘉宾做客电台直播室 124 人次，向有关部门转发市民投诉 832 条次，及时回复占 80.1%。全年播出记者调查稿 168 篇，编写《883 民生热线每周简报》20 期，将急需解决的民生问题及时向区委区政府汇报。

节目创新　1.参与举办高明区元宵节烟火文艺晚会、广州国际旅游展、高明区第三届万人濑粉节等活动，佛山电台高明分台 883 频率成功进驻广州国际旅游展和高明区第三届万人濑粉节会场，现场直播盛况，获旅游展“最佳媒体支持奖”。2.节目优化，增强可听性。频率主打节目《鬼马双响炮》、《完美假期》由 1 小时延长至 1.5 小时，增加节目环节，丰富节目内容；对部分节目进行调整，如《883 商旅票务》更新为《883 消费精明眼》；《健康大晒》除小栏目外，增加 30分钟加长版，内容更贴近生活。3.精心制作播出生动有趣警示公益广告 4000（条）次，体现人文关怀的教化作用。

安全播出　严格遵守宣传纪律，健全各项规章制度，实行管理人员岗位前移。技术人员和主持人定期接受播音设备操作培训，对部分设备进行技术改造。安装四楼播音区工艺用电线路，将普通用电与工艺用电分开，解决用电器故障影响安全播出问题；安装电话编辑间延时操作状态显示器，解决编辑间显示不直观的问题；安装总控室发射机停播自动报警触发系统，解决发射机故障不能及时开机以致较长时间停播的问题；安装录、播功能室通风排气系统。

联点挂钩工作　配合长安社区居委会工作，积极介入、化解社区管辖自然村内部矛盾，开展帮扶社区困难家庭活动，全年帮扶对象 33 人，资金 2 万多元。

佛山人民广播电台高明分台负责人名录：
台　长：李福生
副台长：朱彩燕

（冯嘉仪）

【佛山电视台高明分台】　2009 年，佛山电视台高明分台围绕深化“安全、满意、提高”六字工作方针，贯彻落实科学发展观，积极开拓进取，宣传报道不断拓展，栏目质量持续提高，事业发展稳步推进。

宣传报道工作　1.围绕大主题策划大报道。配合新中国 60 华诞，精心组织好宣传报道，以“挖深度、讲厚度、重角度”推出相关报道：策划“忆峥嵘岁月”专题。重温高明在中国革命史上功勋显赫的“三谭”（谭平山、谭植棠、谭天度）革命事迹，以史为鉴，资政育人；组织采写 12 集“60 年粤中回眸”系列报道，在粤中纵队纪念馆挂牌成为市级爱国主义基地当日播出，获市委常委、宣传部部长叶志容等领导的好评；推出“巨变无声”新闻专栏，反映高明社会经济的巨变，记录高明各项事业成就，激励高明人民继续奋勇向前。

2.发挥电视媒体舆论宣传作用，围绕高明大事要务，做好教育、文化、卫生、医疗、社保、交通、法制、市政、环保等方面的宣传报道。重点推出“广明高速　高速高明”系列报道，解读《珠三角地区改革发展规划纲要》；国内首个县域经济圈“要明鹤兴”县域经济一体化获国务院批准后，以浓墨重彩采写、报道“要明鹤兴”的合作。

3.探索“政府引导，媒体担当，公众参与，企业支持"运营模式，开展大型活动，扩大电视媒体影响力。举办高明区首届全民颂唱"唱响高明，祝福祖国"大赛活动；继续办好新年音乐会，2010 年高明新年音乐会邀请欧洲施特劳斯交响乐团演出；做好区委区政府新春《春茗》专题摄制工作。

4.贴近基层，关注百姓生活，着力架起民众与政府沟通的桥梁。《沧江视线》以寻找本土故事为特色栏目，在"本土"和"特色"上做文章，记录反映高明的历史风貌。其中采写的"更楼泽河花鼓调"成为高明区首批非物质文化遗产。

5.积极做好公益宣传工作。对关系全区社会经济发展以及人民群众生命财产和利益安全的重大事项，开通绿色通道，第一时间制作公益广告播出。全年累计播出各类公益广告 5000 多次。

安全播出工作　增加设备，提高技术保障，狠抓安全播出工作培训，加强应急演练，规范播出流程和监管措施的落实，确保全年新闻及节目安全播出。严把制作质量关，充分挖掘潜力，调动制作人员积极性和创造性，不断融入电视节目制作新元素，提高电视品位和水平。

队伍建设　组织一线人员参加佛山电视台"名家大讲堂"学习。坚持周一至周五召开编前会，点评前天的新闻，部署当天的策划。实行每周行政例会制，按照民主集中制原则，科学决策，商议解决单位重大事情。坚持每月召开全体人员业务学习会。开展以"我的发现"为主题的好新闻竞赛活动，力促好新闻创优活动上新台阶。选派骨干参加国家级和省级组织的电视业务学习会，吸收和推广电视行业发展新理念。开展形式多样的工会活动：10～11 月协助举办首届 2009 年佛山电视台运动会，获夺团体第二名；合理安排职工生日会。

佛山电视台高明分台负责人名录：

站　长(台　长)：冯强苏

副站长(副台长)：梁宝强　郭丽珍

马轼怀（～2009.6）

站长(台长)助理：张碧颜

（廖伟良）

【佛山珠江传媒网络有限公司高明网络分公司】　2009 年，佛山珠江传媒网络有限公司高明网络分公司围绕总公司"规范、提升、发展"工作目标，以佛山传媒集团上市总体发展战略和具体经营责任目标为指导思想，抓好经营管理，推进有线电视数字化整体转换工作。树立"以客户为中心"服务理念，提升公司核心竞争力，开源节流，各项工作再上新台阶。全年经济总收入 2824.95 万元，同比增长了 11.54%。

安全播出　完善机房配备，增加硬件设施投入。加强培训人员应急处理能力，确保安全播出工作正常运作。一是更新各支公司前端机房 UPS 配备，使配电效率大大提高，保障信号输出；建成荷城中心机房视频监控系统，保障中心机房保卫工作，确保安全播出。二是提高值班人员处理突发事件能力。"五一"节前，公司组织技术骨干，对各支公司和河江维护部进行应急演练 2 次，内容包括应急反应时间、前端机房供配电以及 UPS 知识，保障国庆 60 周年期间的安全播出。节前组织开展安全播出自查自纠检查工作，对机房人员及应急分队人员进行操作能力模拟演习，强化值班人员对应急处理要领的掌握。

服务工作　统一全区客户服务窗口管理

制度，由客服部定期对各营业厅客服人员进行专业化培训。加强客户服务工作，培养员工"顾客第一"服务理念，特邀培训机构前来授课，统一服务用语。进行不定期的业务知识考核，成绩直接与工资挂钩。建立大客户管理制度，以更高效的服务回报社会。

财务管理　落实总公司财务预算管理，对各部门开支设立预算制度，统一由办公室和财务室共同审核后报班子审批。对年初预算费用分轻重缓急进行报批，严格控制在预算范围内，各项支出与上年同期相比有一定的下降。

网络建设　1.加快推进双向网络改造，全面推进做好数字电视平移做好铺垫工作。制定全区数字电视平移推进实施时间表。从2月下旬开始，设计规划部配合平移工作，对网络改造区域和村庄进行统一规划，工程队严格按照公司设计方案进行施工。网改面积涉及各镇街中心城区及500多条自然村共约4万个用户。2.圆满完成高明区数字电视整体平移工作。争取政府支持，加强宣传发动。与区政府、区委宣传部、文广新局联系沟通，借助政府新闻平台成功举办数字电视平移新闻通气会，营造良好社会环境。各镇街支公司做好与当地政府、村委会及村民小组的联系沟通，寻求支持；及时调整工作思路，实行三镇一街同时启动推进。7月，按照佛山传媒集团对全市数字电视平移工作的统一部署，工程部和各支公司同时推进平移工作，客观分析高明实际情况，制订高明区数字电视整体转换方案，将服务工作前移，到各村驻点宣传和现场派发机顶盒，受到群众好评。至10月30日止，高明网络分公司共平移数字电视约4.8万台，在全市率先完成数字电视平移任务。平移覆盖面积涉及全区72个村（居）委会529条自然村，约30万人口10万有线电视用户看上清晰稳定的数字电视，覆盖率100%。模拟电视信号于10月30日全部关闭。

佛山珠江传媒网络有限公司高明网络分公司负责人名录：

总　经　理：张志文

副总经理：李启超　罗鹏云

（李明波）

史志工作

【概述】　2009年，佛山市高明区史志办公室认真贯彻《地方志工作条例》、《广东省地方志工作规定》和《广东省党史五年规划（2006～2010年）》，宣传和落实第四次全国地方志工作会议和《中共广东省委进一步加强党史工作意见》讲话精神，积极推进地方志第二轮编修和党史第二卷编纂工作，以精品意识编纂《高明年鉴》，取得显著成绩。

【方志工作】　落实国务院《地方志工作条例》和第四次全国地方志工作会议精神　1.加强《地方志工作条例》宣传。向各机关事业单位派发国务院《地方志工作条例》，争取宣传部门和传媒支持，通过多种途径，拓宽宣传覆盖面，扩大《地方志工作条例》社会影响。2.争取政府及分管领导重视、支持，用《地方志工作条例》规范地方志工作的开展，帮助解决工作中突出问题，如解决聘请人员经费问题，添置办公设备，把修志经费纳入财政预算等。3.根据人员变动，及时调整区地方志编纂委员会成员。4.加大第四次全国地方志工作会议精神宣传，组织地方志编纂委员会成员收看依法修志工作暨2009年地方志工作电视电话会议，推动贯彻《地方志工作条例》工作深入开展。

《高明市志(1981～2002)》通过终审　2月，《高明市志》经多次修改、补充，形成送审稿。3月，将《高明市志》修订稿通过政府网进行公示2个月，广泛征求意见。对收集意见和建议进行核实、查证，反复多次查找资料源头；反复校核数据，规范图表设计、计量单位，减少、降低误差率。4月，佛山市志办对《高明市志》进行复审。6月，根据佛山市方志办复审意见、区领导要求及社会反馈意见，进行修订、校核，形成终审稿。11月3日，《高明市志》通过终审。

精心编纂《高明年鉴》　1.精心组织，保证编纂进度。1月，召开通讯员培训工作会议，对区属各部门、企事业等单位进行资料搜集与整理、编写要领、体例与规范等专题培训，培训人员130人次；3～6月，完成全书稿件收集、编辑、彩页图像整理、编排和校对等工作；9～12月，《高明年鉴》送中华书局终审，完成出版经费申请、印刷招投标和出版发行。2.树立创新意识，做到常编常新。(1)及时更新版面，首次采用全书双色印刷，活跃了版面；(2)为方便读者使用与检索，随书赠送电子光盘，提高年鉴应用价值；(3)加大彩页图像内容，增设“部门工作剪影”等专栏，形象、直观、简明地反映部门工作情况，彩页图像共78页，213张，分别比上年增加60%和100%。3.保证资料、数据准确性。《高明年鉴》定版签印前夕，编辑人员发现沿用的高明区地图中广明高速公路仍是用虚线标识(该路已在2009年通车)，立即要求印刷商用软件把虚线改正为实线，保证年鉴资料准确性。4.突出年鉴实用性。增设“年鉴常识”栏目，宣传年鉴起源、发展、资料特点和表现形式等知识，提高年鉴实用性。

志书开发利用　围绕经济、社会、文化建设需要和群众文化需求，积极为政府、群众和团体提供信息服务。做好地方志、年鉴发行、宣传和利用工作，使其功能、作用得以充分发挥。年内，在人大政协两会期间向代表和港澳同胞免费派送以及与同行交流《高明年鉴》约500本；接待来访查阅资料群众5批次6人。4月中旬，开展史志资源、文化资源和地情资源开发利用调研，形成《开发利用史志资源为地方科学发展服务》调研报告一份。7月，建立“佛山市高明区史志”网页，不断充实内容，服务大众。

【党史工作】　1.积极推进地方党史二卷编纂工作。上半年，做好党史第二卷资料增补工作，赴肇庆、江门、佛山档案馆查阅档案资料800余卷，复印资料200多份。开展党史第二卷撰写协调工作，与鹤山党史二卷编写人员召开资料搜集座谈会2次、初稿点评会5次。年内，完成党史第二卷初稿，全卷约35万字，进入编辑和修改阶段，工作走在全市党史系统前列，在全省党史工作会议上受到表扬。2.开展学习交流活动。接待贵州省党史研究室，江门、云浮、肇庆等地级市党史研究室，三水、南海、顺德、禅城、鹤山、新兴、高要、端州、鼎湖、台山、恩平等县(市、区)党史研究室领导、同行和专家前来进行学术探讨、经验交流。组织全办人员先后前往江门、中山、新会、恩平、南海、顺德、三水进行取经学习，提高专业水平。3.完成党史部门基本情况调查资料上报。4.做好《广东党史》“佛山红色旅游”栏目有关高明红色旅游景点稿件撰写工作。5.配合区建国60周年党史、国情教育活动，为电台、电视台等媒体提供高明地方党史资料。6.为东洲中学提供“三谭”历史资料，编写校本教材。

【交流、培训】 按照中央和省、市关于大规模培训干部战略部署和《关于我省启动地方志人才培训工程的报告》精神，积极参加省、市、区组织的培训、交流等工作。6月，派员参加省地方志举办地情网制作学习班，完成史志地情网站和政务网站初步建站工作。上半年，与肇庆、三水、南海、顺德党史同行进行地方党史第二卷编撰交流研讨。下半年，参加佛山市委党史研究室举办党史第二卷培训班4人。11月，参加省举办“二卷”编写业务知识培训班1人，系统学习资料的征集、整理、研究和编写知识。

【内部管理】 加强队伍建设，实行目标责任制，制定《工作计划》、《岗位责任制》、《年鉴工作分工》等，明确工作目标；修订完善规章制度，印制《史志办各项规章制度汇编》，加强内部管理；开展学习实践科学发展观活动、纪律教育学习月活动和“五五”普法活动，制定“法律进机关”重点工作推进方案，进行自检自查。年内，完成机关效能和机关作风建设考评、档案管理年检、保密工作检查自查和人事、工资变动等工作。

【联点挂钩工作】 深入联点挂钩村圆岗村开展体制改革和规范农村集体经济组织调研等工作。5月25日，到圆岗村了解连续两天大雨造成的内涝情况、农村体制改革和民主法治村工作情况，资助防洪经费1300元。5月27日，资助圆岗村买水泵2000元。6月8日，扶持下围农家书屋建设经费2000元，购置阅读台椅3600元。“七一”和“八一”期间慰问特困党员、学生、单亲家庭、复退军人等19人，金额4800元；资助圆岗村委会建设卫生村金额8000元；春节期间慰问特困党员、学生、单亲家庭、复退军人等，金额8300元。

佛山市高明区史志办公室负责人名录：
主　任：徐玉业
副主任：杜剑雄　阮文坚

中共佛山市高明区委党史研究室负责人名录：
主　任：徐玉业
副主任：赖锦浩

（李丽燕）

档案工作

【概述】 2009年，佛山市高明区档案局（馆）全面贯彻落实科学发展观，积极配合推进实施《珠三角经济改革发展规划纲要》，以档案工作实现“两个转变”（转变重事轻人，重物轻人，重著名人物、轻普通人物的传统观念和认识，重视所有人的档案价值；转变重机关团体利用、轻个人利用，重为机关团体服务、轻为群众服务的传统观念和认识）、建立“两个体系”（建立覆盖人民群众的档案资源体系和方便人民群众的档案利用体系）为主线，开拓创新，夯实基础业务，档案工作服务民生取得新成效，信息化建设取得新成果。区档案馆被评为“文明窗口单位”，区档案局获得全区2009年度机关效能和机关作风建设优秀等次。

【档案馆规划工作】 年内，抓住《珠三角经济改革发展规划纲要》出台实施、全区各项基础事业赢来新一轮跨越发展的契机，积极争取将国家一级档案馆标准以上的新型档案馆纳入西江新城总体规划，为档案事业发展打下基础。

【档案信息资源建设】 档案接收　确保馆内应接收的全宗单位的档案全部接收，部分单位提前将未到期进馆的档案移交进馆。以民生档案为切入点，加大涉民档案的征集接收力度。全年接收文书档案252卷、11680件，专门档案（涉民）5065卷，声像档案168张，实物档案21件，收集电子公文5963份，纸质现行文件276份，征集各门类的资料82册（份），征集名人档案3套、高明区离退休老干部书画作品108幅。

档案鉴定开放　鉴定区物价局、人事局等全宗文书档案，鉴定条目9497条，达标开放7564条。至年末，馆藏开放的条目占馆藏总量13%，占馆藏文书总量22%。

档案利用　全年局（馆）接待利用档案资料1706人次，利用档案709卷、4568件、149册（份），解决了一批下岗人员补办社保手续的有关问题。

【档案信息化建设】 馆藏档案数字化建设　馆藏档案目录全部实现电子化管理。年内完成10个全宗单位档案全文数字化处理工作。有25个馆藏全宗单位的档案进行了全文数字化处理，处理数量3556卷、34346件，占馆藏档案的20%，占馆藏文书档案的36%。

“区图片中心”建设　主要硬件设备和系统软件完成购置、安装调试并投入使用，内网基本开通。梳理馆藏照片，走访各有关单位，召开高明摄影家协会座谈会，收集图片资料1.3万余张，初步建立图片资料数据库。

现行电子文件的接收管理　建立全区已公开现行文件网上移交承办人制度，规范各单位现行电子公文接收工作。及时将电子现行文件统一报送市现行文件查询中心，提供快捷利用服务，做到“应公开的必须公开”。

【拓展档案馆功能】 结合新中国成立60周年宣传活动，改版更新展厅内容2次，展出“高明区老干部书画展”和“情暖佛山·魅力高明”获奖摄影作品展。全年参观展厅人数1220人次。

【档案服务】 完善窗口服务机制　出台《高明区档案馆档案资料、现行文件借阅利用规定》；梳理编制《高明区档案馆馆藏文书档案一览表》、《高明区部分民生档案查询指引》；制订修订《佛山市高明区档案馆政府信息公开——现行文件接收、利用工作制度》等8项工作制度。

农业农村档案工作　开展农业农村档案工作调研，出台《关于进一步加强我区农业农村档案工作的意见》，编制《村居档案分类整理指引》，创新推行村居档案集中整理制度。

民生档案工作　结合高明实际，落实《佛山市重点民生档案调查情况报告》有关意见，重点加强区劳动和社会保障局、环保局、建设局、卫生监督所等涉及民生部门的监督指导，推动各单位继续加强和完善民生档案工作。

重点建设项目档案工作　及时掌握全区重点建设项目基本情况和工程进度，跟踪和指导项目档案工作。加强与恒达公司、沧江工业园、西江新城、水利局等项目主管部门的沟通和联系，重点指导西坑水库除险加固、沧江跨线桥、杨和跨线桥、杨梅水厂扩建等工程的文件收集和档案整理。

【依法治档工作】 档案年检工作 年初，印发通知，重申明确到期进馆档案移交、电子公文移交、现行文件移交和机读目录数据著录格式等业务工作细节。9月，实地检查区内38个机关事业单位档案工作，合格率100%。

档案目标管理和复查工作 加强监督、指导和检查，推动档案工作规范发展，复查2009年档案目标管理到期的区人民法院、中国建设银行高明支行、广发行佛山高明支行、区财政局、区地方税务局、区发改局、区公路局等，均通过复查。加强2009年申报档案目标管理的区沧江泵站管理处、区卫生监督所、区纪念中学等单位现场指导。区纪念中学通过省特级档案工作目标管理认定。

规范性文件清理 按《关于印发佛山市高明区行政机关规范性文件清理工作方案的通知》要求，清理区档案局2002年12月19日后制发的规范性文件，报送区清理办审查。

【宣传、培训工作】 档案宣传 向各单位免费赠阅《广东档案》刊物，加大档案工作宣传；发挥档案信息网站宣传舆论阵地作用，搞好动态报道和法律宣传，提高社会群众档案意识；利用"12·4"法制宣传日，通过用现场咨询、悬挂横幅、派发档案法规宣传单等形式开展档案法治宣传。

人员培训 组织40多人次参加上级档案部门组织的各类档案业务学习培训和讲座。建立"档案业务预约指导服务制度"，对有需要的单位和个人进行一对一的现场指导和咨询，年内预约指导60多人次。

【联点挂钩和扶贫开发工作】 按照联点挂钩工作要求，协助安泰社区加强社区服务、繁荣文化、维护稳定、提高管理水平等。按照区委、区政府"规划到户、责任到人"扶贫开发工作部署，深入封开县都平镇清水湾对口扶贫村了解实际情况，扎实开展扶贫开发工作。

佛山市高明区档案局负责人名录：
局（馆）长：区广贤
副局(馆)长：麦剑平

（邓凯平）

体　育

【概述】 2009年，佛山市高明区体育局坚持"重实效、求突破、促发展"指导思想，以深入学习实践科学发展观为主线，创新工作思路和方式方法，各项工作创新突破，协调发展，取得良好成效。以8月8日全民健身日和庆60周年国庆活动为契机，增强基层工作带动性和辐射力，大力促进群众体育工作上新水平；努力实施竞技体育人才增长战略，完善落实激励机制制度，竞技体育取得新突破；建设和完善场馆设施，提升服务质量和水平，搭建优质高效体育服务平台。

【群众体育】 基层体育健身设施建设 加大推进村（居）公共体育设施建设工作力度。适当调整体育设施扶持重点和标准，对新建、改建符合标准的公共篮球场实行敞开支持篮球架举措；增加对村居户外乒乓球台建设的扶持；重点在社区公共绿地、休闲场所规划安装健身路径，落实健身路径器材维护管理制度。年内，共赠送安装篮球架34副（新建标准篮球场24个、改建篮球场10个）、户外乒乓球台94张、室内乒乓球台21张、健身路径5处68件，投资753769元。现有36个行政村达到省对珠三角农村体育设施的标准要求，占总数70%。

群众体育活动上新水平　1.贯彻区委区政府“抓项目、保增长”工作方针，推动企业职工体育健身活动，3月，启动以“携手共进·心同在”为主题的“体育村居行——企业篇”专题活动，为期3个多月，每周派出3至4个队次，先后到50个企业进行联谊活动53次，派出参与活动人数712人次，促进体育在企业的发展。2.以组织荷城街道南岸村80多名群众代表高明区参加5月佛山汾江河龙舟赛及游龙队伍为契机，推动开展传统龙舟活动。端午节期间，全区龙舟总数由上年的22条猛增至36条。3.协办“五一”职工乒乓球赛、“三八”妇女运动会、第一届残疾人运动会。

全民健身日系列活动　8月8日是我国首个全民健身日，为贯彻实施《全民健身计划纲要》，增强市民健身意识，8～9月，组织“全民健身·共享快乐”主题系列体育健身活动：“丰溢杯”男子篮球赛；青少年轮滑公开赛；与宣传部、文明办联合主办“动感地带”三人篮球赛；区体育馆、体育场、游泳池和健身广场8日、9日两天免费向市民开放，受惠3000多人次。

发展群众体育组织　积极引导和扶持群众体育组织建设，年内，先后成立“荷城街道体育裁判员协会”和“高明区青年足球协会”。已注册登记区级体育社团组织6个，体育社团坚持“自愿参与、自我管理、自理经费、自主活动”原则，开展多层次多类别体育活动，发挥群众体育健身的组织载体和纽带作用。

体育骨干培训　5月，举办篮球裁判员培训班1期，来自机关单位、各镇街道文化站、学校等50多名篮球裁判员、体育干部和篮球爱好者参加学习培训。12月举办三级社会体育指导员培训班1期，来自全区企事业单位、村（居）委会负责体育工作的干部和各类体育协会（组织）骨干41人参加培训。

【竞技体育】　参赛成绩　年内，运动员参加各级比赛成绩优异：获亚洲青年锦标赛金牌1枚，全运会银牌1枚、铜牌1枚，全国锦标赛金牌10枚（举重6枚、羽毛球1枚、柔道1枚）、银牌15枚（举重6枚、羽毛球4枚）、铜牌7枚（羽毛球6枚、曲棍球1枚），省锦标赛金牌4枚、银牌3枚、铜牌10枚；组团参加佛山市第七届运动会获金牌34枚、银牌30枚、铜牌24枚，金牌数比上届的21枚增加54%，奖牌总数比上届的62枚增加42%，创历届市运会中的最好成绩（少年羽毛球赛夺得18枚金牌中的10枚；首次参赛的少年篮球班荣获第二名）。10月，区5名体育健儿出征全运会，填补了高明区参赛全运会的空白。羽毛球运动员夏静云、罗杰宁在第十一届全运会中分别夺得女子团体比赛和男子团体比赛的银牌和铜牌，获广东省人民政府记“三等功”。夏静云入选中国代表队参加12月举行的东亚运动会，在羽毛球女子团体比赛夺得金牌。

上送人才　全年区上送省队集训运动员3人，省体校转正运动员2人、集训运动员2人，市体校集训运动员14人，转正4人。12月，羽毛球运动员夏静云参加国家羽毛球队女单一队选拔赛，获得晋升国家一队资格，成为高明区首个进入国家一线队的运动员。

【中心场馆设施改造建设】 年初，投资25.7万元对区体育局全民健身广场3个篮球场进行排水改造和场地提升，铺设具缓冲防滑性能的防滑漆彩色地面，重新画线，更换篮板，建设观众座凳。6月，投资8.5万元在区健身广场增建健身路径14件；改善游泳池环境和服务设施，增加群众健身项目，添置台椅，加建休闲憩息篷，安装红外线感应自动喷淋系统，按标准改造浸脚池。8月，投资15.4万元完成区体育馆灯光设备改造；投资28万元对体育馆维修补漏，工程于12月全面完成。11月，投资340多万元建设区体育场田径塑胶跑道。

【体育彩票工作】 4月，区体育彩票服务部正式挂牌成立，负责体育彩票服务管理工作，增加销售网点拓展体彩市场。组织参加市体彩中心主办的业务竞赛、营销培训，定期编印《高明区体育彩票工作简报》等。年内，全区销售网点从上年的21个猛增到36个，增加67%。全年传统型体育彩票销售1254.93万元，即开型体育彩票销售575.34万元，合计1830.27万元，比上年销售总额增长66.2%。增幅为全市之首。

【体育宣传】 拓宽宣传工作思路，丰富宣传内容、畅通信息渠道，营造良好舆论氛围。一是建设完善区体育局网页，做好信息公开、政务公开。二是配合各时段重点工作，编写《高明体育》和《体彩简报》，每周在《今日高明》"栏花"栏目全面反映区内体育工作情况。三是与新闻媒体加强沟通，开设"体育村居行"专题新闻栏目，及时报道龙舟参赛参赛活动、全民健身日系列活动、扶持村(居)体育设施建设等。

佛山市高明区体育局负责人名录:

局　长:肖辉强

副局长:梁建辉　吴建华

（李淑玲）

卫 生

综 述

【综述】 2009年，佛山市高明区卫生局以加强医疗服务、公共卫生服务、基层卫生服务和医疗保障等体系建设为抓手，发展医疗卫生事业，深化医疗卫生体制改革，保障人民群众公平享有基本医疗卫生保健，促进卫生事业协调发展，圆满完成各项工作任务。全区医疗网点105个，卫生系统干部职工1586人，其中高级职称98人，中级职称356人，初级职称1132人。全区一级以上非营利性医疗机构门诊量2249200人次，住院32059人次，门诊人均费用71.51元，其中药费占49.25%，住院人均费用4060元，药品占30.44%。

【公共卫生事件处置】 *防控甲型H1N1流感工作* 甲型H1N1流感疫情出现后，政府高度重视，部署防控措施，预防为主，防治结合，建立高效运转联防联控工作机制、疫情监测报告体系和分级救治机制，成功救治甲型H1N1流感重症患者，有效控制甲型H1N1流感疫情扩散。10月上旬，区内发现一例甲型H1N1流感重症病例后，组织专家进行救治，将患者病情稳定后转到市一医院继续治疗。开展预防控制工作，遏制疫情传播，强化防控措施，开展甲型H1N1流感疫苗接种工作，完成2万份疫苗接种工作，保证一线医务人员、公共服务人员、师生和重点人群免疫预防。做好预检分诊、流感病人疫情报告和相关密切接触人群医学观察工作，落实救治物资储备工作，应对甲型流感暴发准备。

手足口病防控工作 继续加强手足口病疫情监测，明确部门职责，指导医院做好预检分诊、网络报告、病例调查、托幼机构和小学等集体单位晨检、病例实行居家隔离和消毒等防控工作，确保手足口病疫情平稳过渡。

【镇街卫生院建设】 1.硬件更新工作。开展镇(街道)卫生院(社区卫生服务中心)改造和重建工作。荷城街道中心卫生院建设全面动工；更合镇中心卫生院主体楼完成框架建设；明城镇社区卫生服务中心进入内部装修；重新装修的西安社区卫生服务中心和杨和镇卫生院投入使用；拟异地重建富湾社区卫生服务中心进入报建程序。第一阶段的购置设备已分配到各卫生院投入使用。杨和镇卫生院购置救护车和急救设备，完善120急救网络建设。2.软件提升工作。落实市、区级医院分级对口帮扶镇(街道)卫生院工作，加强对基层卫生人员的管理、培训，提升业务水平和服务理念。

【农村饮用水改造】 农村饮用水改造工程是区委区政府“八项惠民工程”之一，计划利用两年时间(2009～2010年)，投入资金4305.8

万元，完成全区水改工程（2 个尚未饮用自来水的自然村和 249 个需要二次改水的自然村），受益人口 81503 人。年内，按照“科学规划、统筹安排、先急后缓、分步实施”原则，推进水改工作，170 条自然村完成水改工作，超额完成任务。

【门诊基本医疗保险工作】 配合社保部门在全区的 47个定点承保医院实施居民门诊基本医疗保险“一卡通”制度，使参保人仅支付 2～5 元就能得到较好医疗服务，解决群众看病贵的问题。加强定点承保医院管理，开展医务人员培训，对处方费用和处方用药进行监管，防止大处方滥用社保基金和乱开贵价药物现象。

【职业病防治】 1.完善职业卫生工作机制。调整职业病防治工作领导小组成员和联络员，完善成员单位工作职责；在镇街成立相应的职业病防治工作领导小组，形成合力，做好职业病防治工作。2.启动建设项目职业卫生评审工作。10 月，召开职业病防治工作领导小组会议，部署、启动建设项目职业卫生评审工作，消除职业病危害隐患。3.拟保留的 4 家陶瓷企业职业病防治工作率先通过全市职业卫生评审验收。4.落实职业病防治机构和队伍建设。8 月，在原编制基础上，区编委批准卫生监督所增设职业卫生监督股、疾控中心增设职业卫生股，增编 4 名，完善机构队伍建设。5.加强职业卫生监测和职业健康监护工作。工作场所职业病危害因素监测单位数和粉尘浓度、噪声强度和化学毒物总合格率比上年提高 30%以上。

【业务培训】 加强基层卫生人员业务培训，提高诊疗水平。完善市、区级医院对口帮扶镇、街卫生院方案，指定佛山市第一人民医院帮扶荷城街道中心卫生院、佛山市第五人民医院帮扶荷城街道富湾社区卫生服务中心、高明区人民医院帮扶杨和镇卫生院、高明区中医院帮扶更楼卫生院、高明区妇幼保健院帮扶荷城街道西安社区卫生服务中心。至年底，有 84 名市级医院主治医师到高明区镇卫生院进行传、帮、教。区医学会和护理学会对基层卫生人员进行专题培训，开展培训班 13 次，参加 180 多人，提高基层医疗单位业务水平。

【疾病预防控制工作】 1.顺利完成 2009 年霍乱、麻疹和新生儿破伤风疾病监测工作。2.推进广东省扩大免疫计划工作，加强预防接种门诊规范化工作，强化冷链管理，保证冷链质量，确保疫苗的有效性。4 月，根据《佛山市麻疹疫苗强化免疫实施方案》，开展全区 14 岁以下适龄儿童麻疹强化免疫工作，得到考核专家组好评。3.强化政府领导，建立部门负责制和全社会共同参与防治机制，做好艾滋病防治，加强高危人群艾滋病行为干预，开展艾滋病预防控制知识宣传教育等工作。4.落实结核病控制工作，健全防治工作机制，加强结防机构建设，加大归口管治，确保结核病防治规划实施。5.开展传染病专项监督工作，落实传染病防控措施，检查传染病网络直报工作，加强医务人员传染病知识培训，促进传染病预防控制工作。

【卫生监督工作】 加强卫生监督执法。以医疗、食品安全和卫生应急为重点，开展经常性监督执法检查和餐饮消费安全专项整治工作。按照量化分级要求发放卫生许可证，坚持扶优打劣和“以评促创”，实现卫生监督量化分级管理率和监督覆盖率 100%。年内，全区量化评级单位1232家(A级26家、B级678家、C级528家),量化监督覆盖率100%,A、B级单位比例57.14%。开展食品打假、专项抽检和节日期间食品安全工作,防止食物中毒、食源性疾病发生,确保供餐安全。加强对工厂企业、学校集体食堂等卫生监督,杜绝食物中毒发生。

【医疗服务管理】 1.开展医院管理年活动,端正医务人员服务态度,改善服务质量上,构建和谐医患关系。2.加大打击非法行医力度和范围。联同政府有关部门取缔非法行医窝点11个,没收非法行医药品、器械21箱,罚款32500元,确保医疗市场秩序正常运转。

【妇幼保健工作】 加强对全区免费婚检、免费产检、"惠民产房"的指导和监管,加强新生儿缺陷筛查、艾滋病母婴阻断、产前筛查和新生儿疾病筛查等工作。年内,婚前医学检查4404人次,婚检率74.19%,比上年增长17.61%;住院分娩率99.93%,孕产妇系统管理率94.95%,婴儿死亡率4.44‰,均达到标准或接近标准要求。

【无偿献血】 加强无偿献血工作的组织领导,与各部门单位加强联系,鼓励干部职工踊跃献血,提高自愿献血人员比例,无偿献血工作持续健康发展,100%满足临床用血的需要。

佛山市高明区卫生局负责人名录:

局　长: 廖爱群

副局长: 陈兆冲　黎新宗　李志权

(何家良)

区人民医院

【概述】 2009年,佛山市高明区人民医院围绕"抓质量、保发展,抓服务、促发展,抓品牌、助发展"思路,推进医院各项工作迈上新台阶。全年门诊量76.85万人次,比上年增加13.36%;住院病人17830人次,比上年增加6.02%;手术6036例,比上年增加5.32%;完成健康体检9216人次、就业体检13000人次;药品收入比例38.75%。取得较好社会效益和经济效益。

【医疗质量工作】 1.落实整改工作。根据《佛山市卫生局医院管理年督查组反馈意见》,制订《高明区人民医院整改措施》。临床科室制定科室《整改意见》,分层实施,推进科室科学化、制度化和规范化管理;推行住院部科室与门诊一体化管理,利用门诊部和住院部医疗资源,促进门诊和住院部相互协作,取得良好效果。2.狠抓标准建设。重新组建医疗质量管理委员会和医疗事故鉴定委员会,明确职责,负责追踪监督医疗质量。制定《医疗质量控制标准》和《医疗质量管理奖惩规定》,围绕医疗核心、输血管理、知情权、治疗管理和医疗质量管理奖惩等制度,落实医疗质量控制标准,评定医疗纠纷和过失案例,避免医疗纠纷和事故;根据《高明区人民医院医技科室质量管理暂行规定》,制定检验、病理、放射、CT、超声、内窥镜、脑电图和心电图室等科室质量管理暂行规定,规范医技科室管理,提高医技检查和检验质量。3.抓好细节监督。(1)抓好医疗质量检查。对临床科室进行12次交叉医疗质量检查,将检查结果在院内网站公布，对不规范的责令整改，对未落实核心制度的给予处罚，规范医务人员诊疗行为。(2)强化科主任管理权限。制定外科系统《手术分级管理制度》，实行急诊和大中型手术需经科主任签名或同意制度；内科系统落实危重病人分级管理制度，科主任必须掌握危重病人状况，保证科室管理到位；临床科室制定医疗差错上报制度，杜绝瞒报、迟报和漏报。(3)加强院感管理。对新生儿、产房、ICU、手术室、供应室和血透等重点科室进行监督；做好手足口病、甲型H1N1流感诊疗防控工作，制定制度和规范诊治流程，开设预检分诊和发热门诊；开展培训，强化消毒隔离措施，预防院内感染发生。(4)加强门诊处方监督。医务科和药剂科联合抽查处方进行点评，对用药不合理和书写不规范处方进行纠正和处理；加强药品管理，减轻病人负担，力求达到“总量控制，规范管理”目标；修订《高明区人民医院药品收入比例管理方案》和《管理方案的补充规定》，规范药品使用和管理。4.鼓励对外交流，支持开展新技术、新项目。组织中国医师心血管风险、小儿先心病诊治新进展、吸入糖皮质激素在儿科应用、乳腺钼靶机的临床应用和神经疾病治疗探讨等专题学术报告会；派出160人次参加学术活动和短期培训，其中参加省级以上学术活动45人次、市级学术活动115人次、进修6人次；开展宫腔镜与腹腔镜联合手术、DR脱细胞猪基质一次性包扎不换药疗法、超大双游离皮瓣修复手术、穿刺细胞学病理检查、免疫组化学检查、Oddis括约肌切开成形术治疗胆总管下段结石、乳腺钼靶机检查、无创呼吸机治疗慢阻肺和光动力治疗皮肤科疾病等20多例新技术新项目，提升医院诊疗服务能力。年内，在省级以上专业期刊上发表论文31篇；在市卫生局、科技局分别有2项科研课题立项。梁伟新和陈玉婵的两项科研项目分别获高明区2008年度科技进步奖二等奖，赵雪颜科研项目获高明区2008年度科技进步奖三等奖。

【应对突发事件】 1.手足口病防控工作。加强防控工作领导，领导小组、专家组和疫情防控小组分工明确，减少重症、避免死亡，落实医院感染管理技术规范、标准和防控规章制度，做好疫情爆发应急预案，对疫情进行登记和上报，圆满完成防控目标任务。2.防治甲型H1N1流感工作。落实传染病防治“三早”(早发现、早隔离、早治疗)措施，成立防治组织机构，制定《甲型H1N1流感医疗救治工作预案》，做好全员培训，明确医疗救治工作诊疗标准、处理原则、转诊流程、预防方案和部门分工，针对疫情变化调整对策。国庆期间，收治一名甲流重症患者，在国家、省、市专家指导和ICU医务人员全力抢救下，患者病情得以控制好转，成为全国首例抢救成功的重症病例，得到上级专家高度评价。11月中下旬，流感爆发，采取紧急措施，抽调住院部医生支援内、儿科门诊和急诊，增派导医协助量体温和维护诊疗秩序，召回外出学习医生，推迟职工年休假，使防治甲型H1N1流感取得阶段性胜利。

【门诊基本医疗保险工作】 落实政府门诊基本医疗保险“一卡通”利民政策，成立应急保障小组，进行人、财、物调配，缓解接诊环节出现的压力；投入10万元，购置电脑、门诊基本医疗保险患者身份证识别系统、与社保连接的信息接口和防火墙等，保证信息系统运行安全；对“一卡通”运行信息、数据进行统计和反馈，解决工作中存在的问题，确保工作规范有序。

【护理工作】 1.落实《护理工作管理规范》。支持护理专业的发展，完善管理制度，落实核心制度，规范护理工作管理。2.落实《临床护理技术规范》。(1)制定护理继续教育方案，对护理人员进行“三基”(基础护理、基本知识、基本技能)知识培训，组织护士观看护理技术操作录像，开展季度、半年和全年基础理论知识考核。(2)制定ICU、急诊、手术室和血液净化等专业护士培训计划，进行分级培训。全年派出70多名护士到全国、省、市参观学习；参加护理大专、本科学历考试人数逐年增加，有53人在读护理本科。(3)制定紧急状态护理人员调配方案。根据各科护理工作量调配人力资源，建立外科系统、内科系统、妇产科系统、ICU和急诊系统等6个护理人员紧急替代梯队，保证突发事件和重大医疗事件人员调配。3.落实《临床护理文书书写规范》。对护士进行《临床护理文书书写规范》培训，要求按新规范书写护理记录。分科制定适合自己专科的表格，根据病人情况选择专科护理表格，实时记录，取消总结回顾性记录，避免重复记录。每季度组织一次护理病历检查，提高护理文书书写水平。

【创建品牌医院工作】 1.制定《高明区人民医院2009年品牌建设方案》。(1)在建院25年之际，发行《携手、前进、展望》院庆特刊，介绍25年来学科建设和改革发展成果。(2)完善医院内外网站。在网络上开辟对外宣传窗口，拓宽社会了解医院渠道；建立通讯员网络，设立激励机制，丰富网络内容，利用网络提升医院品牌。(3)建立医院咨询热线(88667003)电话，解答群众医疗咨询，做好出院病人随访跟踪。年内，对7441人名出院病人进行跟踪随访，抓住患者意见大和投诉多的问题查找原因，在中层干部会上通报，提出整改措施，促进医疗、服务质量不断提高。(4)投资6万元租用全区范围内31个候车亭广告灯箱一年，宣传医院急救电话88886666、就诊咨询电话88667003和医院网站(网址)。(5)组织专家进行科普健康讲座。全年组织健康体检讲座、科普讲座和疫情防治等专家讲座23场次。2.开展医德医风教育。增强服务理念，改进服务模式，提升医务人员服务素质和服务技能。举办两次评比选出医疗服务之星55名，在医院门口以海报形式进行宣传；加强急救技能操练，代表高明区参加佛山市急救技能比赛取得较好成绩；陈小桃获“全国三八红旗手”称号，贺青蓉获“佛山市三八红旗手”称号。3.改善服务环境，改进门诊流程。投入55万元进行门诊医疗流程改造。(1)扩大门诊、急救中心和儿科等工作用房，增加医生诊室，整合门诊和急诊注射室，增加4个收费和发药窗口，增设1名门诊挂号员，为就医提供便利。(2)设置门诊医保政策咨询员，做好宣传解释工作。(3)拆除急救中心门前车库楼，扩大急救中心停车场。(4)建立内、儿科门诊叫号系统，维护就医秩序。(5)抓好无痛内镜诊疗中心建设，整合医疗资源，提供优质、舒适、方便服务。4.承担社会责任，体现医院的公益性。完成麻疹疫苗强化免疫24000人次；完成高考体检3200人次；完成残疾人医学鉴定2500人次；完成冬季征兵体检；派出2名医生支持四川汶川地震灾区重建工作；深入厂矿企业提供医疗咨询和妇幼保健讲座等，与400多家企事业单位建立医疗合作关系。5.筹建经济实体，拓宽经营模式。3月9日，投入83万元，成立恒亮配镜中心，取得预期经济效益。12 月 1 日，转变经营模式，尝试新的经营理念，将中药房改建为恒惠药房，实现扭亏为盈目标。

【抓好中长期发展规划，推动医院可持续发展】 1.制定《高明区人民医院中长期（2009～2013）发展规划》。总方针：科学管理、发展业务、提高质量、改善服务、创立品牌。发展目标：开设床位 650 张，新增临床科室 5～7 个，临床科室总数达 18 个以上；员工总数控制在 950 人以内；完善二级学科建设，成立无痛内镜诊治中心，创建市重点学科 1～2 个。2.推进医院绩效工资改革。邀请广东中医药大学经济管理学院经济博士蒋建华副教授协助制订新的《高明区人民医院绩效工资分配方案》，尝试新的分配模式，确立绩效工资分配向高风险、高技术、责任大、贡献大的技术和管理岗位倾斜原则，在总体不降低各科室人员收入前提下，拉开分配差距，调动临床一线科室和重点岗位人员积极性。管理机制、分配机制和长效机制推动医疗工作步入良性循环。3.积极推进综合住院楼建设。抓住发展机遇，应对传染性疾病防治和医院二级学科建设需求，推进综合住院楼建设项目实施，完成立项后 15 项报批手续。与多家银行协商融资，选定工商银行成为融资合作伙伴，保证综合大楼按期开工。融资解决了医院其他方面发展所需资金，贷款利率再下调 10%，保证医院利益最大化，医院内、外资金运行处于良性循环状态。抓好高压氧舱和中心供氧室搬迁工作，做好基建前期准备工作。落实设计勘探、工程设计和土建施工招标等工作，使综合住院楼进入施工阶段。4.做好人才引进和储备。参加现场招聘会和网上招聘，引进各类人才 33 人，其中副主任医师 1 名、主治医师 7 名、会计师 1 名、研究生 9 名、应届本科毕业生 15 名，缓解临床科室人员不足，为医院扩展、综合住院启用、加快二级学科建设储备人才。5.针对占地面积小严重制约医院发展的状况，经努力争取，得到政府与卫生局领导支持，划拨住院楼后方3.3 亩尚未规划的土地给医院使用。

【后勤管理】 1.规范设备和耗材采购。年内，投入 757 万元，购置乳腺钼靶机、ICU 中央监护仪、彩色多普勒超声诊断仪、五分类血球分析仪、多导睡眠监测仪、电子纤维支气管镜、电子胃镜、CT 球管和冷却系统更换等设备，完成全年预算 107%。规范贵重耗材分件采购工作，降低采购成本，增加了医院利润，改善了使用混乱状况。2.改善退休职工待遇。1 月开始，给退休职工每人每月发放 300 元补贴；提高退休职工住院费补助，凡在本院住院治疗的退休职工，起付金和符合基本医保项目社保不报销部分由医院报销；重阳节安排退休职工到番禺宝墨园一日游。3. 丰富职工文化生活。举办“优质服务从我做起”护士演讲比赛；在院网站开设护理天地专栏，展示护士风采，倡导优质服务，开展争创“优秀团队”、争当“服务之星”活动。护士节期间，为 25 位优秀护士颁发荣誉证书和奖金，组织媒体报道护理工作和优秀护士的事迹，增强护理人员荣誉感。举办“奋发杯”男、女职工篮球赛；组织周末舞会；组织参加佛山卫生系统“天使用爱守护您”合唱比赛；组队参加区直机关“国庆运动会”；租用羽毛球场为职工提供健身场所。投入 35 万元，安排全院职工到湖南郴州学习。

【存在问题】 1.部分员工成本管理意识薄弱，仍存在浪费现象。2.部分中层干部管理意识不足，管理力度不够，缺乏全局理念。3.医患之间发生矛盾现象仍比较突出。

佛山市高明区人民医院负责人名录：
院　长：于建军
副院长：程镇西　王孝杰　崔　勇

（李凤君）

区中医院

【概述】 2009年，佛山市高明区中医院以“强化医院管理，诚信服务百姓，树立科学发展观，构建和谐医院”为宗旨，开展内、外、妇、五官、康复等中医特色科室常见病、多发病、疑难病症诊治和危重症抢救工作，落实双向转诊，健全应急方案，提供住院、急诊24小时服务，综合实力得到提高。全院有正式职工221人、卫生技术人员200人、开放病床125张。全年门诊量31.93万人次，比上年增加10%；住院病人2790人次，比上年增加7%；手术647台，比上年增加25%。业务收入3808万元，比上年增长15%。

【医德医风建设】 1.开展“以病人为中心，以发挥中医药特色优势为主题”医院管理年活动。制订实施方案，加强中医药文化建设，以中医为主发展方向，突出中医药特色，发挥中医药优势，推动骨科申报创建全国农村医疗机构中医特色专科建设项目。把构建和谐医患关系放在首位，通过采购质优价廉药品，让利群众，为群众解决“看病难看病贵”问题。接受社会和病人对医疗费用的监督，及时处理违规收费投诉，纠正不合理检查、用药和收费等问题，维护患者利益。2.开展治理医药购销领域商业贿赂专项治理。建立党政一把手负总责、层级抓落实工作责任制。建立严格报告制度，定期上报专项治理工作进展，与纪检监察、工商和审计等部门沟通协调，加强信息通报和情况交流等工作机制。认真执行廉洁制度，强化监督，做到相互自勉和相互监督，增强廉洁自律自觉性。3.开展政风行风评议。按照“谁主管，谁负责”原则，抓好医德医风教育，规范执业行为，提高服务质量，控制医疗成本，降低医疗费用，刹住损害群众利益不正之风，实现政风行风根本好转。

【医疗质量管理】 加强医疗质量管理，严格执行各项规章制度，规范诊疗行为。坚持首诊负责制、三级医师查房制、疑难危重病例及时会诊、抢救、治疗和重危病人术前术后讨论制度，严把质量关；增强责任意识，注重医疗活动中动态分析，做好防范措施。针对患者对医疗知情权的认知，完善各项告知制度，强化质量控制管理，严格执行病历书写要求。坚持平时检查与月、季、年质量控制结合，严把环节质量关和确保终末质量关。狠抓操作常规，落实抓“三基”（基本理论、基本知识、基本技能）、促“三严”（严格要求、严谨态度、严肃作风），消除医疗安全隐患，减少医疗争议，杜绝医疗事故。

【护理工作】 按照《广东省护理工作管理规范》，重新制定《护理查房质量、查房标准》、《重症、一级护理检查标准》和《护理缺陷、纠纷登记报告制度》等制度，每月组织护士进行科室间学习交流，开展“三基”及专科技能培训。组织业务学习2次，理论考试3次，护理操作技能考核4次，合格率100%。先后派出急诊科、大内科和大外科护士长到省二院、佛山一人民医院学习。抓好人才梯队建设，选派责任心强、技术过硬人员到上级医院学习22人次，提高护理质量和水平。

【居民医保和城镇职工医保】 建立和实施覆盖城镇居民医疗保障制度，总结社区医保试点工作经验，推出社区家庭医生联系人制度，深入开展社区医疗保险工作，促进社区卫生工作发展。加强诚信医保、和谐医保建设规范管理，与中山居委会签订共建慢性病管理协作协议，为辖区内居民建立健康档案和免费体检，开展慢性病筛查。组织居民参加医保，确保居民医保工作实施。

【学科建设】 继续加强中医骨伤科、针灸理疗和康复等中医特色科室建设。加强手术室建设，投资300多万元对手术室进行重新改造，购置一批设备，提升医院硬件设施。通过资源整合，强化激励措施，培养院内重点学科，带动医院整体发展。

【继续教育和学术交流】 与中山三院、广东省中医药协会在高明联合举办2009年度世界卫生组织卫生技术合作项目——病毒性肝炎肝硬化中西医结合诊疗新进展研讨会，取得圆满成功。加强继续教育，外派5人到广州和佛山等地三甲医院进修学习，全年参加36小时以上培训42人次；鼓励医务人员撰写论文、参加医学函授及成人自学考试，在国家级、省级杂志发表论文约20篇。

【人才引进】 加快人才梯队及专科特色建设，适应医院发展需要，新招聘人员29名，其中研究生2名，本科生4名。

【义诊活动】 以内科、外科、骨科和肝病科等为主，邀请南方医院专家开展义诊10多次，免费诊治约1000人次，免费送药1万余元。在荷城广场等地开展糖尿病咨询4次，咨询人达500多人，发放宣传画册1000多份。

【存在问题】 因业务用房紧张，很难持续发展中医特色专科建设。

佛山市高明区中医院负责人名录：

院　长：苏伟坚

副院长：苏明浩　徐国良

仇　波（　～2009.9）

谢庆云（2009.12～　）

（贺　军）

区妇幼保健院

【概述】 2009年，佛山市高明区妇幼保健院围绕"质量办院，科技兴院，依法治院"宗旨，以"提升医疗质量、树立行风正气、突显管理成效"为主题，以切实解决群众"看病难，看病贵"、努力构建和谐医患关系为目标，较好地完成各项任务指标。全院有职工238人，其中专业技术人员178人，占全院总人数74.78%，高级职称23人，中级职称38人，初级职称117人。全年门急诊量34.15万人次，比上年增加21.61%；住院病人4516人次，比上年下降4.56%；门诊人均医疗费用74.50元，比上年下降7.68%，出院病人人均费用2243元。全院药物收入比例 36.34%，比上年下降两个百分点。业务总收入 3556.18 万元，比上年增加 11.39%。

【落实医疗核心制度，加强医疗质量管理】 1.健全三级医疗质量控制体系，落实长效管理措施，加强住院病历、门诊病历和门诊处方督导检查，持续改进临床书写病历质量。2.院内感染管理指派专人负责，派出专职人员参加院内感染管理培训；组织院内人员进行预防控制院内感染知识与技能培训，定期对环境卫生和物品消毒灭菌效果等进行监测、分析和汇总，持续整改，预防院内感染发生。3.认真执行首诊医师负责制和网络直报制度，落实传染病报告管理制度。全年上报各类传染病 279 例，上报率达 100%。4.落实药品管理委员会职责，指导临床合理用药。根据医院目标管理工作方案，制定各专业科室年度药占比指标，结合处方点评工作，狠抓抗生素规范使用和监测管理，对临床科室抗生素使用不规范情况进行分析、点评和通报，通过持续整改，收到良好效果。5.推行综合行政查房制度，围绕医疗、护理质量和科室、财务、药品管理、安全生产、行风建设、后勤保障等进行检查、督导，反馈科室存在问题，提出限时整改意见，加强临床科室与职能部门沟通，促进管理内涵延伸及质量提升。6.加大依法治院力度，严肃依法执业。

【医院建设】 1.新院建设筹备工作。6 月，新院建设进入实质性阶段，区政府在西江新城中央城区无偿划拨 45 亩土地作为新医院发展用地。成立新医院建设委员会，明确职责，落实筹备工作，向银行融资贷款 8000 万元。12月 25日，举行新医院奠基暨动工仪式。2.实行财务成本核算和经济目标预算管理方案，强化员工成本核算意识，强调以优质、高效、低耗为目标，实施"医院发展靠员工，发展成果共分享"理念，开展增收节支效能管理活动，使财务情况得到改善，为医院发展提供保障。3.完善绩效工资分配方案，实行"多劳多得、奖勤罚懒、奖优罚劣"激励机制，调动员工积极和协作性，促使员工自觉改善服务态度、增强服务意识、提高服务技能。4.根据业务发展需要，购置美国强生数码超声刀、眼科手术显微镜、日本希森美康 1000i 型全自动五分类血细胞分析仪、德国罗氏 2010 型电化学发光分析仪和美国雅培便携式血气分析仪等先进设备，增强硬件设施。

【妇幼保健】 1.加强妇幼保健及"三网监测"工作质量监控。全年进行妇女病普查 2764 人次；举办院内孕妇班 41 期，参加 1809 人。2.加强全区托儿所、幼儿园卫生保健工作。全年幼师体检 823人次，集体儿童体检 6000 多人次；幼儿园护齿 11146人次；测视力 4381 人次。3.保健"双免"（免费婚检、免费产检）工作。婚检 4937 人次，婚检率 74.32%，继续居五区之首；免费产检 897 人次，孕产妇系统管理率 94.91%，孕产妇产前医学检查率 98.72%，产后访视率 98.74%。4.开展中小学生青春期性健康教育。全年到中小学讲课 18 节，参加中小学生及教师 10594人，提高中小学生青春期性健康意识。5.加强卫生保健知识宣教。由各科主任和医生组成宣教组，分别到企业、街道居委会和幼儿园等进行卫生保健知识宣教活动，提高居民卫生保健意识。

【门诊基本医疗保险"一卡通"工作】 落实门诊基本医疗保险政策，使参保居民享受阳光服务，降低门诊人均医疗费用，使群众得到实惠。至 11 月底，居民“一卡通”就诊人数 12.45 万人次，占全院门诊量 36.50%，其中城镇民居就诊 97900人次，城镇职工就诊 26681人次。

【应对公共卫生事件】 *防控手足口病* 4 月下旬，部署“手足口病”防控工作，召开各职能部门和临床科室会议，落实各项制度和防控措施，较好完成“手足口病”防治工作。

防控甲型 H1N1 流感 11月，甲型 H1N1 流感高峰期，门诊病人量急剧增加。领导班子高度重视，召开协调会议，组织学习有关防范甲型流感文件精神和防治指南，启动应急预案，出台应急措施，调配人力物力，做好发热门诊、预检分诊和疫情直报等工作。在流感爆发期间，各科室积极配合，调动资源支援临床第一线工作，使甲流防控工作取得阶段性胜利。

【队伍建设】 1.坚持“引培并举”措施。通过选送骨干人才外出进修及专项引进等措施，培养一批结构合理、基础扎实、素质高、能力强的复合型技术队伍。年内，引进高级职称人员 2 人，接收新毕业生 20 人，充实队伍。2.落实医、护、技专业技能培训计划。继续推进见习医师和住院医师规范化培训工作，鼓励医务人员积极钻研科学技术。全年发表学术论文 17篇，佛山市科技局科研立项 2 项。开展学术交流活动，派出业务骨干参加学术活动 217人次，提升专业科室技能水平。3.开展急救技能培训。利用教学模型开展心肺复苏、气管插管、外伤包扎和颈椎损伤搬运等技能培训和考核，提升院前急救技能。年内，急诊救护队参加本区院前急救技能演练比赛取得较好成绩，代表高明区参加市级技能比赛，取得佛山市第四名。4.开展反商业贿赂专项治理工作。组织专题会议、科组长会议和院周会等，加强廉政教育，强化职工廉洁自律意识；利用典型案例进行警示教育；领导干部以身作则，率先垂范，内强素质，外树形象。

【帮扶与义诊活动】 1.开展共青团“联点挂钩”、“青年文明号”、“科技下乡” 和 “光明行动”等活动，组织医疗专家组联合工、青、妇委进行免费送医送药义诊、扶贫助学和慰问等社会公益活动。年内，到各镇进行义诊 11 次，免费派送药品价值万元以上，受惠群众 1200 多人次；到全区最边远的更合镇官山村委会开展免费送医送药义诊活动，为当地村民进行老年白内障、高血压和糖尿病等诊治，缓解村民交通不便就医困难问题。2.团总支部开展活动资助更合镇官山村委会 2 名单亲、低保家庭儿童学费 1 年，得到当地群众赞许。3.开展“慈善一日捐”活动，全院职工捐出善款 19723 元。

佛山市高明区妇幼保健院负责人名录：
院　长：区大刚
副院长：邓文均　林丽梅　刘新娟

（李卓君）

区疾病预防控制中心

【概述】 2009 年，佛山市高明区疾病预防控制中心围绕“抓服务、促发展、抓重点、树亮点”工作思路，按照《传染病防治法》、《食品安全法》等法律法规和技术规范开展疾病预防控制工作。年内，完成事业单位聘用制改革，在编人员 30人签订合同。实现门诊医疗无事故、无严重医疗差错、群众满意度高的目标。

【计划免疫工作】 加强疫苗冷链和规范化门诊建设和管理 1.坚持遵循市级、区级和镇级渠道管理。每月收集基层医院疫苗订购计划，统计汇总上报市疾控中心，杜绝违规购销疫苗现象。2.继续实施疫苗月配送制度，保证冷链质量，方便基层医院日常性预防接种工作。3.各预防接种规范（示范）门诊坚持"周运转"制度，必要时增加运转日，提高接种率和接种及时率，保证接种质量和安全。4.各预防接种门诊开展资料整理和归档，提升免疫规划工作管理。

加强免疫接种工作，预防免疫相关传染病 1.常规免疫接种率均达到90%以上。2.开展Ⅱ类疫苗（风疹疫苗、水痘疫苗、甲肝疫苗、狂犬疫苗、流感疫苗等）推广和接种，预防相关传染病。年内，全区共接种风疹疫苗2585人份，水痘疫苗4070人份，甲肝疫苗4653人份，狂犬疫苗13527人份，流感疫苗3379人份，HIB苗3400人份。3.开展麻疹疫苗强化免疫接种工作。制定《佛山市高明区麻疹疫苗强化免疫实施方案》，在全区范围内对14岁以下儿童进行麻疹疫苗强化免疫接种。通过电视、广播、流动宣传车、宣传栏和宣传单等，开展强化免疫宣传活动；通过加强对预防接种门诊指导、设立临时接种点和接种人员培训等，落实麻疹疫苗强化免疫接种工作。4月，全区强化免疫应种人数58093人，实种人数56785人，接种率97.75%。麻疹疫苗强化免疫通过省市考评专家组检查，快速评估接种率100%。4. 9～10月，在全区范围内开展儿童乙肝疫苗接种情况摸底调查，将所有对象儿童资料通过《学生健康监护信息系统》进行网络报告。对30886名适龄对象进行调查，已接种3剂儿童17193人，需补种1剂儿童3537人，需补种2剂2218人，需补种3剂7714人。

做好免疫监测工作，监控免疫相关疾病 1.适龄儿童免疫水平监测。对8月龄儿童50人进行麻风疫苗免疫前后抗体水平监测。2.麻疹监测。全区共监测20份疑似麻疹个案及血清标本，麻疹确诊病例7例（本地报告病例4例，外地报告3例），及时对疫点进行易感儿童麻疹疫苗查漏补种和疫点消毒工作，控制麻疹疫情扩散。3.新生儿破伤风监测。共接报新生儿破伤风病例2例，均为外地户籍病例，完成个案调查和资料上报工作。4.AFP（急性弛缓性麻痹）病例监测。加强对各医疗卫生机构AFP病例监测工作，全年报告AFP病例2例，经采集合格双份大便，检测后均排除脊髓灰质炎病例。5.流感抗体监测。进行一般人群流感抗体水平监测采样工作，两轮采血40人份。6.AEFI（疑似预防接种异常反应）监测和处理。全年报告10例，一般反应3例，异常反应7例，对所有接报疑似预防接种反应进行调查和处理。

做好儿童入园、入学查验预防接种证工作 落实春季招生工作以及插班儿童预防接种证查验，把查验接种证列为预防接种门诊日常工作，舒缓新生入学大规模接种证检查压力。11月，参与区卫生局组织的检查，对荷城街道部分托幼园所入托入学查验预防接种证、资料归档、儿童补种等情况进行督导。

加强季度督导和考核评估 开展对各镇（街道）季度督导工作，规范免疫接种、疫苗管理、资料整理等工作。按照《2009年佛山市高明区镇级防疫考核评价方案》实施季度考核，在每季度例会上通报考核评价结果。

【传染病防治】 做好甲型H1N1流感防控 1.密切注视全球疫情动态，加强监测，适时调整本区甲流防控策略。5月，收集疫情相关信息和资料，了解疫情蔓延情况，制定防控方案，做好流感暴发疫情应急物资准备，加强应急演练，提升处理能力。2.加强流感监测。在2所医院哨点、2所学校哨点进行流感监测，评估流感流行态势。1～12月，医院哨点总就诊人数349675人次，监测流感样病例19902人次，学校就诊1189人次，监测流感样病例172人次。在区人民医院哨点进行病源学监测，采样116人份，检出季节性流感病毒阳性6份、甲型H1N1流感病毒阳性11份。甲型H1N1流感阳性样本集中在9～11月份检出。3.做好确诊病例、重症病例和密切接触者防控。10月2日，对区人民医院报告的1例疑似重症病例进行调查，采集样本检测和送样，根据流行病学调查资料对本区密切接触者进行医学观察，指导医务人员开展院感工作，开展医务人员预防知识咨询服务，做好各项报告和防控工作，成功救治该病例。4.政府牵头，加强部门联系，做好联防工作。(1)做好出入境人员联防联控工作。区政府组织有关部门召开会议，制定《高明港发现甲型H1N1流感可疑病例应急处置工作方案》，明确区应急办、高明出入境检验检疫局、卫生局、疾控中心和区人民医院等职能部门分工，指定密切接触者医学观察场所，形成防控机制。(2)加强与区农业部门沟通，掌握甲型H1N1流感疫情动态，全年全区没有发生动物流感疫情。(3)加强与教育部门联系，把学校、托幼机构防控列为重点，组织全区校医进行甲流H1N1流感防控知识和技能培训，提高校医甲流防控水平，使区内校医能独立完成学校防控工作。组织人员对学校、托幼机构进行检查与督导，规范学校、托幼机构晨检和缺勤查因工作，到托幼机构、小学发放预防甲型流感消毒药物及消毒指引，落实校内卫生清洁和消毒工作，做好佛山健康监护网报告，指导学校按“早、小、严、实”传染病防控原则开展防控工作。5.开展甲流H1N1流感疫苗接种工作。11月，做好甲型H1N1流感疫苗接种前期准备工作，贮备接种应急物品，对40多名甲型H1N1流感疫苗接种工作人员进行培训。11月9日，按《佛山市高明区2009年秋冬季甲型H1N1流感疫苗接种工作方案》，正式开展本区甲型H1N1流感疫苗接种，完成第一线医务人员、公安干警、海关、检验检疫、边检、校医、福利院、交通、电网等公共服务人群接种，开展中小学校毕业班学生、教职员工、孕产妇和外来工接种。截止12月31日，完成甲型H1N1流感疫苗接种15377人份，没有发生预防接种不良反应和报告。

做好手足口病疫情防控 1.加强疫情监测，落实病例居家隔离和消毒。4月，手足口病病例迅速增加，中心每天由专人进行网络监测、分析疫情和统计数据，排查病例，通过电话对每例报告病例家长进行居家隔离和消毒指导。2.做好托幼机构、学校等重点人群防控。对全区幼儿园学校进行巡查，督促、落实托幼机构、中小学校等场所晨检和消毒工作。要求托幼机构、学校发现疑似病例到指定医疗单位进行诊治，要求所有患病学生和托幼儿童在治愈后必须到疾控部门出具治愈证明，凭证返校。

做好艾滋病防控工作 1.完善艾滋病监测、报告制度。(1)开展重点人群监测，完善自愿咨询检测。监测人群覆盖公安司法场所的在押人员和戒毒人群，医院的孕产妇，术前检查、义务献血人群以及娱乐餐饮等人群。年内，共监测23635人次，其中：公安监管场所监测

718人份(阳性2人);孕产期检查4834人份(阳性2人);术前检查3264人(阳性5人);开展自愿咨询检测496人次。(2)对HIV(艾滋病感染者)/AIDS(艾滋病人)进行管理、跟踪。加强对艾滋病疫情信息报告工作管理,及时审核、订正、查重及删除,确保艾滋病报告及时性、准确性;定时对各报告单位进行艾滋病专项检查,提高报告质量,确保报告率100%;每6个月对感染者进行一次随访,每3个月对艾滋病病人进行一次跟踪;定期对全区艾滋病疫情进行系统分析,掌握疫情动态,纠正存在问题,维护系统正常运作;加强疫情信息报告反馈工作,为防控工作提供准确情报。通过艾滋病网络专报系统每日搜索新增病例,开展监管场所转介工作,掌握区内病例发展情况。2.开展高危人群干预工作,发展同伴教育者。加强对重点人群艾滋病知识宣传和行为干预。组织干预工作队多次到公园、出租屋、桑拿和娱乐场所等暗娼活动点进行艾滋病行为干预工作,向干预对象讲授艾滋病预防知识,组织性服务工作者进行HIV抗体检测。全年干预人数21396多人,派发宣传折页5419多份,发放安全套16858多个。启动同伴教育工作,发展一批同伴教育者,由同伴教育者进行艾滋病知识宣传,派发小礼品,对娱乐场所高危人群进行行为干预。3.多部门合作,落实母婴阻断措施。年内,通过孕产妇产前监测,区内发现1名孕产妇为艾滋病感染者。中心接到确诊报告后,即向上级卫生部门报告,并对患者进行告知,建议患者终止妊娠。在确认患者选择继续妊娠时,中心立刻通知相关职能部门,将患者转介至定点治疗医院,采取母婴阻断药物申请、领取、治疗等措施,阻断母婴传播、继发传染和二代传染发生。4.进行艾滋病知晓率调查。中心干预工作队分别对城市居民、农村居民、流动人口、在校青少年、暗娼人群和吸毒人群进行知晓率调查,共调查1847人次,城市居民知晓率64.01%,农村居58.29%,流动人口94.76%,学生59.62%,暗娼87.00%,吸毒人群69.31%。5.贯彻落实国家“四免一关怀”政策。(1)做好“四免一关怀”(国家实施艾滋病自愿免费血液初筛检测;对农民和城镇经济困难人群中的艾滋病患者实行免费抗病毒治疗;对艾滋病患者遗孤实行免费就学;对孕妇实施免费艾滋病咨询、筛查和抗病毒药物治疗;将生活困难的艾滋病患者及其家庭纳入政府救助范围)政策、卫生知识宣传和心理辅导、艾滋病知识咨询等工作。(2)实施免费抗病毒治疗,为艾滋病人建立免费治疗个人档案,做好免费治疗转介和转诊工作,建立规范免费治疗管理机制。成立艾滋病抗病毒治疗药物管理组,做好药物贮备、发放和管理工作。

疾病监测工作 1.霍乱监测:根据霍乱监测方案,完成霍乱监测任务,共检测水产品106份、水样178份,检索病例17份,无阳性结果。2.疟疾监测:各医疗单位均开展“三热”病人疟原虫血检工作,共检测157份,检测结果全部为阴性。3.开展水性疾病监测。继续在荷城三小、文苑幼儿园、区人民医院、区妇幼保健开展哨点监测工作。1~11月,监测症状学生1269人次,医院监测肠道症状病例814人次。

开展传染病监测和漏报率调查 年内,对全区医疗卫生单位进行2次传染病质量和漏报率调查,对存在问题单位发出《疾病预防控制现场督导报告书》,提高传染病报告率和报告质量。1~11月,区内无甲类传染病发生,报告乙类传染病10种1103例,发病率为380/10万;丙类传染病7种659例,发病率为230/10万。

做好登革热和寄生虫防控　根据上级要求，对登革热防控资料、材料、药械进行检查和贮备；利用计划免疫入村调查等方式继续在农村开展寄生虫预防宣传，组织各医疗单位开展寄生虫检测和治疗工作。

【卫生监测】　1.食品、食（饮）具卫生监测：检测焙烤食品、肉及肉制品等221份，合格192份，合格率86.88%；抽检餐饮单位、集体食堂1017户次，抽检食（饮）具6901份，合格5616份，合格率81.38%。2.生活饮用水卫生监测：抽检集中式供水、二次供水和分散式供水水样487份，合格336份，合格率68.99%。3.公共场所卫生监测：监测住宿、美发美容等场所128间，监测样品2082份，合格1785份，合格率85.73%。4.作业场所职业病危害因素监测：监测企业45间，检测粉尘监测点97个，合格点70个，合格率72.16%；检测化学毒物监测点388个，合格点384个，合格率99.22%；检测物理因素监测点297个，合格点168个，合格率68.57%；检测高毒类型监测点96个，合格95个，合格率98.96%。5.消毒效果质量监测：(1)对辖区内医疗卫生机构进行消毒效果质量监测，分别抽检灭菌医疗用品238份、合格236份、合格率99.2%；使用中消毒剂223份、合格率100%；灭菌器生物监测30份、合格率100%；无菌器械浸泡液25份、合格率100%；医务人员手215份、合格197份、合格率91.6%；空气中细菌含量129份、合格93份、合格率72.1%；物体表面60份、合格58份、合格率96.7%；紫外线强度130份、合格120份、合格率92.3%；医疗污水抽检3间医院，均不合格。建议仍使用不可持续消毒紫外线灯管的医疗单位及时更换紫外线灯管使用层流、静电离子吸附或循环紫外线消毒器等可持续消毒设备；要求医护人员采用非接触式水龙头，使用一次性洗手液，按规范方法洗手，提高消毒效果质量。(2)对全区22所小学、17所中学进行餐具消毒效果监测，小学抽检266份，合格238份，合格率90%，中学抽检268份，合格221份，合格率83%。(3)对全区托幼机构进行消毒效果质量监测，抽检空气252份，合格203份，合格率80.5%；玩具136份，合格111份，合格率81.6%；台面143份，合格71份，合格率49.6%；餐具216份，合格192份，合格率88.9%；幼儿手246份，合格103份，合格率41.8%；幼师手151份，合格84份，合格率55.6%；保育员手30份，合格15份，合格率50%。6.病媒生物监测：(1)与区爱卫办合作，对荷城街道杂散地、池塘、沙井、污水渠出口、花园小区、酒楼等地进行“四害”密度监测，掌握辖区内病媒生物密度增长。按照《佛山市病媒生物监测方案（试行）》要求，开展成蚊、苍蝇常规监测，分别在居民区、公园、医院、农户、畜牧棚等内外环境放置蝇笼、诱蚊灯，按月完成数据统计上送工作。(2)4～12月，按照佛疾控[2008]36号《转发省疾控中心关于加强登革热媒介等病媒生物监测工作的通知》要求，对区内各个街道（镇）进行伊蚊幼虫孳生地监测，并对阳性户进行登记，对监测数据进行整理、上报、分析，向社区、爱卫办提出消杀工作建议。

【卫生检验】　日常检验工作　1.微生物工作：完成医疗机构和托幼机构消毒效果监测、公共场所和美容美发监测、末梢水监测、外环境霍乱监测等工作，卫生微生物检验12005项次，肠道致病菌14292项次，做好原始记录、报告书打印和复核。2.化验工作：开展职业危害因素、饮用水监测和社会热点项目检验，完成“广东省城市饮用水卫生监测网络试点工作”出厂水和末梢水监测244项次。开展理化检验2184项次，理化＋微检3080项次。3.临检工作：开展健康检查项目、麻疹抗体、风疹抗体、狂犬病抗体、HIV抗体等项目检测。临床检验117494项次，其中HIV3537项次、麻疹IgM抗体42项次、风疹IgM抗体42项次、狂犬抗体1034项次。

室间质控工作　1.微生物检验。参加广东省疾病预防控制中心（CDC）室间质控“食品中副溶血性弧菌检验”，检测结果合格。2.理化检验。（1）参加广东省疾病预防控制中心室间质控“水中苯系物检测”，检测结果合格。（2）参加佛山市疾病预防控制中心室间质控“苋菜红色素”检测，评定结果未下发。（3）参加广东省职业卫生检验中心室间质控“活性炭管中三氯乙烯含量测定、活性炭管中甲苯含量测定、血中铅含量测定、滤膜中锰含量测定”，评定结果均合格。3.临床检验。（1）参加佛山市HIV抗体检测筛查实验室质量考评（共10份样本），评定结果优秀；参加佛山市麻疹/风疹IgM抗体检测实验室质量考评（共10份样本），结果未下发。（2）参加佛山市临检中心生化四项和血常规四项3季度室间质控，评定结果合格。

应对非常态检测工作　开展涉及水厂水源水污染、群众饮用水质量投诉、工厂有机溶剂使用不当职业中毒、疑似食物中毒致病菌检测及环保部门委托的工厂污水有机溶剂检测和农药污染检测等，共检测7件19份样本183项次。

【健康检查】　1.预防性从业人员健康检查。全年全区食品生产经营、公共场所、化妆品生产、药品生产经营、供水等从业人员检查总人数14748人（食品类12673人、公共场所类1681人、药品类120人、供水201人、化妆品生产73人），合格人数14711人，合格率99.75%。2.职业健康体检。对信息管理系统进行升级改造。全年职业体检9718人（上岗前体检人数3635人，在岗期间体检人数5965人，离岗时体检人数118人）。发现职业禁忌证511人，观察对象321人，疑似职业损害或疑似职业病人数8人，发出职业健康体检总结报告67份，结果告知体检者和报告卫生行政部门。3.普通健康体检7629人。4.购置职业健康监护车。6月8日接收职业健康监护车，可为体检者提供X线透视、高千伏X线摄片、电测听、一般体征/心电图/B超、生化等检查。利用“体检信息管理系统”，建立无线局域网，实现外出体检科学、高效、人性化。

【碘缺乏病防治工作】　1.完成全区居民户碘盐监测任务，抽检居民户食用盐240份，合格234份，合格率97.91%。向盐业部门通报盐碘监测检测出非碘盐村委会情况，由盐业部门跟进督查。2.开展全区25所小学2万多名学生碘缺乏病健康教育和碘盐鉴别活动，普及碘缺乏病危害常识，现场检测食用盐，发出《给家长的信》2万多份，完成调查问卷900份，发放活动资料3万多份。3.根据《佛山市高明区实现消除碘缺乏病目标县级考核评估实施方案》，进行现场考评和资料收集整理，撰写《佛山市高明区疾病预防控制中心实现消除碘缺乏病目标县级考核自查评估报告》。4.7月，高明区接受佛山市消除碘缺乏病目标县级考核评估专家组考核，成为消除碘缺乏病目标县级考核评估“达标区”。

【卫生保障工作】 1.完成人大、政协两会、富逸湾实业开发有限公司房产项目暨五星级(国际)大酒店和金谷朗旅游度假区奠基庆典、高考和中考、广明高速公路(西樵至更楼段)通车典礼、“要明鹤兴”县域经济一体化发展论坛活动等卫生保障任务,抽检食(饮)具215份、糕点9份、直饮水样17份、住宿和会议场所公共用品用具和非用品43份,派发《重大活动卫生保障公共卫生技术指导》等资料245份;派发消毒指引,对内外环境进行喷杀,防治面积10万平方米。2.完成佛山市第七届运动会高明赛区和高明区第三届“万人濑粉节”活动的卫生保障,监测旅游景点、濑粉加工场所、接待单位96间,抽检食(饮)具597份,生活饮用水17份,糕点类6份,住宿及比赛场馆样品25份。3.5月底,针对连续大雨使荷城敬老院和三洲社区多处低洼地区出现水浸,受灾群众851人的情况,中心派发灭菌净及消毒指引,指导灾后消毒工作,安排专业队进行大面积消杀。

【行业健康教育】 1.加强计划免疫知识宣传,营造全社会关心和支持免疫规划工作氛围。(1)结合“4·25”计免宣传日和麻疹疫苗强化免疫工作,利用媒体进行知识宣传。4月1～30日,每天晚上通过电视播出麻疹疫苗强化免疫接种宣传,共播放200次;在高明电台广播节目“健康大晒”中播出免疫规划知识,共播出74次;在《今日高明》刊登以麻疹疫苗强化免疫接种为主的信息。(2)开展针对外来务工人员子女免疫规划工作现场咨询活动,在明城镇贝斯特陶瓷公司设立现场咨询点,现场派发宣传折页约3000份。(3)利用麻疹疫苗强化免疫活动摸底造册机会,对免疫规划工作进行宣传,悬挂宣传横幅177条,张贴宣传海报800份,刊登宣传栏2版次,派发宣传折页6万份,宣传单张12万份,发放手机短信23.5万条次。2.加大防控甲型H1N1流感宣传。通过电视台、电台宣传甲型H1N1流感传染途径、临床症状以及预防知识,举办甲型H1N1流感咨询活动,解答群众疑问;通过镇(街)政府、社区宣传栏开展甲型H1N1流感预防知识宣传,派发宣传资料1万份。3.普及手足口病防治知识。通过电视台等媒体进行预防手足口病宣传,历时1个多月,印发手足口病宣传折页1万份。4.职业病防治宣传。4月30日,参加贝斯特陶瓷公司举办的职业病防治现场咨询活动,开展职业病防治法律法规和职业病防治知识宣传和义诊,宣传现场派发资料约3000份。5.防治碘缺乏病日宣传活动。参加区政府主办的“全社会共同参与,持续消除碘缺乏病”5·15防治碘缺乏病日宣传活动,派发宣传折叶300多份;5月14～16日,在佛山电视台高明分台TVB、ATV频道播放30秒《2009年第十六届防治碘缺乏病日》图像公益广告6次。6.艾滋病宣传教育活动。(1)利用4·25计免宣传日等活动宣传艾滋病防治,派发安全套5000多个,宣传资料1000份。(2)利用公交车进行艾滋病宣传,在区内主要的3条公交线路开展为期1个月艾滋病知识宣传。(3)11月29日,联同溢达公司开展以“遏制艾滋,履行承诺”大型宣传,以游园方式进行艾滋病知识问答有奖游戏,有500多人参加问答抽奖,派发宣传资料4000多份。(4)开展艾滋病防治政策宣讲。11月27日,组织防艾委成员单位联系人进行艾滋病防治知识培训;11月30日,在检验检疫局举办艾滋病防治政策宣传讲座,该局40人参加讲座。

【业务培训】 1. 麻疹强化免疫培训。3月，举办全区防疫人员"麻疹强化免疫培训"，学习《高明区麻疹疫苗强化免疫活动实施方案》；举办4期麻疹强化免疫接种人员培训班，有176名接种人员参加；对16名荷诚街道幼儿园园长和15所托儿机构负责人进行"麻疹强化免疫培训"。2.协助区卫生局对全区医疗单位和学校、托幼机构人员进行甲型H1N1流感防控知识培训。3. 6月，对全区防疫人员进行"疫苗可预防疾病的预防控制"专题学习，提高防疫人员业务水平。4. 9月19～24日，对防疫组长12人和中、小学校医16人开展"乙肝疫苗查漏补种摸底工作"技术培训。5. 11月8日，对全区防疫人员、各临时预防接种点预防接种人员进行甲型H1N1流感疫苗预防接种技术培训。

佛山市高明区疾病预防控制中心负责人名录：

主　任：李仕培

副主任：黄瑞伦　黄志广

（郑卓灵）

区卫生监督所

【概述】 2009年，佛山市高明区卫生监督所依法开展职业卫生、传染病防治、公共场所卫生、医疗卫生、食品安全等监督工作，取得较好成效，为保障人民健康做出积极的贡献。

【卫生行政许可审批】 1.规范办事程序，严把卫生许可证审查和发放关。实行五天办结制，对受理卫生许可事项，从20个工作日压缩到5个工作日，提高工作效率。全年发放卫生许可2327项，其中餐饮576个、集体食堂88个、公共场所750个、生活饮用水1个等，受理医师资格及执业许可63个、医疗机构设置及执业许可51个。2.建立监督管理信息平台，将卫生监督信息管理系统与区电子监察系统无缝接驳，规范卫生监督员审批权限、步骤，严把审批流程关。3.开通POS机刷卡收费，取消前置办理许可手续所需提供资料流程，提高办证效率。

【卫生监督执法】 职业卫生监督工作　9月，区编委批准本所设立职业卫生监督股，加强陶瓷企业整治和有机溶剂、粉尘、重金属等专项整治工作。1.陶瓷企业通过职业卫生验收评审。建立职工一人一档健康监护档案，改进岗位操作流程，完善职业卫生培训记录，落实工人职业健康监护等；加大企业投入，对生产工艺流程进行技术改造，降低有害岗位职业危害因素，提高职业病危害因素检测合格率。顺成、贝斯特、新粤丰、雅居等4家陶瓷企业通过佛山市陶瓷企业职业卫生验收评审，高明成为市首个全部陶瓷企业通过验收区。2.建立职业危害企业卫生管理档案。与安监、工商等部门沟通，开展职业危害企业调查摸底，对区内1674家企业进行分类筛查，400多家企业建立健全一户一档职业卫生管理档案。3.开展职业卫生专项整治行动。6月，对化工、制鞋、皮革、家具、玩具、塑料制品等企业使用含有1,2二氯乙烷、苯、正己烷等危险化学品有机溶剂情况进行监督检查，共监督检查84户，对没有开展职业健康监护企业责令整改。8月，对全区7间石场、2间人造宝石厂、1间玻璃厂进行监督检查，对没有组织接尘工人进行职业健康体检、没有建立健康档案企业负责人进行《职业病防治法》宣传教育，责令整改。4.完善建设项目职业卫生评审工作机制。调整区职业病防治工作领导小组成员和联络员。11月1日，正式启动建设项目职业卫生评审工作机制，对3家职业危害一般企业技术改造项目职业卫生预评价批复，有7家煤制气站正在进行控制效果评价，1家制鞋企业正在进行职业卫生预评价。

传染病防治工作 及早制订传染病防控措施和预案，开展甲型H1N1流感应急救援演练，举办甲型H1N1流感防控知识讲座和防控知识宣传培训；进行传染病监督检查，重点落实对医疗机构和托幼机构卫生监督工作，监督检查医疗机构37间次，学校、托幼机构118间次，公共场所、餐饮单位296间次，对不符合防控要求单位责令整改。有效预防手足口病、甲型流感等传染病疫情，获上级有关部门肯定。

餐饮消费安全工作 1.推进量化分级管理。严格按量化分级要求审批卫生许可，要求经营场所悬挂卫生等级牌匾，亮证、挂牌率达100%。全区量化评级单位1232家(A级26家、B级678家、C级528家)，量化监督覆盖率100%，A、B级单位比例达57.14%。2.开展专项整治工作。对全区餐饮单位的米面制品、熟肉制品、冷热饮品进行抽检，开展打击违法添加非食用物质和滥用食品添加剂专项整治；开展清理无证无照经营专项行动，对全区135家有无证经营餐饮单位进行整治，符合条件发放《餐饮服务许可证》，联同工商部门对6家无整改条件的单位予以取缔，对2家餐饮单位进行1800元处罚；开展生猪及其肉制品安全专项治理和羊、狗、猫肉品加工经营市场专项整治工作，重点检查餐饮单位、集体食堂有否建立进货索证索票和台账登记制度(餐饮单位建立原料进货索证制度1030户、建账率达100%)，猪肉是否定来自定点屠宰企业，餐饮单位使用羊、猫、狗肉是否落实索证等，监督覆盖率达100%；对餐饮单位、集体食堂猪肉进行"瘦肉精"专项抽检，未发现"瘦肉精"超标。3.开展节前专项抽检和检查。开展节前食品卫生专项检查，重点检查餐饮单位和旅游景点餐饮单位、工厂企业集体食堂等，开展面粉、糕点、水发产品、熟食制品、火锅配料、桶装水、月饼等专项检查和专项抽检，对3家使用不合格桶装水餐饮单位进行处罚。

公共场所和生活饮用水卫生监督 全区量化评级公共场所经营单位835家(含就餐场所333家)，其中A级14家、B级564家、C级257家，量化监督覆盖率达100%，A、B级单位比例达69.22%。集中式供水单位5家，其中A级1家，B级3家，A、B级单位比例达80%。游泳池水质监测合格率100%，住宿业公共用具监测合格率44.44%，美容美发业公共用具监测样品监测合格率43.75%，水厂供水质量监测合格率90.16%。

重大活动卫生保障工作 第三届濑粉节前，进行有关企业负责人卫生知识培训，对食品原料采购、食品加工、贮存、运输、供餐、留样和餐用具消毒等实施监督，实现零差错卫生监督保障任务。

【查处卫生违法案件】 1.完善举报投诉案件处理程序、规范接待投诉文明用语和首问负责制、举报投诉案件处理效率与年度考核挂钩等制度。年内，接群众举报投诉60宗，查处率达100%。2.查处卫生违法案件。对

16宗违法案件进行立案查处，其中食品卫生6宗、公共卫生6宗、医疗卫生4宗，罚没金额20400元。3～8月，联同区卫生局对全区26家非政府办理医疗机构进行执业行为清理整治行动，重点检查医疗机构、临床科室名称、牌匾是否与核准登记名称相同，诊疗活动是否超出执业登记范围。对1间医疗机构任用非卫生技术人员开展诊疗违法行为处以5000元罚款。联合有关部门取缔非法行医窝点11个，没收非法行医药品、器械21箱，罚款32500元。

【卫生法律法规宣传教育】 从业人员卫生知识培训　每周举办3期食品生产经营单位、公共场所从业人员卫生知识培训班，每月举办1期食品生产经营单位负责人卫生管理知识培训班，不定期地派出卫生监督人员深入企业进行卫生知识培训，提高食品生产经营单位、公共卫生管理水平。年内，培训从业人员15306人。

卫生法律法规宣传　通过现场咨询、电台、电视台等媒体进行卫生法律法规宣传，撰写通讯稿件向省、市、区级卫生行政部门及媒体投稿100多篇。结合甲型H1N1流感防控、职业卫生专项整治、餐饮消费安全专项整治工作等活动，举办校园食品安全、企业职业卫生安全知识讲座和传染病防控知识培训班。全年发放宣传资料1万多份，制作宣传栏30多期。

【机构建设】 完善规章制度　修订各项规章制度，强化稽查考核，实行目标管理责任制,加强作风建设；举办“文明礼仪”知识专题讲座，开展文明礼仪服务，增强“廉政、效率、服务”意识；加大对股室和卫生监督员稽查力度，促进股室间学习、交流，提高卫生监督执法水平、工作效率和服务水平。

加强团队建设　开展工会、共青团和妇女等团体工作，创建“青年文明号”和“文明窗口单位”，提升组织力、执行力和创造力。年内，被授予“爱心大使”、“佛山市五四红旗团（总）支部标兵”称号，“青年文明号”通过复审。

加强继续教育　要求卫生监督员每年至少授课1次、参加业务培训不少于2次，实行自我提高业务水平。全年参与授课卫生监督员24人次，参加业务培训625人次。

完善档案管理　开展档案归档整理工作，配置档案室设备，购买档案管理软件，档案管理人员实行持证上岗。年内，申请档案目标管理省特级单位考评验收。

【联点挂钩工作】 继续开展与明城镇明阳村委会联点挂钩工作，派出1名干部到村委会驻村工作，团支部与明阳村委会团支部开展联点挂钩工作。年内，开展调研活动17次，参加挂钩点座谈会18次，组织现场咨询活动1场，讲座1场，排查和化解矛盾纠纷16件，解决农村热点难点问题7件，切实为基层办实事。改善村委会办公条件，丰富村民文娱生活，向明阳村委会赠送电脑3台、电视机1台、书籍刊物280多册，慰问困难党员、贫困学生等，捐赠款物约18000元。

佛山市高明区卫生监督所负责人名录：

所　长：黄建华

副所长：李泽民　刘日明

（林礼明）

区慢性病防治站

【概述】 2009年，佛山市高明区慢性病防治站以建设防治体系为目标，完善体制机制，优化工作流程，提高服务质量，增强慢病防治综合实力，努力开创慢性病防治新局面。

【医院建设与管理】 1.创新机制。建立科学发展机制，完善工作制度、岗位职责和奖惩细则。结合科学发展观学习，提高慢病防治结构调整升级认识，解决制约科学发展突出问题，突出特色，发展专科优势。11月，印发修订《慢病站规章制度》；12月，完善奖惩机制，激励医务人员积极性，确保目标任务落到实处。2.推进科室结构优化调整。抓住医药卫生体制改革机遇，突出慢病防治特色，加大特色科室建设，提高业务水平；利用现有资源，合理配置职能科室，满足医疗服务流程需要。3.加强人才队伍建设。合理调整人员结构，实施人才队伍建设规划，通过考核、培训等，加快人才培养；引进专业技术人才，实现慢病防治可持续发展，提高防治队伍素质。4.提高医疗质量管理水平。针对甲流防控工作形势严峻的状况，积极落实预检分诊、院感管理、疫情报告等工作，多次组织培训，规范医疗废物管理，严格控制医院感染。5.加强职业道德建设，开展医德医风教育，提高医务人员职业道德水平，做好居民门诊医疗保险工作。

【结核病控制】 落实结核病控制措施，提高管治质量。年内，完成广东省结控项目任务情况：接诊可疑结核病人1241人，完成年度任务122.63%；登记初治涂阳病人105人，完成年度任务105%；登记复治涂阳病人15人，完成年度任务88.24%；登记初治涂阴病人149人（包括空洞粟粒9人），完成年度任务146.08%；登记结核性胸膜炎21人，登记肺外结核3人。初治及复治涂阳病人2、3月痰菌阴转率均为100%。

加强防治质量管理　1.落实结核病防治规划，加强项目经费使用管理，资金使用严格执行审批制度，设立独立账户，专人管理。2.巩固三级防治网，建立稳定专业队伍，定期进行防痨人员结防知识考核，提高疫情报告水平和业务能力。年内，参加上级举办培训班2期；本级举办培训班2期，对全区各乡镇分管业务院长、门诊传染科主任、镇级防痨医生和非政府民间组织成员等进行培训，共230人次。3.加强项目资料、药物管理。项目科医生规范填写“三本二卡”（初诊患者登记本、结核病人登记本、痰涂片检查登记本和结核病人登记卡、结核病人管理卡）、病历书写，按时上报月、季统计。药物有专柜存放、专人管理，药物发放设立专门账本、盘库记录。4.严格执行《痰涂片实验室质量保证手册》规定，把好痰片质量关。开展耐多药结核病筛查工作，共送检可疑耐多药痰培养13例，有1例耐多药结核病人接受治疗。5.做好重点人群结核病防治工作。加强对涂阳患者密切接触者、艾滋病病毒感染者和病人中筛查结核病工作，共检查涂阳肺结核病人密切接触者195例，病人家属筛查率为96.1%；筛查艾滋病病毒感染者2例，均未发现活动性肺结核病人。6.定期开展督导工作，利用三级防治网，以项目病人督导为重点，规范各级结核病防治工作督导管理运作程序和内容，确保病人享受免费治疗、免费管理和服务。年内，共督导48次，访视病人194例，在完成管治期152例本地病人中，规范治愈和完成治疗147例，病人系统管理率96.7%。

归口管治　年初，区卫生局与各综合医院签定《结核病人转诊责任书》，落实转诊任务，对完成任务单位给予奖励。年内，共转诊1022例可疑结核病人，转诊率为98%，到位449人，转诊到位率43.9%。

宣传教育　通过“3·24”世界防治结核病日、举办健康讲座、张贴宣传画册、发放健康教育处方等形式，提高对结核病防治认识。世界防治结核病日，开展“控制结核，人人有责——关注农民工，共享健康”宣传活动，发放宣传资料3000多份，免费胸透652人次，发现可疑结核病人3人。坚持到工厂企业开展肺结核普查活动宣传教育，结防科深入溢达公司、津西金兰集团等企业举办专题讲座，共3万多企业员工接受肺结核普查。

网络专报管理和病人追踪工作　认真执行《结核病信息管理系统工作指南》和《肺结核病人转诊和追踪实施办法》，按照规定和程序处理病人基本信息。完善网络直报病人追访机制，利用三级防痨网络对未到位可疑或确诊病人进行追访，聘用2名医务人员负责该项工作。至11月底，综合医院网络直报病人1096例，报告率达99.4%，删除重卡239张，追踪病人654例，追踪到位383例，追踪到位率达59.37%，排除255例非活动性肺结核病人。

全球基金流动人口结核病防治工作　第五轮全球基金中国结核病控制项目始于2008年10月，共接诊可疑结核病人684人，完成年度任务158%；免费摄胸片357张，初诊查痰411人；登记初治涂阳病人58人，完成年度任务129%；登记复治涂阳病人5人，完成年度任务45.5%；登记重症涂阴病人10人，完成年度任务91%；登记初治涂阴病人170人，完成年度任务472%。初治及复治涂阳病人两三个月痰菌阴转率均达100%。按项目要求，派出10人次参加上级举办相关业务知识培训；组织培训各级社区医务工作者100人，加强专兼职结防人员对项目流程和要求认识，迅速适应工作。年初，完成与民间组织合作协议，倡导非政府组织参与结核病防治宣传工作，共派发宣传单20000多份，派发宣传画册1000多份。根据规定及时发放病人交通费和营养费，加强病人治疗依从性，流动人口结核病人管治质量明显提高，在完成管治期100例病人中，规范治愈和完成治疗88例，病人系统管理率为88%。

【麻风病防治】　做好现症病人督导、愈后病人监测和康复工作，加强三级防治网管理、麻风病人管理、药物不良反应监测，提高门诊及体检发现疑似麻风病人能力，提高病人发现率，做好麻风病防治工作。年内，新发麻风病人1例，至年底有现症病人1例。

佛山市高明区慢性病防治站负责人名录：

站　长：黎伟文（　～2009.8）

仇　波（2009.8～　）

副站长：谢庆云

（林礼庆）

明城华立医院

【概述】 2009年，佛山市高明区明城华立医院树立"以病人为中心"服务理念，提高医疗质量，保障医疗安全，改善医疗服务，控制医疗费用，为群众提供安全、有效、方便、价廉医疗卫生服务，构建和谐高效的医疗保健体系，致力打造"政府放心、群众认可、患者满意、同行尊重、员工自豪"的现代民营医院。全年门诊总量15.04万人次，比上年增长35.84%；平均处方金额39.57元，比上年下降13%；药品比率41%，比上年增长6%。住院总人数2478人次，平均住院费用2355元，比上年增长0.4%；病床使用率53.63%；药品比率29%，比上年增长2%；手术台数531台；危重病人抢救成功率95%；病人对临床工作满意率100%。完成业务收入1439万元，比上年增长17%；药比占总收入34.5%，比上年增长4.5%。

【行政管理】 严格依法执业，规范执业行为 强化制度管理，规范医疗行为，增强依法执业意识，不超范围执业，对未取得执业医师证人员要求科室做好带教工作。现有医生52名，执业医师32名，执业助理医师10名，新入职医生备案10名。年内，通过执业医师考试3人，通过执业助理医师考试1人，全院执业护士47名，新入职护士备案2名。

医疗应急管理 制定突发公共卫生事件、灾害事故等应急预案，做好人员调配和物资储备等工作，承担起明城和周边突发事件紧急医疗救援任务。如国庆期间，成功抢救一名重症甲流患者，为患者后续治疗打下基础，受到上级专家高度评价。急诊科独立设置，改造急救流程，保证绿色救治通道畅通，急重症病人会诊提前在急诊科完成。

财务、后勤保障 建立财务管理制度、医院会计管理制度、收费与退费管理制度和相应岗位责任制；实行价格公示制、费用查询制和费用清单制等，便于患者查询。后勤服务实行社会化，制定规章制度和岗位职责，为患者提供配餐、治疗饮食，保障食品安全，全年没有食物中毒发生。加强医院安全和防范意识，制定治安巡查制度，院内新安装防盗网和防盗围墙。8月，安装视频监控系统，改善医院安全环境。

【医疗业务管理】 医疗质量管理 1.成立医疗质量管理委员会，健全"层次分明、职责清晰、功能到位"医疗质量管理体系，每月召开一次中层管理者会议，提升医疗质量和医疗服务水平。2.加强对医疗质量、病案和文书书写管理，对住院病历进行经常性检查，每月抽查科室在架病历，进行专题讨论，规范书写质量。年内，随机抽查病历300多份，处方和门诊病历合格率达95%以上。3.开展"人本位医疗"模式、危重症病人风险评估流程、住院病人24小时风险控制流程和疼痛管理流程等。通过风险评估，做好转诊工作；对需留院治疗患者做好风险控制，降低医疗风险，实现全年医疗三个"零"(零纠纷、零事故、零赔款)。4.采取"请进来、走出去"模式，院内组织业务学习24场次，出外接受培训人员400多人次，鼓励医技人员积极参加省、市、区医学会举办学术培训等。

规范药品管理 按照《处方管理办法》，每月填写处方评价表，抽查合理用药处方比例达90%以上。实行处方使用药品通用名制度，每月实行处方评价，进行药物用量和价格动态汇报；对医生处方实行"四查十对"，检查处方是否按照《抗菌药物临床应用指导原则》用药；实行药房人员持证上岗，发现临床药品不良反应与药害事故及时上报，按规定严格使用、保管精麻药品；对居民门诊医疗保险处方实行每日检查，及时纠正违规现象。

护理质量管理　围绕护理工作目标，落实护理核心制度，加强质量监控。强化危重病人基础护理和生活护理，开展老年病人安全管理和舒适（疼痛）管理，尝试为病人提供上门护理服务。加强手术室、产房和新生儿病房等重点科室质量管理，提高护理和服务质量，全年没有发生护理并发症和护理投诉。

院内感染管理　1.医务科和护理部联合管理院内感染防控工作，指定专人管理。年内，派出一名防控员到佛山市第一人民医院参加培训，组织中层管理人员参加省医院协会《院内感染防控持续改进》专题培训。2.各科室严格执行无菌操作，手术室定期做空气培养，经疾控部门检测，每季度空气及手消毒监测均达标。3.简化医护人员职业暴露（日常工作中医疗卫生人员，意外被含有感染性病原体污染黏膜、破损皮肤、被针头刺破和锐器割伤）上报流程，制定医护人员艾滋病职业暴露应急预案，完善血液传染病检验，实行登记建册，以便跟进。年内，共发生2例医护人员职业暴露，均已排除感染源传染病史。

临床输血管理　制订《临床用血管理制度》和《临床输血技术规范》，管理领导小组审定临床用血计划，严格控制输血标准，对临床用血制度进行检查，定期进行督促、检查与指导。年内，无出现向本区以外采血机构取血和私自采血现象。

【传染病防控】　1.健全传染病管理制度，落实职责到人。成立网络直报小组，负责网络直报工作；加强医务人员传染病报告意识，提高诊断和报告水平；健全疫情报告制度，落实层级管理，传染病漏报率2%以下；做好艾滋病初筛和结核防控工作，发现肺结核或疑似病例及时转诊到区慢性病防治站。2.按标准要求开展急性弛缓性麻痹病例、麻疹和新生儿破伤风等传染病监测工作。门诊严格按照工作规范和隔离消毒制度，设立门诊日志和传染病疫情登记簿，发现传染病及时报告和送检。开展禽流感、手足口病和甲型H1N1流感等传染病预防工作，对医护人员进行专项培训，做好应急物资贮备和防控措施。3.加强院内感染工作管理，严格执行消毒制度，做到一人一针一管一消毒，使用一次性注射器。年内，没有发生脊髓灰质炎病例、院内感染引起传染病疫情和死亡事故。区疾控中心对本院进行每年两次的消毒效果质量监测，合格率为100%。4.抓好计划免疫工作，计划免疫冷链设备专人管理，疫苗按规定渠道进购，使用执行领发登记，接种操作符合规范，疫苗免疫基础接种率达98%以上。11月，针对狂犬疫苗效价低问题，及时通知398位接种者，全部补种。5.设立肠道和发热门诊，配备专（兼）职人员、医疗设备、抢救药物和消毒药械。肠道门诊发现可疑病例，及时报告，做好隔离消毒和留院观察，做好病人排泄物消毒处理。实行门诊分诊制度，不明原因发热病人预检安排发热门诊诊治。6.开展卫生宣传，提高群众健康卫生知识水平。派发宣传单张种类13种，其中"强化麻疹"活动宣传单约6000张，"预防甲型H1N1流感"、"预防艾滋病"、"预防人致病性禽流感"和"预防登革热"等系列宣传画约200套，预防"手足口病"宣传册子约3000张。7.按照《医疗废物管理条例》处理医疗废物和医源性污水，将每天产生医源性医疗废弃物实行集中管理，医疗废水在排入下水道前均经过消毒处理，防止疾病传播，保护环境。

【医德医风建设】 医疗服务 把优质服务、人性化服务贯穿医疗全过程。制定便民措施，简化就诊流程，基本让患者半小时内就诊；收费处增开服务窗口，缩短患者等候时间；要求医护人员做到“五个一”（一句温馨的问候，一句得体的称谓，一杯适口的热水，一张健康指导处方，一张出院联系书）和“六个前”（帮助在患者求助前，解答在患者咨询前，服务在患者要求前，沟通在患者治疗前，巡视在红灯闪亮前，质控在问题发生前）。对住院病人和产妇，提供免费接送服务，方便交通不便群众。制定跟踪回访制度，做好病人出院后回访和信息记录。

惠民服务 开展下乡义诊为村民送医送药活动。先后组织15个医疗志愿服务小队，走遍明城镇各条自然村，派出人员438批次、1950人次，惠及群众29267人次；建立居民健康档案1000多份，对高血压、糖尿病、慢阻肺和心血管等疾病制订治疗方案。11月，接管苗迳卫生站，解决偏远山村老百姓看病难问题。

行风建设 开展治理医药购销领域商业贿赂工作，建立医德考评制度，设服务质量满意度问卷调查，解决病患反映突出问题，群众满意率达99%以上。11月，诚聘贝斯特陶瓷厂一位员工为本院社会监督员，设立服务热线或投诉电话，自觉接受群众监督。全年没有发生收受、索要病人“红包”、“开单提成”和发布虚假医疗广告等现象，收到锦旗16面和11封感谢信。

药品采购 根据《广东省医疗机构药品阳光采购实施办法》规定，参加广东省药品阳光采购。7月，通过网络阳光采购药品96.66万元。

【妇幼保健·计划生育】 妇幼保健 加强妇幼保健网络管理，规范母婴保健服务，加强出生医学证明发放管理工作。全年发放出生医学证明411份。年内，总产妇人数410人，活产人数411人，新法接生411人，孕产妇死亡为零，新生儿破伤风为零。针对出生缺陷发生率高现状，采取增补叶酸等方法预防，降低残疾儿童发生率，新生儿疾病筛查率99%以上。加强儿童保健教育，严格实行“4.2.1”（生后第一年检查4次；第二年、第三年每年2次；3岁以后每年检查1次）体检制，加强对0—3岁儿童系统管理、儿童“四病”防治和学龄前儿童体检工作。年内，到明城中心小学进行健康教育2次、明城中心幼儿园和盈富幼儿园健康体检各1次；对7岁以下儿童进行营养评价，对体弱儿进行专案管理。

计划生育 配合政府和计划生育部门做好计划生育工作。严格执行计划生育政策，没有出现非医学胎儿性别鉴定或选择性别人工终止妊娠现象，严格控制绝育、引产、上环、取环和人流等手术，未发生超范围计划生育手术行为。妇产科和临床医务人员均进行上岗培训，坚持持证产检、上报制度和持证取环等制度，在政策范围内做好结扎手术和终止妊娠手术。年内，实施剖宫产140例、上环236例、取环33例、输卵管节育43例、人流577例。做好本院职工计划生育工作。

【门诊医疗保险】 认真落实门诊医疗保险政策。采取每隔一个星期公布门诊医疗保险处方金额汇总情况等措施，促使医生合理用药，杜绝大处方，降低病人自付比例；药剂科通过处方点评，及时将处方评价反馈给医生。全年门诊医疗保险 74871 人次，平均处方金额 16.04 元，自付比例 16.15%，各项指标符合政策要求。

【存在问题】 1.民营医院运作机制的绩效管理和考核已不适应现状，有待进一步改善。2.药品支出比例增长过快，已达到 35%。3.人员待遇相对偏低，护士流动量达 25%。

佛山市高明区明城华立医院负责人名录：
院　长：杨峻厚

（陈梦拉）

区爱国卫生运动委员会

【概述】 2009 年，佛山市高明区爱国卫生运动委员会办公室（下称区爱卫办）以开展农村饮用水改造工程为重点，认真开展除“四害”和农村改水改厕等工作，抓好群众性爱国卫生运动，推进卫生镇、卫生村创建活动。年内，25 个自然村被命名为“广东省卫生村”，4 个自然村被命名为“佛山市卫生村”，170 个自然村完成二次改水工程。

【群众性爱国卫生活动】 开展全国爱卫月活动 1.宣传动员工作。2 月，印发《关于开展爱国卫生月活动的通知》，组织各镇（街道）、区直各单位开展爱国卫生行动。召开爱卫月活动动员会议，部署工作任务。2.开展群众性卫生整治行动。党政机关、干部群众踊跃参与，各镇（街道）、区直各单位积极配合，找准重点，突击整治。全区干部群众 1 万多人参加清洁卫生行动，清理卫生死角 327 处，清运垃圾余泥 372 吨，清理蚊蝇孳生地近 2000 处，整治待建用地13 处，清拆乱建棚架、棚屋 23 间。

开展秋季爱国卫生行动 国庆前夕，根据市爱卫会关于开展“整洁环境喜迎国庆”爱国卫生行动部署，开展以整顿市容环境卫生、加强秋季除害防病为重点的爱国卫生行动。各镇（街道）、区行政执法局、建设局、工商局等部门，加大对车站、景点、街道等公共场所保洁，整顿主干道路和繁华路段的占道经营、乱堆放、乱摆卖等现象，加强集贸市场环境卫生管理。组织专业队开展全区范围内除“四害”专项行动，抑制“四害”孳生，营造整洁、舒适环境。

【创建、巩固卫生镇、村】 创建和巩固卫生村 1.创建卫生村。根据《关于印发佛山市高明区创建卫生镇和卫生村工作方案的通知》，以点带面，先易后难，突出工作重点，逐步推进卫生村创建工作。开展除“四害”和健康教育工作，指导农村抓好巷道、排水沟渠硬底化建设，绿化美化，新建或改造无害化卫生公厕、垃圾屋，圈养禽畜，清除“四害”孳生地。7 月，经省爱卫会复核，有 25 个自然村评为“广东省卫生村”、4个自然村评为“佛山市卫生村”。到年底止，全区共创建“广东省卫生村”84 个、“佛山市卫生村”22 个。2.巩固卫生村。根据《佛山市省级卫生村年度检查评估实施意见》，对全区 2008 年上半年前命名的 14 个“广东省卫生村”进行检查评估。协助指导各镇（街道）做好准备工作，与各镇（街道）爱卫办对相关自然村进行自查和预检，挑选 8 个村推荐为 A 类“广东省卫生村”，于 11 月接受市爱卫会检查组检查评估，得到检查组肯定。

巩固卫生镇、卫生先进镇　明城镇于2007年创建为全区首个"广东省卫生镇"，杨和镇和更合镇于镇街整合之前已创建成为"广东省卫生先进镇"。根据广东省爱卫会规定，以上3个镇需接受复核。年初，对获省卫生镇、卫生先进镇的3个镇进行复查工作部署，指导和督促3个镇做好迎检工作，深入各镇开展迎检指导工作，做好迎检材料准备。5月下旬，杨和镇和更合镇通过"广东省卫生先进镇"复核；9月下旬，明城镇通过"广东省卫生镇"复核。

【农村二次水改工作】　政府重视　根据《关于印发佛山市高明区农村饮用水改造工程实施方案（修订）的通知》，区委、区政府将农村二次水改工程列为重点民生工程，利用两年时间（2009～2010年），投入资金4305.8万元，解决全区尚未饮用自来水、缺水严重、管网破损老化、水质变坏的251个自然村的饮水难问题（其中2009年完成149个，2010年完成102个）。分管副区长定期组织召开全区水改工作协调会议，研究推进水改工程工作措施，协调各镇（街）与各职能部门关系。9月，在更合镇界村举行饮用水通水仪式。11月，在更合镇粤中纵队纪念馆举行革命老区水改工程第一期验收暨第二期动工仪式。

部门配合　1.成立高明区农村饮用水改造工程专责工作小组，由区爱卫办、各职能部门和各镇（街道）领导组成，负责水改工程审批、督导和验收工作，每月召开工作会议1～2次。2.每月出版1期农村水改工作简报，通报各镇（街道）水改工程进度和工作开展情况，为各镇（街道）开展水改工作提供相互学习和借鉴平台。3.完善审批程序，缩短审批时限，在收到水改自然村审批、验收材料3天后作出审批意见或组织相关验收工作。4.深入农村督促、指导水改工作，推进工作开展，保证工程质量。5.与上级部门沟通，落实市、区财政扶持资金，确保全区农村水改工程，缓解镇级资金压力。

镇街水改工程　各镇（街道）成立水改工作领导小组，制定《农村饮用水改造工程实施方案》，优先安排筹措镇级农村水改专项资金。基层领导干部挨村逐户进行水改宣传发动，开展实地勘测和规划，协调解决矛盾，按计划完成水改工程任务。年内，二次水改工程目标任务149个自然村。全区有196个自然村上报审批材料，170个自然村完成二次水改工程，超额完成21个自然村水改工程任务。至年底，投入资金2600多万元，惠及农村居民53000多人。

【农村改厕】　2月，印发《关于加强推进农村无害化卫生公厕建设的通知》，重新绘制《农村无害化卫生公厕设计图》，下发到各镇（街），规范农村无害化公厕建设。年内，新建和改造农村无害化卫生公厕57座，新建和改造户厕10995户，农村粪便无害化处理率92.14%。

【除"四害"】　1.加强宣传工作。通过电视台、电台、报社、出版宣传栏、派发宣传单张和召开会议等形式，宣传除"四害"。5月，在佛山电视台高明分台、佛山电台高明分台播放"全民齐动手，翻盆倒罐清积水，消除蚊子孳生地，预防登革热"公益宣传广告，印发"灭蚊齐行动，扫除害人虫"倡议书5000份，通过报刊发送公司派送到单位和居民住户。2.开展统一消杀行动。2月下旬，部署各成员单位、镇政府（街道办），开展灭蚊防蚊等除"四害"工作。组织3个除"四害"专业队，于3月中旬、4月下旬、5月下旬进行3次以灭蚊为重点的地毯式除"四害"突击消杀行动，控制城区"四害"密度。荷城街道办组织居委会加强对蚊滋生地的调查工作，将情况反馈区爱卫办或除"四害"专业队处理。年内，各镇(街道)开展突击消杀行动2～3次。3.完善监督机制。9月下旬，城区公共环境除"四害"承包服务重新公开招投标，由2个除"四害"专业机构中标承包。每月开展1次以灭蚊为重点的消杀行动。按照《佛山市高明城区公共环境除"四害"承包服务质量监督和考评办法》，落实除"四害"质量监督检查，实施三级监督检查工作制度：一是由居委会对日常除"四害"工作进行监督，对专业队在本居委会辖区的投药、喷洒、处理滋生地等工作进行现场监督并签名确认。二是荷城街道爱卫办每月对专业队消杀效果进行监督检查，发现问题，限期整改。三是区爱卫办每季度组织除"四害"验收组进行检查考核，根据质量考评标准进行评分，未达到承包质量要求的限期整改，并按标准进行扣分、扣罚承包款。

【存在问题】 1.农村集体经济收入比较薄弱，使本区创建卫生村工作滞后。2.创建国家卫生镇工作处于空白，杨和镇和更合镇尚未正式启动广东省卫生镇创建工作。

佛山市高明区爱国卫生运动委员会办公室负责人名录：

主　任：何成辉

副主任：陈合莲（　～ 2009.10）

（林兆敏）

“要明鹤兴”四地合作宣言书

经济全球化、区域经济一体化浪潮正在席卷地球的每一个角落。南粤广东，珠三角一体化也因《珠江三角洲地区改革发展规划纲要》这一国家战略的出台而风起云涌。资源的整合、行政壁垒的消弭，必将迎来一个大联合、大协作、大发展的大时代。

这是不可阻挡的趋势，这是不容回避的挑战，这是不能推卸的使命。因应这样的使命和召唤，我们今天走到了一起。

同处西江以西地区的高要、高明、鹤山、新兴四地，地缘相邻、人缘相近、文脉相通，互动交流的历史悠久，携手合作的基础牢固，发展共赢的展望迫切。在珠三角一体化背景下的今天，四地深度合作、携手跨越的时机已经成熟，美好的愿望已经到了付诸行动的时候。

在此之前，四地已牵手开展了一系列的交流互动，并达成了携手打破行政壁垒、加强交流合作对接的共识。今天，高明与高要、鹤山、新兴三地也分别签订了更紧密合作的框架性协议。标志着“要明鹤兴”四地寻求合作共赢的努力，已迈出了历史性的重要一步。

这是一个良好的开始。

“要明鹤兴”四地不仅要传承和弘扬彼此之间由来已久的交流渊源，更要强化基础设施的共建共享、产业发展的合作共赢、公共事务的协作管理，探索共建“要明鹤兴”一体化合作机制，最终实现西江以西区域的统筹协调发展。

高要、高明、鹤山、新兴分属广佛肇、珠中江和粤西环珠三大经济圈，“要明鹤兴”合作机制一旦构建并显现效果，必将成为三大经济圈互动的支点和纽带，这个“局域网”将极大地推动珠三角“互联网”的形成和发展。发展县域经济是当今中国的重中之重，我们所要探索的，不仅仅是四个县域经济合作发展的路径，更要谋求建构中国县级区域一体化进程的模式。因此，“要明鹤兴”携手合作的全部努力，将为中国县级区域的互动共赢探索经验，为走向现代化的中国摸索一条行之有效的路径。

“科学发展、先行先试”——这是我们共同的承诺。

世界上的谁都是相通的。我们以西江的名义携手，也将以西江的姿态奔腾！

高要市人民政府　高明区人民政府

鹤山市人民政府　新兴县人民政府

二〇〇九年九月六日

Gao Ming Nian Jian

高明年鉴

2010

社会生活

民政·劳动和社会保障

民　政

【概述】 2009年,佛山市高明区民政局深入开展学习实践科学发展观活动,围绕区委区政府"抓项目、保增长"工作方针,按照年初工作部署,认真落实各项为民工作,力促民政工作顺利开展,为全区经济社会发展作出积极贡献。

【社会保障】 提高民政补助标准　从7月起,提高全区重点优抚对象及五老人员(老堡垒户、老游击队员、老交通员、老苏区干部、老党员)、农村五保对象、城乡居民最低生活保障对象、定期定量救济对象、社会散居孤儿等民政对象的生活补助救济标准。优抚对象抚恤补助标准按平均增长8.5%的比例进行调整提高,其中:孤老烈属每人每月定恤提高到1001元;城乡居民最低生活保障标准、各类定期定量救济标准从原来的280元/人/月提高至310元/人/月;农村五保供养标准从原来的280元/人/月提高至400元/人/月,增幅42.8%;社会散居孤儿的最低养育标准从原来的280元/人/月提高至600元/人/月,增幅达114%。

低保工作　推进低保动态管理、建立分类救助机制、促进规范化建设。建立低保提标扩面机制,低保标准提高到每人每月310元/人/月,实现应保尽保。建立最低生活保障对象分类救助机制和物价异动应急救助机制,切实保障群众的基本生活水平。全区共有城乡低保对象2674户5780人,全年发放城乡低保金1032万元(其中分类救助对象2228户2949人,发放分类救助金108万元)。城镇低保对象月人均补差164元;农村低保对象月人均补差146元。积极推进低保规范建设试点工作,在荷城街道三洲社区建立试点。

城乡救助　投入607万多元,用于农村五保供养经费支出,为城乡低保对象、农村五保对象统一购买门诊和住院保险,为困难群众开展大病医疗救助,减免低保家庭子女书杂费、学杂费,发放生活补助,改造农村危房等。春节期间,向低保对象、五保对象发放春节慰问金和生活补贴共154万元。完善自然灾害应急管理机制,建成救灾物资储存仓库,成立区减灾委员会,开展"防灾减灾日"宣传教育系列活动。在荷城街道中山、三洲社区开展"全国综合减灾示范社区"创建工作。

慈善工作　创新慈善宣传方法,在《佛山日报·今日高明》推出"爱心高明"专版,为困难群众搭建求助与资助平台,营造慈善氛围。组织开展慈善一日捐活动,"高明慈善日"深入民心,全年募集慈善资金433.7万元,支出慈善资金286万元,资助2555名困难群众。慈善超市建设实现年初目标,更合镇、杨和镇慈善超市已入运作，实现全区一镇（街）一慈善超市的布局。

【基层民主政治建设】 加强村居委干部教育　结合深入学习实践科学发展观活动，加强村居委干部教育，开展村居委会干部培训班1期，组织村居委会干部外出参观学习。

村务公开民主管理工作　配合开展“民主法治村（居）”示范创建活动。推进村（居）委会、村（居）民小组村务公开栏橱窗式改造，规范档案管理及公开栏的公开内容。完成“难点村”排查摸底工作。

创建省“六好”平安和谐社区　全区新增健力、安泰、竹园、金华、月明、河江、人和、新圩等8个省“六好”（自治好、服务好、环境好、管理好、治安好、风尚好）平安和谐社区，全区已有近80%的社区创建成省“六好”平安和谐社区。投入220万元，支持各镇、街道开展社区服务中心建设。再次开展社区建设补助资金考评工作，对最后一批申请社区建设资金补助考评的10个社区居委会进行实地检查考评。组织举办“情暖佛山·守望相助邻里亲”高明社区邻里日活动。协助开展农村社区建设实验工作，对全区农村社区建设情况进行相关的调研，制定出初步方案。

【优抚·安置】 在春节、“八一”建军节、国庆节期间组织开展系列拥军优属慰问活动，支出活动经费83万多元。继续开展关爱功臣行动，为重点优抚对象购买门诊和住院医疗保险，9月，对全区部分重点优抚对象开展送医送药巡回医疗活动。完成2008年冬季退役士兵安置和职业技能培训工作，接待安置退伍士兵110人，发放一次性安置补助金113万多元。做好参战退役人员的稳定工作，维护重大节日特别是国庆60周年的社会稳定，实现退役士兵上京、上省信访零纪录。

【社会管理和服务工作】 民间组织　抓好培育发展行业协会、民办非企业单位、社区社会组织工作，加强社会组织规范管理和执法监察工作，开展社会组织为民服务日活动。制定社会组织等级评估标准，着力推动工作的实施。全区有民间组织135个，应参加2008年年度检查民间组织121个，有113个民间组织办理了年度检查手续，年检合格率100%。

殡葬管理　开展殡葬改革宣传活动，全区累计平坟4000多穴。投资400万元，完成区殡仪馆火化车间改造工程项目建设，保持火化率100%。加快推进公益性骨灰楼和生态墓地规划建设。4月和10月组织开展全区禁拜和防止青山白化工作排查，采取实地查看、清点等方式，对违规现象坚决予以整治，确保巩固殡葬改革成果。

区划地名　投入43万元，完成高明大道两侧沿途村庄、中心城区路牌维修和安装工作；完成《中国地名故事》高明篇拍摄工作；完成高明与三水区区划行政界线联检工作。年内，进行建筑物命名、更名17个。

移民和老龄工作　加强三峡移民安置管理，建设移民文化室，及时发放后期扶持资金、救济金和奖学金，确保三峡移民稳定。加大宣传力度，提高全社会敬老意识。加快“星光老年之家”建设，加大对“星光老年之家”建设经费和后续运营经费的督促检查力度。居家养老服务试点工作取得初步成效。

老区建设　10月，区委区政府出台《关于进一步加强革命老区建设的实施意见》，明确提出用3～5年时间，基本解决老区行路、饮水、住房、看病、读书等难题，从培育特色产业、加快基础设施建设、着力改善民生、加大投入力度、开展智力扶贫等五方面进行扶持。11月，老区二次水改首期工程完成并通过验收。

其他民政业务　举办全区婚姻登记员业务培训班1期，提高业务素质；安装刷卡机，方便业务缴费。9月9日全区婚姻登记量达103对，创高明区单日婚姻登记总量新高。全年办理婚姻登记3905对；依法办理收养登记15宗。加强福利企业和福利彩票管理，合理调整福彩投注站点布局，全年销售福利彩票3225万元。依法开展流浪乞讨人员救助管理，全年接待各类求助人员419人次，经甄别符合救助条件并给予救助203人次。

【内部建设】　学习实践科学发展观　3月，根据区委统一部署，精心组织实施，圆满完成学习实践科学发展观活动工作，取得阶段性成效，通过活动，找准了影响和制约民政事业科学发展的突出问题和不足，推动区民政事业发展。

日常行政管理　落实局系统计划生育齐抓共管、综合治理工作，完成计划生育工作任务；开展各项妇女工作，完成各项妇儿指标的监测和评估工作；做好干部统计、干部职工年度考核等工作。落实联点挂钩工作责任制，制定专门帮扶计划，进村入户开展调研，帮扶挂钩联系点沙水村委会解决难点问题。实行"市三3上报，区5天办结"审批时限制度。配合做好12345行政服务热线、行政投诉和行政审批电子监察系统工作的开展，将处理投诉、行政审批工作纳入监察系统接受监督，建立快速反应机制，妥善处理好群众咨询或投诉上访。

佛山市高明区民政局负责人名录：

局　长：梁子光
副局长：李洪发　黄幼勤
区文超（　～2009.8）
李福兴（2009.8～　）

（梁永聪）

劳动和社会保障

【概述】　2009年，佛山市高明区劳动和社会保障局围绕区委、区政府"抓项目、促增长"工作方针，贯彻落实科学发展观，解放思想，做好劳动和社会保障各项工作，构建和谐劳动保障体系，完善社会保险全覆盖格局，为建设"新兴产业之城、岭南山林水都"，开创高明和谐跨越发展新局面作出贡献。

【劳动关系】　1.加强劳动合同管理。通过抓用人单位与农民工签订劳动合同为突破口，全区劳动合同签订数及签订率比上年有所提高。全年企业用工115065人，签订劳动合同112789人，签订率98%。2.及时处理劳动争议案件。坚持"调解为主、裁决处理为辅"原则，下放仲裁权到基层分局，提高劳动争议结案率。年内，全区受理劳动争议案件875宗，涉及人数4566人，结案717宗，结案率82%，为申诉人追回拖欠工资、工伤补偿抚恤金及职工经济补偿金共2123.08万元。3.调整提升水泥、陶瓷行业。妥善处理关停并转企业职工经济补偿，化解解除劳动合同引发的系列劳动纠纷。全年全区关停并转水泥陶瓷企业18家，妥善解决企业的经济补偿及解除劳动合同问题。

【劳动监察】 日常巡查与专项行动 落实监察人员分区域包干巡查和挂钩联系制度，加强日常巡查，监督企业执行劳动保障法律法规情况，发现劳资纠纷苗头及时处理，防止劳资矛盾产生。全年巡查企业1365家次，派发宣传资料7600多份。重点针对劳动密集型企业、建筑行业等开展“企业工资支付专项执法检查”、“查处侵害农民工和进城务工人员权益”等大型专项检查行动5次，加大执法震慑力，保护劳动者合法权益。

应急预案 年内，高明冠达皮具有限公司、广东湛大蓝科股份有限公司、高明明基五金塑料制品有限公司等企业因拖欠工资和经济补偿金等引发群体性上访事件11宗。对群体上访事件，均立即启动应急预案，联同相关职能部门及时处理。

群众信访工作 开设专线电话、网络、欠薪举报信箱、来信来访、领导接访等多种信访举报途径，全年接待群众各类信访2152件。

劳动保障法律法规宣传工作 以现场互动交流为重点，举办劳动保障法律宣传咨询活动12场、领导接防日活动7场，共接待群众咨询3100多人，派发《劳动法》、《劳动合同法》、《就业促进法》及《广东省工资支付条例》等宣传小册子1.2万册。

劳动监察案件处理 全面推进劳动监察网络化管理，加强劳资纠纷案件防控。年内，劳动监察立案1616宗，结案1587宗，结案率98%。处理突发性群体事件11宗，为4177人次追回被拖欠、克扣工资932.6万元。

工资监控网络化建设 做好企业工资支付监控系统推广使用工作，至年底，全区348家30人以上企业的用工信息和工资支付情况全部纳入工资支付监控系统监管。

【退休审批、失业登记和工龄审查】 退休审批和失业登记管理 年内，受理申办退休672人，符合条件办理审批手续604名(正常退休547人，特殊工种提前退休29人，病退26人，军转干退休的2人)，不符合退休条件有68人。城镇登记失业人员2101人，城镇登记失业率2.56%，接收失业人员个人档案1320个。

转制企业职工工龄审核 全年审核2间转制企业283人的工龄，为企业计发遣散职工经济补偿金提供依据。

【工伤认定和劳动能力鉴定】 全年接收工伤申请1944宗，受理工伤认定申请1929宗，不予受理工伤认定申请15宗；予以认定为工伤1754宗，不认定为工伤15宗，结案率90.93%；办理劳动能力鉴定223人、申请病退鉴定55人、申请再续治疗鉴定62人。

【完善社会保障体系】 社保扩面人数 年内，全区在职参加养老保险86800人(机关事业单位8746人，企业及个体工商户78054人)，比上年同期增加2858人，增长3.4%；参加失业保险人数为78686人，比上年同期增加2288人，增长3%；参加工伤保险人数为98228人，比上年同期增加4008人，增长4.3%；在职人员参加医疗保险人数86359人，比上年同期增加3074人，增长3.7%；退休人员应参加基本医疗保险人数10009人，已参保8880人，参保率88.8%。

社保基金征收和社保待遇发放工作 全年应收社会保险费53222万元(养老33224万元，工伤1610万元，失业1602万元，医疗15810万元，生育976万元)，实收53060万元(养老33080万元，工伤1603万元，失业1599万元，医疗15803万元，生育975万元)，收缴率 99.7%；机关事业单位应收 7728 万元，实收 7639 万元，收缴率 98.9%，企业应收 45494 万元，实收 45421 万元，收缴率 99.8%。

全年发放各项社保待遇 28110 万元，其中离退休养老待遇 14569 万元，养老金全部通过银行发放，发放率 100%；离退休人员死亡 164 人，发放死亡丧葬费、抚恤费 590 万元；领取失业保险待遇 18674 人次，发放金额 1135 万元；工伤保险理赔 1506 人次（工伤死亡 9 人），发放工伤保险待遇 1104 万元；医疗保险支出 10712 万元(划入个人账户 6432 万元，支付医疗保险待遇 4280 万元）。

居民门诊“一卡通”制度　1 月起，全区居民门诊“一卡通”全面推行。通过社保计算机系统与定点医疗网点的信息联网，参保人医疗费用即时按实结算，全区 27.22 万名参保人凭有效证件可在全区 47 间定点承办医疗网点自由就医。全年基金结余 500 多万元，使用率 85%，达到“收支平衡，略有结余”目标。

居民住院基本医疗保险　全区居民住院基本医疗保险累计 10557 人次，住院总费用 6975 万元，报销医疗费 2606 万元，人均住院费用 6607 元，平均每人次报销 2469 元。生育保险报销 510 人次 29 万元。7 月 1 日起，居民住院基本医疗保险实行市级统筹，居民住院和门诊基本医疗保险参保费用实行捆绑征收，缴费标准由 120 元 / 人提高到 160 元 / 人，住院年度累计最高支付限额由 5 万元提高到 8 万元，区内二级医院报销比例由 50%提高到 55%，三级医院由 40%提高到 45%。

早期离开国有企业人员的社保费补缴工作　按市劳动和社会保障局《关于解决早期离开县以上国有集体企业人员社会保险问题的通知》规定，对符合条件的对象，市决定通过一次性缴费办法计发其养老金待遇。对申请对象开展细致审核和登记工作，使符合条件的申请人通过补缴方式，纳入社会保障范围。12 月底止，共收集早期离开国有企业人员档案 1714 份，已审核 1170 份，未审核 544 份；718 人已办理一次性补缴，缴费金额 1463.6 万元，已办结退休待遇 328 人。

推出居民社会养老保险制度　开展调研和数据测算工作，结合高明实际，制定居民社会养老保险实施办法，方案从 2010 年 1 月 1 日起实施。居民社会养老保险制度采用个人缴费、政府补贴的方式，预计全区将有 17 万多名群众受益。

【企业减负政策】　“五缓四降三补”政策　3 月起，执行上级“五缓四降三补”(缓缴养老、医疗、失业、工伤和生育 5 项社会保险费；阶段性降低除养老保险外的其他 4 项社会保险费费率；提供社会保险补贴、岗位补贴、职业培训补贴）政策，降低失业保险缴费费率。全年全区受益企业 2012 户，职工 78020 人，企业及职工少缴失业保险费累计 1030 万元。

社会保险补贴　经过严格审核，对广东溢达纺织有限公司等 12 家用工 300 人以上、参保率高、职工就业稳定且没裁员的大中型企业和骨干制造工业企业支付社会保险补贴 750 万元。

【培训和就业】　职业技能培训　依托镇街、社会培训机构等单位、企业，逐步形成市、区、镇街三级公共就业服务机构，不断完善农村劳动力培训网络。全年累计举办各类人员职业技能培训班 45 期，培训人数 2996 人，其中农村劳动力培训 1776 人（本区 1051 人、本省外市 725 人），其他社会人员培训 641 人，服刑人员培训 571 人；通过职业技能鉴定并获得职业资格证书2487人，合格率83%。

多种途径力促就业　年内，区劳动市场举办劳务现场招聘会220场，大型专场招聘会7场。通过各种途径共解决10735人就业，其中农民工1802人，本地农村劳动力转移就业2820人，接收本省外市农村劳动力转移就业3270人，下岗失业人员再就业1513人，应届高校毕业生1330人，实现新增就业岗位6812个。

推进与周边地区的交流合作　与新兴、鹤山、高要等地劳动保障部门开展全面交流，并就劳动就业政策对接、劳务合作交流等六方面达成合作协议，促进全区就业培训工作开展。

【机关建设】　开展科学发展观学习活动　作为区第二批学习实践单位，3月起，开展为期半年的学习实践科学发展观活动。按照“统筹兼顾、先易后难、务求实效”原则，针对存在问题进行全面整改落实。

抓好业务知识学习　派员参加仲裁员资格培训班、劳动监察员、劳动保障协理员、行政执法人员和《劳动合同法》、《就业促进法》培训学习，提高业务水平。

提升机关工作效能　建立和完善各项工作制度，简化审批流程，理顺业务关系，实行简政放权、分级管理、行政问责制度。优化“窗口式”服务，将更多行政审批项目放到“一站式”服务大厅办事窗口办结。

【存在问题】　企业拖欠工资问题仍然存在；劳资矛盾纠纷时有发生，影响社会稳定；部分企业存在招工难问题，中、高级技术人才缺口较大，就业培训工作急需加大投入。

佛山市高明区劳动和社会保障局负责人名录：

局　长：曾海祥

副局长：杜灼华　陈日强　梁友开

（谭国初）

人口·计划生育

人　口

【概述】 2009年，全区总户数80667户，比上年增加2216户；总人口293129人，比上年增加2399人，增幅0.8%。户平均人口3.63人。

人口自然变动：净增人口1531人，比上年减少200人；人口迁移变动：迁入大于迁出，全年迁移增加人口566人。

人口中的性别比例：男占总人口50.5%，女占总人口49.5%。新生婴儿性别比（女=100）为115.8:100。

年末统计，常住人口35.42万人。

【人口变动与迁移】 人口自然变动：2009年，全区出生人口3287人（男1764人，女1523人），死亡人口1756人（男980人，女776人），自然增长人口1531人。人口迁移变动：2009年，全区迁入人口1448人，其中属省内迁入780人，属省外迁入668人；全区迁出人口882人，其中迁往省内504人，迁往省外378人，因迁移导致人口增加566人。

【人口密度】 每平方公里人口密度为311人。人口密度最大的是荷城街道，每平方公里822人，其次是明城镇，每平方公里246人；人口密度最小的是杨和镇，每平方公里167人；更合镇为每平方公里177人。

【人口性别构成】 2009年末，全区总人口293129人，男女性别比（女=100）为102:100。全年出生人口3287人，其中男婴1764人，占出生人口53.7%；女婴1523人，占出生人口46.3%，男女性别比与上年基本持平。

【人口分布】 2009年全区人口分布的特征是区境东北部（荷城街道）占的比重较大，占全区人口的50.3%。性别比（女=100）：荷城街道、杨和镇为101:100，明城镇103:100，更合镇104:100，全区102:100，男女比例基本平衡。

【劳动力构成】 全区社会就业人员15.01万人，占常住人口比重42.4%。其中第一产业3.47万人，占23.1%；第二产业7.39万人，占49.3%；第三产业4.15万人，占27.6%。

（佘淑君）

2009 年高明区人口分布情况表

地区名	年末总户数	户籍总人口			性别比（女=100）
	合计	合计	其中		
			男	女	
合计	80667	293129	148143	144986	102.18
荷城街道	41975	147476	74246	73230	101.39
杨和镇	9920	38503	19362	19141	101.15
明城镇	11928	45513	23044	22469	102.56
更合镇	16844	61637	31491	30149	104.45

2009 年高明区城镇单位劳动力分布情况表

行业 \ 人数 区分	城镇单位从业人员年末人数	其中		
		国有单位从业人员年末人数	城镇集体单位从业人员年末人数	其他经济类型单位从业人员年末人数
总计	50921	13820	1464	35637
一、按企业、事业、机关分组				
1.企业	40550	3653	1260	35637
2.事业	6374	6173	201	
3.机关	3994	3994		
二、按国民经济行业分组				
（一）农、林、牧、渔业	171	159	12	
（二）采矿业				
（三）制造业	32649	1218	321	31110
（四）电力、燃气及水的生产和供应业	418	342	57	19
（五）建筑业	2461		172	2289
（六）交通运输、仓储和邮政业	1157	674	6	477
（七）信息传输、计算机服务和软件业	552	285	101	166
（八）批发和零售业	1068	518	44	506
（九）住宿和餐饮业	430	63	306	61
（十）金融业	1323	760		563
（十一）房地产业	356	130	37	189
（十二）租赁和商务服务业	273	140	18	115
（十三）科学研究、技术服务和地质勘	307	79	92	136
（十四）水利、环境和公共设施管理业	418	168	244	6
（十五）居民服务和其他服务业	42	42		
（十六）教育	3860	3810	50	
（十七）卫生、社会保障和社会福利业	1224	1224		
（十八）文化、体育和娱乐业	138	134	4	
（十九）公共管理和社会组织	4074	4074		
（二十）国际组织				

计划生育

【概述】 2009年，佛山市高明区人口和计划生育局按照省政府的工作部署，围绕区委、区政府中心工作，贯彻执行新修订的《广东省人口与计划生育条例》，以创"镇（街道）无政策外多孩出生、村（社区）无政策外出生"活动为工作抓手，全面落实人口计生各项机制，较好地完成各项工作任务。

【人口计划完成情况】 2008年10月～2009年9月，全区户籍人口出生3037人，比上年同期减少157人，政策内出生2864人，计划生育率94.30%，比上年同期提高0.62%，出生率9.85‰，自然增长率5.20‰，完成市下达年度人口指标。

【挂钩帮扶】 按区政府下发的《佛山市高明区挂钩帮扶人口和计划生育工作方案》，对全区工作难度较大的15个村（社区）进行重点帮扶。一是开展调查研究。到挂钩帮扶点了解、指导、督促工作；针对人口计生工作中的困难和问题，与基层干部研究制订后进转化工作提升方案和时间表。二是在人力、物力和财力方面提供帮助。据统计，各帮扶单位到村（社区）调研203次，参加座谈会135次，排查计生工作问题90件，捐助帮扶资金10万多元，计生帮扶物品562件。15个村（社区）政策生育率比上年提高0.68%，伦埇、潭塱、白石、香山4个村（社区）创建为"两无"村（社区）。

【创"两无"活动】 落实层级动态管理责任制，减少政策外出生。开展孕前型管理和追踪"四术"（上环、结扎、人流、引产）外逃对象，突出查环查孕和纯二女结扎两项工作。年内，全区4个镇（街道）中有2个镇（街道）无政策外多孩出生；无政策外出生村（社区）29个，占40.27%。

【依法行政】 以新《条例》为主线，代区委区政府起草《佛山市高明区贯彻〈广东省人口与计划生育条例〉实施细则》。健全征收责任和激励机制，加强法院强制执行力度，规范征收程序，完善征收档案，全年全区社会抚养费征收率53.42%。开展"阳光计生"行动，通过人口计生网站、"民生热线"、行政投诉电子监察系统、12345行政服务热线等形式接受群众咨询和诉求。在全区构建公共危机预警机制，督促基层警惕村（社区）各种信访苗头。

【流动人口计划生育管理与服务】 落实《广东省流动人口计划生育管理和服务规范（试行）》与《佛山市流动人员和出租屋管理服务暂行办法》及相关文件，建立流动人口计划生育工作例会制度、层级动态管理制度、流管工作联动制度和定期清理清查制度。建立流入、流出两地区域协作机制，加强重点对象服务管理、计生信息通报核实和反馈、提供委托办证便民服务协作；与高要、新兴、信宜、高州、阳春等5个市（县）签订协议书，开展各项流动人口服务与管理工作，实行网络数据交换。开展流动人口计划生育"关怀关爱"专项行动，提供宣传教育和避孕节育优生优育生殖保健服务。开展流动人口信息全员调查工作，录入流动人口信息87988条，基本建成全区流动人口信息库。2009年全区外来流动育龄妇女47524人，持证率95.46%，已婚育龄妇女39776人，持证率95.68%；年度查环查孕率93.29%，政策生育率92.58%，同比提高4.89%。

【技术服务】 加强妇女生殖道疾病普查普治，实行下乡免费普查和计生门诊普查相结合的制度，把普查普治范围扩大到城镇人口和流动人口。生殖健康普查率（二年累计）达88.09%，年度平均孕情检查率为98.79%。开展出生人口性别比偏高问题综合治理专项行动，加强B超等医疗设备管理使用，出生人口性别比控制在111.64。改进病残儿医学鉴定工作，由每年两次固定会议改为特殊情况特殊处理。做好避孕药具宣传及免费发放工作，在酒店客房和社区卫生机构放置免费安全套。下发计划生育“十上门”（生育政策宣传、思想教育深入、生殖保健服务、知情选择节育措施落实、受术对象随访服务、避孕药具发放、婚育节育访问、流动人口管理服务、办证签约方便、优惠政策落实上门）工作方案，添置价值28万元计生服务车和100万元进口彩色B超。开展科研工作，“新婚人群不孕不育调查研究”和“高明区育龄妇女生殖健康与不孕不育的现状研究”两项目获省人口计生委批准立项。“B超全程监测可视人流手术仪监测人工流产术的临床应用研究”项目获高明区科技进步三等奖。

【落实利益导向机制】 落实农村计划生育家庭奖励扶助制度、城镇独生子女父母奖励制度、计划生育免费技术服务制度、中考加分优惠政策及计划生育家庭节育奖制度，指导有条件的镇（街道）拓宽奖扶领域，建立更多的奖扶项目。做好计划生育家庭特别扶助金的发放，对全区独生子女死亡后未再生育（或收养）子女的夫妻，每人每月给予300元扶助金；对独生子女伤、病残后未再生育（或收养）子女的夫妻，每人每月200元扶助金。区政府拨出300多万元专款，解决了城镇独生子女父母及无子女职工退休一次性奖励金的兑现问题。把申请人计划生育情况纳入廉租房申请条件，对无政策外生育家庭给予降15分优惠待遇，违法生育家庭必须按照有关规定接受处理后方可申请。全年全区首批获得廉租住房配租登记住户56户，计生光荣户占87.5%。

【宣传教育】 采取文艺演出、悬挂标语、印制小册子、组织培训班、电台电视台播放、政府网站和报刊专栏刊载等形式对新《条例》进行宣传，全年出版新《条例》专辑102期。开展计划生育宣传长廊、大型宣传牌、主题公园和雕塑建设，全区主干道设置60平方米以上的大型宣传牌12块、灯旗1000多对，乡村（社区）设置公益广告牌350块。建设生育文化长廊52条，“新家庭文化屋”全面铺开，已挂牌的有46间。在每个镇（街道）设立3～5个人口计生宣教示范点，采用以点带面的形式，着力提升全区人口计生宣教工作整体水平。拓展宣教平台，利用新闻新闻媒体，加强对外宣传，把宣传稿件量纳入目标责任制考核范围，全区对外宣传总量近400篇。参加全市“我为计生出谋献策”有奖征文活动，获一等奖1篇，优秀奖3篇。《婚育新风》、《计生新时空》、《健康人口》等题材被省宣教中心制作成专题片在《南粤人口》节目中播出。

【基层基础建设】 针新《条例》，制定下发新的《村（社区）计划生育自治章程》和《村民（社区居民）计划生育合同书》，最大限度地提升村（居）委会的计划生育自治能力。建立健全企业和流动人口协会组织，发挥其自我管理、自我教育、自我服务的作用。全区已建立计生会员小组779个，发展会员3万多人。

【信息化建设】 以信息化提高统计工作水平，增配4台戴尔服务器，为数据互联提供更强的硬件支持。完善近年生育、节育、社会抚养费、查环查孕、生殖健康普查等信息系统数据的统计。协调区流管办实现流入已婚育龄妇女数据共享。

佛山市高明区人口和计划生育局负责人名录：
局　长：李超雄
副局长：林兆光　欧阳巧玲

（陈艳红）

计划生育服务站

【概述】 2009年，佛山市高明区人口计划生育服务站围绕计划生育工作中心，探索适应形势要求的人口计生工作新机制，切实推进优质服务，实现社会效益和经济效益双赢。全年总收入1350万元，比上年增加70万元，增长5.4%。

【工作成效】 任务指标　全年门诊量11.2万人次，比上年增加5319人，增长5%；完成计划生育手术9098例（人流2472例、结扎350例、上环3768例、取环1956例、引产552例）；查环查孕7万人次；妇科普查普治18455人次；单位妇检42个单位，参检人数1500人；发放避孕药具价值共12万元，术后避孕药具随访率98%。

科研工作　7月，完成省人口计生委、区科技局立项的《超声引导妇科监测仪在人工流产术中的临床应用研究》工作并顺利结题，该项目获得高明区科技进步奖三等奖；参与省人口计生委立项重点课题《广东省新婚人群不孕不育流行情况研究》，各项工作已完成全面的调查，进入汇总阶段；对引进的新节育环加强不良反应评估。

医疗工作　严格执行各种医疗操作规程，加强各种制度情况的落实和定期检查，责任到人，发现问题及时整改。加强业务培训，提高医技人员技术水平，确保医疗安全。全年各种医疗服务均没发生重大医疗差错事故。

【标准化、规范化建设】 1.立足“打造一个具有明显专科优势的计生技术和生殖保健机构”发展思路，以计划生育技术，妇科、男性科和生殖保健为发展重心，打造技术上有专长、工作上有实绩、群众中有威信的专科特色计生医疗机构，实现可持续发展。2.严格按照《计划生育服务站机构形象规范手册》要求全面建设标准化服务站，装修综合楼外墙，更新计生服务标志、机构门牌、导向牌、灯箱、工作人员证卡、服装等，展现科学规范、以人为本、亲切温馨、生机无限、为民造福的服务形象。3.强内部管理和规范化服务建设。一是规范科室设置，根据计划生育服务站宣传教育、咨询培训、技术服务、药具管理等职能要求，对各个功能科室进行改造。二是规范服务方式，实行专职导诊员导诊服务，在科室内部悬挂温馨话语提示标牌，印制优生筛查、普查普治、四项手术等服务便民卡。三是规范服务程序，制定系列技术服务规范，强化消毒、手术适用症、禁忌症以及急救抢救、转诊机制程序。四是规范内部管理，建立定期随访、定期质量分析制度。完善站长、副站长、医生、护士、手术室、护理等100多项工作职责及相关制度，使每一项工作都有章可循。五是规范队伍管理。对计生技术服务人员实行依法执业、持证上岗工作制度。

【软、硬件建设】 1.硬件建设。购置大功率发电机组1台，保证各项业务的正常开展；争取到由国家人口计生委和中国慈善总会赠送的意大利产百胜彩色超声诊断仪1台；争取区财政支持，通过政府采购方式，购买计划生育技术服务车1辆，彻底解决下乡进行普查普治的车辆问题；添置低温消毒柜、电子阴道镜等设备。2.强化服务职能，提升服务水平。一是开展“优质服务示范岗活动”。二是狠抓工作纪律和组织纪律。对上班迟到、早退等不良现象，实行经济处罚，增强时间观念，提升整体素质。三是狠抓服务态度。将服务态度列入职工考核考评，接受群众监督。四是做好下乡服务。配合上级主管部门工作，不定期选派医护人员到农村开展免费妇科普查普治，组织义诊，举办生殖保健知识讲座。按照流动人口属地管理“同管理、同服务”要求，把妇科普查普治、生殖保健知识讲座等服务工作推广到厂矿。年内，分别对基业、海天、顺成等8个工厂进行服务，受教育人数1000多人，免费妇检600多人次，免费发放避孕药具1300多人次。五是不断开展优质高效服务项目。新增超声引导妇科监测仪全程监测可视人流、上环、取环等妇科手术，手术质量和安全性均得到提高。六是配合做好“一卡通”业务。主动配合社保部门做好居民门诊医疗保险“一卡通”业务工作的开展，方便病人就诊结算。

【计划生育“三大工程”】 计划生育“三大工程”是指避孕节育、生殖保健、优生优育三个领域的系统服务。一是加强宣传教育工作。以各镇（街）新婚夫妇学习班为基地，全年举办出生缺陷干预工程知识讲座50多场次，开展RTI防治知识讲座和避孕节育知识讲座10多场次，到农村、厂企播放DVD宣教片21次，发放宣传单张2万多张。二是在普及常规节育技术基础上，推行新型的IUD、紧急避孕药、皮下埋植、无痛结扎和引产新技术。三是开展生殖健康普查普治，全年有1.8万名育龄妇女接受免费生殖健康普查普治。四是开展出生缺陷的筛查指导，全年对460对新婚夫妇进行出生缺陷的有关项目筛查，对暂时不宜生育的进行优生指导。

【队伍建设】 1.加强业务素质培训。每月定期组织医护人员开展业务学习，进行模拟训练和急救知识培训，实施严格考核。派员参加佛山市计生局“科技大练兵”技术竞赛活动，提高业务技能。制订技术人员培训计划，选派3名技术骨干到省计生专科医院进修学习，重点学习不孕不育方面诊治知识。2.丰富职工的文体生活。“三八”妇女节，组织清远户外游活动，组织参加计生系统“历奇拓展活动”。10月，组织参加机关工委篮球赛。每月定期组织职工生日聚会等，提升单位凝聚力。

佛山市高明区计划生育服务站负责人名录：

站　长：刘建平

副站长：区海云　梁美珍

（罗晓军）

人 民 防 空

【概述】 2009年，佛山市高明区人民防空办公室认真贯彻《人民防空法》和中共中央、国务院、中央军委《关于加强人民防空工作的决定》，坚持“长期准备、重点建设、平战结合”方针，以转变机关工作作风，加强机关行政效能建设为突破口，服务全区经济发展，深入贯彻落实科学发展观，推进全区人防事业的整体发展。全年收缴人防工程易地建设费15365728.40元。人防结建工程管理逐步规范，全年审批项目98项，其中批建人防工程面积34449.85平方米，工程审批率100%。按照“实案化、一体化”要求，完善防空袭预案；完成防空警报试鸣和参加9·19“广佛同城－2009”演习任务。

【人防工程的建设和管理】 1.理顺审批程序。加强与规划、建设等部门协调沟通，落实“没有人防审批，规划、建设等部门不予审批”管理程序，做好结建审批工作。2.查处违法行为。协调国土、规划、建设等部门开展联合执法活动，严厉查处未批先建和不按标准建设的违法建设项目，形成齐抓共管局面。3.落实效能制度。根据“合法性、合理性、完整性、公约性”原则和“实效性、可操作性”要求，完善和规范“一次性告知、限时办结、首问责任、否定报备、岗位责任、效能考评、失职追究”等机关效能建设各项制度。学习加强机关效能建设文件精神，增强服务意识；通过督导，提高窗口人员的业务水平和服务能力；通过发放征求意见表、公布投诉电话受理投诉等形式，查找存在问题并加以整改。4.健全人防法制监督机制。加强对行政执法工作的监督，做到依法行政、公正执法。5.加强执法人员业务学习培训，使执法人员做到“三懂”(懂执法程序，懂执法依据，懂执法艺术)。6.抓好人防工程档案资料管理工作。组织人员对2005年以来的人防工程档案，按照一图一表要求归档整理，建立2009年新发生的人防工程档案。年内，遵循“以建为主、以建促收”原则，按照“应建尽建、应收尽收”要求，坚持依法行政和管理，抓好全区人防工程建设工作。全年收取人防易地建设费80项，总建筑面积402330.37平方米，应缴款面积121046.62平方米，收取易地建设费15365728.40元，报建结合民用建筑修建防空地下室18项，建筑面积879063.64平方米，应建面积34449.85平方米，完成初步设计审查面积24682平方米(6项)，完成施工图审查面积21814平方米(7项)。修建防空地下室从上年1个增加到4个，开工面积为10311平方米(4项)。6月30日，验收尚城名筑防空地下室工程。

【人防警报设施维护】 全年对全区35台警报器检查维护3次，每月均进行警报测试，发现问题及时维修。警报器覆盖面由城区向郊区延伸,9月,投入6.5万元增加警报器2台。9月,举办警报器管理员操作维护培训班1期,指导管理员深刻领会警报操作规程和注意事项。9月19日参加"广佛同城-2009"防空袭演习,提高组织指挥能力。防空警报试鸣均达到鸣响率和覆盖率要求,全区防空警报预警顺畅。

【宣传教育工作】 坚持集中宣传与日常宣传相结合,利用广播、电视、网络等媒体,采取悬挂标语条幅、发放宣传资料、播放音像资料、展板展览等形式开展宣传活动。先后开展人防知识竞赛和问卷调查、"我爱人防"杯中学生书画比赛及"人防在我心中"主题宣传周活动。开通人防网站,宣传人防基本知识和人防各项政策法规,增强全民人防意识,提高自救互救能力。

【联点挂钩工作】 年内,多次深入联点挂钩单位高明区荷城街道三洲社区调研,了解社区经济发展状况、产业结构、党建工作、旧城区改造等情况,与街道办就社区发展等问题进行探讨。全年为三洲社区筹措资金3.5万元,用于社区防雷建设;捐款3000元用于重阳老人节活动;"三八妇女节"邀请妇幼保健医院为社区开展妇孺保健知识讲座;8月,组织社区和德信实验小学开展"亲子教育"活动。

【自身建设】 1.深入开展学习实践科学发展观活动。围绕"党员干部受教育、科学发展上水平、人民群众得实惠"总要求,深入学习调研、分析检查、整改落实,着力解决影响和制约人防科学发展的突出问题,以及人防改革与发展中出现的新情况、新问题,着力构建有利于人防科学发展的机制体制。2.抓好党风廉政建设,完善廉政建设制度和措施。3.严格执行财务管理制度,认真执行行政收支两条线和预决算制度、《人民防空财务管理规定》、《人民防空预算外资金管理规定》,严格落实预算外资金"收支两条线"和"专款专用"管理制度。及时编制和上报有关财务报表,足额收取和上缴各类款项。4.抓好业务培训工作。多次派员参加市、区各类业务技能培训,知识水平和业务素质均有明显提高。5.纪律、机关工作作风建设。开展行风评议和效能建设,通过发放征求意见表,发现问题,改进提高服务质量;开展反腐倡廉教育,全年没有发生违纪违法、群众投诉、集体上访事件。6.加强行政管理。建立公文处理、考勤、值班、保密、档案管理等系列制度,各项工作规范有序。做好档案和保密工作,年内,未出现泄密、失密事件。档案管理工作被评定为合格单位。

佛山市高明区人民防空办公室负责人名录:
主　任:赵友和
副主任:陈敬芬

(陈敬芬)

高明濑粉

濑粉是高明最为出名的小食，从清朝至今历经数百年，经久不衰。濑粉寓意长长久久，幸福吉祥，其味甘香爽口，老少咸宜，是高明吉庆节日家庭必备之食品。

濑粉制作较为复杂(古时皆由人工制作)，主要分三道工序：第一道工序是将优质饱满的黏米用水浸 3–4 小时后滤干，然后加入百分之十左右的冷饭搅匀后磨成米粉并晒干至不沾手；第二道工序是将干粘米粉放在盘子里，用摄氏 80 度的水徐徐加入粉中，反复搅拌成糊状粉浆，然后盛入特制的留有小孔的粉盆，将粉浆按顺时针一圈圈地濑到水温摄氏 100 度左右的锅里。期间必须把握好水的温度，不宜过高或者过低，要恰到好处，否则影响濑粉的质量和外形；第三道工序是将刚煮熟的濑粉从锅中捞出，先放到清水盘里“过冷河”(即用清水洗净)，然后捞起排到筛子里晾干即制成成品。

高明濑粉除了制作精良以外，食用时亦很讲究汤底和配料。汤底一般都用猪肝、瘦肉煮汤，讲究的可选用上好猪骨头配上江瑶柱熬汤，约熬一个半小时。配料有姜蓉、炒花生、酱油葱花、鸡蛋丝、大头菜、鱼饼条、香芝麻、南乳五花肉等。煮食濑粉时，用熬制好的汤水与濑粉拌在一起，再加上以配料即可食用。

省、市驻高明主要单位

省、市驻高明主要单位

广东省高明监狱

【概述】 2009年，广东省高明监狱以科学发展观为统领，以确保安全为己任，以落实首要标准为前提，以监狱体制改革为动力，健全监管安全防控机制，推进“十一五”项目工程建设，提升监狱发展软实力，促进监狱工作向职能专门化、管理正规化和管理现代化转型，实现监狱工作科学发展。

【教育改造】 “三课”教育 开展每月主题思想教育活动，辅以“五个三”活动（罪犯每月写三封家书、写三篇改造总结、唱三首好歌、读三本好书、做三件好事）等教育模式，全年罪犯思想考试平均分86.38分，合格率99.19%；鼓励罪犯参加自学考试，全年385人报考，111人获192门课程合格证书，单科合格率50.45%，参考人数合格率、参考科目合格率等多项数据均居佛山市前列；94人获各类职业资格证书。

监区文化建设 构筑“沁园”文化公园和文化长廊等文化设施，营造传统气息和人文底蕴矫正环境；举办“艺术之花·礼献祖国”第四届服刑人员文化艺术节，播放《于丹〈庄子〉心得》专题片、举办监狱文化论坛等活动，整理“亲情园地”活动罪犯及其亲属心得感悟、书信和寄语，编印《寻找失去的亲情》文集。

心理矫治工作 举办“关爱心灵，健康改造”心理健康节活动，成立教育实践研究基地，全年罪犯心理健康教育覆盖面100%。

【刑罚执行】 落实“四榜公示”、集体合议办案和错案追究制度，全年办理3984件减刑、假释案件，无一积案、错案；完善保外就医案件办案程序，依法做好排查、办理、遣送、考察、追查工作，全年遣送率100%；加强与担保人联系，以定期发函与实地考察等方式，及时了解和掌握保外就医罪犯在外的病况与动态，考察率和续保率均100%；强化狱务公开工作，以监狱开放日、监狱长接访日、监区长接谈夜、投诉举报信箱等，受理罪犯及其亲属投诉，依法落实假释听证制度，增强监狱执法透明度；邀请地方司法局法律援助中心开展法律援助活动，畅通咨询、反映、投诉、检举渠道，规范监狱投诉中心运作，完善执法监督机制，维护罪犯合法权益。

【狱政管理】 一是健全和完善四项机制。以危机管理为目标，健全狱情排查机制，拓宽狱情收集渠道，准确把握常态狱情，提高狱政工作预见性和主动性；建立罪犯危险性评估控制机制，开发罪犯危险评估系统软件，危机管理纳入常态工作，实施预前危险干预，实现安全关口前移；完善应急处突机制，深化“狱情三级戒备预警”机制，修订完善突发事件应急预案及配套应急处置指引，并组织实战科目演练，提高管控能力；结合省局关于监狱安全的禁止性规定，修订《关于加强一把手管理考核办法》、《黄牌警告制度》等制度，明确责任划分，细化责任体系，落实监管安全领导责任制。二是构建公共卫生安全防范体系。针对甲型H1N1流感，修订应急处置预案，实行每日疫情零报告制度，执行医学隔离观察制度和消杀消毒工作，防控狱内甲流传播；完善三级卫生防疫网络，对病犯诊治与管理实行医管分开；利用社会医疗资源，提高对狱内传染病和危重病预防和救治水平。三是落实监管制度。建立健全监管制度，强化罪犯考核制度落实力度，加强对“三涉”（涉黑、涉毒、涉枪）、疑似精神病等重点犯群管理，明确执法程序，规范罪犯日常改造行为和“三大”（服刑人员的生产、生活、学习现场）改造现场秩序，实现全年罪犯违纪率控制在1‰以内。

【监狱生产】 成立领导机构，明确时间，突出重点，落实机构、人员、资产、收支、职能等“五个分开”，建立监企分开、协调运行管理体制；加强生产劳动考核，把停工待料、服务水平、产品质量、货期和原料损耗等纳入生产考核范畴，对监区完成产量和质量等方面进行量化考核；开展劳动竞赛，提高罪犯劳动报酬计提标准，全年累计发放劳动报酬250万元；做好产业结构优化升级，发展规模生产，实现生产效益整体向好；开展全面质量管理，开展生产QC（全面提高管理质量）工作，其中两个QC小组分别获评司法部优秀质量管理小组和广东省优秀质量管理小组；落实安全生产责任制，建立和落实安全生产“一票否决制”，做到安全生产责任层层分解，将安全生产工作落实到位；加强罪犯岗前安全培训，提高作业人员安全操作意识；加强生产现场用电、消防、易燃易爆物品管理、生产工具管理等安全生产管理制度落实情况及生产设备安全运行和管理情况督查，监狱连续13年实现生产安全；落实省监狱局有关国有资产、专项资金、企业成本费用和项目建设与投资四项管理制度，加强部门预算资金和建设专项资金使用管理，规范支出审批制度，严格控制成本费用，提高资金使用效益。

【队伍建设】 党委班子建设　加强政治学习和理论调研，党委成员有多篇调研文章在部、省等刊物上发表；坚持民主集中制，提高议事透明度和决策科学性；坚持组织生活制度和挂钩联系点制度，强化班子作风建设，将每周一上午定为党委成员到挂钩监区检查指导工作时间，提高领导决策科学性。

党建工作　落实《党支部建设目标管理工作细则》、《发展新党员考察办法》等制度，每季度对监属各支部进行考核，加强基层组织建设；落实发展党员预审公示制度，严把入党积极分子、预备党员门槛，促进党员队伍管理工作规范化。

队伍管理　规范领导干部选拔任用，优化中层领导班子配置，配齐配强各级领导班子；在机关科室推行岗位责任制、服务承诺制、首问负责制、限时办结制、过错追究制，开展“十不让”之星评选活动，加强机关科室作风建设；以警察管理软件为依托，发挥考核评价、激励、约束和导向作用，全年有1个单位荣立集体三等功，25人荣记三等功，121人获嘉奖。

工青妇工作　参加全省监狱系统廉政文化建设合唱（粤西片）比赛和省局举办羽毛球、钓鱼及“全健排舞比赛”；关心困难职工家庭，动员警察职工为2户遭遇意外变故的警察家庭捐款13.6万元，主动为其家属、子女解决工作、户口等困难；开辟“高监视窗”栏目；组织警察职工健康体检和心理测试，落实休假制度，并统一为警察职工办理游泳卡、购书卡、健身卡，确保警察职工各项福利落到实处。

【廉政建设】　组织签订2009年监狱党风廉政建设目标责任书，明确各单位负责人“一岗双责”，加强监督检查和责任考核，党风廉政建设由“软任务”变为“硬指标”；开展警务督察工作，提高警察公正执法观念，全年未发生一起警囚关系不清问题；开展以“十个一”（抓好一次廉政专题学习教育、召开一次队伍思想状况分析会、举办一次预防职务犯罪专题讲座、给警察职工上一堂岗位廉政教育课、组织观看一次反腐倡廉专题片、组织召开一次典型案例剖析会、开展一次专项检查和督察活动、举办一次反腐倡廉建设征文比赛、开展一次廉政谈话和回访教育活动、组织参加一场廉政文化合唱比赛等活动）纪律教育学习月活动；加强对罪犯减刑、假释、保外就医及基建工程招投标、大宗物资采购和财务管理等环节监督，全年完成审计项目17项，提出审计建议16条。

【行政工作】　开展制度汇编工作，对300项规章制度进行清理、归类，建章立制，完善监狱规章制度体系；注重警情、狱情和社情收集，做好信息宣传和综合调研工作，有10多篇调研论文在部、厅、局刊物和各大报刊刊登；加强文件信息保密工作和涉密载体管理，全年未发生泄密案件；每季召开信访联席会议制度，落实信访工作首问负责制、领导包案制、回访制等制度，开展涉法涉诉信访问题专项排查治理活动，全年受理信访案件20件次，信访查结率100%；加强对物资采购、基建工程招投标和公务车辆管理。

【“十一五”规划工作】　积极推进“十一五”规划项目建设。12月4日，监狱狱政综合用房主体工程及3幢警察职工备勤楼封顶；后勤监区、病犯监区和医院监区动工，并完成“三通一平”工程。

广东省高明监狱负责人名录：

党委书记、监狱长：李建平

党委副书记、政委：朱健平

党委副书记、纪委书记：余昌夏

党委委员、副监狱长：陈瑞琦　王建中　陆飞鸿　朱衍平（　～2009.10）　赵振江（2009.12～　）

党委委员、荣安企业公司总经理：罗赞华（2009.10～　）

党委委员、政治处主任：李宏斌

（钱　中）

广东省佛山监狱

【概述】　2009年，佛山监狱以科学发展观为指导，解放思想，推进“三大任务”（创品牌办特色、创建部级现代化文明监狱、打造文化监狱），强化“三大手段”（抓风气、抓中层、抓基础），构建“三大体系”（构建警察工作质量评价体系、构建警察职工道德体系、构建罪犯改造质量评估体系），依法治监、从严治警，夯实基础工作，促进监狱科学发展，为维护佛山经济社会稳定、构建和谐佛山做出积极贡献。实现连续11年队伍安全，连续12年监管安全，连续14年生产安全。年内，被省监狱局评为表扬单位；有2个集体申报集体三等功，8人申报个人三等功；年度考核有95人被考评为优秀。

【狱政管理】 1.开展专题活动，强化狱政管理。开展“强化身份意识、规范行为养成、确保监管安全”专项活动、执法管理专项教育整顿活动、“规范执法行为，提高执法水平”专题教育实践、国庆“安全特别防护期”专项活动、“清查事故隐患，促进安全监管”专项活动等，增强罪犯改造意识，提高执法水平，稳定域内改造秩序。2.细化管理，突出四个到位。统一思想，认识到位：围绕监管安全开展工作，把监管安全放在工作首位，树立安全稳定压倒一切的大局意识。明确任务，责任到位：监区一把手负第一责任，主管领导负主要责任，直接抓罪犯管理的狱政干事负直接责任，赏罚分明。落实制度，检查到位：挂钩科室坚持深入监内进行监管检查，坚决落实各项监管制度，加强狱内重点部位和要害部位检查，彻底杜绝不良现象和安全隐患发生。采取措施，防范到位：制定隐患治理回头看实施方案，落实防范措施，定期排查，对重点犯人实行“四级包夹”制度，责任到人。3.警戒工作严把五个关口。严把门禁关：加强AB门值班工作，严格执行人员和车辆出入审批制度。严把接见关：对罪犯家属探视，严格审查证件，加强监听和对顾送物品检查。严把罪犯收押和释放审核关：对新投送罪犯严格履行检查手续，对不符合条件按规定不予接受。严把出外就医关：对确定到社会医院治疗的病犯，严格履行审批手续，并加戴戒具，做到不脱管、不失控。严罪犯购物关：杜绝手机、现金、酒等违禁品进入监狱。4.加强和驻监武警的沟通联系。年内，与驻狱武警中队广泛开展“共建、共管、共保安全”活动，确立“三共”制度，开展突发事件大型演练5次、安全联防综合行动11次。

【教育改造】 “三课”教育　以《法律常识教育读本》为教育内容，全年计划140课时，实际完成128课时，法制教育普及率达95.98%。加强“国学”在思想教育中感化作用，实行每月考试制度，思想教育每月平均参加考试人数3370人，及格率为94.98%。考试成绩作为当月罪犯教育改造考核重要依据，提高犯人思想觉悟。11月24日，《南方日报》以“佛山监狱涌动‘国学热’”为题报道佛山监狱开展国学经典教育做法和效果。上海《东方早报》、新华网、凤凰网等网络媒体转载。继续与区教育局联合办学，投入10万元教育经费，由区教育局派出5名专职教师担任教员，逢周五集中授课。年内，开设扫盲班、初小班、高小班、初一班、初二毕业班等5个，435人参加，入学率达100%。全年计划各班256个课时，实际完成256课时。文化课期末考试383人，及格人数377人，不及格6人，及格率为98.4%。其中92人获高明教育局颁发成人初中毕业证书。全年举办职业技术培训班3期，每期开设家电维修、焊工、钳工和汽车维修专业4个，420人参加，均获区劳动和社会保障局颁发《职业技术资格证书》，获证率和合格率为100%。

监区文化建设　举办第四届服刑人员文化节，营造良好文化氛围；举办首届服刑人员读书节活动；组织醒狮赛、电影放送、篮球比赛、拔河比赛等，丰富罪犯改造生活，稳定狱内改造秩序；用正确舆论引导服刑人员积极改造，《改造导向》每月出版2期，全年出版24期，用稿量超4300篇；完善励志网建设，设立新闻、影视欣赏和有关知识学习等项目。

心理矫治　联同佛山市第三人民医院举办第十一期、第十二期大型心理矫治活动，19名罪犯得到心理医生的心理门诊服务，326名罪犯受到心理健康教育。1～11月，全监累计对服刑人员进行心理测试1785人次，其中：对新投犯进行心理测评并建档1776人次，对新投犯心理测试率达100%；对心理咨询求助者进行个案心理测评9人次，建立《服刑人员矫治专档》11份，对新投犯心理档案建档率为100%。1～11月，心理矫治中心受理罪犯心理咨询101人次，其中，远程网络心理咨询71人次，专家门诊9人次，监狱咨询师面询19人次，危机干预2人次。经过自评和他评证明心理咨询有效的有78人次，心理矫治有效率达77.2%。出版发行《远程网络心理咨询反馈信息》21期、《心理矫治工作简报》12期。

构建质量评估体系　提高教育改造罪犯科学性和有效性。落实《教育改造罪犯纲要》要求，建立健全与“首要标准”相适应的工作机制，创新工作方法，强化考核办法。制订《佛山监狱改造质量评估实施办法（草案）》，设计改造质量评估工作，形成配套制度性文本、记录性文本、评估工具文本，完成评估体系文案工作整体设计。

【刑罚执行】　一是完善规章制度，规范运作程序。明确办理减刑、假释案件程序、步骤、时间及要求，确保每批减刑假释工作数据准确，材料齐全，装订整齐规范。年内，佛山市中级人民法院裁定1293名罪犯减刑，160名罪犯假释。对符合保外就医的危重病犯，及时启动保外就医程序。全年办理保外就医3名，续保4名。组织监狱保外就医考察小组实地考察5次，寄发考察函9封，电话考察保外就医罪犯1人次。二是做好狱务公开，严格公正执法，维护罪犯合法权益。开展监狱长接访日、巡视日、监区长和分监区长接访夜活动。到挂钩监区进行接访活动，接访服刑人员52名。至11月底止，开展监狱长接访日44次、监区接谈夜264次、分监区接谈夜484次，接待接访200多人次。三是实施法律援助，做好法律服务工作。年内，佛山市法律援助中心到监狱进行9次法律咨询，有79名罪犯咨询。四是依法行刑，延伸刑罚执行，实施恢复性行刑。做好服刑人员缴纳罚金和民事赔偿工作，开展自觉履行罚金和民事赔偿宣传教育活动，把“缴纳罚金（没收财产）通知”和“缴交民事赔偿款通知”寄给服刑人员直系亲属，让每名被判处附加财产刑和附带民事赔偿服刑人员履行法律义务。每两个月组织一次服刑人员使用劳动报酬履行罚金和民事赔偿活动。全年组织服刑人员缴交罚金和民事赔偿500043元。

【生活卫生】　一是落实服刑人员伙食实物量制度。健全罪犯伙食管理制度和食堂工作管理细则，严格执行《食品卫生法》，使罪犯“吃饱、吃熟、吃热、吃得卫生”。规范罪犯购物秩序，警察每天对购货食物抽样检查，确保质量和数量。1～11月，罪犯伙食费支出742万元。二是落实监舍卫生管理制度。开展公共卫生安全隐患排查。制定措施，落实责任人，增强警察和服刑人员公共卫生安全意识。3～6月，开展大扫除、大清除、大消毒活动，防止春夏流行病。三是落实卫生防疫工作制度。严密防控甲型H1N1流感病毒在狱内流行传播，开展由狱政、生活卫生、监区等部门参与的处置“流感病毒”突发事件演练。在办公网制作防治甲型H1N1流感知识专题，召开专题会议4次，印发甲型H1N1流感防控通知8份。每周坚持2次以上对监内进行消毒、灭蚊、杀鼠作业。完成警察伙房从业人员、罪犯伙房从业人员100人次健康体检，加强食品卫生安全工作。全年全监没有发生一例传染性流行病。四是落实装备管理制度。全年投入罪犯生活设施113万元、医疗设施58万元、电网设施30万元、太阳能热水器43万元、对讲系统11万元，罪犯被服费85.5万元，对一线配置警戒具进行统一更换、编号、造册；制定《应急照明系统的暂行规定》，根据监区一线实际需要配备手提探照灯、手电筒等照明设备，完善技防工作。

【劳动改造】 一是加强产业结构调整，做好监狱生产升级转型。内抓基础、外引项目，主动“走出去、引进来”寻找货源，减少国际金融危机对企业生产造成不利影响。加大项目引进力度，开拓市场，促进监狱生产项目转型。二是加强基础业务能力建设，做好现场管理工作。开展生产线警察现场管理业务培训，提高警察业务能力，实现“能力强、业务精”基本功提升目标。围绕“抓管理、促效益”工作目标，开展服刑人员劳动技能竞赛，开展QC（全面提高质量管理）攻关活动等，推进“5S”（清理、整顿、清扫、清洁、素养）管理，强化行为习惯养成，挖掘服刑人员劳动潜能，解决存在质量问题，提高质量管理意识和质量管理水平，提高企业生产效益。三是加强安全生产管理工作，做好安全生产。开展安全生产“三项行动”（执法行动、治理行动、宣传教育行动）。落实各项安全生产规章制度，开展定期和不定期安全生产检查，排除安全隐患；落实用电、防火、交通、工具管理四项工作，提高安全生产防控能力；开展安全大检查等活动，部署防汛防洪及防范自然灾害工作，提高全员安全生产意识和业务工作能力，确保监狱安全生产。

【队伍建设】 领导班子建设　年内，监狱升格为正处级建制，改选了新一届党委领导班子。监狱党委深入贯彻科学发展观，围绕重点推进，抓住主题实践，创新发展机制。加强中层领导理论水平和提高发现问题、解决问题的能力，专门组织中层领导到中山大学管理学院参加培训。强化部门绩效考核和执法责任追究。

队伍管理　针对各岗位人员实际情况培养专业型、专家型人才队伍，组织人员参加省市军转干部培训、晋升培训、统计培训、保密培训、信息技术培训、心理咨询师资格认证培训和心理矫治督导等169人次，投入经费1025751元。开展基础业务大比武活动；开展管教员“四知道”（清楚罪犯基本情况、犯罪事实、主要亲属关系、改造表现）、无名册点名等岗位技能竞赛活动，组织人员参加全市监狱劳教人民警察岗位技能竞赛活动获优异成绩。开展“八个一”活动：落实一年一次体检；开展一次健康状况排查；发放一本保健知识书籍；上好一堂身心保健课；提倡养成一种健康生活方式；建设一个心理减压室；发放一张健身卡；开展一次心理调适活动，解决警察职工后顾之忧。

构建道德体系　制定实施《二〇〇九年警察职工道德建设实施方案》，开展“道德建设”主题征集、撰写“我的座右铭”、道德公约大讨论、“我读一本好书”征文比赛和“文明和谐家庭”评选等活动，提升警察职工社会公德、职业道德、家庭美德、个人品德等自身道德水平。

构建工作质量评价体系　制定《广东省佛山监狱监区考核办法》和《广东省佛山监狱人民警察(监区)考核办法》,统一考核标准和考核扣分标准,完成工作质量评价体系建设,建立警察队伍长效管理机制,增强警察队伍工作主动性和积极性。根据工作实际,改变考核内容,由原来应知应会、岗位技能和领导评价三项内容改为业务台账、现场管理工作业绩和领导评价三项内容,促进工作发展。

党风廉政建设　一是利用"三进"(廉政周历进办公室、廉政短信进手机、廉政教育进家庭)、"三个一"(一份保证书、一封家书、一封公开信)和"三个谈"(经常谈、重点谈、及时谈)等形式,开展廉政宣传教育活动。订阅《廉政周历》、《廉政日志》500多套;全年发送廉政短信60多条;向新招录警察、转业干部亲属发廉政慰问信13封;征集座右铭520多条;利用典型案例开展警示教育,引导警察职工算好家庭、经济、前途、个人"四笔账"。二是完善廉政建设"大教育、大监督、大走访、大档案"四大机制,加强对重点岗位、重点人员、重点资金监督,打造"教育、制度、监督并重"的反腐倡廉新格局,促进警察廉洁执法。评出"十不让"之星135人次。三是加强反腐倡廉工作领导,将反腐倡廉责任层层分解、层层考核,形成人人参与、人人有责工作格局。建立工程招投标评委会,开展同级审计,组织全监警察签订廉政责任状、承诺书,建立警察个人廉政档案,全年参与减刑、假释、保外就医现场监督6次,参与基建工程、车辆维修、物资采购等政府采购工作现场监督38次,每天对中层领导进行到岗到位考勤登记并在局域网上公示。四是组织罪犯现身说法72人次,警示教育接待36个单位4597人次。五是为警察职工办理健身卡,投资30多万元新建、改造塑胶网球场和塑胶篮球场各2个,开展青年论坛、解放思想大讨论、献爱心送温暖、创意大赛、廉家洁警及全民健身活动等,探访慰问警察职工50多人次,解决实际困难20多起。

【监狱文化建设】　成立文化监狱理论研究小组,实现文化建设与监狱队伍建设、监管安全、公正执法、劳动改造等协调、科学发展。围绕"凝聚发展合力、激发创新活力、增强文化魅力"主题,提升文化监狱软实力。针对焦点、热点、难点工作问题,加强全局性、紧迫性、前瞻性、战略性课题的调查研究,编辑出版《文化监狱》、《文化与监狱论坛》;20多篇文章在全国各地报刊发表,其中在国家级核心期刊《犯罪改造与研究》发表5篇;参加中国监狱学会理论研究会征文活动获二等奖3篇、三等奖2篇。举办"2009·文化监狱读书节"活动,协助省委宣传部、省人大法工委等单位拍摄纪录片《法治之路》;协助广东电视台《午间说法》栏目的监狱恢复性行刑专题拍摄工作。年内接待上海市监狱管理局、海南省监狱管理局、青海省门源监狱、吉林延吉监狱、辽宁瓦房店监狱等参观交流10多批次。

【后勤服务】　一是做好警察食堂饭菜供应工作。投入8300元,购买NC-800型农药残留快速测定仪1台。二是加强基建现场管理,规范施工程序。按照施工图、施工合同招标文件把握质量、进度和投资各环节,及时处理施工过程出现的各种问题。对现场实行日检查、节假检查,保证工程施工质量和安全。新建警察备勤楼1座、监狱医院1座、禁闭室1座、监舍2座、厂房2座共12000多平方米。三是完成四栋新监舍网络安防建设工作，加强局域网安全管理。加强存储介质管理、监狱涉密计算机管理，强化网络系统实用性、标准化、安全保密性和技术先进性。整合网络应用。将监狱OA系统、励志网、文化监狱网等系统延伸至各个环节，各部门台账电子化，利用监狱办公网络，实现电脑一开、鼠标一点，便能完成日常工作。四是做好监狱绿化及维护工程。把办公区和家属区公共区域环境卫生工作对外承包洁美物业管理有限公司。五是做好公务用车安排。开展交通安全知识讲座，对专职司机进行安全知识测试等，提高交通安全意识，确保行车安全。

广东省佛山监狱负责人名录：

党 委 书记 、政 委：伍伟光（2009.11～ ）

党委副书记、监狱长：黎赵雄（2009.11～ ）

党委委员、纪委书记：吴先鸿

党委委员、副监狱长：黄培旭　张远辉

莫德章　庄文生

（廖国辉 黄振欣 聂子明）

2009佛山秋色高明巡游掠影

11月7日下午,“魅力佛山秋色辉煌——2009佛山秋色大巡游”在高明区盛装巡演。该活动分为彩车、传统秋色和民间艺术、现代展示、广东省及香港民间艺术、群众巡游等四大类项目。整个巡游由《名城秋韵》、《水乡踏歌》、《红豆飘香》、《和谐家园》、《魅力佛山》、《秋色辉煌》等六个篇章构成。

本次巡游活动与往年相比,突出了传统与现代相结合,本地与外地相结合的特色,既有灯色、水色、飘色等传统的秋色项目,又有佛山市非物质文化遗产保护项目中的精粹,如悠远传响的佛山十番、古典华丽的八音锣鼓柜、声韵悠长的龙舟说唱等。另外,主办方还加入了街舞、动漫秀、拉丁舞等现代、时尚、浪漫的表演项目,并特邀了广州、肇庆、香港等地的特色民间艺术项目,如广州麒麟舞、湛江傩舞、连南腰鼓舞、潮州英歌舞等市外非遗项目参加巡游。

镇（街道）概况

镇(街道)概况

荷城街道办事处

【概述】 荷城街道办事处位于高明东部，西江之滨，是高明区委、区政府驻地，全区政治、经济、金融、科技、教育、文化和信息中心，也是佛山市西江组团重要组成部分。荷城街道下辖14个社区居委会、14个村委会，总面积(除争议部分外)178.18平方千米，占全区面积的18.5%；年末总户籍人口16.17万人，占全区总人数的55.10%。

2009年，荷城街道办事处牢固树立科学发展观，贯彻落实《珠江三角洲地区改革发展规划纲要》，围绕区委、区政府“抓项目、保增长”工作方针，积极应对国际金融危机，社会经济全面发展。全年实现地方生产总值(GDP)234.38亿元，比上年增长18.51%；工业总产值757.41亿元，比上年增长23.25%；固定资产投资68.96亿元，比上年增长28.66%，工商税收收入17.29亿元，比上年增长26.65%；农业生产总值6.55亿元，比上年增长5%，农村人均收入7522元，比上年增长11.8%。

【工业经济】 *做强支柱产业，带动经济发展* 全力支持支柱产业做大做强，辖区内纺织、石化、食品、塑料、光电等五大产业实现健康快速发展，实现总产值399亿元，占全街道工业总产值的52%，成为街道抵御金融危机实现率先突围的重要力量。

做大重点企业，增资扩产步伐加快 辖区内海天、溢达、中油高富、佛照明、亿龙等重点企业抓住低成本扩张的机会推出增资扩产项目，提高经营效益。其中中油高富二期213万吨技改扩能项目可行性研究报告于9月中旬通过专家评审，计划半年内完成技改；海天集团在完成小调味园报建审批工作的同时，投资30亿元完成二期项目部分规划设计，9月中旬已正式动工；佛山照明开发白炽灯转换电子节能灯项目效果理想；亿龙集团增资扩产项目进展顺利。

做好招商选资，经济发展潜力不断增强 全年引进项目27个(包括增资项目)，其中增资扩产项目7个，亿元以上项目9个，其他项目11个，合同投资总额52.84亿元。引进项目中，正在环评、规划报批的4个，已动工的9个，投试产的2个。全年合同利用外资4401.51万美元，实际利用外资8017.64万美元。

做细服务企业工作，经济发展环境不断改善 年内，以“企业服务年”为契机，制定措施帮助企业应对金融危机的冲击。一是优化行政服务。积极配合区经贸局推进“政企直通车”工作，加强政企信息互动，强化服务意识，提高办事效率和服务水平，解决企业遇到的实际困难和问题，确保各项扶持措施落到实处。二是拓宽企业融资渠道。年内，协助38家

企业申请财政担保贷款约1.78亿元，其中9家企业获担保贷款3900万元；成功协助汇益纺织等8家中小企业申请贷款贴息专项资金200多万元。三是引导企业开展自主创新。6月，与区塑料行业协会、四川大学签订共建塑料成果转化基地协议；协助溢达纺织等6家企业的7个项目申报加入广东省技术改造、技术创新滚动计划。四是就业培训力度加大。年内，培训本省农村劳动力400多名，解决区内700多名农村劳动力转移就业，接收省外1000多名农村劳动力转移就业。

【第三产业】 房地产销售保持畅旺，高档酒店发展蓬勃，各大楼盘成交活跃。11月，碧桂园凤凰酒店正式营业，成为高明区第一家参照五星级标准建设的酒店；富逸湾酒店转入全面建设阶段，喜伯年酒店完成建设顺利开业，富湾湖酒店、恒威酒店、银海酒店等升级改造步伐加快。荷城商业圈迎来重大发展机遇，总投资近10亿元的高明广场、京柏城、中港广场等大型商场正在加紧建设。以塘伙村、盈香生态园等为首的“农家乐”自然生态旅游景点成为荷城旅游的新亮点。全年，街道实现第三产业增加值48.05亿元，比上年增长16.77%，占生产总值的20.5%。

【固定资产投资和基础设施建设】 年内，街道市政设施投入约5400万元，完善市政道路建设。其中投资1782万元建设兴良路、惠福路。总投资1亿元建设富湾污水处理厂及配套管网设施，已完成BOT及BT合同的谈判及各项前期工作；三洲大涌、显州塘、棠美塘整治工程，已落实初步方案，正进行施工设计；投资160多万元完成富湾工业大道、恒昌路中央绿化带等绿化工程，绿化面积14000多平方米。

此外，协助沧江工业园和西江新城全面推进征地工作，完成纺织学院及职业技术学校用地的征收工作，征收土地面积约2000亩；协助西江新城管委会完成良江、苏村、上下古耶等村征地7000多亩；协助沧江工业园做好第三污水处理厂管网的征租地工作；完成杨西大道荷城段征地工作。

【财税收入】 年内，财税收入保持稳健增长，街道超亿元纳税企业4家(中油高富、海天、溢达和碧桂园)。全年工商税收总收入17.29亿元，比上年增长26.65%；区、街两级工商税收入6.6亿元，增长25.19%；街道本级工商税收入2.37亿元，比上年增长25.19%。

【农业农村工作】 推进农村集体经济组织管理体制改革工作，至年底，建立和规范集体经济组织(经济联合社、经济合作社)135个。加大农业基础设施建设力度，对范洲龙湾片农业园区和南洲东西片进行土地整理。完善水利工程建设和管理，投入资金建成三防信息指挥中心及防汛物资储备仓库和开展荔朗围排涝防洪综合整治工程，协助做好秀丽河整治(清淤)工程和马宁泵站(含东水闸重建)工程及富湾新泵站建设工程。加强畜禽防疫检疫工作，全年生猪防疫10.9万头次，生猪屠宰检疫16.6万头次，处理“瘦肉精”猪只51头，家禽防疫80.8万羽。规范村级财务制度，村(居)财会服务中心接管村(居)财务账318盘，其中村(居)委的28盘，经济联合社的14盘，村(居)小组、经济社的276盘。积极推进政策性水稻保险工作，早晚造参保面积3万多亩，街道补贴18万多元。引导农民采用“公司+基地+农户”经营模式，增产增收。年内，农村实现农业生产总值6.55亿元，比上年增长5%，人均收入7522元，比上年增长11.8%。

【综治及维稳工作】 综治中心建设 按省、市综治委的要求，投入60多万元，重新整合设置综治中心。至年底，综治信访维稳办、司法所等多个部门已经进驻办公。6～12月，受理矛盾纠纷122件，比上年下降26%；成功调处111件，成功率91%，比上年上升9.2%。

维护社会稳定，重点化解和调处“信访积案” 对排查出的6个积案、8个重点矛盾纠纷按“五个一”要求落实领导包案方案。逐个调处。如孔堂村前大涌污染、广明高速建设过程遗留问题等信访积案得到有效化解，年内没有发生进京上访案件。

加强社会治安综合治理 重点加强工业园区的治安防范网的建设，推广在城中村安装视频监控系统，对溢达等200多家企业的保安队伍进行登记和培训教育工作。扩大安全小区覆盖面，计划投入100多万启动资金，新增创10个安全文明小区，前期准备工作已经完成。流管工作得到加强，登记出租屋14521间，登记率95.45%；登记暂住流动人员50310人，登记率95.8%；办理暂住证28916个。

【“三旧”改造工作】 年内，梳理出“三旧”改造项目173个，涉及旧厂房95个，旧村居27个，旧城镇51个，占地面积10.16平方千米，其中三洲旧区改造项目是佛山面积最大的旧改项目，改造范围约2.37平方千米。年内，完成项目物业详查、前期策划方案、分区规划设计等前期工作。经过招商推广，三洲旧区改造项目已吸引一批意向开发商前来洽谈具体合作项目。荷城旧厂房改造和旧村(居)改造推进顺利，新亨村和塘伙村已经实现改造提升，示范和带动作用逐步彰显。

【基层党建】 学习实践科学发展观活动 9月，作为第三批深入开展学习实践科学发展观活动单位，街道171个党组织、6937名党员参与。通过开展学习实践活动，街道各级党组织理清了科学发展的思路，解决了一大批群众反映的民生问题，让群众得到实惠，学习活动取得初步成效。

党的基层组织建设 年内，对94个党支部进行换届选举，公开招聘6名大学生村官到农村基层工作，加强新班子的素质建设。深化和完善片区管理和专职驻村副书记制度，基层管理工作重心下移，着力化解基层矛盾，使矛盾化解在基层、化解在萌芽状态。

事业单位聘用制改革工作 7月，全面铺开事业单位聘用制改革，至年底完成下属10个事业单位的聘用制改革工作，基本实现平稳过渡。

廉政和机关效能建设 发挥学习中心组带头作用，以强化教育为基础，以严格监督、严厉查办为手段，加强党风廉政建设，加强学习与调研，提高党员干部的政治素养、理论水平和管理能力。同时，建立、健全规章制度，推行机关效能建设，落实岗位责任制，扭转机关不良作风，提高工作效率。

【城乡社会保障体系】 完善城乡社会保障体系 7月，住院和门诊基本医疗保险工作实现并轨运行。年内，辖区参保人数76350人，参保率99.9%，住院报销3841人次，报销金额989.6万元；居民参加社会养老保险28365人，参保率47.86%，其中10051名年满60周岁、未享受城镇职工基本养老保险待遇的居民可享受80元/月的养老金。

保障社会弱势群体基本权益 建立和完善低保、五保、子女助学、危房改造、医疗救助、法律援助、临时救济等7项社会救助制度;落实城乡居民社会救助和服务工作,开设爱心超市、居家养老等慈善机构;全面落实优抚政策,关怀和重视伤残和复员退伍军人和烈属等重点优抚对象的生产生活问题。年内,投入资金19.75万元,完成农村危房改造19间。完成9户渔民的住房解困工作,补助12.75万元。

【社会各项事业发展】 **民生工程** 计划用两年时间投入1139.5万元,对46条自然村进行第二次饮用水改造工程。年内,46条自然村的饮用水改造工程通过公开招标并落实施工单位,其中42条自然村工程已完成水管安装,41条自然村工程通过验收合格。

教育事业 荷城街道第一小学新落成的教学大楼和新富湾小学投入使用。投入1000多万元安装学校校园网和科学探究室。中小学校教育设备设施全面提升,11月,通过"教育强镇"复评。

医卫事业 年内,投入1400多万元建设荷城街道中心卫生院门诊医疗综合楼,12月动工,计划半年内完成;投入80多万元改造西安社区卫生服务中心,已投入使用;投入1200万元筹建富湾社区卫生服务中心,计划建成园林式的卫生服务中心,已经完成报建工作。

文体事业 年内,举办"魅力大舞台"晚会16场;体育活动185场次;放映数字电影228场。至年底,建成农家书屋19家、综合文化室3家;完成村村通有线电视、园园通有线电视工程一期和农村数字电视平移工作;开展省卫生村创建活动,有11条村加入创建行列。

安全生产工作 坚持"安全第一、预防为主、综合治理"工作方针,贯彻落实"安全生产年"活动要求,安全生产形势继续保持稳定。加大产品质量和食品安全监控力度,严格控制产品质量和食品安全,落实责任制,保障产品质量和食品安全。

计生工作 年内,继续保持低出生、低增长的良好局面。辖内户籍人口出生1518人,人口计划生育率94.27%,比上年提高0.65个百分点,政策外多孩率下降0.12%,全面完成上级下达的人口计划各项指标任务。

佛山市高明区荷城街道办事处党政领导负责人名录:

街道党工委书记: 黄棋泰
副书记: 麦兆雄　李建荣
党工委委员: 陈鹏生　谭日升　卢建强
何锦华　仇艳玲　陈江滨
何文忠　关剑群　吕伟贤
罗兆康　姚先明
陈成初(2009.7~　)

街道办事处主任: 麦兆雄
副主任: 曾辉明　陈远江　谭汝方
叶东辉(2009.9~　)
杜伟南(　~2009.8)

(罗燕娴)

荷城街道村(居)委会书记主任名单

村(居)委会	党总支书	村(居)委会主任	村(居)委会	党总支书	村(居)委会主任
石洲	陈成初	陈成初	江湾	谭志强	谭志强
孔堂	赵成和	邓汝超	照明	刘祥兴	刘祥兴
仙村	崔明坚	崔明坚	三洲	吴凤英	吴凤英
尼教	谭永泽	谭永泽	庆洲	谭仲明	谭仲明
铁岗	吴仕初	区有坚	河江	陆伟明	陆伟明
伦埇	黄永安	王志裕	金华	严惠英	严惠英
王臣	刘敏发	黄盛伟	中山	梁丽英	梁丽英
南洲	严永朝	严永朝	安泰	黎英维	黎英维
塘南	区广源	区广源	长安	赵仲华	赵仲华
范洲	林荣东	林荣东	竹园	罗子军	罗子军
泰兴	陈业文	陈业文	月明	庞志文	庞志文
泰和	利庆棠	利庆棠	岭南	李治东	李治东
罗西	区崧庭	黎泽如	健力	罗冠明	罗冠明
上秀丽	区德华	王伟成	育才	潘灼生	潘灼生

明　城　镇

【概述】 明城镇位于高明区中心腹地，区域优势日益突出，珠肇公路和广高公路横穿全镇，坐拥高速公路优势，广明高速和江肇高速公路在明城工业园区交汇通过，直接广佛都市圈，交通非常便利。明城镇下辖1个居委会，11个村委会，150条村(居)民小组，总面积(除争议部分外)173.76平方千米，占全区面积的18.1%；年末总户籍人口42000人，占全区人口的14.33%。

2009年，明城镇围绕区委“抓项目、保增长”工作方针，积极应对金融危机，优化创业环境，扶持企业发展，推进民生实事，全面推动经济社会实现平稳较快发展。年内，实现地区生产总值36.43亿元，比上年增长18.3%；规模以上工业总产值127.65亿元，比上年增长24%；工商税收在关闭7间水泥厂减少税源情况下，税收与上年基本持平并略有增长，实现税收收入1.611亿元；农村人均收入7167

元，比上年增长 11.8%；固定资产投资 19.5 亿元，比上年增长 25.8%；招商引资项目 10 个，合同投资金额 14.19 亿元；合同利用外资 352.55 万美元，实际利用外资 1116.06 万美元，完成全年任务的 101.5%。

【园区建设】 道路建设进一步完善　6 月广明高速明城路段正式通车；江肇高速征地拆迁工作按时完成，辖区范围内全线施工；杨西大道和沧江四桥的征地拆迁补偿工作全面完成并交付使用。

电力建设加快推进　年内，总投资 4835 万元的 110KV 石塘站工程顺利建成，12 月 20 日投入使用，确保骨干企业华兴玻璃和以后盈富产业园的用电需求；配合供电部门完成城西 10KV 线路、禾仓片区 10KV 电缆、木田 10KV 支线、云岗路 10KV 双回路等线路建设；配合做好 220KV 沧江高明线、220KV 沧江后龙线明城境内的征地拆迁和线路施工青苗补偿工作。

【城镇建设】 推进城镇污水处理厂建设，全面实施“三年促变、绿地明城”战略，优化城镇的生活环境和投资环境，加快建设“宜居、宜游、宜创业”城镇，打造“国家小城镇经济综合开发示范镇”品牌。

全面推进污水处理厂建设　年内，投资 2400 多万元完成约 4 千米污水处理厂首期污水配套管网建设；投资 120 万元建设官迳路二期工程；投资 250 多万元完成城七路排水排污管网；投资 150 万元完成高田路三期硬底化工程等。

提升绿化美化工程　投资 132 万元加快“三年促变、绿地明城”建设，其中投资 56 万元建成 1800 米高田绿化示范路、26 万元完成高明大道 8600 米绿化再提升工程、36 万元建成 3500 平方米高田绿化主体林工程。

巩固省卫生镇的成果　提升农村公共卫生条件，新创建“省卫生村”4 条。全力做好手足口病和甲型 H1N1 流感知识宣传防控工作，加强对疑似病例监控，流行性疾病得到有效的防控。

房地产发展　积极扶持房地产行业的发展，“盈富馨园”和“宏基豪庭”两个房地产项目顺利推进，为加快城镇的人口集聚和人流物流，吸引优秀人才的落户提供了良好的环境。泰康山旅游度假区项目推进顺利，已投入 1000 万元进行基础设施建设。

【招商引资】 年内，引入 10 个项目，其中投资超亿元项目占 6 个。全年动工在建项目 9 个，新投产企业 6 间，新增产值 5.2 亿元。骨干企业增资加强，华兴玻璃投资 1.2 亿元建设第三条窑炉；贝斯特陶瓷投资 8000 万元增加生产设备和扩建成品仓库；洪乐精管投资 8000 万元重建新车间和应用清洁能源管道天然气；新粤丰陶瓷投资 3000 万元进行技术改造和增加设备设施。全年税收千万元以上的企业有 2 家，百万元以上达 23 家，百万元以上企业税收占全镇总税收的 63.3%。其中华兴玻璃的税收以 2 倍多的增速发展，税收达到 2300 多万，比上年增加 1600 万元。

【重点项目】 盈富产业园是明城工业园区吸纳优质企业的重点项目。9 月，明城镇 2006～2020 年的土地利用总体规划修编通过市政府的批复，为经济发展带来新的机遇。至年底，全镇已有 14 个批次项目的建设用地指标资料上报区政府，其中盈富产业园 8 个批次 2.44 平方千米。香雪制药项目加紧推进，正进行收地项目评估工作。

【科教文体工作】 科技创新工作取得新成效　年内,组织5间企业申报省技术改造滚动计划资金扶持,储备技术改造和技术创新项目25个。借助与武汉理工大学进行产学研平台,扶持华兴玻璃、贝斯特、柯维光电、万华容威、新粤丰陶等企业进行自主创新,并申请各项创新资金390万元,其中柯维光电加强与中科院合作,积极研发新型光源材料和特种光源,为筹备上市做大做强。水泥行业技术改造优化提升进展顺利,旋江水泥有限公司日产4000吨旋窑水泥离线改造项目开展报批工作,峰江水泥股份有限公司年产100万吨水泥熟料粉磨站项目已获得省经贸委的批复。

教育现代化全力推进　年内,投入教育经费2700万元。其中人员经费投入2300万元;投入96万元完善教育教学的配备,新装备电脑室2间和中小学探究实验室3间;幼儿教育有新突破,按市一级幼儿园标准建设的盈富幼儿园投入使用,幼儿入园率大幅提高;成人文化技术学校实体化运作,成为就业培训的定点单位。

文体娱乐建设　年内,投入30多万元推进南粤锦绣工程建设,综合文化站配套设施不断完善。丰富群众和企业员工生活,组织文艺演出10多场、放映公益数字电影240场;投入12万元再建农家书屋5间,实现每个村委会至少有一间农家书屋的目标。全镇18个村民小组分别被评为市区级"十好"和谐文明村。全年配送到社区和村组体育器材价值20多万元。

【农业农村工作】 一是投资200多万元完善农业园区基础设施,园区的预期效果已经初现。至年底,已引入生产高档花卉和盆景、大型景观树等为主的安祖艺科技有限公司和佛山市鸿景地产公司等10家企业,带动园区及周边农业的发展。二是土地开发整理进展顺利。年内,完成开发任务6000亩,其中猪肝坪一带770亩低洼地、农科所一带170亩低坡地整理工作已通过验收,并抓紧对苗迳、光明一带约5200亩山坡地进行开发整理。三是农村集体经济体制改革推进顺利。年内,完成农村集体经济组织改革136个,占总体任务75.1%,超额完成区下达60%的任务,完成佛山市经济社整合试点任务。四是全面推行居民养老保险制度。年内,为13684个符合条件人员参保。

此外,还落实能繁性母猪补贴50多万元;种粮直补308万元,水稻保险28.6万元;门诊和住院医疗保险252万元;全征地农民养老保险65.7万元;落实家电、汽车、摩托车下乡补贴429宗35万元。

【计生工作】 年内,深入开展创建"两无"活动,加强流动人员和出租屋综合管理,辖区内人口出生率11.28‰,计划生育率94.27%,顺利完成上级下达的人口计划。完善计划生育利益导向机制,全年发放家庭奖励金和节育奖励金等53.8万元。计生工作连续7年取得区人口与计划生育工作先进单位称号,连续6年取得市人口与计划生育工作先进单位称号。

【惠民工程】 一是全力推动区十二届人大2号议案——明城污水处理厂建设。该项目采用BOT形式建设,首期工程总投资3120万元,日处理量1万吨规模。9月底试运行,日处理量2万吨,规模工程和配套管网将在年底前完成。二是佛山LNG明城天然气站及管道建设顺利推进。门站于12月举行投产仪式，管道建设施工加紧进行中，争取春节后能够为企业和群众提供优质的管道用气服务。三是社区卫生服务中心按计划推进，总投资800多万元、占地3266.7平方米的社区卫生服务中心，已完成三层的框架建设，预计明年上半年投入使用。四是农村第二次饮用水改造工程按计划顺利完成。投资510万元完成30个村民小组第二次饮用水改造。五是推进村道硬底化工程建设。投资7.4万元新建和提升围坊村、会馆村、云勇村村道硬底化工程0.62千米；投资28万元安装明城小学路段和城七路文昌塔路段路灯。另外，还为484户1130人低保对象和120户农村五保户，发放五保金、低保金及施保救济金262万元；发放优抚、退伍军人一次性就业安置费等105万元；扶持残疾人经营和贫困家庭子女就学40多万元。

【社会维稳】 认真落实问责制度，坚持每周排查、领导包案和下访约访、挂钩联系等工作机制，全年成功处理多宗信访问题，化解及稳控多起矛盾纠纷及越级上访苗头案件。在“创平安、迎国庆”专项行动中，打掉抢劫团伙1个、入室盗窃团伙1个和赌博团伙2个，刑拘44名犯罪嫌疑人、逮捕犯罪嫌疑人22名、劳动教养3名、强制戒毒30名。

【安全生产工作】 道路交通事故、工矿商贸事故、火灾事故等均比上年有所下降，各项安全指标均在区政府下达的指标之内，安全生产形势总体稳定发展。在开展行业性安全生产标准化考评工作中，5家企业达A级达标；开展安全生产规范化考评验收100%，顺利完成上级下达的任务。

【党建工作】 围绕实践科学发展观的“党员干部受教育、科学发展上水平、人民群众得实惠”这个总体要求，组织属下各级党组织举办专题学习辅导会28场，召开讨论交流会45场，举办走访座谈会63场，强化党员干部意识。落实党风廉政建设责任制，修改、完善《干部考核制度》、《财务监督制度》、《责任追究制度》等制度。开展机关效能建设工作和纪律教育学习活动大检查，健全干部职工驻留值守工作制度，机关作风明显好转。

佛山市高明区明城镇党政负责人名录：

党委书记：伍志强（ ～2009.4）
赵灿华（2009.4～ ）

党委副书记：何荣安　潘海洋（ ～2009.8）

党委委员：赵灿华　何荣安　赖志明
黎文彪　曾玉芳　李国明
黎志高　白志彪　李松芳
区伟良　梁贤超　黄启新
严海锋　王育楼　谢启荣
李学明

人大主席：伍志强（ ～2009.4）
赵灿华（2009.4～ ）

人大副主席：黎志高

镇长：何荣安

副镇长：赖志明　黎文彪　曾玉芳

（廖志明）

明城镇村（居）委会基本情况表

村（居）名称	村民小组数和名称	村委会干部
社区居委会	1 条村：洞心村	黄瑞森 杨仲清 叶少芬 温葵珍 麦雪玲 黎建雄 冯玉生
罗 稳	7 条村：横江、罗稳、山底 深水、东红、新村 峰江背	谢 良 李子东 谢趣珍 夏汝东 梁惠娟 程松桂
潭 塱	7 条村：黎坑、潭塱、新村 鸦岗、海冲、龚村 文车	傅胜开 邓仕元 傅 成 冯学东 康志彬 陈培珍 康巧燕
崇 步	7 条村：洋塱、崇北、崇中、崇南、严田、白沙 石咀	仇德锦 陈关元 陆桂珍 仇国玲 严建明 夏运芳 程文坚 夏有居
新 岗	6 条村：平山、陈村、罗塘、芹水、茶地、步洲	梁华方 甘福开 冼福林 莫志成 严细喜 甘伦波 甘翠颜 梁燕霞
明 东	21 条村：麦屋、水边、谢边、塘边、龙门、塘美 岗顶、肇塘、横江、冲尾、云岗、会馆 潭边、庙边、佳田、高田、岗边、桥头 大稳、细云、坪岗	夏杰星 黄结好 夏伦新 谢子安 夏建滔 温陆珍 苏玉群 陈玉中 谭杰生
明 西	27 条村：瓮江、水镇、巷口、榄岗、多松坪、下车 罗江、峰江面、鲤江、坪山水、凤岗 群江、田心、塱心、上仁坑、下仁坑 上高塱、下高塱、茶田、三桠、黎山 马头岭、花井、霄边、都眷、南坑、英启	谭国卫 邓伟光 冼卫光 刘国雄 甘少英 刘云鹰 吴建辉
明 南	13 条村：榕根、罗格、古柳、樟树、龙尾、鹿洞 格岗、山塘口、元坑、桂坑、长身岗 岭脚、大简	吴志强 杨容周 李桂平 谢松周 杨伟强 杨海宁 陈剑妹 陈建周
明 北	20 条村：细塘美、大塘美、后巷、合掌巷、大田 平塘、新罗里、榄树坳、石塘、上石塘 中石塘、下石塘、冲坑、大坪、井山 围坊、周田、世周、天湖、洞脚	徐坤明 谢松生 严爱琼 刘文锋 杨伟东 刘结英 梁剑锋
明 阳	27 条村：东门、苍角、梁屋、麦塱、程屋、西门 塱弟、壕基、岗头、北街、团结街、七社 南街、碧玉、岗南、岗美上白庙、下白庙 龙潭、圩地、海园、陈村、泥湾、木田 江根、白管、禾仓	夏培雄 刘凤娟 杨志成 严焕弟 严伟东 陆庆华 杨东平

续上表

村(居)名称	村民小组数和名称	村委会干部
光 明	11 条村：坟典、里坑、白石坑、品村、松木塘 苗村、塘际、甘蕉、波泔、罗林、云勇	谭维初 黄胜均 吕丽娟 伍国芬 李炳坤 李明章 李卫初
苗 迳	3 条村：新村、旧村、新屋	严桂林 曾子萍 关志明 严永昌

杨 和 镇

【概述】 杨和镇地处佛山市高明区腹地，位于广(州)海(安)中线与江(门)肇(庆)线的交汇处，东、北与区政府所在地荷城街道相连，南与鹤山市龙口镇相邻，西与明城镇接壤，属高明区三大组团(中部组团)之一。杨和镇下辖 3 个居委会、7 个村委会，105 条自然村，总面积(除争议部分外)233.14 平方千米，占全区面积的 24.28%；年末总户籍人口 32000 人，占全区人口的 10.91%。

2009 年，杨和镇坚持以科学发展观为统领，按照区委、区政府“抓项目、保增长”工作方针，落实《珠江三角洲地区改革发展规划纲要》，大力推进“两转型一再造”，积极应对金融危机，全镇经济社会各项事业保持持续、稳定、健康发展。年内，实现地区生产总值 62.21 亿元，比上年增长 19.2%；工业总产值 243.37 亿元，比上年增长 22.7%；税收收入 2.058 亿元，比上年略有增长；固定资产投资 27.09 亿元，比上年增长 23.28%；实际利用外资 2525.25 万美元，合同利用外资 568.07 万美元。全镇用电量 5.2 亿千瓦时，比上年增长 19%；农业总产值 5.3 亿元，比上年增长 9%。

【经济平稳健康发展】 *支柱产业支撑作用明显* 年内，津西金兰、基业公司、永利坚等骨干企业实现生产总值 169.87 亿元，占全镇工业总产值的 69.8%，比上年增长 21.4%。

企业逆境增资扩产势头不减 年内，有 7 家企业扩产，增资额近 3 亿元，其中基业公司增资 5000 万元新建年产 20 万吨级连续镀锌钢板生产线、威士达塑料增资 6000 多万元扩大中高档 PVC 人造革生产线、金兰有色金属增资 5000 万元上马铝母线项目、华龙铝业增资 3000 万增加 2 条铸轧生产线等，部分增资项目已进入设备安装阶段。

优质中小企业率先突围 年内，葳林家具公司发展迅猛，税收实现超 2 倍数增长；川东热敏磁公司税收比上年增长 122%，何氏协力机械比上年增长 50%，海纳川药业比上年增长 46%，同德化工、泰裕钢业、宝进钢铁等企业成长迅速。

落实重点项目立项融资工作 年内，抢抓国家扩内需政策机遇，列入区重点项目立项融资的 16 个，已有 8 个项目动工，动工建设率 50%，位于全区前列。

重点企业项目动工投产速度加快 年内，动工投产项目 19 个，其中三英铝业二期工程用于产品深加工项目的建设已进入试产阶段；六联金属 4 月投产的 40 万吨热轧钢带生

产线全年新增产值6亿元;海能科技项目首期投资2亿元,1.2万平方米厂房和办公楼的建设已完成,建成食品包装用薄膜生产线2条,于10月进行试产;9月,投资超亿元的仁兴机械有限公司进场施工;雅仕卫生用品、科顺化工、晋和金属、金创亿不锈钢等企业也进入建设阶段。

【招商引资新突破】 招商引资成效明显 年内,引进项目12个,合同投资总额13.2亿元。所引进的项目呈现技术含量高、投资规模大、品牌辐射能力强等特点,华凯电梯公司,占地约16666.7平方米,投资额达5500万元,年产值超2亿元;三川电工公司,该项目占地约20000平方米,投资1.2亿元,主要生产电梯电子零配件、液晶显示器等科技含量高的套件,年产值5亿元;九恒条码印刷公司,该项目生产的条形码占全国海关报关条码50%市场,是海关总署、中国平安保险、美国联邦快递等公司的定点印刷企业。

回收处置空闲置土地 利用旧厂房招商2.5万平方米,引入企业5家,总投资约1.2亿元。盘活空闲置用地,对长时间未开发的土地由政府收回重新开发,全年收回盘活空闲置土地1.27平方千米,为可持续发展引进优质项目提供土地的储备。

引进大项目取得实质性进展 年内,在区相关部门支持下,与万和新电器股份有限公司签订投资协议大项目(中国500强企业IPO项目)1个,投资金额10亿元以上,项目拟生产太阳能、热泵、电气、空气能等环保节能系列产品,是国家鼓励发展的新能源技术产业,预计产后年税收超亿元。随着万和企业落户杨和,一批家电及新材料的大项目正陆续与镇洽谈投资,对整个产业结构调整升级起到促进作用。

【产、学、研成果】 年内,"产学研"战略成效突出,一是9月1日,高效轧制国家工程中心高明分中心在基业冷轧钢板有限公司正式挂牌成立,平台的成立使杨和镇能够充分利用北京科技大学的特色资源优势、成果优势和人才优势,为广大金属材料加工企业在新产品、新技术、新工艺开发以及成果转化、产品检测、人才培训等方面提供全方位的服务。二是企业自主创新意识不断增强。在抵御金融危机抗风险过程中,企业主动求新、求变的愿望强烈,"产学研"合作平台的作用得到充分发挥。其中,唯艺金属与中科院工程研究所加强合作,共同开发研究新项目,由主攻搪瓷日用制品转型为生产装饰用搪瓷板,并在北京、广州地铁等装饰工程招标上取得突破;三英铝业的电磁振荡铸轧法生产铝板带项目中标粤港关键领域;广东省科技厅组织的科技特派员进驻川东热敏磁电有限公司和唯艺金属制品有限公司;基业、三英、兆兴、福煌等企业与北京科技大学、中科院工程研究所开展"产学研"对接洽谈活动。全年协助17家企业获得省贴息扶持资金和技改创新专项资金共630万元,助推企业不断发展。

【基础设施建设】 重点交通建设项目稳步推进 积极配合江肇高速建设。江肇高速杨和段全长13.8公里,辖区内征地面积1.2平方千米,经过11条自然村。杨西大道建设推进顺利,一期工程主干道已建成通车,全长8.2公里,宽32米的沥青路彻底解决了原人和、杨梅两片群众困扰多年出行难的问题。杨西大道二期已全面完成征地拆迁任务。

加快城镇基础设施建设 年内,顺利完

成杨和镇总体规划的规划评审，完成新一轮土地利用总体规划的修编。完成“三旧”改造专项规划，3个“三旧”改造项目全面启动，工业园区内各项市政建设不断加快，全年投入市政基础建设资金2500万元。年内完成低效山坡地、园地收地任务3.56平方千米。至年底，有1.33平方千米进入在动工整理阶段，拓宽了用地空间，缓解了建设用地需求矛盾。

【社会主义新村镇建设】 农业经济发展上新水平 大力扶持龙头企业和农民专业合作经济组织发展，推进农业产业化经营，至年底，全镇有现代农业生产基地20个，经营面积20多平方千米；有规模以上农户20多家，规模化经营面积23.33平方千米。年内，通过成立蔬菜专业合作社，组织农民搞调整、闯市场，带动当地经济发展，全年销售蔬菜总量有60万公斤，总产值280万元。加快推进农产品质量监测体系建设，全镇生产基地获得无公害农产品产地认定2个、产品获得无公害农产品认证2个。加大水利基础设施建设力度，全年投入水利建设项目17个1542万元，其中投入954万元完成沧江河冬瓜围2公里堤围的加固工程；电网改造配套不断完善，全年投入1693万元用于农电配网基建、技改升级等工程，确保生产、生活用电平稳。

统筹城乡惠民生新亮点 贯彻落实污染减排工作，采用BOT形式建设“杨和镇污水处理厂”首期工程，投资2300万元完成厂区建设，9月底试水运行。污水处理厂的管网BT项目总投资约5100多万元，管网总长7.13公里，已完成建设工作。运行后，日污水处理量为1万吨，COD(耗氧量)和二氧化碳排放量同步下降，人居环境有较大改善。年内，深入开展“三年促变、绿地高明”工作，投入绿化资金300万元，改造提升绿化面积2.8万平方米，营造各类主题林2个，示范路1条，改造桉树面积近4.56平方千米，生态公益林林分改造逐步推进。

农村集体经济组织工作取得阶段性进展 推进规范农村集体经济组织工作，全镇应规范农村集体经济组织124个，至年底，已完成规范农村集体经济组织88个，超额完成任务。

【教育】 9月，动工建设新杨和中学，首期投资5500万元，建有教学楼、实验楼、宿舍楼及饭堂等多项设施。至年底，完成主体工程的50%；投入400多万元完成教学设施设备更新以及对沙水小学规范化建设的提升。

【医疗卫生改革】 年内，医疗卫生改革工作稳步，一是升级改造杨和卫生院，投入600多万元进行医院整体软硬件建设，配置多种先进医疗器械。二是落实农村合作医疗和农村养老保险工作。全年投入470万元大力推进农村合作医疗和农村居民社会养老保险工作，农村合作医疗参保率99.7%。投入1000万元高标准建设的杨和敬老院已投入使用。加强城乡富余劳动力就业推荐工作，通过专场招聘会、见习岗位推荐等形式成功培训帮助2000多人就业。三是实施第二次饮用水改造。至年底，已完成投资256.8万元，解决16条自然村饮水难问题，受益群众近3000人。

【民主法制建设】 依法行政水平得到提高 坚持和完善向镇人大及主席团报告工作，向人民团体通报情况制度。全年办理人大代表议案和建议18件，办结18件，办结率100%。加强与工会、共青团、妇联、武装等单位和群众团体的联系。深入推进"五五"普法、"法律六进"和"民主法治村建设"工作,宣传法律法规,大力推行政务、厂务、村务公开。深化财政管理体制改革,年内,镇增开人代会,成立财经小组对镇财政预算实施监督,大力压缩一般性支出,"五项经费"实现零增长。

社会大局保持稳定　深入开展"大走访"和社会治安重点整治行动,社会治安平稳有序,全镇破案率稳步上升,确保一方平安。完善应急管理体系,积极创建应急管理试点工程。妥善预防甲型H1N1流感和手足口病等高传染性疾病。安全生产形势总体稳定,开展"安全生产年"活动和"三项行动"、"三项建设"等工作,事故起数、死亡人数和直接经济损失数均下降。年内,镇投资600多万元建设新警务中心,投入50万元创建综治信访维稳中心,形成"大综治、大调解"的工作格局。镇综治信访维稳中心投入运作以来,排查各种矛盾纠纷和不稳定因素67起,化解65起,化解率97%。接待群众反映诉求23宗,成功调解23宗,调解率100%,一批突出信访问题与不稳定因素得到有效化解。

【社会各项事业】　社会救济工作　全年发放各种优抚救助资金267万元,其中低保救济金180.2万元;分类救济金15万元;传统救济金7.3万元;为509户特困低保户出资购买基本医疗保险14.4万元,1085人得到受惠;向170户的临时困难家庭发放救济(助)金7.8万元;向特困群众、特困学生实行慈善救助42.3万元。

群众文化事业蓬勃发展　建设面积近5万平方米的杨和文化活动中心,首期工程投资近600万元,已完成雨污排水管工程安装及场地平整建设。全面实施"五项文化惠民工程":"农家书屋"和文化信息资源共享工程顺利完成,实现行政村均设农家书屋的目标;"魅力大舞台——文化周末"文化广场系列活动月月歌舞升平;公益数字电影放映落到实处;"园园通"有线电视工程逐步推进;以创建南粤锦绣工程为契机,加快了推进农村公共文化服务以点带面工程。

其他各项工作　拓宽规划覆盖范围,新的《高明区杨和镇总体规划》获批实施。有序开展"四创"工作,年内有18条自然村创建省卫生村和市、区"十好"和谐文明村。各项人口计划指标均顺利完成上级下达的指标任务,分别荣获市、区"2009年度人口与计划生育先进单位"荣誉称号,计生办证厅优质服务突出,获得"市巾帼文明标兵岗"称号。年内征集12名优秀青年光荣入伍,圆满完成年度征兵任务。

佛山市高明区杨和镇党委、人大、政府负责人名录:

党委书记:杨泽良
党委副书记:陈伟初　梁　华
党委委员:夏树坤　关卓明　赵健强　陈伟光　叶启全　李梅玲　麦欢霞　朱立坚　吴敏强
人大主席:杨泽良
人大副主席:关卓明
镇长:陈伟初
副镇长:林柱文　莫冠初　刘剑锋

(王秀艳)

杨和镇村(居)委会书记、主任分工情况

村(居)委会	书记/主任	村(居)委会	书记/主任
对川村委会	利日波(书记)	人和居委会	杜明球(书记)
	朱为章(主任)		杜明球(主任)
岗水村委会	潘如松(书记)	河东居委会	李　伟(书记)
	潘如松(主任)		李　伟(主任)
圆岗村委会	李浩明(书记)	河西居委会	冯云飞(书记)
	李浩明(主任)		冯云飞(主任)
豸岗村委会	严敏和(书记)	沙水村委会	严　珠(书记)
	严永佳(主任)		严　珠(主任)
清泰村委会	杜剑英(书记)	石水村委会	何国枝(书记)
	杜剑英(主任)		何国枝(主任)

更　合　镇

【概述】 更合镇地处高明西部,位于珠江三角洲城镇群东西两翼交汇中轴位置,北接高要,南邻鹤山,西连新兴,广明高速公路、省道广高线纵贯镇内,至高明中心城区荷城35公里。更合镇交通方便,资源丰富,环境优越,是高明“西部组团”主要部分,又是广东省不锈钢产品制造技术创新专业镇、卫生先进镇和教育强镇。更合镇下辖19个村委会,3个居委会,184条自然村,总面积(除争议部分外)354.56平方千米,占全区面积的36.9%;年末总户籍人口61000人,占全区人口的20.80%。

2009年,更合镇坚持以科学发展观为指导,认真贯彻落实区委、区府“抓项目、保增长”工作方针,围绕打造“新材料先导镇、广佛生态走廊”战略目标,以“四项重点工作”(小洞园区开发、休闲旅游业发展、基础设施建设与招商引资工作)为总抓手,积极应对国际金融危机,确保经济在逆势中平稳健康发展。年内,全镇实现地区生产总值55.07亿元,比上年增长18.1%。工业总产值187.6亿元,比上年增长20.51%,全镇工业产值超亿元企业41家,超10亿元企业3家。固定资产投资23.55亿元,比上年增长27.3%。工商税总收入1.37亿元,地方本级财政收入4709万元,其中诚德特钢、万和电气、炜林纳等3家企业税收超1000万元。

【招商引资】 年内,引入集中在精品陶瓷、电子电器、机械装备等新兴产业,包括投资5.8亿元的德铸重工实业有限公司和5.5亿元的华美嘉洁具公司等项目8个,合同投资总额30亿元。增资扩产势头良好,万和电气、炜林

纳、协进不锈钢、左右铝业、汇通家具等骨干企业增资扩产项目快速推进,其中万和电气、协进不锈钢分别增资5000万元。

【产业转型及结构优化升级】 4月,小洞园区转型为建设佛山陶瓷产业基地示范园,一期规划土地面积2.47平方千米,建成后年产值约200亿元。年内,已基本完成土地收储平整、控制性详细规划编制和天然气调压站选址等基础工作,正与汇德邦、钻石洁具、蒙娜丽莎等优质陶瓷企业进行项目洽谈,其中汇德邦陶瓷有限公司于12月举行奠基典礼,成为进驻该园区的第一间企业。关停高建玻玛、精华电路板、兆鑫包装材料、利德丰陶瓷等企业,通过产业转型或提升顺利转产。

【农业农村工作】 农村公共事业建设 年内,投入950万元,完成87条自然村的第二次饮用水改造任务;投入36万元,完成48间危房改造工程;改造上新村桥、老菜桥、石陂桥、新歌路等群众主要出行路桥;投入约290万元,完成白文陂、吉受排灌渠等13宗农田水利设施维修。居民基本医疗保险范围进一步扩大,覆盖面超过96%;开展居民养老保险工作,全镇参保率约58.5%,超额完成区下达任务;能繁母猪补贴、种粮直补、家电下乡补贴、农资综合补贴、良种补贴、农机补贴等各项惠农政策全面落实,累计投入资金700多万元。

现代农业经济 年内,完成农业总产值7.59亿元,增长5.36%。继合水粉葛成为高明区首件国家地理标志产品后,粉葛协会、白鸽协会发展成为高明区新的农民专业合作组织。水稻、水产、畜牧种养殖及销售态势整体向好。全力推进规范农村集体经济组织工作,全镇179个经济组织中,完成目标任务140个,完成率78.21%,超额完成区104个的目标任务。

民主法治村建设 全面铺开"民主法治村(社区)"创建工作,并转入考核验收阶段。全镇所有行政村、社区均建立村务公开、民主法治专栏,相关资料及时更新和公布,完成村民小组级硬件建设140个,占全镇78%。

【基础设施建设】 年内,广明高速高明段竣工通车,高铜线更合段建设顺利,广明高速西延线路线设计工作已完成。镇级累计投入1300多万元,加强交通基础建设,各行政村公交通达率和村道硬底化率分别达到100%。电网建设高速发展,500千伏沧江站、220千伏后龙站、110千伏小洞站顺利建成投产。耕地补充和土地收储工作成效显著,超额完成区下达的任务,各项纳入区级统筹城乡发展重点项目建设快速推进。

【节能减排建设】 辖区内主要污染物化学需氧量与二氧化硫排放量均达到上级的指标要求。年内,投入1580多万元,建设合水污水处理厂,已经建成并投入使用。

【"三年促变,绿地高明"工作】 年内,投入近50万元,新增绿化面积7000多平方米,完成多条道路、市政公园的绿化提升工程。开展省级林业生态县(区)创建工作,全年造林5.2平方千米,中幼龄林抚育26.7平方千米,完成1.7平方千米生态林改造。开展"一人一树"活动,植树50万株。

【教育事业】 年内,累计投入教育事业经费4873万元,推进义务教育阶段规范化建设,其中投入460多万元用于提升学校教育设施,投入约170万元进行学校"三化"建设,完成中小学布局调整，全镇5所中小学校达到规范化学校标准。校行政领导和师资队伍的综合素质不断提高，教育结构不断优化，教育现代化水平明显提升。

【卫生和人口工作】 积极推进更合中心卫生院建设，大楼主体工程完成封顶。健全全镇农村医疗卫生服务体系，完成村级卫生站的重建、改造和医保联网，实现门诊医保"一卡通"。深入开展"两无"(镇、街道无政策外多孩出生，村、居无政策外出生)活动，推进人口与计划生育依法管理和流动人口管理，全镇人口管理和服务水平进一步提升，全年全镇人口自然增长率4.94‰，低于全区平均水平，完成区下达的各项指标任务。

【精神文明建设】 年内，公益数字电影放映276场次，创建农家书屋6家；完成"园园通"有线电视一期工程和全镇农村有线电视的整体平移；开展"魅力大舞台"等群众性文体活动。成功创建省一级综合文化站1个、村(社区)综合文化室示范点3个，圆满完成区创建《南粤锦绣工程》省文化先进区的任务。完成区下达的6条"十好"和谐文明村创建任务，稳步推进省级文明村的创建工作。体育事业跃上新水平，建成省级先进体育社区1个。

【社会保障、救助体系建设】 落实为民解困措施，困难群众实现应保尽保，全年全镇优抚救助、农村和城镇孤老人员低保帮扶、医疗救助、退伍军人补助以及敬老院建设、农村再就业等民生支出经费600多万元。

【维稳工作】 年内，排查调处社会矛盾纠纷430件，成功调处矛盾纠纷355件，成功率82.5%。狠抓社会治安综合治理，加大违法犯罪行为打击力度，全力推进流动人员和出租屋规范管理，扎实开展禁毒和社区戒毒(康复)工作。投资43万元的镇综治信访维稳中心投入运作，逐步构建起"大综治、大调解"工作格局。

【安全生产工作】 年内，开展春运、安全月、消防"119"等系列宣传教育活动；组织企业负责人进行1期10多人安全培训，督促企业对员工开展安全教育培训12000多人次等；投入2万多元资金购置电脑、护服等装备，完善各项配套设施；划拨2万多元资金，聘请广东省鹏程安全技术事务有限公司专家到镇开展规范化考评验收工作。7月，经上级有关部门考评验收，全镇有49家企业达到B类标准，有2家企业达到C类标准。开展"春节"、"五一"、"十一"节前以及冬季消防4次安全生产大检查活动，开展隐患排查治理120多次，跟进复查和整改落实，确保全镇安全生产形势持续稳定。

【人民武装工作】 年内，完成镇28名新兵征集任务；参加区、镇重大节日活动的秩序维护，全镇国庆六十周年等重要活动期间无事故和案件发生；完成新居、平塘、白石、合水4个民兵营达标建设；做好退伍老兵的思想工作，引导退伍老兵投入经济和"四个文明"建设。完成上级赋予的各项军事训练任务，获广东省军区民兵预备役实弹射击比赛第一名。

佛山市高明区更合镇党委、人大、政府负责人名录：

党委书记： 赵灿华(～2009.4)
谭应佳(2009.4～)

党委副书记: 李文生(2009.5～)
谢志尚
党 委 委 员: 罗植源 谭利军 梁章文
郭伟光 罗兆彬 杨帼梅
唐贤仪 陈建成 吴伟强
人 大 主 席: 赵灿华(～2009.4)
谭应佳(2009.6～)

人大副主席: 罗植源
镇 长: 谭应佳(～2009.4)
李文生(2009.6～)
副 镇 长: 黄景宏(～2009.8)
陈水雄 杨 诚

(李国梅)

更合镇村(居)委会书记主任名单

村(居)委会	党总支书	村(居)委会主任	村(居)委会	党总支书	村(居)委会主任
官山	黄亦仔	黄亦仔	宅布	区桂棠	区桂棠
吉田	麦启扬	麦启扬	白石	刘 植	刘 植
水井	李甲友	李甲友	歌乐	吴伟强	吴伟强
良村	陈初平	陈初平	版村	麦伯和	麦伯和
高村	陈燕华	陈燕华	泽河	曾 明	曾 明
香山	黎志群	黎志群	平塘	罗连华	罗连华
巨泉	谭新华	谭新华	珠塘	叶志灵	叶志灵
白洞	徐思远	徐思远	大幕	梁悦林	梁悦林
界村	罗报安	罗报安	合水居委	阮伍仔	阮伍仔
小洞	李来	李来	新圩居委	李奕才	李奕才
布练	廖建球	廖建球	更楼居委	欧 荣	欧 荣

先进单位
先进个人

先 进 单 位

2009 年度获国家级先进单位称号名录

获奖单位	评定单位	荣誉称号
佛山市高明区	中华人民共和国文化部国家文物局	全国文物工作先进县
区科技信息局	中国地震局	2008 年度全国县级防震减灾工作先进单位

2009 年度获省级(含省直部门评定)先进单位称号名录

获奖单位	评定单位	荣誉称号
高明区	广东省人民政府	广东省人口与计划生育先进单位
区文广新局	中共广东省委广东省人民政府	广东省文明单位
荷城街道塘南村委会塘伙村	中共广东省委广东省人民政府	广东省文明村
更合镇白洞村委会白洞新村	中共广东省委广东省人民政府	广东省文明村
荷城街道中山社区	中共广东省委省人民政府	广东省文明社区
更合镇团委	共青团广东省委员会	广东省五四红旗团委
区卫生监督所团支部	共青团广东省委员会	广东省五四红旗团支部
共青团区委员会	共青团广东省委员会	2008 年度第二届“广东青年科技文化活动月”优秀组织
区少工委	少先队广东省工作委员会	2008 年度广东省少先队工作先进单位
区第二次全国经济普查领导小组办公室	广东省第二次全国经济普查领导小组办公室	广东省第二次全国经济普查先进集体
区科技信息局	广东省地震局	2008 年度广东省县级防震减灾工作综合评比一等奖

续上表

获奖单位	评定单位	荣誉称号
明城法庭	广东省高级人民法院	集体二等功
荷城照明社区塘美村	广东省爱国卫生运动委员会	广东省卫生村
荷城照明社区榴边村	广东省爱国卫生运动委员会	广东省卫生村
荷城泰兴村委会镇地江村	广东省爱国卫生运动委员会	广东省卫生村
荷城塘南村委会大塘江村	广东省爱国卫生运动委员会	广东省卫生村
荷城塘南村委会进洲村	广东省爱国卫生运动委员会	广东省卫生村
荷城庆洲社区庆洲居民一组	广东省爱国卫生运动委员会	广东省卫生村
荷城庆洲社区朗美村	广东省爱国卫生运动委员会	广东省卫生村
荷城江湾社区松柏村	广东省爱国卫生运动委员会	广东省卫生村
杨和镇河西社区吉庆村	广东省爱国卫生运动委员会	广东省卫生村
杨和镇河西社区双元村	广东省爱国卫生运动委员会	广东省卫生村
杨和镇河东社区笋坑村	广东省爱国卫生运动委员会	广东省卫生村
杨和镇河东社区真竹村	广东省爱国卫生运动委员会	广东省卫生村
杨和镇河东社区龙湾村	广东省爱国卫生运动委员会	广东省卫生村
杨和镇河东社区大木坑村	广东省爱国卫生运动委员会	广东省卫生村
杨和镇沙水村委会松坪村	广东省爱国卫生运动委员会	广东省卫生村
杨和镇沙水村委会保荣村	广东省爱国卫生运动委员会	广东省卫生村
杨和镇清泰村委会清泰村六	广东省爱国卫生运动委员会	广东省卫生村
杨和镇人和社区福顺村	广东省爱国卫生运动委员会	广东省卫生村
杨和镇人和社区大楠村	广东省爱国卫生运动委员会	广东省卫生村
明城镇明北村委会榄树坳村	广东省爱国卫生运动委员会	广东省卫生村
明城镇潭堋村委会新村村	广东省爱国卫生运动委员会	广东省卫生村
明城镇明阳村委会岗南村	广东省爱国卫生运动委员会	广东省卫生村
明城镇明阳村委会岗美村	广东省爱国卫生运动委员会	广东省卫生村
更合镇白洞村委会井坑村	广东省爱国卫生运动委员会	广东省卫生村
更合镇白洞村委会旺田村	广东省爱国卫生运动委员会	广东省卫生村
高明公安分局刑侦大队	广东省公安厅	全省优秀公安基层单位
高明监狱规划财务科	广东省总工会	“南粤女职工文明岗”
高明监狱十五监区	广东省监狱管理局	集体三等功
高明监狱机关第五党支部	广东省监狱管理局	先进基层党组织

续上表

获奖单位	评定单位	荣誉称号
高明监狱七监区	广东省监狱管理局	先进基层党组织
高明监狱十监区	广东省监狱管理局	先进基层党组织
高明监狱审计室	广东省监狱管理局	审计先进单位
佛山电视台高明分台新闻部	广东省妇女联合会	广东省“三八红旗集体”
区人民医院妇产科	广东省妇女联合会	广东省巾帼文明岗
区农业技术推广中心	广东省农业厅	广东省农业科技推广先进单位
高明出入境检验检疫局	广东省出入境检验检疫局	集体三等奖
高明出入境检验检疫局	广东省出入境检验检疫局	保障供港澳食品安全先进单位

2009年度获佛山市(含市直部门评定)先进单位称号名录

获奖单位	评定单位	荣誉称号
区图书馆	中共佛山市委 佛山市人民政府	佛山市先进集体
杨和公路养护中心	中共佛山市委 佛山市人民政府	佛山市先进集体
明城镇	佛山市人民政府	佛山市人口与计划生育先进单位
明城镇	佛山市人民政府	佛山市无政策外多孩出生镇（街）
杨和镇	佛山市人民政府	佛山市人口与计划生育先进单位
杨和镇	佛山市人民政府	佛山市无政策外多孩出生镇（街）
荷城街道	佛山市人民政府	佛山市人口与计划生育先进单位
佛山中油高富石油有限公司	佛山市人民政府	纳税超亿元企业
佛山市海天（高明）调味食品有限公司	佛山市人民政府	纳税超亿元企业
广东溢达纺织有限公司	佛山市人民政府	纳税超亿元企业
佛山市高明区碧桂园房地产开发有限公司	佛山市人民政府	纳税超亿元企业
佛山电器（高明）照明股份有限公司	佛山市人民政府	纳税超亿元企业
区新圩房地产开发公司	佛山市人民政府	纳税超1000万元企业
区农村信用社	佛山市人民政府	纳税超1000万元企业
高明万和电气有限公司	佛山市人民政府	纳税超1000万元企业

续上表

获奖单位	评定单位	荣誉称号
区西安房地产开发公司（挂靠）	佛山市人民政府	纳税超1000万元企业
广东波顿时装有限公司	佛山市人民政府	纳税超1000万元企业
高明列度时装有限公司	佛山市人民政府	纳税超1000万元企业
广东炜林纳功能材料有限公司	佛山市人民政府	纳税超1000万元企业
高明汇源豪庭房地产开发有限公司	佛山市人民政府	纳税超1000万元企业
高明基业冷轧钢板有限公司	佛山市人民政府	纳税超1000万元企业
共青团区委员会	共青团市委员会	佛山市“基层团建创新竞赛”活动优秀组织
区少工委	共青团市委员会	2008年度红领巾共促和谐行动优秀组织
区技工学校团委	共青团市委员会	佛山市五四红旗团委
区纪念中学高一3团支部	共青团市委员会	佛山市五四红旗团支部
区职校08商务2班团支部	共青团市委员会	佛山市五四红旗团支部
区卫生局团委	共青团市委员会	佛山市五四红旗团委
杨和镇团委	共青团市委员会	佛山市五四红旗团委
荷城三洲社区团支部	共青团市委员会	佛山市五四红旗团支部
更合镇新圩社区团支部	共青团市委员会	佛山市五四红旗团支部
明城镇华立医院团支部	共青团市委员会	佛山市五四红旗团支部
区人民法院团支部	共青团市委员会	佛山市五四红旗团支部
荷城法庭	佛山市中级人民法院	集体三等功
区文广新局	佛山市文化广电新闻出版局	佛山市农村（社区）公益电影放映工作先进单位
高明公安分局公共信息网安监大队	佛山市公安局	全市优秀公安基层单位
高明公安分局交警大队事故处理中队	佛山市公安局	全市优秀公安基层单位
高明公安分局出入境管理大队	佛山市公安局	集体三等功
高明公安分局巡警大队巡逻中队	佛山市公安局	集体三等功
高明公安分局监管大队	佛山市公安局	集体三等功

续上表

获奖单位	评定单位	荣誉称号
高明公安分局交警大队机动中队	佛山市公安局	集体三等功
高明公安分局“8.28”抢劫案专案组	佛山市公安局	集体三等功
荷城派出所星河社区民警中队	佛山市公安局	集体三等功
杨和派出所	佛山市公安局	集体三等功
明城派出所治安中队	佛山市公安局	集体三等功
更合派出所治安中队	佛山市公安局	集体三等功
荷城泰和村委会石砚村	佛山市爱国卫生运动委员会	佛山市卫生村
荷城上秀丽村委会阮西村	佛山市爱国卫生运动委员会	佛山市卫生村
更合镇歌乐村委会新田村	佛山市爱国卫生运动委员会	佛山市卫生村
更合镇白洞村委会布莲塘村	佛山市爱国卫生运动委员会	佛山市卫生村
市防雷中心高明分中心	佛山市气象局	先进集体
高明监狱女工委	佛山市总工会	女职工先进集体
区卫生监督所	佛山市卫生局	佛山市卫生监督工作先进单位

2009年度获高明区先进单位称号名录

评定部门	荣誉称号	获奖单位
中共高明区委 高明区人民政府	区十好和谐文明示范村	荷城街道塘南村委会进洲村民小组 更合镇白洞村委会旺田村民小组
	区十好和谐文明村	荷城街道塘南村委会南岸村民小组 荷城街道泰兴村委会会江村民组 荷城街道王臣村委会松江村民小组 荷城街道南洲村委会开庄二组 荷城街道照明社区居委会甲介村民小组 荷城街道江湾社区居委会江根居民小组 荷城街道江湾社区居委会渡头居民小组 荷城街道罗西村委会新村村民小组 荷城街道仙村村委会双涌二组

续上表

评定部门	荣誉称号	获奖单位
中共高明区委、高明区人民政府	区十好和谐文明村	杨和镇河西社区居委会双元村民小组
		杨和镇河西社区居委会洋坑村民小组
		杨和镇沙水村委会松坪村民小组
		杨和镇沙水村委会保荣村民小组
		杨和镇河东社区居委会大木坑居民小组
		杨和镇清泰村委会矮岗村民小组
		明城镇明阳村委会北街村民小组
		明城镇明阳村委会苍角村民小组
		明城镇明阳村委会南街村民小组
		明城镇明阳村委会程屋村民小组
		明城镇明南村委会桂坑村民小组
		明城镇明北村委会榄树坳村民小组
		更合镇白洞村委会布莲塘村民小组
		更合镇版村村委会石街村民小组
		更合镇歌乐村委会新田村民小组
		更合镇平塘村委会平塘太坊村民小组
		更合镇官山村委会坑尾新村村民小组
	区文明窗口单位	区农村信用合作联社河东分社
		区人民法院更合人民法庭
		明城华立医院
		区工商局荷城街道中心登记窗口
		区财政局契税征收窗口
		佛山监狱会见服务窗口
		沧江工业园科技企业创业中心企业服务部
		区档案馆
		鹏威书店跃华营业部
		广东共明律师事务所
		广东发展银行佛山高明营业部
	区文明窗口单位	高明边检站执勤业务一科
		高明边检站执勤业务二科
		荷城街道大观园花店
	2008至2009年度优秀学习中心组	荷城街道党工委中心组
		杨和镇党委中心组
		明城镇党委中心组

续上表

评定部门	荣誉称号	获奖单位
中共高明区委、高明区人民政府	2008至2009年度优秀学习中心组	更合镇党委中心组 区农业局党委中心组 区人事局党组中心组 社保基金管理局高明分局党组中心组
	新闻信息报送先进单位	荷城街道 明城镇 区人口计生局 高明公安分局 区人力资源和社会保障局
	区机关效能和机关作风建设考核评议结果	A类单位： 区农业技术推广中心　区文化广电新闻出版局 区民政局　区国税局 原区科技信息局　原区劳动保障局 社保基金分局　区工商局 原水利局　区司法局 区农业局　区质监局 区畜牧技术推广中心　区地税局 高明出入境检验检疫局　区安监局 区农业机械化技术推广中心　国土资源分局 区水产技术推广中心　区食品药品监管局 区检察院　区林业局 区法院　规划分局 原区物价局　区卫生局 区公路局　高明公安分局 区教育局　原区交通局 区人口计生局　区经贸局 区财政局　区环保局 原区行政执法局　原区建设局 区发展改革局
		B类单位： 区委区府办　区委组织部 区人大办　区委政法委 区委宣传部　区妇联

续上表

<table>
<tr><th>评定部门</th><th>荣誉称号</th><th colspan="2">获奖单位</th></tr>
<tr><td rowspan="3">中共高明区委、高明区人民政府</td><td rowspan="2">高明区机关效能和机关作风建设考核评议结果</td><td>区纪委（监察）机关
区直机关党工委
区政协机关
区委老干部局</td><td>区总工会
团区委
区工商联
区委统战部</td></tr>
<tr><td>C 类单位：
原区人事局
区档案局
区政府行政服务中心
区史志办
区审计局
区外侨局</td><td>
区体育局
西江新城管委会
区公资办
沧江工业园区管委会
区统计局</td></tr>
<tr><td>2009 至 2010 年度优秀护理集体</td><td colspan="2">区人民医院：ICU、儿科
区中医院：外科
区妇幼保健院：妇产科
区荷城街道中心卫生院：护理组
区明城华立医院：外科</td></tr>
<tr><td rowspan="4">高明区人民政府</td><td>区人口与计划生育工作先进单位</td><td>荷城街道
明城镇
区委组织部</td><td>杨和镇
更合镇
区食品药品监督管理局</td></tr>
<tr><td>区人口与计划生育工作综合治理先进单位</td><td>区财政局
区劳动保障局
区建设局
区卫生局</td><td>区流管办
高明公安分局
区人民法院
佛山电视台高明分台</td></tr>
<tr><td>区人口与计划生育工作综合治理达标单位</td><td>区监察局
区人口计生局
区人事局
区教育局</td><td>区民政局
区妇联
区工商联
佛山人民广播电台高明分台</td></tr>
<tr><td>高明区十大纳税大户</td><td colspan="2">佛山市中油高富石油有限公司
佛山市海天（高明）调味食品有限公司
广东溢达纺织有限公司
佛山市高明区碧桂园房地产开发有限公司
广东电网公司佛山高明供电局
佛山市诚德特钢有限公司
佛山市高明区新圩房地产开发公司</td></tr>
</table>

续上表

评定部门	荣誉称号	获奖单位
高明区人民政府	高明区十大纳税大户	佛山市高明区农村信用社 本田金属技术（佛山）有限公司 佛山市高明万和电气有限公司
	明区纳税大户	佛山市高明西安房地产开发公司 佛山华兴玻璃有限公司 广东波顿时装有限公司 佛山市高明列度时装有限公司 广东米高化工有限公司 广东炜林纳功能材料有限公司 佛山市高明汇源豪庭房地产开发有限公司 佛山市高明基业冷轧钢板有限公司 佛山市高明贝斯特陶瓷有限公司 佛山市法恩洁具有限公司 佛山市高明区荷城房地产开发公司 佛山禅昌电器（高明）有限公司 佛山市高明立信发展有限公司 佛山市高明建业房地产有限公司 广东汇益纺织有限公司 广东省荣安企业公司 中国工商银行股份有限公司佛山高明支行 佛山市高明利辉废旧包装材料经营部 佛山市高明区中远房地产开发有限公司 佛山市爱迪尔卫浴有限公司 佛山市高明安华陶瓷洁具有限公司 佛山电器照明股份有限公司高明分公司 佛山葳林家具有限公司 佛山市川东热敏磁电有限公司 佛山高明顺成陶瓷有限公司 佛山市高明永利坚铝业有限公司 佛山市高明同德化工有限公司 中国移动通信集团广东有限公司高明分公司 中国建设银行股份有限公司佛山高明支行 佛山市高明区新粤丰陶瓷厂 佛山市田昌灯饰有限公司 广东中泰家具实业有限公司

续上表

评定部门	荣誉称号	获奖单位
高明区人民政府	高明区纳税大户	佛山市高明新明大桥有限公司 佛山市高明西安房地产开发公司 佛山市三英铝业有限公司 佛山市高明威仕达塑料有限公司 佛山市高明区雅居陶瓷有限公司 佛山市高明区供水总公司
共青团高明区委员会	十佳共青团组织	杨和镇团委 高明公安分局团委 区技工学校团委 区纪念中学团委 区沧江中学团委 区交通运输局团委 区城市综合管理局团总支部 区人民法院团支部 区卫生监督所团支部 荷城街道三洲社区团支部
	五四红旗团支部（总支）	区路桥公司周田收费站团支部 区国税局团总支部 区环保局团支部 区财政局团支部 杨和镇小教团支部 明城镇明阳村团支部 更合镇合水社区团支部 区公资办供水总公司团支部 高明公安分局巡警大队团支部 高明联社荷城信用社团支部 高明移动东区服务销售团支部 高明监狱十二监区团支部 区第一中学高二 10 班团支部 区纪念中学高一 8 班团支部 区第二中学高二 5 班团支部 区第四中学高一 1 班团支部

续上表

评定部门	荣誉称号	获奖单位
共青团高明区委员会	五四红旗团支部（总支）	区技工学校 08 文秘 1 班团支部 区职业技术学校 09 商务 1 班团支部 区沧江中学八 1 班团支部
中共佛山市高明区直属机关工作委员会	先进基层党组织	区委宣传部党支部　区委老干部局机关党支部 区人民法院第三党支部　区一中党支部 区沧江中学党支部　区技工学校党支部 区光荣院党支部　区财政局第一党支部 佛山市社会保险基金管理局高明分局党支部 区住房和城乡建设局机关党委 区水产技术推广中心党支部 区交通运输局机关党支部　区水务局机关党支部 区林业局党支部　区卫生局机关党委 区城市综合管理局杨和分局党支部 区粮储公司党支部 区国税局第一党支部　区地税局机关党委 区工商局荷城工商所党支部　区公路局党支部 佛山市国土资源局高明分局机关党支部 电信股份有限公司高明分公司行政党支部
高明区总工会	区十优关爱外来工企业	广东溢达纺织有限公司 佛山市高明贝斯特陶瓷有限公司 佛山市海天（高明）调味食品有限公司 佛山市高明区新粤丰陶瓷厂 佛山市华兴玻璃有限公司 佛山市高明创研合成革有限公司 佛山市高明长溢合成革有限公司 佛山市高明金荣华乐金属制品有限公司 广东炜林纳功能材料有限公司 佛山市川东热敏磁电有限公司
	区十佳关爱外来工企业提名奖	本田金属技术（佛山）有限公司 广东汇益纺织有限公司 佛山高明顾地塑胶有限公司 广东米高化工有限公司 佛山中油高富石油有限公司 佛山市高明安华陶瓷洁具有限公司

续上表

评定部门	荣誉称号	获奖单位
高明区科学技术协会	科协系统先进科技团体	佛山市高明区更合镇科学技术协会 佛山市高明区环境保护学会 佛山市高明区农业生态园崇步中心区农村科普示范基地 佛山市高明区青少年科技教育协会 佛山市高明区第一中学 佛山市高明区明城镇霭雯教育农庄 佛山市高明区医学会 佛山市高明区合水粉葛种植协会 佛山市高明区蔬菜协会 佛山市高明区明城镇科学技术协会 佛山市高明区沧江中学 佛山市高明区畜牧兽医科学技术协会 佛山市高明区中医药学会 佛山市高明区荷城街道中山科普示范社区

先进个人

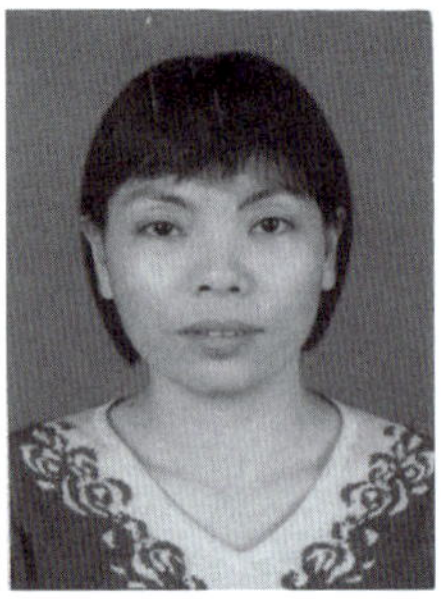

陈润珍

佛山市高明区农业技术推广中心高级农艺师，兼病虫测报站站长，2009年度获全国劳动模范称号。2005年获广东省先进共产党员和佛山市模范党员称号，2006年被评为佛山市先进劳动者，高明区劳动模范，佛山市十大杰出青年，2007年被授予省“南粤建功立业女能手”称号、广东省五一劳动奖章、“广东农村青年生产经营能手”、2009年获广东省劳动模范等荣誉称号。

她热爱本职岗位，默默耕耘，无私奉献，大力加快新技术、新器械的引进推广，引进推广电子灭蛾灯控害技术、灭鼠屋应用技术、性诱剂防治害虫技术等高新技术，取得显著的效果。

创办《农科园地》电视栏目。1999年6月，率先在省乃至全国首个县级开播《农科园地》电视节目。累计指导农民176.6万人次，农作物病虫防治面积917万亩次。

创新农区灭鼠技术。率先在省内研制“灭鼠屋”和“回流池配制法”、“搅拌机配制法”等生产毒饵技术，有效地解决大量配制毒杀饵的问题和提高灭鼠效果。《农区统一灭鼠技术研究与推广应有》项目获2006年度广东省农业技术推广一等奖。

加强重大病虫害防控技术的研究。2002年1月，她与同事成功地向区政府申请《粉葛枯萎病综合治理》立项。通过培训、宣传、推广，粉葛枯萎病综合治理技术有效地转化为生产力，大田粉葛枯萎病的病株率控制在5%以内，平均亩产提高300多公斤，为葛农挽回损失约5735吨，价值1720万元。项目获佛山市科技进步奖和农业推广奖。为全面提升合水粉葛品牌形象，2009年，陈润珍与同事又成功地向广东省农业厅申请《地理标志产品 合水粉葛标准化示范区建设》立项，通过在合水巨泉村建立500亩合水粉葛标准化示范区。以点带面，辐射带动合水1.5万亩粉葛90%实行标准化生产。

心系于民，服务于农。陈润珍经常加班加点，放弃节假日休息时间，奔波在乡间田野，抓培训、检查，2007～2009年共举办各类培训班92期，培训农民7608人次；举办农技下乡咨询活动39场，派发宣传单张、小册子共105612份。

黄炳杰

佛山市国土资源局高明分局科员，国土助理工程师。2009年获全国地质灾害优秀群测群防员称号。他毕业于中山大学地质学专业，并成为地质灾害群测群防工作者，在地质灾害灾情险情面前从不退缩，奋力测险抢险，以身作则，为地质灾害抢险作出应有贡献。

他坚持规划部署，预防在先。利用所学专业知识，结合区地质灾害防治规划和以往发生的地质灾害特点，制定防灾预案及应急预案，建立健全区、镇、村三级地质灾害群测群防网络体系，使之覆盖到地质灾害高、中易发区和有灾害点的自然村，并落实预警和监测责任人。近年来，区内地面塌陷、山体滑坡、崩塌等地质灾害频繁发生，有时1天内连续发生多起地质灾害。接到灾情报告后，他总是第一时间赶赴现场，配合有关部门转移群众，制定监视方案，指导设置警示标志，提出应急处理建议等，有效避免灾情的进一步扩大和群众生命财产的损失。每逢强降雨后，立即对各地质灾害点进行实地调查察看，查明灾情的成因类型，规模大小，提出初步防治意见，并完成各灾点的调查报告，制定切合实际的综合整治方案。

陈小桃

佛山市高明区人民医院内二科主任、内科副主任医师，佛山医学会感染病学会副主任委员，广东省肝脏病学会委员。2009年获全国“三八红旗手”称号。她长期从事传染病学临床工作，坚持正确的政治方向，忠于党的医疗事业，坚守职业道德，在医疗医学上作出突出的贡献，多次被区评为先进工作者和优秀共产党员，2003年荣获广东省抗击“非典”二等功，曾被授予省、市、区“三八红旗手”称号。

黄佩云

佛山市高明区杨和镇中心小学教导处副主任。2009年荣获全国优秀教师称号。她1994年7月参加教学工作，一直耕耘在农村小学的教坛上，从事英语教学十五个春秋，为教育事业无私奉献，培养一大批品学兼优的农村少年子弟。她在平凡的工作始终坚持时间就是知识的信念，家远离学校十几公里，往返路程困难，每天仍然坚持提前30分钟到校，风雨无阻，并充分利用这段时间指导学生学习。农村小学的艰苦工作环境，培养和造成坚毅意志，激励着她爱岗敬业，迎难而上，勇挑毕业班英语教学重任。她大胆创新课堂教学规律，形成具有个人特色的教学风格。集思广益，建议英语学科特色，积极开展学科教研活动。

开展英语课外活动，为学生搭建展示才能的平台，开设“英语角”栏目，以英语橱窗、英语手抄报、英语单词竞猜活动等形式提高学生学习英语的兴趣。她作为英语学科的主管领导，积极热心帮扶年轻教师的成长，鼓励英语教师撰写论文，踊跃参加各级各类英语竞赛活动。她十七次被评为省、市、区优秀教师、教育系统先进工作者、优秀青年教师、先进劳动者等称号。

2009年度获国家级先进个人(单项)称号名录

姓名	单位	获奖称号
张　枫	区统计局	第二次全国经济普查国家级先进个人
何彦昆	区统计局	第二次全国经济普查国家级先进个人
肖拔球	区统计局	第二次全国经济普查国家级先进个人
严志初	区统计局	第二次全国经济普查国家级先进个人

2009年度获省级(含省直部门评定)先进个人称号名录

姓名	单位	获奖称号
黄小玲	区统计局	广东省第二次全国经济普查先进个人
李定国	区统计局	广东省第二次全国经济普查先进个人
伍炳森	区统计局	广东省第二次全国经济普查先进个人
谭冬玲	区统计局	广东省第二次全国经济普查先进个人
邹志刚	区人民法院	全省法院调解能手
官凤丽	区人民法院	二等功
黄浩明	区文广新局	广东省“扫黄打非”先进个人
罗惠阳	区人口计生局	优秀人口计生新闻作品奖
崔启源	高明公安分局	2008年度全省五好所队长
沈新趸	高明公安分局	2008年度全省优秀人民警察
罗维展	高明公安分局	2008年度全省优秀人民警察
罗伟忠	高明公安分局	二等功
陈志根	高明公安分局	全省五好交警
王岳尧	高明公安分局	全省春运道路交通安全管理先进个人
罗伟忠	高明公安分局	全省十佳社区民警
潘胜雄	共青团区委员会	2008年度省优秀团干部
杜小东	区国税局	广东省国税系统先进工作者
蔡国梁	高明监狱	全省监狱系统“十不让之星”
徐信明	高明监狱	优秀审计特派员
黄晓华	高明监狱	优秀审计特派员
徐　捷	高明监狱	省直司法行政单位优秀团干部

续上表

姓名	单位	获奖称号
郑赵芝	高明监狱	省直司法行政单位优秀团员
左华北	高明监狱	省直司法行政单位优秀团员
王竟权	高明监狱	省直司法行政单位优秀团员
曾　秋	高明监狱	南粤建功立业女能手
张志辉	高明监狱	优秀共产党员
黄晓辉	高明监狱	优秀共产党员
王珠海	高明监狱	优秀共产党员
黄　洪	高明监狱	优秀共产党员
李振宏	高明监狱	优秀共产党员
林宏军	高明监狱	优秀共产党员
吴伟昌	高明监狱	优秀共产党员
黄勇波	高明监狱	优秀共产党员
易文强	高明监狱	优秀共产党员
朱权章	高明监狱	优秀共产党员
温武令	高明监狱	优秀共产党员
官厚明	高明监狱	优秀党务工作者
李叙龙	高明监狱	优秀党务工作者
钟自会	高明监狱	优秀党务工作者
李从来	高明监狱	优秀共产党员
赵振江	高明监狱	优秀共产党员
刘忠明	高明监狱	优秀共产党员
苏建民	高明监狱	优秀共产党员
梁锡权	高明监狱	优秀共产党员
李功岳	高明监狱	优秀共产党员
孔　湘	高明监狱	优秀共产党员
廖振荣	高明监狱	优秀共产党员
林桐生	高明监狱	优秀共产党员
宋金龙	高明监狱	优秀共产党员
李辉炎	高明监狱	优秀共产党员
吴广兴	高明监狱	优秀共产党员
史建刚	高明监狱	优秀共产党员
吴　忠	高明监狱	优秀共产党员
温伟峰	高明监狱	优秀共产党员
冯进兴	高明监狱	优秀共产党员

续上表

姓名	单位	获奖称号
姚石明	高明监狱	优秀共产党员
韩长星	高明监狱	优秀共产党员
刘雄康	高明监狱	优秀共产党员
黄川页	高明监狱	优秀共产党员
莫一先	高明监狱	优秀共产党员
朱石和	高明监狱	优秀共产党员
黄业城	高明监狱	三等功
李建平	高明监狱	三等功
朱衍平	高明监狱	三等功
吴建明	高明监狱	三等功
冯晓钢	高明监狱	三等功
叶贤斌	高明监狱	三等功
陈积勇	高明监狱	三等功
张华应	高明监狱	三等功
梁志鹏	高明监狱	三等功
谢幼平	高明监狱	三等功
陆志斌	高明监狱	三等功
温汝球	高明监狱	三等功
李玲苑	高明监狱	三等功
李伟丹	高明监狱	三等功
王珠海	高明监狱	三等功
倪继强	高明监狱	三等功
周永钊	高明监狱	三等功
项仲专	高明监狱	三等功
周彬慧	高明监狱	三等功
钟清东	高明监狱	三等功
伍国洪	高明监狱	三等功
黄炼志	高明监狱	三等功
余胜业	高明监狱	三等功
林远化	高明监狱	三等功
赵迺鑫	高明监狱	三等功
曾　博	区供水总公司	南粤女职工之友
徐汉芬	区职业技术学院	广东省南粤优秀教师
赖雪梅	区沧江中学	广东省南粤优秀教师

续上表

姓名	单位	获奖称号
杜燕颜	荷城街道第一小学	广东省南粤优秀教师
梁　友	杨和镇人和中学	广东省南粤优秀教师
严静华	明城镇东洲中学	广东省南粤优秀教师
杨剑雄	更合镇更合中学	广东省南粤优秀教师
林庆泉	区农技推广中心	广东省农业科技推广标兵
张永瑜	高明出入境检验检疫局	一等奖
易勇全	高明出入境检验检疫局	二等奖
戴苑荣	高明出入境检验检疫局	三等奖
罗文湘	高明出入境检验检疫局	先进个人
林绮霞	高明出入境检验检疫局	先进个人
伍少莹	共青团区委	广东省“十佳”团县（市、区）书记
关燕霞	区人民法院	广东省百佳团支部书记
刘思敏	共青团区委	广东省优秀团干部

2009年度获佛山市先进个人称号名录

姓名	单位	获奖称号
邓荣生	区统计局	佛山市第二次全国经济普查先进个人
区燕芬	区统计局	佛山市第二次全国经济普查先进个人
梁彩萍	区统计局	佛山市第二次全国经济普查先进个人
冯景山	区统计局	佛山市第二次全国经济普查先进个人
李炯君	区人民法院	三等奖
邹志刚	区人民法院	三等奖
彭智聪	区人民法院	三等奖
黄浩明	区文广新局	奖励
罗惠阳	区人口计生局	三等奖
陈敏宁	区人口计生局	三等奖
王安华	高明公安分局	佛山市十佳卫士
何永宁	高明公安分局	佛山公安“80后”新秀奖
林　伟	高明公安分局	佛山公安“80后”提名奖

续上表

姓名	单位	获奖称号
马红年	高明公安分局	“建为民公安，保南粤平安”之题演讲比赛二等奖
周殿勇	高明公安分局	全市优秀人民警察
李志洪	高明公安分局	全市优秀人民警察
李富军	高明公安分局	全市优秀人民警察
区伟坚	高明公安分局	全市优秀人民警察
陈伟彬	高明公安分局	全市优秀人民警察
何超明	高明公安分局	全市优秀人民警察
雷晓强	高明公安分局	全市优秀人民警察
蔡凌依	高明公安分局	全市优秀人民警察
李德刚	高明公安分局	全市优秀人民警察
邓燕文	高明公安分局	全市优秀人民警察
黎惠仪	高明公安分局	全市优秀人民警察
黎楚夫	高明公安分局	全市优秀人民警察
黄海城	高明公安分局	全市优秀人民警察
杨战庭	高明公安分局	全市优秀人民警察
王国文	高明公安分局	全市优秀人民警察
陈志根	高明公安分局	全市优秀人民警察
严小华	高明公安分局	全市优秀人民警察
温振光	高明公安分局	全市优秀人民警察
何海强	高明公安分局	全市优秀人民警察
区海强	高明公安分局	全市优秀人民警察
李　群	高明公安分局	全市优秀人民警察
白中平	高明公安分局	全市优秀人民警察
黎绍聪	高明公安分局	全市优秀人民警察
罗洪峰	高明公安分局	全市优秀人民警察
严志敏	高明公安分局	全市优秀人民警察
丁伟杰	市防雷中心高明分中心	先进个人
叶兆辉	市防雷中心高明分中心	市先进个人
谭文雄	区公路局	市先进（生产）工作者
利东仔	区公路局	市先进（生产）工作者

续上表

姓名	单位	获奖称号
麦志敏	区公路局	市先进（生产）工作者
严鉴良	区公路局	市先进（生产）工作者
张慧勋	区公路局	市先进（生产）工作者
程志华	区公路局	市先进（生产）工作者
曾伟雄	区公路局	市先进（生产）工作者
邱文海	区公路局	市先进（生产）工作者
吴均南	区公路局	市先进（生产）工作者
杨新辉	区公路局	市先进（生产）工作者
冯锡斌	区公路局	市先进（生产）工作者
林　劲	区公路局	市先进（生产）工作者
刘　英	区广播电视大学	佛山市优秀教师
李建棱	区职业技术学校	佛山市优秀教师
区绍峰	区技工学校	佛山市优秀教师
黎承化	区第一中学	佛山市优秀教师
卜旭辉	区纪念中学	佛山市优秀教师
冯伟雄	区第二中学	佛山市优秀教师
麦永强	区第四中学	佛山市优秀教师
黄国东	区沧江中学	佛山市优秀教师
刘雪华	荷城街道荷城中学	佛山市优秀教师
黎文彩	杨和镇杨梅中学	佛山市优秀教师
谢雪莲	明城镇东洲中学	佛山市优秀教师
何文辉	更合镇更合中学	佛山市优秀教师
潘惠清	荷城街道第三小学	佛山市优秀教师
邓惠姬	荷城街道沛明实验小学	佛山市优秀教师
白雄基	荷城街道西安实验小学	佛山市优秀教师
区健玲	荷城街道富湾小学	佛山市优秀教师
李盛中	杨和镇中心小学	佛山市优秀教师
陈碧华	杨和镇杨梅小学	佛山市优秀教师
罗彩凤	明城镇明城小学	佛山市优秀教师
刘海文	明城镇崇步学校	佛山市优秀教师
刘妙娟	更合镇千禧小学	佛山市优秀教师
冯洁玲	更合镇中心小学	佛山市优秀教师
张燕芬	区财贸幼儿园	佛山市优秀教师

续上表

姓名	单位	获奖称号
徐明燕	荷城街道三洲幼儿园	佛山市优秀教师
廖海云	荷城街道育英幼儿园	佛山市优秀教师
黎金彩	区教育科研培训中心	佛山市先进教育工作者
杨家维	区广播电视大学	佛山市先进教育工作者
陈锦成	区职业技术学校	佛山市先进教育工作者
杜端强	荷城街道富湾中学	佛山市先进教育工作者
邓友初	荷城街道教育组	佛山市先进教育工作者
黄志强	杨和镇沙水小学	佛山市先进教育工作者
谢敏霞	区机关幼儿园	佛山市先进教育工作者
何倩佞	区妇幼保健院	佛山市妇联系统优秀妇女工作者
黎　娆	区人民医院	佛山市女职工工作先进工作者
贺青蓉	区人民医院	佛山市“三八红旗手”
严青芹	区沧江中学	佛山市优秀团干部
梁圣东	区第一中学	佛山市优秀团干部
曾敏捷	区第二中学	佛山市优秀团干部
梁雪娴	区第四中学	佛山市优秀团干部
陆嫦亮	荷城跃华中学	佛山市优秀团干部
周　顺	区交通运输局	佛山市优秀团干部
马丽娟	区卫生局	佛山市优秀团干部
李绮媚	区住建局	佛山市优秀团干部
金文彬	高明公安分局	佛山市优秀团干部
陈笑芬	区第一中学	佛山市优秀团员
冼海良	区第二中学	佛山市优秀团员
苏桂英	人和中学	佛山市优秀团员
王玉萍	荷城中学	佛山市优秀团员
刘月英	富湾中学	佛山市优秀团员
付婉婷	东洲中学	佛山市优秀团员
欧素霞	杨梅中学	佛山市优秀团员
梁之傲	跃华中学	佛山市优秀团员
麦贵丽	更合中学	佛山市优秀团员

续上表

姓名	单位	获奖称号
林丽霞	东立鳌云职业技术学校	佛山市优秀团员
区国洪	荷城街道	佛山市优秀团员
关婉飞	区农村信用社	佛山市优秀团员
罗杰文	区水务局	佛山市优秀团员
陈军鹏	区农村信用社	佛山市优秀团员
李　东	中国移动高明分公司	佛山市优秀团员
程祖彬	中泰家具公司	佛山市青年建功立业先进个人
张　昕	高明监狱	佛山市青年建功立业优秀个人
谢天山	共青团区委	佛山市优秀团务工作者
谭志清	共青团区委	佛山市优秀团务工作者

2009 年度获高明区先进个人称号名录

评定部门	荣誉称号	获奖名单
中共高明区委、高明区人民政府	2008年至2009年度优秀学习秘书	杨和镇党委中心组：李梅玲 明城镇党委中心组：区伟良 区交通局党委中心组：程笑红 区卫生局党委中心组：陆小勤 区工商局党组中心组：龚雪林 区财政局党组中心组：蓝师禄 区人事局党组中心组：欧　兴 区文广新局党组中心组：叶志芳 区外事侨务局党组中心组：谭希纯 西江新城管委会党组中心组：贺颖慧 区质量技术监督局党组中心组：李燕冰 社保基金管理局高明分局党组中心组：区少琼

续上表

评定部门	荣誉称号	获奖名单
中共高明区委、高明区人民政府	新闻信息报送先进个人	明城镇：廖志明 荷城街道：黄宝清、黄珊珊 杨和镇：王秀艳 区人口计生局：罗惠阳 区人力资源和社会保障局：欧　兴 公安分局：卢劲新 区妇联：谢素文 区审计局：梁健梅 区食品药品监管局：易毅颖
	2009年至2010年度优秀护士	区人民医院：杨文娜　黎志玲　陈梦凌　叶燕芬　刘淑霞　周丽华　夏红兵　杜伟娴　利素文　林丛花　吴惠平　廖君琼　吴建平　麦娴静　黄玉桂　崔意平　罗小燕　谢惠霞　刘三玲　任宝英　麦燕玲　黎芹冰　麦伟娟　区美仪　陈志勇　李朝霞 区中医院：彭宏燕　邓妙凤　林雁贞　梁秀明　朱翠英　谭翠华　谭建冰 区妇幼保健院：石建英　李梅花　贺　钦　郭红英　曾彩贤　颜云琼　骆丽燕 区疾病预防控制中心：张小娟 区慢性病预防治站：邹桂连 区血站：劳丽冰 区计生服务站：严玉英　陈彩霞 区新市医院：陈梦华 区澶山医院：黎小青 区荷城街道中心卫生院：严燕琼　谢燕珍　钟思敏 区杨和镇卫生院：何玉珍 区更楼卫生院：郭荣香　何爱琼

续上表

评定部门	荣誉称号	获奖名单
中共高明区委 高明区人民政府	2009年至2010年度优秀护士	区合水卫生院 ：李雪莉　罗红玲 区明城华立医院：李　勤　曾淑敏　杨　涓　区文婷 区杨和仁爱医院：吴维娇 高明监狱医院：江　丽 佛山监狱医院：管金芳
共青团高明区委员会	十佳团干部	区卫生局团委书记：马丽娟（女） 区人民法院团支部书记：关燕霞（女） 高明移动团委书记：李　东（女） 荷城街道跃华中学团委书记：陆嫦亮（女） 更合镇团委副书记：冼志华 荷城街道石洲村团支部书记：唐志源 区第一中学团委书记：梁圣东 区职业技术学校团委书记：梁惠芳（女） 区公资办团委书记：谭震良 明城镇团委委员：谭燕华（女）
	优秀团干部	区第一中学团委副书记：区惠娟（女） 区纪念中学团委副秘书长：严丽芬（女） 区第二中学团委书记：冼海良 区第四中学团委委员：李　艳（女） 区技工学校团委文娱部主管老师：李　圆（女） 区职业技术学校团委委员：蔡静敏（女） 区沧江中学团委副书记：熊　钧 荷城街道团委专职团干：区国洪 杨和镇团委书记：朱立坚 杨和镇团委副书记：易军军 明城镇团委副书记：谭国彬 更合镇水井村团支部书记：伍婉华（女）

续上表

评定部门	荣誉称号	获奖名单
共青团高明区委员会	优秀团干部	区公资办团委安通运输站场公司团支部书记：李雪媚（女） 区委区府办团总支部书记：仇德华 区质监局团支部书记：夏志荣 区创业中心团支部书记：姚伟锋 高明公安分局团委委员：刘创棠 高明联社团委委员：陈军鹏 高明监狱团委机关团支部副书记：官晓瑜（女） 高明移动团委副书记：梁振飞 高明联通团委委员：廖　琰
	优秀团员	**荷城街道团委：** 李珊珊（女）　邹淑仪（女）　王燕平（女）　陈翠轩（女） 严欣婷（女）　梁　珺（女）　区丽恩（女）　梁之傲 **杨和镇团委：** 刘青林　苏兆辉　罗卓华　李沛然（女）　黄敏怡（女） **明城镇团委：** 刘英强　刘健康　吴燕霞（女）　李倩仪（女） 杨敏施（女） **更合镇团委：** 仇淑英（女）　陈珊珊（女）　刘　玲（女）　彭淑琴（女） 唐石红（女） **区直机关团工委：** 江　晔（女）　黄伟明　黄　勉　梁敏宁　颜　陶 章群胜　吕盛华　伍颖思（女）　张素冰（女） 叶立波　陈达成　林里梨（女） **高明公安分局团委：** 施永亮　赵志成　麦俊贤 **区公资办团委：** 陆耀荣　熊　一

续上表

评定部门	荣誉称号	获奖名单
共青团高明区委员会	优秀团员	高明联通团委： 彭国平 高明移动团委： 李勇超 高明监狱团委： 张　昕　刘益浪　张佛汕 高明联社团委： 许力敏（女）　陈　明 区第一中学团委： 郑舒予（女）　李斯杰　崔莹莹（女）　张黄彦卿 谢天鸣（女）　巫远明　温家粤 区纪念中学团委： 陈文垚（女）　严婉薇（女）　何东华　罗敏贤（女） 罗嘉霖　何燕颜（女） 区第二中学团委： 莫宇锋　曾敏捷（女）　刘银月（女）　莫静君（女） 罗家欣（女）彭美欣（女） 区第四中学团委： 刘珊珊（女）　刘映珊（女）　黄晓明　李景华 刘国强　蒋毅强 区技工学校团委： 李思圆（女）　关均雄　何松林　陆艳珊（女） 罗浩然　邹宏剑 区职业技术学校团委： 李明峰　叶飞龙　潘晓锋　曾德荣　黄家仪（女） 谢甜甜（女） 区沧江中学团委： 夏芷莹（女）　叶芷颖（女）　管容容（女）　黎韵怡（女）

续上表

评定部门	荣誉称号	获奖名单
中共佛山市高明区直属机关工作委员会	优秀共产党员	区委区府办党总支：郭建湘　李玉立 区人大机关党支部：谭定生 区政协机关党支部：区惠娘 区纪检监察党支部：黄伟明 区委组织部党支部：谭桂清 区委老干部局党总支：沈惠朝　罗纯才　李益宏　龙彩莲 区委宣传部党支部：黎卓升 区委统战部党支部：区社凯 区委政法委党支部：夏碧侦 区直机关党工委机关党支部：叶雄锋 区人民法院机关党委：黄海健　张明祥　梁冠聪　陈求贤　梁小平　伍翠婷 区检察院党支部：张　科 区发展和改革局党支部：谢志强、彭伟雄 区经济贸易局机关党支部：刘磊芳 佛山市高明区教育局机关党委：李杰铿　梁惠琼　吕剑峰　李海良　冯伟雄　毛进军　陈海明　叶汝基　何启宁　朱　杰　黎国庆　何倩俦 区科学技术局党支部：严战康 区民政局党总支：李春香　陈筑平　陈红莲 区司法局党支部：邓卫华 区财政局党总支：罗德忠　蓝师禄　白伟强 区人力资源和社会保障局机关党委：叶　萍　刘富林　杜燕锋　陈子明　罗兆初　彭少颜　周玉安 区住房和城乡建设局机关党委：李卫文　梁栋柯　杜伟南　欧德坚　黄思明　吴力志　王利忠　刘　坤 区农业局机关党委：陈海冲　林庆泉　李坚强　陈世军　陈军雄　王　敏 区交通运输局机关党委：江仲佳　郑镇鹏 区水务局党总支：苏忠辉　麦挺生　冯海锋　罗明强 区林业局党总支：孙奕菲

续上表

评定部门	荣誉称号	获奖名单
中共佛山市高明区直属机关工作委员会	优秀共产党员	区卫生局机关党委：廖爱群　李志权　杨志群　仇　波 苏伟坚　于建军　罗　华　黄建华 区大刚 区人口计生局党总支：张小敏　严玉英 区审计局党支部：蓝光光 区环境保护局党支部：陈冠芬 区文化广电新闻出版局党总支：吴兆华　黄浩明　谭梓源 刘山涛　刘世文 区统计局党支部：黄小玲 区城市综合管理局党总支部：罗永年　叶妹仪　陈建全 黄伟东　卢　琼　曾仲明 区外事侨务局党支部：陈文芳 区安监局党支部：廖荣研 区体育局党支部：肖辉强 区档案局党支部：温丽琴 区史志办党支部：杜剑雄 区行政服务中心党支部：邓少雄 区招标投标交易中心党支部：刘维彬 区粮储中心党支部：谢剑文 高明沧江工业园区党支部：谭伟业 区创业中心党支部：姚伟锋 区西江新城管委会党支部：陈伟常 区总工会党支部：程润超 团区委党支部：伍少莹 区妇联党支部：程洁明 区工商联党支部：蔡成均 区国税局机关党委：黄绮波　王锦辉　陆文杰　黄锦其 陈伟松　钟月华 区地税局机关党委：梁铭强　叶家锋　黄建中　朱伟雄 杨宗杰　易剑明　陆敏坚　于立祥 李福波 区工商局机关党委：杜启玲　麦培根　麦惠东　陆伟雄 雷志明　聂炎辉　王相瑞　谢志刚 陆启华 区质量技术监督局党总支：金嘉滨

续上表

评定部门	荣誉称号	获奖名单
中共佛山市高明区直属机关工作委员会	优秀共产党员	区食品药品监督管理局党支部：陈佳庆 佛山市规划局高明分局党支部：王锦棠 佛山市国土资源局高明分局党总支：周维兴 区公路局党支部：张慧勋 高明出入境检验检疫局党支部：梁美生 高明防雷分中心党支部：邱国玲 区邮政局党总支：徐伟强　江少雄　邱国明 区烟草专卖局党支部：汪周恒 电信股份有限公司高明分公司党委：吴杰星　刘永强　黄玉清 区供电局党委：叶家雄　夏志雄　伍国林　吴燕平　邱炳彬　林志高　李锦泽　冯明光　陈利文 区离休老干党支部：何颂修
	优秀党务工作者	区人大机关党支部：谭燕媚 区政协机关党支部：何锦雄 区纪检监察党支部：陈　辉 区委组织部党支部：杨智聪 区委政法委党支部：朱智平 区直机关党工委机关党支部：仇凤金 区人民法院机关党委：彭慧宽 区教育局机关党委：陈卫球　梁冠华 区住房和城乡建设局机关党委：黄友谊 区农业局机关党委：黄伟盛 区交通运输局机关党委：王礼明 区水务局党总支：臧继炎 区卫生局机关党委：陆小勤　刘日明 区人口计生局党总支：关广翔 区城市综合管理局党总支部：梁汝佳 区行政服务中心党支部：刘　淘 高明沧江工业园区党支部：麦智波 区西江新城管委会党支部：贺颖慧 区国税局机关党委：陈礼常 区地税局机关党委：梁玉卿 区工商局机关党委：谢华芳 区质量技术监督局党总支：李燕冰

续上表

评定部门	荣誉称号	获奖名单
中共佛山市高明区直属机关工作委员会	优秀党务工作者	佛山市规划局高明分局党支部：黄锦祥 佛山市国土资源局高明分局党总支：冯青雄 区公路局党支部：利东仔 电信股份有限公司高明分公司党委：莫进雄 区供电局党委：陈梅筠
高明区无偿献血管理委员会	无偿献血奉献金奖	（献血总量≥3600ml） 曹增文　陈　刚　陈永全　成荣坚　程天乐　邓伟峰 何超杰　黄景宏　黄章焕　黎聚光　李康文　林金生 刘跃鹏　罗海芳　谭永生　徐志均　严文江　张道义
	无偿献血奉献银奖	（献血总量≥2400ml） 岑裕明　陈华深　龚卫文　关敏华　何林根　何意珍 黄国强　黄顺明　黎健健　李锦兰　林桐生　刘国荣 罗茂辉　罗先智　区绮珊　苏志光　王清佩　温福庆 伍玉兴　谢福基　徐伟成　严军雄　严敏发　杨俊成
	无偿献血奉献铜奖	（献血总量≥1200ml） 蔡国安　蔡健亮　蔡志均　陈　峰　陈　雷　陈楚鹏 陈国雄　陈海昌　陈见荣　陈锦钊　陈丽平　陈利聪 陈妙恩　陈乃健　陈荣昌　陈添华　陈卫安　陈贤彬 陈学军　陈勇芬　陈章明　程伟星　仇丽萍　仇文江 仇旭星　崔启源　邓德南　邓平好　邓锐强　邓伟贤 邓文华　邓勇强　董　林　杜　娟　杜国辉　杜日强 杜伟基　杜英才　冯庆明　甘伦混　龚　武　龚海华 关国锋　郭东旭　郭海涛　郭华轩　郭进华　郭俊峰 郭先俊　郭元菊　郭志聪　何宝柱　何敬源　何柳青 何秀平　何以权　侯旸晟　胡兴华　黄　英　黄飞雄 黄国泽　黄海娟　黄健章　黄金荣　黄锦良　黄康生 黄礼恩　黄日辉　黄日明　黄水军　黄伟才　黄伟明 黄细德　黄志勇　简丽平　江悦兴　蒋峥荣　金卫初 康惠惠　孔　湘　赖则平　蓝少明　劳建强　黎坚红 黎锦华　黎景涛　黎少玲　黎伟良　黎小荣　黎新宗 黎志华　黎志明　黎志明　李冠明　李基川　李建民 李建强　李建宗　李俊鹏　李强和　李天安　李维豪 李维佳　李文峰　李文周　李小文　李燕兰　李亿生 李永奎　李园枝　李志良　李志忠　梁　球　梁爱军

续上表

评定部门	荣誉称号	获奖名单
高明区无偿献血管理委员会	无偿献血奉献铜奖	梁爱英　梁佳贤　梁建波　梁杰开　梁洁明　梁俊开 梁汝锋　梁善彬　梁少玫　梁伟泉　梁文声　梁宪芳 梁学武　梁玉梅　梁玉娴　梁裕辉　梁兆康　廖　才 廖伟佳　林　明　林冠辉　林桂华　林旭景　林志代 刘　锐　刘超明　刘桂根　刘洁枝　刘锦华　刘锦源 刘日明　刘荣松　刘瑞梅　刘兴敏　刘学军　陆家乐 陆乾生　陆文玲　陆修银　罗国强　罗军明　罗康文 罗仕根　罗松宣　罗文雄　罗锡明　罗月颜　罗志源 马传禹　麦剑波　麦霞玲　梅嘉明　莫　麒　莫剑华 莫健雄　莫兆棠　聂梦琪　彭良云　彭三娇　彭仕超 彭志威　邱伟联　邱贤韬　区成邦　区赐华　区大勇 区惠林　区剑峰　区健明　区杰成　区洁芳　区乐彭 区敏雄　区明珠　区盘华　区顺明　区伟芬　区兴强 区耀才　区蕴玉　区志刚　任锵文　任子荣　阮志文 石子辉　舒丹玲　宋　华　苏永照　苏昭林　苏志雄 孙德明　谭　萍　谭保刚　谭秉祺　谭广明　谭杰忠 谭丽容　谭明兴　谭维征　谭赞邦　谭志锋　谭志平 谭志盛　谭智华　唐东浪　汪剑辉　王　浩　王　磊 王登发　王海珊　王宜波　王咏梅　王云清　伟　谦 温坚明　吴成开　吴海明　吴惠强　吴丽凤　吴正文 吴志锦　伍剑飞　夏树坤　夏雪珍　冼伟海　肖传兵 谢海文　谢建平　谢捷兴　谢锦值　谢荣力　谢文雄 谢新强　谢雪梅　徐帼斌　徐海文　徐立俊　徐少基 严超明　严福源　严广华　严国华　严国伟　严惠仪 严建雄　严杰文　严丽云　严庆锋　严仕辉　严伟南 严向雄　严雪娟　严志敏　严志勇　颜　强　杨　思 杨达宇　杨洪英　杨建长　杨天喜　杨志峰　姚　艺 叶国祥　叶国周　叶海燕　叶启新　叶伟冲　易国明 原开发　袁华联　袁锦添　袁考兵　曾锦新　曾俊强 曾全辉　曾汝强　张齐群　张少宝　赵崇芬　赵桂新 赵佩玲　赵永雄　赵玉勤　赵志方　钟东娣　周策略 周光琼　周桂平　周开云　周克宁　周伟南　周学群 周永钊　周志芳　周志军　朱　阵　朱华俊　朱新业 邹承志　邹文聪

续上表

评定部门	荣誉称号	获奖名单
高明区无偿献血管理委员会	无偿献血促进奖	鲍振豫　陈志江　邓洁英　方　辉　付凤珍　黄建华 霍卓鹏　赖焕明　黎淑霞　黎新宗　李宏斌　梁宝强 梁习军　梁贤超　廖爱群　刘红续　陆文辉　罗松芳 莫冠初　欧文辉　区细雄　唐永发　许丽生　许振森 杨帼梅　姚先明　于建军　俞宙虹
高明区总工会	区十佳外来工	广东中泰家具实业有限公司：程祖彬 广东溢达纺织有限公司：李　军 佛山市高明贝斯特陶瓷有限公司：岳治国 佛山海天（高明）调味食品有限公司：左建辉 佛山市高明区新粤丰陶瓷厂：简景杰 华山市美嘉油墨涂料有限公司：李国玉 荷城治安联防大队：廖汉军 佛山市高明创研合成革有限公司：谭　丽 佛山市高明泰裕钢业有限公司：林晓生 本田金属技术（佛山）有限公司：赵　勇
	区十佳外来工提名奖	佛山华兴玻璃有限公司：石　锋 广东汇益纺织有限公司：解恒洋 佛山市高明基业冷轧钢板有限公司：庄幸福 佛山市高明金荣华乐金属制品有限公司：彭锦良 佛山高明顾地塑胶有限公司：郑卫明 佛山津西金兰冷轧板有限公司；周　平 广东炜林纳功能材料有限公司：孙忠立 佛山市富雄铸造厂有限公司：付延庆 本田金属技术（佛山）有限公司：李洪晨 佛山市高明富升鞋业有限公司：鲁礼玉
高明区科学技术协会	科协系统先进科普工作者	佛山市高明区第一中学：吕剑峰 佛山市高明区土地学会：区有雄 佛山市高明区农学会：邓桂枝 佛山市高明区林学会：仇文雄 佛山市高明区护理学会：蓝顺琼 佛山市高明区水利学会：温伟坚 佛山市高明区建筑学会：李文星 佛山市高明区质量管理协会：韦灿玲

续上表

评定部门	荣誉称号	获奖名单
高明区科学技术协会	科协系统先进科普工作者	佛山市高明盈香生态果园：仇永元 佛山市高明区白鸽养殖协会：黎耀辉 佛山市高明区水果科学技术协会：何伟松 佛山市高明区荷城街道第三小学：刘志勇 佛山市高明区水产技术推广中心：陈海聪 佛山市高明区杨和镇科学技术协会：仇细初 佛山市高明荷城街道科学技术协会：谭伟均 佛山市高明区荷城街道沛明实验小学：邓惠姬 佛山市高明区科学技术协会：谭志东 佛山市高明区科学技术协会：关惠峰

Gao Ming Nian Jian

高明年鉴

2010

社会经济统计资料

社会经济统计资料

高明区基本情况表

项　目		单　位	2009 年	2008 年	2009 年比 2008 年增减（%）
人口情况	一、年末总人口	人	293129	290730	0.8
	1.其中：男	人	148143	146970	0.8
	女	人	144986	143760	0.9
	二、年末总户数	户	80667	78451	2.8
	三、年出生人口	人	3287	3425	-4.0
	出生率	‰	11.26	11.76	-4.3
	四、年死亡人数	人	1756	1694	3.7
	死亡率	‰	6.02	5.82	3.4
	五、年平均人口	人	291930	291234	0.2
	六、自然增长率	‰	5.24	5.94	-11.8
劳动力	年末社会就业人员	万人	15.01	14.82	1.3
	其中：第一产业	万人	3.47	3.61	-3.9
	第二产业	万人	7.39	7.32	1.0
	第三产业	万人	4.15	3.89	6.7
土地情况	土地面积	平方公里	960.21	960.21	0.0
	1.建成区面积	平方公里	49.29	20.61	139.2
	2.耕地面积	亩		198684	1.3
	其中：水（旱）田	亩		185076	—
	旱地	亩		13609	19.3
	3.林地面积	亩		753965	1.7
	4 园地面积	亩		52816	-46.6
	5.其他农用地	亩		169570	66.5
镇村	镇（街道办）	个	4	4	—
	村委会	个	51	51	—
	自然村	条	571	571	—
	居委会	个	21	21	—

国民经济主要指标

项　目	单　位	2009 年	2008 年	2009年比2008年增减(%)
地区生产总值（当年价）	亿元	352.07	310.47	18.5
社会总产出（当年价）	亿元	1515.12	1336.63	19.6
工业总产值（当年价）	亿元	1328.98	1160.19	21.3
农业总产值（当年价）	亿元	25.73	26.44	2.4
农业机械总动力	万千瓦时	18.54	18.39	0.8
农村经济总收入	万元	7279638	6348190	14.7
全区固定资产投资总额	万元	1458190	1176314	24.0
年末通车公路里程	公里	684.1	690.21	-0.9
客运量（全社会）	万人	973	856	13.7
# 公路	万人	967	844	14.6
水运	万人	6	12	-50.0
客运周转量（全社会）	万人公里	40480	37535	7.8
# 公路	万人公里	39453	35303	11.8
水运	万人公里	1027	2232	-54.0
货运量（全社会）	万吨	589	1140	-48.3
# 公路	万吨	565	800	-29.4
水运	万吨	24	340	-92.9
货运周转量（全社会）	万吨公里	41785	74905	-44.2
# 公路	万吨公里	37445	34185	9.5
水运	万吨公里	4340	40720	-89.3
港口货物吞吐量（全社会）	万吨	570	459.33	24.2
港口旅客吞吐量	万人	5.08	8.83	-42.5
其中：离境	万人	2.5	4.51	-44.4
年末电话用户数	万户	11.13	12.47	-10.8
年末移动电话用户数	万户	48.09	40.28	19.4
社会消费品零售总额	万元	590227	496499	18.9
进出口总额	万美元	128923	145194	-11.2
1.进口总额	万美元	28627	30131	-5.0
其中：内资企业进口	万美元	2451	3441	-28.8
“三资”企业进口	万美元	26176	26690	-1.9
2.出口总额	万美元	100296	115063	-12.8
其中：内资企业出口	万美元	30597	31780	-3.7
“三资”企业出口	万美元	69699	83283	-16.3
实际利用外资总额	万美元	11505	10030	14.7
外汇收入	万美元	96263	90316	6.6
外汇支出	万美元	24368	22759	7.1
旅游部门营业收入总额	万元	11734	12393	-5.3

续上表

项　　目	单　位	2009 年	2008 年	2009 年比 2008 年增减（%）
接待国内外游客	万人	159.16	120	32.6
地方财政收入	万元	217560	145520	49.5
地方财政支出	万元	194419	134010	45.1
金融机构各项存款余额（本外币）	万元	1761877	1390290	26.7
其中：城乡居民储存款余额	万元	1071450	906733	18.2
金融机构各项贷款余额	万元	1170881	849130	37.9
城镇在岗职工年人均工资	元	20329	18812	8.1
农村居民年人均纯收入	元	7239	6473	11.8
参加基本养老保险人数	人	96809	92696	4.4
在职	人	86800	83942	3.4
离退休人员	人	10009	8754	14.3
参加失业保险人数	人	78686	76398	3.0
参加工伤保险人数	人	98228	94220	4.3
参加基本医疗保险人数	人	95239	91677	3.9
在职	人	86359	83285	3.7
离退休人员	人	8880	8392	5.8
参加生育保险人数	人	86359	83285	3.7

地区生产总值

计量单位：万元

指　　标	按当年价格计算		按可比价格计算		
	2008	**2009**	**2008**	**2009**	比上年±（%）
地区生产总值	3104680	3520654	2805123	3323853	18.5
第一产业	128212	126676	100201	103525	3.3
农林牧渔业	128212	126676	100201	103525	3.3
第二产业	2454375	2776981	2220269	2662879	19.9
工　业	2389295	2704447	2165558	2599361	20.0
建筑业	65080	72534	54711	63518	16.1
第三产业	522093	616997	484653	557449	15.0
交通运输、仓储和邮政业	64917	78632	59513	74002	24.3

续上表

指　　标	按当年价格计算		按可比价格计算		
	2008	2009	2008	2009	比上年±（%）
信息传输、计算机服务和软件业	56004	57744	56015	57916	3.4
批发和零售业	101825	123524	91868	116243	26.5
住宿和餐饮业	18614	23877	16592	21780	31.3
金融业	36272	38752	33897	36969	9.1
房地产业	58809	70667	51049	52257	2.4
租赁和商务服务业	45032	48997	42602	43316	1.7
科学研究、技术服务和地质勘查业	10630	23789	10055	20784	106.7
水利、环境和公共设施管理业	21197	24592	19160	19210	0.3
居民服务和其他服务业	14390	15541	13614	14187	4.2
教育	25553	30018	27125	31706	16.9
卫生、社会保障和社会福利业	12102	13990	11339	12922	14.0
文化、体育和娱乐业	3791	4228	3956	4471	13.0
公共管理和社会组织	52957	62646	47868	51686	8.0

国民经济主要人均指标

项　目	单　位	2009 年	2008 年	2009 年比 2008 年增　减（%）
人口密度	人/平方公里	311	303	2.6
人均地区生产总值（当年价）	元	99792	88214	18.2
人耕地面积	亩	0.69	0.68	1.5
人粮食产量	公斤	185.35	181.99	1.8
人平社会消费品零售总额	元	16730	14107	18.6
人平城乡居民年末储蓄余额	元	36702	31134	17.9
人平创地方财政收入（本级库）	元	3345	2844	17.6
在岗职工年人均工资	元	20329	18812	8.1
农村年人均纯收入	元	7239	6473	11.8

续上表

项 目	单 位	2009 年	2008 年	2009 年比 2008 年增减（%）
每万人口拥有在校中学生数	人	584	601	-2.8
每万人口拥有在校小学生数	人	620	657	-5.6
每万人口拥有卫生技术人员数	人	45	37	21.6
每万人口拥有病床位数	张	28	29	-3.4

注:(1)人口密度、人均耕地面积、人均粮食产量、人平城乡居民年末储蓄余额按户口人数计算;(2)人均地区生产总值、人平社会消费品零售总额、人平创地方财政一般预算收入、每万人口拥有在校中学生数、每万人口拥有在校小学生数、每万人口拥有卫生技术人员数、每万人口拥有病床位数按常住人口计算;(3)人均地区生产总值绝对值以当年价表示,增速以可比价计算;(4)城镇单位在岗职工年人均工资、农村年人均纯收入根据相应调查制度调查所得。

主要工业产品产量

产品名称	单 位	产 量		增 减（%）	产品名称	单位	产 量		增 减（%）
		2009 年	2008 年				2009 年	2008 年	
水泥	万吨	21.3	408	-94.8	混合饲料	吨	548296	769048	-28.7
塑料制品	万吨	27.33	45.70	-40.2	钢材	万吨	164.0	255.7	-35.9
布	万米	28144	31009	-9.2	不锈钢材	万吨	36.4	11.9	205.9
家具	万件	374.1	638.7	-41.4	燃料油（沥青）	万吨	159.1	95.1	67.3
排气扇	万台	301.5	284.3	6.0	供电量	万度	274039	250882	9.2
墙地砖	万平方米	9630	11458	-16.0	用电量	万度	293827	271365	8.3

各镇（街道办）工农业产值（现行价）

单位:万元

	工农业总产值		工业总产值		农业总产值	
	2009 年	2008 年	2009 年	2008 年	2009 年	2008 年
合 计	13547094	11866277	13289764	11601851	257330	264426
荷城街道办	7726243	6846981	7670337	6781075	55906	65906
杨和镇	2369271	2123309	2328536	2079489	40735	43820
明城镇	1396767	1221026	1346894	1171967	49873	49059
更合镇	2048225	1668649	1943997	1569320	104228	99329
各 场	6588	6312	—	—	6588	6312

主要农业产品产量

项　目	单　位	2009 年	2008 年	2009 年比 2008 年增减（%）
粮　食	万吨	5.41	5.30	2.1
其中：稻谷	万吨	4.71	4.35	8.4
花　生	吨	1914	1887	1.4
水　果	吨	13099	13181	-0.6
蔬　菜	万吨	22.51	20.14	11.8
西　瓜	吨	—	100	—
茶　叶	吨	117	113	3.5
水产品	吨	55091	49151	12.1
其中：鱼塘鱼	吨	52900	46993	12.6
生猪饲养量	头	525518	487628	7.8
生猪出栏量	头	325137	306244	6.2
三鸟饲养量	万只	2363.23	2285.37	3.4
出栏和自宰家禽	万只	1923.62	1801.05	6.8
三鸟存栏量	只	4396162	5601950	-21.5
禽蛋产量	吨	1023	1075	-4.8

科教文体卫情况表

项　目	单位	2009 年	2008 年	项　目	单位	2009 年	2008 年
一、科技				高职类统考	人	70	0
专业技术人员	人	16911	16515	普通初中学生升学人数	个	4444	4149
其中：高级	人	704	664	三、文化体育			
中级	人	3859	3685	电影院	间	5	5
初级	人	12348	10683	专业艺术表演团体	个	1	1
科技进步奖				区图书馆总藏书量	万册	23.1	21.3
广东省	项	2	2	体育场地			
佛山市	项	6	5	1.体育馆	个	2	2
高明区	项	20	20	2.体育场（有看台、含田径场和足球场）	个	1	1
二、教育				3.田径场地	间	34	34
学校数	所	67	71	4.足球场地		36	32
其中：普通教育	所	59	63	5.篮球场地		350	326
职业技术教育	所	3	3	6.网球场地		7	6
成人教育	所	5	5	7.保龄球场		2	2
班数	个	1319	1288	8.室内羽毛球场		66	57

续上表

项　目	单位	2009 年	2008 年	项　目	单位	2009 年	2008 年
其中：普通教育	个	1130	1124	9.乒乓球台数（不含学校）		260	145
职业技术教育	个	134	76	10.公共健身路径		33	28
成人教育	个	55	88	11.公共游泳池（不含小区和企业）		3	3
普通教育在校学生数	人	52274	52660	12.高尔夫球场		1	1
普通教育实际招生数	人	13827	13408	奖牌数（省级以上）			
普通教育实际毕业生数	人	14593	14949	金牌	枚	16	15
教职员工数	人	4094	3933	银牌	枚	18	25
其中：普通教育	人	3657	3610	铜牌	枚	18	24
职业技术教育	人	299	248	四、卫生			
成人教育	人	77	75	卫生机构数	间	105	104
专任教师	人	3326	3213	卫生机构床位数	张	1004	1011
其中：普通教育	人	2985	2968	其中：医院	张	810	840
职业技术教育	人	233	199	卫生工作人员数	人	1876	1457
成人教育	人	63	46	其中：医生	人	584	561
小学学龄儿童入学率	%	100	100	卫生技术人员数	人	1586	1309
当年升大学	人	2248	2484	村设医疗点	人	12	11
其中：普通高考	人	1907	2175	乡村医生	人	20	20
成人高考	人	271	309	乡村卫生院	间	4	4

Gao Ming Nian Jian

高明年鉴

2010

文献选编

文献选编

佛山市高明区产业转移规划（2008~2012年）

佛山市高明区人民政府办公室　　2009年1月8日

根据《中共广东省委广东省人民政府关于推进产业转移和劳动力转移的决定》（粤发[2008]4号）、《中共佛山市委佛山市人民政府关于推进产业转移和劳动力转移的实施意见》（佛发[2008]10号）精神以及《佛山市高明区国民经济和社会发展第十一个五年规划纲要》、《佛山市高明区新型工业化发展“十一五”规划》，为积极、稳妥、有序地推进我区产业转移，加快我区产业转型升级，建立现代产业体系，提高产业国际竞争力和城市综合实力，结合我区实际，制定本规划。

一、产业转移的现状及环境分析

（一）产业转移的现状

1.佛山市产业转移现状。2005年以来，在省委、省政府的大力推动下，佛山市以及有关区、镇（街道）先后与省内一些地区的政府签订了共建产业转移工业园合作协议，将部分产业逐渐向我省东西两翼和粤北山区转移，转出企业多以扩张发展的劳动密集型、资源依赖型、环境容量需求型企业为主。佛山市转移企业主要分布在陶瓷、有色金属加工、玻璃、印染、家具、化工、电镀、小家电等传统产业，其中陶瓷行业的企业较多；转移方向以省内转移为主，也有部分转移到国内其他地区。目前，省政府确定的佛山市共建产业转移工业园6个：佛山禅城（云浮云城都杨）产业转移工业园、佛山禅城（阳江阳东万象）产业转移工业园、佛山顺德（云浮新兴新成）产业转移工业园、佛山顺德（廉江）产业转移工业园、佛山顺德龙江（德庆）产业转移工业园、佛山（清远）产业转移工业园；经过合作双方近年来的共同努力，这些产业转移工业园的建设和发展已初见成效。

2.高明区产业转移现状。高明区地处珠三角发达地区与粤西南次发达地区的结合部，第一产业相对落后、第二产业起步较晚、第三产业发展缓慢，在佛山市内属于产业发展的后发地区。2002年以来，我区经济社会发展迈入了跨越式发展的快车道，其中佛山市区域调整过程中由禅城、顺德等区产业转移到我区的企业作出了重要贡献。因此，从目前产业发展状况来看，我区还大量需要由先进地区转移过来的优质产业（高技术含量、高税收、高附加值、高关联度、环保型的“四高一环保”产业和高成长性产业等)。目前,我区只有个别企业因产能落后等原因迁移到周边地区发展。

(二)产业转移的环境分析

产业梯度转移是产业发展过程中的客观现象。高明区已经进入工业化发展的中期阶段的前期,在今后逐步向工业化发展的中期阶段的中期、后期迈进的过程中,将会越来越大地面临着优化产业结构、推进产业升级、提高产业国际竞争力的艰巨任务。同时,我区也面临着环境、资源等方面的约束和城市建设、社会管理等方面的压力,继续沿用原有的粗放发展方式将难以为继。此外,能源、原材料、劳动力等价格的上涨和人民币汇率的上升,以及国际贸易保护主义的抬头,都直接影响我区劳动密集型产业的生产成本,压缩了企业的盈利空间,也增强了产业转型升级的紧迫性。随着我区城市建设、“三旧”(旧城镇、旧厂房、旧村居)改造、产业结构调整、节能减排等各项工作的推进,也需要将部分不符合城市发展规划和相关要求的企业进行改造提升和调整转移。这既是我区实现可持续发展和产业转型升级的客观需要和现实选择,也有利于带动东西两翼和粤北山区加快发展,促进我省区域协调发展、和谐发展。

二、产业转移工作的指导思想、原则和目标

(一)指导思想

以科学发展观为指导,以新一轮思想大解放为动力,深入贯彻党的十七大精神,围绕我区“新兴产业之城、岭南山林水都”的发展定位和产业转型升级、区域布局调整的总体要求,合作共建产业转移工业园,促进园区所在地区加快发展,实现共同繁荣、共同富裕;同时,积极探索科学发展的新模式,着力推进产业发展转型、城市发展转型、环境再造,大力发展高新技术产业、先进制造业和现代服务业,建设一批国家级产业基地;推进信息化与工业化融合、制造业与服务业配套,提高自主创新能力,构建现代产业体系,把高明打造成为珠三角产业发展的生力军、广佛都市圈的生态新城、探索科学发展模式的排头兵。

(二)基本原则

——坚持政府引导与市场化运作相结合原则。遵循市场规律和产业转移客观规律,在充分发挥市场机制在资源配置中的基础性作用和企业的主体作用的基础上,政府因势利导,搭建平台,积极扶持,制定科学合理的政策措施引导产业的有序转移。

——坚持产业转移与产业升级相结合原则。在积极稳妥有序推进产业转移的同时,大力发展先进制造业、高新技术产业和现代服务业,着力推进产业转型升级,实现产业结构明显优化、产业竞争力明显提升、发展方式明显转变。

——坚持产业转移和可持续发展相结合原则。一方面,适当提高我区产业的准入标准,加大招商选资力度,实施“腾笼换鸟”,促进我区经济社会和环境资源的可持续发展;另一方面,防止将部分高污染、高耗能产业不加甄别地向外转移,并结合转移过程进行技术改造和升级,加强污染防治和环保治理,确保产业承接地经济社会和环境资源的可持续发展。

——坚持产业转移和产业集聚相结合原则。产业转移工业园共建双方共同推进产业用地节约集约利用,提高土地集约利用率和单位面积产出水平,提升产业聚集区的规模和集聚效应,加快形成产业集聚、土地集约的发展格局。

(三)主要目标

1.到2012年,我区产业结构明显优化,产业竞争力明显提升,发展方式明显转变;每年

人均地区生产总值增长率高于地区生产总值增长率2%以上；劳动密集型产业增加值占全区工业增加值比重年均下降2%以上。

2.积极配合做好对口建设的佛山禅城（云城都杨）产业转移工业园的基础设施、行政服务、产业建设等各项工作，争取由佛山市转入或由佛山市与当地共同引进更多的企业（项目）。

三、产业转移的主要任务和措施

（一）明确产业转移的方向

第一，鼓励和扶持我区有条件的企业围绕市场、国际化以及能源、原材料、劳动力等生产要素实施“走出去”战略，在国内外进行生产经营战略布局，不断扩张发展；

第二，重点引导和协助部分劳动密集型、资源依赖型、环境容量需求型产业以及在战略布局、“优二进三”、城市发展中需要调整的企业转移到对口建设的佛山禅城（云城都杨）产业转移工业园，促进园区所在地区加快发展。

第三，继续改善提升我区投资环境，积极实施“腾笼换鸟”，重点迎接世界范围的高新产业项目进驻，迎接先进发达地区符合产业发展规划与节能减排要求、市场前景好和潜力大但受到土地等发展空间限制的企业转移到高明来扩大发展，促进佛山市城乡统筹发展、产业全面转型升级。

（二）明确产业转移的对象

1.鼓励转移的项目

引导以下六类产业的部分企业向佛山市合作共建的经省认定的产业转移工业园转移：

（1）传统劳动密集型产业；

（2）在转入地存在主要原材料供应基地的行业；

（3）资本密集型产业中的加工制造业环节；

（4）在转入地存在比较成熟的产业集群或者生产基地的行业；

（5）土地产出率较低、单位产值能耗较高导致发展后劲不足的企业或者生产环节；

（6）在陶瓷、水泥产业调整提升工作和“三旧”改造提升工作中需要调整转移的企业。

2.禁止转移的项目

（1）不符合有关法律法规和产业政策，严重浪费资源或不具备安全生产条件的生产工艺技术、装备和产品。

（2）国家和省已经明确淘汰的生产工艺技术、装备和产品。

（3）严重破坏生态环境特别是水资源的项目，如排放致癌、致畸、致突变物质和恶臭气体的项目。坚决禁止高污染行业的简单转移，陶瓷、纺织印染、电镀、水泥等高污染行业如转移到东西两翼和粤北山区生产，企业废气废物废水的排放必须达到国家或当地的环保要求。

（三）提高相关行业准入标准

在积极稳妥有序推进部分不适合在我区发展的产业向外转移的同时，也要积极承接国际国内先进产业的转移，实现我区产业结构的优化升级。为此，要切实做好以下两方面工作：一是严格按照国家发改委颁布的《产业结构调整指导目录（2005年本）》和《广东省产业结构调整指导目录（2007年本）》中淘汰禁止类的相关规定，禁止相关行业和产品的新建和改建、扩建。此外，根据我区产业发展的实际情况，原则上不批准立窑水泥等特殊行业的新建和扩建，严禁引入生产、储存、使用易燃易爆、高危剧毒化学品的化工企业，严禁引入瓷片和墙地砖生产、玻璃马赛克、专业电镀、皮革、化学制浆造纸、单纯印染与水洗加工等六大行业的项目。二是适当提高行业准入标准，今后所有新建、改建或扩建的工业投资项目必须符合以下标准：符合国家、省、市有关产业政策要求；投资强度≥180 万元 / 亩；土地产出≥300 万元 / 亩；创税额≥15 万元 / 亩；工业污染物（包括废水、二氧化硫、粉尘、烟尘等）排放 100%达标；能耗指标不得高于国家和省规定的产品能耗限额标准；水耗不得高于国家和省规定的标准；人均增加值率不得低于 55000 元 / 人。

（四）加快推进产业转型升级

在积极稳妥有序推进产业转移的同时，加大力度发展高新技术产业、先进制造业和现代服务业等高附加值产业，着力建设一批国家级产业基地，提高自主创新能力，构建现代产业体系，把高明打造成为珠三角产业发展的生力军。

1.大力推进信息化与工业化融合，促进工业由大变强。要加快信息技术在各个领域的应用，大力推广以信息技术为代表的高新技术，推进产业优化升级，加快用高新技术和先进适用技术改造提升传统工业产业，提升其技术水平和市场竞争力。抓住当前产能过剩行业结构调整的契机，依法加快淘汰钢铁、化工、建材等高耗能行业的落后生产能力、工艺装备和产品，坚决关闭破坏资源、污染环境和不具备安全生产条件的企业。建立强大的信息技术创新平台，为我区新材料、机械装备等产业实现关键技术突破提供支持；积极引入国际著名的电子商务企业，进一步提升我区金属材料加工与制品、纺织、塑料等一大批专业产品电子交易平台建设水平；引导和支持企业推行以信息技术为中心的现代管理方法，以及信息技术与生产过程的融合；加强电子政务和商务平台建设，提高政务公开、政民互动和便民服务水平，优化物流和商务环境，为建设现代制造基地创造更好的条件。优先发展新材料和环保两大先导性产业，加快发展石油化工、食品饮料及农副食品加工两大主导产业，优化发展纺织服装、塑料、金属材料加工与制品、电子电器等四大传统支柱产业。

2.推进服务业与制造业相配套，打造产业服务中心。我区目前形成了金属材料加工与制品、纺织、石油化工、塑料等多个产业的集群发展，发展为制造业配套的服务业的优势明显，必须大力发展生产性服务业，推动二、三产业协调发展。大力发展现代物流业，建设完善现代交通运输平台，建立现代物流信息支撑网络，打造“人和金属材料市场物流基地”、“荷城纺织服装生产资料市场物流基地”、“中富石油化工产品市场物流基地”和“光电照明生产资料市场物流基地”四大现代商贸物流基地，培育“荷城综合商业物流配送中心”和“明城明殿果菜商业物流配送中心”两大商业物流配送中心，加快现代物流企业的引进和培育。以“绿色高明”、皂幕山、荷城商圈等项目为载体，全力打造现代生态休闲旅游度假区和新型成长消费区。依托纺织、食品饮料、光电照明、塑料等优势产业，积极推进专业会展工作，加快推动本区域产业龙头对企业总部基地等项目建设和积极引入国内外大企业的（区域性）总部、研发中心、营销中心、信息中心。抓紧抓好高明创意产业园的规划建设工作等。

（五）加强与承接地双方的合作

我区各级政府要与对口地区相应政府建立联系沟通工作机制，及时研究解决产业转移工作和产业转移工业园发展过程中的困难和问题，共同协商制定并落实年度目标任务。我区各级政府要积极协助合作方推进园区的建设发展，积极协助对口地区举行招商推介活动，各镇（街道）每年要组织 1-2 次本地企业到对口地区考察、交流和进行产业转移洽谈活动；由组织、人事部门牵头与对口地区政府根据工作需要互派干部到对方的党政部门、工业园区（产业转移工业园）任职或者挂职锻炼；与对口地区按照依法、平等、自愿、有偿的原则对口调剂使用农用地转用计划指标和委托对口开发补充耕地；与对口地区政府互相配合共同完成省的考核评价，并互相提供有关产业转移和产业转移工业园建设的各项资料。

（六）加强政策扶持力度

为确保产业转移战略的实施，我区要加强在政策、资金上的扶持力度。结合“三旧”改造工作的推进，制定完善扶持企业改造提升和产业调整转移的配套政策，支持鼓励企业转移后积极发展总部经济、研发中心、营销中心等都市型产业和现代服务业。设立佛山市高明区产业转移专项资金，一方面接受佛山市专项资金的补助，另一方面各镇（街道）也要相应设立产业转移专项资金作补充。专项资金主要用于扶持符合条件的转移企业和对口地区产业转移工业园的建设发展。

（七）加强目标责任考核评价

实施目标责任考核评价和建立合理的奖惩制度是推进产业转移战略的制度保障。区有关部门要把产业转移工作作为政绩考核的一项重要内容，尤其是区经贸局、区财政局等部门要根据各自职能，对各镇（街道）的产业转移进行专项督查，对工作机制和责任制建立情况、政策落实情况、专项资金使用情况进行重点督查。强化产业转移工作的检查和考核，建立有效的激励和约束机制。

（八）加强对产业转移的组织领导

建立高明区产业转移联席会议制度。负责研究制定促进产业转移的具体规划、方案、政策措施；及时解决工作中遇到的重大问题；对产业转移工作的目标责任及扶持资金的使用情况进行考核、评估。各镇（街道）也要成立相应的组织协调机构，积极稳妥有序地推进产业转移工作。各级各部门要进一步提高认识，统一思想，加强领导，统筹协调；要按照各自职责，密切配合，形成区内上下联动、对口双方互动、社会各方联动的良好工作局面。

佛山市高明区招商引资奖励办法（试行）

佛山市高明区人民政府　2009年1月8日

第一条　为加快我区经济发展，充分调动社会各方参与招商引资工作的积极性，结合我区实际，特制定本办法。

第二条　奖励的审定。成立佛山市高明区招商引资奖励评审工作小组，负责招商引资奖励的评定审批工作。评审工作小组组长由区政府主要领导担任，副组长由区政府分管招商引资工作的领导担任，区府办、区经贸局（招商局）、区财政局、区发改局、区科技信息局、区审计局 、区统计局等部门的负责人为成员。

评审工作小组办公室设在区经贸局(招商局),负责日常具体工作。办公室主任由区招商局负责人兼任。

第三条 奖励对象。凡通过各种渠道向我区提供真实的项目投资意向、协助我区与投资商直接联系、在项目洽谈中起到决定性作用,将具有投资意向的投资人或企业引荐到我区实现项目落户,履行了中介人职责的国内外个人或组织(包括国内外的企业、社会团体、经济组织、机构、个人等,以下简称引资人),都可根据本办法给予奖励。

区直部门(含沧江工业园区管委会和西江新城管委会)及各镇(街道)专职招商引资部门及其工作人员不适用本奖励办法,其奖励办法另行制定。

第四条 奖励范围。引资人引进资金投资下列项目并达到奖励标准的,给予奖励:

(一)新办工业项目;

(二)物流、交通运输业项目;

(三)商贸流通、酒店、餐饮、旅游项目;

(四)农业开发项目;

(五)经区政府认定的其他项目。

区内原有企业增资扩产、搬迁、停旧开新项目和房地产投资项目不列入本办法奖励范围。

第五条 奖励标准。

(一)内资项目:以固定资产投资额为计算依据,起奖标准为投资总金额1亿元人民币。

1.引进投资额1~2亿元人民币(含1亿元,不含2亿元,下同)的,按实际投入固定资产额的3‰计奖;

2.引进投资额2~5亿元人民币的,按实际投入固定资产额的4‰计奖;

3.引进投资额5亿元人民币以上的,按实际投入固定资产额的5‰计奖。

(二)外资项目:以实际到位注册资金为计算依据,起奖标准为实际到位注册资金1000万美元。

1. 引进投资额1000~1500万美元的,按实际到位注册资金的4‰计奖;

2. 引进投资额1500~3000万美元的,按实际到位注册资金的5‰计奖;

3. 引进投资额3000~5000万美元的,按实际到位注册资金的6‰计奖;

4.引进投资额5000万美元以上的,按实际到位注册资金的7‰计奖。

(三)省级以上科技部门评审确认的高新科技项目,计奖标准如下:

1.内资项目固定资产投资额5000万元~1亿元人民币的,按实际投入固定资产额的2‰计奖;固定资产投资额1亿元人民币以上的,按第五条(一)计奖标准计奖。

2. 外资项目实际到位注册资金800~1000万美元的,按实际到位注册资金的3‰计奖;实际到位注册资金1000万美元以上的,按第五条(二)计奖标准计奖。

以上引进项目在上述计奖标准的基础上,增加1个千分点计奖。

(四)引进世界500强和中国500强企业及其控股子公司的投资项目,在第五条(一)、(二)计奖标准的基础上,增加1个千分点计奖。

(五)单个项目的奖励金以300万元人民币为上限。

第六条 奖励的确认。

(一)引进投资项目时,引资人要先领取并填写由区招商引资奖励评审工作小组办公室印制的《佛山市高明区招商引资引荐人登记表》,经投资各方及项目所在地镇政府(街道办)或沧江工业园区管委会或西江新城管委会确认后,再到区招商引资奖励评审工作小组办公室进行登记备案。

（二）同一个引进项目有两个或两个以上引资人时，以一个项目标准进行奖励。

第七条 奖励的申报。

（一）符合本奖励办法的引资人，可向区招商引资奖励评审工作小组办公室提出书面受奖申请，申请时需提交下列资料：

1.《佛山市高明区招商引资人登记备案表》（附件1）；

2.《佛山市高明区招商引资人奖励申报表》（附件2）；

3.引资人身份证、新办企业营业执照及复印件；

4.投资方及项目落户地镇政府（街道办）或沧江工业园区管委会或西江新城管委会认可的项目奖励确认书（包括引资人资格确认，项目建成投产确认和资金、资产确认等内容，外资项目由区外经贸局对资金到位情况进行审核）；

5.引进项目的验资证明。可由项目落户地镇政府（街道办）或沧江工业园区管委会或西江新城管委会委托具有资质的验资机构验资或中介评估机构评估，所需验资或评估费用从奖励金中扣除；

6.区招商引资奖励评审工作小组要求提供的其他材料。

（二）区招商引资奖励评审工作小组收到申报后，对申请人资格、项目、资金投入到位情况、奖励金额等进行审核确认，提出奖励意见，并将拟奖励项目名单、奖励金额、引资人等相关信息在区政府网站公示七天，经公示没有异议的，上报区政府审批。

（三）引资人可分两期申请兑奖。首期兑奖：在引进项目的固定资产（外资项目注册资本金）实际到位及项目动工后，可按该项目申请兑奖时的实际到位固定资产（外资项目按实际到位注册资本金）数额为基数，以最低起奖标准的计奖率先兑付应获奖励金的50%；第二期兑奖：在该项目竣工投产一个月后，再按实际投入的固定资产（外资项目按实际到位注册资本金）总额对应的奖励标准计奖，扣除首期已兑奖部分，结清兑付剩余的奖励金。

申请首期兑奖时，暂时未能出具验资证明的，内资项目可提供以下资金到位证明材料：项目的购地合同或购地付款凭据、设计费、前期筹建费、土建工程预决算、设备订购等有关凭据；外资项目可直接出具汇入外汇账户的验资清单。

每个项目奖励金最多只能分两期申请兑完。

（四）奖励金原则上要自该项目公司成立之日起两年内申请兑付完毕。

第八条 奖励金的兑付。

（一）奖励金由区、镇（街道）两级按税收收入分成比例分担。先由区财政局统一向引资人兑付奖励金，年终再与镇（街道）财政结算。

（二）引资人的奖励金，内资直接以人民币支付，外资按区政府批准奖励当天的外汇牌价折算成人民币支付。

（三）引资人获得奖励金后，要按相关规定完税，并由区财政局代扣缴。

第九条 对违反本办法规定骗取奖励的，由有关部门追回全部奖励，并追究涉案部门和当事人的责任。

第十条 本办法由区招商引资奖励评审工作小组负责解释。

第十一条 本办法自发布之日起实施，试行三年。在此之前已引进的项目（包括签约、动工的项目），不纳入本奖励办法。

附件：1.佛山市高明区招商引资人登记备案表

2.佛山市高明区招商引资人奖励申报表

附件 1：

佛山市高明区招商引资人登记备案表

年 月 日

<table>
<tr><td rowspan="3">引资人</td><td rowspan="3"></td><td>身份证明文件名称及号码</td><td></td></tr>
<tr><td>工作单位或法定地址</td><td></td></tr>
<tr><td>联系电话</td><td></td></tr>
<tr><td rowspan="2">项目名称</td><td rowspan="2"></td><td>投资方式</td><td></td></tr>
<tr><td>投资者名称</td><td></td></tr>
<tr><td>项目内容</td><td colspan="3"></td></tr>
<tr><td>项目投资总额</td><td>（万美元）
（万　元）</td><td rowspan="2">项目外资金额</td><td rowspan="2">（万美元）</td></tr>
<tr><td>项目注册资本金额</td><td>（万美元）
（万　元）</td></tr>
<tr><td>投资方对引资人资格的认可意见</td><td colspan="3"></td></tr>
<tr><td>镇政府（街道办）/沧江工业园区管委会/西江新城管委会的意见</td><td colspan="3"></td></tr>
<tr><td>区经贸局意见</td><td colspan="3"></td></tr>
</table>

附件 2：

佛山市高明区招商引资人奖励申报表

年 月 日

<table>
<tr><td></td><td colspan="2"></td><td colspan="2">投资方</td><td></td></tr>
<tr><td>引资类型</td><td>□内资
□外资</td><td>项目类型</td><td colspan="3">□生产性 □物流交通
□商贸
□餐饮旅游 □农业开发
□其他</td></tr>
<tr><td rowspan="2">项目名称</td><td rowspan="2" colspan="2"></td><td rowspan="2">引入金额</td><td>□投资总额</td><td></td></tr>
<tr><td>□注册资金</td><td></td></tr>
<tr><td rowspan="2">提交文件</td><td rowspan="2" colspan="3">□招商引资人受奖申请书
□佛山市高明区招商引资人登记备案表
□企业注册登记证
□注册会计师出具的验资报告
□法定认可中介机构出具的固定资产评估报告
□其他文件</td><td></td><td></td></tr>
<tr><td>项目建成投产（开业）日期</td><td></td></tr>
<tr><td>项目投资方确认</td><td colspan="5"></td></tr>
<tr><td>镇政府（街道办）/沧江工业园区管委会/西江新城管委会意见</td><td colspan="5"></td></tr>
<tr><td>计奖比例</td><td>‰</td><td>币种</td><td colspan="2"></td><td>折算金额</td></tr>
<tr><td>合计奖励金额</td><td colspan="2">￥</td><td colspan="3">百 拾 万 千 元 角 分</td></tr>
<tr><td>区招商引资奖励评审工作小组意见</td><td colspan="5"></td></tr>
</table>

佛山市高明区现代服务业发展规划（2008~2015年）

佛山市高明区人民政府　2009年1月20日

现代服务业的兴旺发达是一个国家和地区现代经济发展的一个显著特征。加快发展服务业是高明区优化产业结构，转变经济增长方式，构筑现代产业体系，促进经济又好又快发展，提升综合竞争力的重要战略举措，是高明区践行科学发展观，加快城市化进程，改善民生，优化发展环境，构筑和谐社会的迫切要求。为贯彻落实省委省政府、市委市政府关于大力发展服务业的精神及《佛山市加快第三产业发展的指导意见》，加快促进高明区服务业科学发展，夯实新一轮产业大发展的基础和条件，推进"新兴产业之城市，岭南山林水都"的现代化新兴城市建设，特制定本规划。

一、发展的基础

（一）现状特点

我区围绕全面提升城区综合竞争力总体目标，走新型工业化道路，服务业规模不断扩大，传统服务业不断壮大并占据主导地位，现代服务业稳步发展，服务业内部结构不断优化，服务业发展环境不断改善。

1.服务业总量不断扩大，税收贡献和吸纳就业能力不断增强

建区以来，我区服务业呈现总量不断增大的良好势头，对税收贡献和吸纳就业能力不断增强。2001～2007年，全区服务业增加值由2001年的23.80亿元上升至2007年的50.31亿元，翻了一番。2001～2007年间累计实现增加值252.15亿元，年均增幅13.5%。服务业占全区的税收比重也逐步提高，由2005年的27.7%上升到2007年的44.0%，2007年全区第三产业实现税收8.4亿元。服务业吸纳就业能力不断提高，2007年我区服务业的从业人数3.82万人，比2001年的2.95万人增加0.87万多人，占全部从业人员的25.8%。

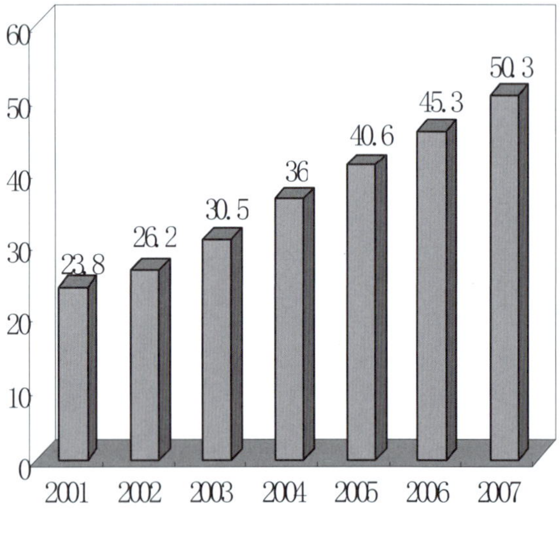

2001-2007年高明区服务业增加值变化趋势

2.服务业结构不断优化，领域不断拓宽

目前，全区已基本形成批发零售、住宿餐饮、交通运输三大优势传统行业。2007年，三

大传统服务业实现地区生产总值19.7亿元，占全区服务业总产值的39.1%，成为推动我区服务业发展的主导力量。其中，批发零售业达14.09亿元，占全区服务业总产值的28.0%，交通运输及邮政业达3.67亿元，占全区服务业的7.3%。此外，金融保险、房地产、信息服务、科教、培训等现代服务业虽起步较晚，但发展趋势好，结构逐步优化，领域不断拓宽。2007年，我区金融和房地产业实现生产总值分别为1.91亿元和4.67亿元，占全区服务业总产值的3.8%和9.3%，尤其是房地产业发展迅速，成为全区重要的地方税源。

3.服务业招商引资成效显著，竞争力有所增强

2003～2007年，全区共引进服务业项目90个，合同投资金额为94.9亿元。其中2007年引入服务业项目11个，投资额超过44亿元，占全区引资总额的44%。商贸、文化、娱乐、保险、旅游、房地产等多个现代服务业招商势头迅猛，成功引进了肯德基、麦当劳、国美电器、苏宁电器等一批国内外知名企业，引资项目结构不断优化。

4.发展环境不断优化，区域分工格局初显雏形

近年来，随着我区一批重点项目相继建成，服务业发展环境不断优化。以高明大桥、高明大道、荷富大道、合和大道、广明高速、五星级酒店为重点的一批重大基础设施项目，荷城商圈的“三旧改造”，成为加快我区现代服务业发展的重要载体和支撑。同时我区文化、教育、体育、卫生、金融、信息等行业体制改革不断深化，高明服务业市场化、产业化程度逐步提高，服务环境不断优化。在全区服务业不断增长的同时，其空间分布也逐渐明晰，区域分工逐渐强化，以荷城商圈为核心，以明城、更合为次中心的“一主两副”的区域性商贸中心初步形成，中心城区作为服务业中心，其集聚辐射功能不断增强，专业市场和特色街建设初见成效。同时以青山绿水、生态农庄为特色的一批重点旅游景区为支撑的旅游服务区逐渐形成。

（二）存在问题

近年来，我区服务业发展虽然取得了一定的成效，但也存在以下几个方面的问题：

1.服务业经济总量偏小，占全区地区生产总值比重逐年下滑。一方面，服务业经济总量偏小，占全区GDP的比重仅为18.5%，占佛山市服务业的比重仅为4.3%，与佛山其他各区相比总量明显偏小。另一方面，服务业占GDP的比重逐年下滑，对经济贡献不高。2003年服务业占全区GDP的比重仍达到33.6%，但到2007年下降至18.5%，五年下降了15.1个百分点。对比省市邻近地区服务业的比重，我区服务业占GDP的比重明显偏低。2007年全省服务业占GDP的比重为42.3%，佛山市为32.9%，邻近各区的比重也在25%以上，差距明显，比较优势不够突出，发展服务业任重道远。

2.服务业结构不尽合理，服务层次不高。服务业结构层次低，以交通运输邮电、批发零售、住宿餐饮为主体的传统服务业发展比重较大，金融、现代物流、信息服务等现代服务业发展缓慢，市政公共服务、居民生活服务等社会服务业行业也明显落后，产业发展总体水平较低，缺乏一些规模大、品牌响、技术含量高的企业，产业发展仍主要集中在满足本地的需要，生产性服务业发展落后，竞争力不强。

3.吸引高端人才的环境未能形成。酒店、现代服务产业园、高档写字楼、大型高级专业设施、停车场建设相对滞后，高端人才供需矛盾比较突出，影响高端服务业发展。

4.服务业集聚功能区建设还不够清晰。全区服务业功能布局相对比较散乱，总体规划水平不高，外拓区域功能承接、培育力度不足。中心区的服务功能还不够完善，一些旅游服务集聚区、物流服务区的基础配套设施还需进一步加强和完善。

二、发展的环境

（一）加快现代服务业发展的意义

1.发展现代服务业是促进经济社会协调发展，全面建设小康社会的需要

全面建设小康社会，就必须从以人为本、协调发展的科学发展观出发，实现从单纯强调经济增长向追求经济增长与社会文明进步、人口环境资源协调、人民生活改善等政策目标相统一的转变，注重经济和社会的协调发展。省第十次党代会也提出了要加强“经济与社会发展联动”的要求。服务业的发展不仅可以扩大消费，加快产业结构优化升级，直接推动经济增长，而且更加注重人民生活质量、健康水平、教育素质的提高，体现了社会发展的目标。发展服务业是高明区新时期全面建设小康社会的必然要求。

2.发展现代服务业是完善城市功能和完成“新兴产业之城、岭南山林水都”的发展定位的需要

服务业发展与城市建设和城市功能完善具有高度的相关性，城市是服务业发展的主要载体，服务业则是城市功能完善的核心内容，是城市集聚和辐射能力的重要基础。高明区自撤县建市到撤市建区以来，面临着由“县域经济”向“城市经济”转变，“强县战略”向“强区战略”转轨的战略任务，而新城区建设则是实现这一转轨的重要抓手。要抓住未来我区西江新城区建设的发展契机，加快服务业发展，尤其是现代服务业的发展，争取服务业发展取得突破，逐步完善新城区功能，提升新城区在佛山市中的发展地位，将带动全区经济发展实现跨越。

3.发展现代服务业是加快企业升级和转型，强化工业经济综合竞争力的需要

工业仍然是高明区在今后相当长时期内经济发展最重要的支撑。但是必须看到，随着经济发展阶段的转换，工业企业面临的发展环境正在发生重大变化。现代企业要增强竞争力，需要有技术研发、企业诊断、市场调查、产品设计、物流等专业化的生产性服务业支撑，依托专业化的服务来提升产品层次，应对市场的竞争。高明区工业发展正处于关键时期，工业发展规模逐步壮大，生产性服务需求的市场空间日益扩大，需要有相应的服务业来支撑其发展，从而整体增强我区工业经济综合竞争力。

4.发展现代服务业是突破经济发展的资源瓶颈，实现可持续发展的需要

资源瓶颈是今后高明区经济发展面临的一个长期约束。与工业相比，服务业对自然资源依赖程度相对较低。据统计，每千瓦时用电可创造的工业增加值平均为5.22元，可创造的服务业增加值平均为45.4元，是工业增加值的9倍。发展服务业，提高服务业在整个经济中的比重有利于降低高明经济发展对传统资源的高度依赖。更为重要的是，加快发展服务业特别是生产性服务业，有利于加快运用先进技术和管理手段改造传统企业的步伐，增强区域科技自主创新能力，减少纯粹的制造环节在工业增加值中的比重，改变单纯靠增加投入，以消耗资源、污染环境为代价的粗放式增长方式，实现经济的可持续发展。

5.发展现代服务业是缓解社会就业压力，加快农村劳动力转移的需要

随着工业化向中后期转移，资本有机构

成和劳动生产率不断提高，制造业大规模吸纳农村剩余劳动力的能力不断下降，服务业将成为吸收就业的主要渠道。世界大多数低收入和中等收入国家服务业从业人员占全部从业人员比重一般为45%左右，发达国家大都在70%左右。当前高明区服务业就业人员比重比较低，2007年仅为25.8%，这既反映了服务业发展滞后的现实，也说明服务业吸收劳动就业的作用还没有充分发挥。如果把服务业就业比重提高到35%，至少可以多吸纳5万人实现就业，从而将极大地缓解高明区在城市化快速推进中富余劳动力的就业压力，加快农村劳动力的转移步伐和城乡联动的发展进程。

（二）发展环境

1.国际国内环境

2008～2015年，我区现代服务业发展面临千载难逢的发展机遇。从国际发展环境来看，服务经济主导全球经济。全球产业结构呈现出“工业型”向“服务型”经济转变的趋势。国际服务业转移加速，一大批国际跨国公司、大集团纷纷抢滩中国市场。目前在全球外资流入的总存量中，服务业占到了60%。这是高明区加快金融、物流、中介、旅游等现代服务业开放和发展的重大契机。从国内环境来看，我国加强实施科学发展观，转变经济增长方式。“十一五”期间我国将进一步推进产业结构的优化升级，加大产业结构调整的力度，将产业结构调整、经济增长方式转变作为首要的任务，尤其突出服务业在优化产业结构、提高经济运行效率、满足生产和生活多方面需要的重要意义和作用，这无疑为全国服务业的发展创造有利的宏观经济环境。

2.区域环境

目前，广东省和佛山市已经提出大力发展现代服务业，并制定了相关的政策措施，大力促进现代服务业的发展。最近，为抢占新一轮发展制高点，佛山市政府又出台《关于加快我市现代服务业发展的指导意见》，明确了服务业发展的重点高端服务领域。因此，这个长期利好政策的出台，必将为我区金融、物流、旅游等现代服务业发展带来重大机遇。

3.区内环境

目前，我区已进入工业化中后期和城市化加速期，同时面临着严峻的资源禀赋和环境条件硬约束。从国际经验和高明实际来看，顺时应势，转换发展思路，调整和提升发展战略，跳出工业思考工业经济和全区经济，把服务业发展放在突出位置，优化服务业发展环境、加快服务业发展速度、提升服务业发展质量、壮大服务业综合实力，推动服务业大发展大提高，力促我区经济增长从主要依赖制造业向工业和服务业并重发展的历史性跨越，是我区落实科学发展观、缓解资源环境约束、推进经济结构调整、增加就业岗位、满足生产和居民生活水平不断提高需要、实现更高层次发展转型的内在要求和根本途径。

（三）发展机遇

1.国际服务业加快向中国转移

随着WTO后过渡期的结束，国际服务业将加快向中国转移，一大批国际跨国公司、大集团纷纷抢滩中国市场。《2007年世界投资报告》指出，中国正成为外国直接投资的主要来源，中国的一些公司已经迅速成长为外国直接投资（FDI）的全球性参与者。从经济学原理来讲，国际服务业向中国转移必然是一个地理过程，东部沿海地区将在承接国际服务业的转移过程中占尽天时和地利。这对于开放度相对较高的佛山和高明来讲无疑是加快物流、金融、中介等现代服务业开放和发展的重大契机，同时也是高明服务业实现整体素质跨越式提高的历史机遇。

2. 二、三产融合发展的趋势更加明显

在经济全球化和信息化的背景下，服务业和制造业高度融合、协调发展是大势所趋。经过多年的努力，“高明制造”的知名度、影响力和竞争力逐渐提高，已经具备了一定的规模和基础。而要进一步提升高明制造业的发展水平和竞争力，就迫切需要社会化、组织化、专业化程度高的现代服务业作为依托和支撑，实现二三产协调融合发展。

3. 佛山城市发展对服务业带动作用日益显现

目前佛山市人均国内生产总值突破了8700美元，达到了中等收入国家水平。按照国际产业经济发展的规律，这一阶段是加快服务业发展的黄金期，进入了经济发展史上的加速起飞阶段，服务业已经成为最具有潜力的经济增长点。“工业深度化、产业服务化、社会现代化”趋势日益明显，服务业面临着巨大的发展空间。同时，随着佛山“现代制造基地、产业服务中心、岭南文化名城、美丽富裕家园”的建设，都将提升佛山城市对服务业发展的吸引力。佛山现代服务业发展必将进一步带动高明区现代服务业发展步伐加快。

4. 全面加快的新城区建设进程

城市是服务业发展的载体，西江新城区的建设将为高明区服务业发展提供前所未有的机遇。随着“西江新城”的全面实施，新城区基础设施的建设，体育设施、文化设施、商贸等一批重点项目的建设，以及中高档商品住宅区的建设，新城区建设和城市化推进不仅为服务业集聚提供了载体，而且为服务业发展提供了大量的需求支撑和劳动力支持，从需求和供给两个方面推动了服务业的发展。

三、发展的总体思路

（一）指导思想

以科学发展观为指导，深化落实高明区经济社会发展“十一五”规划和城市总体规划，紧紧抓住国家、省和市倡导大力发展服务业，新型工业化、城市化、构建和谐社会等发展机遇，围绕建设现代化的“新兴产业之城、岭南山林水都”城市发展定位，立足服务珠三角中西部及粤西地区，积极参与广佛都市圈及珠三角区域服务业发展的分工与合作，开拓创新，以世界眼光大力发展现代服务业，优化提升传统服务业，积极发展新兴服务业，优化服务业发展的空间布局，建设形成各具特色的现代服务业主体功能区，培育一批优质服务企业及品牌，形成科学发展的现代服务业体系，全面提升服务发展的水平和规模，加快培育形成工业带动服务业、服务业促进工业的现代经济发展新格局，为高明区新一轮大发展提供重要支撑。

（二）总体目标

1. 战略目标

未来一段时期是推进高明区服务业发展的关键时期。高明区要按照世界眼光要求，抢抓机遇，改革创新，营造环境，集聚资源，抓住大项目，培育龙头企业，优化结构，建设特色突出的现代服务业功能区，科学促进服务业加快发展。力争到2015年，把高明区发展成为佛山市重要的服务业主体功能区，广佛都市圈的重要服务业基地，珠三角的休闲生态旅游服务基地，并建成适应高明及区域经济社会科学发展的现代服务业体系。

2. 主要指标

（1）总量壮大，贡献突出。服务业占国民经济的比重提高。到2015年，服务业年均增速超过15%，服务业税收年均增速超过15%，服务业从业人员占全社会从业人员比重提高到 35%，服务业占全区 GDP 的比重有较大幅度提高，经济发展形成主要依靠工业带动向依靠工业和服务业协调带动的格局。

(2) 结构优化，升级明显。发展形成一批服务业支柱行业。现代服务业成为全区新一轮大发展的新增长点，逐步形成以休闲旅游(含餐饮酒店)、现代物流、商贸流通、科教与信息服务、商务服务、社区服务等产业为重点的现代服务体系。

(3) 布局合理，特色鲜明。建成一批重要的服务业功能区及集聚区，推动区域融合与新城区建设发展。通过优化旧城区、重点开发新城(园区)、适度开发与控制山区的空间调控要求，建设形成东部综合服务业功能区(组团)，中部现代服务业功能区和西部生态休闲旅游服务业功能区，以及西江新城现代服务集聚区、西江沿岸现代物流服务集聚区、荷城传统优势服务集聚区、沧江工业园生产服务集聚区、皂幕山生态休闲旅游服务集聚区等重要的服务业集聚区。

(4) 竞争提升，主体突出。培育形成一批服务业优势企业。到 2015 年，新增有一定能级和规模的现代服务业企业 50 户，其中跨国知名服务企业 2 家，国内知名服务企业 10 家；销售收入超 5 亿元的服务企业 1 家，超 1 亿元的服务企业 5 家。

(三) 发展战略

以世界眼光和战略思维，按照大项目带动、集群发展、结合互动、服务区域等发展战略，科学引导高明区服务业跨越式发展。

1. 大项目带动战略

区域发展规律表明，大项目是带动区域产业及经济发展的龙头。先进地区发展的一条重要成功经验，就是抓住一些大项目的引入带动产业发展。高明区现有服务企业规模小，服务行业中还缺乏大企业或大项目。实施大项目及龙头企业的带动战略，是加快高明区现代服务业发展的最有效途径。要充分发挥高明资源优势和日渐改善的交通优势，加大服务业招商引资力度，加快整合策划一批服务业招商引资的大项目及服务业发展的主体功能区，大力吸引相关服务业大企业落户发展，以大项目的“四两拨千斤”之力，推动高明服务业跨越式发展。同时，以世界眼光和像抓工业一样的精神，去推动服务业加快发展，构筑高明区现代服务业的制高点。

2. 集群发展战略

集群发展是现代产业发展的重要特征。实施服务业集群发展战略，就是要按照高明“新兴产业之城，岭南山林水都”的城市发展定位，依托建设的东、中、西三大服务业集聚区，创造一流的投资发展环境，制定和实施促进服务业发展的扶持政策，完善服务业相关配套条件，集中资源，集聚空间，集成功能，吸纳带动作用大的服务大企业或大项目落户，带动相关中小服务企业协作配套和集群发展，形成服务业产业链条及各具特色的服务业主体功能区，打造服务业发展的集聚效应和辐射影响，奠定“高明服务”的服务经济发展品牌及发展战略框架。同时，要建立土地储备制度，提高土地利用效率，为服务业发展预留空间。

3. 结合互动战略

把服务业打造成高明新一轮大发展的新增长点，关键在于做到“三个互动与四个结合”，要促进现代服务业和传统服务业互动发展，二产和三产互动发展，服务业与城市化互动发展。要把大力发展现代服务业与优化提升传统服务业紧密结合起来，进一步优化服务业内部结构；要把大力发展现代服务业与促进制造业、现代农业发展紧密结合起来，高度重视发展为高明及周边制造业、现代农业服务的生产型服务业。要把发展服务业与外向型经济紧密结合起来，更主动承接国内外及珠三角发达地区服务业转移。要把大力发展服务业与城市化及加强城乡公共服务事业紧密结合起来，不断满足人民群众提高生活质量的新需求，构建“富民强区”的和谐新高明。

4.服务区域战略

高明服务业发展要充分发挥区位、生态、交通等优势，立足区域，服务区域，打好“广佛牌”和“生态牌”，辐射珠三角西部及粤西地区，发展为本地及周边地区服务的生产服务业和生活服务业，发展服务于广佛都市圈及珠三角居民的生态休闲旅游服务业、酒店餐饮业和休闲购物业，发展立足于本地资源优势并与周边地区错位发展的现代服务业，发展与周边区域（如广州、江门、肇庆）的服务业配套的服务业。同时，高明区服务业发展规划要主动与佛山市及周边地区服务业发展相衔接，按照“有所为有所不为”的原则，发展体现高明比较优势和为佛山现代化大城市建设及促进“佛山制造”向“佛山创造”转变服务的相关配套服务业。

（四）发展总体思路

1.依托资源优势和现有产业基础，发展壮大服务业规模

（1）依托丰富的旅游资源、农业资源、生态环境等优势，大力发展集休闲度假、生态旅游，度假地产、农家乐及农业观光等于一体的休闲生态旅游服务业、餐饮酒店业和休闲购物业；

（2）依托西江岸线资源优势，改造提升港口码头，大力发展交通运输及现代物流业；

（3）依托沧江工业园及石化、光电、食品、纺织、塑料、建材、金属材料等产业基地的发达壮大，大力发展物流服务、商务服务、工业设计、中介服务等生产服务业；

（4）依托城市化及旧城区改造、荷城商圈建设和城乡商业网点建设，优化发展商业贸易、房地产、社区服务、中介服务业；

（5）依托现代化的西江新城建设，大力发展金融、信息、商务、文化创意、中介等现代服务业。

2.集聚资源，面向区域，大力发展现代服务业

（1）依托广明高速、江肇高速、西江航道等交通干线优势，集聚物流和信息流，大力发展面向周边区域及粤西地区服务的现代物流业、现代批发市场业；

（2）依托生态环境的优势，大力发展为珠三角城乡居民服务的生态休闲旅游业、房地产业和服务外包；

（3）主动融入广佛都市圈及大珠三角（含港澳）经济区，大力招商引资，吸纳大珠三角地区发达地区服务企业转移，大力发展面向区域发展的现代服务业。

（4）创造良好的发展环境，加强与国际著名服务机构的合作，争取引进国家和世界级的服务企业入驻，带动全区现代服务业发展，并逐步与国际及区域服务业接轨。

此外，加强与禅城区、南海区、顺德区等服务业发展的协调和分工，加强与广州等繁华地区服务业接轨，错位发展，形成高明服务业发展的特色和优势。

3.规划建设形成“一心辐射、两轴拓展、三大功能区并举、若干集聚区支撑”的服务业空间发展格局

按照“新兴产业之城、岭南山林水都”的城市发展定位及东、中、西三大组团发展的要

求，规划引导及建设形成“一心辐射、两轴拓展、三大功能区并举、若干集聚区支撑”的服务业空间发展格局。“一心”是指荷城及西江新城现代服务集聚区；“两轴”是指高明大道——更合大道综合服务发展轴及西江滨江区现代服务业发展轴；“三大功能区”是指东部综合服务业功能区（组团），中部生产性服务业功能区和中西部生态休闲旅游服务业功能区；“若干服务业集聚区”是指西江沿岸现代物流服务集聚区、荷城传统优势服务集聚区、沧江工业园生产服务集聚区、皂幕山生态休闲旅游服务集聚区、大沙现代服务集聚区、深步水库—老香山生态旅游服务集聚区等重要的服务业集聚区。

四、发展重点领域

按照政府引导、市场运作、扩大规模、优化结构、突出重点、提高水平的方针，充分发挥高明的资源和区位优势，通过营造环境、培育市场、政策引导，大力发展现代物流、商贸流通、休闲旅游（含餐饮酒店娱乐）、商务服务、科技与信息服务等优势及潜力服务行业，使其成为高明区服务业的支柱或先导行业；积极发展金融保险、房地产、文教卫服务、社区服务、其他公共服务等重要服务行业，使其成为高明区服务业的优势和必要行业。按照市建设创意产业园的要求，以区科技企业创业中心为载体，逐步建设和发展我区的创意产业园，构筑与“岭南山林水都”新型城市相适应的现代服务业体系，形成服务业与工业及创意产业并举发展，共同支撑高明新一轮大发展的现代产业格局。

（一）大力发展优势及潜力服务行业

1.优先发展的服务行业

（1）依托交通优势，优先发展现代物流业

依托西江航道及岸线码头作业区、广明高速、江肇高速等骨干交通网络及设施，建设形成连通珠三角、通向国内外的便捷、快速和大容量的现代化物流运输网络及物流发展平台，大力发展现代物流业。整合现有物流资源，建设一个中心、四个专业化物流园区，各物流中心及园区具有配送、仓储、商贸和中转联运四大功能。一个中心是指沧江工业园物流中心（地点设在江肇高速和高明大道交汇处），四个专业化物流园区是荷城纺织服装物流园、明城果蔬物流园、西安农副产品物流园和荷城综合商贸物流园，它们各自围绕特色产业基地的发展壮大，发展基于区域的专业产品物流业。

加快广明高速延伸线、江肇高速及珠三环高明段的建设，形成与珠三角高快速路全面接轨的交通网络，整合利用现有货运站场，发展基于高明、珠三角西部及粤西地区的公路货运物流。扩建3000吨级西江联运码头和新建高明第二货运码头（富湾集装箱货运码头），发展基于高明及周边地区的水路货运物流。大力引进和培育现代物流及交通运输企业，实现规模化、集约化经营，促进货物流通。充分利用现代信息基础设施及资源，建设以互联网为载体的公共物流信息平台，建设仓储管理、配送中心、运输、跟踪处理和营销五大物流服务系统，为物流企业和物流产业的发展提供重要依托和全程管理。积极引导各种物流资源要素和企业入园发展。大力培育拓展物流市场，推进物流社会化服务，扩大物流有效需求，大力发展第三方物流企业，积极引进国内外知名的第四方物流企业落户，拓展现代物流业务，推进物流企业与工商企业联盟。

（2）发挥区位和现有基础优势，优化发展现代商贸流通业

依托现有基础，立足服务区域城市化、制

造业基地发展和农业产业化，发挥高明的区位和日渐改善的交通优势，以西江新城、荷城商圈（改造提升）、大沙珠三角休闲购物中心等建设为龙头，以杨和、明城、更合镇中心区商业中心及商业街为支撑，以新农村商业网点建设为补充，逐步建设形成现代化特色商贸中心、批发市场、商业街、商场（超市）、城乡社区商业网点合理分工布局的商贸流通服务业体系，形成大市场、大流通、大贸易的商贸发展格局，吸纳广佛都市圈及周边地区人口进入高明休闲购物及消费。优化调整现有商业业态，大力发展连锁超市、便利店、仓储式商店、网上购物等现代商业零售业态，积极发展代理制等新型营销方式。加强与国内外大型商贸企业的合作与合资，通过整合资源和改组、合并、择优扶强措施，吸纳和培育区域性的商贸流通龙头企业和商贸服务品牌，扩大高明商贸流通的辐射影响力。建设荷城商品会展中心，逐步发展特色化、专业化商品会展服务。

按照批发、零售与现代物流整合发展及城乡市场一体化的原则，改造提升现有专业批发市场，建设明城明殿水果批发市场，荷城水产品专业批发市场及汽车配件消费市场、荷城民安农副产品综合批发市场、明城光明木材专业市场、合水综合批发市场、杨和金属材料配送市场等，发展辐射珠三角西部及粤西的商品批发贸易、农产品加工贸易和物流配送服务。

(3)发挥资源优势，大力发展休闲旅游业(含餐饮酒店娱乐业)

发挥旅游资源丰富、“岭南山林水都”城市生态环境及“广佛后花园”的优势，以大沙(明园)综合休闲旅游风景区、皂幕山生态休闲观光度假区、深步水—老香山生态休闲旅游风景区、荷城旅游服务中心、山区生态农家乐基地等为龙头，以西江、沧江河、皂幕山、老香山、凌云山、明城霭雯教育农庄、万宝山庄、南峰农业生态基地、鸿基农场、将军山观音寺、合水桫椤自然保护区等一批重要休闲、生态、文化等旅游景点为支撑，学习借鉴国内外著名旅游景区景点规划建设的经验，以世界眼光和创新的精神，大力吸纳国内外著名旅游经营企业对区内旅游资源进行高起点、规模化的开发和经营，努力培育名牌旅游景区和拳头旅游产品，形成“高明旅游”的整体形象，形成良好的区域旅游大环境，加大旅游景区宣传推荐，聚集各方游客，带动全区旅游服务业及餐饮酒店业发展，最终把高明发展成为珠三角及港澳有较高知名度的，集休闲、度假、观光、生态、康体、美食、爱国教育、会议旅游等于一体的直接旅游目的地，成为广佛都市圈及珠三角的生态休闲度假旅游中心。

重点建设发展三个龙头旅游景区和区域旅游组织中心，带动全区旅游服务业快速发展。皂幕山生态休闲旅游区，要坚持保护与开发并举的方针，吸纳知名旅游企业，整合周边资源进行规模化的整体开发和经营，建设生态休闲、度假、漂流、星级酒店等旅游设施，营造综合生态休闲旅游环境，最终建设成为珠三角著名的综合生态休闲度假胜地，带动周边农家乐旅游景点的发展。大沙(明园)生态旅游风景区重点是依托大沙水库、银海高尔夫球场、生态农业旅游基地和周边优美的自然景观，建设集高尔夫、水上游乐活动、山地运动、茶文化、休闲度假、星级酒店、休闲购物、会议等于一体的大型综合性生态休闲度假风景区。深步水库生态休闲旅游风景区，重点依托深步水库及山区的天然生态环境及资源，引进旅游大企业进行综合开发和经营，发展生态休闲、观光、度假、娱乐等旅游项目，建设成为珠三角的重要生态旅游景区。山区农家乐基地，以分布在杨和、明城、更合的现有农家乐基地为基础，包括万亩私家果园、万宝山庄、盈香生态园、霭雯教育农庄、鸿基农场、合水桫椤自然保护区等，重点是按照农家乡村风味，完善景点配套设施及卫生设施，加强各景点之间的联系和联合，重点发展面向都市人的现代农业观光及农村体验、娱乐旅游。荷城旅游服务中心重点建设和完善食、住、行、游、购、娱等一条龙的旅游服务体系，建设特色美食旅游一条街和星级酒店群，提升现有商务酒店档次和服务质量，增强旅游接待组织和服务能力。保护、整治和美化西江、沧江河两岸，充分利用西江、沧江得天独厚的旅游资源条件和良好的水文化环境，建设水上观光游览点和风景带，发展游艇和水上游览业。充分发掘"三谭"和革命老区的旅游题材，打响粤中纵队纪念馆和"三谭"纪念馆品牌，发展爱国教育和文化旅游。

大力发展餐饮酒店及娱乐业。利用西江新城建设的契机，大力发展餐饮酒店及娱乐业；改造提升荷城街道和各镇街现有的酒店、宾馆(含招待所)，提高酒店服务质量，增强酒店接待能力。在荷城西江沿岸、西江新城和大沙休闲旅游风景区各建设一间五星酒店，在杨梅建设 1 间四星级酒店，在明城、合水各建设 1 间三星级酒店。继续建设完善荷城特色美食一条街，使其成为高明及珠三角美食的一个名牌，继续举办"濑粉宴"等美食文化活动，弘扬高明佛山特色的饮食文化。在城区、各镇街和风景旅游景点，发展具有地方特色的饮食酒楼、饮食店和乡村风味酒馆，发展城区零售餐饮配送业务。

2.逐步发展潜力服务业

(1)以市场化、专业化为方向，大力发展商务服务业

以现有商务和租赁服务业为基础，依托高明及周边现有制造业的发展，以西江新城、荷城中心城区等为载体，营造良好的创业和居住环境，降低开办商务服务及专业服务门槛，引进一批中外现代商务及专业服务机构，支持发展一批能承接国际业务的专业中介机构和商务企业，大力发展市场营销、售后服务、商务代理、投资、法律、会计审计、市场咨询、管理咨询、公证、担保、规划设计、广告策划、宣传推广、商品检测、人才服务、工程服务等商务和专业服务业，积极培育区域知名的商务和专业服务的品牌，提高中介机构整体服务能力和质量。利用优良的生态环境及建设高品质的生态休闲社区，吸纳专业服务人才，大力发展基于区域及世界的服务外包，融入全球服务产业链。

(2)以公共服务平台建设为抓手，大力发展科技与信息服务业

实施自主创新战略，建立区、镇(街道)、中心村三级科技网络体系，建立科技示范基地与示范企业，增加科技投入，积极引进新的科技成果和科技人才，扶持科技事业及科技企业发展，支持一批产业发展关键技术的产业化，扶持科技人才创业，加快自主创新和引进消化吸收步伐，发展研发设计、技术咨询、新产品产业化等科技服务业。建设沧江工业园创业中心孵化生产基地和省级技术创新专业镇平台，大力吸纳各类研发机构，鼓励企业设立各类工程中心、企业技术中心；鼓励扶持有条件的企业组建工程技术中心，提升企业创新能力和产品附加值。加强与国内外高校、科研院所和高新技术企业的联系与合作，充分利用外部先进的科技资源为自主创新及发展科技产业及经济服务。吸引国内外财团、风险投资基金及民间基金在产业集聚区内兴办

各类投资管理公司。加大对知识产权的保护和利用，推进相关服务的开展。

加快经济社会信息化基础设施建设，构筑“数字高明”的总框架。按照超前原则，广泛应用现代传输新技术，全面提升网络技术水平与服务水平。统一整合和综合利用现有管网资源，采用政府组织、应用驱动、多种新技术支持的模式，促进电信网、电视网、计算机网三网融合和互联互通，为全区信息化建设和信息应用提供支撑。建设高效的无线信息传输网，实现区域无线上网。规划建设全区统一的信息安全中心和信息安全保密制度，促进信息共享和保障信息安全。

大力实施电子政务工程，建立电子政府及服务，推进政府办公自动化、公文交换无纸化、管理决策网络化、公共服务电子化，促进区政府及各部门，各镇、村等基层政府部门通过网站为公众提供快捷高效、公开透明的“一站式”政务服务和信息服务。建立全区统一的电子信息资源库，完善高明公众信息网，实现各种单位对公众的服务在网上开展和完成。推进企业、社区信息化建设。要充分利用信息技术改造和武装三大产业，大力发展企业电子商务，推进企业逐步实施生产、营销、财务、采购、研发等各个流程的信息化管理；建设农业信息系统工程，为农业管理、农产品经营及农民提供价格、政策、供求、防灾害等信息。完善教育、社会保障、医疗卫生、社区服务、劳动就业、城镇地理空间、居民身份证 IC 卡等信息系统，充分吸纳广佛区域信息中心的辐射，鼓励开发信息技术和信息技术的普及就应用，促进全区国民经济社会信息化。

（二）积极发展基于经济发展及民生的重要服务行业

1. 积极发展金融保险服务业。配合工业化、城市化、现代化的发展，建立符合市场经济发展要求的城乡金融保险及信用服务体系，积极筹集资金支持生产和建设。大力吸纳国内外商业银行和金融机构落户高明，发展银行服务、理财服务、证券投资、风险投资与担保、人寿保险、财产保险等业务，鼓励金融机构参与高明发展与建设，引导金融机构为企业尤其是为中小企业、私营企业提供各式的金融产品，积极支持城乡工农业生产发展和和谐社会建设。以市场为导向，客户为中心，完善金融服务网络，提高金融服务水平。

2. 适度发展房地产业。抓住工业化、城市化机遇，以西江新城、高明碧桂园、皇朝比华利庄园等为依托，适度发展房地产业。在荷城区及各镇中心区重点发展面向城乡居民的经济适用、环境优美的城区居住小区和各镇街商品住宅。利用西江新城开发契机，积极发展商住小区和商务写字楼。利用高明的生态和空间优势，在大沙生态休闲旅游风景区等环境较好区域，适度发展面向珠三角高层次人才（包括科技人才、企业家、白领等）的休闲地产，吸纳高素质人口集聚生活和创业。加强房地产业及物业规范化管理，提高管理水平，培养 3～4 家有品牌效应的房地产开发与物业管理商。

3. 大力发展社区服务业。按照“以人为本、民生优先”的原则，学习和借鉴国内外先进地区社区服务业发展的新经验，以满足城乡居民及家庭生活需要为目标，促进全区各类社区服务资源的优化配置，规范发展社区服务业。建设集信息、通讯、服务、管理于一体，涵盖区、各镇（街）、居委会三个层次的社区服务网络体系，全面建立城乡社区服务和卫生服务中心，发展社区福利与公益、教育、文化、科普、法律、援助、退休人员与外来人员管理、保洁、绿化、治安、家政等服务。健全社区服务活动场所，大力发展社区教育、体育、卫生、文化、“夕阳红”等社会事业，以及便民利民的信息、家政、中介等社区服务业，重点发展社区家政服务业，不断促进家政服务标准化，创造更多的就业机会。推进社区服务社会化、集团化、网络化，提倡和鼓励社区资源共享，打造和谐社区，提高社区服务质量和居民的生活质量，为建设和谐高明奠定坚实的基础。

4.积极统筹发展城乡文教卫服务业。积极统筹发展城乡教育事业，建设现代化的教育设施，优化教育教学资源，全面推行素质教育，提高教育水平；加快发展学前教育，提高全区幼儿园入园率；高水平发展义务教育，增加城区中小学学位，切实解决大班额问题；巩固和提高普及高中阶段教育，进一步完善高明一中和纪念中学两所国家级示范性普通高中；优化教育结构，大力发展职业技术教育，建设一所国家级中等职业技术学校，鼓励和支持民办职业教育做大做强，加快发展成人教育和终身教育，在荷城街道富湾湖区建设职业教育基地，整合区技校、电大、教育科研培训中心等教育资源；引进省纺织职业技术学院到我区建设新校区，并与省内外高校联合办学，使全区城乡大多数适龄青年接受高等教育和职业技术教育。增加投入，改善办学条件，提高办学水平，培育名师、名校，优化师资队伍，推进教学手段信息化、现代化，与国际接轨。

积极发展城乡一体的文化服务业。切实加强区、镇(街)、中心村三级文化设施建设，建设现代化的标准文化馆、镇(街)文化站和农村文化室，建设高明区标志性的公共图书馆、影剧院、博物馆、青少宫，规范发展文化娱乐服务场所。发展文化艺术创作与表演队伍，创造具有鲜明特色和较高艺术价值的文化作品。广泛开展广场文化、社区文化、企业文化、校园文化等群众文化娱乐活动，丰富群众文化生活，弘扬历史文化，彰显现代文明。发挥历史文化底蕴厚实的优势，组织文化产品的运作和发展文化创意产业，加快图书、音像、传媒、旅游、饮食、娱乐等文化产品的开发和创新，将现代文化创新与古朴的生态旅游文化传承相结合，以文化品位塑造“岭南山林水都”的新兴城市形象，增强高明的软实力。

积极发展城乡一体的卫生、体育事业。构建适应和谐社会要求及满足城乡居民健康需求的医疗卫生服务，卫生监督执法和疾病预防控制的医疗卫生服务体系。建立由社区卫生机构、综合医院、专科医院、预防保健机构和急救网络组成的合理布局、功能互补、廉价高效的城乡卫生服务及预防保健服务体系。优化卫生资源配置，巩固和发展区人民医院并按三级丙等医院标准建设，把区妇幼保健院建成二级乙等专科医院，把区中医院建设为二级甲等医院，建设和提高各镇(街道)卫生医疗档次，努力将明城(华立)医院建设为二级甲等医院，远期考虑，把新更合中心卫生院发展为区第二人民医院。全面推进城乡社区卫生服务机构一体化和互助共享，大力建设城乡社区卫生服务中心及服务站，配置相应的现代化医疗设备，建立高水平的医疗队伍，完善卫生监督与管理服务设施。加强卫生监督，做好预防保健工作，预防和控制重大疾病和疫情，不断提高公共卫生服务水平。

5.积极发展其他公共服务业。大力发展公共体育服务，要增加投入、预留空间，建设高明区体育中心、体育训练馆、公众健身广场，区少年儿童业余体校、青少年活动中心、城乡社区标准化的公共体育服务设施(即标准田径场、游泳池、健身广场、标准灯光篮球场)，完善公共体育设施网络，以满足群众参与体育健身活动的完善，提高居民身体素质。

积极发展公共服务业，建立覆盖城乡的便捷公交网络，大力发展供电、供水、供气、邮政等服务，大力拓展环保和绿化服务，美化绿化城区、镇街、城乡社区和道路网络，完善园林绿化和卫生保洁服务，搞好食品安全服务，不断提高居民生活质量和幸福感。建立汽车销售、汽车维修、配件供应、汽车租赁等汽车服务体系，在城区、镇中心区、公共场所及社区，大力建设立体停车场，发展汽车服务业，方便居民用车。

发展城乡一体的就业服务业，实行城乡一体的充分就业政策，加强农民转移就业职业技能培训，加快促进农村富余劳动力向城镇二、三产业转移就业，增加农民工资性收入。尤其要通过加快推进产业园区建设、镇中心区及旧城区建设，提供更多的就业岗位，促进农民就地转移就业及推进城市化。按照城乡社会保障一体化及全覆盖原则，着眼长远，立足当前，加大公共财政投入力度，加快推进城乡养老、失业、工伤、生育保险等社会保障事业发展，逐步提高农村最低生活保障水平和新型农村合作医疗筹资水平，最终达到城社会保障统一，使区域居民人人享有较好的生活保障和医疗卫生服务。

积极发展现代农业服务业，做好良种繁育供应、技术指导、农机服务、农产品流通与加工、家禽与动物疫情预防等服务。建立区和各镇的集试验、推广、培训于一体的综合性农业技术推广中心和农技站，广泛开展农业技术和农产品市场咨询服务，提高农业生产效率，切实增加农民收入。

五、发展空间布局

按照高明“新兴产业之城、岭南山林水都”的城市定位及东、中、西三大组团的空间布局，贯彻落实主体功能区的规划理念，按照发挥优势、突出特色、功能集聚、统筹城乡的布局原则，科学规划布局形成“一心辐射、两轴拓展、三大功能区并举、若干集聚区支撑”的服务业空间发展格局，优化资源配置，形成服务业主体功能区，为全区服务业加快发展及现代服务业体系建设创造空间载体，把高明区打造成为具有湖光山色、水网交错、适宜创业与人居、凸显岭南水乡特色的“岭南山林水都”，成为佛山、广佛都市圈乃至珠三角的休闲商务会议中心。

高明区现代服务业空间布局结构图

（一）一心辐射

西江新城现代服务中心。规划建设的西江新城将是未来高明新的商务、金融、公共服务、文化教育、信息中心及标志，面积约20平方公里，位于荷城街道怡乐路以北，广明高速以南，祥福路以东，西江以西。该区域定位为现代服务中心，立足发展现代服务业，聚合国内外资源，按照世界眼光和未来发展趋势，发展集商务服务、商业地产、科技与信息服务、金融保险、文化服务、教育、酒店餐饮、公共服务等现代服务业，成为未来高明的现代服务中心和城市发展的CBD，辐射带动全区服务业发展。

（二）两轴拓展

1.高明大道——更合大道综合服务发展轴。高明大道——更合大道东西贯穿高明全境，串联"山林水都"始终，连接东、中、西服务业功能区及若干重要服务业集聚区，规划东段重点发展综合服务业，中段重点发展生产服务，西段重点发展生态旅游服务业，形成区域服务业由东向西纵深拓展的发展轴线。

2.西江滨水现代服务业发展轴。要充分抓住西江滨水区约18公里岸线资源优势，依托岸线港口发展，通过高标准的综合治理和开发建设，大力发展楼宇经济，重点发展现代商贸、休闲旅游、文化创意、高档住宅等服务业，把西江滨水区打造成为我区集现代物流、滨水文化、现代商贸、水乡休闲、文化创意、高档商住为一体的，体现独特滨水景观，现代物流文化商务休闲居住的现代服务发展轴，并逐步建设成为我区城市景观天际线，强化我区在佛山中心区西部组团的城市发展地位。

（三）三区并举

1.东部综合服务业功能区。主要着眼于高明城区——荷城（含原荷城、西安、三洲、富湾）的优化提升和发展，以西江新城建设、荷城旧城区改造为契机，以西江新城、荷城商圈建设为龙头，以荷城文昌路商业街、特色美食街、佛照明休闲会所、西江沿岸货柜码头、高明碧桂园等为支撑，重点发展企业总部、商务、商业、科技与信息服务、金融保险、现代物流、旅游服务、交通、教育、文化创意、卫生体育、综合性市场批发、房地产、酒店餐饮等服务业，强化综合服务功能，提升服务的水平和质量，形成综合服务中心功能区及佛山的服务业次中心。

2.中部生产性服务业功能区。发挥中部地区广明高速、江肇高速、高明大道等高速公路形成的次区域交通枢纽优势，立足沧江工业园及特色产业基地的建设，服务周边地区制造业发展，以沧江工业园物流中心为龙头，以明城果蔬物流园、明成明殿水果批发市场、光明木材专业市场、合水综合批发市场、工业大企业等为支撑，大力发展现代物流、商务、金融、现代市场批发、交通运输等生产服务业，发展辐射珠三角西部及粤西的商品批发贸易、农产品加工贸易和物流配送服务。

3.中西部生态休闲旅游服务业功能区。杨和镇大沙水库以西的西部山区，森林密布，生态环境好，旅游资源丰富，生态休闲旅游业已有一定的基础。未来要按照保护和开发利用并举的方针，以大沙综合休闲旅游风景区、皂幕山生态休闲旅游风景区、深步水库——老香山生态休闲旅游风景区为重点，以大佛山观音寺宗教文化旅游景区、万亩私家果园、万宝山庄、霭雯教育农庄、合水桫椤自然保护区等为支撑，大力整合生态旅游资源，引进国内外知名旅游大企业，推进西部山区旅游资源的规模化开发建设和营运，大力发展生态旅游、观光旅游、生态农家乐、体验旅游、学习考察旅游、漂流、度假旅游、宗教文化旅游、会议旅游、旅游休闲购物等旅游服务业，把高明西部地区打造成珠三角的生态休闲旅游大公园或生态休闲绿洲。

(四)若干服务业集聚区支撑

1.荷城商圈。加大旧城改造的力度，完善商业基础设施，依托文昌路、沧江路电子电器特色商业等，打造集休闲、娱乐、购物于一体的现代化商业圈。

2.沧江工业园物流中心。沧江工业园物流中心是佛山市规划发展的三个专业性工业园物流中心之一，该物流中心规划依托区域现有的工业企业及产品，重点发展食品、建材、塑料制品、机械装备、化工、金属制品等工业产品的仓储、配送、中转联运、流通加工等物流业务。

3.大沙综合休闲旅游风景区。以银海高尔夫球场、大沙水库、对川茶场、皇朝比华利庄园等项目为基地，进行整体规划和策划，整合周边资源，建设面向珠三角的休闲购物中心和星级酒店，发展面向珠三角高层人才的休闲住宅，形成面向珠三角的综合性休闲旅游风景区，发展休闲旅游、健康体育、娱乐、休闲购物、住宿餐饮、会议、商务、创意等服务业。

4.皂幕山生态休闲旅游风景区。发挥皂幕山作为佛山第一高峰及生态旅游资源优势，完善登山路网及休闲观光设施，建设星级酒店、大型停车场、观光塔、娱乐场等旅游及配套服务设施，结合腾龙峡漂流项目和山脚农家乐项目建设，大力发展生态旅游、漂流、观光旅游、生态农家乐、乡村风味美食、酒店等旅游服务业，使其成为广佛都市圈及珠三角著名的生态休闲旅游景点。

5.深步水库——老香山生态休闲旅游风景区。依托深步水库、鹿田沙椤自然保护区的旅游资源及生态环境优势，发展生态旅游、探险旅游、水上旅游、度假旅游和科学旅游，使其成为广佛都市圈的生态旅游基地。

6.将军山宗教文化与生态旅游区。以将军山的生态旅游资源和大佛山观音寺为依托，建设旅游度假设施和完善观音寺配套设施，建设酒店，发展宗教文化旅游、生态旅游和休闲度假旅游。

7.世纪广场餐饮酒店娱乐和休闲观光服务区。依托西江岸线、皇家银海大酒店、世纪广场、区政府大院等载体，发展服务于区内外居民的酒店餐饮、休闲、娱乐、文艺表演、宣传推荐、行政服务等服务业。

8.荷城科教文化服务业集聚区。依托规划建设的西江新城，建设科教文化功能区，加快富湾区职业教育基地、省纺织职业技术学院建设步伐，建设高明现代化的图书馆、青少年活动中心、博物馆和文化艺术中心，集聚科教文化资源和人才，发展高等教育、职业技术教育、科技服务、文化艺术、文化创意等服务业。

9.镇中心区综合服务集聚区。明城镇、杨和镇、更合镇中心区要围绕城镇化及新农村建设，重点发展商贸流通、市场批发、农村金融、教育文化、医疗卫生、农业服务、生活居住、文化等服务业，使其成为服务镇域城市化及城乡的服务业中心。

六、重大项目

根据发展重点和空间布局的要求，2008～2015年期间，高明区现代服务业需重点规划开展的工程。

(一)西江新城RBD(休闲商务区)工程

正在规划设计的西江新城是未来高明现代服务业核心区或现代服务总部集聚区，位于荷城街道，东至西江、西至祥福路、南至怡乐路、北至广明高速，面积约20平方公里。到2015年，该区域将具现代服务中心的雏形，成为散发岭南水乡韵味的现代化“西江水都”。重点发展金融、商贸商务、高档房地产、中介服务等现代服务业。要充分突出“精、高、新、特”，打造城市商业精品，逐步发展成时尚、休闲观光、传统特色和主体商业街相结合，具有岭南特色的现代商贸旅游休闲综合服务区。

（二）物流基础平台工程

通过加快建设完善现代交通运输平台和现代物流信息支撑网络，打造连接广佛与粤西地区的现代物流中心区。重点是加快高明“四纵四横”公路干线网络的建设，力争2～3年完全融入广佛一小时都市圈；打造“杨和金属材料市场物流基地”、“荷城进出口物流产业基地”“荷城纺织服装生产资料市场物流基地”、“中油高富石油化工产品市场物流基地”和“光电照明生产资料市场物流基地”等五大基地，力争在3～5年形成以专业市场为核心的现代物流体系；加快培育荷城综合商业物流配送中心和明城明殿果菜商业物流配送中心，打造广佛都市圈果蔬配送中心；大力发展第三方物流企业，力争在2～3年内培育1～2个物流龙头企业。

（三）信息服务基地工程

加快电子商务的发展，打造中小企业商务服务平台。重点打造网络设施平台、开发和应用平台、虚拟网络孵化平台和培训服务平台，大力发展网络设计、培训、制作和生产企业。推动电子商务工程建设，研究制定电子商务相关政策，推动建设一批行业电子商务平台，选择骨干企业和专业市场开展电子商务试点，带动高明区电子商务的全面发展。

（四）旅游景区建设工程

以“两带、四区、一个家”建设为重点，构建全区大旅游框架。“两带”即合和大道生态观光带、沧江河游览休闲带。“四区”即南部以皂幕山、将军山观音寺为龙头的生态休闲与宗教文化旅游风景区；中部以皇朝•比华利庄园、银海高尔夫球会、茶景园为主体的大沙水库休闲度假旅游风景区；西部以深步水水库、老香山为重点的时尚休闲与森林度假旅游风景区；东部以“五水、六纵、六横、六湖”水网系统为核心的生态水廊文化教育综合服务区。“一个家”是优化整合明城崇步万亩农业园区、更合万亩果场、杨和万亩私家果园及各大知名休闲度假农庄，构建农家乐旅游基地，让游客走进农家，参与农家乐的系列活动。

（五）商贸综合服务工程

以荷城商圈建设为龙头，全力推动高明区的现代商贸基础工程建设。用8年时间，将荷城商圈打造成为以零售业为主导，以商务办公、休闲娱乐为补充的多功能区级商业中心。建设沧江路电子街、荷香路展示街、文华路金融街、文昌路服装街、文明路娱乐街、东华路步行街。建设集购物、休闲为一体的综合性商城，引入首家五星级酒店、一家世界500强商业零售企业。

七、保障措施

（一）加强组织领导，形成服务业科学发展的合力

1.成立现代服务业发展领导小组。成立由区分管领导牵头，有关行业主管部门负责同志参加的区现代服务业领导小组，其职能主要是确定全区现代服务业发展战略、规划和政策，统筹全局工作，合理配置资源，协调解决本区现代服务业发展中的重大问题。领导小组下设办公室，附设成立两大集聚区建设推进工作机构，突出集聚区功能特色，负责编制集聚区发展的计划和方案，并与政府各职能部门沟通衔接，促使计划和方案实施。按现代服务业的分类和“一业一责”原则，明确

各行业主管部门是推进行业发展的责任主体。各行业主管部门负责研究制定本行业发展规划和相关政策举措，并组织实施。各责任单位明确分管领导，明确项目责任人，明确时间节点，确保任务落实，年终考核评定。

2. 加强服务业的规划引导。全区上下要树立“新兴产业之城，岭南山林水都”发展理念，强化生态城区的功能能级提升需要依靠现代服务业发展的思路,加快形成推进服务业集聚区建设的良好氛围;规划要先行，衔接好城市总体发展规划和服务业规划，生态城区现代服务业发展规划要有世界眼光、区域的视野，以服务大佛山、辐射珠三角的发展理念引导高明区服务业发展规划。各部门要结合高明区的经济社会发展、城市空间布局和行业具体情况，根据服务业的重点发展领域，研究提出相关行业的发展规划，引导服务行业高标准发展，实现服务业总体规划，实现服务业集聚区整体布局合理、配套完善、功能互补和错位发展的现代格局。

3. 加强服务业统计工作。要按照国家统计法规要求，结合我区服务业发展实际，尽快建立科学、统一、全面、协调的服务业统计调查制度和信息管理制度，完善服务业统计调查方法和指标体系，充实服务业统计力量，掌握圈区服务业发展态势。其中重点是要加强对金融、物流、商贸、旅游服务、中介、社区服务等行业的统计监测；加强服务业基层统计力量，保证基础数据的准确性和可靠性。建立健全服务业发展的动态监测、预警、预测、形势分析和信息发布工作，建立服务业发展情况通报制度。

(二)优化环境，加快培育城市综合服务功能

1. 加强环境配套，优化现代服务业发展环境。要提升交通基础设施建设和城市环境建设水平。加快广明高速、江肇高速公路建设，推进城市道路与两大高速的衔接，尤其是抓紧推进广明高速西延线规划建设。全力推进一环西延线、一环南拓龙高路及高明大道快速化改造工程。同时加快港口码头、轨道交通等基础建设，形成一个适合现代服务业发展的综合交通体系，纳入珠三角一小时经济圈。要加强城市环境优化建设。加快推进西江新城建设，加快城市“三旧改造”步伐，加大市容环境整治力度。全力推进沧江河的整治、优化景观绿化布局，提高“山林水都”城市建设水平和承载力。进一步提高政府行政效能和服务水平。加快转变政府职能，进一步简化审批手续，对涉及服务业市场准入的工商登记、行政审批等，除国家有规定外，实行登记备案制。深化“一站式”服务，逐步实现网上政务、网上办公，简化审批程序。

2. 科学发展，突出服务业主体功能区建设。要进一步统一思想，深化认识，建立服务业集聚区建设工作推进机制，充分考虑城市建设、交通、居住、环境以及社会经济发展等趋势，科学编制服务业集聚区建设总体规划，实现服务业集聚区整体布局合理、配套完善、功能互补和错位发展。要扎实做好筹建项目的前期工作，根据建设时序合理确定前期项目，精心筹划，强化协调，着力解决存在的突出问题，扎实推进一批前期项目，尽早形成建设条件。要全力加快在建项目的建设进度，对集聚区内现有的在建项目，特别是一批有助于提升形象、促进集聚、完善功能的在建项目，要围绕预期目标，有针对性地研究和解决影响工程进度的困难和问题，保证顺利推进。

(三)实施品牌战略，大力培育区域服务品牌

1. 大力培育休闲商务会议中心的区域服务品牌。要充分发挥高明区山林水都的生态环境优势，大力培育具有高明特色的现代服务品牌。依托生态品牌，围绕打造广佛后花园休闲会议度假和珠三角商务生态旅游服务基地，重点建设皂幕山—将军山生态休闲风景区、大沙生态旅游风景区和深步水库—老香山生态休闲景区等三个龙头景区。全力整合一批生态农庄资源，打造乡村旅游基地。突出主题和特色差异，促进形成亲近自然、返朴田园、各具特色的乡村旅游精品。按照“一心两轴，众星拱月”开发格局，将高明区农业园区建设成为综合性、多功能的农业旅游休闲区。沿山轴线的开发以良好的生态、人文环境为基调，建设田园、生态、休闲的乡村旅游示范村；沿江轴线开发以高明人文和自然风光为基础，建设自然、清新、亲水的休闲、商务旅游带。在开发上紧紧围绕景区（点）依托型、产业依托型、村落依托型三大类型并依据地域特色有序展开，要按照城市建设标准加快完善农村基础设施，具备“食、住、行、游、购、娱”功能，具有休闲、体验等，打造成为佛山乃至珠三角乡村旅游基地。

2. 大力培育现代服务业的龙头企业。要鼓励服务业规模化、网络化、品牌化经营，促进形成一批拥有自主知识产权和知名品牌、具有较强竞争力的服务业龙头企业。鼓励流通企业与生产企业合作，实现服务品牌带动产品品牌推广、产品品牌带动服务品牌提升的良性互动发展。加大财政服务对龙头企业发展的支持力度，综合运用引导资金、贷款贴息、奖励等多种形式，扶持服务业重点领域和龙头企业的发展。

3. 大力培育地方特色知名产品。充分发挥高明濑粉、合水粉葛、三洲黑鹅等独具地方特色的农副产品，挖掘潜力，包装宣传，并与生态休闲旅游景区和乡村旅游基地的定位相结合，进一步提升特色产品的知名度和美誉度。

（四）制订加快发展的政策，推动服务业跨越式发展

1. 实施服务业用地倾斜政策，保障现代服务业发展用地。要加快城市“三旧改造”步伐，在改造中置换或腾出的交通便捷的郊区建设用地，可根据城市规划要求实施开发，调整城市用地结构，合理确定服务业用地的比例，对列入国家鼓励类的服务业在供地安排上给予倾斜，尤其是向金融、物流等生产性服务业给予用地优先；要在西江新城区建设中，结合新城区的功能布局，为服务业发展预留出充裕的空间；年度供应土地要适当增加服务业发展用地比例。调整城市用地结构，合理确定服务业用地比例，对列入国家鼓励类的服务业在供地安排上给予倾斜。

2. 制定财政扶持政策。设立区服务业发展专项资金，加大政策扶持力度，充分调动各方面发展服务业的积极性。对符合认定条件落户高明的现代服务业，给予一次性奖励；经政府批准，对项目基础设施配套费根据适当情况给予减免。

（五）加强服务业招商引资，增强服务业发展后劲

围绕现代服务业发展的重点行业，要进一步加大对服务业的招商引资力度，通过引进和落实带动性强的现代服务项目，促进现代服务业跨越式发展。

1. 进一步扩大服务业的开放程度，大力引进现代服务业大项目。强化服务业招商引资力度。要逐步建立政府产业主导、业主主体招商、中介机构整体策划的新型招商模式，引导开展“联合招商”、“以外引外”、“以民引外”

等招商方式，鼓励引入上规模、效益好、带动作用强的现代服务业项目，力争在引入世界500强大型连锁商业项目取得新突破。

2. 加快服务业发展载体建设，吸引服务业大项目落实。要加快西江新城、深步水库、皂幕山等服务业集聚区载体建设进度，并以此为突破口，加大对会展服务、现代物流、专业技术、信息中介、现代商贸等领域的招商引资工作。

3. 坚持“招大引强选优”原则，鼓励国际资本、民间资本在更广泛的领域参与服务业发展。引导国内外资本以兼并、收购、参股等方式参与服务业企业改造和提升，促进民营企业的新飞跃。

（六）加快人才培养，夯实队伍建设

1. 重点打造四支队伍。根据高明区服务业发展定位以及服务业发展刚刚启动的特点，发展服务业要重点引进和培养四支人才队伍。一是掌握国际先进物流理论和方法，熟悉生产企业运作管理，能够在物流领域从事策划、管理和物流信息化工作的现代物流人才；二是精通旅游业务，懂得旅游市场营销，熟悉法律法规和国际惯例的现代旅游人才；三是了解国内外商贸流通业发展动态，熟悉流通企业日常管理和实际运作，懂得进行市场心理分析和现代营销手段的现代商贸专业人才；四是创新思维强、研究能力突出的知识型服务业高级人才。

2. 实施服务业人才高地工程，努力引进外地服务业高层次人才。积极引进国内外高素质、有实际业绩的服务人才。加强人才柔性引进，积极利用人才交流、兼职、顾问、租赁等方式引进外地人才。落实和完善各项人才政策，建立健全激励机制，吸引、留住、用好人才。创新人才引进机制。为引进现代服务业人才在户籍管理、出入境管理、子女教育、医疗保障、住房保障等方面提供方便。

3. 充分挖掘和培养本地现有的服务业人才。加快高明科教园的建设步伐，积极吸引高等院校、职业院校、科研院所与有条件的服务业企业建立实习培训基地，鼓励建立服务人才培养基地，为现代服务业人才培养提供平台。加强服务人才培训。开设服务业管理人员研修班，定期输送服务业高层次管理人员到香港、上海等服务业发达城市进行培训，加快其知识更新，提升理论层次和水平。加强对普通服务业从业人员和被征地农民的职业技能培训，提高从业人员的服务意识、服务技能和服务水平。积极引进各类专业资格证书，设定专业资格水平，逐步使专业服务人才的知识、能力与国际接轨。

佛山市高明区贯彻落实《珠江三角洲地区改革发展规划纲要（2008~2020年）》工作方案

佛山市高明区人民政府　2009年2月20日

《珠江三角洲地区改革发展规划纲要(2008~2020年)》(下称《规划纲要》)已经国家颁布实施，这是当前和今后一个时期指导和推动珠江三角洲地区改革发展的行动纲领；《规划纲要》将包括佛山在内的珠江三角洲地区的改革发展提升到国家层面，是珠江三角洲地区发展的重大机遇。作为珠江三角洲地区核心地区之一，贯彻落实好《规划纲要》，对我区加快融入广佛同城化，加快建立现代产业体系，加快打造岭南山林水都，争当推进珠江三角洲区域经济一体化生力军，具有十分重大的意义。根据省委、省政府《关于落实〈珠江三角洲地区改革发展规划纲要(2008～2020年)〉的工作意见》精神，为促进《规划纲要》的顺利实施，确保完成各项目标和任务，开创我区改革发展新局面，特制定本工作方案。

一、工作原则与主要目标

贯彻落实《规划纲要》，在工作原则与思路上要做到“三个结合、三个把握”：要结合当前开展深入学习实践科学发展观活动，要结合落实中央、省、市“保增长、扩内需、调结构”系列政策措施，要结合当前我区正在推进的各项重点工作，把握《规划纲要》提出的“科学发展、先行先试”有利政策，把握加快区域经济一体化尤其是广佛同城化的有利趋势，把握加快推进重大基础设施建设与重要产业基地项目有利契机，主动适应高明发展新要求，对《规划纲要》内容实行项目化、措施化、目标化、责任化和制度化，积极争取项目、资金与政策配套支持，努力在产业转型、城市转型、体制机制建设等若干重点领域中取得创新性、区域性、示范性的突破，努力在珠江三角洲地区新一轮改革发展中争先进位。主要目标如下：

（一）在破解产业发展、城市建设、机制体制改革、重点领域与关键环节等若干个全局性、前瞻性重大问题的研究与政策制定上有新突破。

（二）在2012年前，争取在重点基础设施建设、重要产业基地等重点项目建设上落实好省、市以上重点发展项目及配套政策，争取若干个重点项目纳入省、市支持范畴，争取若干个中长期项目提前启动，争取从上述项目中培育出若干个对全区发展具有重要影响力的大型综合开发项目。

（三）积极稳妥推进“先行先试”，争取在机制体制改革与社会公共事务管理的关键环节上有若干个项目或工作成为省、市的政策试点。

二、工作步骤

我区贯彻落实《规划纲要》工作分三步进行：

（一）启动部署

1. 研究制定区贯彻落实《规划纲要》工作方案(即本方案)。

2. 成立区贯彻落实《规划纲要》工作领导小组及其办公室。

3. 各部门结合实际，建立贯彻落实《规划纲要》工作机制。

4. 组织开展形式多样、内容丰富的学习宣传活动。

（二）制定实施意见

1. 各部门结合《规划纲要》的相关内容，充分发挥自身职能，认真研究《规划纲要》涉及本部门的工作内容，积极向上争取项目、配套政策与资金支持，提出明确地包括目标、进度、措施等在内的实施方案，经区分管领导审定后于3月15日前报区委区府办（调研科）和区贯彻落实《规划纲要》工作领导小组办公室。

2. 在综合汇总各部门贯彻落实《规划纲要》实施方案的基础上，由区府办牵头研究制定全区贯彻《规划纲要》的实施意见，于3月底前印发实施。

（三）组织实施

1. 各部门按照本方案提出的目标、任务和工作安排，各负其责，共同推进。

2. 建立督查检查机制，把实施本方案的有关情况作为区委区政府督办项目。

3. 定期开展工作绩效评估，及时调整工作思路，进一步完善有关政策。

三、工作任务及分工

《规划纲要》立意高远，内容丰富，涉及面广，政策性与可操性强，我区的贯彻实施工作要立足当前，着眼长远，突出项目，强力争取，狠抓项目对接与工作方案的细化，确保早出成效。（具体工作任务及分工详见附件）

四、工作要求

（一）加强学习宣传

各部门要切实增强使命感、责任感和紧迫感，把学习贯彻《规划纲要》作为当前一件大事来抓，采取切实有力的措施，通过培训班、讲座、专家解读等多种形式、多种途径，着力引导广大干部群众深入理解《规划纲要》的重大意义、指导思想、目标任务和政策措施，把思想与行动统一到推进广佛同城化、珠三角一体化等与我区改革发展密切相关的重大决策部署上。宣传部门要制定《规划纲要》的总体宣传方案，组织新闻媒体加大对《规划纲要》及我区相关实施工作的宣传报道力度，形成全社会关心和支持《规划纲要》实施的良好氛围。

（二）加强组织领导

成立区贯彻落实《规划纲要》工作领导小组，下设政策措施、体制改革、产业发展、城乡建设、社会事业、事务协调等六个工作组，研究部署《规划纲要》实施的相关事项，领导小组办公室设在区发改局。各工作组的负责领导和牵头单位要切实负起统筹协调责任，明确各部门工作分工，抓好工作任务的落实。各部门要切实加强领导，密切配合，精心组织，周密部署，明确分工，落实职责，加强督促检查，建立考评机制。区发展改革局要做好《规划纲要》实施的日常工作，注意研究新情况，解决新问题，总结新经验，重大问题要及时提请领导小组研究。

（三）加强沟通协调

区各有关部门要集中精力，发动各方资源，进一步加强与国家、省、市等对口部门的联系与沟通，及时汇报我区《规划纲要》的实施情况，及时掌握上级促进珠江三角洲地区改革发展的工作动态，争取上级指导帮助我区解决在实施《规划纲要》过程中存在的困难与问题，力争上级在政策、项目与资金等方面给予支持；区有关部门要从促进区域协调发展、推进珠三角一体化大局出发，加强与周边城市对口部门的工作衔接与信息沟通，借鉴先进经验，努力形成共识。区内各部门要加强协调，建立健全工作机制，形成整体合力。要创造条件，积极引导社会各界参与，吸收消化各方意见和力量，共同推进《规划纲要》的实施。

(四)加强调查研究

各部门要深入实际开展调查研究，掌握第一手情况，及时全面了解改革发展的需求，深刻剖析制约我区改革发展的症结所在，并学习借鉴先进地区的经验做法，使制订的政策措施更具前瞻性、针对性和可操作性，更好地发挥指导和调节作用；要通过深入调查研究，使重点基础设施和重要产业项目选得更准，推进的措施更加有力，建设成效更加显著。

佛山市高明区企业信用担保机构扶持补贴管理暂行办法

佛山市高明区人民政府　2009年3月18日

第一章　总　则

第一条　为鼓励金融担保机构积极为中小企业进行融资担保，解决中小企业融资难问题，根据《佛山市高明区加快建设中小企业融资体系实施方案》(明府办〔2008〕254号)，制定本办法。

第二条　从2009年至2012年，区政府每年从区中小企业发展专项资金中安排一定数额的资金对企业信用担保机构进行补贴。

第二章　申请条件及补贴方式

第三条　具备以下条件的信用担保机构可申请区财政的扶持补贴：

(一)在区内开展业务，已在区经贸、财政部门备案并和区政府签订《高明区中小企业信用担保基金合作合同》的专业从事企业信用担保的机构；

(二)守法经营，未发生过任何违规和失信行为；

(三)具有完善的公司法人治理结构；

(四)财务制度、风险控制制度、信用评估制度规范健全；

(五)符合给予扶持补贴的其他条件。

第四条　对信用担保机构在年度为区内符合产业结构调整方向的企业提供担保贷款并已完结的非个人担保项目，按照其年日均担保余额的0.8%给予补贴。每家信用担保机构年度补贴总额不超过100万元。

第三章　申请及审批

第五条　信用担保机构申请扶持补贴资金，须向区经贸局提交以下材料：

（一）《高明区企业信用担保机构扶持补贴申请表》；

（二）信用担保机构营业执照复印件；

（三）国税、地税税务登记证，年末纳税申报表和相关缴税凭证；

（四）内部组织结构设置和人员配置情况报告及相应证明材料；

（五）财务管理专项制度；

（六）年度业务开展和运行情况；

（七）由佛山市内的会计师事务所出具的业务审计报告，审计报告必须对申请补贴的每一担保项目作详细说明，填写《信用担保机构申请扶持补贴项目明细表》，并附被担保人贷款卡记录或金融机构的贷款认证函；

（八）风险控制和业务创新报告；

（九）其他相关证明材料。

第六条　信用担保机构应于每个会计年度终后3个月内，将上述申请材料交区经贸局。

第七条　区经贸局收到申请后，会同区财政局对申请单位进行审核。初审同意后报区政府审批。经区政府批准后，按照国库集中支付的有关规定，直接将扶持补贴资金拨付给申请单位。

第四章　法律责任

第八条　补贴资金专项用于担保机构风险准备和担保业务的损失补偿，不得用于发放福利和奖金。

对不按规定使用补贴资金的担保机构，由区经贸局追回资金；对其下年度的补贴申请不予受理。

第九条　信用担保机构弄虚作假或与被担保企业串通骗取扶持补贴资金的，一经查实，取消其3年内申请本区各项财政性扶持资金、奖励的资格，并追究相关单位及责任人的法律责任。

第十条　参与企业信用担保机构扶持补贴管理的工作人员有营私舞弊行为的，按国家有关规定处理。

第五章　附　则

第十一条　本办法由区经贸局负责解释。

第十二条　本办法施行期限为2009年1月1日至2012年12月31日。施行期满后，由区经贸局研究提出继续施行或修订的意见。

佛山市高明区中小企业信用担保贷款贴息资金管理暂行办法(试行)

佛山市高明区人民政府　2009年3月18日

第一章　总　则

第一条　为进一步改善我区中小企业经营环境，积极引导中小企业通过信用担保贷款解决企业融资问题，推动中小企业信用担保体系的良性发展，根据《佛山市高明区加快建设中小企业融资体系实施方案》(明府办〔2008〕254号)，制定本办法。

第二条　本办法所称中小企业，是指在区工商行政管理局注册设立的，符合《中小企业标准暂行规定》(国经贸中小企〔2003〕143号)的制造业企业。

第三条　从2009年至2012年，区政府每年从区中小企业发展专项资金中安排一定数额的资金作为中小企业信用担保贷款贴息专项资金。

第二章　申请条件

第四条　申请信用担保贷款贴息的中小企业须具备以下条件：

(一)符合本办法第二条的规定；

(二)成立时间在1年以上；

(三)企业所在行业属于我区重点扶持和发展的行业；

(四)通过经我区工商部门批准成立或批准在区内开展业务，在区税务部门登记纳税，并在区经贸、财政、审计等部门备案的专业从事企业信用担保的担保机构担保，成功向银行贷款的企业；

(五)贷款主要用于企业自身的生产经营活动，不得用于证券市场上的投资；

(六)无不良信贷记录。

第三章　贴息的范围及方式

第五条　信用担保贷款贴息范围为企业已偿还的担保贷款。信用担保贷款贴息款专项用于冲减企业所发生的财务费用。

第六条　对符合条件的中小企业信用担保贷款给予贷款利息15%的贴息，每家企业年度贴息总额不超过15万元，全区贴息总额不得超过当年财政专项预算安排。

第七条　信用担保贷款贴息款每年核拨1次。

第四章　申请及审批

第八条　企业申请信用担保贷款贴息，

须向区经贸局提交以下材料：

（一）《高明区中小企业信用担保贷款贴息申请表》；

（二）企业营业执照副本、法人代码证、银行贷款卡记录（复印件）；

（三）国税、地税税务登记证，年末纳税申报表，相关缴税凭证；

（四）银行贷款合同；

（五）信用担保合同；

（六）银行发放贷款凭证；

（七）银行还贷凭证和计息单；

（八）其他相关材料。

第九条　申报程序：

（一）每年3月10日前，企业就上年度贷款期届满、并已偿还本金和利息的担保贷款提出贴息申请，向区经贸局提交本办法第八条所要求的材料，逾期不予受理。

（二）区经贸局会同区财政局对申请企业的资格进行审查，核定贴息的额度，并将初审情况汇总报区政府审批，经区政府批准后拨付贴息款给企业；对未通过审核的，由区经贸局书面通知申请单位并说明理由。

第五章　法律责任

第十条　对提供虚假材料骗取贴息的企业，由区经贸局追回发放给该企业的全部补贴资金，同时取消该企业3年内申请本区各项财政性扶持资金的资格。

第十一条　在贴息申请的审批过程中，有违规操作、徇私舞弊行为的，对相关责任人员给予行政处分；构成犯罪的，依法追究刑事责任。

第六章　附　则

第十二条　本办法由区经贸局负责解释。

第十三条　本办法施行期限为2009年1月1日至2012年12月31日。施行期满后，由区经贸局研究提出继续施行或修订的意见。

佛山市高明区生猪及其肉品安全专项治理行动工作方案

佛山市高明区人民政府　2009年3月24日

根据《印发佛山市生猪及其肉品安全专项治理行动工作方案的通知》（佛府办〔2009〕83号）精神，区政府决定在全区范围内开展为期2个月的生猪及其肉品专项治理行动。为确保该项工作的顺利开展，结合我区实际，制订本工作方案。

一、工作目标

加强生猪养殖源头监管，管住生猪屠宰企业，管好肉品流通、加工、消费环节，不让问题生猪进入屠宰厂进行屠宰，不让问题肉品进入流通、生产加工、餐饮消费环节，确保人民群众吃上“放心肉”。

二、组织领导

为加强对生猪及其肉品安全专项治理行动的领导，成立佛山市高明区生猪及其肉品安全专项治理行动领导小组，成员名单如下：

组　长：王培星（副区长）

副组长：管　雪（区政府副秘书长）

祝德辉（区食品药品监管局局长）

黄伟盛（区农业局局长）

刘磊芳（区经贸局局长）

成　员：蒋　卫（区财政局副局长）

罗远光（区监察局副局长）

李伟雄（公安分局副局长）

钟聪明（区农业局副局长）

钟炳文（区经贸局副局长）

黎维基（区工商局副局长）

陈兆冲（区卫生局副局长）

罗惠莲（区食品药品监管局副局长）

李丹龙（区质监局副主任科员）

谭汝方（荷城街道办副主任）

关卓明（杨和镇党委委员）

赖志明（明城镇副镇长）

郭伟光（更合镇党委委员）

李日和（区畜牧技术推广中心主任）

区坚雄（区市场物业管理副总经理）

领导小组下设办公室（在区食品安全委员会办公室），负责日常具体工作。办公室主任：祝德辉（兼），联系电话：88826223。

三、工作任务与措施

（一）加强监管生猪养殖源头

加强生猪养殖源头监管，落实生猪养殖者为生猪质量安全第一责任人。该项目工作主要由农业部门负责。

1. 农业部门要与规模养殖场（养殖生猪1000头以上、母猪200头以上）签订生猪养殖质量安全责任书，逐步建立规模养猪场电子档案，实行动态管理。

2. 逐步建立生猪养殖全过程档案，档案内容包括生猪繁育、免疫、疾病诊疗、兽药饲料使用、粪便处理、病死生猪无害化处理、生猪销售等，实行生猪生产质量安全的可控制性和可追溯性。

3. 以“瘦肉精”等违禁药品为重点，规范兽药、饲料等投入品在生猪养殖环节的使用，禁止使用未经过高温处理的餐馆泔水喂养生猪，禁止使用垃圾场中的物质喂养生猪。根据规模养殖场和养殖散户实际，有针对性地加大对全区生猪养殖场投入品的抽检密度。

4. 指导和督促养殖户生猪出栏前实施产地检疫；加大出栏前生猪药物残留的检测力度，防止出售病死猪和质量不合格生猪；

5. 做好病死猪原因调查并做好记录，指导、监督养殖户无害化处理病死猪，防止病死猪非法交易或直接丢弃污染环境，严惩乱丢弃病死猪的行为。

（二）管住生猪屠宰环节

管住生猪屠宰环节，落实定点屠宰厂经营者为出厂产品质量安全第一责任人。经贸部门负责监督、管理定点屠宰厂；农业部门负责监督定点屠宰厂的“瘦肉精”检测、“瘦肉精”检测技术的指导和培训以及屠宰环节“瘦肉精”监测工作；食品药品监管部门负责综合协调工作。

1. 经贸部门要与定点屠宰厂签订出场肉品安全质量责任书，定点屠宰厂向社会公开承诺出厂肉品安全。

2. 定点屠宰厂要严格执行生猪进场索证索票和台账登记制度，严格查验产地检疫和运输工具消毒证明，不得屠宰未经检疫或者经检验不合格的生猪；肉品出场前实行出场肉品检验检测，禁止不合格的肉品出厂，同时严格规范肉品运输方式，逐步禁止使用摩托车运输等敞运方式。

3. 定点屠宰厂要与生猪经营者签订生猪质量安全责任书，督促生猪经营者不得购进含“瘦肉精”生猪，规范生猪进场时间；组织开展生猪经营者培训班，提高生猪经营者辨别含“瘦肉精”生猪的能力。

4. 定点屠宰厂在3月30日前建立起完善的检测室，配置专门检验检测技术人员，添置先进检验检测设备。经贸部门要督促定点屠宰厂建立检测室，农业部门要指导定点屠宰厂健全完善检测室，规范“瘦肉精”检测操作流程，开展“瘦肉精”检测技术培训，监督定点屠宰厂开展“瘦肉精”检测工作。

5. 加强屠宰生猪的“瘦肉精”检测。定点屠宰厂应自行对屠宰的生猪及其肉品进行“瘦肉精”等有害物质残留检测，采取一定比例随机抽检，对于本地规模养殖场的生猪，按5%比例抽检，本地规模养殖场名单由农业部门负责提供；对于本地散户养殖的生猪，按10%比例检测；对于外地养殖的生猪，若进场一批次超过10头，按30%比例检测，进场一批次不超过10头（含10头），实行头头检测。若定点屠宰厂不履行自行检测的义务，要严肃处理定点屠宰厂负责人。在此基础上，农业部门加强对全区定点屠宰厂的生猪及其肉品质量监测，按进厂生猪量的5%以上随机抽检。

6. 完善定点屠宰厂基础设施。以荷城屠宰厂为试点，增设病死猪无害化焚化炉，对生猪屠宰环节的病害生猪及其生猪产品进行无害化处理。

7. 严厉打击私屠滥宰的违法行为。实行有奖举报措施，开展打击私屠滥宰和病死猪非法交易的专项整治，严肃查处肉品经营者私自屠宰病死猪、病害猪等违法行为，一经发现，除按规定从重处罚外，将其驱逐出我区生猪及其肉品市场。

（三）管好肉品流通环节

管好肉品流通环节的生猪产品质量安全，落实生猪产品经营者为其产品质量安全第一责任人。该项工作主要由工商部门负责，市场物业管理公司、农业部门负责配合。

1. 工商部门要与市场开办者、超市负责人签订肉品安全管理责任书，督促市场开办者、超市负责人确保场内销售的猪肉均经检疫检验合格。市场、超市索取检疫检验合格证原件，以待检验查证。

2. 市场、超市与场内肉品经营者签订肉品经营安全责任书，市场、超市发现场内有销售不符合法定要求的猪肉品或者其他违法行为，应当及时制止并报告有关部门，将其驱逐出我区肉品经营市场。对不履行职责的市场开办者、超市负责人要严厉处罚。

3. 工商部门要全面清查肉品经营主体，按有关法律法规查处无照经营肉品的行为，同时密切关注流动肉贩进村销售肉品或直接向餐饮单位、烧腊加工场供应肉品的行为。对违法行为依法查处，并向社会公开曝光。

4. 工商部门强化质量监督，组织实施生猪产品市场准入制度，加强生猪产品质量的监督抽查。禁止销售含有“瘦肉精”等违禁药物、染疫、病死或死因不明、变质、注水或注入其他物质和没有检疫检验合格证明的，以及其他不符合食品卫生标准和卫生要求的生猪产品。农业部门（农产品质量检测机构）对市场肉品质量也要进行随机抽检。

（四）管住猪肉品加工和餐饮消费环节

管住加工环节的生猪产品质量安全监督管理，落实生猪产品加工者为其产品质量安全第一责任人。该项工作由质监、卫生部门负责。

1. 质监部门要与使用猪肉为原料的食品生产加工企业负责人签订肉品质量安全责任书，严格要求企业把好原料进货关，确保使用的猪肉100%来自定点屠宰厂，防止私宰肉、病害猪肉、变质肉品等流入生产加工环节，对不能证明来源的肉品，一律作为不合格肉品，给予没收并按有关法律法规严肃处理；严格要求企业把好质量关，严厉打击在生产加工过程中添加非食用物质、滥用食品添加剂等违法行为，对不符合要求的肉制品及时采取停止销售、召回、销毁等措施。

2. 卫生部门要与食堂、餐饮单位负责人签订肉品质量安全责任书，监督食堂、餐饮单位从依法取得生产、销售行政许可的组织或者个人购买生猪肉品，严厉打击餐饮加工过程中使用私宰肉、病害猪肉、变质肉等不合格肉品的违法犯罪行为，公开曝光采购和使用私宰肉、病害猪肉等不合格肉品的餐饮单位名单；加强对餐饮环节生猪肉品的监测，及时销毁含“瘦肉精”等有害物质的食品，杜绝问题猪肉及其制品作为原料流入餐饮环节。

3. 肉食品生产加工企业、集体食堂和餐饮单位要按有关规定做好索证索票、台账登记制度。购买整头生猪肉品时，必须索取供货单位经营许可复印件和每头生猪肉品检验检疫合格证明；购买部分肉品的，必须索取经营许可复印件和购买票据。

（五）加强生猪及其肉品安全检测体系建设

生猪及其肉品的质量安全检测体系，必须以生猪及其肉品生产经营单位的例行检测为主体，以监管部门的监督监测为保障。该项工作由农业、经贸、工商、食品药品监管部门负责。

1. 生猪养殖户要在生猪出栏前申报检疫时，主动配合猪尿检测及免疫耳标佩戴情况的检查工作，获得动物产地检疫证明后方可销售生猪。

2. 定点屠宰厂要对进入本单位屠宰的生猪及其肉品，自行开展“瘦肉精”等有害物质残留检测。

3. 农业部门（农产品质量检测机构）要发挥现有专业技术设备和专业技术人员的优势，做好生猪及其肉品质量安全检测体系建设的技术指导工作，主动开展技术咨询和技术培训；加强生猪及其肉品质量安全监测，加大对全区养殖、屠宰、零售等环节抽检密度，对监测不合格的生猪及其肉品送上一级检测机构出具具有法律效力的检验报告，同时通知区食品安全委员会办公室，并移交相关部门进行依法查处。

四、工作步骤

生猪及其肉品安全专项治理行动分3个阶段实施：

（一）动员阶段（3月10日至3月26日）。制定和印发《佛山市高明区生猪及其肉品安全专项治理行动工作方案》，建立专项治理工作机制，明确各部门职责，召开会议动员部署，层层签订责任书，公布举报投诉电话，营造专项治理氛围。

（二）实施阶段（3月26日至4月30日）。针对薄弱环节和重点问题，制定整改方案，限期整改。生猪养殖环节，逐步建立起生猪生产全过程监管档案，加强生猪生产投入品监管，加大出栏前生猪药物残留的检测力度，实行病死猪无害化处理；生猪屠宰环节，建立完善屠宰场检测室，实行出场肉品自行检测，加大“瘦肉精”抽检比例，严厉打击私屠滥宰行为；肉品流通环节，全面清查肉品经营主体，查处无照经营肉品的行为；肉品生产加工和餐饮消费环节，督促企业、餐饮单位把好原料进货关，严厉打击加工、使用不能证明肉品来源的行为。

（三）总结阶段（5月1日至5月10日）。区生猪及其肉品安全专项治理行动领导小组组织督查组，对各镇（街道）、各有关部门的工作开展情况进行监督检查，检查专项治理行动进展情况、存在的问题和落实措施、整改等情况，认真总结专项治理行动的成果及经验，进一步理顺监管体制、建立长效机制，提高肉品质量安全。

五、相关要求

（一）加强领导，落实责任

各镇政府（街道办）对本辖区内生猪及其肉品质量安全监管工作负总责，要将该项工作纳入政府工作考核目标。经贸、农业、工商、卫生、食品药品等监督管理部门要明确领导责任、岗位责任和监督责任，层层抓落实。同时，建立信息通报制度，实行每周一报。从3月18日起，各镇政府（街道办）、各有关部门在每周星期三前，以文字形式向区食品安全委员会办公室（联系电话：88826223，传真：88633868，电子邮箱：gdda555@163.com）报送本周专项治理行动工作情况，由区食安委办公室汇总，及时反映我区专项治理工作动态。

（二）加强协调，保障到位

加强沟通协调，由牵头部门召开有关部门协调会议，交流工作进展情况，做到早分析、早协调、早解决。需要在人员、设备、资金等方面加强保障的部门，可向区食安委办公室打报告说明理由，区食安委办公室统筹后上报区政府，确保各项措施落到实处。

（三）加强督办，务求实效

区食安委负责督促本方案的落实工作，并做好综合协调和督办工作，重点检查工作中的薄弱环节、薄弱区域和群众反映集中的问题；区监察局要督促各镇（街道）和各有关部门落实监管责任，督促建立责任追究制度，对工作不力、措施不实、推诿扯皮、失职渎职导致的重大食品安全事故，要依法依纪追究有关领导和责任人的责任。

（四）加强宣传，营造氛围

农业部门负责抓好生猪养殖环节，开展“瘦肉精”检测技术的培训教育；经贸部门负责生猪屠宰环节的宣传；质监、工商、卫生部门负责生产加工、流通、餐饮环节的肉品质量安全的宣传；在农贸市场、超市、定点屠宰场、餐饮单位等场所悬挂肉品质量安全的宣传标语、横幅，提高广大群众对“瘦肉精”危害性的认识。

佛山市高明区政府信息公开监督保障暂行规定

佛山市高明区人民政府办公室　2009年4月17日

第一条　根据《中华人民共和国政府信息公开条例》、广东省人民政府办公厅《转发国务院办公厅关于施行中华人民共和国政府信息公开条例若干问题意见的通知》(粤府办〔2008〕38号)、市府办《转发市监察局佛山市政府信息公开监督保障暂行规定的通知》(佛府办〔2008〕196号)精神,为进一步做好我区政府信息公开工作,结合我区实际,制定本规定。

第二条　政府信息公开工作的监督检查由区府办牵头组织,区监察、人事、审计等部门配合。各有关部门要建立完善相应的工作制度,加强监督检查。

第三条　本办法适用于各镇政府(街道办)、区政府各部门、直属各单位(以下统称行政机关)。

第四条　监督检查内容:

(一)政府信息公开情况:

1.主动公开政府信息内容的及时性、准确性,公开方式(政府网站、政府公报、新闻发布会以及报刊、广播、电视等);

2.申请公开政府信息的受理、办结和申请人的满意率和依法不予公开政府信息的情况;

3.政府信息公开目录和政府信息公开指南是否完善,政务公开是否及时,内容是否准确、全面,程序是否规范,方式和时限是否符合规定;

4.政府信息查阅场所、设施建设和服务情况;

5.政府信息公开工作存在的主要问题及改进情况。

(二)政府信息公开工作制度建设和实施情况:

1.政府信息公开保密审查制度建设和实施情况;

2.政府信息公开社会评议制度建设和实施情况;

3.政府信息公开工作考核制度建设和实施情况;

4.申请公开政府信息收取成本费用制度的执行情况。

(三)政府信息公开工作机构建设情况。

第五条　主要通过下列方式对政府信息公开行为进行监督:

(一)对公开义务人的政府信息公开情况通过明察暗访、民主评议等方式进行定期或不定期检查;

可聘请企事业单位代表、社会有关方面人士和干部群众担任政府信息公开特邀监督员,并邀请人大代表、政协委员对政府信息公开工作进行巡视。各级政府机关要接受人大依法监督和政协民主监督,认真听取他们的意见建议,不断完善政府信息公开工作。

(二)在各公开义务人内部开展评议活动,听取其工作人员对政府信息公开工作的意见;

（三）鼓励干部群众积极参与对政府信息公开工作的监督，设立政府信息公开投诉电话和信箱，及时查处违法或失当行为，并向投诉人通报处理情况。

行政机关的信访部门要肩负起接受举报政府信息公开问题来信来访投诉的责任，及时把群众反映的情况转递给行政机关的监察部门。对群众举报、投诉的问题，监察部门要及时调查处理，并将调查处理结果向群众公布。

第六条 充分发挥舆论监督的作用，对推行政府信息公开工作的成功经验要广泛宣传报道。

第七条 公民、法人或者其他组织认为行政机关在政府信息公开工作中的具体行政行为侵犯其合法权益的，可以依法申请行政复议或者提起行政诉讼。区政府法制局代表区政府受理公民、法人或者其他组织的复议申请。

第八条 区政府定期对行政机关的政府信息公开实施情况进行评议考核。具体考核标准参照《广东省政府信息公开考核办法（试行）》执行。

第九条 对政府信息公开工作落实不到位的，要根据《佛山市高明区影响行政效能行为过错责任追究实施细则》，追究有关责任人的效能过错责任。违反政府信息公开有关规定的，经核实后，由区监察部门会同人事部门依据《广东省违反政府信息公开厂务公开村务公开条例责任追究的暂行办法》，视情节作出处理。对情节较轻的，进行诫勉谈话，限期整改；情节较重的，给予通报批评，取消当年的评先、评模资格。情节严重的，责令其辞去现任职务或者进行组织处理，并依照有关规定追究党纪政纪责任。

第十条 本规定由区监察局负责解释。

第十一条 本规定自公布之日起施行。

佛山市高明区教育费附加管理办法

佛山市高明区人民政府办公室　2009年4月29日

第一章　总　则

第一条 根据《国务院关于修改<征收教育费附加的暂行规定>的决定》（国务院令第448号）及省有关文件精神，为规范我区教育费附加管理，提高教育费附加的使用效率，结合我区实际，制定本办法。

第二条 教育费附加实行项目管理，按照“先收后支、专款专用、结余结转”的原则安排使用；主要用于改善公办中小学及各类职业学校教学设施和办学条件，不得用于支付各种罚款、捐资、赞助、投资等支出，不得用于各种福利性支出，不得用于国家规定禁止的其他支出。

第二章　申报审核

第三条　根据学校自有资金情况和管理工作的实际需要，教育费附加实行专项补助的拨款方式。

第四条　教育费附加预算支出项目具体包括基本建设支出、维修改造支出、设备购置支出以及上级规定的其他支出；项目学校应遵循实事求是、符合教育发展规划的原则，编制切合实际的项目经费预算。

第五条　区教育局按普通高中30%、中等职业技术学校30%、义务教育阶段学校40%的分配办法拟定区直各学校的教育费附加分配方案；各镇（街道）教育组在保证义务教育阶段学校占40%的基础上，自主拟定分配方案。

第六条　每年10月由区、镇两级教育部门拟定分配方案，并于每年10月30日前将分配方案报同级财政部门审核同意，再报同级政府审批后使用。

第三章　使用管理

第七条　项目学校必须严格按照区教育费附加预算，在核定的用途、范围和开支标准内使用教育费附加，做到专款专用，单独核算。

任何单位和个人不得以任何理由和方式截留、挤占和挪用。

第八条　项目完成后，项目学校应及时清理账目，根据批准的经费预算，如实编报项目经费决算，年底并入单位决算一同上报区财政局、区教育局。

第九条　教育费附加的年度结余经费，结转下年度继续使用。项目完成后的经费结余，经同级教育、财政部门同意后，可用于学校的各项校改工作。

第十条　项目在执行过程中因故变更或中止时，须及时报区教育局及区财政局审核同意，对因故中止的项目，由区财政局收回全部或部分教育费附加。

第十一条　用教育费附加购置的资产属于国有资产，其使用权归项目学校，必须纳入项目学校的固定资产账户进行核算与管理。资产的处置按国家的有关规定执行，防止国有资产流失。

第四章　监督检查

第十二条　教育费附加的管理和使用应接受区财政、教育、审计部门的检查和监督，项目学校应积极配合，并如实提供有关资料。

第十三条　对违反本办法规定的项目学校，由财政、教育部门视情节轻重分别给予缓拨教育费附加、书面警告、停止拨款、追回已拨经费等处分；对造成经济损失的直接负责人和相关人员，由相关部门按规定给予纪律处分；构成犯罪的，依法追究刑事责任。

第五章　附　则

第十四条　本办法自公布之日起施行。

第十五条　本办法由区财政局、区教育局负责解释。

佛山市高明区政策性水稻保险工作实施方案(试行)

佛山市高明区人民政府　2009 年 4 月29 日

为帮助广大种粮农户降低自然灾害风险,增强抗风险能力,促进农业发展和农民增收,稳定粮食生产,根据《印发佛山市开展政策性农业保险试点工作意见的通知》(佛府办〔2008〕362 号)和《印发佛山市 2009 年政策性水稻保险统一条款(试行)的通知》(佛农〔2009〕18 号)精神,结合我区实际,制定本方案。

一、工作原则和目标

坚持以科学发展观为指导,认真贯彻落实上级关于发展农业保险的精神,遵循"政府引导、市场运作、自主自愿、协同推进"的原则,在我区全面开展政策性水稻保险业务,力争实现 2009 年水稻保险覆盖率达 40%以上,2010 年达 70%以上,2011 年覆盖率达 100%的工作目标。

二、主要内容

(一)保险责任

在保险期间内,由于下列原因直接造成保险水稻的损失,且损失率达到 15%以上(含 15%)时,保险人按照保险合同的约定负责赔偿。

1. 暴雨、洪水(人工蓄洪除外)、内涝;
2. 风灾、雹灾;
3. 冻灾;
4. 稻瘟病、纹枯病(由于该两种病导致保险水稻死亡的)。

(二)保险费率

水稻保险每造每亩保险金额为 600 元,保险费率为 4.2%,每造每亩保险费为 25.2 元。

(三)政府补助

区、镇两级财政按 7:3 的比例补助投保农户 80%的保险费,其余 20%的保险费由投保农户自行负担。

(四)投保方式

水稻保险原则上以村(居)委会为单位统一投保,每造种植水稻面积 10 亩(含 10 亩)以上的农户可单独投保。

(五)定损对象

村(居)委会统一投保的,损失率以自然村为单位计算;农户单独投保的,损失率以农户为单位计算。

(六)理赔标准

1. 保险水稻发生保险责任范围内的损失,保险人按照保险水稻不同生长期的最高赔偿标准、损失率及受损面积计算赔偿。

赔偿金额 = 不同生长期的最高赔偿标准 × 损失率 × 受损面积 × (1 − 绝对免赔率 15%)。

损失率 = 单位面积植株损失数量 / 单位面积平均植株数量

最高赔偿标准

生长期	每亩最高赔偿标准
移栽成活—分孽期	每亩保险金额×40%
拔节期—抽穗期	每亩保险金额×70%
扬花灌浆期—成熟期	每亩保险金额×100%

2.每亩每造累计赔偿金额以每造保险金额为限;受灾的损失非全部绝产的赔偿后,又遭受下一次的保险责任损失,保险公司按赔偿后剩余比例继续承担保险责任,累计赔偿金额达到每造最高保险金额时保险责任终止。

(七)灾后理赔

理赔由承保公司牵头,联合各镇(街道)农办和财政、农业等部门组成查勘理赔工作组,负责灾后查勘、定损、理赔及纠纷处理工作。承保公司应按照服务“三农”的要求,成立查勘理赔联合工作组,专门负责灾后理赔。

三、工作措施

(一)组织领导

推进政策性水稻保险工作关系农业农村经济发展和广大农户的切身利益,各级各部门要精心组织,周密部署,做实做细各项工作。为加强对该项工作的组织领导,我区成立区水稻保险工作领导小组,组长由分管农业工作的副区长担任,成员包括区农业局、区财政局、各镇(街道)、区农业技术推广中心、承保公司的有关负责人。领导小组下设办公室(在区农业局),负责日常具体工作。成员单位职责如下:

区农业局:负责水稻保险的组织、协调、监督管理工作。

财政部门:重点负责资金的管理和监督。具体要确保水稻保险保费列入财政预算,设立专门科目,实行专项管理,分账核算,实行国库集中支付,定期对保费补贴资金使用情况进行监督和检查,确保资金的专款专用。

区农业技术推广中心:负责协助做好水稻保险技术性鉴定工作。

各镇(街道)农办:协助做好宣传发动,投保资料的审定、汇总报送以及灾后鉴定和理赔工作;负责指导村(居)委会做好宣传发动、登记、造册、审核、统计汇总工作,收缴由参保农户负担的保费和统一签单,协助做好灾后鉴定和理赔工作。

承保公司:负责配合做好政策性水稻保险的宣传工作,核对参保农户的水稻种植资料,办理保险承保手续,落实再保险及联(共)保的措施,处理水稻受灾定损,及时支付赔款,并做好水稻保险释疑解惑工作。

各镇(街道)农办、各村(居)委会要指定专人负责水稻保险工作;各有关部门要密切合作,各司其职,各负其责,确保水稻保险工作顺利推进。

(二)宣传发动

各镇(街道)和农业部门、承保公司要充分利用报刊、电台、电视台等新闻媒体做好政策性水稻保险的宣传,并通过发送资料、举办培训班等形式,引导农民树立保险意识和风险防范意识,积极主动参加水稻保险。

(三)监督管理

各镇(街道)和各有关部门要加强对政策性水稻保险工作的监督管理,密切关注工作过程中出现的新情况、新问题,认真研究,及时解决;区农业部门要会同区财政、审计等部门对政策性农业保险工作的开展情况进行专项检查;承保公司要每半年统计汇总政策性水稻保险的实施情况,并以报表的形式报送区财政局和市推进政策性农业保险工作联席会议办公室(在市农业局)。

佛山市高明区鼓励企业争创知名品牌奖励办法

佛山市高明区人民政府　2009年5月14日

第一条　为引导和鼓励我区各类企业争创知名品牌，提升产业层次、产品质量和企业形象，增强企业自主创新能力和核心竞争力，特制定本办法。

第二条　本办法适用于在佛山市高明区本级纳税的所有企业。

第三条　以下企业可获得本办法规定的奖励：

（一）产品被新评为中国名牌产品或广东省名牌产品的；

（二）商标被新评为中国驰名商标或广东省著名商标的；

（三）产品获原产地标记注册保护的；

（四）企业被新认定为中国商业名牌企业的；

（五）产品采用国际标准或计量定量包装“C”标志的。

第四条　奖励标准

（一）产品被新评为中国名牌产品的，奖励企业20万元；产品被新评为广东省名牌产品的，奖励企业8万元。

企业有多个产品被评为中国名牌产品或广东省名牌产品的，按获评产品的个数分别给予奖励。

（二）注册商标被新评为中国驰名商标的，奖励企业20万元；注册商标被新评为广东省著名商标的，奖励企业8万元。

企业有多个商标被评为中国驰名商标或广东省著名商标的，按获评商标的个数分别给予奖励。

（三）产品获原产地标记注册保护的，奖励企业8万元。

企业有多个产品获原产地标记注册保护的，按注册产品的个数分别给予奖励。

（四）被新认定为中国商业名牌企业的，奖励企业10万元。

（五）产品采用国际标准进行生产或采用计量定量包装“C”标志的，奖励企业3万元（复检重新认定的不再奖励）。

企业有多个产品采用国际标准或采用计量定量包装“C”标志的，按采用国际标准或采用计量定量包装“C”标志认定证书的证书个数分别给予奖励。

第五条　奖励依据

（一）获中国名牌产品称号的认定，以中国名牌战略推进委员会的评定结果为依据；获广东省名牌产品称号的认定，以广东省质量技术监督局授权的广东省名牌战略推进委员会的评定结果为依据。

（二）获中国驰名商标称号的认定，以国家工商行政管理局商标局的评定结果为依据；获广东省著名商标称号的认定，以广东省著名商标认定委员会的评定结果为依据。

（三）获得产品在原产地注册的认定，以国家质量监督检验检疫总局的评定结果为依据。

（四）获得中国商业名牌企业称号的认定，以国家商务部的评定结果为依据。

（五）产品采用国际标准进行生产的认定，以广东省质量技术监督局的评定结果为依据；产品采用计量定量包装“C”标志的认定，以广东省质量技术监督局的评定结果为依据。

第六条 奖励资格的核定

奖励资格由以下部门核定：

（一）中国名牌产品、广东省名牌产品、原产地标记注册保护、采用国际标准或计量定量包装“C”标志由区质量技术监督局核定。

（二）中国驰名商标、广东省著名商标由区工商局核定。

（三）中国商业名牌企业由区经贸局核定。

第七条 申报程序

符合奖励条件的企业，要于获得认（评）定的当季度末向所属镇（街道）经贸办提出申请，镇（街道）经贸办初审后由区有关部门核定资格、区经贸局复核后报区政府审批；经区政府批准后，由区财政局拨付奖金给镇（街道）财政所再发放给企业。

申报材料包括：（1）佛山市高明区企业自主创新争创知名品牌奖励申请表；（2）营业执照、法人登记证书；（3）获得中国名牌产品、广东省名牌产品的证书和有关材料；（4）获得中国驰名商标、广东省著名商标的证书和有关材料；（5）产品获得原产地标记注册保护的证书和有关材料；（6）获得中国商业名牌企业的证书和有关材料；（7）产品采用国际标准或采用计量定量包装“C”标志的证书和有关材料。（以上申报材料一式六份，提供原件交区经贸局复核）

第八条 本办法由区经贸局负责解释。

第九条 本办法自印发之日起实施。区政府于2008年1月9日修订的《佛山市高明区鼓励企业争创知名品牌和促进企业上市融资奖励办法》（明府字〔2008〕4号）同时废止。

佛山市高明区畜禽养殖污染防治管理暂行办法

佛山市高明区人民政府办公室　2009年5月25日

第一章　总　则

第一条 为规范畜禽养殖业发展，有效防治畜禽养殖污染，保护生态环境，保障人体健康，根据《中华人民共和国环境保护法》、《中华人民共和国畜牧法》和《畜禽养殖污染防治管理办法》（国家环保总局令第9号）等法律法规、规章的规定，结合本区实际，制定本办法。

第二条 本办法所称畜禽养殖污染，是指在畜禽养殖过程中，排放的废渣、污水、恶臭以及丢弃的畜禽尸体等对环境造成的危害和破坏。

第三条 本办法适用于高明区辖区内畜禽养殖管理和污染防治。

第四条 区环境保护行政主管部门负责

对全区畜禽养殖污染防治工作实施统一监督管理。各镇政府(街道办)对本辖区内畜禽养殖污染防治工作实施监督管理。

区农业行政主管部门负责合理规划全区畜禽养殖业的产业布局,并会同区环境保护行政主管部门控制全区畜禽养殖污染。

区发展改革、规划、卫生、国土、建设、财政、林业、水利、工商、城市管理行政执法等部门根据各自职责,协同做好畜禽养殖污染防治管理工作。

第五条 畜禽养殖污染防治实行综合利用优先,资源化、无害化和减量化的原则。

第二章 规划管理

第六条 畜禽养殖业发展及污染防治应当纳入国民经济和社会发展规划,以促进畜禽养殖业的持续健康发展。鼓励规模化畜禽养殖场和畜禽养殖户进行污染治理,促进畜禽养殖业结构调整和污染综合整治。

区环境保护行政主管部门在拟定本辖区的环境保护规划时,应根据本地实际,对畜禽养殖污染防治状况进行调查和评价,并将其纳入环境保护规划中。

各镇政府(街道办)应根据本辖区畜禽养殖业发展状况,逐步建立规模化畜禽养殖区,引导畜禽养殖户向规模化畜禽养殖区集中,实施清洁生产,实现污染物达标排放。

第七条 根据城市总体规划和生态环境功能区规划,结合区域环境容量以及畜禽养殖业布局和规模优化调整的需要,划定和调整禁养区、限养区。

禁养区、限养区的划定和调整,由区环境保护行政主管部门会同区农业、规划、国土资源、林业、水利、建设、城市管理行政执法等行政管理部门和各镇政府(街道办)提出方案,报区政府批准后公布实施。

畜禽养殖区域设置和规模化畜禽养殖场发展规划,应当听取相关行政部门、行业协会、专业团体和公众的意见。

第八条 下列区域应当划定为禁养区:

(一)生活饮用水源保护区、基本农田保护区、世界文化和自然遗产地以及风景名胜区、自然保护区、森林公园的核心区及缓冲区;

(二)城市和城镇中居民区、文教科研区、医疗区等人口集中地区;

(三)城区范围内实行城市化管理的地区;

(四)沧江工业园区及各镇(街道)工业区;

(五)西江干流、沧江河干流(包括合水河、更楼河、杨梅河、西安河)及哥乐溪、秀丽河、三洲大涌等主要支流陆域100米以内的范围;

(六)西坑水库、深步水水库等大中型水库以及经批准的后备饮用水源;

(七)法律、法规、规章规定需特殊保护的其他区域。

第九条 下列区域应当划定为限养区:

(一)国道、省道两侧及城市环城路外侧500米以内的范围;

(二)集镇规划区及人口居住比较集中的区域;

(三)西江干流、沧江河干流(包括合水河、更楼河、杨梅河、西安河)及哥乐溪、秀丽河、三洲大涌等主要支流两侧100米以外500米以内的范围;

(四)风景名胜区、自然保护区、森林公园的核心区及缓冲区外的区域和生态公益林区域;

(五)小型水库及山塘;

(六)禁养区以外根据城镇发展规划和区域污染物排放总量控制需要,应当限制畜禽养殖的其他区域。

第十条 禁养区内禁止一切畜禽养殖。本办法颁布前已建成的、地处禁养区区域内的畜禽养殖场由区政府责令限期搬迁或关闭。因关闭或搬迁造成经济损失的项目，区财政给予适当的补偿。

限养区内禁止新建、扩建规模化畜禽养殖场。本办法实施前限养区内已有的规模化畜禽养殖场，应当按照环境保护的有关规定，控制畜禽养殖规模，削减污染物排放总量，实现污染物达标排放。

新建规模化畜禽养殖场边界与禁养区和限养区域边界最小距离不得小于500米。

第十一条 在禁养区、限养区外新建、改建、迁建和扩建规模化畜禽养殖场，或者在限养区内改建、迁建规模化畜禽养殖场的，应当按照建设项目环境保护和动物防疫法律法规的规定，进行环境影响评价和防疫条件审核，并按规定办理相应手续。原有规模化畜禽养殖场未经审批且符合条件的，要限期补办审批手续。

第三章　污染防治

第十二条 建设规模化畜禽养殖场在办理环保审批手续时，须经区农业部门和各镇政府（街道办）审核，并按养殖规模实行分级管理。

猪常年存栏量3000头以上、肉牛常年存栏量600头以上、奶牛常年存栏量500头以上、家禽常年存栏量10万只以上或者涉及环境敏感区的规模养殖场必须编制环境影响报告书，报区环境保护行政主管部门审批。

猪常年存栏量3000头以下（不含3000头）、肉牛常年存栏量600头以下（不含600头）、奶牛常年存栏量500头以下（不含500头）、家禽常年存栏量10万只以下（不含10万只）的规模化养殖场必须编制环境影响报告表。其中猪常年存栏量500头以上3000头以下、肉牛常年存栏量100头以上600头以下、奶牛常年存栏量100头以上500头以下、家禽常年存栏量8000只以上10万只以下的规模养殖场必须编制环境影响报告表，报区环境保护行政主管部门审批；猪常年存栏量500头以下（不含500头），牛常年存栏量100头以下（不含100头），家禽常年存栏量8000只（不含8000只）以下的养殖场，必须编制环境影响报告表，由区环境保护行政主管部门委托各镇（街道）环保办审批，报区环境保护行政主管部门备案。

规模化畜禽养殖场的环境影响评价文件和环境保护行政管理部门出具的批复意见，应当规定畜禽废渣和污水的综合利用措施和污染物排放总量。

第十三条 规模化畜禽养殖场的环境保护设施应当与主体工程同时设计、同时施工、同时投产使用。配套建设的环境保护设施未经环境保护行政管理部门验收合格的，不得投入生产。

畜禽废渣和污水的综合利用措施应当在规模化畜禽养殖场投产的同时予以落实。

第十四条 畜禽养殖场应当保持环境整洁，必须设置规范的畜禽废渣储存设施和场所，采取硬化储存场所地面等措施，防止恶臭气味和畜禽废渣因渗漏、散落、溢流、雨水淋失等对周围环境造成污染和危害。

规模化畜禽养殖场应当采取清污分流和粪尿的干湿分离等措施，实施清洁养殖。

规模化畜禽养殖场对畜禽废渣应采取还田、生产沼气、制造有机肥料和再生饲料等方法进行综合利用。

用于直接还田利用的畜禽粪便，应当经处

理达到规定的无害化标准，防止病菌传播。

第十五条 禁止向水体倾倒畜禽废渣。

第十六条 运输畜禽废渣，必须采取防渗漏、防流失、防遗撒及其他防止污染环境的措施，妥善处置贮运工具清洗废水。

第十七条 规模化畜禽养殖场和畜禽养殖户对畜禽养殖中产生的畜禽尸体应当按有关规定作无害化处理，严禁随意丢弃。

对随意丢弃畜禽尸体的，区农业部门应当按照相关法律、法规的规定予以查处。

第十八条 规模化畜禽养殖场应当确保畜禽粪便、污水的综合利用或者污染治理设施正常运转。向环境中排放经污染治理后的污水的，只能设置一个污水排污口，污水排污口的设置应当符合国家和地方规定的技术规范。

第十九条 规模化畜禽养殖场排放污染物应当依法取得污染物排放许可证，并按照污染物排放许可的管理要求排放各类污染物。规模化畜禽养殖场排放的污染物，不得超过国家或地方规定的畜禽养殖业污染物排放标准和重点污染物排放总量控制指标。

第二十条 畜禽养殖场排放污染物应按照国家规定缴纳排污费；超过国家或地方规定排放标准的，应按规定缴纳超标准排污费。畜禽养殖场的排污费和超标准排污费除按规定上缴国家部分外，其余部分上缴地方财政，重点用于本区畜禽养殖污染防治。

第四章　监督检查及责任追究

第二十一条 环境保护行政管理部门有权对本辖区内的畜禽养殖污染防治工作进行现场监督和检查。被检查的单位和个人应当如实反映情况，提供必要的资料，不得拒绝、阻挠或隐瞒。检查机关和人员应当为被检查的单位和个人保守技术秘密和业务秘密。

第二十二条 对自觉遵守本办法的畜禽养殖场在安排畜禽养殖专项资金时给予优先考虑；对成绩突出者，推荐其参与区环保信用企业评选。

第二十三条 违反本办法规定的的畜禽养殖场，不得享受各级政府有关畜禽养殖方面的优惠政策。

区农业行政管理等部门在实施母猪养殖补贴等优惠政策时，应对规模化畜禽养殖场的环境影响评价文件和防疫条件进行审核。对未按照建设项目环境保护法律法规的规定编制环境影响评价文件、办理有关审批手续的，或者未达到规定的动物防疫条件的养殖场，不给予补贴。

第二十四条 对超过国家或者地方规定的污染物排放标准，或者超过重点污染物排放总量控制指标造成周围环境严重污染的畜禽养殖场，由区环境保护行政主管部门按照权限责令其限期治理，处应缴纳排污费数额二倍以上五倍以下的罚款。

被责令限期治理的畜禽养殖场应向区环境保护管理部门提交限期治理计划，并定期报告实施情况。限期治理期间，由区环境保护行政主管部门责令其限制生产、限制排放或者停产整治。限期治理的期限最长不超过一年；逾期未完成治理任务的，报经有批准权的人民政府批准，责令关闭。

第二十五条 环境保护行政主管部门和其他有关部门的工作人员在畜禽养殖污染防治工作中滥用职权、玩忽职守、徇私舞弊的，由其所在单位或上级机关依法给予行政处分；构成犯罪的，依法追究刑事责任。

第二十六条 对违反本办法的行为，法律、法规已有处罚规定的，从其规定。

第五章　附　则

第二十七条　畜禽养殖场污染纠纷调处按属地管理原则由镇政府（街道办）牵头处理，区环保、农业、卫生、国土、建设、林业、水利、工商、城市管理行政执法等相关部门配合。

第二十八条　任何单位和个人都有权对违反畜禽养殖污染防治规定、污染和破坏环境的单位和个人进行检举和控告。

对在畜禽养殖污染防治工作中作出突出贡献的单位和个人，区政府给予适当奖励。

第二十九条　本办法中有关用语的含义：

（一）本办法所称"畜禽"，是指在人工饲养条件下能正常繁殖三代以上的、以经济利用为目的的家养陆生动物，包括猪、牛、羊、马、驴、驼、骡、鹿、兔、犬、鸡、鸭、鹅、火鸡、鸽、鹌鹑、鹧鸪、山鸡、鸵鸟、貂、狐以及蜂、蚕等动物。

国家和上级对伴侣动物、观赏动物、竞技动物、实验动物等饲养管理另有规定的，从其规定。

（二）本办法所称"畜禽养殖"，是指从事畜禽人工饲养的活动，不包括经批准的信鸽养殖及家庭宠物养殖。

（三）本办法所称"畜禽废渣"，是指畜禽养殖活动中产生的粪便、畜禽舍垫料、废饲料及散落的毛羽等固体废物。

（四）本办法所称"禁养区"，是指禁止畜禽养殖的区域。

（五）本办法所称"限养区"，是指实施严格控制畜禽养殖规模，实现污染物排放总量控制的区域。

（六）本办法所称"畜禽养殖户"，是指除规模化畜禽养殖场外，其他从事畜禽养殖的单位和个人。

（七）本办法所称"规模化畜禽养殖场"，是指猪（25 千克以上）常年存栏量在 100 头以上、家禽（鸡、鸭、鹅）8000 羽以上、牛 50 头以上的畜禽养殖场，其他种类畜禽的规模化养殖场标准按照国家、省的有关规定进行换算后确定。

第三十条　本办法由区环境保护行政主管部门负责解释。

第三十一条　本办法自公布之日起实施。

佛山市高明区畜禽养殖污染综合整治实施方案

佛山市高明区人民政府办公室　2009 年 5 月 25 日

为加强我区生态环境保护，保障人民群众身体健康，根据《中华人民共和国环境保护法》和《畜禽养殖污染防治管理办法》（国家环保总局令第 9 号）等法律法规、规章的规定，结合我区实际，制定本方案。

一、指导思想

以科学发展观为指导，根据区域环境容量合理调整和优化我区畜禽养殖业的结构、布局和规模，划定禁养区和限养区范围，按照综合利用优先，资源化、无害化和减量化的原则，推广干湿分离、沼气化处理、有机无机复合肥加工等畜禽养殖污染防治实用技术及生态养殖模式。通过综合整治，合理开发与利用农业资源，有效防治畜禽养殖业污染，保护水资源，改善生态环境，保障人民群众身体健康。

二、禁养区、限养区和非禁养区的划定

禁养区、限养区的范围按照《佛山市高明区畜禽养殖污染防治管理暂行办法》的有关规定进行划定。

本区行政区域范围内除禁养区、限养区外的其他区域为非禁养区范围。

三、整治目标

（一）禁养区整治目标

1. 不得新建和扩建各类畜禽养殖场，对现有畜禽养殖场一律实行关、停、转、迁，2009年完成30%畜禽养殖场的关、停、转、迁，2010年12月底前全部完成。

2. 荷城街道建成区范围内及位于饮用水源保护区范围内的养殖散户2009年底前实现清栏，2010年12月底前拆除饲养圈舍。

（二）限养区整治目标

1. 2010年9月底前取缔限养区内违章建设的各类养殖场（户）（不包括饲养供自己食用的农户）；不得新建和扩建各类畜禽养殖场；限养区内经治理无法达标的养殖场2010年12月底前实现关、停、转、迁。

2. 限养区内现有符合保留条件的规模化畜禽养殖场必须在2010年9月底前完善相关审批手续，养殖规模必须控制在生猪常年存栏量为3000头以下（其他畜禽按60只家禽折算1头猪，1头奶牛折算成10头猪，1头肉牛折算成5头猪进行计算）。必须采取有效措施削减污染物排放总量或进行污染物综合利用，污染防治设施和管理应符合《畜禽养殖业污染防治技术规范（HJ/T81-2001）》（以下简称《规范》）要求，应用干湿分离、沼气化处理、有机无机复合肥加工等畜禽养殖污染防治实用技术，推广生态养殖模式，各类污染物排放应达到《畜禽养殖业污染物排放标准（GB18596-2001）》（以下简称《标准》）要求，污染物排放总量控制在下达的指标之内。

（三）非禁养区整治目标

1. 新建、改建和扩建养殖场应符合规划定点要求和规定的安全防护距离要求，严格执行“环评”、“三同时”和“排污申报登记”制度。

2. 现有的各类畜禽养殖场必须于2010年9月底前完善相关审批手续，使用清洁燃料，污染防治设施和管理应符合《规范》要求，提倡生态养殖模式，各类污染物排放应达到《标准》要求。

四、整治原则

全区畜禽养殖污染整治应遵循以下原则：

（一）全面清理、突出重点的原则。一是坚决关闭位于禁养区内的所有畜禽养殖场。二是控制限养区内的畜禽养殖场规模，削减污染物排放总量。三是全面整治禁养区外所有未经审批的畜禽养殖场。四是对位于禁养区外经审批的畜禽养殖场，由环保部门对其进行严格的监督管理，对未实现达标排放的依法责令限期治理，整改到期后仍不能达标的坚决予以关闭。

（二）属地管理、联合整治的原则。按照“谁污染、谁治理”的原则，认真落实属地管理责任制。各镇政府（街道办）负责本辖区内畜

禽养殖场的清理工作，切实把清理任务落实到部门、到村、到户，层层抓落实，确保按时完成任务；各自然保护区、森林公园和水库的属地行政主管部门负责清理管辖范围内的畜禽养殖场；环保部门负责畜禽养殖场清理整治的统筹、协调、监督、指导工作，农业、宣传、规划、建设、国土资源、林业、水利、行政执法、建设、监察等部门按各自职责全力配合。

（三）以人为本、分类处理、适当补偿的原则。为不对农民和养殖户的生计造成重大影响，整治工作应分类处理：对当地农村居民利用自留土地进行少量养殖未造成环境污染的，可不清理；对禁养区、限养区确需清拆的畜禽养殖场，给予合理补偿；对禁养区外的畜禽养殖场依法规范管理。

（四）引导为主、强制为辅的原则。要加大整治工作的宣传力度，认真细致地做好群众思想工作，同时帮助解决清拆养殖场（户）的生活出路，引导、扶持他们发展其他产业致富；鼓励禁养区外的养殖企业（户）充分利用鱼塘、农田等消化养殖污染，开展生态养殖或集约养殖，集中治污；对抗拒、阻挠整治者，依法强制执行、严肃查处。

五、畜禽养殖场控制标准

（一）规模控制标准。新建畜禽养殖场（户）畜禽饲养原则上最高限制指标（按常年存栏计）为：牛 2000 头 / 个，猪 20000 头 / 个，羊 2000 头 / 个，禽类 200000 只 / 个，兔 50000 只 / 个，其他养殖种类根据排污状况参照执行。

（二）卫生防护距离标准。畜禽养殖场应达到安全防护距离要求。畜禽养殖场与规划居民住宅之间隔离带宽度最小应达到：猪常年存栏小于 500 头的，为 500M；500～3000 头的，为 500～800M；3000～10000 头的，为 800～1000M；大于 10000头规模的，为1000～1500M。其他种类畜禽根据排污状况参照执行。

（三）水污染物、废渣和恶臭气体标准。畜禽养殖业水污染物、废渣和恶臭气体排放标准执行国家环境保护总局批准的《标准》。

六、组织机构和职责分工

（一）组织机构

成立区畜禽养殖污染综合整治工作领导小组（以下简称“区整治工作领导小组”），组长由区政府分管副秘书长担任，成员由区环保、农业、宣传、水利、林业、建设、行政执法、卫生、国土、规划、财政、法制等部门以及各镇政府（街道办）的有关负责人组成。领导小组下设办公室（在区环保局），办公室人员从区环保局、农业局抽调。

（二）领导小组成员单位职责分工

1. 区环保局：(1) 制定《高明区畜禽养殖污染防治管理暂行办法》；(2) 对全区畜禽养殖污染防治工作实施统一监督管理，会同区农业部门组织、协调专项整治工作；(3) 编制全区畜禽养殖污染防治年度工作方案；(4) 会同区农业、规划、国土资源、林业、水利、建设、城市管理行政执法等行政管理部门和各镇政府（街道办）提出禁养区、限养区的划定和调整方案，将禁养区、限养区和非禁养区范围标识到 1:10000 行政区域图上，报区政府批准后公布实施，并在实地上设立明显的范围标志；(5) 配合区农业部门做好全区畜禽养殖场的调查摸底工作，负责畜禽养殖场污染状况的深入调查；(6) 抓好新、扩、改建规模畜禽养殖场建设项目的环境影响评价审批和环保“三同时”制度的落实。对未报批环评的规模养殖场，责令限期补办手续；逾期不补办手续，擅自开工建设的，责令停止建设并处罚款；对限期治理不达标或无法治理的养殖场，提请政府责令搬迁或关闭；对完成治理任务的养殖场做好监测验收工作；对超标排放的规模养殖场开征排污费；积极争取省、市污染治理项目资金支持；(7)制定全区畜禽养殖场(户)的补偿方案；(8)配合区委宣传部做好畜禽养殖污染综合整治的宣传报道工作；(9)配合各镇政府(街道办)调处畜禽养殖场污染纠纷。

2. 区农业局：(1)负责编制《高明区畜禽养殖业发展规划》、《高明区畜禽养殖业发展布局规划》，制定《高明区畜禽养殖业管理办法》；(2)配合区环保部门做好禁养区、限养区和非禁养区范围的实地落实及标志设立等有关工作；(3)负责全区畜禽养殖场的调查摸底工作，配合区环保部门对全区畜禽养殖污染防治工作实施监督管理；(4)配合开展禁养区内养殖场的清理、关停工作，指导、监督禁养区外的养殖场按有关规定建设、经营、办证；(5)指导督促养殖场(户)应用先进畜禽养殖技术，推广沼气技术，发展立体生态农业，就地消纳养殖废水、废物，指导生态养殖示范场建设；(6)配合各镇政府(街道办)调处畜禽养殖场污染纠纷；(7)配合区环保局制定全区畜禽养殖场(户)的补偿方案。

3. 区委宣传部：负责组织驻区新闻单位对畜禽养殖污染综合整治工作开展系列宣传报道，营造良好的舆论氛围。

4. 规划分局：(1)配合区农业部门编制《高明区畜禽养殖业发展规划》、《高明区畜禽养殖业发展布局规划》；(2)配合区环保部门将禁养区、限养区和非禁养区范围标识到1:10000行政区域图上。

5. 区建设局：协助相关职能部门对城市规划区内违法搭建养殖场所进行整治、清拆。

6. 区工商局：协助有关部门开展养殖场污染整治工作。

7. 区林业局：(1)负责自然保护区、森林公园、林场内养殖场所的整治、清拆工作。对未经批准在林业用地新、扩、改建的养殖场进行清理查处；对未经审核同意，擅自改变林地用途建养殖场的，责令限期恢复原状，并处罚款；(2)积极争取用于利用沼液浇灌竹山、林地的示范推广项目补助的上级专项资金。

8. 国土资源分局：(1)负责对符合条件的占用土地新、扩、改建畜禽养殖场办理审核备案手续；(2)对未经批准或采取欺骗手段骗取批准，非法占用土地建设的养殖场，应及时发现并依法制止，责令其退还非法占用土地并处罚款；(3)配合区环保部门做好禁养区、限养区和非禁养区范围的实地落实及标志设立等有关工作。

9. 区水利局：负责水库、江河堤内养殖场所的整治、清拆工作；对未经审查同意，擅自在江河新建、改建排污口的，依法责令停止违法行为，限期恢复原状，并处罚款。

10. 区交通局：会同相关部门对公路沿线建筑控制区内的畜禽养殖场进行清理整治；对公路两旁超出控制区范围，在公路沿线限养区内新建的畜禽养殖场，进行登记造册，并及时向区整治工作领导小组办公室通报，由区整治工作领导小组办公室通知有权处理的部门进行查处。

11. 区行政执法局：配合相关部门做好畜禽养殖场的清理拆迁工作。

12. 区发展改革局：(1)积极争取省、市污染治理项目资金扶持；(2)把畜禽养殖综合整治项目纳入“十一五”规划和年度计划；(3)积极策划利用循环经济治理污染项目。

13. 区科技信息局：将科技“三项”经费优先安排畜禽污染环保科技项目，寻找效果好、经济实用的治理技术和工艺，积极引导畜禽养殖场推广沼气工程，为畜禽养殖污染治理提供科技支持;积极向上级争取畜禽污染治理专项资金。

14. 区财政局:(1)每年拨出专项工作经费,并列入年度财政预算;(2)建立规模畜禽养殖污染治理专项资金和专户,配合相关部门,加强对项目扶持资金的统筹管理,按项目进度拨款,防止被挤占和挪用;(3)积极争取省财政污染治理项目资金;(4)配合区环保局制定全区畜禽养殖场(户)的补偿方案。

15. 高明供电局:对未经有关部门审批的养殖场不予批准架设安装电路;配合有关执法部门,对要查处的违规新建养殖场,采取断电等措施。

16. 区经贸局:(1)出台优惠政策,扶持、引导和鼓励畜禽粪便综合加工利用企业的发展,从源头促进资源综合利用,减少污染物的排放;(2)对利用沼气等生物质能发电的企业和个人,要给予自备柴油机发电同等电价补贴的待遇,鼓励利用沼气发电。

17. 区卫生局:协助有关部门开展养殖场污染整治工作。

18. 区监察局:对有关部门依法履行畜禽养殖污染整治工作职责情况进行监督,不定期开展检查,对违反有关规定、渎职或行政不作为的相关单位及责任人,依照有关规定进行行政责任追究、效能告诫和通报批评。

19. 区政府法制局:(1)负责我区畜禽养殖污染综合整治过程中,所涉及的法律法规及规范性文件的解释工作;(2)负责各镇政府(街道办)和有关部门对我区畜禽养殖场(户)作出的重大行政处罚决定的备案,并提供法律意见。

20. 各镇政府(街道办):(1)负责本辖区内畜禽养殖污染综合整治,做好宣传发动,动员、引导养殖场(户)自觉配合整治行动;(2)配合区环保部门做好本辖区范围内禁养区、限养区和非禁养区范围的实地落实及标志设立等有关工作;(3)制定辖区内《规模养殖场污染治理方案》及年度治理工作计划;成立治污领导小组,确定专职人员,配置村级巡查员;将限期治理责任任务下达到各行政村和养殖业主,并组织监督实施;(4)协助有关部门做好养殖场污染治理依法监管,对辖区内违规违章新建的养殖场及时发现,及时制止,及时向区国土和环保部门报告,积极配合有关部门执法;(5)组织辖区内列入清拆、关闭名单的养殖场的清拆;(6)负责辖区范围内畜禽养殖场污染纠纷调处。

七、工作步骤及时间安排

(一)准备阶段(2009年4月至2009年8月)

1. 编制《高明区畜禽养殖业发展规划》、《高明区畜禽养殖业发展布局规划》,制定《高明区畜禽养殖业管理办法》(责任单位:区农业局)。

2. 组织落实禁养区、限养区和非禁养区范围,并标识到1:10000行政区域图上,经区政府批准后向全社会公告,并在实地上设立明显的范围标志(责任单位:区环保局、区农业局)。

3. 制定《高明区畜禽养殖污染防治管理暂行办法》(责任单位:区环保局)。

4. 草拟《高明区人民政府关于整治畜禽养殖场的通告》(责任单位:区环保局)。

5. 制定生态养殖技术规范指引(责任单位:区农业局、区环保局)。

(二)宣传发动阶段(2009年8月至2009年10月)

1. 通过电视台、电台、报纸等新闻媒体发布整治通告,让相关政策措施家喻户晓;对整治工作进展情况进行跟踪报道,表扬先进,曝光落后典型,为整治工作营造良好的舆论氛围;

将整治通告发至村民小组，在农村地区广泛张贴、宣传（责任单位：区委宣传部、区农业局、区环保局，各镇政府、街道办）。

2. 召开全区的畜禽养殖业污染综合整治会议（区府办、区环保局）。

3. 召开养殖业主污染综合整治专题会议，传达规模化畜禽养殖的有关法规政策（责任单位：各镇政府、街道办，领导小组有关成员单位）。

4. 制定辖区内《规模养殖场污染治理方案》及年度治理工作计划；成立治污领导小组，落实至少2名办公室专职人员，配置村级巡查员，并于2009年9月底前将《规模养殖场污染治理方案》及人员名单报区整治工作领导小组办公室（责任单位：各镇政府、街道办）。

5. 深入畜禽养殖场（户）调查宣传，掌握全区畜禽养殖业生产现状和污染防治设施现状，摸清养殖企业的规模、法人、养殖数量、建成年份等证据（必要时要拍照、录像），核实禁养区、限养区内的养殖户名单，确定禁养区外限期办理审批手续及限期治理养殖场名单（责任单位：区农业局、区环保局，各镇政府、街道办）。

6. 制定全区畜禽养殖场（户）的补偿方案（责任单位：区环保局、区财政局、区农业局，各镇政府、街道办）。

（三）综合整治阶段（2009年10月至2010年12月）

1. 根据调查摸底情况，通知禁养区内的畜禽养殖场在2009年底前停止养殖，自行清拆。（责任单位：各镇政府、街道办，区农业局、环保局）。

2. 与辖区内各社区、村委会签订畜禽养殖污染整治责任书，明确任务、时间和要求，落实整治责任；把畜禽养殖场的名单、签订协议书的情况、自行清拆的时间等，在媒体和村务公开栏上公布，接受群众监督（责任单位：各镇政府、街道办）。

3. 通知限养区内的规模化畜禽养殖场停止新、扩建，现有的符合保留条件的规模化畜禽养殖场必须在2010年9月底前完善相关审批手续；2010年12月底前关、停、转、迁所有违章建设和治理无望的的规模化畜禽养殖场（责任单位：领导小组有关成员单位，各镇政府、街道办）。

4. 荷城街道建成区范围内及位于饮用水源保护区范围内的养殖散户2009年底前实现清栏，2010年12月底前拆除饲养圈舍（责任单位：荷城街道办、区行政执法局、区农业局）。

5. 通知非禁养区内的养殖场于2010年9月底前完善所有审批手续，2010年12月底前完成生态养殖改造或建设污染处理设施，做到达标排放（责任单位：区环保局、区农业局，各镇政府、街道办）。

6. 依法清拆。对禁养区内到期不自行清拆的养殖场实施强制清拆；对禁养区外未经审批的养殖场，责令其停止养殖活动，依法拆除相关设施；对禁养区外经审批，但经限期治理仍不达标的，依法予以关闭，拆除相关设施（责任单位：各镇政府、街道办，领导小组有关成员单位）。

7. 组织验收。对禁养区外的养殖场进行整改验收，对未通过验收的养殖场下达停产治理决定（责任单位：区环保局、区农业局）。

8. 协助需搬迁的养殖场做好选址工作（责任单位：国土资源局分局、规划分局、区建设局、区环保局、区农业局，各镇政府、街道办）。

（四）检查验收阶段（2011年1月至2011年3月）

检查禁养区内是否按要求全部清理，限

养区内养殖场是否按有关规定和规范控制规模，完善相关审批手续，是否按照有关标准和规范建设污染治理设施和排放污水，非禁养区内的规模化畜禽养殖场是否严格执行“环评”、“三同时”及“排污申报登记”制度等。对仍存在问题的，责令严格整改，并追究有关单位及责任人的责任（责任单位：领导小组办公室）。

八、工作要求

（一）提高认识，加强领导。各级各有关部门要提高认识，从保障我区经济社会和谐跨越发展的高度出发，把畜禽养殖污染综合整治工作作为一项重要工作来抓。区整治工作领导小组各成员单位、各镇政府（街道办）要切实履行职责，加强领导，落实专人负责此项工作。

（二）加强宣传，营造氛围。各级各有关部门要加强宣传，使生态养殖的观念深入人心，为整治工作营造良好的舆论氛围。区委宣传部要组织驻区新闻媒体，通过开设专题、专栏，全面、深入、及时宣传养殖污染整治的政策、措施和工作进度。各镇政府（街道办）要深入细致做好养殖场（户）的思想教育工作，争取养殖场（户）的理解和支持。

（三）部门配合，分工协作。畜禽养殖污染整治工作涉及面广、工作量大，涉及农业、环保、行政执法、财政、国土、林业、水利等多个部门，各有关部门要按照区政府统一部署下，切实履行职责，通力协作，密切配合，确保整治工作成效。

（四）强化督查，加强监管。区环保局要会同区农业局等部门联合组成督查组，对各镇（街道）畜禽养殖污染整治情况进行跟踪督查；环保监测、监察部门要加强对畜禽养殖污染物排放的监测、检查；各镇政府（街道办）要加强巡查，防止清拆关闭的养殖场死灰复燃。

（五）定期汇报，及时跟进。区整治工作领导小组各成员单位要于每月30日前将本单位开展畜禽养殖污染整治情况报区整治工作领导小组办公室。区整治工作领导小组办公室定期编写工作简报，及时通报、反馈全区畜禽养殖污染整治工作进度、存在问题和解决措施。

（六）建立长效管理机制。畜禽养殖污染整治政策性强，关系经济社会与环境协调发展。各有关部门要加强管理，积极探索建立长效机制。区整治工作领导小组办公室要经常组织基层调研，积极开展联合检查等工作。各镇（街道）要成立长效管理小组，定期组织巡查。

佛山市高明区农村宅基地管理暂行办法

佛山市高明区人民政府办公室　2009年6月1日

第一章　总　则

第一条　为加强农村宅基地管理，集约、合理利用土地，加快农村城市化进程，推动城乡统筹发展，促进社会主义新农村建设，根据《中华人民共和国土地管理法》、《中华人民共和国城乡规划法》、国土资源部《关于加强农村宅基地管理的意见》（国土资发〔2004〕234号）和《广东省实施〈中华人民共和国土地管理法〉办法》，结合我区实际，制定本办法。

第二条　佛山市国土资源局高明分局（以下简称"国土资源分局"）是我区农村宅基地的主管部门，镇（街道）国土资源管理部门在镇（街道）建设、规划管理部门的协助下，负责实施本辖区农村宅基地的管理。

第三条　农村宅基地是指农村居民经依法批准，用于建造住宅（包括住房及与居住生活相关的厨房、厕所、禽畜舍、庭院等辅助用房、设施）的用地。

第二章　规划与供地

第四条　农村宅基地建设应符合镇（街道）土地利用总体规划、村庄建设规划和城镇总体规划。

（一）各镇（街道）要根据《村庄和集镇规划建设管理条例》，结合城镇总体规划和土地利用总体规划修编工作，按照控制总量、合理布局、集约用地、保护耕地的原则，委托有资质的规划编制单位，力争用3年左右的时间，编制完善本辖区村庄建设规划；规划行政主管部门要积极指导和协助镇（街道）编制完善村庄建设规划。

（二）村庄建设规划应当从农村实际出发，尊重村民意愿，体现地方和农村特色。村庄建设规划的内容应包括：规划区范围，住宅、道路、供水、排水、供电、垃圾收集、畜禽养殖场所等农村生产、生活服务设施及公益事业等各项建设的用地布局、建设要求，以及对耕地等自然资源和历史文化遗产保护、防灾减灾等的具体安排。

第五条　各镇（街道）要有计划、有步骤地引导农村居民住宅建设逐步向城镇和中心村集中。

对城镇规划区内的农村居民住宅建设，应当集中建设公寓式农村居民住宅小区，西江新城规划区内以及"城中村"不再单独安排宅基地；对城镇规划区外的农村居民住宅建设，鼓励以集中联建的形式建设农村居民新村；在规划撤并的村庄范围内，停止审批新建、重建、改建住宅；对于规划搬迁的村庄，可采取异地置换等方式鼓励农村居民搬迁到新规划的居住区内，以盘活农村土地资源，加快城市化进程。

第六条　农村住宅建设要充分利用村内的空闲地、旧宅基地以及荒坡地、废弃地。凡村内有空闲地、旧宅基地未利用的，原则上不批准占用新的农用地特别是耕地用于农民住宅建设。农村住宅建设禁止占用基本农田。

第七条 农村宅基地限于用地者兴建自住房屋，禁止非法买卖、出租或以合作建房的形式变相买卖土地。

第三章 申请与审批

第八条 农村宅基地属于农民集体所有，非农村集体经济组织成员，不得申请宅基地的土地使用权。符合下列情形之一的农村集体经济组织成员可以向本农村集体经济组织申请宅基地：

（一）因自然灾害影响，原住宅必须搬迁的；

（二）因实施土地利用总体规划、村镇规划、旧村镇改造，原住宅必须调整搬迁的；

（三）已达到法定结婚年龄，确需分户建房的；

（四）原有宅基地被依法征收的；

（五）法律法规规定的其他情形。

第九条 新批准农村宅基地的面积按每户100平方米以下的标准执行。

原有宅基地超出法定标准面积的，分户时应予以扣减；一户多宅的，分户时不予安排新宅基地。

第十条 农村居民有下列情形之一的，不得再申请宅基地：

（一）已拥有一处宅基地的；

（二）出卖、出租、赠与他人或以其他形式转让宅基地的；

（三）改变宅基地用途的；

（四）以所有家庭成员作为一户申请批准宅基地后，不具备分户条件而以分户为由申请宅基地的；

（五）其他不符合申请宅基地条件的。

第十一条 农村居民一户只能拥有一处住宅用地。对符合有关规定的，可以退出其旧宅基地移建新住宅。

确需退出旧宅基地移建新住宅的，必须与村集体经济组织签订旧房拆除合同，确保旧房按期拆除，并将旧宅基地退还村集体，且由有关主管部门依法注销旧宅基地使用证。退还旧宅基地后，符合农村宅基地申请条件的，可办理领取新建住宅宅基地使用权证手续。

第十二条 申请农村宅基地，必须提供下列材料：

（一）户主身份证明或户籍证明；

（二）建房用地申请书；

（三）已经编制了村庄建设规划的村需提供规划部门出具的规划意见；尚未编制村庄建设规划的村暂由镇（街道）建设环保办公室出具审批意见，并报规划部门备案。

（四）经农村集体经济组织成员大会或成员代表会议讨论通过的宅基地使用方案；

（五）审批机关按照法律法规认为需要的其他文件、资料。

第十三条 农村集体经济组织成员申请宅基地，按以下程序办理：

（一）使用村内原住宅用地、空闲地、荒山、荒坡地或其他土地的，由农村集体经济组织成员向本集体经济组织提出书面申请，如实填写《农村村民建房用地申请书》，并提供相应必备材料；农村集体经济组织经集体讨论通过后，在《农村村民建房用地申请书》上签署意见，再由申请人送镇（街道）国土资源管理所；国土资源管理所负责进行现场踏勘核查，并予以张榜公布15天，公布期满无异议的，提交镇政府（街道办）审核后，送区国土资源管理部门；区国土资源管理部门在规定的时限内对是否符合建房条件、用地面积、宅基地位置等进行审核，经审核无异议的，报区政府批准后，由区国土资源管理部门实行发证公告，公告期满无异议的，予以发证。

（二）成片规划建设农村住宅，涉及占用农用地的，依照《广东省实施〈中华人民共和国土地管理法〉办法》第三十五条的规定，办理农用地转用审批手续，并由用地者缴交有关税费。占用耕地的，由用地者负责开垦与所占用耕地数量和质量相当的耕地或缴纳耕地开垦费。

第十四条 在农村宅基地管理和规划建设中，法律法规和政策没有明确规定向农村居民征收的税费项目，一律不得征收。

第十五条 农村居民在宅基地上建造的住宅，因户主外迁而转让给本农村集体经济组织内部成员的，由双方到镇（街道）国土资源管理部门申办变更土地登记手续。

第四章 监管与查处

第十六条 超出批准用地面积建房或进行违法建筑的，一律按违法用地和违法建筑处理。

第十七条 未经批准或者采取欺骗手段骗取批准，非法占用土地建住宅的，由镇政府（街道办）联合区国土资源管理、规划、行政执法等相关部门，责令其退还非法占用的土地，限期拆除或者没收其在非法占用的土地上建造的房屋及其附属设施，可以并处罚款；构成犯罪的，依法追究刑事责任。

第五章 附 则

第十八条 农村居民在农村兴建的合法住宅可以依法继承。

第十九条 本办法由国土资源分局负责解释。

第二十条 本办法自发布之日起施行。上级文件另有规定的，按上级文件规定执行。

佛山市高明区社区教育管理办法（试行）

佛山市高明区人民政府 2009年7月27日

第一章 总 则

第一条 为加强社区教育管理，充分发挥社区教育在构建终身教育体系、建立学习型社会、推进和谐社会建设中的作用，根据《教育部关于推进社区教育工作的若干意见》（教职成〔2004〕16号）、市教育局《关于开展社区教育工作促进学习型社区建设的意见》（佛教专〔2007〕12号）精神，结合我区实际，制定本办法。

第二条 社区教育坚持政府领导、教育部门主管、有关职能部门配合、社会各界积极支持、社区自主活动、居民广泛参与的原则和管理体制。

第三条 社区教育采取市场运作与政府补贴相结合，以公益性社区教育课程（含培训、主题活动）为主体，辅之以社会需求的教育教学课程和培训活动，依托依法举办且经有关部门审批（含登记、备案）的办学机构进行教育服务。

第二章 社区教育机构设置、职能及管理

第四条 区政府建立社区教育工作联席会议制度，负责研究社区教育管理体制和运行机制，指导、协调全区社区教育工作。

联席会议下设办公室，办公室设在区教育局，负责制定社区教育发展规划和实施意见，推进规划的落实，指导各级社区教育机构的教育教学工作，组织社区教育管理人员培训。

第五条 社区教育分三级架构管理，即区社区学院、镇（街道）社区学校、社区（村）教育中心。

区社区学院挂靠区广播电视大学，实行两个牌子、一套人马，受区社区教育工作联席会议办公室领导。负责区社区教育计划的落实和社区干部的培训，负责区级社区教育教学科研活动的开展，对基层社区教育机构的课程、教材、科研活动等进行审定、指导和评价。

镇（街道）社区学校为镇政府（街道办）领导管理的社会组织，挂靠镇（街道）成人文化技术学校，实行两个牌子，一套人马；负责镇（街道）社区教育教学（培训）活动的开展，负责组织和指导社区（村）教育中心开展各类社区教育教学活动。

社区（村）教育中心为社区（村）工作委员会领导管理的社区组织，设在社区（村）或社区家长学校（社区家庭教育指导中心）或住宅小区会所等场所，在社区（村）工作委员会和镇（街道）社区学校指导下，根据上级要求和居民需求开设学习项目，开展有针对性的社区教育教学（培训）活动。

第六条 社区教育机构的名称。

区社区学院的名称为：佛山市高明区社区学院。

镇（街道）社区学校的名称为：佛山市高明区××镇（街道）社区学校。

社区（村）教育中心的名称为：佛山市高明区××镇（街道）××社区（村）教育中心。

第七条 社区教育机构按权属经主管部门审批后，应及时到教育部门办理登记备案手续。

社区教育机构变更名称、负责人、举办地点等事项，应报原审批主管部门审批，到登记管理机关办理变更手续，并报区社区教育工作联席会议办公室备案。

第八条 社区教育机构面向社会跨区域招生办学或者举办中高等函授教育、远程教育，应依照国家有关规定到区以上教育主管部门办理相关审批手续；社区教育机构面向社会举办的收费类文化补习、辅导班，须经主管部门审批。

社区教育机构举办或者联合举办收益性培训应按照物价管理部门的有关规定办理收费审批（备案）手续。

第九条 各级社区教育机构应建立社区教育志愿者团队，组建社区教育讲师团开展工作。鼓励支持各类学校教师、各级关工委（组）人员、机关工作人员和其他学有专长的社会

人员积极参与社区教育工作。

第三章　社区教育课程内容及形式

第十条　社区教育课程主要面向社区居民，为社区居民提供文化技能、娱乐休闲等方面的健康向上的课程和活动，内容主要包括：文化技能、普法教育、健康教育、妇女（婚姻）教育、家政（家长）教育、科普教育和特殊教育等。教育对象涵盖婴幼儿、青少年、成人、老龄和外来务工人员等。

第十一条　社区教育的形式包括：学历教育、非学历教育、培训和主题活动。鼓励支持组织居民论坛、市民学堂、网络远程教育等各种有针对性的社区教育活动。

第四章　社区教育的资源管理

第十二条　各镇（街道）、社区（村）要根据区域经济社会发展的实际需要，统筹利用社区内现有的各类教育资源，做到优化配置、统一管理、综合利用。

第十三条　各级各类学校（幼儿园）及相关教育资源单位应积极发挥自身优势，通过家长学校、博物馆、教育基地等平台，尽可能面向家长和社区居民开放。鼓励各级各类学校、社会教育培训机构承担社区教育各类课程和活动。

第十四条　在保证安全的前提下，社区公益性培训项目可申请使用本区域内的公办社区教育机构、图书馆、文化馆、纪念馆等公共设施。

第十五条　提倡各企业、事业单位捐赠社区教育资源（活动场所、设施、设备等）。

第五章　社区教育经费及财务管理

第十六条　社区教育经费来源主要包括：

（一）各级政府设立的社区教育发展专项资金或下拨的专项经费；

（二）社区教育机构依法筹集的资金；

（三）社会捐赠、资助的资金；

（四）依法举办的教育培训项目收取的费用。

第十七条　区社区教育工作联席会议办公室负责制定社区教育经费管理办法。社区教育经费应专款专用，主要用于公益性、成本性社区教育必要支出，严禁挪用。

第十八条　社区教育机构应当独立设置银行账户和会计账簿，遵守相关法律法规，建立健全财务管理制度。

第六章　社区教育的监管

第十九条　社区教育培训机构应接受同级或者上级党委、政府及社区教育行政主管部门的检查、监督和指导。

第二十条　各社区教育机构应建立自我完善评价机制，通过组织检查、阶段总结、学习对照等方式评价社区教育工作。区社区教育工作联席会议办公室会同有关部门对镇（街道）社区教育工作进行检查督导。

第二十一条　对在社区教育工作中成绩突出的单位和个人，由社区教育主管机关予以表彰；对拒不开展社区教育工作，或者违规举办培训的，或者违反上级管理部门有关要求和规定的，社区教育主管机关应当按照管理权限，给予必要的批评或者处分；违反国家法律法规的，交有关部门查处。

第七章　附　则

第二十二条　本办法由区社区教育工作联席会议办公室负责解释。

第二十三条　本办法自印发之日起施行。

佛山市高明区畜禽养殖管理暂行办法

佛山市高明区人民政府办公室　2009 年 9 月 16 日

第一章　总　则

第一条　为规范畜禽养殖行为，预防控制畜禽疫病，防止畜禽养殖污染，保障畜禽产品质量安全，促进畜禽养殖业可持续发展，根据《中华人民共和国畜牧法》、《中华人民共和国动物防疫法》、《中华人民共和国环境保护法》等法律法规，结合我区实际，制定本办法。

第二条　本办法适用于我区行政区域内畜禽养殖区域的规划布局、畜禽养殖场的设置、畜禽养殖污染防治及畜禽养殖过程的监督管理。

第三条　区农业行政管理部门负责本区行政区域内畜禽养殖业的监督管理，负责全区畜禽防疫、检疫、疫病监测、疫情报告、控制扑杀，组织实施畜禽强制免疫计划。

区环境保护行政管理部门负责与畜禽养殖相关的环境保护监督管理。

区规划、国土资源、城管执法、质监、工商、卫生、公安等行政管理部门按照各自职责，依法对畜禽养殖相关的行为实施监督管理。

第二章　规划管理

第四条　本区行政区域划分为禁养区、限养区和非禁养区。

禁养区、限养区的范围划定及养殖管理按照《佛山市高明区畜禽养殖污染防治管理暂行办法》（明府办〔2009〕109 号）第七条至第十条规定执行；禁养区、限养区外的其他区域为非禁养区范围。

其中，禁养区范围中，有堤围的河流还要满足以下规定：西江干流堤围背水坡脚以外不少于 50 米，沧江河干流和杨梅河堤围背水坡脚以外不少于 30 米，其余支流堤围背水坡脚以外不少于 15 米。

第五条　在非禁养区新建、改建、迁建和扩建规模化畜禽养殖场，或者在限养区内改建、迁建规模化畜禽养殖场的，畜禽养殖企业或个人应按下列程序办理相关手续：

（一）向所在地镇政府（街道办）提出养殖用地申请，由镇（街道）国土所协调用地选址，并到国土资源分局办理用地备案手续或依法办理建设用地审批手续；

（二）向区农业局提出规模化养殖场项目建设申请，办理防疫审批手续；

（三）向区环保局申请进行环境影响评价，办理有关环保审批手续。

非禁养区及限养区原有规模化畜禽养殖场未经审批且符合有关条件的，要限期补办审批手续。各镇（街道）要做好规模化畜禽养殖场的审批备案工作。

第六条 新建规模化畜禽养殖场必须具备以下条件：

（一）有与养殖规模相适应的生产场所和配套的生产设施；

（二）具备相应资质的畜牧兽医技术人员；

（三）具备法律、行政法规和国务院畜牧兽医行政主管部门规定的防疫条件；

（四）有经环境保护行政主管部门或环境保护行政主管部门委托的单位审批的环境影响评价文件；

（五）有对病死动物进行无害化处理的设施，对畜禽粪便、废水、废气和其他固体废物进行综合利用的沼气池等设施，以及其他相关污染防治和无害化处理设施；

（六）法律、行政法规规定的其他条件。

第三章　养殖管理

第七条 从事种畜禽生产经营或生产商品代仔畜、雏禽的单位或个人，应依法取得种畜禽生产经营许可证。

需要引进种畜禽的，应向动物防疫监督机构申报检疫，办理引种手续，并按照规定实行隔离饲养，对经观察、检疫确认为健康的种畜禽，方可并群饲养。

第八条 畜禽养殖场出售畜禽，应向当地动物防疫监督机构提前报检，取得有效的检疫证明后方可出售。禁止出售未经检疫或检疫不合格的畜禽。

畜禽养殖场出售的畜禽应符合国家规定的药物残留标准，禁止出售不符合国家规定药物残留标准的畜禽。

第九条 畜禽养殖场应建立健全动物防疫制度，做好消毒和免疫工作，并配合动物防疫监督机构做好动物疫病的监测工作。

畜禽养殖场应按照国家、省、市及我区动物防疫的有关规定，依法履行动物疫病强制免疫义务，做好强制免疫工作，并按规定佩带畜禽免疫标识。

第十条 畜禽养殖场应建立涉及养殖全过程的养殖档案，确保畜禽产品质量的可追溯性。

畜禽养殖档案应包括畜禽繁育、畜禽免疫、疾病诊疗、饲料及兽药使用、粪便处理、病死畜禽无害化处理、畜禽销售等情况的记录。畜禽养殖档案应当真实、完整、及时，不得伪造，并至少保留两年。

第十一条 畜禽养殖场应按照畜禽养殖技术规程的标准和要求进行饲养，科学、合理地使用兽药、饲料和饲料添加剂。

畜禽养殖场应在专职兽医的指导下正确使用兽药，建立用药记录，禁止使用假冒伪劣兽药、人用药和其他禁止使用的兽药。

第四章　监督管理

第十二条 从事畜禽养殖不得有下列行为：

（一）违反法律、行政法规的规定和国家技术规范的强制性要求使用饲料、饲料添加剂和兽药；

（二）使用未经高温处理的餐馆、食堂泔

水饲喂畜禽；

（三）使用垃圾场中的物质饲喂畜禽；

（四）使用动物源性饲料废弃物饲喂反刍动物；

（五）养殖场、养殖小区混养不同种类的畜禽；

（六）法律、法规和规章规定的危害人和畜禽健康的其他行为。

第十三条 畜禽养殖场的饲养人员应符合国家规定的健康标准，患有人畜共患传染病的人员不得从事畜禽饲养工作。饲养人员应按照防疫要求做好个人卫生和消毒、防护工作，并接受专业知识教育。畜禽养殖场内饲养人员的生活区域应与畜禽养殖区域分开。

第十四条 畜禽养殖场应按照国家规定的处理规程，对病、死畜禽进行无害化处理。禁止抛弃、销售和加工病、死畜禽。

第十五条 发生畜禽传染病或疑似传染病时，畜禽养殖场应及时向当地动物防疫监督机构报告疫情，不得瞒报、谎报或阻碍他人报告动物疫情；发生人感染畜禽传染病时，各有关单位及养殖场的相关人员要服从和配合卫生部门开展各项防控措施，做好疫情的防治工作。

第十六条 发生一类动物疫病时，畜禽养殖场应及时做好隔离、消毒等工作，服从有关行政管理部门和单位依法采取的隔离、扑杀、销毁、消毒、紧急免疫接种、封锁等强制性控制、扑灭措施。

为防止疫病扩散，区政府可对疫区及其周边区域的易感畜禽，在一定期限内实施暂缓畜禽养殖措施。

第五章 责任追究

第十七条 违反本办法有关规定，在禁养区、限养区内新建、扩建畜禽养殖场的，由所在地镇政府（街道办）依法纠正或限期迁移；拒不纠正或迁移的，由区环保、农业、规划、国土资源、林业、水利、城管执法、工商等有关部门按相关规定处理。

第十八条 违反本办法有关规定，未取得《动物防疫合格证》兴办畜禽养殖场的，根据《中华人民共和国动物防疫法》，由区动物防疫监督机构责令改正，处一千元以上一万元以下罚款；情节严重的，处一万元以上十万元以下罚款。

第十九条 畜禽养殖场未按规定对畜禽实施强制免疫或强制免疫后未佩带免疫标识的，或未建立畜禽疫病免疫制度的，由区动物防疫监督机构依照《中华人民共和国动物防疫法》的相关规定处理。

第二十条 畜禽养殖场未建立畜禽养殖档案的，或未按规定保存养殖档案的，由区畜牧兽医行政主管部门依照《中华人民共和国畜牧法》的相关规定进行处罚。

第二十一条 违反本办法有关规定，拒绝、阻碍动物防疫监督机构进行动物疫病监测的，根据国务院《重大动物疫情应急条例》（国务院令第450号），由动物防疫监督机构给予警告，并处二千元以上五千元以下的罚款；构成犯罪的，依法追究刑事责任。

第二十二条 违反本办法有关规定，有下列行为之一的，根据《畜禽养殖污染防治管理办法》（国家环境保护总局令第9号），由区环境保护行政管理部门责令停止违法行为，限期改正，并处一千元以上一万元以下罚款：

（一）未采取有效措施，致使储存的畜禽废渣渗漏、散落、溢流、散发恶臭气味等，对周围环境造成污染和危害的；

（二）向水体排放、倾倒畜禽粪便、废水及

其他固体废弃物，造成污染和危害的。

第六章　附　则

第二十三条　本办法所称“畜禽”，是列入国家和省畜牧兽医行政主管部门公布的畜禽遗传资源保护名录的畜禽，包括猪、牛、羊、马、兔、犬、鸡、鸭、鹅、火鸡、鸽、鹌鹑、鹧鸪、山鸡等。

国家和省对伴侣动物、观赏动物、竞技动物、实验动物等的饲养管理另有规定的，从其规定。

第二十四条　本办法所称“规模化畜禽养殖场”，是指常年存栏量生猪100头以上、家禽1000羽以上的畜禽养殖场。其他种类畜禽的规模化养殖场标准按照国家、省的有关规定进行换算后确定。

第二十五条　本办法由区农业行政主管部门负责解释。

第二十六条　本办法自发布之日起施行。

佛山市高明区贯彻《广东省人口与计划生育条例》实施细则

佛山市高明区人民政府　2009年9月28日

第一章　总　则

第一条　为实现人口与经济、社会、资源、环境的协调发展，控制人口数量，提高人口素质，维护公民的合法权益，促进社会进步，根据《中华人民共和国人口与计划生育法》、《广东省人口与计划生育条例》等有关法律法规，结合本区实际，制定本实施细则。

第二条　居住在本区行政区域内的中国公民和户籍在本区而居住在区外的公民，以及本区行政区域内所有的国家机关、社会团体、企业事业单位和群众自治组织应当遵守本实施细则。

第二章　计划生育技术服务

第三条　已生育一个子女的育龄夫妇，女方应自产后90天内首选使用宫内节育器。使用宫内节育器的育龄妇女还包括：

（一）第一胎是剖腹产的，在产后180天内上宫内节育器；

（二）施行输卵（精）管复通手术的，女方应在再生育一胎子女90天内上宫内节育器；

（三）结扎失效要及时落实补救措施的，女方应在90天内上宫内节育器。

经区人口和计划生育服务站两名医生鉴定暂不宜上宫内节育器的，应采取其他避孕方法避孕，并要到户籍所在的镇（街道）人口计生办办理缓期上宫内节育器手续。

第四条 已生育两个及以上子女的育龄夫妻，夫妻中的一方应在规定的时间内首选结扎措施：符合法定条件可再生育一胎子女的育龄夫妇，生育后夫妻中的一方应当在产后90天内落实结扎措施；政策外生育第二个及以上子女的，夫妻中的一方在产后35天内落实结扎措施；再生育一胎子女是剖腹产的要同时落实结扎措施（剖腹产时暂不适宜结扎的，另一方要在规定时间内落实结扎措施）。夫妻一方要采取结扎措施的包括下面九种情况：

（一）第一个子女为残疾儿或者第一胎双胞胎（含多胞胎）子女均为残疾儿，经批准再生育一胎子女的；

（二）再婚夫妻，再婚前一方生育（含依法收养）两个以内子女，再婚后经批准再生育一胎子女的；

（三）再婚夫妻，再婚前双方各生育一个子女，离婚时依法判决或者离婚协议确定子女随前配偶，新组合家庭无子女经批准再生育一胎子女的；

（四）再婚夫妻，再婚前双方各生育一个子女，新组合家庭只有一个子女但该子女为残疾儿，经批准再生育一胎子女的；

（五）经区级以上医疗、保健机构鉴定患不孕症，依法收养子女后再生育一胎子女的；

（六）不符合再生育一胎子女的再婚育龄夫妇，新组合家庭已有两个及以上子女的；

（七）结扎失效造成政策外生育的，另一方要在产后35天内落实结扎措施；

（八）已生育子女的育龄夫妻，其中一方婚外再生育子女的，无论其配偶是否已采取结扎措施，当事人一方要落实结扎措施。

（九）其他需要落实结扎措施的。

夫妻患有结扎手术禁忌症，在规定时间内暂不宜结扎的，要经区人口和计划生育服务站两名以上医生鉴定，出具《暂不宜结扎证明》，由户籍所在的镇（街道）人口计生办批准，办理缓期结扎手续。

第五条 生育子女后在社会福利机构依法收养子女的，按原来自己所生育子女数落实节育措施。

第六条 建立已婚育龄妇女（含非婚生育）定期环情孕情检查制度和随访服务制度。

（一）查环查孕对象包括放置宫内节育器者；使用其他避孕药具者；应落实避孕措施因各种原因未采取避孕措施者；实施绝育术未满一年者。

（二）查环查孕对象原则上实行每季度查环、查孕一次。

（三）符合再生育一胎子女的妇女，应每季度接受随访一次，直到生育为止，人口计生部门要做好登记工作。

第七条 育龄夫妻采取绝育手术后，符合再生育规定的，由夫妻双方共同申请，经区人口和计划生育局批准，可施行输精（卵）管复通手术。

第八条 育龄夫妻实行计划生育的，免费享受国家规定的基本项目的计划生育技术服务。

不符合《广东省人口与计划生育条例》规定生育后落实节育措施的，节育手术费用由本人支付。

第三章 优待奖励与社会保障

第九条 初婚夫妻可以按照双方各自的年龄分别享受晚婚假。再婚夫妻初婚一方达到晚婚年龄的，初婚一方可以享受晚婚假。

第十条 女职工按规定参加查环、查孕等孕情检查的，所在单位应当给予时间安排，期间照发工资，不影响福利待遇和全勤评奖。

第十一条 职工接受节育手术的，凭手术证明按下列规定享受节育手术假期：

（一）放置宫内节育器的，自手术之日起休息3天，术后7天内不从事重体力劳动；

（二）按规定取出宫内节育器的，休息1天；

（三）输精管结扎的，休息7天；输卵管结扎的，休息21天；

（四）采用皮下埋植剂避孕的，自植入手术之日起休息3天，取出手术之日起休息1天；

（五）怀孕两个月以下落实补救措施的，休息15天；怀孕两个月以上四个月以下落实补救措施的，休息30天；怀孕四个月以上落实补救措施的，休息42天；

（六）同时施行两种节育手术的，合并计算假期；如遇特殊情况需增加假期的，按施行手术机构出具的证明确定；

（七）施行其他节育手术的，按照国家、省和市的有关规定给予假期。

第十二条 在规定时间内落实节育手术者，给予营养补助。营养补助由当地镇政府（街道办）在计划生育事业费中支付。同时施行两种或两种以上手术的，合并计发营养补助。超计划生育接受手术或不按规定采取节育措施导致失效、再次接受手术的，不给予营养补助。

营养补助的标准由区人口和计划生育局制定。

第十三条 独生子女保健费和奖励金由夫妻双方所在单位各负担百分之五十。一方是职工，另一方是农村居民或无单位的城镇居民，由职工所在单位全部负担；城镇无业或失业人员及其他人员的独生子女保健费和奖励金由户口所在的镇政府（街道办）统筹解决。

第十四条 夫妻未生育过、依法收养一个子女的，与镇（街道）人口计生办签订自愿终生不再生育合同并采取有效的避孕节育措施后，可以办理独生子女父母光荣证。

第十五条 办理独生子女父母光荣证后，经批准再生育一胎子女的，从批准生育之日起终止优待。

违反规定条件生育或明知符合再生育一胎子女的条件而办理独生子女父母光荣证，从生育之日起终止优待，已享受的优待应当退回原发放单位。

办理独生子女父母光荣证后，依法收养子女的，终止优待。

第四章　监督管理

第十六条 人口与计划生育工作实行“属地管理、单位负责、居民自治、社区服务”的管理体制。

（一）镇政府（街道办）负责落实本辖区的人口与计划生育目标管理工作，驻各镇（街道）的机关、团体、企事业单位要与镇政府（街道办）签订人口与计划生育目标管理责任书，明确双方责任，接受驻地镇政府（街道办）和村（居）委会的管理与服务。

（二）镇政府（街道办）和村（居）委会要按照《高明区计划生育孕情管理与跟踪服务制度》和《高明区计划生育“三随访”服务制度》的要求，为驻各镇（街道）机关、团体、企事业单位已婚育龄夫妇提供计划生育优质服务。

（三）国家机关、团体、企事业单位要对职工及其配偶的人口与计划生育工作具体负责，建立计生档案，督促本单位属查环查孕对象的已婚育龄人员（或其配偶）在当季度前两个月参加季度查环查孕，并将检查结果登记在《单位职工查环查孕登记表》，于当季度第 3 个月 8 日前交属地镇（街道）人口计生办。

（四）国家机关、团体、企事业单位已婚育龄人员（或其配偶）无故拒不落实长效避孕节育措施或无故不参加查环查孕的，由属地镇（街道）人口计生办提请有关部门，扣发本人年度计划生育奖励金，同时对其参加当年度评先评优给予“一票否决”。

（五）凡与单位解除劳动关系的职工，在劳动关系解除前单位应督促育龄人员（或其配偶）履行计生义务，并及时到其户籍所在地的村（居）委会办理计生档案移交手续；交接成功的，从交接之日起，其计划生育管理与服务工作由其户籍所在地的村（居）委会负责；交接不成功的，其计划生育管理与服务工作仍由原单位负责；在计生档案移交前已违反规定怀孕或者生育的，其责任仍由原用人单位负责。

第十七条 国家机关、团体、企事业单位发生职工政策外生育的，当年全体工作人员不得提取计划生育奖励金，属超政策生育的，追究单位第一责任人责任：第一年通报批评，给予黄牌警告，该单位第一责任人不得提拔、调动，并扣罚全年奖金；属机关事业单位的，单位第一责任人当年的年度考核不称职；连续两年受黄牌警告的，依照有关规定给予该单位的第一责任人免职或撤职处分。上级驻高明的单位，由区人口和计划生育局将情况报其主管部门，并建议按有关规定作出处理。

违反计划生育事实当年发生当年查处的，追究当年该单位第一责任人的责任，单位在当年的各类考核评比中给予“一票否决”；从 1998 年 12 月份起有超生事实的单位，当年未查处的，在查处年追究当年该单位第一责任人的责任，单位亦在查处年的各类考核评比中给予“一票否决”。

第十八条 违反计划生育政策有关规定的人员，除征收社会抚养费外，还应当按下列规定处理：

（一）国家工作人员、共产党员违反计划生育政策法规的，依照有关党纪、政纪惩戒规定给予相应处分。

（二）其他超生的人员应当由所在单位、组织给予行政开除处分或者解除聘用合同。

（三）对超生的村（居）委会成员应当依照《广东省村民委员会选举办法》等有关规定予以处理。

第十九条 因违反计划生育政策而受行政开除处分的人员，期满后重新招工、招干的，要报区人口和计划生育局备案，并重新计算工龄。

第二十条 实行镇（街道）和计划生育综合治理单位计划生育目标管理责任制，每年年终分别对各镇（街道）和计划生育综合治理单位进行考核，检查责任制的落实情况，按考核结果分别给予表彰或提醒注意或黄牌警告；受到提醒注意或黄牌警告的镇（街道）或单位的主要领导及分管领导一年内不得提拔、调动，并扣罚全年奖金，当年的年度考核不称职；连续两年受到黄牌警告的，依照有关规定给予主要领导及分管领导免职或撤职处分。

第五章　法律责任

第二十一条 对违反《广东省人口与计划生育条例》规定生育子女的，征收社会抚养费；不按规定的期限缴交社会抚养费的，加收滞纳金。社会抚养费由区人口和计划生育局委托各镇政府（街道办）征收。

第二十二条　对违反《广东省人口与计划生育条例》规定生育子女的，应当按下列规定征收社会抚养费：

（一）城镇居民社会抚养费征收标准

1. 超生一个子女的，对夫妻双方分别一次性征收社会抚养费60000元；超生二个及以上子女的，以超生一个子女应征收的社会抚养费为基数，按超生子女数为倍数征收社会抚养费。本人上年实际收入高于区上年城镇居民人均可支配收入的，还应当按照其超过部分的一倍以上二倍以下加收社会抚养费。

2. 未办理结婚登记生育第一个子女，六十日内未补办结婚登记的，对男女双方分别一次性征收社会抚养费25000元；未办理结婚登记生育第二胎以上子女的，对男女双方分别一次性征收社会抚养费75000元。

3. 有配偶又与他人生育的，按超生处理，超生一个子女的，对男女双方分别一次性征收社会抚养费75000元；超生二个及以上子女的，以超生一个子女应征收的社会抚养费为基数，按超生子女数为倍数征收社会抚养费。

4. 符合《广东省人口与计划生育条例》规定再生育一胎子女的条件，但未办理审批手续生育的，对男女双方分别一次性征收社会抚养费250元。

（二）农村居民社会抚养费征收标准

1. 超生一个子女的，对夫妻双方分别一次性征收社会抚养费30000元；超生二个及以上子女的，以超生一个子女应征收的社会抚养费为基数，按超生子女数为倍数征收社会抚养费。本人上年实际纯收入高于区上年农村人均纯收入的，还应当按照其超过部分的一倍以上二倍以下加收社会抚养费。

2. 未办理结婚登记生育第一个子女，六十日内未补办结婚登记的，对男女双方分别一次性征收社会抚养费12500元；未办理结婚登记生育第二胎以上子女的，对男女双方分别一次性征收社会抚养费35000元。

3. 有配偶又与他人生育的，按超生处理，超生一个子女的，对男女双方分别一次性征收社会抚养费35000元；超生二个及以上子女的，以超生一个子女应征收的社会抚养费为基数，按超生子女数为倍数征收社会抚养费。

4. 符合《广东省人口与计划生育条例》规定再生育一胎子女的条件，但未办理审批手续生育的，对男女双方分别一次性征收社会抚养费100元。

第二十三条　超计划生育双（多）胞胎的，夫妻（或男女双方）分别按生育双（多）胞胎的子女数分孩次累加计征社会抚养费。夫妻双方（或男女双方）连续超生的，其社会抚养费累加计征。

第二十四条　夫妻（或男女双方）一方属城镇居民，另一方属农村居民的，按各自的征收标准分别计征社会抚养费。

第二十五条　未依法办理收养登记收养子女的，根据收养人的户口、婚姻、生育、收养状况分别按上述各项征收标准征收社会抚养费。

第二十六条　流动人口违规生育子女的，其社会抚养费的征收按照《社会抚养费征收管理办法》（国务院令第357号）的有关规定执行。

第六章　附　则

第二十七条　本实施细则未尽事项，以《中华人民共和国人口与计划生育法》、《广东省人口与计划生育条例》为准。

第二十八条 本实施细则自2009年10月1日起施行。《佛山市高明区人口与计划生育管理实施办法》(明府字〔2003〕8号)和《关于调整我区社会抚养费征收标准的通知》(明府办[2008]199号)同时废止。

本实施细则实施前违反计划生育行为已处理完结的,不再处理;处理未完结的,按原规定继续执行;凡弄虚作假、故意隐瞒事实在本实施细则实施后才发现的,以及今后发生的违反计划生育行为,按本实施细则执行。

第二十九条 本实施细则由区人口和计划生育局负责解释。

佛山市高明区科技企业创业孵化基金管理办法(试行)

佛山市高明区人民政府 2009年11月16日

第一章 总 则

第一条 为扶持我区初创科技型企业的发展,支持高层次人才创业,优化创新创业环境,充分发挥政府公共财政的超前引领作用,推动我区自主创新进程,根据《科技企业孵化器(高新技术创业服务中心)认定和管理办法》(国科发高字〔2006〕498号)和《关于印发"广东省高新技术创业服务中心认定和管理办法"通知》(粤科高字〔2004〕197号),结合我区实际,特制定本办法。

第二条 区政府设立科技企业创业孵化基金(以下简称"基金")。基金主要由政府投入、民间投入的资本金及基金的收益构成。当基金总额达到有关规定时,将依法成立高明科技创业投资公司,按照《公司法》的规定运作。

第三条 基金用于扶持和引导高新技术项目及初创科技型企业的发展,鼓励科研人员进行科技创新活动,促进科技成果转化,加快科技项目产业化进程,培育高新技术企业。

第四条 区科技信息局是基金的主管部门,区财政局是基金的监管部门,区科技企业创业中心负责日常管理工作。成立基金管理委员会(以下简称"管委会"),由区科技信息局、区财政局、区科技企业创业中心派员组成,管委会下设办公室(在区科技企业创业中心),办公室主任由区科技企业创业中心主任兼任。管委会负责拟订基金的使用规划、审核基金的资助项目、监督基金的使用情况以及对涉及基金的其他重大事项进行商议,并报区政府审批后执行。管委会办公室主要负责建立和完善基金管理制度和办事程序,受理用款申请;对项目进行资格审查和形式审查;组织专家对项目的技术水平、可行性和项目单位的资信程度等进行评审;跟踪基金的使用情况;制定基金发展规划和年度使用计划。

第五条 基金在区科技企业创业中心设

立专户，纳入区财政集中核算。基金管理和使用必须遵守国家有关法律、行政法规和财务规章制度，遵循公正受理、科学管理、择优支持、公开透明、专款专用的原则。

第二章　申报条件、范围

第六条　基金投资对象是在高明产业化的高新技术项目，重点投资沧江工业园科技企业创业中心入孵的科技型企业。申报项目的企业应具备以下条件：

（一）在高明境内注册，具有独立企业法人资格；

（二）主要从事高新技术产品的研制、开发、生产和服务业务；

（三）企业管理层有较高经营管理水平，有较强的市场开拓能力；

（四）职工人数不超过 50 人，具有大专以上学历的科技人员占职工总数的比例不低于 30%，直接从事研究开发的科技人员占职工总数的比例不低于 10%；

（五）具有良好的市场前景，资产负债率合理，每年用于研究开发的经费不低于销售额的 5%；

（六）具备健全的财务管理机构、严格的财务管理制度和合格的财务人员。

第七条　基金主要支持以下项目：

（一）符合国家和各级产业政策；

（二）属于以下行业领域：

1. 电子信息和软件高新技术成果的转化；

2. 生物医药高新技术成果的转化；

3. 光机电一体化高新技术成果的转化；

4. 新材料高新技术成果的转化；

5. 环保节能高新技术成果的转化；

6. 列入《国家高新技术产品目录》的其他高新技术成果的转化。

（三）处于中试或产业化阶段；

（四）优先支持具有自主知识产权的项目。

第三章　项目申报和审批

第八条　项目申报和审批程序：

（一）申请。符合基金支持范围的项目由企业申报并提供相应的申请材料，向管委会办公室提出申请。

（二）初审。管委会办公室收到申请后，对申报材料进行形式审查，组织相关行业专家对申请项目进行评审并提出初审意见，提交管委会审核。

（三）审批。管委会审核后，拟定扶持方式、额度、期限等，并报区政府审批。区科技信息局、区财政局、沧江工业园科技企业创业中心与申请单位签订资金使用合同书。

（四）跟踪。管委会办公室组织会计师事务所监督核查资金的使用，并做好资金的到期回收工作。

每个企业同一年内原则上只能申请一个项目和一种支持方式。

第九条　项目申报材料：

（一）《科技企业孵化基金项目申请书》；

（二）申请创业资助和借贷的项目提供可行性报告，申请资本金投入的项目提供商业计划书；

（三）企业法人营业执照、股东协议书复印件；

（四）企业上一年度审计报告以及最近一个月的会计报表复印件，包括资产负债表、损益表、现金流量表以及报表附注等。开业不足一年的新创办企业须报送会计师事务所出具的企业验资证明和最近一个月的会计报表；

（五）能体现项目技术水平的证明文件（如科技主管部门或行业主管部门出具的科技成果鉴定材料、专利证书、科技查新报告、检测报告、用户使用报告等），与项目有关的其他参考材料。

第四章　投入与收益

第十条　根据项目处于研发阶段或中试阶段的不同特点，基金的投入包括创业资助、借贷和资本金投入三种方式。

（一）创业资助。主要用于支持初创科技型企业项目；我区配套的重要产业以及市场前景有明确优势的项目；我区引进、培育的学科带头人、行业技术领先人才、科技开发人才、留学归国创业人才所持有的研究成果、专利、样品（样机）产业化项目。资助额度每项一般不超过5万元。项目结束后，若成果转让，须有分成比例，比例在签定项目合同时双方商定，并报区科技局、区财政局审批生效。

（二）借贷。主要用于科技型小企业技术创新过程中处于研究开发及中试阶段的项目、科技人员携成果来高明进行转化的项目，支持额度一般不超过10万元，期限一般不超过一年。基金实行有偿使用的原则，以保障可持续性。借款利率按银行贷款利率计算。

（三）资本金投入。主要支持处于中试末期、产业化前期，技术起点高，具有较强创新内涵、较高创新水平，市场前景广阔的项目。资本金投入一般不超过50万元。资本金投入以引导其它资本投入为主要目的。可以优先股方式入股，并在参股企业的合同、章程等文件中明确基金作为优先股的权利、义务和责任。在规定期限内（期限规定见第十一条）依法收回投资本金和收益，管委会向入股企业委派董事，并由派驻董事代表行使股东权力和承担相应义务和责任，派驻董事的相关权力及义务应在公司章程中明确规定。入股企业因存续期满、股东按章程规定决定提前解散、被依法关闭等原因而解散时，清偿完债务后的剩余资产优先分配给基金。

经批准使用基金的单位，应定时上报项目执行情况和资金使用的效益情况，同时接受管委会的监督和检查。对以虚假材料骗取基金支持的，管委会追回已拨付的款项；对投资运作过程中违反合作协议的，管委会限期予以纠正，过期未改正的，管委会追回已拨付的款项；构成犯罪的，依法追究其刑事责任。

第十一条　当企业的项目发展壮大后，基金将退出，退出时间为资本金投入的3～5年后。基金可以选择协议转让、公开招标、公开拍卖、清算以及法律允许的其他形式退出入股企业。具体事项和应变在基金使用合同书中确定。入股企业经营期限届满时，应当按有关法律、法规的规定进行清算或延长经营期限。

第十二条　合作方及入股企业以有效的制度保证在任何情况下（包括破产清算），基金仅承担以出资额为限的责任。基金收益的50%反投到基金中，以增加基金的发展规模；收益的另外50%按出资比例分配给基金出资人以作为分红，政府投入资金的分红全部上缴财政。当创业中心（基金管委会办公室）实行企业化运作后，政府投入资金分红的50%由财政返还给创业中心（基金管委会办公室），用作日常办公经费。

第五章　项目监理与验收

第十三条　管委会委托中介机构对项目实施过程进行监理。监理的主要内容为：资金的使用情况、项目的进度以及项目完成情况，依据监理信息和实地考察情况，提出监理意见。管委会办公室应根据监理意见，对项目作出验收或退出等初步办理意见。

第十四条 项目验收的主要内容：

（一）项目技术、经济指标完成情况；

（二）资金落实和使用情况；

（三）项目实施前后企业的整体发展变化情况；

第十五条 对各类项目验收的要求：

（一）获创业资助的项目单位应配合监理对项目进行监理和验收。

（二）获借贷的项目单位应配合监理对项目进行监理，对项目实施情况进行评估，并提出退出或续贷的建议。

（三）获资本金投入的项目单位应配合监理对项目进行监理，派驻董事应履行监理义务，每年将项目实施和企业运行情况定期报告管委会。管委会视项目实施和基金投资情况，对项目作出继续投资或退出的决定。

第六章 附 则

第十六条 本办法由区科技信息局和区财政局负责解释。

第十七条 本办法自 2009 年 12 月 1 日起实施。

佛山市高明区招商引资委托代理招商试行办法

佛山市高明区人民政府 2009 年 12 月4 日

第一章 总 则

为创新招商引资方式，拓宽招商引资渠道，充分发挥各类投资促进（咨询）中介机构、行业商会及其他经济组织等参与我区招商引资工作的积极性，有效利用国内外资金、先进技术和管理经验，促进高明经济社会发展，结合我区实际，制定本试行办法。

第一条 本试行办法所称招商代理是指经区经贸局（招商局）审核，并与其签订委托代理招商协议的境内外法人、社会团体或经济组织。委托代理招商是指经委托人授权，由招商代理向国内外推介我区招商引资项目，积极开展招商引资的经济活动。

第二条 区经贸局（招商局）是我区委托代理招商业务的主管部门，负责履行下列职责：

（一）负责招商代理的资格审查、选择推荐工作；

（二）受区政府委托，作为委托人与招商

代理签订委托代理招商协议；

（三）及时向招商代理提供我区招商引资政策法规、项目信息、区情动态等；

（四）定期或不定期收集、汇总、分析和反馈全区委托代理招商的有关情况；

（五）负责陪同招商代理参与项目考察、洽谈及签约活动；

（六）负责对招商代理预支前期招商费用提出支付意见、接受委托代理招商项目的申报登记、引进资金到位数额的确认、引进项目奖励和佣金支付的监督兑现等日常工作；

（七）指导和协调各镇（街道）、沧江工业园区管理委员会、西江新城建设管理委员会开展委托代理招商工作。

第三条 招商代理应当具备下列条件：

（一）具有独立承担民事法律责任能力的法人或其他经济组织；

（二）具有一定实力和良好的信誉，熟悉招商引资工作；

（三）具有广泛的对外联系渠道，能够引荐一批客商到我区考察、投资项目；

（四）熟悉国内外经济、贸易、投资等方面的法律法规；

（五）委托人认为应具备的其他条件。

第四条 招商代理应履行以下职责：

（一）了解掌握我区的投资环境、政策导向、发展重点和招商引资项目情况；

（二）充分发挥自身优势和渠道，宣传我区的投资环境，扩大高明区对外知名度；

（三）接受委托筹备我区招商说明会及招商项目发布会等项目推介活动；

（四）负责向委托人提供投资商的相关资料，负责安排项目单位与投资商的会晤、洽谈、考察等活动；

（五）协助委托人解决招商引资过程中需要协调解决的问题；

（六）定期向委托人反馈有关委托代理招商工作的情况；

（七）信守职业道德，不得泄露我区项目商业机密；

（八）委托代理招商协议中明确的其他职责。

第五条 招商代理的确定程序：由区经贸局（招商局）根据我区实际需要和资质条件，对经自荐或推荐的候选招商代理进行初审，并报区政府分管领导审定后，与招商代理正式签订《佛山市高明区招商引资委托代理招商协议》。

第六条 招商代理引进项目的认定：

（一）引资人认定：招商代理须在引进项目签定协议前，到区招商引资奖励评审工作小组办公室（设在区招商局）进行登记备案；事后进行登记认定的，不予受理。

（二）引资项目认定：1、招商代理引进的项目必须符合国家及我区的投资产业政策；2、招商代理引进的项目已完成各项审批和注册程序，并按照合同规定履行了出资义务；3、招商代理引进的项目应符合《佛山市高明区招商引资奖励办法（试行）》（明府字〔2009〕3号）纳入奖励范围的项目。

第七条 鼓励招商代理积极引进项目的具体办法：

设立委托代理招商扶持金、引进项目奖励金和佣金。

（一）委托代理招商扶持金，即支付给招商代理的前期招商费用。委托人在认定招商代理的资质信用可靠，拟引进的项目属于我区需引进的产业项目、可信度高，且招商代理至少能为委托人引进一个合同投资金额5000万元以上项目的，委托人可与该招商代理签订委托代理招商协议书。委托代理招商协议签订后，经区政府批准，可一次性支付给该招商代理10万元招商扶持金，作为招商代理的前期招商费用，招商代理开展招商活动的一切费用包干。如无特别协议，超出规定幅度范围所发生的一切费用，均由招商代理自付。引进项目成功后，招商代理仍可按本办法的规定标准领取奖励金和佣金。

（二）引进项目奖励金，即对招商代理成功引进项目后的奖励资金。招商代理成功引进的项目经认定后，根据《佛山市高明区招商引资奖励办法（试行）》（明府字〔2009〕3号）的有关规定给予资金奖励。

（三）引进项目佣金，即招商代理成功引进项目后可按协议规定领取的资金。招商代理成功引进的项目经认定后，除按规定领取引进项目奖励金外，另可按引进项目实际到位注册资金的2‰领取佣金。

第八条 委托代理招商扶持金、引进项目奖励金和佣金由区、镇（街道）两级按税收收入分成比例分担，具体以引进项目的落户地镇（街）按税收分成比例分担。先由区财政局统一向招商代理预付前期招商费用、兑付奖励金和佣金，年终再与镇（街道）财政结算。

第九条 各镇（街道）可参照本办法，结合实际另行制订方案委托招商代理开展中介招商工作，所涉及的委托代理招商扶持金、引进项目奖励金和佣金等由各镇（街道）自行解决。

第十条 本办法未尽事宜，采用“一事一议”的办法研究解决。

第十一条 对自然人的中介招商活动，不列入本办法奖励范围，对其奖励按照《佛山市高明区招商引资奖励办法（试行）》（明府字〔2009〕3号）有关政策执行。

第十二条 本办法由区经贸局（招商局）负责解释，试行期限为三年，自发布之日起执行。

佛山市高明区居民社会养老保险实施办法（试行）

佛山市高明区人民政府　2009年12月8日

第一章　总　则

第一条 为加快构筑起与我区经济社会发展水平相适应、城乡统筹、惠及全民的社会保障体系，促进社会和谐稳定，根据《佛山市新型农村社会养老保险实施意见（试行）》（佛府办〔2009〕262号）及有关规定，结合我区实际，制定本办法。

第二条 本办法适用于我区行政区域内的下列人员（以下简称“参保人”）：

（一）年满16周岁至未满60周岁、未参

加城镇职工基本养老保险的具有本区户籍的居民。

（二）年满60周岁以上、未享受城镇职工基本养老保险待遇的具有本区户籍的居民。

应征服兵役人员和在校学生暂不按本办法参加居民社会养老保险。

第三条 居民社会养老保险应遵循以下原则：

（一）坚持“保基本、广覆盖、有弹性、可持续”的制度建设原则。

（二）坚持权利和义务相对应、公平与效率相结合、保障水平与当地社会经济发展水平相适应的原则。

（三）实行个人账户与基础养老金相结合的制度模式，采取个人缴费、政府补贴、鼓励集体补助和社会捐助等多渠道筹资方式。

（四）坚持因地制宜，先行先试，最终与城镇职工基本养老保险并轨的原则。

（五）坚持属地管理，区级统筹的原则。

第四条 居民以村（居）民委员会为参保单位，村（居）民委员会（以下简称“参保单位”）必须负责为符合参保条件的对象办理参保手续。

已参加城镇职工基本养老保险的居民，不再参加居民社会养老保险。

第五条 居民社会养老保险费必须按时足额缴纳。居民社会养老保险基金、各项养老保险待遇按国家规定免征税费。

第六条 居民社会养老保险年度为每年的7月至次年的6月。

第七条 原已参加区全征地农村基本养老保险的参保人员并入参加居民社会养老保险，两项养老保险待遇叠加发放。

第八条 根据我区经济社会发展实际，区政府统一确定居民社会养老保险的缴费和待遇标准。

第九条 区劳动和社会保障部门负责居民社会养老保险的统筹计划和管理实施等工作。市社会保险基金管理局高明分局负责具体办理居民社会养老保险的各项业务。各镇政府、街道办负责确认参保对象身份和落实居民社会养老保险的相关工作。

第二章 居民社会养老保险基金征集

第十条 居民社会养老保险以中华人民共和国居民身份证号作为参保人唯一和终身的社会保障号。

第十一条 居民社会养老保险基金由个人缴费、集体补助、政府补贴和社会捐助等构成。

第十二条 个人缴费标准为每月30元。参保人可选择按月或按年缴费，但年度内只能选择一种缴费方式。

第十三条 政府财政对参保居民个人缴费给予补贴，增加个人账户储存额。补贴标准为每人每年36元。其中：农村居民参保补贴由市财政负担12元/人，区财政负担10元/人，镇（街道）财政负担14元/人；城镇居民参保补贴由区财政负担16元/人，镇（街道）财政负担20元/人。

第十四条 低保户、五保户和1至4级残疾人员的个人缴费部分由区、镇（街道）两级财政负担，其中：区财政负担10元/人/月，镇（街道）财政负担20元/人/月。

第十五条 参保人的个人缴费、集体补助、政府补贴部分及其个人账户储存额的滚存利息，构成参保人的养老保险个人账户。

第十六条 居民社会养老保险费由各

镇(街道)负责督促辖区内各参保单位按参保人选择的缴费方式按时足额征收。

第三章　领取养老金条件

第十七条　居民年满60周岁且符合以下条件之一的,即可申请按月领取居民养老金,直至死亡。

(一)本办法实施时,年满60周岁且未享受城镇职工基本养老保险待遇的本区户籍居民,不需缴费,可直接按月领取居民基础养老金,但其配偶、子女和子女的配偶(以下简称为"家属")如符合参保条件的,必须同时参保缴费;若其"家属"中途停保的,同时停发其基础养老金。

(二)本办法实施时,年满45周岁以上的本区户籍居民(含已缴费全征地农村居民),必须连续缴费至60周岁,才可按月领取居民养老金;如中途中断缴费的,按办理补缴手续时的缴费标准,补缴中断年限的养老保险费(财政不再给予补贴),才可按月领取居民养老金。

(三)本办法实施时,45周岁以下的本区户籍居民(含已缴费全征地农村居民),必须累计缴费满15年,年满60周岁后,才可按月领取居民养老金。累计缴费年限不足15年的,按办理补缴手续时的缴费标准,补足差额年限的养老保险费(财政不再给予补贴),才可按月领取居民养老金。

第四章　养老保险待遇

第十八条　市社会保险基金管理局高明分局负责居民社会养老保险待遇的核算和养老金的发放。

参保人不得同时享受居民社会养老保险待遇和城镇职工养老保险待遇。

第十九条　居民养老金由基础养老金和个人账户养老金两部分构成。其中基础养老金由政府财政支付,个人账户养老金由个人账户储存额支付。

(一)基础养老金标准为每人每月80元。农村居民基础养老金由市财政补贴15元/人,区财政补贴25元/人,镇(街道)财政补贴40元/人;城镇居民基础养老金由区、镇(街道)财政各补贴40元/人。

(二)个人账户养老金月标准为首次领取养老金时个人账户储存额除以计发月数。计发月数参照国发〔2005〕38号文的规定(即139个月)执行,今后根据国家有关规定进行调整。

个人账户储存额支付完结时,由政府财政继续发放个人账户养老金,直至死亡。

第二十条　年满60周岁且符合领取居民养老金条件的参保人,可从当月起领取养老金。

已领取养老金的人员,必须在每年5~6月到所在镇(街道)进行领取资格确认,同时提供其家属参保证明。各镇(街道)将确认情况汇总后报市社会保险基金管理局高明分局备案。

第二十一条　领取养老金期间死亡的人员,其直系亲属应在1个月内到市社会保险基金管理局高明分局办理相关手续,从死亡次月起停止发放养老金。

第二十二条　养老金由市社会保险基金管理局高明分局委托指定的银行每月发放。

第二十三条　养老待遇标准的调整,由区劳动和社会保障部门会同区财政部门提出,报区政府批准后执行。

第五章　养老保险管理

第二十四条　市社会保险基金管理局高明分局负责为参保人建立养老保险关系档案;负责为参保人建立居民社会养老保险个人账户;负责对享受居民社会养老保险待遇的人员进行审核和发放养老金;负责每月对征收到账的养老保险费和发放的养老金进行核算结算;负责每年与区、镇(街道)财政部门对居民社会养老保险基金进行年度核算。

市社会保险基金管理局高明分局各办事处负责为所属行政区域内参保单位和参保人办理居民社会养老保险参保信息录入、待遇核发等有关业务。

各镇(街道)必须配备专职人员,负责办理辖区内居民社会养老保险业务。

第二十五条　参保人跨区转移居民社会养老保险关系的,其个人账户中的资金全部转移。

参保人在参保期间出境或出国定居的,经本人申请,其个人账户储存额一次性支付给其本人或其指定受益人。

参保人在参保期间死亡的,其个人账户储存额一次性支付给其法定继承人或指定受益人;参保人在领取待遇期间死亡的,其个人账户储存余额一次性支付给其法定继承人或指定受益人;无法确定法定继承人或受益人的,其个人账户储存额或余额转入居民社会养老保险基金。

第二十六条　各镇(街道)负责将当月收缴的居民社会养老保险费于次月10日前全部划入区居民社会养老保险基金财政专户。

第二十七条　参保人如中途参加城镇职工基本养老保险的,其居民社会养老保险缴费年限及个人账户予以保留。

第六章　与城镇职工基本养老保险的衔接

第二十八条　参保人原则上不允许退保,不允许提前支取个人账户储存额。

第二十九条　参保人在不同时段分别按照本办法及城镇职工基本养老保险办法参保的,达到国家规定领取养老金年龄时,可选择享受城镇职工基本养老保险待遇或居民社会养老保险待遇。两项待遇只能选其一,不得重复享受。

达到城镇职工基本养老保险按月领取养老金条件的,可将其居民社会养老保险个人账户储存额转入城镇职工基本养老保险个人账户。经参保人申请,也可选择将其居民社会养老保险缴费年限按对应年度城镇职工基本养老保险的缴费标准补足差额保险费后,计算为城镇职工基本养老保险的缴费年限,按城镇职工基本养老保险的规定计发养老金。

未达到城镇职工基本养老保险按月领取养老金条件的,经参保人申请,可将其居民社会养老保险缴费年限按对应年度城镇职工基本养老保险的缴费标准补足差额保险费,计算为城镇职工基本养老保险的缴费年限。缴费年限合并计算后,达到城镇职工基本养老保险按月领取条件的,按有关规定计发养老待遇;缴费年限合并计算后,仍达不到城镇职工养老保险按月领取条件的,按有关延后缴费办法处理。

经参保人申请,选择享受居民社会养老保险待遇的,将其按照城镇职工基本养老保险规定计发的一次性养老待遇和个人账户储存额转入其居民社会养老保险个人账户,缴费年限合并计算，并按照本办法的规定继续参加居民社会养老保险或计发居民社会养老保险待遇。

参保人达到领取待遇年龄时，若其累计缴费年限未达到领取居民养老金条件，且参保人既不办理城镇职工基本养老保险延后缴费手续，又不办理一次性补足居民社会养老保险差额缴费年限的，其参加两项保险的个人账户储存额一次性支付给其本人，并同时终结城镇职工基本养老保险和居民社会养老保险关系。

第七章　居民社会养老保险基金管理和监督

第三十条　居民社会养老保险个人账户基金及发放养老金的专项基金全额划入财政部门开设的“居民社会养老保险基金财政专户”，实行收支两条线管理，严禁拖欠、挤占、挪用。

第三十一条　居民社会养老保险基金按国家规定的社会保险资金存款利率计算利息，利息全部转入居民社会养老保险基金。

居民社会养老保险基金按国家有关规定通过存入国有（或国有控股）银行或购买国家债券等方式实现保值、增值，不得直接进行投资，不得作担保或抵押，并接受上级和同级财政、审计、劳动保障部门的监督检查。

第三十二条　由区政府组织成立居民社会养老保险基金监督委员会，按国家有关规定对居民社会养老保险基金进行监督管理。

第三十三条　市社会保险基金管理局高明分局实行公开办事制度，向参保单位如实提供个人账户有关信息，为居民提供养老保险的查询、咨询服务。

第三十四条　任何单位和个人不得挪用、截留居民社会养老保险费。对挪用、截留居民社会养老保险费的，依法追究有关单位负责人及责任人的经济、行政和法律责任。

审计机关负责定期对居民社会养老保险基金收支情况进行审计监督。

市社会保险基金管理局高明分局会同区财政等有关部门，参照城镇职工基本养老保险制度有关规定，建立和健全居民社会养老保险基金预、决算和会计、统计及内部审计制度。

第三十五条　任何人以非法手段冒领、多领、骗取居民社会养老保险待遇的，除由其所属参保单位负责追回全部非法所得外，可由区劳动和社会保障部门处以其非法所得1～3倍的罚款；构成犯罪的，由司法机关依法追究刑事责任。

第八章　附　则

第三十六条　本办法自2010年1月1日起施行。

第三十七条　本办法由区劳动和社会保障局负责解释。

佛山市高明区促进房地产市场平稳健康发展“十六条”措施

佛山市高明区人民政府　2009年12月22日

为进一步合理引导房地产开发与消费，促进我区房地产市场稳定健康发展，根据国务院办公厅《关于促进房地产市场健康发展的若干意见》（国办发〔2008〕131号）、省政府办公厅《关于促进我省房地产市场平稳健康发展的若干意见》（粤府办〔2009〕2号）等规定，结合我区实际，制定如下措施。

一、鼓励合理住房消费

第一条　减轻居民购买普通住房负担。实行个人首次购买住房契税补贴，在此项政策执行期间新发生的房产交易，属于个人在荷城街道辖区首次购买90平方米以下普通住房的，在取得房屋所有权证后，按所缴纳的契税扣除上缴市部分后给予50%补贴；属于个人在杨和镇、明城镇、更合镇辖区内首次购买90平方米以下普通住房的，在取得房屋所有权证后，按所缴纳的契税扣除上缴市部分后给予全额补贴。此项政策自本《措施》实施之日起暂执行至2010年12月31日，具体补贴实施细则由区财政局制定执行。（主办单位：区财政局）

第二条　放宽首次购房界定标准。在高明区辖区内购买普通住房，且在本区住房建设主管部门无商品住房（含二手住房）权属登记记录、商品住房预售合同备案记录及已受理的商品住房（含二手房）交易申请的，视为首次购房，比照执行首次购买普通住房的优惠政策。（主办单位：区建设局）

第三条　加快解决困难家庭住房问题。加快廉租住房建设，确保2010年底完成2.4万平方米保障性住房建设任务，全面解决2007年在册的符合低收入住房困难家庭条件的住房保障问题。（主办单位：区建设局）

第四条　降低住房交易成本。从本《措施》下发之日至2010年12月31日，个人购买竣工3年以上（楼龄满3年或以上）空置普通商品住房的，免收房地产交易中产生的登记类、证照类等各项行政事业性收费。鼓励机关、企事业单位及社会团体组织职工团购，凡一次性组织团购普通商品住房1000平方米以上的，在取得房屋所有权证后，由区财政给予购房者每平方米10元的补贴，具体补贴实施细则由区财政局制定执行。（主办单位：区财政局）

二、鼓励房地产开发建设

第五条　优先安排市政配套设施建设。对当年竣工的房地产项目，需市政设施配套的，优先安排市政配套；对当年竣工的用地面积在50亩以上（含50亩）或建筑面积在6万平方米以上（含6万平方米）的房地产项目，其市政配套设施按“一项一策”予以倾斜支持。对成片出让的土地，周边市政设施配套不完善的，属使用财政性资金投资项目，可由开发商先行出资，通过招投标程序，择优选择中标单位进行建设，经业主、建设等部门验收合格，由审计部门对工程结算予以审计确认，其投入部分按土地所属由区、镇街两级政府各自根据协议约定分期偿还。（主办单位：区建设局）

第六条 加强闲置房地产用地的处置与开发。对闲置的经营性房地产用地，严格按照《印发加强我市闲置土地处置意见的通知》（佛府〔2008〕116号）及《转发市政府印发加强我市闲置土地处置意见的通知》（明府字〔2009〕5号）文件执行，特别对闲置满两年而又无合理原因的闲置房地产用地，坚决执行收回处置。对有闲置房地产用地的房地产企业，暂停其参与土地公开出让的投标资格，暂停其享受本措施的相关优惠政策。（主办单位：国土资源分局）

三、优化房地产投资环境

第七条 扩大各层次规划覆盖面。至2010年底前完成杨和、明城、更合三镇总体规划和重点地区的控制性详细规划，以及荷城街道原西安片区、三洲片区西部控制性详细规划编制工作，实现全区重点区域控规的全覆盖。（主办单位：规划分局）

第八条 保障房地产用地供应。加强土地利用规划与城市总体规划的衔接，科学制定房地产开发年度计划和土地供应计划，合理确定开发规模、区域分布及结构比例。合理把握土地供应时序和节奏，保障房地产市场供需平衡。（主办单位：国土资源分局）

第九条 提高投资项目审批效率。建立健全房地产投资项目中介服务机构监管体系，督促中介服务机构公开承诺时限、收费标准等服务指标，缩短房地产投资项目技术性审查、评估周期。按"统一受理、并联审批、限期办结"的要求，建立规范、完善、高效的项目预审机制，进一步提高联合审批效率，确保房地产建设项目快审快批，按时办结。（主办单位：区行政服务中心）

第十条 规范房地产市场秩序。加强对房地产开发项目建设、房屋交易、物业服务等环节的管理，严肃查处房地产开发、交易环节的违规行为，努力营造主体诚信、行为规范、监管有力、市场有序的房地产市场环境。加强对商品房预售款和物业维修资金的监管，防范资金风险，维护购房者合法权益。（主办单位：区建设局）

第十一条 规范房地产中介服务。制定出台房地产中介服务管理办法，规范和发展房地产中介交易市场和住房租赁市场，引导居民通过购买二手房、租赁等方式，合理改善居住水平。引导房地产企业实行销售业务外包，加强与一手房地产销售代理中介合作，提高房地产销售效率。（主办单位：区建设局）

第十二条 表彰奖励先进房地产企业。对房地产开发、物业服务管理企业在综合效益、企业管理、优质服务、社会诚信等方面进行考核，每年评出优秀房地产开发企业、优秀建筑施工企业、优秀物业服务企业各3家，由区政府通报表彰，并给予优秀房地产开发企业各5万元、优秀建筑施工企业和优秀物业服务企业各3万元奖励。每年评出物业管理先进社区、优秀业主委员会各2家，由区政府通报表彰，并给予各1万元奖励。相关费用由区财政核拨。（主办单位：区建设局）

四、加强社会引导宣传

第十三条 加强房地产市场组织领导。建立房地产市场联席会议制度，由区政府分管副区长召集，区发改、规划、建设、国土、经贸、财政、税务、人民银行高明支行等部门参加。联席会议的主要任务是及时分析研究房地产市场情况，研究解决房地产市场发展中

出现的矛盾和问题，联席会议原则上每季度召开一次。（主办单位：区建设局）

第十四条 加强房地产市场监测分析。建立健全房地产市场信息系统和预警预报机制，加强对房地产市场的引导和调控，防止房地产市场大起大落。定期向社会公布房地产业发展规划及相关政策，引导房地产企业理性投资。充分发挥行业协会作用，加强房地产开发企业与政府相关部门的沟通，积极引导和帮助企业提高竞争能力、抗风险能力和应对房地产市场变化的能力。（主办单位：区建设局）

第十五条 完善房地产信息发布制度。进一步完善房地产统计和信息披露制度，全面、及时、准确发布房地产开发投资、竣工验收、预售许可、销售状况等信息，增强房地产市场信息透明度，引导居民理性消费。（主办单位：区建设局）

第十六条 加大房地产宣传推介力度。组织举办房地产用地招商推介会，向客商进一步推介高明房地产经济的发展规划、政策、招商资源等，吸引外来资金到高明投资兴业。继续举办好房博会，充分发挥其品牌效应，打造市民选房、购房的便捷平台。（主办单位：区建设局）

五、本《措施》自下发之日起执行至2011年。本《措施》下发之前的佛山市高明区人民政府及区直有关部门的文件规定与本《措施》不一致的，以本《措施》为准。如国家、省、市出台相关新政策，按新政策规定实施。

六、本《措施》由佛山市高明区人民政府办公室负责解释。

佛山市高明区标语宣传品设置管理暂行办法

佛山市高明区人民政府 2009年12月29日

第一章 总 则

第一条 为加强对标语宣传品设置的管理，规范标语宣传品设置行为，维护城市容貌和环境的整洁、美观、协调，根据《广东省城市市容和环境卫生管理规定》，结合我区实际，制定本办法。

第二条 本办法所称标语宣传品，是指以张贴、张挂、安放、悬升等方式，设置在公共场地和公共空间的气球条幅、充气式装置、旗帜条幅、海报、展板、宣传画等非商业性宣传媒体。

标语宣传品不得含有展销、促销、招商等商业宣传内容。附带商业宣传内容的，按照本区有关户外广告的管理规定执行。

第三条 凡在本区行政区域范围内设置标语宣传品的，适用本办法。

第二章　规划与管理

第四条　区建设行政管理部门是本区标语宣传品设置管理的主管部门，负责标语宣传品设置的许可、监督管理工作和本办法的组织实施。

区规划、公安交警、交通、公路、城市管理行政执法等部门按照各自的职责权限，依法负责标语宣传品的规划审核、监督管理和行政执法等工作。

第五条　标语宣传品的设置应符合地区功能、总量控制、适度集中的原则。

设置的标语宣传品应当整洁美观，与周围环境景观相协调，不得影响市容市貌。

第六条　区建设行政管理部门应当会同有关部门，制定标语宣传品的设置规范，并公布实施。

第七条　区建设行政管理部门负责规划设置固定的标语宣传品设施，提供给社会单位和个人设置标语宣传品。

固定的标语宣传品设施由区建设行政管理部门统一规划、统一设置、统一管理。

第三章　申请与审批

第八条　除下列情形外，设置标语宣传品必须申请行政许可：

（一）国家机关张贴公告、通告、布告；

（二）在国家法定节日期间设置庆祝节日的标语宣传品。

第九条　设置标语宣传品的，应当按照办法的行政许可程序和要求办理行政许可申请，并按照许可决定规定的范围、地点、数量、规格、内容和期限进行设置和维护管理。

第十条　申请设置标语宣传品的，申请人应当提交以下材料：

（一）佛山市高明区标语宣传品设置申请表；

（二）标语宣传品的彩色效果图；

（三）设置标语宣传品的场地（土地）所有权、使用权证明文件，或者与场地（土地）所有权、使用权单位和个人签订的使用协议等；

（四）举办的活动需要经有关主管部门批准的，应当提供相关部门的批准文件；

（五）举办活动方案、宣传方案以及经宣传管理部门认定的宣传内容。

申请在固定的标语宣传品设施上设置标语宣传品的，应当提交本条款第（一）、（二）、（四）、（五）项所规定的材料。

第十一条　申请人应当持本办法第十条要求的材料，于拟开始设置 7 日前到区建设行政管理部门办理行政许可申请。

第十二条　区建设行政管理部门应当在受理申请后 3 个工作日内作出许可或者不予许可的决定，并自作出决定之日起 2 日内，将决定书送达申请人。

第四章　设置与维护

第十三条　举办公益活动设置标语宣传品的，标语宣传品应当设置在公益活动举办地点或者场所周边范围。

国家、省重要检查及市、区主办承办的重要会议、重大庆典等活动，可以在规定的地点设置标语宣传品。其他活动不得在市政设施、交通安全设施、公共绿化带、人行天桥等设施上设置标语宣传品。

第十四条　标语宣传品的设置期限最长不得超过一个月。

举办公益活动设置标语宣传品的，标语宣传品的设置期限应当限定在公益活动期间。

第十五条 在国家规定节日期间设置庆祝节日的标语宣传品的，春节期间可在节前3日开始设置，元宵节后1日内清除；其他节日，可在节前1日开始设置，节后1日内清除。

第十六条 标语宣传品设置单位和个人应当做好日常维护和安全保障工作，应当保持标语宣传品的整洁美观、字迹清晰，无破损、无残缺。标语宣传品出现破旧不堪或者安全隐患的，设置单位和个人应当及时更换、维修。标语宣传品设置期满的，设置单位和个人应当及时撤除。

第十七条 禁止下列影响市容环境设置标语宣传品的行为：

（一）在建筑物、构筑物及各种公共设施上刻画、涂写、喷涂标语宣传品的；

（二）附着于建筑物、构筑物等设置横幅、竖幅及各种布帐的；

（三）影响无障碍设施正常使用的；

（四）占用城市绿地、利用树木和绿地设施以及影响绿化效果的；

（五）附着于立交桥、人行天桥等各类桥梁以及交通护栏等交通设施上的；

（六）利用交通工具的；

（七）利用各种飞行器在空中设置悬浮的标语宣传品的；

（八）设置在道路路面以内范围的；

（九）遮挡路灯、交通信号灯、交通标志，影响车辆和行人正常通行，妨碍司机和行人安全的。

第五章　监管与查处

第十八条 对违反本办法，不按照许可的要求设置标语宣传品的、对设置的标语宣传品维护管理不当、到期不及时撤除的、或者擅自设置标语宣传品的，由区城市管理行政执法部门依据《广东省城市市容和环境卫生管理规定》第三十九条予以处罚。

第十九条 标语宣传品含有展销、促销、招商等商业宣传内容的，由区城市管理行政执法部门依据《广东省城市市容和环境卫生管理规定》第四十一条予以处罚。

第二十条 区建设行政管理部门和区城市管理行政执法部门以及相关管理部门的工作人员滥用职权、玩忽职守、徇私舞弊的，由所在单位和个人或者上级主管部门给予行政处分；构成犯罪的，依法追究刑事责任。

第六章　附　则

第二十一条 本办法由区城市管理委员会办公室负责解释。

第二十二条 本办法自2010年1月1日起施行。

附件：1. 佛山市高明区标语宣传品设置申请表

2. 佛山市高明区标语宣传品设置审批表

附件 1：

佛山市高明区标语宣传品设置申请表

宣传活动名称			
设置形式	设置地点	规格	数量
旗帜条幅			
气球条幅			
充气拱门			
展　　板			
宣 传 画			
其　　他			
设置范围			
设置期限	年　月　日至　　年　月　日		
备　　注			

申请人名称：

年　　月　　日

联系人		联系电话	
单位地址			

附　件　目　录		
附　　件	材 料 名 称	页数
彩色效果图		
举办活动的批准文件		
设置标语宣传品相关协议		
活动方案和经相关部门认定的宣传方案		
宣传部门审定的宣传标语或宣传口号文件		
其　　他		

填表说明：

1. 申请人应当如实填报上述表格内容，并对其真实性负责。

2. 宣传品形式一栏如没有您拟设置的临时标语宣传品的形式可以在备注中填写。设置地点需填写具体、详细准确。

3. 申请人一栏应当填写活动组委会或者活动主要承办单位的名称。申请人为单位须加盖公章。

4. 申请人应按照附件目录提交全部附件材料，并在“材料名称”栏填写文件的名称，“页数”是指此文件共计多少页。

5.“设置标语宣传品相关协议”是指设置临时性标语宣传品所占用场地或利用有关设施的使用协议。如果该场地或设施属申请人自有的，请提供相关证明材料。

附件 2：

佛山市高明区标语宣传品设置审批表

规划部门审核意见	受理日期：	经办人：
	盖章 年　月　日	
建设部门审核意见	受理日期：	经办人：
	盖章 年　月　日	
交通公路部门审核意见	受理日期：	经办人：
	盖章 年　月　日	
公安交警部门审核意见	受理日期：	经办人：
	盖章 年　月　日	
城管执法部门备案	盖章 年　月　日	

2009年中共佛山市高明区委文件要目

序号	文件名称	文　号	发文单位	时　间
1	关于高明区党政领导班子党员领导干部民主生活会有关情况的报告	明发[2009]2号	区委	2009.1.7
2	中共佛山市高明区委　佛山市高明区人民政府关于表彰2008年度佛山市高明区社会治安综合治理先进单位和先进个人的决定	明发[2009]3号	区委、区政府	2009.1.8
3	中共佛山市高明区委　佛山市高明区人民政府关于表彰佛山市高明区2008年度机关效能和机关作风建设优秀单位的通报	明发[2009]4号	区委、区政府	2009.1.15
4	中共佛山市高明区第十届委员会第五次全体会议决议	明发[2009]5号	区委	2009.1.16
5	关于印发马亮照同志在中共佛山市高明区委十届五次全会上的报告的通知	明发[2009]6号	区委	2009.1.20
6	关于中共佛山市高明区委十届五次全体（扩大）会议召开情况的报告	明发[2009]7号	区委	2009.1.22
7	高明区关于推进革命老区建设发展有关问题的情况报告	明发[2009]8号	区委、区政府	2009.2.10
8	关于政协佛山市高明区第八届委员会第四次会议选举结果的报告	明发[2009]10号	区委	2009.2.12
9	关于进一步加强和改进我区党委（党工委）、党组中心组理论学习的意见	明发[2009]11号	区委	2009.2.25
10	中共佛山市高明区委　佛山市高明区人民政府关于表彰2008年度佛山市高明区精神文明建设先进集体和先进个人的决定	明发[2009]14号	区委、区政府	2009.2.26
11	关于成立区委深入学习实践科学发展观活动领导小组的通知	明发[2009]15号	区委	2009.3.9
12	关于广东卫视报道明城企业污水致塘鱼死亡事件的情况报告	明发[2009]16号	区委、区政府	2009.3.20
13	中共佛山市高明区委　佛山市高明区人民政府关于表彰2006～2008年度高明区劳动模范、先进劳动者和先进集体的决定	明发[2009]17号	区委、区政府	2009.4.10
14	关于调整区党政领导班子成员分工的通知	明发[2009]18号	区委、区政府	2009.5.4

续上表

序号	文件名称	文　号	发文单位	时　间
15	关于召开2009年度“切实转变作风，推动科学发展”专题民主生活会的请示	明发[2009]21号	区委	2009.6.5
16	关于高明区党政领导班子党员领导干部民主生活会有关情况的报告	明发[2009]23号	区委	2009.6.19
17	关于表彰佛山市高明区2008年度先进基层党组织、优秀共产党员和优秀党务工作者的决定	明发[2009]24号	区委	2009.6.24
18	关于高明区贯彻落实《珠江三角洲地区改革发展规划纲要》的情况报告	明发[2009]26号	区委、区政府	2009.7.21
19	关于中共佛山市高明区委十届六次全体（扩大）会议召开情况的报告	明发[2009]27号	区委	2009.8.3
20	关于高明区整治非法开采矿产资源工作情况的报告	明发[2009]28号	区委、区政府	2009.8.6
21	转发区人大常委会党组关于依法规范镇（街道）财政预算监督工作意见的通知	明发[2009]31号	区委	2009.8.18
22	关于完善配备中共佛山市高明区纪委副书记的请示	明发[2009]32号	区委	2009.8.19
23	关于高明区更合镇行政服务中心有关情况的报告	明发[2009]33号	区委、区政府	2009.8.25
24	关于南方日报社在高明区主办“要明鹤兴”县域经济一体化发展论坛的报告	明发[2009]34号	区委、区政府	2009.8.31
25	关于“要明鹤兴”县域经济一体化发展论坛在高明区举办的情况报告	明发[2009]35号	区委、区政府	2009.9.9
26	关于佛山市东立鳌云职业技术学校发生老师制止学生打架被刺身亡情况的报告	明发[2009]36号	区委、区政府	2009.9.10
27	关于高明区贯彻落实省委和市委常委会议精神的报告	明发[2009]39号	区委	2009.9.18
28	关于赴昆明市考察学习问责制的报告	明发[2009]40号	区委、区政府	2009.9.29
29	关于高明区更合镇行政服务中心建设问题处理落实情况的报告	明发[2009]43号	区委	2009.10.19

续上表

序号	文件名称	文　号	发文单位	时　间
30	中共佛山市高明区委　佛山市高明区人民政府关于进一步加强革命老区建设工作的实施意见	明发[2009]44 号	区委、区政府	2009.10.19
31	关于调整区党政领导班子成员分工的通知	明发[2009]45 号	区委、区政府	2009.11.6
32	关于高明区考察团赴欧洲招商考察的报告	明发[2009]48 号	区委、区政府	2009.11.13
33	关于高明区革命老区建设发展情况的报告	明发[2009]49 号	区委	2009.12.2
34	关于要求审批《佛山市高明区人民政府机构改革方案》的请示	明发[2009]50 号	区委、区政府	2009.12.2
35	关于佛山市高明区人民政府直属事业单位设置的请示	明发[2009]51 号	区委、区政府	2009.12.2
36	中共佛山市高明区委　佛山市高明区人民政府关于印发《佛山市高明区公职人员问责暂行办法》的通知	明发[2009]52 号	区委、区政府	2009.12.17
37	中共佛山市高明区委 佛山市高明区人民政府关于印发《佛山市高明区人民政府机构改革方案》的通知	明发[2009]54 号	区委、区政府	2009.12.29
38	关于佛照明有限公司高明分公司部分汞作业工人尿汞超标事件的处理情况报告	明发[2009]55 号	区委、区政府	2009.12.29

2009 年中共佛山市高明区委办公室文件要目

序号	文件名称	文　号	发文单位	时　间
1	中共佛山市高明区委办公室　佛山市高明区人民政府办公室转发区委农办、区农业局《关于深化农村集体经济组织管理体制改革实施意见》的通知	明办发[2009]1 号	区委办区府办	2009.1.4
2	中共佛山市高明区委办公室　佛山市高明区人民政府办公室关于印发佛山市高明区规范农村集体经济组织收益分配指导方案的通知	明办发[2009]2 号	区委办区府办	2009.1.12
3	中共佛山市高明区委办公室　佛山市高明区人民政府办公室关于印发《佛山市高明区挂钩帮扶人口和计划生育工作方案》的通知	明办发[2009]3 号	区委办区府办	2009.1.20

续上表

序号	文件名称	文　号	发文单位	时　间
4	中共佛山市高明区委办公室　佛山市高明区人民政府办公室批转区镇（街道）领导班子工作实绩考核领导小组关于2008年度镇（街道）领导班子工作实绩考核结果评定意见的通知	明办发[2009]5号	区委办 区府办	2009.2.4
5	关于调整中共佛山市高明区委依法治区领导小组组成人员的通知	明办发[2009]6号	区委办	2009.2.5
6	中共佛山市高明区委办公室　佛山市高明区人民政府办公室中共佛山市高明区委办公室佛山市高明区人民政府办公室关于进一步精简会议改进会风的通知	明办发[2009]7号	区委办 区府办	2009.2.5
7	关于进一步加强督查工作的通知	明办发[2009]8号	区委办 区府办	2009.2.10
8	中共佛山市高明区委办公室　佛山市高明区人民政府办公室批转区委组织部等部门《关于对镇（街道）超职数配备股级干部的处理意见》的通知	明办发[2009]9号	区委办 区府办	2009.2.10
9	中共佛山市高明区委办公室　佛山市高明区人民政府办公室批转区总工会关于在全区深入开展创建劳动关系和谐企业活动实施意见的通知	明办发[2009]10号	区委办 区府办	2009.3.2
10	中共佛山市高明区委办公室　佛山市高明区人民政府办公室关于进一步加强政务信息报送工作的通知	明办发[2009]11号	区委办 区府办	2009.3.3
11	关于加强主办部门负责制督查工作的通知	明办发[2009]12号	区委办 区府办	2009.3.4
12	关于成立佛山市高明区机关作风建设工作领导小组的通知	明办发[2009]13号	区委办 区府办	2009.3.10
13	中共佛山市高明区委办公室　佛山市高明区人民政府办公室关于进一步精简文件改进文风的通知	明办发[2009]14号	区委办 区府办	2009.3.11

续上表

序号	文件名称	文　号	发文单位	时　间
14	中共佛山市高明区委办公室　佛山市高明区人民政府办公室关于调整佛山市高明区精神文明建设委员会成员的通知	明办发[2009]15号	区委办 区府办	2009.3.11
15	转发区委宣传部《佛山市高明区2009年宣传思想文化工作要点》的通知	明办发[2009]16号	区委办	2009.3.19
16	中共佛山市高明区委办公室　佛山市高明区人民政府办公室关于印发佛山市高明区党政领导班子2008年民主生活会整改分工方案的通知	明办发[2009]17号	区委办 区府办	2009.3.23
17	关于变更佛山市高明区计划生育领导小组名称 和调整组成人员的通知	明办发[2009]18号	区委办	2009.3.23
18	中共佛山市高明区委办公室　佛山市高明区人民政府办公室关于调整区机构编制委员会成员的通知	明办发[2009]19号	区委办 区府办	2009.3.23
19	关于调整中共佛山市高明区委维护稳定工作领导小组组成人员的通知	明办发[2009]20号	区委办	2009.3.23
20	中共佛山市高明区委办公室　佛山市高明区人民政府办公室关于调整佛山市高明区禁毒委员会成员的通知	明办发[2009]21号	区委办 区府办	2009.3.25
21	中共佛山市高明区委办公室　佛山市高明区人民政府办公室关于调整佛山市高明区重大工程建设项目监督领导小组组成人员的通知	明办发[2009]22号	区委办 区府办	2009.3.26
22	中共佛山市高明区委办公室　佛山市高明区人民政府办公室关于调整区级领导班子成员联系点和联点挂钩单位的通知	明办发[2009]24号	区委办 区府办	2009.3.31
23	关于调整佛山市高明区人才工作协调小组组成人员的通知	明办发[2009]25号	区委办	2009.4.1

续上表

序号	文件名称	文　号	发文单位	时 间
24	关于调整佛山市高明区流动人员和出租屋管理工作领导小组组成人员的通知	明办发[2009]26号	区委办 区府办	2009.4.7
25	中共佛山市高明区委办公室　佛山市高明区人民政府办公室关于调整佛山市高明区社会治安综合治理委员会组成人员的通知	明办发[2009]27号	区委办 区府办	2009.4.8
26	中共佛山市高明区委办公室　佛山市高明区人民政府办公室关于调整区委区政府秘书长副秘书长分工的通知	明办发[2009]28号	区委办 区府办	2009.4.10
27	中共佛山市高明区委办公室　佛山市高明区人民政府办公室关于印发佛山市高明区 2009 年机关作风建设活动实施方案的通知	明办发[2009]29号	区委办 区府办	2009.4.17
28	关于调整佛山市高明区党风廉政建设领导小组组成人员的通知	明办发[2009]30号	区委办	2009.4.17
29	关于印发佛山市高明区公开选拔团区委副书记实施方案的通知	明办发[2009]31号	区委办	2009.4.21
30	关于大力推进 2009 年高明区区直单位“三项重点”工作项目的通知	明办发[2009]32号	区委办 区府办	2009.5.5
31	中共佛山市高明区委办公室　佛山市高明区人民政府办公室批转区委宣传部关于进一步加强和改进舆论监督工作的意见的通知	明办发[2009]33号	区委办 区府办	2009.5.5
32	中共佛山市高明区委办公室　佛山市高明区人民政府办公室关于调整佛山市高明区社区建设工作领导小组组成人员的通知	明办发[2009]34号	区委办 区府办	2009.4.12
33	中共佛山市高明区委办公室　佛山市高明区人民政府办公室批转区委组织部、区人事局关于调整我区村（社区）“两委”成员工资补贴待遇意见的通知	明办发[2009]36号	区委办 区府办	2009.5.20
34	中共佛山市高明区委办公室　佛山市高明区人民政府办公关于调整佛山市高明区干部教育培训工作领导小组组成人员的通知	明办发[2009]37号	区委办 区府办	2009.5.20
35	中共佛山市高明区委办公室　佛山市高明区人民政府办公室关于印发佛山市高明区中心城区安全小区建设工作实施方案的通知	明办发[2009]38号	区委办 区府办	2009.5.22

续上表

序号	文件名称	文　号	发文单位	时 间
36	中共佛山市高明区委办公室　佛山市高明区人民政府办公室批转区残联关于加快我区残疾人事业发展意见的通知	明办发[2009]39 号	区委办 区府办	2009.5.26
37	中共佛山市高明区委办公室　佛山市高明区人民政府办公室关于清理我区各单位工作简报的通知	明办发[2009]40 号	区委办 区府办	2009.6.1
38	关于调整佛山市高明区公共安全视频监控系统建设工作领导小组组成人员的通知	明办发[2009]42 号	区委办 区府办	2009.6.12
39	关于调整佛山市高明区贯彻落实惩防腐败体系实施办法领导小组组成人员的通知	明办发[2009]43 号	区委办	2009.7.3
40	转发区纪委、区委组织部、区编委办、区监察局关于向区直部门派驻（出）纪检组长（纪委书记）实施意见的通知	明办发[2009]44 号	区委办	2009.7.3
41	中共佛山市高明区委办公室　佛山市高明区人民政府办公室关于印发佛山市高明区镇（街道）综治信访维稳中心建设实施方案的通知	明办发[2009]47 号	区委办 区府办	2009.7.13
42	转发区纪委关于 2009 年开展纪律教育学习月活动意见的通知	明办发[2009]49 号	区委办	2009.7.27
43	中共佛山市高明区委办公室　佛山市高明区人民政府办公室关于调整佛山市高明区双拥工作领导小组组成人员的通知	明办发[2009]50 号	区委办 区府办	2009.8.11
44	中共佛山市高明区委办公室　佛山市高明区人民政府办公室关于印发佛山市高明区扶贫开发“规划到户责任到人”工作实施方案的通知	明办发[2009]53 号	区委办 区府办	2009.9.25
45	中共佛山市高明区委办公室　佛山市高明区人民政府办公室关于调整佛山市高明区扶贫开发领导小组组成人员的通知	明办发[2009]54 号	区委办 区府办	2009.9.25
46	中共佛山市高明区委办公室　佛山市高明区人民政府办公室关于佛山市高明区扶贫开发“规划到户责任到人”工作实施方案的补充通知	明办发[2009]57 号	区委办 区府办	2009.10.10

续上表

序号	文件名称	文　号	发文单位	时 间
47	中共佛山市高明区委办公室　佛山市高明区人民政府办公室关于调整我区扶贫开发“规划到户、责任到人”工作任务的通知	明办发[2009]58 号	区委办 区府办	2009.10.30
48	关于印发佛山市高明区 2009 年度机关效能机关作风建设考核评议办法的通知	明办发[2009]59 号	区委办 区府办	2009.11.2
49	中共佛山市高明区委办公室　佛山市高明区人民政府办公室批转区委农办、区农业局关于开展农村“两分两换”试点工作实施意见的通知	明办发[2009]60 号	区委办 区府办	2009.11.2
50	中共佛山市高明区委办公室　佛山市高明区人民政府办公室关于调整佛山市高明区关心下一代工作委员会工作委员会成员的通知	明办发[2009]61 号	区委办 区府办	2009.11.2
51	中共佛山市高明区委办公室　佛山市高明区人民政府办公室批转区委宣传部关于建立和完善网络发言人制度意见的通知	明办发[2009]62 号	区委办 区府办	2009.11.2
52	中共佛山市高明区委办公室　佛山市高明区人民政府办公室关于印发《佛山市高明区信访督查专员、信访督查专员助理工作规则（试行）》的通知	明办发[2009]63 号	区委办 区府办	2009.11.2
53	关于认真学习贯彻党的十七届四中全会精神的通知	明办发[2009]64 号	区委办	2009.11.2
54	关于区直新提拔区管干部及优秀年轻干部到区信访局工作有关事项的通知	明办发[2009]65 号	区委办	2009.11.5
55	中共佛山市高明区委办公室　佛山市高明区人民政府办公室关于印发佛山市高明区党政领导班子 2009 年民主生活会整改分工方案的通知	明办发[2009]66 号	区委办 区府办	2009.11.6
56	中共佛山市高明区委办公室　佛山市高明区人民政府办公室关于进一步办好“883 民生热线”栏目意见的通知	明办发[2009]67 号	区委办 区府办	2009.11.12
57	中共佛山市高明区委办公室　佛山市高明区人民政府办公室关于印发佛山市高明区 2009 年度镇（街道）领导班子工作实绩考核办法的通知	明办发[2009]68 号	区委办 区府办	2009.11.13

续上表

序号	文件名称	文　号	发文单位	时　间
58	中共佛山市高明区委办公室　佛山市高明区人民政府办公室关于成立佛山市高明区重点工程建设项目跟进督导专责小组的通知	明办发[2009]69号	区委办 区府办	2009.11.13
59	中共佛山市高明区委办公室　佛山市高明区人民政府办公室关于调整佛山市高明区扶贫开发领导小组组成人员的通知	明办发[2009]71号	区委办 区府办	2009.11.20
60	关于调整区直机关机关效能和作风建设考核领导小组组成人员的通知	明办发[2009]72号	区委办	2009.12.2
61	中共佛山市高明区委办公室　佛山市高明区人民政府办公室关于成立佛山市高明区治理工程建设领域突出问题工作领导小组的通知	明办发[2009]73号	区委办 区府办	2009.12.11
62	中共佛山市高明区委办公室　佛山市高明区人民政府办公室关于成立佛山市高明区公职人员问责工作领导小组的通知	明办发[2009]75号	区委办 区府办	2009.12.18
63	中共佛山市高明区委办公室　佛山市高明区人民政府办公室关于做好区政府机构改革工作的实施意见	明办发[2009]77号	区委办 区府办	2009.12.29
64	中共佛山市高明区委办公室　佛山市高明区人民政府办公室关于印发佛山电器照明高明分公司汞作业工人尿汞超标事件处理工作方案的通知	明办发[2009]78号	区委办 区府办	2009.12.30

2009年佛山市高明区人民政府文件要目

序号	文件名称	文　号	发文单位	时　间
1	关于表彰佛山市高明区2006～2008年度安全生产工作先进单位和先进个人的决定	明府字[2009]2号	区政府	2009.1.8
2	关于印发《佛山市高明区招商引资奖励办法（试行）》的通知	明府字[2009]3号	区政府	2009.1.8
3	佛山市高明区人民政府关于在全区实施第二次全国经济普查的通告	明府字[2009]4号	区政府	2009.1.16
4	转发市政府印发加强我市闲置土地处置意见的通知	明府字[2009]5号	区政府	2009.1.16
5	关于印发《佛山市高明区现代服务业发展规划（2008-2015年）》的通知	明府字[2009]6号	区政府	2009.1.20
6	关于表彰佛山市高明区2008年度“五项文化惠民工程”建设工作先进单位的通报	明府字[2009]7号	区政府	2009.2.20
7	佛山市高明区人民政府关于限期关闭荷城街道松柏坑石场的通告	明府字[2009]9号	区政府	2009.3.6
8	关于落实秀丽河堤围综合整治项目建设资金有关问题的通知	明府字[2009]10号	区政府	2009.3.11
9	关于落实高明区职业技术学校项目建设资金有关问题的通知	明府字[2009]11号	区政府	2009.3.11
10	关于表彰奖励佛山市高明区2008年获得知名品牌称号企业（单位）的决定	明府字[2009]12号	区政府	2009.3.21
11	关于表彰佛山市高明区2008年度优秀运动员和教练员的通报	明府字[2009]13号	区政府	2009.3.23
12	关于公布第八批消防安全重点单位的通告	明府字[2009]15号	区政府	2009.3.24
13	关于调整部分消防安全重点单位的通告	明府字[2009]16号	区政府	2009.3.24
14	关于表彰佛山市高明区2008年度纳税大户的决定	明府字[2009]17号	区政府	2009.3.31
15	批转区监察局关于进一步加强我区重大工程建设项目监督检查意见的通知	明府字[2009]18号	区政府	2009.5.5
16	关于表彰佛山市高明区2007-2008年度优秀护理集体和优秀护士的通报	明府字[2009]19号	区政府	2009.5.8
17	关于加快建设现代产业体系的指导意见	明府字[2009]20号	区政府	2009.5.8

续上表

序号	文件名称	文　号	发文单位	时　间
18	关于印发《佛山市高明区地质灾害防治规划（2009～2020年）》的通知	明府字[2009]21号	区政府	2009.5.8
19	关于印发《佛山市高明区鼓励企业争创知名品牌奖励办法》的通知	明府字[2009]22号	区政府	2009.5.14
20	关于理顺我区“三旧”改造工作中建设用地确权问题的意见	明府字[2009]24号	区政府	2009.6.16
21	关于加快推进我区旧城镇旧厂房旧村居改造的补充意见	明府字[2009]25号	区政府	2009.6.16
22	关于开展集体建设用地转为国有用地试点工作的意见	明府字[2009]26号	区政府	2009.6.16
23	佛山市高明区人民政府关于严肃查处乱拉挂、乱张贴、违法设置广告等行为的通告	明府字[2009]31号	区政府	2009.8.7
24	关于表彰佛山市高明区2008年度科技进步奖、专利奖获奖单位和个人的通报	明府字[2009]32号	区政府	2009.8.11
25	关于加快我区重点工程项目招标投标工作的意见	明府字[2009]35号	区政府	2009.9.6
26	佛山市高明区人民政府关于进行防空警报试鸣的通告	明府字[2009]36号	区政府	2009.9.14
27	关于划定森林防火区的通告	明府字[2009]37号	区政府	2009.9.18
28	关于印发《佛山市高明区贯彻〈广东省人口与计划生育条例〉实施细则》的通知	明府字[2009]38号	区政府	2009.9.28
29	关于印发佛山市高明区加强基层国土资源管理所规范化建设工作方案的通知	明府字[2009]39号	区政府	2009.9.28
30	佛山市高明区人民政府关于划定荷城街道临时取土点范围的通告	明府字[2009]40号	区政府	2009.10.14
31	关于各镇（街道）2008年度节能目标完成情况的通报	明府字[2009]41号	区政府	2009.10.21
32	关于增加划定云勇林场为森林高火险区的通知	明府字[2009]42号	区政府	2009.10.21
33	关于做好2009年度冬季征兵工作的通知	明府字[2009]43号	区政府	2009.10.27
34	佛山市高明区人民政府关于2009年冬季征兵工作的通告	明府字[2009]44号	区政府	2009.10.27

续上表

序号	文件名称	文　号	发文单位	时　间
35	关于佛山市高明区2008年度林业目标责任制考核结果的通报	明府字[2009]45号	区政府	2009.11.19
36	佛山市高明区人民政府关于限期清理荷富路两旁违法违规构（建）筑物的通告	明府字[2009]49号	区政府	2009.12.24
37	佛山市高明区人民政府关于禁止非法生产销售燃放孔明灯的通告	明府字[2009]50号	区政府	2009.12.31

2009年佛山市高明区人民政府办公室文件要目

序号	文件名称	文　号	发文单位	时　间
1	关于印发《佛山市高明区安全生产专项资金管理办法》的通知	明府办[2009]2号	区府办	2009.1.4
2	关于印发佛山市高明区科教园区征地工作会议纪要的通知	明府办[2009]5号	区府办	2009.1.7
3	关于印发《佛山市高明区廉租住房管理暂行规定》的通知	明府办[2009]6号	区府办	2009.1.7
4	关于成立高明区“1·5”事故调查组的通知	明府办[2009]7号	区府办	2009.1.7
5	关于印发区国有土地使用权招标拍卖挂牌出让领导小组2008年第六次会议纪要的通知	明府办[2009]8号	区府办	2009.1.7
6	关于调整佛山市高明区安全生产委员会成员的通知	明府办[2009]9号	区府办	2009.1.8
7	关于印发《佛山市高明区产业转移规划（2008～2012年）》的通知	明府办[2009]10号	区府办	2009.1.8
8	关于印发佛山市高明区产业转移实施方案的通知	明府办[2009]11号	区府办	2009.1.8
9	关于明确我区居民（住院）基本医疗保险过渡期内最高报销限额的通知	明府办[2009]12号	区府办	2009.1.12
10	关于成立佛山市高明区农村劳动力资源普查工作领导小组的通知	明府办[2009]13号	区府办	2009.1.8

续上表

序号	文件名称	文　号	发文单位	时　间
11	关于印发《佛山市高明区打击违法添加非食用物质和滥用食品添加剂专项整治工作实施方案》的通知	明府办[2009]14 号	区府办	2009.1.13
12	关于印发《佛山市高明区临时建筑规划管理暂行规定》的通知	明府办[2009]15 号	区府办	2009.1.12
13	关于成立佛山市高明区收回原明珠货运码头用地工作小组的通知	明府办[2009]16 号	区府办	2009.1.13
14	关于成立佛山市高明区城市规划工作委员会的通知	明府办[2009]18 号	区府办	2009.1.16
15	关于印发协调解决恒威、波顿等企业土地房产办证历史遗留问题会议纪要的通知	明府办[2009]19 号	区府办	2009.1.21
16	关于印发协调解决恒威公司房产过户历史遗留问题会议纪要的通知	明府办[2009]20 号	区府办	2009.1.21
17	关于成立佛山市高明区加快城市电网改造和完善农村电网工作领导小组的通知	明府办[2009]21 号	区府办	2009.1.22
18	关于成立佛山市高明区现代服务业发展工作领导小组的通知	明府办[2009]22 号	区府办	2009.1.22
19	关于明确佛山市高明区重点项目投资融资专责领导小组部分人员分工的通知	明府办[2009]24 号	区府办	2009.2.5
20	关于建立佛山市高明区城市园林绿化建设工作联席会议制度的通知	明府办[2009]25 号	区府办	2009.2.12
21	关于印发高明区化解杨西大道（北段）工程建设问题协调会议纪要的通知	明府办[2009]26 号	区府办	2009.2.19
22	关于成立佛山市高明区富逸湾酒店项目专责服务领导小组的通知	明府办[2009]27 号	区府办	2009.2.19
23	关于成立佛山市高明区加强农村宅基地管理工作领导小组的通知	明府办[2009]28 号	区府办	2009.2.19
24	关于印发佛山市高明区贯彻落实《珠江三角洲地区改革发展规划纲要(2008～2020 年)》工作方案的通知	明府办[2009]29 号	区府办	2009.2.20
25	关于调整佛山市高明区清理闲置用地领导小组组成人员的通知	明府办[2009]30 号	区府办	2009.2.20

续上表

序号	文件名称	文　号	发文单位	时　间
26	关于印发佛山市高明区创意产业发展实施方案的通知	明府办[2009]31 号	区府办	2009.2.20
27	关于成立佛山市高明区企业发展引导与服务工作领导小组的通知	明府办[2009]32 号	区府办	2009.2.25
28	转发省政府印发广东省建设节约集约用地试点示范省工作方案的通知	明府办[2009]33 号	区府办	2009.2.25
29	转发区人事局关于 2009 年春季专场招聘会有关情况报告的通知	明府办[2009]34 号	区府办	2009.2.26
30	关于成立佛山市高明区历史文化资源保护和开发利用工作领导小组的通知	明府办[2009]35 号	区府办	2009.3.2
31	关于成立佛山市高明区节约集约用地试点示范工作领导小组的通知	明府办[2009]36 号	区府办	2009.3.3
32	关于强力推进省道 S273（高铜线）管线拆迁工作的通知	明府办[2009]37 号	区府办	2009.3.4
33	关于印发佛山市高明区强力推进省道 S273（高铜线）管线拆迁工作会议纪要的通知	明府办[2009]38 号	区府办	2009.3.4
34	关于印发高明区重点建设项目立项及融资工作会议纪要的通知	明府办[2009]39 号	区府办	2009.3.4
35	转发市府办转发广东省油气回收综合治理工作方案的通知	明府办[2009]40 号	区府办	2009.3.5
36	关于修订《佛山市高明区扶持中小企业发展专项资金管理办法》的通知	明府办[2009]41 号	区府办	2009.3.6
37	关于成立佛山市高明区建设数字城管工作领导小组的通知	明府办[2009]42 号	区府办	2009.3.6
38	关于调整佛山市高明区市民健康教育领导小组组成人员的通知	明府办[2009]43 号	区府办	2009.3.10
39	关于调整佛山市高明区创建卫生镇和卫生村工作领导小组组成人员的通知	明府办[2009]44 号	区府办	2009.3.10
40	关于调整佛山市高明区爱国卫生运动委员会组成人员的通知	明府办[2009]45 号	区府办	2009.3.10
41	关于建立佛山市高明区政府信息公开工作联席会议制度的通知	明府办[2009]46 号	区府办	2009.3.10

续上表

序号	文件名称	文 号	发文单位	时 间
42	关于印发佛山市高明区行政机关规范性文件清理工作方案的通知	明府办[2009]47 号	区府办	2009.3.11
43	关于成立佛山市高明区贯彻落实《珠江三角洲地区改革发展规划纲要》工作领导小组的通知	明府办[2009]48 号	区府办	2009.3.11
44	关于印发省道 S273（高铜线）白石至版村段改造工程建设工作现场会议纪要的通知	明府办[2009]49 号	区府办	2009.3.9
45	关于修订佛山市高明区地震应急预案的通知	明府办[2009]50 号	区府办	2009.3.9
46	关于认真做好 2009 年度人大议案、建议和政协提案办理工作的通知	明府办[2009]51 号	区府办	2009.3.3
47	关于推荐高明区突发公共事件应急管理专家库专家成员的通知	明府办[2009]52 号	区府办	2009.3.17
48	关于印发《佛山市高明区企业信用担保机构扶持补贴管理暂行办法》的通知	明府办[2009]53 号	区府办	2009.3.18
49	关于印发《佛山市高明区中小企业信用担保贷款贴息资金管理暂行办法》的通知	明府办[2009]54 号	区府办	2009.3.18
50	关于成立佛山市高明区粮食清仓查库工作领导小组的通知	明府办[2009]55 号	区府办	2009.3.23
51	关于我区中等职业技术学校学生参加居民住院和门诊基本医疗保险有关事项的通知	明府办[2009]56 号	区府办	2009.3.23
52	关于调整佛山市高明区农村 2004～2010 年初级卫生保健工作领导小组组成人员的通知	明府办[2009]57 号	区府办	2009.3.23
53	关于调整佛山市高明区亿万农民健康促进行动领导小组组成人员的通知	明府办[2009]58 号	区府办	2009.3.23
54	关于调整佛山市高明区殡葬改革领导小组组成人员的通知	明府办[2009]59 号	区府办	2009.3.23
55	关于整合区“三旧”改造工作办公室的通知	明府办[2009]60 号	区府办	2009.3.24
56	关于印发佛山市高明区生猪及其肉品安全专项治理行动工作方案的通知	明府办[2009]61 号	区府办	2009.3.24
57	关于下达 2009 年国税收入考核任务的通知	明府办[2009]63 号	区府办	2009.3.25
58	关于下达 2009 年地税收入考核任务的通知	明府办[2009]64 号	区府办	2009.3.25
59	关于开展基层应急管理试点工作的通知	明府办[2009]65 号	区府办	2009.3.26

续上表

序号	文件名称	文　号	发文单位	时　间
60	关于印发《佛山市高明区 2009 年人口与计划生育目标管理责任制考核评估方案》的通知	明府办[2009]66 号	区府办	2009.3.27
61	关于印发鹿洞山林场丰产林采伐和林地权属争议协调会议纪要的通知	明府办[2009]67 号	区府办	2009.3.27
62	关于印发《高明区现场处置突发公共事件工作规范》的通知	明府办[2009]68 号	区府办	2009.3.27
63	关于印发佛山市高明区参加 2009 佛山城市可经营项目投资推介洽谈会活动实施方案的通知	明府办[2009]69 号	区府办	2009.3.30
64	关于印发《佛山市高明区公共聚集场所易燃可燃装修材料消防安全专项整治工作方案》和《佛山市高明区高层和地下建筑消防安全专项治理工作方案》的通知	明府办[2009]70 号	区府办	2009.3.27
65	关于印发佛山市高明区沧江工业园区市政维护管理工作移交协调会议纪要的通知	明府办[2009]71 号	区府办	2009.4.1
66	转发区安全生产责任制考核委员会关于 2008 年度各镇（街道）和各有关部门安全生产责任制考核情况报告的通知	明府办[2009]72 号	区府办	2009.4.1
67	关于印发高明区杨西大道二期及沧江四桥建设工程征地拆迁工作会议纪要的通知	明府办[2009]73 号	区府办	2009.4.2
68	关于印发佛山市高明区违法违规用地查处整治工作方案的通知	明府办[2009]71 号	区府办	2009.4.2
69	关于成立佛山市高明区打击发票违法犯罪活动工作协调小组的通知	明府办[2009]75 号	区府办	2009.4.13
70	关于印发《佛山市高明区产学研专项资金管理办法》的通知	明府办[2009]76 号	区府办	2009.4.15
71	关于调整佛山市高明区三防指挥部组成人员的通知	明府办[2009]78 号	区府办	2009.4.16
72	关于调整佛山市高明区人民政府残疾人工作委员会组成人员的通知	明府办[2009]79 号	区府办	2009.4.16
73	关于印发区国有土地使用权招标拍卖挂牌出让领导小组 2009 年第一次会议纪要的通知	明府办[2009]80 号	区府办	2009.4.17

续上表

序号	文件名称	文　号	发文单位	时　间
74	关于印发《佛山市高明区政府信息公开监督保障暂行规定》的通知	明府办[2009]81 号	区府办	2009.4.17
75	关于修订《佛山市高明区公众举报违法处置工业固体废物行为奖励办法》的通知	明府办[2009]82 号	区府办	2009.4.22
76	关于提高我区各类定期定量救济标准的通知	明府办[2009]83 号	区府办	2009.4.22
77	关于提高我区城乡居民最低生活保障标准的通知	明府办[2009]84 号	区府办	2009.4.22
78	关于印发高明区 2009 年中小企业座谈会反映问题办理工作方案的通知	明府办[2009]85 号	区府办	2009.4.29
79	关于印发《佛山市高明区政策性水稻保险工作实施方案（试行）》的通知	明府办[2009]86 号	区府办	2009.4.29
80	关于印发《佛山市高明区教育费附加管理暂行办法》的通知	明府办[2009]87 号	区府办	2009.4.29
81	关于印发《佛山市高明区 2009 年民主评议政风行风工作方案》的通知	明府办[2009]88 号	区府办	2009.4.29
82	关于印发区、镇（街道）两级有关贷款还本付息工作会议纪要的通知	明府办[2009]89 号	区府办	2009.4.30
83	关于变更佛山市高明区防治手足口病指挥部机构名称和调整组成人员的通知	明府办[2009]91 号	区府办	2009.4.26
84	关于印发《佛山市高明区推行土地执法共同责任制办法》的通知	明府办[2009]92 号	区府办	2009.4.26
85	关于提高我区农村五保供养标准的通知	明府办[2009]93 号	区府办	2009.5.6
86	关于印发增加各镇（街道）公立卫生院财政补助协调会议纪要的通知	明府办[2009]94 号	区府办	2009.5.6
87	关于印发佛山市高明区成品油价格和税费改革实施方案的通知	明府办[2009]95 号	区府办	2009.5.7
88	关于印发佛山市高明区水利工程建设资金筹集协调会议纪要的通知	明府办[2009]96 号	区府办	2009.5.11
89	关于成立佛山市高明区减灾委员会的通知	明府办[2009]97 号	区府办	2009.5.8
90	关于成立佛山市高明区财政性资金管理领导小组的通知	明府办[2009]98 号	区府办	2009.5.15
91	转发市府办转发市档案局关于进一步加强民生档案工作意见的通知	明府办[2009]99 号	区府办	2009.5.18

续上表

序号	文件名称	文　号	发文单位	时　间
92	关于调整佛山市高明区政策性水稻保险工作目标的通知	明府办[2009]100 号	区府办	2009.5.19
93	关于调整佛山市高明区防震抗震救灾工作领导小组组成人员的通知	明府办[2009]102 号	区府办	2009.5.22
94	关于印发佛山市高明区家电下乡工作实施方案的通知	明府办[2009]103 号	区府办	2009.5.22
95	关于印发解决中心城区第三污水处理厂、杨和镇污水处理厂建设问题协调会议纪要的通知	明府办[2009]104 号	区府办	2009.5.22
96	关于成立佛山市高明区防控甲型 H1N1 流感工作领导小组的通知	明府办[2009]105 号	区府办	2009.5.22
97	关于印发佛山市高明区发现甲型 H1N1 流感可疑病例或确诊（疑似）病例密切接触者应急处置工作预案的通知	明府办[2009]106 号	区府办	2009.5.22
98	关于印发高明区碧桂路、三景路工程建设有关问题协调会议纪要的通知	明府办[2009]107 号	区府办	2009.5.25
99	关于印发佛山市高明区畜禽养殖污染综合整治实施方案的通知	明府办[2009]108 号	区府办	2009.5.25
100	关于印发《佛山市高明区畜禽养殖污染防治管理暂行办法》的通知	明府办[2009]109 号	区府办	2009.5.25
101	关于成立佛山市高明区“5·22”事故调查组的通知	明府办[2009]110 号	区府办	2009.5.27
102	关于成立佛山市高明区居民基本医疗保险工作协调领导小组的通知	明府办[2009]111 号	区府办	2009.5.31
103	关于印发高明区天然气高压管网建设工作协调会议纪要的通知	明府办[2009]112 号	区府办	2009.5.31
104	转发市府办印发佛山市居民住院基本医疗保险市级统筹试行办法的通知	明府办[2009]113 号	区府办	2009.6.1
105	关于成立佛山市第七届运动会高明赛区组织委员会的通知	明府办[2009]114 号	区府办	2009.6.1
106	关于进一步推进公共企事业单位办事公开的通知	明府办[2009]115 号	区府办	2009.6.1

续上表

序号	文件名称	文　号	发文单位	时　间
107	关于修订《佛山市高明区农村宅基地管理暂行办法》的通知	明府办[2009]116号	区府办	2009.6.1
108	关于成立佛山市高明区畜禽养殖污染综合整治工作领导小组的通知	明府办[2009]117号	区府办	2009.6.2
109	关于印发《高明区—高要市贯彻实施〈珠江三角洲地区改革发展规划纲要〉交流会备忘录》的通知	明府办[2009]118号	区府办	2009.6.2
110	关于印发《高明区—鹤山市贯彻实施〈珠江三角洲地区改革发展规划纲要〉交流会备忘录》的通知	明府办[2009]119号	区府办	2009.6.2
111	关于建立佛山市高明区广告监管联席会议制度的通知	明府办[2009]120号	区府办	2009.6.3
112	关于印发区国有土地使用权招标拍卖挂牌出让领导小组2009年第二次会议纪要的通知	明府办[2009]121号	区府办	2009.6.5
113	关于印发佛山市高明区查处取缔“黑网吧”长效工作机制实施方案的通知	明府办[2009]122号	区府办	2009.6.8
114	关于成立中国科学院与佛山市高明区院区合作工作领导小组的通知	明府办[2009]123号	区府办	2009.6.10
115	关于印发《高明区—新兴县贯彻实施〈珠江三角洲地区改革发展规划纲要〉交流会备忘录》的通知	明府办[2009]124号	区府办	2009.6.10
116	关于印发解决更合镇以部分镇属林场林权证作融资抵押物问题协调会议纪要的通知	明府办[2009]125号	区府办	2009.6.11
117	关于印发杨西大道邮政长线站办公楼拆迁工作协调会议纪要的通知	明府办[2009]126号	区府办	2009.6.17
118	关于成立佛山市高明区重点地方病防治工作领导小组的通知	明府办[2009]127号	区府办	2009.6.17
119	关于成立佛山市高明区消除碘缺乏病目标考核评估工作领导小组的通知	明府办[2009]128号	区府办	2009.6.17
120	关于调整佛山市高明区考点委员会成员的通知	明府办[2009]129号	区府办	2009.6.17
121	关于成立佛山市高明区“6·13”事故调查组的通知	明府办[2009]130号	区府办	2009.6.23

续上表

序号	文件名称	文　号	发文单位	时　间
122	关于修订佛山市高明区红火蚁防控应急预案的通知	明府办[2009]131号	区府办	2009.6.29
123	关于印发佛山市高明区创建林业生态区实施方案的通知	明府办[2009]132号	区府办	2009.7.2
124	关于成立深步水水库四宗土地竞拍工作协调小组的通知	明府办[2009]133号	区府办	2009.7.3
125	关于提高我区重点优抚对象及五老人员定恤定补标准的通知	明府办[2009]137号	区府办	2009.7.14
126	关于提高我区孤儿最低养育标准的通知	明府办[2009]139号	区府办	2009.7.23
127	关于印发《佛山市高明区社区教育管理办法(试行)》的通知	明府办[2009]140号	区府办	2009.7.27
128	关于调整佛山市高明区地方志编纂委员会组成人员的通知	明府办[2009]141号	区府办	2009.7.31
129	关于成立佛山市高明区“两分两换”试点工作领导小组的通知	明府办[2009]142号	区府办	2009.7.31
130	关于建立佛山市高明区社区教育联席会议制度的通知	明府办[2009]143号	区府办	2009.7.31
131	关于调整佛山市高明区城市管理委员会成员的通知	明府办[2009]144号	区府办	2009.8.3
132	关于成立深步水水库用地规划工作协调小组的通知	明府办[2009]145号	区府办	2009.8.4
133	关于印发佛山市高明区重大气象灾害预警应急预案的通知	明府办[2009]146号	区府办	2009.8.4
134	批转区文化广电新闻出版局关于实施我区公共文化设施覆盖工程意见的通知	明府办[2009]147号	区府办	2009.8.10
135	关于印发佛山市高明区历史文化遗产资源保护及开发利用实施方案的通知	明府办[2009]148号	区府办	2009.8.10
136	关于成立处理富逸湾公司用地规划问题工作协调小组的通知	明府办[2009]150号	区府办	2009.8.11
137	关于印发佛山市高明区食品安全整顿工作实施方案的通知	明府办[2009]151号	区府办	2009.8.11

续上表

序号	文件名称	文　号	发文单位	时　间
138	关于调整佛山市高明区加快城市电网改造和完善农村电网工作领导小组组成人员的通知	明府办[2009]152号	区府办	2009.8.21
139	关于印发佛山市高明区落实CEPA示范城市工作实施方案的通知	明府办[2009]153号	区府办	2009.8.21
140	关于下达我区2009年低效园地、山坡地开发补充耕地任务的通知	明府办[2009]154号	区府办	2009.8.24
141	关于印发佛山市高明区畜禽养殖污染综合整治工作任务分解表的通知	明府办[2009]156号	区府办	2009.8.26
142	关于成立佛山市高明区深化医药卫生体制改革工作领导小组的通知	明府办[2009]157号	区府办	2009.8.28
143	关于印发佛山市高明区贯彻落实《珠江三角洲地区改革发展规划纲要（2008～2020年）》2009年度重点工作任务分解表的通知	明府办[2009]158号	区府办	2009.9.2
144	关于成立佛山市高明区市区两级联动储备土地专责工作小组的通知	明府办[2009]159号	区府办	2009.9.9
145	关于印发佛山市高明区2009年主要污染物排放总量控制实施方案的通知	明府办[2009]160号	区府办	2009.9.14
146	关于成立佛山市高明区中小学校舍安全工程领导小组的通知	明府办[2009]161号	区府办	2009.9.18
147	关于印发《佛山市高明区畜禽养殖管理暂行办法》的通知	明府办[2009]162号	区府办	2009.9.16
148	关于成立佛山市高明区低效园地山坡地开发补充耕地工作督办组的通知	明府办[2009]163号	区府办	2009.9.16
149	关于成立佛山市高明区"9·11"事故调查组的紧急通知	明府办[2009]164号	区府办	2009.9.21
150	关于印发《高明区—新兴县更紧密合作框架协议》的通知	明府办[2009]165号	区府办	2009.9.21
151	关于印发《高明区—鹤山市更紧密合作框架协议》的通知	明府办[2009]166号	区府办	2009.9.21
152	关于印发《高明区—高要市更紧密合作框架协议》的通知	明府办[2009]167号	区府办	2009.9.21

续上表

序号	文件名称	文　号	发文单位	时　间
153	关于成立佛山市高明区“9·19”事故调查组的紧急通知	明府办[2009]168 号	区府办	2009.9.21
154	关于调整佛山市高明区沿江路以东区域改造专责工作小组组成人员的通知	明府办[2009]169 号	区府办	2009.9.28
155	关于印发佛山市高明区创建全国无障碍建设城市工作实施方案的通知	明府办[2009]170 号	区府办	2009.9.28
156	关于调整佛山市高明区招标投标工作领导小组组成人员的通知	明府办[2009]171 号	区府办	2009.10.8
157	关于调整佛山市高明区职业病防治工作领导小组成员的通知	明府办[2009]172 号	区府办	2009.10.8
158	关于修订《佛山市高明区高致病性禽流感防治应急预案》的通知	明府办[2009]173 号	区府办	2009.10.9
159	关于规范机关事业单位聘用离（退）休人员的意见	明府办[2009]174 号	区府办	2009.10.14
160	关于印发《佛山市高明区新建加油站管理办法（试行）》的通知	明府办[2009]175 号	区府办	2009.10.19
161	关于建立佛山市高明区建设用地审批（审核）联席会议制度的通知	明府办[2009]177 号	区府办	2009.10.19
162	关于修订《佛山市高明区水上溢油应急预案》的通知	明府办[2009]178 号	区府办	2009.10.19
163	转发市府办转发切实做好我市建设项目职业卫生评审工作意见的通知	明府办[2009]179 号	区府办	2009.10.22
164	关于印发佛山市高明区政策性农村住房保险实施方案的通知	明府办[2009]180 号	区府办	2009.10.27
165	关于规范和完善我区涉及多部门审批事项办理工作的通知	明府办[2009]181 号	区府办	2009.10.27
166	关于开展创建《南粤锦绣工程》文化先进县工作的通知	明府办[2009]182 号	区府办	2009.10.30
167	关于成立佛山市高明区创建“南粤锦绣工程”文化先进县工作领导小组的通知	明府办[2009]183 号	区府办	2009.11.2

续上表

序号	文件名称	文　号	发文单位	时　间
168	批转国土资源分局关于加快推进我区开发整理补充耕地工作及规范相关资金管理实施意见的通知	明府办[2009]184 号	区府办	2009.11.5
169	关于成立高明区快速干线路网项目实施 BT 方式建设专责小组的通知	明府办[2009]185 号	区府办	2009.11.6
170	关于成立佛山市高明区集体林权制度改革领导小组的通知	明府办[2009]186 号	区府办	2009.11.6
171	关于成立佛山市高明区新能源产业发展领导小组的通知	明府办[2009]187 号	区府办	2009.11.6
172	关于配合做好组建佛山市高明区气象局有关事项的通知	明府办[2009]188 号	区府办	2009.11.16
173	关于建立佛山市高明区特定第三产业项目审批联席会议制度的通知	明府办[2009]189 号	区府办	2009.11.16
174	关于印发《佛山市高明区科技企业创业孵化基金管理办法（试行）》的通知	明府办[2009]190 号	区府办	2009.11.16
175	关于调整佛山市高明区水上交通事故应急反应指挥分中心组成人员的通知	明府办[2009]191 号	区府办	2009.11.17
176	转发省政府办公厅印发广东省政府信息公开工作考核办法（试行）等制度的通知	明府办[2009]192 号	区府办	2009.11.20
177	关于成立佛山市高明区测土配方施肥工作领导小组的通知	明府办[2009]194 号	区府办	2009.11.29
178	转发市府办印发佛山市规范行政处罚自由裁量权工作实施方案的通知	明府办[2009]195 号	区府办	2009.11.30
179	关于印发《佛山市高明区招商引资委托代理招商试行办法》的通知	明府办[2009]196 号	区府办	2009.12.4
180	关于成立佛山市高明区“12•2”事故调查组的紧急通知	明府办[2009]197 号	区府办	2009.12.7
181	关于成立佛山市高明区村镇银行筹建工作领导小组的通知	明府办[2009]198 号	区府办	2009.12.7
182	关于印发《佛山市高明区居民社会养老保险实施办法（试行）》的通知	明府办[2009]199 号	区府办	2009.12.8

续上表

序号	文件名称	文　号	发文单位	时 间
183	关于明确我区居民门诊基本医疗保险“一卡通”相关措施事项的通知	明府办[2009]200 号	区府办	2009.12.9
184	关于成立佛山市高明区第六次全国人口普查领导小组的通知	明府办[2009]201 号	区府办	2009.12.11
185	关于成立佛山市高明区居民社会养老保险工作领导小组的通知	明府办[2009]202 号	区府办	2009.12.14
186	转发市府办印发佛山市网上审批服务大厅推广应用工作方案的通知	明府办[2009]203 号	区府办	2009.12.18
187	关于调整佛山市高明区开展质量兴区工作领导小组组成人员的通知	明府办[2009]204 号	区府办	2009.12.21
188	关于印发佛山市高明区“十二五”规划编制工作方案的通知	明府办[2009]206 号	区府办	2009.12.18
189	关于印发佛山市高明区空气污染综合整治实施方案的通知	明府办[2009]207 号	区府办	2009.12.25
190	关于印发《佛山市高明区促进房地产市场平稳健康发展“十六条”措施》的通知	明府办[2009]208 号	区府办	2009.12.22
191	关于调整佛山市高明区城市规划工作委员会组成人员的通知	明府办[2009]209 号	区府办	2009.12.29
192	关于印发《佛山市高明区标语宣传品设置管理暂行办法》的通知	明府办[2009]210 号	区府办	2009.12.29

拼音主题索引

说　明

索引的主题词后面的数字表示内容所在的页码，数字后面的拉丁字母表示该页自左（a）至右（b）的栏别。

A

B

C

D

F

G

H

J

K

L

M

R

S

T

W

X

Y

Z

图书在版编目（CIP）数据

高明年鉴. 2010/高明区档案局等编
广州：广东人民出版社，2010. 12
ISBN 978-7-218-06955-5

Ⅰ.①高...　Ⅱ.①高...　Ⅲ.区(城市)—佛山市—2010—年鉴　Ⅳ. ①Z526.53
中国版本图书馆CIP数据核字（2010）第222631号

高明年鉴 2010　　高明区档案局等编

出 版 人：金炳亮

责任编辑：余小华　杨小虹
装帧设计：徐玉业
责任技编：黎碧霞

出版发行：广东人民出版社
地　　址：广州市大沙头四马路10号（邮政编码：510102）
电　　话：（020）83798714（总编室）
传　　真：（020）83780199
网　　址：http://www.gdpph.com
经　　销：广东省出版集团图书发行有限公司（www.gdpgfx.com）
印　　刷：深圳市精典印务有限公司
书　　号：ISBN 978-7-218-06955-5
开　　本：787mm×1092mm　1/16
印　　张：38　　字数：70 万字
版　　次：2010年12月第1版　2010年12月第1次印刷
印　　数：1—1500 册
定　　价：160.00 元